VENUSSCHUH
HIBISCUS
GUMMIBAUM
CROTON
ZIMMERTANNE
CALLISTEMON
CISSUS
N
O
S

Schubert/Herwig · Wohnen mit Blumen

Margot Schubert
Rob Herwig

# Wohnen mit Blumen

Der große farbige Ratgeber – über 1000 Zimmerpflanzen

14., durchgesehene Auflage

BLV Verlagsgesellschaft
München Bern Wien

In Anerkennung seiner Bedeutung für das »Gärtnern in der Freizeit« wurde die Erstausgabe dieses Buches mit dem Buchpreis der Deutschen Gartenbau-Gesellschaft ausgezeichnet.

Farbbild gegenüber Titelseite: Großzügiger, dabei richtig gewählter Pflanzenschmuck im modernen Wohnraum: links die berühmte gelb gestreifte *Dracaena reflexa* 'Song of India' –, rechts ein Prachtexemplar der grünblättrigen *Dracaena marginata.*

CIP-Kurztitelaufnahme der Deutschen Bibliothek

**Schubert, Margot:**
Wohnen mit Blumen: d. große farb. Ratgeber; über 1000 Zimmerpflanzen / Margot Schubert; Rob Herwig. [Zeichn.: Georg D. Burckart]. – 14., durchges. Aufl. – München, Bern, Wien: BLV Verlagsgesellschaft, 1980.
ISBN 3-405-12141-8

NE: Herwig, Rob:

ISBN 3-405-12141-8



Zeichnungen: Georg D. Burckart, Heidelberg

Druck: Drukkerij de Lange/van Leer N. V., Deventer
Buchbinder: R. Oldenbourg, München

# Inhalt

## Gewußt wie . . .



## Zimmerpflanzen zum Aussuchen



## Schnell eben mal nachschlagen . . .

# Vorwort zur 14. Auflage

Es ist so angenehm wie interessant: das gute alte »Wohnen mit Blumen« – innerlich und äußerlich gleichermaßen schmuck und jugendfrisch – hat in den letzten Jahren immer etwas zu feiern. War es 1977 die »ominöse Zahl 13« seiner damals fälligen deutschen Neuauflage, so folgte 1978 die Erinnerung, daß seit der Verleihung des Buchpreises der Deutschen Gartenbau-Gesellschaft inzwischen immerhin zwanzig Jahre vergangen waren. 1979 aber bestätigt mit der schon dringend gewordenen Fertigstellung der 14. Auflage, daß unser Buch die nun schon wieder fünf Jahre zurückliegende völlige Neugestaltung mit immer noch steigender Beliebtheit und Anerkennung seines gegenwartsnahen Gebrauchswertes hinter sich gebracht hat.
Diese lebendig gestaltete und vielseitige Zweckbedingtheit zu wahren sind alle Beteiligten auch diesmal bemüht geblieben. Das reicht von praktischen Kleinigkeiten des »Gewußt wie« und der großen Pflanzenübersicht bis zu den obligaten Adressenänderungen.
Daß die Hydrokultur im vorgezeichneten Rahmen ihrer Fortentwicklung gemäße Beachtung findet, – während die Bonsai als eine Sache ganz für sich in »Wohnen mit Blumen« auch weiterhin keinen Platz haben, sollte eigentlich jedem Zimmerpflanzenfreund ohne weiteres klar sein. Es liegt in der Natur der Sache. Außerdem bietet der Verlag gerade auf diesen beiden Spezialgebieten so maßgebliche neueste Fachliteratur, daß ein ›Allround-Buch‹ der Zimmerpflanzenpflege hier wie wir meinen: mit Recht – den größeren Nachdruck auf die Gesamt-Information legen darf. In diesem Sinne konnte »Wohnen mit Blumen« auch seinen Ehrentitel als ein »Weltstar der Zimmergärtnerei« mit zwei weiteren fremdsprachigen Ausgaben festigen. Das Dutzend ist damit voll und der Briefwechsel mit den Lesern noch reger geworden. Deshalb sei gerade ihnen an dieser Stelle einmal mehr Dank gesagt für alle Zustimmung und so manche nützliche Anregung.
Großer Dank gebührt wiederum der BLV Verlagsgesellschaft München und den holländischen Verlagsfreunden, deren gemeinsames Wirken vor allem während der letzten fünf Jahre die Geschicke des Buches so maßgeblich gefördert hat.

Margot Schubert (Text)  Rob Herwig (Fotos)

# Wohnen mit Blumen Bilder und Beispiele

## Ideal und Wirklichkeit

Wenn man heute von Zimmerpflanzen spricht, so geschieht das – soziologisch betrachtet – unter wesentlich anderen Voraussetzungen als früher. Tiefgreifende Veränderungen unseres gesamten Lebensstiles haben hier Folgeerscheinungen ausgelöst, von denen auch das innere wie das äußere Verhältnis der Menschen zu ihren »Topfblumen« nicht unberührt bleiben konnte. Wir sehen sie heute nicht mehr nach Vätersitte im beschränkten Rahmen der Dreiheit Fensterbank – Blumentisch – Hängeampel, sondern der moderne Innenarchitekt hat den Zimmerpflanzen viel weiterreichende Aufgaben zugeteilt: als raumbildende, raumgliedernde, Atmosphäre schaffende Elemente sind sie zu Mitbewohnern im weitesten Sinne –, ja zu Mitgestaltern des häuslichen Lebens geworden.

Wer mag als erster das Geheimnis entdeckt haben, mit lebenden Pflanzen, scheinbar spielerisch, frei zu schalten und dabei doch nach optischen Gesetzen ganz bestimmte Wirkungen auszulösen? Sie ergeben sich zum Teil fast zwangsläufig. Die zu gläsernen Wänden erweiterten Fensteröffnungen verlangen großzügige Pflanzengemeinschaften als natürlichen Sichtschutz; Innenwände werden berankt und verschwinden; Raumteiler aus lebendigem Grün dienen mehr einer Verbindung als räumlicher Trennung; von niederen Decken schwingen sich Ranken und lassen sie höher erscheinen; zierliches Gerank schmiegt sich auch um einen Bilderrahmen – bietet dort sein Blattwerk der Unendlichkeit eines Spiegels dar – modelliert aus sich selbst mit Licht und Schatten Formwunder, wie kein toter Gegenstand und kaum ein Schnittblumengesteck das je vermöchte.

Als Entsprechung dazu wurden zahllose neuartige Formen von Kleinmöbeln, Ständern, Trägern, Haltern entwickelt und ungewohnteste Möglichkeiten der Anbringung von Pflanzgefäßen

Auf dem Absatz eines großen, lichtüberfluteten Treppenhauses hat die barocke Jardinière ihren Platz. Ihre bunte Bepflanzung wird der Jahreszeit und Beheizung entsprechend jeweils ausgewechselt.

bis hin zur voll klimatisierten, dennoch frei im Raum beweglichen Zimmervitrine erschlossen. Ja, es sieht so aus, als hätten in immer noch steigendem Maße alle hier nur irgend beteiligten Wirtschaftszweige noch nie so bereitwillig mitgewirkt, um den Pflanzen die ihnen zugewiesene Rolle als friedliche Eroberer der Wohnungen fort und fort zu erleichtern.

*Wechselwirkung*

Daß eine solche Fülle von Ausstrahlungsmöglichkeiten auch Gefahren in sich birgt, steht außer Zweifel. Sie sind sowohl pflegerischer als auch ästhetischer Art. Das ergibt sich nicht zuletzt aus eben jenem grundsätzlichen Anschauungswandel, der unter anderem den »Zimmergärtner« alten Schlages zum Umlernen und zur Anpassung an ihm ungewohnte Situationen zwingt. Er muß sich seinen Blumen zuliebe mit vielen Dingen auseinandersetzen. Muß ihretwegen Entscheidungen treffen, die für den individuellen

Als eine der elegantesten Drazänen steht in diesem streng und etwas kühl gehaltenen Vorraum *Dracaena marginata*, die Schöne aus Madagaskar, als liebenswürdiges Bindeglied zwischen der gebauten und der gewachsenen Welt des Menschen.

Charakter seines Heimes ebenso kennzeichnend sein können wie alle sonstigen, dort versammelten Einrichtungsgegenstände. Deshalb hat denn ein Blumenbuch, das über die unmittelbarsten Erfordernisse des »Umgangs mit Zimmerpflanzen« hinaus einige Gültigkeit beansprucht, unbedingt auch auf die drängenden Raumfragen einzugehen. Denn sie sind es zumeist, in deren Bereich die Kluft zwischen Ideal und Wirklichkeit des »Wohnens mit Blumen« immer wieder am deutlichsten wird.

*Wachstumskräfte*

Glücklicherweise liegt es in der Natur der Pflanzen, daß – sofern sie gedeihen – ihr fortschreitendes Wachstum vieles von dem zudeckt, was beispielsweise zu ihrer Darstellung als Wohngefährten an Geschmacksverirrungen und offensichtlichen Fehlentscheidungen aufgeboten wird. Darin liegt ihre große, man möchte fast sagen: erzieherische Kraft. Während heute so viele Daseinswerte vom Trubel des technischen Fortschritts und den durchaus nicht nur positiven Errungenschaften unserer modernen Zivilisation in Frage gestellt werden, kann man im Bunde mit den »grünen Freunden« noch eigene Wege gehen. Kann sich alle Vorzüge einer gegenwartsnahen Lebenshaltung nutzbar machen und zugleich auch den stilleren Dingen ihren Platz gönnen. Ein wenig Beschaulichkeit üben und jene besondere Art von Wohnkultur treiben, die im Kleinen das Größere liebt und pflegt. Wer das vermag, der wird jederzeit sein Verhalten zur Pflanze mit den Zielsetzungen moderner Daseinsgestaltung in Einklang bringen.

*Anschauungsfragen*

Über eine Grundtatsache darf man sich freilich nicht täuschen: es gibt solche und solche Blumenliebhaber. Den einen bedeutet das »Grünzeug« am Fenster nichts weiter als eine moderne Abart von Nippsachen, die übrigens ihrerseits auch heute immer wieder in tausendfältiger Gestalt fröhliche Urständ feiern. Und wenn das »Grünzeug« nach acht Tagen oder auch nach acht Wochen nach nichts mehr aussieht, so ist als letzte Station der Mülleimer fällig. Aus solcher Gesinnung ist ja denn wohl auch der neuerdings oft gehörte Begriff »Wegwerfpflanze« entstanden.

Glücklicherweise gibt es aber auch Andersdenkende, und sie sind weitaus in der Überzahl: sie hängen mit echtem Gefühl an ihren Pflanzen. Sind traurig, wenn es mit dem Wachstum hapert, und sehen in jedem Blumentopf – vielmehr in seinem Pflanzengeschöpf – das Lebendige, dessen Kräfte sie weiterentwickeln möchten. Unfaßlich erscheint es ihnen zuweilen, daß auch die Pflanze bestimmten Daseinsgesetzen unterworfen ist und bis zum natürlichen Ende nur die ihrer Gattung genau zugemessene Zeitspanne des Fortbestehens vor sich hat. Sozusagen wider die Natur wollen solche leidenschaftlichen Blumenfreunde (und mehr noch die Blumenfreundinnen!) es nicht begreifen, daß da unumstößliche Gesetze herrschen.

*Gesetzmäßigkeiten*

Man muß sich klarmachen, daß es am Blumenfenster ebenso wie im Freiland Einjahrspflanzen, Zweijahrsblüher und Ausdauernde gibt: jene größte Gruppe, die wir der Systematik zuliebe wiederum in krautige und verholzende Pflanzen, Zwiebelblumen und Knollen, Sträucher und Bäume mit oder ohne Laubfall, Immergrüne und Nadelhölzer, Gräser und noch vielerlei Gruppen mehr unterteilen können. Wenn wir aber genau wissen, daß ein Einjahrsblüher die ihm zugeteilte Zeitspanne nicht überdauern kann oder daß Zweijahrsblüher in ihrem zweiten Standjahr blühen, um dann unwiderruflich einzugehen, so ist hier jedes kummervolle Forschen nach irgendeiner Versäumnis in ihrer Pflege fehl am Platze. Eine Pantoffelblume, eine Blütenbegonie, eine Cinerarie läßt sich nun einmal über ihren ersten und letzten Flor hinaus kaum je weiterhalten. Und man muß es hinnehmen, daß solche »Marktpflanzen« nicht nur als gewissermaßen bereits industrialisierte Massenerzeugnisse gehandelt werden, um zugleich außer aller eigenen Verantwortung den so unschön klingenden Begriff der Wegwerfpflanze zu erfüllen.

*Pflanzliche Individualität*

Zu dieser arteigenen Lebensdauer, die der Blumenfreund gerade bei seinen Zimmerpflanzen oft nur viel zu wenig kennt, tritt die individuelle Beschaffenheit: die Wuchskraft oder potentielle Energie, mit der das einzelne Pflanzenwesen dank mehr oder weniger sorgsamer Aufzucht und richtiger Vorbehandlung ausgestattet ist. Je mehr unsere Blumen heute zu Opfern übersteigerter Prinzipien gärtnerischer Rationalisierungsmethoden werden, desto ungünstiger sind die Voraussetzungen für ihre Weiterentwicklung und Gesunderhaltung im häuslichen Bereich, wo zunächst einmal Widerstandsfähigkeit gegenüber Minderungen des pflegerischen Aufwandes während der Anzucht im gärtnerischen Betrieb von ihnen erwartet wird.

Immer seltener werden aus solcher Anzucht Topfgewächse hervorgehen, die das erfüllen, was dem Liebhaber als Ideal vorschwebt: das Familienstück mit dem Anspruch, Generationen durchs Leben zu begleiten. Wir haben uns bemüht, wenigstens einige solcher Veteranen im Bilde festzuhalten, weil die üblicherweise in solchem Rahmen gezeigte Handelsware meist noch im Jungpflanzenstadium ist und kaum ahnen läßt, welche Entwicklungen zur »Altersrarität« es tatsächlich gibt. Die große Monstera auf der gegenüberliegenden Seite darf da sicher auch schon genannt werden, obwohl sie noch kein Dutzend Jahre zählt. Manches andere kommt hinzu, was Stetigkeit der Pflege und echten »Blumenverstand« erkennen läßt. Mit das Erstaunlichste ist wohl die im Ausschnitt wiedergegebene Passiflora auf Seite 285: sie dankt es vermutlich dem sehr milden Klima ihres holländischen Standortes, daß im Lauf der Zeit aus einer einzigen Wurzel der

In einem südwestdeutschen Arzthaus fanden wir dieses bezaubernde Interieur in der Diele: vor der antiken Standuhr, in einem aus Kreta mitgebrachten Bronzekübel, wächst seit Jahren, musterhaft gepflegt, die makellose *Monstera deliciosa*.

Arbeitszimmer der Verfasserin: ein ostasiatisches Kultgefäß aus Bronze beherbergt die englische Züchtung 'Constant Nymph', mit der für den früher oft als heikel abgelehnten *Streptocarpus* (Drehfrucht) – über 'Wiesmoor' und andere Hybriden hinaus eine neue Phase der Beliebtheit begann (siehe Text Seite 340).

Bewuchs einer sechs Meter breiten und über zwei Meter hohen Mauer entstand. Allerdings wird man dieses ungewöhnliche Riesengerank kaum noch als Zimmerpflanze bezeichnen können.

*Altersrekorde*

Ich habe im Laufe der Zeit noch so manche Alten und Uralten kennengelernt. Die Spitze hält bisher eine über 70jährige Wachsblume, die bei unserer Begegnung gerade in die vierte Generation ihrer schweizerischen Besitzer überführt wurde. Eine 42jährige 'Königin der Nacht' voller Blüten durfte ich bei Freunden unweit der dänischen Grenze erleben. Eine zwar nicht blühende, aber an Knorrigkeit kaum mehr zu überbietende 'Deutsche Eiche' *(Crassula arborescens)* lud mich seinerzeit zu ihrem 35. Geburtstag ein. Und als das von seinem Besitzer selbst aus Erfurter Samen gezogene Riesenalpenveilchen 'Thusnelda' zum dreißigsten Male seinen zartrosa Flor entfaltete, kam ich ebenfalls drüber zu und ergötzte mich an der unförmigen Riesenknolle, die schier aus ihrem Blumentopf herausquoll.

*Größenprobleme*

Täuschen wir uns nicht: die ehrenvollen Altersrekorde haben leider auch ihre Kehrseite. Ein so vieljähriges Wachstum führt nämlich mit der Zeit zu Unterbringungsschwierigkeiten, von denen nicht nur die Aufrechten und Hohen, wie Gummibaum oder Zimmerlinde, sondern selbst harmlos nach unten strebende Ampelpflanzen betroffen werden können. Es ist ein Naturgesetz, daß Zimmerpflanzen auch bei langsamstem Wachstum, regelmäßigem Rückschnitt und Verkleinerung des Wurzelballens für normale Wohnräume zu groß werden. Und jeder muß sehen, wie er dieses Problem auf seine Weise löst. Es kann Herzblut kosten . . .

*Der goldene Mittelweg*

Schon diese wenigen Beispiele zeigen die Reichweite der Extreme auf. Sie zeigen aber auch, daß zwischen den krassen Materialisten mit der Mülleimerkonsequenz auf der einen, und den mit wahrer Inbrunst ihre Blumen pflegenden Idealisten ein goldener Mittelweg verlaufen mag. Jener schmale Pfad nämlich, auf dem die wirklich erfolgreichen Zimmergärtner wandeln: Glückliche, die aus natürlicher Begabung oder auch dank richtiger Unterweisung ihren Blumen im Haus genau das geben, was sie brauchen, und nichts Unmögliches, Wachstumsfeindliches von ihnen verlangen. Oder anders gesagt: Verständige, die ihre Wünsche zu zügeln wissen und sich nur mit solchen Pflanzen einlassen, deren Lebensbedürfnisse mit den räumlichen Gegebenheiten in Einklang gebracht werden können. Solche freiwillige Bescheidung, die freilich einige Sachkenntnis verlangt, erscheint mir immer wieder als schönste und beglückendste Verwirklichung der Blumenfreude. Und als der einzig mögliche Kompromiß, um den Widerstreit zwischen Ideal und Wirklichkeit zu überbrücken . . .

## Die Pflanze als Maßstab

Am Anfang solcher Kunst des Möglichen sollte die Einsicht stehen, wie schwer es die Topfgewächse doch haben. Als schöne Fremdlinge aus fernen Zonen sind sie zu uns gekommen. Aber statt des blaueren Himmels und der wärmeren Luft ihrer Heimatländer bieten wir ihnen im engen Blumentopf am Fenster mehr oder weniger einen Notbehelf. Wahrlich: sie haben es viel, viel schwerer als die Pflanzen des freien Landes, denen außer dem ihnen gemäßen Klima vor allem auch ein kaum begrenzter Wurzelgrund zur Verfügung steht. Es glaube niemand, daß Zimmerpflanzen von Natur aus anders beschaffen sind und so etwas nicht brauchen. Warum heißt es denn immer: Topfblumen über Sommer im Freien nicht auspflanzen? Nicht etwa deshalb, weil es ihnen – sofern sie dafür in Frage kommen – schädlich sein könnte. Sondern nur wegen ihres ungestümen Dranges, die gebotene Freiheit unverzüglich wahrzunehmen.

*Daseinsbedingungen*

In Wahrheit verlangt die Zimmerpflanze zum Leben genau die gleichen Voraussetzungen wie ihre glücklicheren Geschwister im Freien: Licht, Luft, den ihr zusagenden Standort zwischen Sonne und Schatten – die ihren Ansprüchen gemäße Bodenbeschaffenheit und Ernährung – dazu je nach Herkunft und Heimat die richtigen Temperaturen während ihres Weiterwachstums und während ihrer Ruhezeit. Der Mensch aber sammelt Pflanzen unterschiedlichen Charakters um sich und setzt meist ohne jedes Nachdenken voraus, daß sie sich seinen Wohnsitten fügen, als willige Trabanten seine Behausung teilen. In Wahrheit lassen unsere

Drazänen als Wohngefährten sind heutzutage große internationale Klasse. Hier die aparte *Dracaena deremensis* 'Warneckii' in einem freilich etwas extravaganten Pflanzgefäß, dessen Enge erhöhte Aufmerksamkeit der Pflege gebietet.

Topfblumen keineswegs so bedingungslos mit sich umspringen. Folglich stoßen wir immer wieder auf die Grundfrage: was paßt wohin? Und wenn wir uns als verständnisvolle Blumenfreunde nicht mit bloßen Tatsachen begnügen, dann tritt zu der Frage: was paßt wohin? sogleich die zweite Frage: wovon dieses Hinpassen oder Nicht-Hinpassen abhängt? Antwort gibt in vielen Fällen schon die äußere Gestalt.

*Wuchsformen*

Die großen Unterschiede der Wuchsformen wie Beschaffenheit des Laubwerks, Aufbau der Zweige, Blütenlosigkeit oder Blütenbildung erlauben Rückschlüsse, die viele Unstimmigkeiten der Gruppierung und viele Kulturfehler vermeiden helfen. So weisen glatte Blätter und weiche, saftreiche Stengel auf starke Verdunstung hin, was soviel wie Bodenfeuchtigkeit und schattigen Standort bedeutet. Daß Blätter und Blüten einiger typischer Schattenpflanzen (Gloxinien, Usambaraveilchen!) dazu noch zart-samtig erscheinen, ist kein Einwand gegen ihre Zuordnung. Diese »Samtigkeit« ist nämlich ganz anderer Art als beispielsweise das in seiner Dichte ebenfalls weiß erscheinende, samtig-filzige Haarkleid bestimmter Sonnenpflanzen aus Trockengebieten. Hier wirkt es ausgesprochen strahlungshemmend, während die darunterliegende, oft sehr dicke und derbe Oberhaut (Kutikularschicht) mit ihrem fettähnlichen Kutingehalt zugleich verdunstungshemmende Aufgaben versieht.

Aber die Natur kennt noch viele andere Wege, um ihre Pflanzenkinder den heimatlichen Umweltverhältnissen entsprechend auszustatten und uns dadurch zu einem recht vielseitigen Topfblumen-Sortiment zu verhelfen. Alle Sukkulenten zum Beispiel – ob Kugel- oder Säulenkaktus der mexikanischen Hochland-Wüsten, ob biedere deutsche Hauswurz auf einer kargen Mauerkante – sind nichts anderes als Wasserspeicher, die in Regenzeiten Vorräte für Trockenperioden sammeln und selbst bei stärkstem Sommer-Sonnenschein ihre Verdunstung auf ein Mindestmaß beschränken können. Also müssen wir sie am Blumenfenster entsprechend behandeln ...

Pflanzen mit festen, lederartigen, immergrünen Blättern und nur mäßigem Wachstum – wie Drazänen, Palmen, Philodendron und die verschiedenen Formen des Gummibaumes – bekunden wiederum, daß sie nicht nur verhältnismäßig wassersparsam, sondern auch bedingt lichtbescheiden sind. Was dagegen seine Triebe in raschem Tempo entwickelt und ständig viele junge Blätter bildet – zum Beispiel eine wüchsige Wachsblume oder eine Passiflora – verlangt grundsätzlich auch viel Licht. Diese Erkenntnis ist mit der Schlüssel dafür, weshalb die vorangegangenen und die noch folgenden Bilder mehrfach speziell Drazänen, Palmen, Philodendron und Gummibäume als im Daseinskampf erprobte

»Zimmerhelden« zeigen. Auch Aspidistra, Asparagus, Chlorophytum, der Schraubenbaum *(Pandanus)* und nicht zu vergessen die Sansevierie zählen dazu. Es gibt da geradezu ein »Sortiment der Vernunft« mit lauter fast ärgerfreien Pflanzen, wie es etwa die Leute der Luwasa-Hydrokultur mit Virtuosität handhaben . . .

*Panaschierung*

Eine Sache für sich sind übrigens die Pflanzen mit weiß- oder gelbbunten Blättern. Diese »Panaschierung« entsteht durch teilweisen oder gänzlichen Mangel an Blattgrün. Daraus ergeben sich oft sehr reizvolle Abweichungen, die das gebänderte, gepunktete, gestreifte oder marmorierte Blatt von einer durchweg grünen Belaubung unterscheiden. Jedoch bleibt auch der züchterisch ausgewertete Mangel an Blattgrün immer ein Mangel: Pflanzen mit panaschierten Blättern sind durchweg empfindlicher, blühen selten oder gar nicht und wachsen langsamer (was wiederum durchaus nicht immer ein Mangel ist!).

*Gesamtaufbau und Typus*

Endlich gestattet auch der gesamte Aufbau einer Pflanzengestalt gewisse Rückschlüsse. Bodenbedeckungspflanzen wollen anders leben als Hängepflanzen; strauch- oder baumartige Gewächse verlangen von vornherein einen möglichst freien, durch keine Nachbarschaft eingeengten Stand; Rank- und Kletterpflanzen, die sich an ein Spalier oder an Wände anschmiegen und daher von Natur einseitig wachsen, beanspruchen wieder andere Standort-Voraussetzungen. Die Sprache des Typus ist nicht zu verkennen. Man muß nur seinen Blick dafür schärfen.

*Herkunft*

Ein weiterer wichtiger Maßstab zur Beantwortung der Frage: was paßt wohin? ist die Herkunft der einzelnen Gewächse – ihre Heimat mit den Besonderheiten ihres Klimas, ihres Bodens, ihrer Landschaft. Daraus folgen Wachstumsbedingungen, die ungeachtet aller Veränderungen durch Züchterkunst als unverlierbares Erbgut erhalten bleiben. Und hier hat denn auch die größte Anpassungsfähigkeit ihre Grenzen, deren Mißachtung durch den Menschen fast soviel wie Mißhandlung der Pflanzen bedeutet.

Wer Bromelien, einen Geweihfarn, Baumorchideen oder einen Weihnachtskaktus in die Hand bekommt, der müßte halt wissen, daß es sich hier um Aufsitzerpflanzen oder Epiphyten des tropischen Regenwaldes handelt. Aus solcher Herkunft ergeben sich zwangsläufige Forderungen für die Unterbringung im Raum oder in einem Blumenfenster: bestimmte Erdmischungen, Luftfeuchtigkeit, keine direkte Besonnung und anderes.

Gehen wir von der schlichten Tatsache aus, daß überall in geschlossenen Räumen Wärme und Lufttrockenheit nach oben erheblich zunehmen. Dies muß besonders bei der Besetzung von höher angebrachten Wandhängern und Ampeln, unter Umständen auch bei weit nach oben reichenden Epiphytenstämmen im Blumenfenster vorbedacht werden. Auf den höchsten Plätzen wird

Ob man die etwas steifen Fächer der Zwergpalme / *Chamaerops humilis* schön findet, bleibt fraglos Geschmackssache. Jedenfalls paßt ihr dunkles Grün gut in den etwas kühl wirkenden Raum und entspricht damit auch ihren Lebensbedingungen.

AMSTERDAM

man folglich immer die unempfindlichsten und am wenigsten wasserbedürftigen Pflanzen unterbringen. *Oplismenus hirtellus,* die auf Seite 276 näher beschriebene Stachelspelze, erfüllt diese Forderungen mit am überzeugendsten. Allein schon das Gießen in solchen oberen Regionen ist selbst mit einer perfekten Ampelgießkanne kein reines Vergnügen. Im folgenden Kapitel von den Pflanzen ohne Fensterplatz wird darüber noch einiges gesagt.

*Sammlerfreuden*

Aber es gibt andere Gesichtspunkte. Die Beschäftigung mit Herkunft und Heimat führt und verführt leicht zu dem Wunsch nach Gruppierungen, die noch feinere Zusammenhänge erkennen lassen. So kann aus dem Blumenfreund ohne besondere Zielsetzungen ein Kenner voll echter Sammlerleidenschaft werden. Die Kakteen- und Orchideenliebhaber beackern schließlich nur zwei Teilgebiete. Wer sucht, der findet etliche mehr, denen man sich ver-

Die wahrlich »großartige« *Medinilla magnifica* weilt nur zur Blütezeit als bezaubernder Gast im »Grünen Salon« jenes Schlosses, dessen Gärtnerei ihr Zuhause ist. Andere haben für solche kluge Wechselwirtschaft ein Kleingewächshaus . . . ▷

Kein Zweifel: dieser Gummibaum – ein prächtiges Exemplar der Sorte *Ficus elastica* 'Schryveriana' mit weißbunter Belaubung – hat schon seit Jahren seinen Stammplatz neben dem antiken Schreibmöbel. Und kein Blatt ging dabei verloren . . .

Säulenkakteen, Kugelkakteen und ein bizarrer Felsenkaktus sind die Bewohner der dekorativen Schale, deren Bewachung – offenbar als farbiger Akzent vor uniformer Backsteinwand – der lustig-bunte Stoffhund übernommen hat.

schreiben kann, um mindestens ebenso viele abwechslungsreiche Kombinationen zu entdecken. Erinnern wir uns nur all der »anderen Sukkulenten«, die botanisch außerhalb des mächtigen Clans der Kakteen eingeordnet sind! Eine feine kleine Sammlung von Aizoaceen oder Mittagsblumengewächsen mit nicht zu schwierigen Lebenden Steinen, Fensterblättern, Lebendem Granit, Silberhaut, Tigerrachen oder Zungenblatt läßt sich auf einem Tischbeet oder in einem flachen, mehr quadratischen Pflanzkasten auf der Fensterbank unterbringen. Auch die neuerdings zur Gattung Kalanchoe zählenden, absonderlichen Brutblätter (früherer Name: *Bryophyllum)* wären hier zu nennen. Ebenso könnten die Peperomien und nicht zuletzt die Tradeskantien zu Themen höchst anregender Sammelei werden. Wo größere Räume die Möglichkeit ganzjährig ungestörter Pflege bieten, meldet sich die Gattung Philodendron mit einem stattlichen Kontingent zimmerfester, unter Umständen relativ leicht blühender Arten, mit denen man prächtige Gruppen von Dauerwert bilden kann. Und die Gummibäume, die Zimmerfarne, die Blatt- und Strauchbegonien, die Bromelien und – last not least – Zimmerefeu in Variationen!
Mir scheint, die Freude am Wohnen mit Blumen könnte nur gewinnen, wenn statt der Zufallstreffer (und -Versager) etwas mehr auf die große Linie geachtet, etwas mehr Gestaltungswille im Zusam-

menspiel der Pflanzenpersönlichkeiten untereinander an den Tag gelegt würde. Eine Auflockerung durch blühende Marktpflanzen ist ja trotzdem zu jeder Jahreszeit möglich. Und siedendheiß fällt es mir ein, daß ich eine der liebenswürdigsten, heute auch bei uns schon abwechslungsreichsten Sammelpflanzen noch nicht genannt habe: das Usambaraveilchen. In den USA steht es auf disem Gebiet seit Jahren in vorderster Reihe: mit Liebhabervereinigungen und immer neuen Züchtungen, die das erste Hundert längst überschritten haben. Man braucht nur zuzugreifen.
Dennoch sei eines unumstößlich festgehalten: nie darf man dabei die eigenen Grenzen außer Acht lassen. Wer nur einen voll beheizten Wohn- und Schlafraum nebst Küche hat, muß anders disponieren als ein Villenbesitzer mit klimatisch regulierbaren Zimmern nach allen Himmelsrichtungen. Merken wir uns darum – gewissermaßen zur Grobsortierung unserer Wünsche – als Faustregel: was der Gärtner im Kalthaus zieht, paßt nur für kühle, im Winter kaum beheizte Räume. Was der Gärtner im Lauwarmhaus zieht, darf ungefähr, mit Vorbehalten, zur Gruppe der Zimmerwärme-Verträglichen gerechnet werden. Was der Gärtner im Warmhaus hält, ist für einfache Zimmerkultur weniger geeignet und gedeiht großenteils nur in Blumenfenstern oder mit allen Warmhaus-Einrichtungen versehenen Tropenfenstern.

Wenn die alte Freundin Klivie blüht, geht es ihr wie der Medinilla im Schloß: sie wandert vom gewohnten Fensterplatz mitten ins Zimmer der Verfasserin und spielt an repräsentativer Stelle vielbewunderten Star im Kupfer-Übertopf.

# Pflanzen ohne Fensterplatz

Modernes Wohnen ist in vielen Fällen gleichbedeutend mit räumlicher Enge. »Aus drei Zimmern mach eins!« heißt oft genug die Losung, und all die phantasievollen Vorschläge äußerster Raumausnutzung durch Mansardenausbau, Einbau- und Kombinationsmöbel kommen ja nicht von ungefähr. Da bleibt denn einfach kein Platz für Fensterblumen oder gar Blumenfenster, und wer dennoch auf Zimmerpflanzen nicht verzichten will, muß andere Lösungen zweckmäßiger Unterbringung suchen. Zweckmäßig heißt pflanzengerecht, mit soviel Licht und Luft, wie zur Erhaltung der pflanzlichen Lebensfunktionen notwendig ist.
Ampeln und Wandhänger gehören dabei zu den wichtigsten Aufnahmegefäßen. Richtig gepflanzt und sicher angebracht, erzielen

Wo Fensterplätze fehlen, sind Wand- und Deckenampeln – mit Sachkenntnis angebracht – ein hübscher Ausgleich. Diese hier enthält: die leuchtend rote *Iresine herbstii,* die hängende *Peperomia glabella* und *Alloplectus vittatus* mit gestreiftem Laub.

sie Schmuckwirkungen, die der Raumgestaltung »aus dem Stand« in nichts nachgeben. Allerdings müssen – wie schon auf Seite 20 erörtert – die besonderen Temperaturverhältnisse im oberen Zimmerbereich und das Hantieren mit der Ampelgießkanne gebührend berücksichtigt werden. Auch werden Ampeln und Wandhänger häufig zu klein gewählt, was sich besonders bei Direktbepflanzung unheilvoll auswirkt. Weil Trockenheit droht, wird zuviel gegossen; das Fehlen des Abzugsloches erschwert jede genaue Kontrolle der Bodenfeuchtigkeit; Raumverschmutzungen durch Wasser und Erde sind kaum vermeidbar. Selbst Hydrokultur hilft nur bedingt zur Überwindung der Probleme, weil Nährlösungswechsel bei Ampeln und Wandhängern oft gar nicht so einfach ist. Standgefäße haben also doch ihre Vorzüge. Allen voran muß das Flaschengärtchen genannt werden, weil es – richtig angelegt –

*Gefahren für Ampeln und Wandhänger*

Flaschengärtchen für solche, die gar keinen Platz und gar keine Zeit haben, wurden plötzlich große Mode. Aber viele sind fahrlässig gebaut und können nicht halten, was versprochen wird. Dieses hier ist richtig. Mit Stopfen, luftdicht verschlossen.

unabhängig von den örtlichen Gegebenheiten ist und seinem Besitzer zu jeder Jahreszeit, einschließlich selbst längerer Urlaubsabwesenheiten, ein Höchstmaß der Ungebundenheit an Pflegepflichten gewährleistet. Wie diese »Autarkie« eines gesunden Kreislaufes aller pflanzlichen Lebensfunktionen im fest verschlossenen Glasbehälter zustande kommt, und welche Pflanzen dafür geeignet sind, wird ab Seite 81 näher erläutert. Man wird zugeben müssen, daß Flaschengärtchen immer eine Art von Kuriosität bleiben werden und eigentlich schon so etwas wie die absolute Abstraktion des Wohnens mit Blumen darstellen.

*Ausmaß der Pflegepflichten*

Wer den persönlichen Kontakt mit seinen Zimmerpflanzen wünscht und unter Blumenpflege auch die vielen netten Handreichungen des persönlichen Umgangs versteht, der wird nach anderen Möglichkeiten suchen, um des Mangels an Stellplätzen im

Im großen Glasgefäß mit gut schließendem Deckel können sogar Kakteen wachsen und blühen. Aber das physiologische Gleichgewicht muß stimmen. Und das eben hängt vom luftdichten Verschluß ab. Offene Glasgefäße bergen viele Gefahren.

Vorschlag mit vielen Möglichkeiten: nicht unbedingt fenstergebunden, sondern auch als Tischbeet und in einer Jardinière verwendbar, ist so ein heizbarer Vermehrungskasten mit Plastikhaube –, hier abgenommen, rechts daneben.

Fenster Herr zu werden. Vorausgesetzt, daß der Lichteinfall von draußen ausreicht oder durch entsprechende Zusatzbeleuchtung mit künstlichem Licht dem Lichtbedürfnis der Pflanzen angepaßt werden kann, stehen viele Wege offen, um Topfgewächse aus ihrer keineswegs angestammten Bindung an den Fensterplatz herauszulösen. Aus Urgroßmutters rundem Blumentisch mit »Etagèren« und der traulichen »Blumenkrippe« von einst hat eine findige Industrie zahllose Kleinmöbel entwickelt. Nicht alle sind so zweckmäßig, wie sie sein sollten. Auch über den Geschmack ihrer Erzeuger möchte man gelegentlich doch streiten. Aber nach dem Prinzip »Erlaubt ist, was gefällt« wird die elektrische Stehlampe mit angebauten Blumenkonsolen ebenso ihr Daseinsrecht wahren wie der farbig beleuchtbare Zimmerspringbrunnen als Mittelteil eines sinnigen Arrangements von Topfgewächsen. Neben wahren Spitzenleistungen eines ewig jungen Hauskitsches gibt es natürlich auch viele gute Zweckformen, die ihre Aufgabe um so besser erfüllen, je unaufdringlicher sie sich geben.

*Kleinmöbel mit und ohne Geschmack*

Daß schon frühere Generationen diese Tendenz zu anmutiger Schlichtheit sehr wohl begriffen haben, möge unter anderen das Bild auf Seite 323 bestätigen. Es zeigt ein Original-Tischbeet um 1780, dessen ehrwürdiger Einsatz aus Kupferblech heute mit dem gleichen Charme seine Bepflanzung mit Usambaraveilchen präsentiert wie vor zweihundert Jahren vielleicht die damals vor allem in Frankreich als Topfblumen beliebten Vergißmeinnicht oder Topf-Reseda.

*Vermehrungskasten als Zimmergewächshaus*

Schon der heizbare Vermehrungskasten auf Seite 27 gab den Ton an für ein Spezialgebiet der Versorgung von Pflanzen ohne Fensterplatz: das Stichwort heißt hier Zimmergewächshaus oder Blumenvitrine, wobei die Abbildung dieser Seite mit einem der monernsten, ästhetisch wie technisch vollkommen durchgestalteten Modelle zugleich die Spannweite der Möglichkeiten kennzeichnet. Gerade auch als eine Art von verbesserter bunter Pflanzschale auf Zeit macht sich ein solches »mobiles Gärtchen« wunderhübsch. Man muß nur seine Grenzen kennen und nicht mehr von ihm verlangen, als es zu leisten vermag.

*Eine Blumenvitrine sollte man haben . . .*

Die große Blumenvitrine mit all ihren selbstpflegerischen Raffinessen bietet freilich bessere Voraussetzungen. Oben ein elektrisch beheiztes, bewässertes, besprühtes, mit Thermometer, Thermostat, Hygrostat und selbstverständlich genau den örtlichen Lichtverhältnissen angleichbarer Beleuchtung ausgestattetes Glashaus mit einwandfreier Belüftung, darunter in einem Schrankteil oder – wie bei unserem eleganten Leichtmetallmodell – in dem Raum hinter der unteren breiten Rahmenblende verborgen, die Apparatur, deren Betrieb aus der Steckdose gespeist wird.

Die souveränste Lösung für Pflanzen ohne Fensterplatz – und schon auf dem Weg zum echten Blumenfenster – bietet fraglos das frei bewegliche Zimmergewächshaus, auch Blumenvitrine genannt. Natürlich voll klimatisiert und beleuchtbar.

Einfacher geht es wirklich nicht. Und für Blumenfreunde in Mietwohnungen (aber keineswegs nur für sie!) fürwahr eine nahezu vollkommene Lösung. Oft genug geht es ja darum, daß bauliche Veränderungen der Fenster nicht in Frage kommen, weil entweder das Veto des Hauseigentümers oder wichtige architektonische Gesichtspunkte gegen den Ausbau eines »echten« Blumenfensters sprechen. Nicht zuletzt muß in solchen Fällen auch bedacht werden, daß ein fest eingebautes Blumenfenster zum wesentlichen Bestandteil des Baukörpers wird und bei einem Umzug nicht oder doch nur unter erheblichem Kostenaufwand mitgenommen werden kann. Wie einfach hat man es da mit dem Zimmergewächshaus auf Rollen! Niemand kann den Eigentumsanspruch daran streitig machen. Es begleitet seine Besitzer im Möbelwagen wohin immer sie ziehen. Und hier wie dort braucht Mutti nicht einmal auf Stores nebst Vorhängen und Schabracken zu verzichten, – ja, sie kann selbst dann alle Fenster zum Putzen sperrweit öffnen, wenn im rasch ein wenig beiseite geschobenen kleinen Glaspalast die tollsten Orchideen in voller Blüte stehen . . .

*Rechtsfragen – nicht ohne Bedeutung*

Unser Rundblick auf Pflanzen ohne Fensterplatz ist damit aber noch nicht zu Ende. Und das alte Tischbeet mit seinem von der Last vieler Jahre schon etwas gekrümmten linken Vorderbein ziemlich weit hinten im Pflanzenteil ist nur eines jener schönen Bilder, die man über ihre unmittelbar informativen Aufgaben hinaus bei der Erörterung von Gestaltungsfragen im Sinne echten Wohnens mit Blumen heranziehen sollte. Zum Nachschlagen werden sie deshalb auch hier mit Hinweis auf ihren besonderen Standort im Leben wie im Buch angeführt. Das erste solcher »Raumbilder« findet sich auf Seite 140 und zeigt den Tropenfarn *Blechnum gibbum* an einem für Kenner unverwechselbaren Platz als Krönung einer antiken Truhe. Völlig anders ist die Atmosphäre um das merkwürdige Zwiebelgewächs *Bowiea* auf dem etwas modischen Telefontischchen aus weißem Kunststoff (Seite 142). Modernes Design bietet auch der Lebensbereich jener herrlich belaubten *Dieffenbachia,* die man geradezu ein Ausstellungsstück nennen möchte (Seite 189). Zwei Beispiele gibt es zum Thema »Palmen heute«: das eine bringt jene große *Howeia* oder Kentpalme, deren Wohlergehen fraglos durch das »Kopflicht« von oben günstig beeinflußt wird, und die ohne weiteres auch als Musterbeispiel im Kapitel »Pflanzen am Arbeitsplatz« gelten könnte (Seite 235); das andere gilt dem zur Schreibtischpflanze avancierten Kokospälmchen, dessen exklusiver Platz bei sorglichen Blumenfreuden einiges Herzklopfen auslösen dürfte (Seite 261). Bleiben noch der sicher am Boden postierte *Pandanus*/Schraubenbaum (Seite 281) und die wiederum beispielhafte *Schefflera* (Seite 327): sie wächst in Luwasa-Hydrokultur.

*Beispielbilder im Pflanzenteil*

*Kopflicht kommt der Natur am nächsten*

# Variationen über das Blumenfenster

*Gründliches Planen macht sich bezahlt*

Vom »nackten«, als Einzelwesen herumstehenden Blumentopf bis zum voll entwickelten Blumenfenster ist es ein weiter Weg. Wo nicht vorher immer noch gründlicher geplant und ebenso wohlüberlegt gebaut, auch Installation und Pflanzenauswahl mit aller Sorgfalt vorgenommen wird, muß man fast immer viel Lehrgeld bezahlen. Das ist doppelt ärgerlich und enttäuschend, weil eben jene umsichtige Vorarbeit im ideellen wie im materiellen Sinne über Gegenwart und Zukunft dessen entscheidet, was da als ein Pflanzgärtchen der Blumenfreude entstehen soll.

Warum bauen wir überhaupt Blumenfenster im eigentlichen Sinne des Wortes? Warum streben wir nach solchen Anlagen, die mit oder ohne Trennscheibe zum Raum eine Gemeinschaft sachkun-

Um es ganz klarzustellen: dies hier ist kein »Blumenfenster« im echten Sinne des Wortes, sondern – allenfalls als Vorstufe dazu – eine Fensterbank mit fraglos sehr hübscher Einzelaufstellung verschiedenster Sukkulenten.

dig auf einander abgestimmter Zimmerpflanzen zu bildhafter Wirkung vereinigen? Geht es dabei überwiegend um dekorative Gesichtspunkte oder gar um eine Art von Statussymbol, das im Abonnement von fremder Hand gepflegt werden kann? Echte Blumenfreunde werden solche Möglichkeiten als schnöde Unterstellung zurückweisen. Denn sie bejahen das moderne Blumenfenster mit all seinen technischen Erleichterungen – Schönheit, bildhafte Wirkung und anderes in allen Ehren – in erster Linie ihren Pflanzen zuliebe. Sie wissen oft aus vieljährigen Erfahrungen, daß eine zu enge, zu unmittelbare Wohngemeinschaft mit den Menschen für unsere grünen Freunde fast immer ein recht zweischneidiges Vergnügen ist. Ein gut durchkonstruiertes und richtig bepflanztes Blumenfenster dagegen vermag weit eher alle jene zum größten Teil unabdingbaren Daseinsansprüche zu erfüllen, die sich den

Und dies wäre nun ein richtiges Blumenfenster einfacher Art: eingebaut in eine Bücherwand, ohne Trennscheibe zum Raum, aber immerhin mit Bodenheizung in der Pflanzenwanne, die Bodengewächse und Hängendes bildhaft zusammenfaßt.

ungeschützt im Wohnraum untergebrachten Gewächsen aus naheliegenden Gründen so leicht versagen. Und damit wären wir wieder beim alten Lied von der Lufttrockenheit und der sehr vielen Blumen unzuträglichen menschlichen Wohnwärme im Winter, vom unzureichenden Licht während der dunklen Monate, von Strahlungskälte hinter mangelhaft abgesicherten Fensterscheiben in frostklaren Nächten und vom Kampf um die richtige Klimatisierung während der Sommerzeit. Wobei Urlaubsabwesenheiten noch nicht einmal mit in die Waagschale geworfen zu werden brauchen. Auch ohne sie liegt damit schon ein ganzes Paket von Kernfragen aller Zimmerpflanzenkultur auf dem Tisch. Aber ein Blumenfenster kann das meiste davon gegenstandslos machen.

*Kernfragen der Zimmerpflanzenkultur*

Nicht, daß sich sämtliche Voraussetzungen von der maßstäblichen Werkzeichnung bis zum letzten Schräubchen und dem sachlich einwandfreien Besatz der Pflanzenwanne hier genau erörtern ließen. Diese Einzelheiten sind Sache der Bauausführenden, der Bauherrschaft, ihres sachkundigen Innenarchitekten und – wo eigene Kenntnisse noch fehlen – eines speziell für Blumenfenster-Beratung vorgebildeten Gartenfachmannes. Leute ihres Schlages sind zwar nicht gerade häufig, aber bei gutem Willen – wo nicht anders, so über die einschlägigen gärtnerischen Organisationen – ohne weiteres aufzutreiben. Und wenn ihre Inanspruchnahme im Augenblick auch Geld kostet, so schützt das auf die Dauer vor noch viel größeren, oft genug irreparablen Fehlinvestitionen. Die Pflanzen aber können dabei nur gewinnen, denn sie bekommen dadurch ihre kleine Welt für sich, in der es sich recht behaglich hausen läßt . . .

*Gute Beratung tut not*

Bauen wir also in jedem Fall und in jeder Variation, die uns möglich ist, unser Blumenfenster in erster Linie den Pflanzen zuliebe; jenen Zimmerpflanzen, die schon von Natur aus soviel schlechter gestellt sind als ihre Artverwandten im Freien. Und halten wir uns immer vor Augen, daß ein gut ausgestattetes, richtig gepflegtes Blumenfenster noch weit mehr als Einzelpflanzen in Wohnräumen auch unter dem Gesichtspunkt der Sozialhygiene, im Sinne des Umweltschutzes, als echtes »Gärtchen ohne Land« auch und gerade für den Großstädter eine letzte Brücke zur Natur sein kann. Damit reicht es über seine fraglos vorhandene Wirksamkeit als schmückendes Beiwerk oder als Ausdruck einer Liebhaberei seiner Besitzer weit hinaus. Und ganz von selbst kommen wir auch von dieser ethischen Betrachtung her zu dem Schluß, daß für den Menschen und seine kleine grüne Welt im Wohnbereich das Beste gerade gut genug ist. Damit verwirklichen sich dann auch bei der bescheidensten aller denkbaren Variationen jenes Schöpferglück und jene tiefinnerliche Freude, die uns als Bestätigung des gelungenen Werkes an jedem Tag neu zuwachsen. Übrigens gibt es

*Blumenfenster – Brücken zur Natur*

Bodengleiche Blumenfenster, deren Klimatisierung und Schattierung unter Umständen vom Keller aus bewerkstelligt werden kann, erschließen ungeahnte Möglichkeiten ihrer Einbeziehung ins Gesamtkonzept einer großzügigen Raumgestaltung.

*Praxisfragen auf Seite 85*

auch in diesem Buch ab Seite 85 ein Kapitel »Blumenfenster-Praxis«. Es bietet sich in erster Linie zum Sichten des Notwendigen, – zur Vorentscheidung an. Wer sich dazu etwa noch die Ausführungen über Licht, Luft und Standort ab Seite 49 nebst dem »Lageplan« der Himmelsrichtungen vor Augen hält, hat für seine eigenen Pläne schon viel gewonnen. Lassen Sie mich noch ein übriges dazu tun und ein paar Merksätze anfügen, die ich mir selbst zur Richtschnur gemacht habe. Mein letztes Blumenfenster entstand beim Hausbau vor fünfzehn Jahren im Sinne von Ziffer 1 ...

*Merksätze zur Vorausplanung*

1. Wenn du wenig Zeit für deine Blumen hast, so schaffe eine einfache Anlage ohne Trennscheibe zum Raum im Nordsektor; begnüge dich mit robusten Schattenpflanzen, die auch im Winter Zimmerluft und Zimmerwärme vertragen; Farbe ins schlichte Grün des Dauerbesatzes bringen zu jeder Jahreszeit ein paar blühende Marktpflanzen, die wechselweise an vorbestimmten Plätzen eingesetzt werden.
2. Gehe immer davon aus, daß ein Blumenfenster – wie einfach es auch sei – den Zimmerpflanzen bessere Lebensbedingungen bieten soll als die Fensterbank mit ein paar Töpfen darauf und dem Heizkörper darunter.
3. Laß dich deshalb vor allem davon überzeugen, daß ein sogenanntes Blumenfenster ohne genügend tiefe Pflanzenwanne zur Aufnahme auch größerer Töpfe kein Blumenfenster ist; aber halte dir auch zugleich vor Augen, daß Verzicht auf Blumentöpfe und Auspflanzen in das Füllsubstrat der Pflanzenwanne zu den schlimmsten Anfängerfehlern gehört; Folge: unkontrollierbarer Wurzelsalat; einzige Ausnahme: Kakteen und andere Sukkulenten.
4. Denke immer daran, daß jede Pflanze – mit Wachtsumszeit und Ruhezeit, Lichtansprüchen, Wärme- und Frischluftbedürfnis – einem ziemlich genau umschriebenen Lebensbereich angehört; baue deshalb dein Blumenfenster von vornherein für eine in ihren Kulturbedingungen zueinander passende Pflanzengemeinschaft mit Dauerwert.
5. Vermeide den Einbau jeglicher Wohnraumheizung unter dem Blumenfenster. Selbst die mildesten Konvektoren strahlen im Zweifel doch mehr Wärme ab, als zuträglich ist.
6. Gleichviel, welche Wasserhärte am Wohnort herrscht: ein Wasserhahn im Blumenfenster spricht dafür, daß der Erbauer dieses von Zimmerpflanzenpflege nicht genug versteht. Allenfalls für einen automatischen Luftbefeuchter mag man solche Frischwasserversorgung hinnehmen, – vorausgesetzt, daß die Wasserhärte nicht mehr als 6–8° DH beträgt.
7. Wende lieber bei Bau und Einrichtung etwas mehr Geld auf: du sparst es später durch geringere Betriebskosten ein.

Das geschlossene Blumenfenster mit Trennscheibe zum Raum – »Tropenfenster« – ist eine Welt für sich, in der dank vollkommener technischer Einrichtungen die herrlichsten Orchideen und andere Gewächse des tropischen Regenwaldes gedeihen.

*Zum Tropenfenster das Kleingewächshaus*

Nach solchen, absichtlich auf jede Schönfärberei und Verniedlichung der Probleme verzichtenden Vorbemerkungen darf man die wirklich erlesen schönen Bildbeispiele dieser Seiten – so meine ich – mit doppeltem Genuß betrachten. Lassen sie doch wohl jeden auch nur leidlich mit Zimmerpflanzenpflege vertrauten Blumenfreund erkennen, daß es sich hier nicht etwa um gestellte Atelieraufnahmen handelt, sondern um erprobte Anlagen in Privatbesitz. Bei dem prachtvollen Tropenfenster dieser Seite muß allerdings hinzugefügt werden, daß sein Besitzer – wie in solchen Fällen die Ideallösung – auch ein Kleingewächshaus sein eigen nennt. Dort kultiviert er seine Orchideen von einer Blütezeit zur andern und nimmt sie lediglich für die Wochen ihrer großen Schau herein. Denn Blütenpflanzen, die nicht blühen, sind meist nicht sonderlich attraktiv.

# Pflanzen am Arbeitsplatz

*Repräsentation der toten Dinge*

Früher schenkte man je nach der Bedeutung eines festlichen Ereignisses den Dornauszieher in Bronze oder eine Silberschale mit Gravierung. Früher gab es im Büro kaum mehr als einen stacheligen Kaktus, und in Hotelhallen herrschte jene kalte Pracht, die sich nur zögernd von Plüschportiere nebst Makartbukett entfernte und allenfalls bis zu einer womöglich gar künstlichen Palmengruppe vordrang, während bei Industrie und Handel die lorbeerumstandene Büste des Gründers, Haupterfinders oder sonstigen Wohltäters der Firma Trumpf war. Es herrschte überwiegend die Repräsentation der toten Dinge, die keiner anderen Pflege als der des Staubwedels bedurften.

Merkwürdigerweise sind die Menschen seither, trotz ihres immer wieder in allen Tonarten beklagten Zeitmangels, mit einer Folgerichtigkeit ohnegleichen dazu übergegangen, diese bequeme Verwendung toter Dinge durch eine weit unbequemere Partnerschaft mit lebenden Pflanzen abzulösen. Weit über die Hinwendung zu rasch vergänglichen Schnittblumen entwickelte sich das Verlangen nach lebendem pflanzlichem Dauerschmuck. Daß dieses Verlangen auch von bedeutenden Kritikern unserer modernen Konsumgesellschaft, von Organisationen und nicht zuletzt von Staats wegen für die Werktätigen jeder Kategorie gefordert wird, macht überdeutlich, wie geradezu unerschöpflich und vielschichtig dieses Thema ist.

*Hinwendung zu pflanzlichem Dauerschmuck*

Selbstverständlich umfaßt es nicht nur den verhältnismäßig engen Kreis der »Büropflanzen«, sondern kann genauso gut einer Lehrlingswerkstätte wie dem Milchladen um die Ecke – der Schalterhalle eines Postamtes wie einer Tankstelle –, einem Flur oder Warteraum im Krankenhaus oder einer Apotheke gelten. Als auffallend sei hier gleich vermeldet, daß Tankstellen und Apotheken sich häufig durch besonders schönen Blumenschmuck – oft mit prächtigen, altgedienten Exemplaren hervortun, und daß dazu hier wie dort auch hervorragend gepflegte, technisch bestens eingerichtete Aquarien angetroffen werden. Nicht allzuviele Gaststätten können da Schritt halten.

*Was heißt hier »Arbeitsplatz«?*

Aber wie dem auch sei: es geht grundsätzlich um alle heutzutage doch recht zahlreichen Situationen, in denen wir Zimmerpflanzen als grüne Gefährten außerhalb des privaten Wohnbereiches antreffen. Auch erkennt man auf den ersten Blick, daß die Übergänge hier fließend sind. Blumen, die beispielsweise ein Direktionszimmer zieren und dort, von sorglicher Chefsekretärinnenhand gepflegt, als gern gesehener Beweis umweltfreundlicher Gesinnung dienen, haben ohne Zweifel das Große Los gezogen. Auch »Betriebsblumen«, über denen ein ausgebildeter Betriebsgärtner

Pflanzen am Arbeitsplatz sind eines der großen Themen unserer Zeit. Dies ist ein Warteraum, in welchem ein Prachtexemplar von *Ficus lyrata* oder Geigenfeige – hier entgegen der Regel dreitriebig gezogen – als Mittelpunkt Atmosphäre und ein menschenfreundlicheres Klima schafft. Text Seite 212.

wacht, leben fraglos besser als so manche echte Liebhaber-Zimmerpflanze, deren Besitzer zwar voll guten Willens, doch ohne die nötigen Sachkenntnisse ist. Weshalb denn die grundsätzlichen Betrachtungen dieses Kapitels sich keineswegs nur an den Kreis der Büropflanzen- und Blumen-am-Arbeitsplatz-Pfleger wenden. An anderer Stelle wurde gesagt, daß man manche Einsichten der Zimmerpflanzenkultur gar nicht oft genug wiederholen könne. So beginnt das Grundsätzliche auch hier mit der Feststellung, daß insgesamt fünf Faktoren zusammenwirken müssen, um den im engen Blumentopf und ähnlichen Gefäßen wurzelnden Pflanzen einigermaßen gedeihliche Lebensbedingungen zu sichern. Diese fünf Hauptfaktoren sind für die Pflanzen am Arbeitsplatz nicht anders als für die Blumen im trauten Heim. Sie heißen: Licht, Luft, Wärme, Wasser und Nahrung. Sie umfassen natürlich auch das große Gebiet der unterschiedlichen Standortbedingungen, die Beziehungen zwischen Raumtemperatur, Wachstums- und Ruhezeiten sowie manches andere mehr, was man beherzigen muß, damit das »Glück mit Blumen« vollkommen werde. Fällt einer dieser Hauptfaktoren aus, so können schon dadurch mehr oder minder schwere Schädigungen für die Pflanze eintreten. Zum Beispiel: wenn eine notorische Schattenpflanze wider ihre Natur am sonnigen Platz aushalten muß; oder wenn eine ihrer Herkunft nach auf weiches Wasser angewiesene Pflanze zwar sonst durchaus richtig behandelt, aber ständig mit viel zu hartem, womöglich noch kaltem Leitungswasser gegossen und gesprüht wird; oder wenn wieder andere Pflanzen, die es während ihrer winterlichen Ruhezeit kühl haben wollen, in einem voll beheizten, dadurch auch sehr lufttrockenen Raum aushalten müssen.

*Die Sache mit den Hauptfaktoren*

Es kommt hinzu, daß fast mehr noch als unsere modernen Wohnungsformen sich die Arbeitsplätze aller Art entscheidend geändert haben. Die neuzeitliche, mehr denn je zweckgebundene und entsprechend rationalisierte Architektur mit ihrer strengen Formgebung – mit ihren übergroßen Fenstern und voll klimatisierten Räumen schafft Voraussetzungen, wie wir sie früher für unsere Blumenhaltung nicht kannten. Und wenn es noch vor einigen Jahren speziell bei den Pflanzen am Arbeitsplatz vor allem auf die Überbrückung langer Wochenenden mit zuviel Sonne oder zu wenig Heizung ging, so sind diese alten Probleme vielleicht nicht mehr so akut, doch tauchten neue Fragen auf, weil gerade die Vollklimatisierung dem zu echtem Gedeihen notwendigen »physiologischen Gleichgewicht« der Pflanzen recht hinderlich ist.

*Gestaltwandel der Architektur*

## Auf die richtige Auswahl kommt es an

Wichtiger als je zuvor ist deshalb für die Pflanzen am Arbeitsplatz ihre richtige Auswahl. Geschmackliche Fragen treten in den Hintergrund, denn das Kernproblem heißt: was kann unter den heute gegebenen Umständen auf die Dauer noch gedeihen und was nicht? Daß Blattpflanzen, die das ganze Jahr über ansehnlich bleiben und fast immer auch einfacher zu pflegen sind als Blütenpflanzen mit ihrer Abhängigkeit von einem bestimmten Wachstumsrhythmus, bedarf wohl keiner Frage. Welche ausgezeichneten Raumwirkungen sich bei dem Zusammenklang grüner Belaubung mit farbigen Pflanzgefäßen und Anpassung an das Mobiliar erzielen lassen, zeigt das gegenüberliegende Bild in besonders schöner Deutlichkeit. Außerdem kann man wie daheim im Blumenfenster den Wunsch nach blühender Farbigkeit fast alle zwölf Monate hindurch mit dem Einstellen sogenannter Marktpflanzen Genüge tun: jener preiswerten, meist einjährigen Topfblumen,

*Farbigkeit durch blühende Marktpflanzen*

Pflanzenschmuck auf dem Direktions-Schreibtisch: er gilt heute mehr denn je als Zeichen menschlicher Verständigung. Und die lebende Pflanze – ein *Codiaeum* oder Kroton – ist da mehr als ein Schnittblumenstrauß, der heute blüht und morgen weggeworfen wird.

SKI

die eben nur für die Dauer ihres Flors hereingenommen und danach ohne Anspruch auf eine am Arbeitsplatz in den meisten Fällen viel zu schwierige Weiterkultur weggegeben werden.

*Anspruchslose Pflanzen haben den Vorrang*

Aus langjähriger praktischer Erfahrung möchte ich deshalb raten, als Dauerschmuck nur solche Topfgewächse zu wählen, die von Natur aus anspruchslos sind, sich ohne großen Zeitaufwand, ohne Rücksicht auf winterliche Ruhezeiten und ähnliche Fragen des Wachstumsrhythmus versorgen lassen. Auch Urlaubsabwesenheiten sollten in diesem Zusammenhang bedacht werden.

*Geschenkpflanzen für den Arbeitsplatz*

In manchen Betrieben ist es üblich geworden, daß Blumenfreundinnen und Zimmergärtner von ihren Kollegen zum Geburtstag und aus ähnlichen Anlässen eine Topfblume für den Arbeitsplatz geschenkt bekommen. Um Fehldispositionen zu vermeiden, hat es sich bewährt, daß für solche Fälle ein kleines Verzeichnis vorhanden ist, welche Blumen wohin passen. Da bei der verhältnismäßig großen Zahl guter, anspruchsloser und klimafester Zimmerpflanzen genügend Auswahl vorhanden ist, können Empfängerin oder Empfänger dann sogar Wünsche äußern.

## Heikle Frage: Was ist in diesem Bereich ungeeignet?

Ungeeignet für Büro, Arbeitsplatz und repräsentative Zwecke ohne entsprechende Pflegemöglichkeit sind von vornherein alle aufwendigen Pflanzen, die nur in Tropenfenstern mit thermostatisch geregelter Temperatur und Luftfeuchtigkeit gedeihen, besondere Erdmischungen, besonders vorbehandeltes Wasser zum Gießen und Sprühen und ähnliche Umstände verlangen. Ungeeignet finde ich auch alles, was eine Ruhezeit im nur mäßig warmen oder kühlen Raum verlangt, – also beispielsweise das an sich so sinnige Myrtenstöckchen, auch eine Passionsblume, eine Wachsblume, eine Bougainvillee, eine Klivie, die im vollbeheizten Raum schwächende Geiltriebe machen und rettungslos verlausen, was schon innerhalb Jahresfrist zum Versagen der nächsten Blüte führt. Dies ist es auch, was viele Kakteen von ganzjähriger »Arbeitsplatzkultur« ausschließt, weil sie eine möglichst kühle »Trokkenruhe« brauchen, die anders aussieht als des Menschen winterliches Wärmebedürfnis. Zudem sollte man sich immer wieder vor Augen halten, daß die meisten Topfblumen keine Sonnenanbeterinnen sind. Die noch dazu durch große Glasscheiben aufgeheizte Temperatur wird ihnen daher – ohne regelmäßig bediente Schattierung – nicht nur zur Sommerzeit, sondern manchmal auch bei klarem Winterwetter und im März zum Verhängnis. Mehr noch als daheim am Zimmerfenster der Privatwohnung gilt folglich für die Pflanzen am Arbeitsplatz die Kunst kluger Beschränkung. Das Ziel aber heißt: Rationalisierung durch geschickte Auslese.

*Überwinterungsprobleme*

*Die Kunst der klugen Beschränkung*

Pflanzen am Arbeitsplatz: sie sollen Urlaubszeiten und einsame Wochenenden überstehen, um freudig wachsend weiterzuleben und ihre Funktionen zu erfüllen. Hier *Monstera deliciosa* mit *Dieffenbachia* und niedlichen Pfeffergesichtern.

Daß hier unsere alten »Zimmerhelden« von der grünen Front an erster Stelle stehen, versteht sich von selbst. Man stelle nur mal eine Schale oder einen quadratischen Kasten mit Sansevierien bepflanzt in Südlage auf: die werden mit ihrer strengen Formgebung der gelblich gebänderten Blattlanzen nicht nur sehr dekorativ wirken, sondern auch jedes Frühjahr duftend blühen. Oder man nehme *Chamaedorea elegans,* die Zierliche Bergpalme aus Mexiko: ein rührend anspruchsloses, langsam wachsendes, dabei oft schon nach dem zweiten Standjahr wie Mimosen blühendes Geschöpf, das freilich schattige, dabei helle Standplätze liebt.

*»Bürolandschaft« und Betriebsklima*

Seit unsere Büroexperten mit so modernen Begriffen wie »Großraumbüro« oder »Bürolandschaft« um sich werfen, haben Pflanzen am Arbeitsplatz als dekorative, raumbildende Elemente noch mehr an Bedeutung gewonnen. Es gibt heute allerorten Muster-

*Ficus benjamina, Syngonium vellozianum* und *Schefflera actinophylla* sind die guten Gefährten menschlicher Gemeinschaft mit der unermüdlich grünenden Pflanzenwelt auch und gerade im Kantinenraum eines großen holländischen Industriewerkes.

beispiele solcher grün durchsetzten, auch dem seelischen Betriebsklima zuträglichen Quartiere, wo es ohne Pflanzen überhaupt nicht mehr denkbar wäre. Und das Interessanteste dabei: sogar die Hürde mangelnder Tageslichtquellen konnte inzwischen genommen werden. Technischer Fortschritt auf dem Gebiet der »botanischen Lichtphysiologie« kennt kaum noch Grenzen – vorausgesetzt, daß man den Pflanzen zur Versorgung mit entsprechend gesteuertem Kunstlicht auch im übrigen »optimale Lebensbedingungen« zu bieten vermag. Doch das gehört schon ins nächste Kapitel von der Hydrokultur oder erdelosen Pflanzenpflege.

## Hydrokultur gestern, heute und morgen

*Von Aristoteles zu Liebig*

Justus, Freiherr von Liebig, geboren 1803 zu Darmstadt, gestorben 1873 in München, gilt noch heute als einer der bedeutendsten Chemiker und Forscher der Weltgeschichte. Man nennt ihn den »Vater der modernen Landbauwissenschaft«, er entdeckte zahlreiche neue Grundtatsachen der organischen Chemie; erfand unter anderem ein Verfahren zum Versilbern von Spiegelglas; erwarb sich größte Verdienste durch die Entwicklung und Einführung des nach ihm benannten Fleischextraktes und beendete ein für allemal den viele Jahrhunderte alten Streit um die Frage, ob den Pflanzen zu ihrer Ernährung eine direkte Aufnahme organischer Substanzen aus dem Boden möglich ist? Kein Wissenschaftler vor ihm hatte dieses seit des berühmten griechischen Philosophen Aristoteles' Zeit anstehende Problem einwandfrei zu lösen vermocht, und dessen Geburtsjahr wird immerhin mit 284 vor Christus angegeben.

*Pflanzen essen keine Erde*

Liebig stellte in seinem 1840 erschienenen Werk »Die Chemie in ihrer Anwendung auf Agricultur und Physiologie« unwiderlegbar fest: »Die Quellen der Nahrung der Pflanzen liefert ausschließlich die anorganische Natur.« Erst wenig mehr als hundert Jahre wissen wir also genau, daß die Pflanzen nicht etwa »Erde essen«, sondern ihre Nährstoffe – voran Stickstoff, Kali und Phosphorsäure – in wässeriger Lösung dem Boden entnehmen. Als logischer Schluß ergab sich daraus alsbald die Überlegung: Pflanzen müßten ohne Erde leben können, wenn man ihnen die benötigten Nährstoffe überhaupt nur in gelöster Form verabreichen würde. Der Schritt von solchen theoretischen Gedankengängen zur praktischen Verwirklichung war nicht ganz leicht. Immerhin soll bereits um die Wende zu unserem Jahrhundert in einem Schweizer botanischen Garten ein Tropenbaum in Nährlösung gewachsen sein...
Das Prinzip als solches erscheint überzeugend einfach wie ein echtes Ei des Kolumbus. Nach genau errechneten Rezepten wur-

den zunächst Nährsalzgemische in Pulverform, später auch Tabletten und Flüssigkonzentrate zum Ansetzen der »Nährlösung« mit Wasser angesetzt. Heute ist diese konventionelle Methode zwar noch immer in Gebrauch, jedoch durch das von Bayer-Leverkusen entwickelte System der Verwendung von Ionenaustauschern mit der Markenbezeichnung Lewatit HD 5 weitgehend überboten. In jedem Fall ergibt sich, daß die Versorgung der Pflanzenwurzeln mit Nährlösung keine »Düngung« im landläufigen Sinne der Erdkultur bedeutet. Nährsalzgemische der Hydrokultur und erst recht Hydro-Ionenaustauscher haben folglich mit üblichem Blumendünger nichts zu tun, auch wenn manche Hersteller dies – nicht zuletzt aus Reklamegründen – immer wieder behaupten. Mehr darüber ab Seite 91.

*Frischgemüse auf der Himmelfahrtsinsel*

Im übrigen ist die Historie der Erdelosen Pflanzenpflege spannend wie ein Roman. Seine rasantesten Kapitel ereigneten sich 1500 Kilometer vom afrikanischen Festland und 1300 Kilometer von der Insel St. Helena entfernt. Dort liegt die Himmelfahrtsinsel mit Lava, Sand und Ratten. Aber 1942 war das trostlose Eiland ein wichtiger militärischer Stützpunkt mit anspruchsvoller amerikanischer Besatzung geworden. Frischgemüse spielte für die gesundheitsgemäße Ernährung der GI's eine wesentliche

Hydrokultur – die Erdelose Pflanzenpflege – und Kunstlicht machen heute im Arbeitsraum wie im Heim Unmögliches möglich. Sie bewirken Wachsen und Blühen, wo früher alles versagt hätte: selbst in Räumen ganz ohne Tageslicht.

Rolle. Doch da es auf dem Luftweg schwer herbeizuschaffen war, erinnerten sich ein paar findige Leute an die in den USA längst schon ausprobierten »Hydroponics«: jene riesigen flachen Wannen, die mit Nährlösung gefüllt wurden und obenauf ein Gitterwerk voll fröhlich wachsender Gemüse trugen. Das Transportproblem wurde dadurch bedeutungslos, denn statt umfangreicher Nahrungsgüter verschiffte und flog man jetzt nur noch Sämereien und allenfalls Jungpflanzen, die einen Bruchteil des vordem benötigten Laderaumes brauchten. Genauso ging es dann wenig später auf Hawaii und den Philippinen, wo bestimmte Bodenbakterien den Genuß dort angebauter Feldfrüchte für Weiße nicht ratsam erscheinen ließen. Konnte in tropischen Gegenden die

*Freiland-Tankkultur und Hydro-Gewächshaus*

Tankkultur unter freiem Himmel betrieben werden, so standen für Gebiete mit kühlerem Klima bald Gewächshäuser bereit, wo nach verschiedenen Verfahrensweisen, jedoch stets nach dem gleichen Grundprinzip mit Nährlösungen gearbeitet wurde.

Auch bei uns hat man nach dem Krieg in der Hydrokultur zunächst einen neuen Weg für die Erzeugung von Qualitätsgemüse unter Glas gesehen. Man glaubte an eine unheimliche Rationalisierung des Anbaues in fast ununterbrochenen Kulturfolgen von einem Jahr zum andern und nahm gleichlaufende Versuche der Kultivierung von Zimmerpflanzen in alsbald entwickelten Hydro-Einzelvasen als liebenswürdige Randerscheinung mit.

## Vom Nutzpflanzenbau zur Zimmerpflanzenkultur

Tatsächlich erfolgte jedoch schon innerhalb weniger Jahre eine Umkehrung der Situation: der Feingemüsebau in eigens konstruierten Gewächshäusern mit kostspieligen Apparaturen erwies sich als unrentabel. Dagegen konnte die Hydrokultur – in den USA, Lateinamerika und vor allem in der Schweiz längst zum festen Bestandteil der Zimmerpflanzenkultur geworden – seit Anfang der fünfziger Jahre auch in weiteren europäischen Ländern festen Fuß fassen.

*Kinderkrankheiten und ihre Überwindung*

Wohl gab es zunächst noch Kinderkrankheiten, die besonders das Problem ausreichender Sauerstoff-Versorgung der in Nährlösung hängenden Wurzeln betrafen. Ich selbst erinnere mich gut daran, welche kunstvollen Pumpsysteme dazu in den Hydro-Gewächshäusern eingesetzt wurden, und wie im häuslichen Handbetrieb nicht selten sogar eine Fahrradpumpe in bestimmten Zeitabständen zur Durchlüftung des Wassers im Mantelgefäß der »Hydrovase« in Tätigkeit gesetzt wurde. Das war natürlich lästig und hob einen Teil der zeitsparenden Versorgung ohne das Risiko des Gießens und Düngens bei Erdkultur wieder auf. Da man aber größere Topfgewächse – etwa Gummibaum und Philodendron – ohnedies nicht wie Frühgemüse der alten Tankkultur auf Gittern halten oder gar die Gefäße ähnlich wie Aquarien mit Sauerstoffgeräten ausrüsten konnte, begann das Experimentieren mit Trägersubstanzen. Grundbedingungen für ihre Eignung waren – und sind noch heute – ihre Sterilität und Faulungsfestigkeit, die weder chemische Veränderungen der Nährlösung noch gesundheitliche Schäden an den Pflanzen befürchten lassen mußten.

Gemeinschaftspflanzung in Hydrokultur heißt das Zauberwort der Umschreibung vollkommener Erdeloser Pflanzenpflege im Heim wie am Arbeitsplatz. Ein Minimum an Pflege ist nötig, um prachtvoll gedeihende Gemeinschaftspflanzungen auf lange Sicht am Leben zu halten.

*Basaltsplitt*
*Bimskies*
*Lecaton*

Schon damals wurde Basaltsplitt gröberer und feinerer Körnung verwendet, wobei Bedenken wegen Verletzung zarter Wurzeln an scharfen Kanten sich bald als gegenstandslos erwiesen. Ein fast komisches Zwischenspiel gab es mit damals noch unentkalkt verwendetem Bimskies, dessen Leichtigkeit und pflanzenfreundliche Porosität so bestechend waren, daß geradezu von »Bimskieskultur« gesprochen wurde. Kalkablehnende Pflanzen, die das Substrat nicht vertrugen, wurden kurzweg als ungeeignet für Hydrokultur erklärt und aus dem Sortiment gestrichen. Erst als Mitte der sechziger Jahre die Schweizer Luwasa-Pioniere ihren gartengerecht vorbereiteten Lecaton (Blähton) präsentierten, war das bisher unüberbotene Allround-Füllsubstrat gefunden.

## Fast alle Zimmerpflanzen eignen sich für Hydrokultur!

Seitdem spezielle Hydro-Gartenbaubetriebe Anzucht und Vermehrung bis zur Verkaufsreife übernommen haben und der Blumenfreund nicht mehr auf eigene Umstellung der Pflanzen angewiesen ist, gibt es grundsätzlich kaum noch Begrenzungen des Sortiments. Aber es regelt sich nicht nur nach Angebot und Nachfrage, sondern auch nach den von Natur aus verschiedenen Ansprüchen der Pflanzen an Standort und Klima, die bis zu einem gewissen Grade selbstverständlich auch bei Hydrokultur berücksichtigt werden müssen.

*Spannweite der Möglichkeiten*

Im übrigen ist die inzwischen erreichte Spannweite des Systems kaum zu beschreiben. Es umfaßt – soweit die praktischen Voraussetzungen stimmen – tatsächlich den ganzen Erdball. Neuestes Neuland aber liegt buchstäblich auf dem Wasser: Fährschiffe der Vogelfluglinie von Norddeutschland nach Skandinavien waren die Versuchsobjekte. Doch dann kam die Losung »Blumen für die Arbeitsplätze auf See« und überflügelte alsbald den Passagierschiff-Komfort. Hydrokultur hielt ihren Einzug in den Aufenthalts- und Wohnräumen der Besatzungen von Schwimmkränen und Fördergeräten für die Ölgewinnung aus dem Meer; Hydropflanzen machen Weltreisen auf modernen Riesentankern und beleben auch dort das Betriebsklima ...

Bilder mit Hydropflanzen:
Seite 44 und 47 Gemeinschafts-Pflanzung; Seite 125 Anthurium;
Seite 233 Hippeastrum/Amaryllis;
Seite 327 Schefflera, Drazäne

## Neuartige Vollbeleuchtung für Pflanzen ohne Tageslicht

Schweizerischer Initiative entsprang auch die vor nicht langer Zeit gelungene Lösung des Problems der Zimmerpflanzenkultur bei sehr beschränktem oder völlig fehlendem Tageslicht – in Situationen, wie sie häufig genug in Wohnräumen –, vor allem aber in der modernen »Bürolandschaft« mit ihrem deshalb besonders dringenden Bedarf an Gemeinsamkeit mit lebenden Pflanzen angetroffen werden. Neue wissenschaftliche Erkenntnisse und praktische Versuche bewiesen: es gibt keine unüberwindliche Abhängigkeit der Topfgewächse von den natürlichen Lichtquellen. Man muß sich keineswegs damit begnügen, Kunstlicht nur als Zusatz- oder Ergänzungsbeleuchtung einzuschalten, sondern kann es in entsprechender Zusammensetzung als selbständigen Wachstums- und Gedeihensfaktor verwenden.

Dabei geht der Einfluß solchen Lichtes freilich von anderen Voraussetzungen aus als bei unserer üblichen Beleuchtungstechnik. Ihre Aufgabe ist es, Gegenstände des Umweltbereiches für das menschliche Auge sichtbar zu machen. Moderne Pflanzenbestrahlung dagegen, wie sie zuerst – in Zusammenarbeit mit Luwasa-Interhydro/Bern von der Schweizer Philips entwickelt wurde, dient nicht nur der Erhellung. Sie soll vielmehr zugleich auch Wachstum und Blütenbildung fördern, jedoch die unerwünschten Nebenerscheinungen üblicher Kunstlichtverwendung mit Geilwuchs, Blütenversagen oder sogar raschem Absterben der Pflanzen durch Bestrahlungsfehler verhüten. Auf der Grundlage solcher Einsichten wurden bei Philips in zahllosen Versuchsreihen zunächst acht Gruppen von Wellenbereichen der Strahlung elektrischer Lampen gebildet, um aus diesen Gruppen die »pflanzenfreundlichsten« Strahlen zu selektieren. Ihre Bündelung führte dann zur Konstruktion von Fluoreszenz- und Quecksilber-Leuchtstofflampen vor allem für Hydrokulturanlagen, die nun auch ohne Tageslicht auskommen können.

*Kunstlicht ohne Bestrahlungsfehler*

Aber die Entwicklung ging weiter, und so gehört jetzt zum Neuesten das mit USA-Weltpatent ausgestattete »True-Lite« – auch »Sonnenlicht aus der Glasröhre« genannt, denn True-Lite-Leuchten bieten – als bisher einzige Leuchtstoffröhren dieser Art – das gesamte Spektrum des Tageslichtes einschließlich der UV-Strahlen. Daraus ergab sich dann in über fünfjähriger wissenschaftlicher Erprobung nicht nur eine Förderung der Fotosynthese bei Pflanzen, sondern – ähnlich wie bei richtig gesteuerter Luftfeuchtigkeit im Raum – auch eine allgemeine Verbesserung der Lebensbedingungen für Menschen und Heimtiere einschließlich der Aquaristik und der Terrarienhaltung. Fazit: die für etwa 20000 Stunden Brenndauer ausgelegten Power-twist-Röhren von »True-Lite« bieten bei einem durchaus erschwinglichem Preis mehr als nur dekorative Pflanzenbestrahlung (Vertretung Deutschland/Schweiz siehe S. 360 Abschnitt »Allgemeiner Bedarf«, Kuno Krieger).

*»True-Lite«, das Tageslicht mit Sonnenenergie*

Dennoch werden wir wohl weiterhin auch am begrenzten Programm unsere Freude haben, weil es speziell im Zusammenwirken mit der Hydrokultur durchaus jene optimalen Lebensbedingungen schafft, die ein Gedeihen ohne Tageslicht oder als kräftige Zusatzbeleuchtung ermöglichen. Siehe hierzu auch das Bild auf Seite 44.

*Durch Hydrokultur optimale Lebensbedingungen*

Eine umfassende Darstellung der Erdelosen Pflanzenpflege nach neuestem Stand bietet das Buch »Mehr Blumenfreude durch Hydrokultur« von Margot Schubert, BLV Verlagsgesellschaft München, Bern, Wien.

# Gewußt wie ...

## Licht, Luft, Standort

Ähnlich wie Mensch und Tier ist auch die Pflanze ein überaus kompliziertes Gebilde, dessen Lebensfunktionen auf das Feinste ineinander greifen und zugleich in hohem Maße von Umweltfaktoren bestimmt werden. Vieles davon geht über den Rahmen unseres Buches hinaus und berührt grundlegende Fragen der wissenschaftlichen Forschung. Einiges wollen wir jedoch wenigstens andeutungsweise erörtern, weil es zu den Voraussetzungen verständnisvoller Pflege gerade auch unserer Zimmerpflanzen gehört.

*Gefährliche Sonne – tödlicher Schatten!*

»Licht ist die Seele des Pflanzenlebens«, steht als Motto über einer poetischen Betrachtung häuslichen Blumenschmuckes aus der Biedermeierzeit. In unsere Alltagssprache übertragen heißt das: ohne Licht kann keine grüne Pflanze sein. Aber das Lichtbedürfnis ist sehr unterschiedlich. Es bewegt sich zwischen dem Verlangen nach größter Helligkeit und dem Auskommen mit mehr oder minder lichtem Schatten. Helligkeit ist freilich nicht gleichbedeutend mit hemmungsloser Sonneneinstrahlung und dadurch bewirktem Aufheizen von Glasscheiben mit Verbrennungsfolgen; Lichtmangel wiederum bedeutet für jede Pflanze – und erst recht für die in ihrem Lebensraum ohnedies so eingeengten Topfgewächse – eine schwere Beeinträchtigung, wenn nicht gar tödlich wirkenden Entzug der wichtigsten Energiequelle.

*Assimilation oder Fotosynthese*

Ohne Licht kann keine Pflanze Wachstumsvorgänge vollziehen. Erst Licht und Blattgrün zusammen bewirken jenen Vorgang, den wir Assimilation (Angleichung) oder Fotosynthese nennen. Dabei nehmen die Blätter mit ihren mikroskopisch kleinen Spaltöffnungen das gasförmige Kohlendioxid (fälschlich »Kohlensäure«) aus der Luft auf. Dieses Kohlendioxid ($CO_2$) wird dann durch die Lichtenergie, unter Mitwirkung des von den Wurzeln herbeigeschafften Wassers nebst den darin gelösten Nährsalzen, in organische Sub-

*Zimmerpflanzen liefern Sauerstoff*

stanz verwandelt und freiwerdender Sauerstoff durch die Spaltöffnungen ausgeschieden. Diese Abgabe von Sauerstoff gilt als einer der Hauptgründe für die gesundheitsfördernde Wirkung von lebenden Pflanzen in Wohnräumen. Schnittblumen können das nicht leisten.

Wenn aber das Licht so ausschlaggebend für die Daseinskräfte der Pflanzen ist, dann sollte man es ihnen nicht in oft geradezu widersinniger Weise vorenthalten. Vielmehr sollten wir uns immer wieder klarmachen, daß unser Augeneindruck vom Grad der Helligkeit im Raum sehr ungenau ist. Wir finden es auch in einiger Entfernung vom Fenster wohl noch »ganz schön hell«, während dort – vom Assimilationsvermögen einer Wachsblume, einer Klivie, einer Zimmerlinde aus betrachtet – beinahe schon atemberaubende Finsternis herrscht. Aber da doch das Wort »Fotosynthese« fiel: jeder, der fotografiert und dazu einen Belichtungsmesser sein eigen nennt, kann die objektive Lichtstärke selbst nachmessen. Er wird sich überzeugen, wie bei jedem Schritt vom Fenster weg der Zeiger rapide zurückschnellt.

Es gibt auch Tabellen und noch ausführlichere grafische Darstellungen als die hier gezeigten, absichtlich vereinfachenden beiden Übersichten. Und es gibt eine Einteilung aller Zimmerpflanzen in drei Gruppen: die erste und interessanterweise kleinste umfaßt alle jene Gewächse, die völlig unbeschattet in Wüsten, Steppen, im Hochgebirge, auf der Heide und sonstigen Kahlflächen wachsen. Wohlgemerkt: sie vertragen diesen Naturzustand ohne wei-

Licht und Schatten im Raum sind bei objektiver Messung fast immer ganz anders, als das menschliche Auge sie wahrnimmt. Siehe hierzu auch Seite 53.

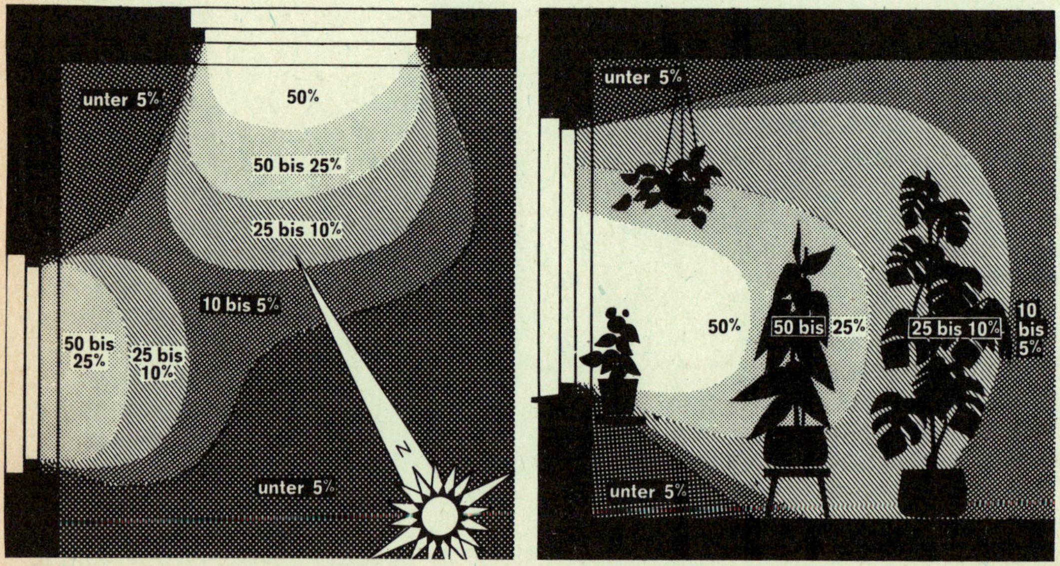

teres, denn er unterscheidet sich wesentlich von Prallsonne und dadurch aufgeheizten Glasscheiben, wie jedes Südfenster es bietet.
Die zweite, weitaus größte Gruppe bilden alle solchen Pflanzen, die volles Tageslicht mit Schutz vor zu starker Besonnung – etwa während der Mittagsstunden oder bei voller Einstrahlung der Nachmittagssonne – verlangen.
Als dritte Gruppe folgen, natürlich mit fließenden Übergängen, die sogenannten Schattenpflanzen. Etliche unter ihnen haben gegen ein bißchen Morgensonne nichts einzuwenden, anderen wieder kann jede direkte Besonnung gefährlich werden. Bodenbedeckungspflanzen des tropischen Regenwaldes wie die Blattbegonien oder das Usambaraveilchen, Farne und Moose wären hier zu nennen. Auch Alpenveilchen und Zimmerazalee mögen keine Sonne, sind jedoch gute Beispiele dafür, daß blühende Pflanzen mehr Helligkeit brauchen als nichtblühende (übrigens nicht nur mehr Helligkeit, sondern auch mehr Wasser!).

*Die Lebensrechte der Pflanzen wahren!*

Der häuslichen Praxis gegenüber erweisen sich diese Grundsätze leider immer wieder als schöne Theorie. Und nur zu oft ist festzustellen, daß unsere modernen »Raumgestalter« mit ihren Blumen allzu großzügig verfahren und über die lebenden Pflanzen verfügen, als ob sie Möbelstücke oder Bilder wären. Etwa so: Leerer Platz neben dem Wohnschrank hinten in der Ecke? Stellen wir den Blumenhocker hin und den Gummibaum drauf! Und der große Schwertfarn kommt selbstverständlich vorn ins Fenster, an den hellsten Platz, wo man ihn gut sieht . . .
Nein, liebe Blumenfreunde, so geht das nicht. Der Mensch trägt – nicht oft genug kann man das wiederholen – auch für seine Zimmerpflanzen Verantwortung. Er braucht sich nicht zu ihrem Sklaven machen und sich den Blumen zuliebe Beschränkungen seiner Wohngemütlichkeit aufzuerlegen. Aber er sollte von Fall zu Fall die Lebensbedürfnisse seiner grünen Freunde mit den Gegebenheiten der vorhandenen Aufstellplätze in Einklang zu bringen suchen.

*Kennzeichen des Lichtmangels sind nicht zu übersehen*

Ob eine Pflanze im Einzelfall genügend hell steht oder nicht, erkennt man vor allem an ihrem Aussehen. Extremste Beispiele für schwersten Lichtmangel: die im dunklen Keller vergeilten, fast weißen Austriebe überwinternder Geranien. Aber auch ein an sich lichtgenügsamer Philodendron zeigt durch größere Abstände zwischen den durch helleres Grün auffälligen Blättern sein Unbehagen am zu lichtarmen Standort. Schäden durch Lichtüberschuß können vor allem bei plötzlichem Platzwechsel vom Dunkeln ins Helle desselben Raumes oder von einem Raum zum andern entstehen. Da fragte zum Beispiel eine Leserin: »Weil meine Kamelie vor der Blüte etwas Sonne haben sollte, trug ich sie jeden Morgen

von ihrem Platz am Nordfenster in das von Morgensonne durchflutete Ostzimmer. Warum sind trotzdem fast alle Blütenknospen und auch schon Blätter abgefallen?«
Sehr einfach: Pflanzen sind »standortgebundene Wesen«. Daraus ergibt sich die als Lichtwendigkeit oder Fototropismus bezeichnete Eigenschaft, stets dem hellsten Licht entgegenzuwachsen, dabei nicht selten ein wenig aus der Form zu geraten und ihren Betreuern die oft weniger schöne, weniger mit Blüten besetzte Kehrseite zu zeigen. Zwingt man nun Fensterpflanzen durch Platzwechsel oder auch nur durch Drehen zu Richtungsänderungen, so wird das unter Umständen schlecht vertragen. Robustere Grünpflanzen haben gegen vorsichtiges Drehen zum Ausgleich von einseitigem Wuchs meist nichts einzuwenden. Auch gibt es sonst noch Anlässe, die sogar erhebliche Standortänderungen unvermeidlich machen: zum Beispiel der Wechsel vom Zimmerplatz zum Übersommern im Freien und das freilich fast immer mit spürbaren Rückschlägen verbundene Wiedereinräumen im Herbst – ebenso das Einsetzen von Ruhezeiten, die keinesfalls im vollbeheizten Wohnraum zugebracht werden dürfen.

*Platzwechsel erlaubt oder verboten?*

Große Empfindlichkeit gegen Drehen und Bewegen zeigen jedoch etliche unserer beliebtesten Blütenpflanzen – voran die Azalee, die Gardenie, viele Kakteen (Weihnachtskaktus, Osterkaktus!), die Kamelie, die Wachsblume während der Entwicklung ihrer Blütenknospen und im Aufblühen. Auch bereits voll erblühte Topfrosen können Blüten- und Laubblätter fallenlassen, und Klivien nehmen es sehr übel, wenn sie ab dem Frühstadium der Entwicklung ihrer Blütenstände noch bewegt oder gedreht werden. Näheres darüber auch bei den Einzeldarstellungen.
Abhilfe gegen jede Veränderung des Lichteinfalles schafft die »Lichtmarke«: ein Strich mit Rot- oder Blaustift am Blumentopf und ein zweiter als »Passer« auf dem Fensterbrett oder ähnliche Hilfsmittel – kleine Kleber aus farbigem Tesaband, Markierungsstäbchen und was immer man sich ausdenkt – verhüten das unliebsame Drehen bei Einzelaufstellung, auch wenn etwa die Pflanzen nur kurzfristig zum Lüften oder Fensterputzen vom angestammten Platz weggenommen werden müssen.

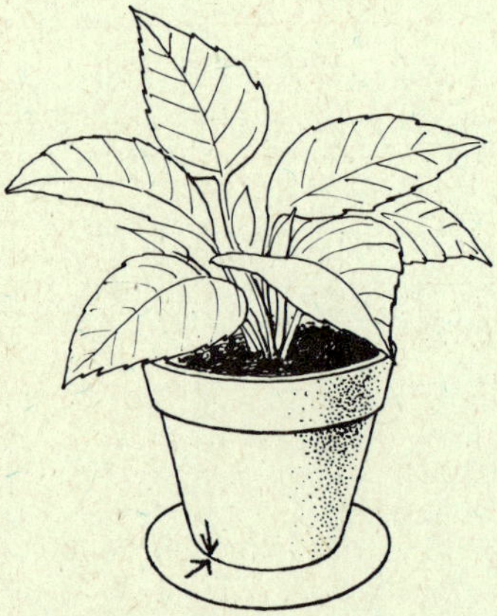

Hilfreiche »Lichtmarke« mit »Passer« an Topf und Standfläche

Wer klug ist, zieht daraus den Schluß, daß Einzeltöpfe aus diesem wie aus anderen Gründen eigentlich immer nur ein Notbehelf bleiben. Einfüttern in torfgefüllte Kästen oder Pflanzenwannen ist in jedem Fall besser. Wo aber die Fenstersituation dies nicht gestattet, da sollte man wenigstens die Blumentöpfe in flachen Blech- oder Kunststoffschalen zusammenfassen (siehe auch Seite 78). Und wo ein solcher zur Vermeidung von Fußbädern mit grobem Kies oder Kieselsteinen ausgelegter »Gemeinschafts-Untersetzer« zu schwer wird, lassen sich zwei oder drei nebeneinander

*Bitte weiterlesen auf Seite 54!*

# Standort und Himmelsrichtung

## Nordseite
(etwa Nord-Nordwest bis Nord-Nordost)

**Vorzüge:** Ohne abdunkelndes Gegenüber alle Vorzüge des »lichten Schattens« und ausgeglichene Temperatur. Beste Lage für alle Schattenpflanzen einschließlich der Bewohner des tropischen Regenwaldes. Leichte Pflege: keine Verbrennungs- oder Trockenschäden durch unterlassenes Gießen oder Schattieren. Keine Schattierung erforderlich – Rolläden oder Gitter nur zum Hausschutz.

**Nachteile:** Zu tiefer Schatten durch dichte Bäume oder hohe Häuser kann Tageslichteinfall pflanzenschädigend vermindern – Ausgleich durch Kunstlicht möglich. In ausgesetzten Lagen als Wetterseite kälteanfällig – Nachtfrostgefahr – Ausgleich durch beste Isolierung von Mauerwerk und Frontscheibe; als Schutz gegen Wind und Strahlungskälte Rolladen ratsam. Gegen zu starke Abkühlung des Füllsubstrates von Pflanzenwannen (Blumenfenster!) thermostatisch geregelte Kabelheizung anbringen; Topfgewächse vor Unterkühlungsschäden durch »Kalte Füße« schützen.

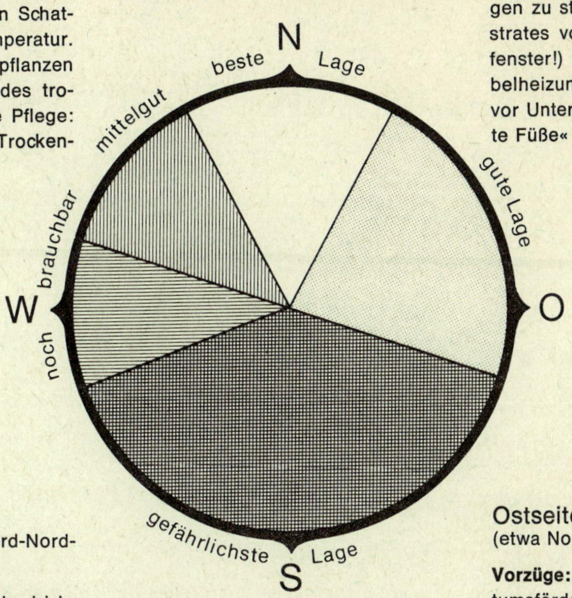


## Westseite
(etwa West-Südwest bis Nord-Nordwest)

**Vorzüge:** Nur die mehr der Nordrichtung angenäherten Lagen bieten mit den langen Strahlen der Spätnachmittags- und Abendsonne leidlich gute Pflegemöglichkeiten für Pflanzen mit hohem Licht- und Wärmebedarf.

**Nachteile:** Reine Westlage und Westlage mit südlichem Einschlag ergeben bei voller Sonneneinstrahlung ungefähr die gleichen Mißhelligkeiten durch Aufheizen der Scheiben und nächtliche Abkühlung wie die Südlagen. Die der Nordrichtung angenäherten Westlagen sind häufig auch Wetterseiten wie die Nordlagen.

## Südseite
(etwa Ost-Südost bis West-Südwest)

**Vorzüge:** Außer der längsten Tageslichtdauer und der größten Helligkeit keine.

**Nachteile:** Ohne eine pünktlichst bediente Schattenvorrichtung nur bei bedecktem Himmel ungefährlich für die Pflanzen. Volle Besonnung selbst für Kakteen und andere Sukkulenten aus Wüstenklima wegen zu starken Aufheizens der Scheiben unerträglich; Schäden durch Lufttrockenheit und Gießfehler (Ballentrockenheit, Blattverbrennungen) wirken sich besonders nachteilig aus. Bei Winterwetter sehr hohe Spanne zwischen Tages- und Nachttemperaturen.

Wichtig: Schattenvorrichtungen unbedingt außen anbringen; für Regulierbarkeit der Lichtdurchlässigkeit sorgen. Ständige, zu dichte Schattierung ist ungünstiger als Nordlage mit tiefem Schatten.

## Ostseite
(etwa Nord-Nordost bis Ost-Südost)

**Vorzüge:** Fenster der milden, wachstumsfördernden Morgensonne. Bietet in der mehr nördlichen wie in der mehr südlichen Hauptrichtung weiten Spielraum für die Zusammenstellung schöner und dauerhafter Gruppen. Gut für alle Pflanzen mit Neigung zum halbschattigen Standort. Gefahr von Verbrennungs- oder Trockenschäden gering.

**Nachteile:** Bei nördlichem Einschlag manchmal als Wetterseite kälteanfällig. Bei stärkerem Sonneneinfall Schattierung nötig. Schutz gegen scharfe Wintersonne, so lange schattenspendende, nur sommergrüne Außenbepflanzung unbelaubt ist.

*Seitenlicht und Kopflicht*

einpassen. Sie sind dann im Bedarfsfalle leicht wegzuheben und ohne Änderung des Lichteinfalles für die Pflanzen wieder hinzustellen. Selbstverständlich entstehen diese Schwierigkeiten mit dem Lichteinfall immer nur bei dem Seitenlicht konventioneller Fenster. Wo Pflanzen, wie in der freien Natur, ringsum vom Tageslicht umgeben sind, brauchen sie sich nicht auf der Suche nach mehr Licht zu verrenken oder aus Lichtmangel ihr Längenwachstum wahrlich oft bis ins Maßlose zu übersteigern. Auch dort, wo Glashäuser fast den Idealzustand natürlicher Helligkeit erzielen und ihre Bewohner mit »Kopflicht« versorgen, bringt der Fototropismus keine Gefahr.

*Pflanzenwuchs mit Kunstlicht ist keine Hexerei!*

Jeder Blumenfreund weiß heutzutage, daß man zum Ausgleich bei Lichtschwierigkeiten auf Kunstlicht zurückgreifen kann. Fortgeschrittene verstehen sich wohl gar darauf, mit Hilfe von Zusatzbeleuchtung die Blühwilligkeit bestimmter Zimmerpflanzen zu steigern. Dazu ist allerdings zwischen lichtneutralen, Kurztagspflanzen und Langtagspflanzen zu unterscheiden.

*Kurztagspflanzen brauchen weniger Licht zur Blütenbildung*

Kurztagspflanzen bilden nur während der dunkleren Jahreszeit mit weniger als 12 Stunden Licht Blütenknospen. Überzeugendstes Beispiel: *Euphorbia pulcherrima,* der Weihnachtsstern, dessen »Wiederblüte« mit Einfärbung der Hochblätter an den Triebspitzen trotz sonst prächtig gelungener Weiterkultur zum Leidwesen seiner Besitzer konsequent ausbleibt. Grund: die Pflanze bekommt zuviel Licht. Es genügt dazu die abends eingeschaltete Zimmerbeleuchtung! Sie fördert nur das »vegetative Wachstum« und läßt eine üppige Blattpflanze entstehen, während das »generative Wachstum« der Blühanlagen völlig unterdrückt wird. Hingegen kann man einen entsprechend vorgetriebenen Weihnachtsstern zu jeder beliebigen Jahreszeit zum Blühen bringen, wenn sich bei normaler Pflege für 8–10 Wochen ein pünktlich durchgeführter Wechsel zwischen jeweils zehn Stunden Tageshelle und 14 Stunden Dunkelheit bewerkstelligen läßt. Aber bitte nicht mit Hin- und Hertragen, sondern am gewohnten Standort!
Langtagspflanzen brauchen umgekehrt zur Blütenbildung mehr als 12 Stunden Tageslicht. Daß dies – im natürlichen Verlauf der Jahreszeiten – die Domäne der Sommer- und Frühherbstblüher ist, bedarf wohl keiner weiteren Ausführungen. Man sieht daraus: ungewöhnliche Blütezeiten bei Zimmerpflanzen, wie wir sie oft mit Staunen erleben, sind keine Zauberkunststücke, sondern das Ergebnis hoher Sachkenntnis und technischer Perfektion in den einschlägigen Gartenbaubetrieben. Natürlich gibt es für die Abhängigkeit bestimmter Pflanzen von dem Licht-Dunkel-Rhythmus auch ein wunderschönes Fremdwort: es heißt »Fotoperiodismus«.

*Kunstlicht ohne Tageslicht?*

Wachstum und Blühwilligkeit der Zimmerpflanzen schon bei der Aufzucht im Gewächshaus durch Dreingabe von Kunstlicht zu steuern, ist eine alte Sache, deren sich auch Blumenfreunde oft genug bedienen. Doch wenn man sich dabei auf stundenweise Ergänzung fehlenden Tageslichtes beschränkte und immer wieder betonte, daß es mit Kunstlicht allein nicht zu schaffen wäre, so hat technischer Fortschritt auch diese alte Gärtnerweisheit inzwischen außer Kurs gesetzt. Da die Dinge hier ständig in Fluß sind und immer bessere, immer vollkommenere Spezial-Leuchten für Zusatz- wie für Alleinbelichtung entwickelt werden, lohnt es nicht, an dieser Stelle Namen und Typen zu nennen, die morgen schon überholt sind. Einige Angaben über Blumenpflege mit Kunstlicht allein finden sich in den Kapiteln über die Hydrokultur auf den Seiten 47/48 und 95. Neueste Strahler enthalten – auch für Mensch und Haustier von Wert – das gesamte Tageslicht-Spektrum.

*Vom Übersommern im Freien*

Unsere Betrachtungen über den Standort wären unvollkommen, wenn dabei nicht auch das Übersommern im Freien zur Sprache käme. Je nach Lage – im milden Südwesten mit Weinklima bald nach den Eisheiligen, in nördlicheren und östlicheren Gegenden zwei bis drei Wochen später – kommt die Zeit des Überlegens, was im Zimmer bleiben muß, was drin oder draußen gedeiht, und welche Topfgewächse den Freilandaufenthalt kaum entbehren können? Aufstellung siehe Tabellen ab Seite 353.

Vor der Verbringung an den endgültigen Sommerplatz ist besonders für lichtbedürftige Pflanzen eine gewisse Abhärtung wünschenswert, denn die klimatischen Verhältnisse im Freien sind halt doch ganz anders als »Zimmerluft«. Am günstigsten wirkt eine Übergangsperiode bei lauem Regenwetter – notfalls eine Zwischenstation an schattiger, windgeschützter Stelle.

Keinesfalls soll man – wie schon in anderem Zusammenhang erwähnt – die Sommerurlauber austopfen. Dieser Schutz vor zuviel Wurzelfreiheit ist eine Vorsichtsmaßnahme auf lange Sicht. Die Folgen zeigen sich im Herbst, wenn das »durchgegangene« Wurzelwerk in keinen Topf mehr paßt und dadurch oft so schwere Schäden entstehen, daß vom prächtigen Gedeihen bald keine Spur mehr bleibt. Und das ist dann viel schlimmer als jene Rückschläge, die sich ohnedies einstellen, wenn die ersten kühlen Nächte mit Temperaturen von 8–10° C zum Einräumen zwingen.

Dies ist natürlich nur ein Durchschnittswert, der je nach Pflanzenart Korrekturen nach unten wie nach oben verträgt. Man richte sich hier für die Verbringung ins Freie zur Sommerzeit ebenso wie für das Einräumen nach den Einzeldarstellungen, wobei zur Vermeidung von Unterkühlungsschäden auch während der Überwinterung besonders die Tiefstwerte (»nicht unter . . .«) zu beachten sind. Darüber hinaus sei hier zusammenfassend angemerkt, wie es mit der grundsätzlichen Eignung unserer Zimmerpflanzen für den Aufenthalt im Freien bestellt ist.

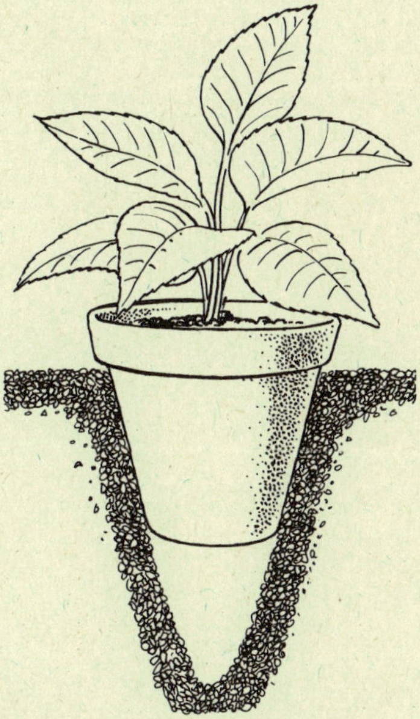

Das Einsenken von Blumentöpfen im Freien mit Hohlraum verhütet Eindringen von Bodenschädlingen und bei festem Erdreich stauende Nässe.

*Typische Warmhauspflanzen bleiben im geschlossenen Raum*

Daß die Warmhauspflanzen aus tropischen Regenwäldern dem kurzen mitteleuropäischen Sommer außerhalb geschlossener, klimatisierter Räume nicht gewachsen sind, steht wohl außer Zweifel. Andererseits gibt es unter jenen, die an sich ganzjährig ins Zimmer gehören, doch einige, denen Balkon, Terrasse oder Garten gut bekommen. Dies gilt für eine beachtliche Anzahl von Kakteen wie *Aporocactus* (Schlangenkaktus), große Kugel- und Säulenkakteen sowie die einst *Phyllocactus* genannten großen Blattkakteen, die heute botanisch meist zu den *Epiphyllum*-Arten zählen (bitte nicht mit Weihnachts- und Osterkaktus verwechseln!).

*Grenzfälle, Ausnahmen und Verschiedenes*

Wes Name ihn ausdrücklich als Zimmerpflanze ausweist, muß deshalb durchaus kein permanenter Stubenhocker sein: Zimmerahorn, Zimmerakazie, Zimmeraralie, Zimmerazalee, Zimmerhafer, Zimmerhopfen und Zimmertanne stehen liebend gern draußen. Nur die Zimmerlinde ist dagegen und nimmt unter Umständen schon Übersommerungsversuche auf dem Balkon übel. Beim Gummmibaum sind die Blumenfreunde geteilter Meinung. Er ist – wie manche andere altgediente Zimmerpflanze – ein Grenzfall, mit dem man gute und schlechte Erfahrungen machen kann. Ähnlich geht es mit der Grünlilie *(Chlorophytum)* und mit den Tradeskantien (ausgenommen natürlich die typischen Freilandarten), denen man allenfalls einen sehr geschützten Balkonplatz anbieten darf. Die robuste *Passiflora coerulea* (nur diese!) dagegen ist ebenso wie der Judenbart *(Saxifraga stolonifera)* schon fast eine Freilandpflanze, die in milden Gegenden, entsprechend abgedeckt, sogar draußen überwintern kann. Vergleichen Sie bitte hierzu das Bild Seite 285!

Unter jenen »Hausblumen«, die fast unabdingbar auf Übersommern im Freien angewiesen sind, ist außer echten Balkon- und Kübelpflanzen von Aukuba bis Oleander nebst Fuchsien und Geranien vor allem die Kamelie zu nennen. Zu ihr gesellen sich die schon erwähnte Zimmerazalee, die Zimmerkalla und – nach neueren Erfahrungen – nur mehr bedingt das Alpenveilchen.

Das Thema als solches, mit all seinen Wagnissen klimatischer Zwischenfälle und individueller pflanzlicher Besonderheiten, ist schier unerschöpflich und weniger als alle anderen Ratschläge zu erfolgreicher Blumenpflege in strenge Regeln zu pressen. Probieren geht hier wahrlich über Studieren ...

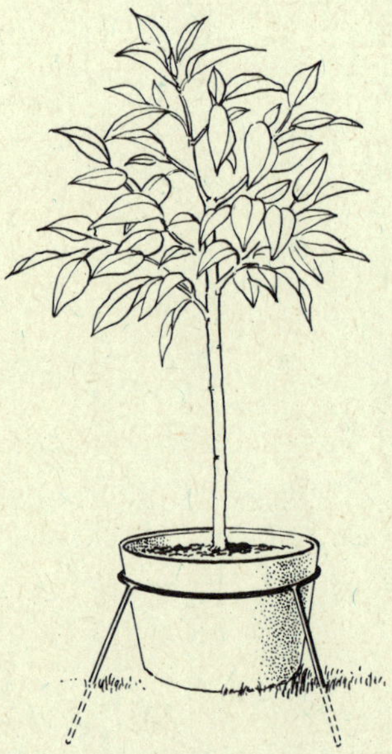

Kein Umfallen für größere Pflanzgefäße und Kübel mit einem Dreifuß aus Rundeisen! Bei festem Bodenbelag Füße entsprechend kürzen.

# Wasser und Wärme

*Hartes Wasser ist schädlich*

Eines der Hauptprobleme unserer häuslichen Blumenpflege ist die Beschaffenheit des Wassers. Rund die Hälfte aller Wasserhähne in unseren Breiten spendet ein für Mensch und Tier zwar gesundes, für die Blumen aber zu hartes Wasser. Sein hoher Kalkgehalt ruft mit der Zeit schwerwiegende Veränderungen der Topferde hervor. Es entsteht eine Alkalisierung oder Verlaugung, die wie ein schleichendes Gift wirkt und die Pflanzen um so rascher zum Erliegen bringt, je weniger sie ihrer Herkunft nach den durch die Wasserhärte bewirkten chemischen Veränderungen ihres Wurzelgrundes gewachsen sind. Sichere Kennzeichen der Verkalkung: weiße Ausblühungen an irdenen Blumentöpfen (siehe Zeichnung Seite 60), Kalkspuren auf Blättern und Glasscheiben durch das Sprühen mit zu hartem Wasser; im Randgebiet zwischen Topf und Erde nicht selten Besatz mit säuerlich riechenden Blaualgen. Um solche wasserbedingten Schäden an den Pflanzen zu vermeiden, ist also genaue Kenntnis des Härtegrades unerläßlich. Der offizielle Weg zu seiner Ermittlung geht über die für Laien etwas komplizierte Bestimmung der chemischen Reaktion durch den pH-Wert.

*Das System der pH-Werte*

Wie die Grafik am Fuß der Seite zeigt, verläuft seine Skala vom Neutralpunkt pH 7 in der Mitte nach beiden Seiten: rechts liegen bis pH 14 die pflanzenfeindlichen alkalischen Reaktionen, in deren Bereich kein Pflanzenwuchs mehr gedeihen kann; links vom Neutralpunkt liegen jene niedrigeren pH-Werte, die eine pflanzenfreundliche saure Bodenreaktion anzeigen. Der überwiegende Teil unserer Zimmerpflanzen – einschließlich der meisten Kakteen und anderen Sukkulenten – begnügt sich mit pH-Werten zwischen 5,5 und 6,5. Nur ausgesprochen kalkfeindliche Gewächse wie Azalee und Kamelie, Orchideen und andere Pflanzen des tropischen Regenwaldes dagegen verlangen niedrigere pH-Werte bis

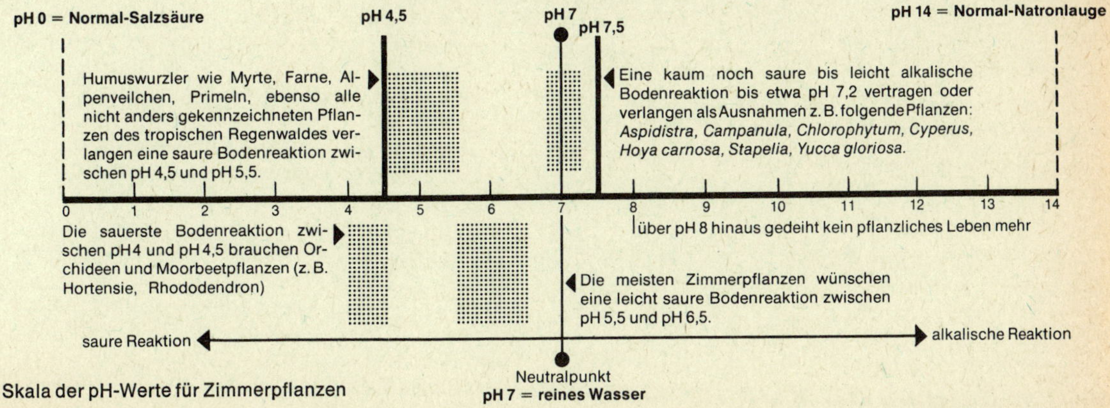


Skala der pH-Werte für Zimmerpflanzen

zur Tiefstgrenze von pH 4 und eine entsprechend saure Bodenreaktion, von der dieses ganze System ja seinen Ausgang nimmt. Daneben gibt es noch eine zweite Methode, zwar nicht die chemische Reaktion, aber doch den Kalkgehalt des Wassers zu ermitteln: das ist die bei jedem bundesdeutschen Wasserwerk und an vielen ähnlichen Stellen übliche Messung nach Härtegraden – bei uns »Deutsche Härtegrade« (DH) genannt. Sie sind übrigens auf Anfrage bei den betreffenden Institutionen ohne weiteres zu erfahren und erlauben – von extremen Grundwasserverhältnissen abgesehen – für den Blumenfreund ausreichende Rückschlüsse auf die Eignung seines Leitungswassers zur Blumenpflege. Denn zur Vereinfachung der Situation kann man den pH-Wert und die Deutschen Härtegrade gewissermaßen auf einen Generalnenner bringen. Unter normalen Umständen hat nämlich »weiches Wasser« mit niedrigem DH-Wert auch einen niedrigen pH-Wert. So entsprechen beispielsweise 8–9° DH ungefähr pH 5,5–6,5. Für unsere Blumenpraxis heißt das: abgesehen von sehr kalkempfindlichen Pflanzen brauchen bei einem solchen Wasser keine besonderen Enthärtungsmaßnahmen getroffen zu werden.

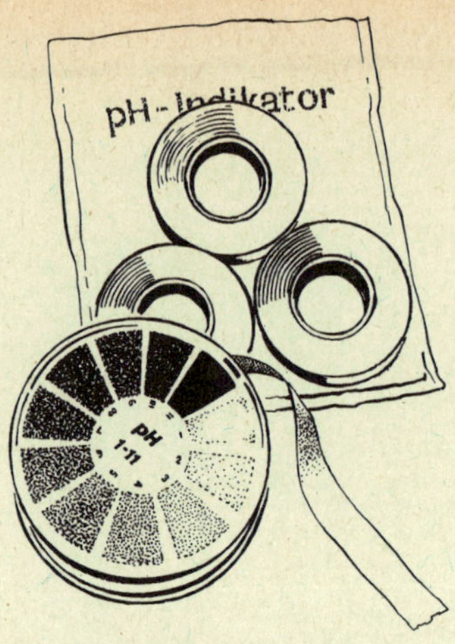


Der praktische pH-Indikator mit seiner farbigen Skala der pH-Werte im Dosendeckel

## Wasserenthärtung für den Hausgebrauch

Bis 10° DH empfiehlt sich Abstehenlassen über Nacht in Gefäßen mit möglichst großer Oberfläche; bis etwa 12° DH soll man das Wasser zum Gießen und Sprühen abkochen, wodurch der Kalk als Kesselstein ausfällt. Für Wasserhärten von 12–15° DH gibt es eine Enthärtung mit Torf, für die jedoch leider nur sehr ungenaue gärtnerische Faustzahlen vorliegen. Da aber Torf auch in größeren Mengen nie schaden kann, so darf man unbesorgt 1–2 Pfund trockenen Torf, lose in ein oben fest zugebundenes Säckchen aus durchlässigem Stoff gefüllt und – ebenfalls über Nacht – in eine 5–6-Liter-Gießkanne gehängt, als ausreichenden Enthärtungsfaktor verwenden. Nach zweimaligem Gebrauch erneuern. Für höhere DH-Grade ebenso wie für die entsprechenden pH-Werte (etwa ab pH 6,5–7) genügt keines dieser Hausmittel. Hier helfen nur noch chemische Präparate, die genau nach Vorschrift dem Wasser zugefügt werden, wobei man ihre Reaktion mit einem hierfür geeigneten Indikatorpapier überprüft. Bitte vormerken: nicht jedes Indikatorpapier spricht auf Wasserhärte an, deshalb empfehle ich das von mir in Jahren – speziell auch für die Hydrokultur erprobte Präparat von Riedel de Haën (siehe Zeichnung und Bezugsquellennachweis). Man bekommt es in einer glasklaren Kunststoffdose mit der Farbskala im Deckel.

Mit voller Absicht habe ich übrigens bei diesen Erörterungen das früher stets so hochgepriesene Regenwasser ausgeklammert.

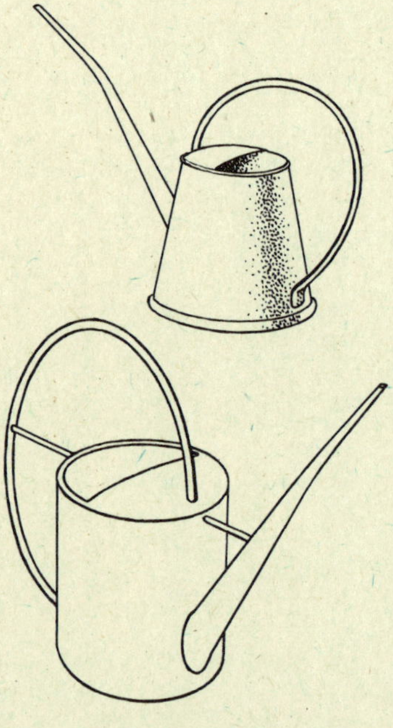

Handliche Gießkannen sollen einen leicht durch die Hand laufenden Bügel und ein unten verbreitertes Gießrohr haben.

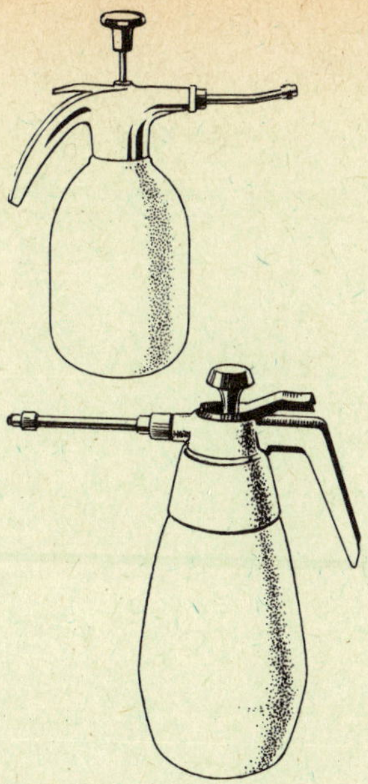

Handsprühgeräte genügen zur kurzen Erfrischung, verursachen allerdings Tröpfchenbildung.

Zwar ist es nach wie vor wunderbar weich, aber fast überall so stark verschmutzt, daß aufbereitetes Leitungswasser bei weitem den Vorzug verdient. Schneewasser aber enthält noch viel mehr pflanzenfeindliche Stoffe – vor allem Ölderivate – aus der besonders in den Ballungsgebieten großer Industriestädte im Winter hoffnungslos verschmutzten Luft.

Halten wir noch fest, daß es in fast jeder Pflegeanleitung des Pflanzenteiles einen Abschnitt über Gießen und Sprühen gibt. Auch dort wird immer wieder gefordert, nie kaltes Wasser frisch aus der Leitung zu verwenden. Alle Zimmerpflanzen – auch wenn sie am »kühlen, frostfreien Ort« der Winterruhe pflegen – brauchen angewärmtes Wasser. Die hier verlangte »Zimmertemperatur« ist freilich ein etwas dehnbarer Begriff. Er liegt zwischen 20–24° C. Wichtig ist schließlich, daß weder zuviel, noch zuwenig, weder »nach Gutdünken« noch stur nach dem Kalender gegossen wird, sondern entsprechend dem wirklichen Wasserbedarf, der sich aus körperlicher Beschaffenheit der Pflanzen, ihrem Wachstumsrhythmus und ihrem Standort ergibt.

Schließlich sei noch festgestellt, daß man selbst bei einem nicht allzu großen Zimmerpflanzenbestand während der Wintermonate mit ihrem oft katastrophalen Absinken der Luftfeuchtigkeit kaum ohne einen Luftbefeuchter für Dauergebrauch auskommt.

## Bodenwärme, ein wichtiger Wachstumsfaktor

Ausreichende Bodenwärme gehört mit zu den wichtigsten Voraussetzungen vor allem einer gedeihlichen Winterpflege. Leider machen viele Blumenfreunde gerade auf diesem Gebiet große Fehler: sie prüfen allenfalls die Lufttemperatur, kümmern sich aber wenig darum, wie es mit der Bodenwärme beschaffen ist. Dabei ergibt sich immer wieder, daß die gegenüber Unterkühlungsschäden empfindlichen Pflanzen eher geringere Luftwärme als einen »kalten Fuß« und womöglich noch Bodennässe vertragen.

Auch möge man durch Messungen einmal selbst nachprüfen, welche großen Unterschiede oft zwischen Lufttemperatur und Bodenwärme bestehen: es können bei schlecht isolierten Fenstern ohne weiteres 8–10° sein. Schwere Wurzelschäden bis zum Eingehen sind die Folge. Besonders Tropenpflanzen leiden leicht unter »Kalten Füßen«, weil sie auch bei gemindertem Wachstum im Winter eine Bodenwärme nicht unter etwa 18° C brauchen. Mit den heutigen Kabelheizungen (siehe S. 70) ist das leicht zu bewältigen. Freilich muß man auch vor Ballentrockenheit auf der Hut sein und seine Zimmerpflanzen vor zu warmen Füßen bewahren. Im Kapitel »Blumenpflege im Jahresablauf« (S. 76) steht darüber noch mehr, und auch im Pflanzenteil wird immer wieder darauf hingewiesen.

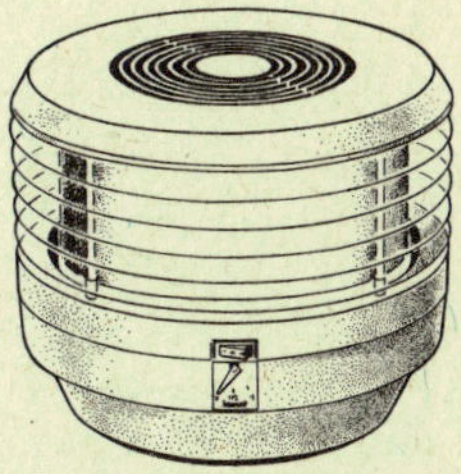

Der moderne Luftbefeuchter nach dem Verdunstungsprinzip arbeitet fast geräuschlos und sättigt die Luft ohne Tröpfchenbildung; zum Dauerbetrieb ohne Verkalkung nur voll enthärtetes – besser destilliertes – Wasser nehmen. Die Luftfeuchtigkeit kann durch Zwischenschaltung eines Hygrostaten automatisch gesteuert werden. Das Rundgerät eignet sich gut zum Einstellen in Tropenfenster und Blumenvitrinen. Größere Modelle auf Rechteckbasis im Handel.

# Erden, Substrate, Düngung

Schon bei unseren Altvordern galt es als ein ungeschriebenes Gesetz aller Zimmerpflanzenkultur, daß man dazu keine gewöhnliche Gartenerde, sondern speziell zubereitete »Blumenerden« verwendet. In alten Fachbüchern wurden Dutzende von Haupt- und Hilfserden nebst ihrer ausgeklügelten Zweckbestimmung genannt. Und manche Geheimniskrämerei war im Spiel, wenn es beispielsweise um die Gewinnung einer superzarten Erde aus Maulwurfshügeln oder um die Bereitung der echten Kuh-Lagererde ging. Auch den von fleißigen Gärtnerinnen aus Liebe in hohlen alten Weiden oder Eichen zusammengeklaubten Humushäufchen wurden schier überirdische Wachstumskräfte nachgesagt.

*Qualitätsfragen mit negativen Antworten*

Inzwischen ist auch auf dem Sektor Blumenerde vieles anders geworden. An die Stelle fast mystischer Verklärung des Elementarstoffes zur Füllung unserer Blumentöpfe trat unverhüllter Geschäftssinn, seit mit dem »Zimmerpflanzenboom« der Bedarf an Blumenerde und die Zahl unkritischer Verbraucher ins Ungemessene stiegen. Eine unlängst vorgenommene wissenschaftliche Untersuchung von einhundert verschiedenen Proben unterschiedlichster Herkunft ergab, daß »sämtliche Nährstoffgehalte und ebenso der pH-Wert innerhalb der für Topfpflanzen maßgeblichen Gehaltsbereiche sehr große Schwankungen aufwiesen.« Keinem Blumenfreund kann es aber gleichgültig sein, ob er bei Blumenerde, die laut Zusicherung auf dem buntbedruckten Beutel vorgedüngt sein soll, je Liter 0,24 g oder 14,8 g wasserlösliche Düngesalze geliefert bekommt. Ebenso ergab die Prüfung der Bodenreaktion mit Werten zwischen pH 2,9 – also viel zu sauer – und pH 7,2 – also viel zu alkalisch – geradezu lebensgefährliche Unstimmigkeiten. Von den krassen Preisunterschieden ohne jede Qualitätsgewähr ganz zu schweigen ...

Fest steht leider noch immer: Blumenerde in der Bundesrepublik ist ein trauriges Kapitel, denn es gibt keinen amtlichen Kontrollzwang und nur wenige verantwortungsbewußte Hersteller, die sich laufend einer freiwilligen Selbstkontrolle für ihre Produkte unterwerfen. Eine dieser standardisierten Markensorten ist die bekannte Einheitserde nach Professor Fruhstorfer. Sie besteht hauptsächlich aus den vergießfesten, faulungsfesten Substanzen Weißtorf und Ton, bietet Langzeitdüngung für drei Monate und einen verbürgt schwachsauren pH-Wert, der ebenso wie die übrigen Bestandteile dem Durchschnittsbedarf der meisten Topfgewächse angepaßt ist. Einheitserde – kurz EE genannt – wird für den Liebhabergebrauch in Kleinpackungen von 2,5–5,0 Liter Inhalt geliefert. Ebenfalls einer ständigen wissenschaftlichen Kontrolle unterliegt Composana, die Qualitäts-Blumenerde aus dem bekannten

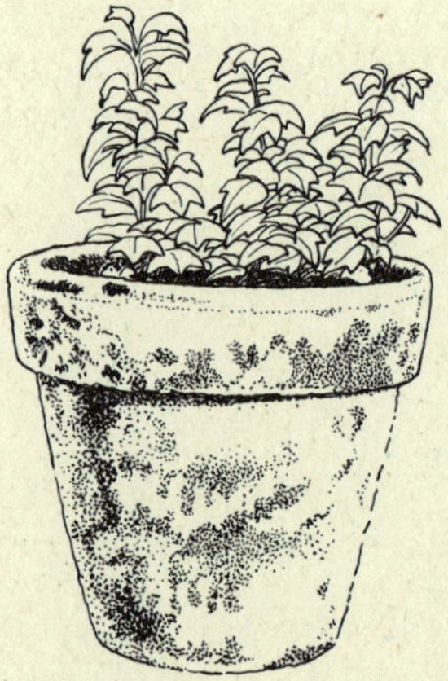

Weiße Ausblühungen am Topf und kümmerlicher Wuchs: die sichtbaren Folgen falscher Bodenreaktion.

Sphagnum oder Sumpfmoos (1/2 nat. Größe) wurde einst zum Grundstoff der Jahrtausende alten Torflager.

Compo-System. Sie besteht aus verschiedenen hochwertigen Torfen, darunter veredeltem holländischem Schwarztorf. Zur besseren Luft- und Wasserzufuhr sind »weiße Atmungsflocken« in Gestalt von Hygromull und Styromull beigegeben. Ausgeglichener Nährstoffgehalt und schwach saure Bodenreaktion gehören auch hier zu den garantierten Eigenschaften. Als Pflanzenerde für Kakteen und andere Sukkulenten sei das nährstoffärmere Erdgemisch Compo-Cactea genannt.
In den Kulturanleitungen des Pflanzenteiles sowie im Kapitel »Vermehrung« wird nicht selten auf »scharfen Sand« als wärmende, wachstumsfördernde, desinfizierende und heilende Kraft hingewiesen. Man versteht darunter einen kalkfreien, ziemlich groben Quarz- oder Flußsand. Wohlgemerkt: gewöhnlicher Grubensand oder Bausand ist nicht kalkfrei und sollte deshalb fernbleiben.

## Torfkultursubstrat und andere Kultursubstrate

*Torf gegen Kalk und viele andere Übel*

Ein Mittelding zwischen Erdgemischen und chemisch neutralen Substraten, wie man sie beispielsweise für die Hydrokultur benötigt, ist das vom Torfstreuverband entwickelte TKS (= Torfkultursubstrat). Es eignet sich besonders für kurzlebige Pflanzen in Kästen und Schalen sowie zum Nachdüngen durch Oberflächenabdeckung des Topfballens von Pflanzen, die einer mehr oder weniger sauren Bodenreaktion zuneigen. TKS ist ein gebrauchsfertiges, keimfreies Einheits-Substrat aus aufbereitetem reinem Weißtorf mit einem für 4–6 Wochen ausreichenden Volldünger-Nährstoff-Vorrat: dazu ein Markenerzeugnis von zuverlässiger Qualität, rationell und angenehm im Gebrauch, vor allem für kalkempfindliche Zimmerpflanzen zu empfehlen.
Im übrigen versteht man unter Kultursubstraten vorab anorganische, also keine Erde enthaltende Stoffe, zu denen auch die als »Kunsterden« bezeichneten modernen Spezialerzeugnisse der chemischen Industrie gehören. Mit allen Vorzügen der chemischen Indifferenz, der Strukturstabilität, Faulungsfestigkeit und einigen anderen, vom Gebrauchszweck bestimmten Eigenschaften ausgerüstet, spielen die Kultursubstrate bei vielen Anzuchtverfahren des Erwerbsgartenbaues und für den Liebhaber bei der mit Recht als »erdelos« bezeichneten Hydrokultur eine bedeutende Rolle.

*So »zähmt« man Styromull*

Ihre wichtigen Aufgaben als Beigabe zu bestimmten Erdmischungen wurden bereits erwähnt. Wer etwa beim Umtopfen Styromull verwendet und sich über seine Neigung zu »Schneegestöber-Effekten« ärgert, möge das federleichte aufgeschäumte Polystyrol mit einer zehnprozentigen Lösung des bekannten Volldüngers Nitrophoska blau extra übergießen: dann wird Styromull zahm wie ein Lämmchen und liegt still wie feuchter Torf.

Grundsätze zur Sicherung des Nährstoffbedarfs

In den vorangehenden Kapiteln ebenso wie im Pflanzenteil ist der Düngung als einem der wichtigsten Wachstumsfaktoren schon breiter Raum gegeben. Hier sei daher nur nochmals festgestellt, daß mit ganz wenigen Ausnahmen (z. B. Topfprimeln) die Zimmerpflanzen nur während ihrer genau umgrenzten Wachstumszeit gedüngt werden dürfen. Der Handel bietet eine Fülle von Blumendüngern an. Markenpräparate enthalten den Durchschnittsbedarf an Hauptnährstoffen sowie häufig noch weitere wachstumsfördernde oder die Blühwilligkeit anregende Substanzen. Gute Blumendünger sollen keinen zu hohen Stickstoffgehalt haben, weil dadurch zwar als scheinbarer Erfolg zunächst das Blattwachstum gefördert wird, während im weiteren Verlauf der kernige, straffe Wuchs und die Blütenbildung zu wünschen übrig lassen. Harmonisch abgestimmte Volldünger weisen für die drei Kernnährstoffe Stickstoff (N), Phosphorsäure (P) und Kali (K) die Verhältniszahlen 6:4:6 aus. Eine Sonderstellung gebührt dem Dünger für Kakteen und andere Sukkulenten aus Wüsten- und Steppengebieten; hier gilt als Verhältniszahl etwa 4:7:9 – also wenig Stickstoff, aber viel Phosphorsäure und noch mehr Kali. Flüssigdünger, die dem Gießwasser zugesetzt werden, sind allen anderen Formen vorzuziehen; im übrigen bitte Gebrauchsanweisungen genau beachten, denn zuviel Düngen ist eine der häufigsten und schwersten Sünden wider das Wohlergehen unserer grünen Freunde.

Der Lohn guter Pflege: eine Drazäne blühte nach zwanzig Jahren.

# Pflanzgefäße und ihre Funktionen

Wenn man bedenkt, daß die Pflanzen im allgemeinen und die Zimmerpflanzen im besonderen – anders als alle übrigen Lebewesen – standortgebunden ihr ganzes Leben am gleichen Platz, im engen Gefäß verbringen müssen, so ergibt sich daraus fast zwangsläufig, welche wichtige Rolle dabei die Pflanzgefäße spielen. Nicht auf das oberirdische Wachstum kommt es hier an, sondern auf das, was in der Erde steckt: auf die Wurzeln, die in ihrer Vielgestaltigkeit dem oberirdischen Aufwuchs kaum nachstehen. Schon in der Schule haben wir gelernt, daß es zwei Hauptgruppen von Wurzelträgern gibt: einmal die Pfahlwurzler mit ihrem tiefgehenden »Wurzelstamm« nebst kräftigen Seitenwurzeln, und zum andern die Flachwurzler mit einem feinen, in geringer Bodentiefe nach allen Seiten ausgebreiteten Wurzelsystem. Bei Zimmerpflanzen – insbesondere bei den Kakteen – spricht man wohl auch von »Rübenwurzeln«, die untergebracht werden müssen.

Haupttypen des Blumentopfes: links normal, Mitte flach, rechts hoch; konische Form erleichtert das Umtopfen durch leichtere Lösung des Ballens.

*Einblick ins Reich der Wurzeln*

Daß alle diese Wurzeln im engen Blumentopf ganz andere Formen annehmen und hier als ein Gewirr starker Verzweigungen, dort als verfilzte Masse in Erscheinung treten können, weiß jeder Blumenfreund. Bekannt ist auch das Streben vieler Wurzeln, sich – besonders bei porösen, in feuchtes Substrat eingebetteten Pflanzgefäßen – als oft mehrere Zentimeter starke, netzartige Schicht den Innenwandungen anzuschmiegen, weil sie dort zusätzlich Feuchtigkeit aufnehmen können. Schließlich müssen noch einige Sonderformen genannt werden, die man nicht ohne weiteres als Wurzeln im eigentlichen Sinne erkennt. Das gilt für jene unterirdischen Sprosse, die auch Wurzelstöcke oder Rhizome genannt werden. Sie dienen weniger der Nahrungsaufnahme, sondern sind meist Nährstoffspeicher, können sich auch zu Knollen verdicken oder zu Zwiebeln umformen. Dabei sind die dicht übereinanderliegenden Zwiebelschuppen in Wahrheit verwandelte Laubblätter, während die am Grunde solcher interessanten Gebilde sitzende Zwiebelscheibe ihrerseits wieder echte Wurzeln zu bilden vermag.

Dieser kleine Ausflug ins Land der »Wurzologie« aber soll nur klarstellen, daß es nicht gleichgültig ist, in was für Gefäße wir unsere Topfblumen setzen. An sich wird den wahren Bedürfnissen der Wurzeln recht wenig Rechnung getragen. Man hat zwar theoretisch bei irdenen Blumentöpfen alten Stils die drei Grundformen des bekannten »Normaltopfes«, die höheren, schmaleren »Palmentöpfe« und die für die Flachwurzler bestimmten »Azaleentöpfe«, aber im Handel sind meist nur die Normaltöpfe in den gängigsten Größen ihres an sich von 5–17 reichenden Sortimentes erhältlich. Die Zahlen 5–17 bezeichnen den inneren, oberen Durchmesser. Auch gibt es natürlich Größen weit über den »17er Topf« hinaus bis zu 35 cm ⌀, und vor allem im Reich der den Azaleentöpfen nachgebildeten Pflanzschalen ungezählte Modelle in allen erdenklichen Formen zwischen rund, oval und eckig. Hinzu kommt die Riesenauswahl der Kästen mit oder ohne Unterbau, der Kübel und großen frei gestalteten Formen, die teils zur Direktbepflanzung, teils wie Übertöpfe zur Aufnahme kleinerer bepflanzter Gefäße bestimmt sind und vor allem auch beetartigen Anordnungen dienen.

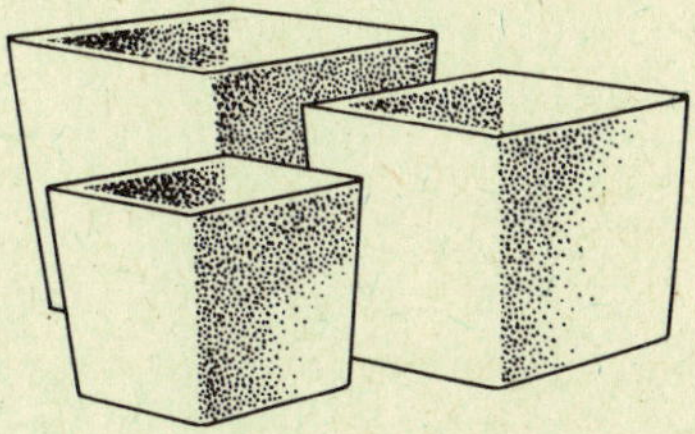

Würfelförmige Pflanzgefäße mit leicht abgeschrägten Wandungen bieten die größte Raumausnützung, lassen sich gut aneinanderreihen, auch auf fahrbaren Untersetzern am Boden oder auf Blumenbänken aufstellen.

Was den guten alten Blumentopf aus möglichst kalkarmem, eisenschüssigem Töpferton angeht, so geriet er bald nach dem Auftauchen des undurchlässigen, aber schon wegen seiner Unzerbrechlichkeit und Leichtigkeit handlicheren und billigeren Kunststoff-Blumentopfes aus Polystyrol-Spritzguß in ein heftiges Kreuzfeuer der Kritik. Ja, man sprach geradezu vom »Mörder Blumentopf«, ohne zu bedenken, daß er nur bei unsachgemäßer Behandlung seiner selbst wie der in ihm wohnenden Pflanzen schädliche

Eigenschaften zeigen kann. Wichtig ist es, daß neue Irden-Blumentöpfe 24 Stunden vor der Verwendung in Wasser gelegt werden. Ungebrauchte Töpfe können sonst später, unter dem Einfluß der feuchten Erde, den Pflanzenwurzeln unbekömmliche Stoffe ausscheiden; auch nehmen sie ohne das 24stündige Bad soviel Wasser auf – ja, reißen es förmlich aus dem frisch eingesetzten Wurzelballen an sich, daß die Pflanze in Not kommen kann. Gebrauchte Irden-Blumentöpfe soll man nur wiederverwenden, wenn sie keine Ausblühungen und Kalkringe zeigen, die auf Verstopfung der Poren schließen lassen. Auf jeden Fall werden auch gut und sauber aussehende Töpfe innen und außen gründlich mit heißem Sodawasser oder einer desinfizierenden Ceresanlösung ausgebürstet. Diese Reinigung gilt übrigens für alle zur Wiederverwendung vorgesehenen Pflanzgefäße. Fazit: ungebrauchte Töpfe sind besser!

Zu den Erkenntnissen des Umgangs mit den neuen Werkstoffen gehört es, daß Porosität der Wandungen kein unabdingbares Erfordernis ist, sofern der geringere Wasserverbrauch in den undurchlässigen Gefäßen durch bewußt rationelles Gießen ausgeglichen wird. Als Faustregel gilt: Pflanzen in Kunststoff-Gefäßen ein Drittel weniger gießen als in Tontöpfen. Auch sollte man die Anwendungsbereiche der beiden Werkstoffe etwas abgrenzen – also den guten alten Blumentopf mit seinen porösen Wandungen vor allem dort einsetzen, wo er die Vorzüge seiner Durchlässigkeit voll entfalten kann. Zum Beispiel wenn er im feuchten Kultursubstrat eines Blumenfensters eingebettet wird.

Unabhängig vom Werkstoff unserer Pflanzgefäße ist die bisher noch unumstrittene Forderung nach dem Abzugsloch, das bei größeren Formen in der Mehrzahl vorhanden sein soll. Es darf nach wie vor als bestes und sicherstes Regulativ gegen die Unsitte des Zuviel-Gießens gelten, weil überschüssiges Wasser sich einen Weg nach draußen bahnen kann, statt im noch engeren Bodenraum des Topfes fäulnisförderndes Sumpfland zu bilden. Wo jedoch der Topf unmittelbar auf dem Boden seines Untersetzers oder Übertopfes steht, kommt die Pflanze aus dem Sumpfland ins Fußbad, was in den meisten Fällen gleich ungesund ist. Ein paar Kieselsteine helfen als äußere Dränage. Wo Abzugslöcher fehlen, sollte man sie unbedingt vor der Bepflanzung anbringen. Am Boden von Kunststoffgefäßen sind sie häufig vorgeprägt und lassen sich leicht durchstoßen. Auf völlig undurchlässige Pflanzgefäße – meist anderweitig zweckentfremdeter Art – sollte man lieber verzichten: das Risiko lebensgefährlicher Gießfehler durch Ersticken der übernäßten Wurzeln ohne Bodenluft ist deshalb so groß, weil einfache und zugleich zuverlässige Kontrollmöglichkeiten fehlen. Nicht viel besser ist es mit Trockenschäden.

Pflanzkasten mit Gestell, größere Schale und Rundform für Gemeinschaftspflanzungen; zum Einfüttern von Blumentöpfen in Substrat ohne Abzugslöcher.

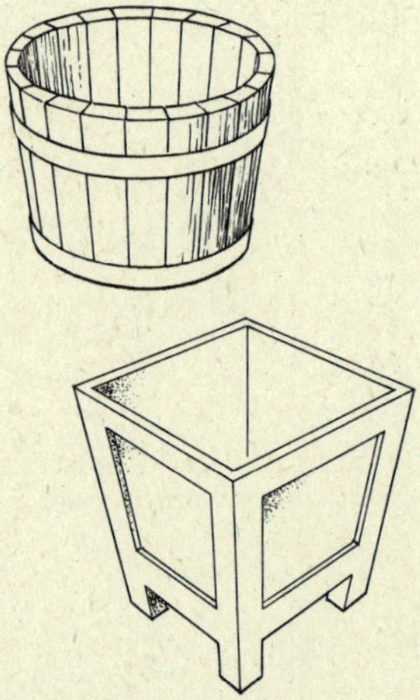

Zwei Großgefäße für Kübelpflanzen; alle Holzteile vor Gebrauch durch Schutzanstrich innen und außen imprägnieren.

# Wann und wie umtopfen?

Im allgemeinen hält man sich Zimmerpflanzen zum Vergnügen und behandelt sie ohne Rücksicht auf ihr Fortkommen mehr oder minder »nach Gutdünken«. Das gilt leider nicht nur fürs Gießen und ähnliche, häufiger notwendige Pflegemaßnahmen, sondern auch für ein so wichtiges Unternehmen wie das Umtopfen, auch Umpflanzen oder Umsetzen genannt. Gerade weil nun weiter hinten, im Rahmen unserer großen Pflanzenübersicht, jeweils eine besondere Rubrik für diesen so wichtigen Vorgang mit ziemlich genauen Angaben über seine termingerechte Einreihung in die allgemeine Pflege zu finden ist, ließe sich auf dieser Grundlage doch leicht ein eigener Zeitplan machen.

*Das Notizbüchlein mit dem Zeitplan*

Ich habe schon oft – und immer mit großem Erfolg – zur Anlage eines Notizbüchleins geraten, wo die vorhandenen Zimmerpflanzen mit ihren wichtigsten Lebensdaten eingetragen werden. Jede beginnend mit ihrem »persönlichen Steckbrief«, ihrem Standort, ihren Wachstums- und Ruhezeiten, der mehr oder minder erfolgreichen Blüte. Ja, und dann vor allem der Umpflanzungstermine nebst den bei zunehmendem Alter immer größeren Intervallen für den Wechsel des Pflanzgefäßes. Auch die Frage, ob es viel oder nur wenig größer als der alte Topf zu wählen ist, könnte mit ein

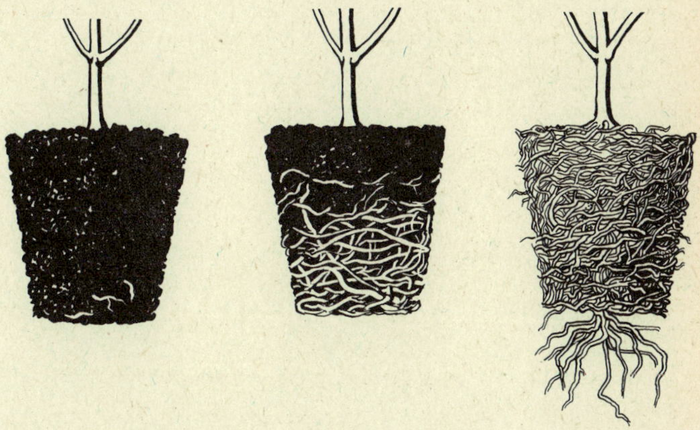

Wann ist der richtige Termin?
*Links:* zu früh, der nicht genügend durchwurzelte Ballen fällt bei Entnahme leicht auseinander.
*Mitte:* so soll der Wurzelballen zum Umtopfen beschaffen sein; er fällt nicht mehr auseinander.
*Rechts:* zu spät, weil viel zu stark durchgewurzelt; die Pflanze hat kaum noch Erde.

paar Worten gestreift werden. Pflanzen, die zur normalen Zeit vor Austriebsbeginn – also meist Ende Februar – umgetopft werden, könnte man zusammenordnen; andere Pflanzen mit Ausnahmeterminen – beispielsweise »nach der Blüte« – wären gesondert zu halten. Oder man könnte auch speziell für die Umtopfzeiten eine Tabelle anlegen, wo Angekreuztes mit einem Blick zu überschauen ist. Dadurch läßt sich die ganze oft recht zeitraubende

Umtopferei jeweils nach der Zahl der anfallenden Töpfe bestens vorausplanen; alles wird zum richtigen Zeitpunkt vorbereitet, und selbst wenn die Untersuchung der einzelnen Töpfe ergibt, daß hier oder dort noch ein Pflanzgefäß mehr den Zustand umpflanzungswürdiger Durchwurzelung erreicht hat, dann ist das keine übermäßige Arbeitsbelastung mehr.
Schon im vorigen Kapitel war davon die Rede, daß neue Ton-Blumentöpfe vor Ingebrauchnahme unbedingt 24 Stunden in einem Wasserbad zubringen sollen. Gleiches gilt aber auch für die Pflanzen selber; man soll sie mindestens einige Stunden vor dem Austopfen gründlich durchgießen oder wie einen neuen Blumentopf über Nacht in ein größeres Gefäß mit zimmerwarmem Wasser stellen: dann ist der Topfballen meist schon so weit vom Topfrand gelöst, daß man ihn ohne Schwierigkeit herausheben kann. Manchmal aber haftet er mit feinsten Saug- und Faserwürzelchen so fest an der Innenwandung, daß man erst – wie die Zeichnung auf der nächsten Seite zeigt – mit einem langen, spitzen Messer daran entlangfahren muß, um den Wurzelballen endgültig aus seinem alten Gehäuse zu lösen.

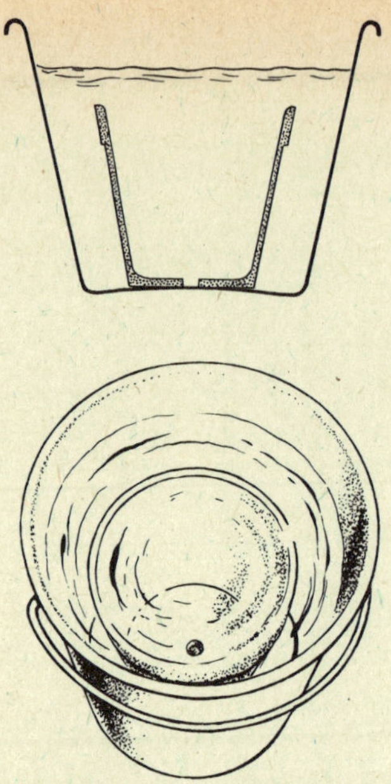

Neue Irdentöpfe 24 Std. mit Wasser bedeckt stehen lassen; gebrauchte ausbürsten.

## Auch Deckscherben verhüten Gießschäden

Ehe es soweit ist, haben wir aber erst noch die neuen Töpfe – genau den Angaben über ihre Größe entsprechend – für ihre künftigen Aufgaben vorbereitet: also nach der Entnahme aus dem Wasserbad vor allem der Reihe nach mit den nötigen Deckscherben über dem Abzugsloch ausgerüstet. Diese Deckscherben aus zerschlagenen alten Blumentöpfen sollen so übereinander geschichtet werden, daß sie keinen allzu raschen, aber doch zügigen Ablauf des überschüssigen Gießwassers ermöglichen. Wo Tonscherben fehlen, kann man sich übrigens auch mit größeren Kieselsteinen weiterhelfen, doch ist ihre Eignung sehr bedingt. Wo bereits größere Deckscherben vor dem Abzugsloch des alten Topfes liegen, kann man einen widerspenstigen Topfballen auch gut mit Hilfe eines Kochlöffelstieles oder stärkeren Blumenstabes von unten durch das Abzugsloch herausdrücken. Auf die »nach unten durchgegangenen Wurzeln« kommen wir gleich noch zu sprechen ...
Als übliche Methode zur Entnahme des Wurzelballens aus seinem bisherigen Pflanzgefäß gilt »das Aufstoßen mit dem Blumentopf auf der Tischkante«. Bei gut vorbereiteten Jungpflanzen mag das hingehen. Bei älteren Pflanzen und größeren Töpfen aber hat dieses »Aufstoßen« seine Schwierigkeiten, besonders wenn dabei größere Buschformen oder dicht bestachelte Kakteen zu bewältigen sind. Gut: man kann Arbeitshandschuhe anziehen. Aber

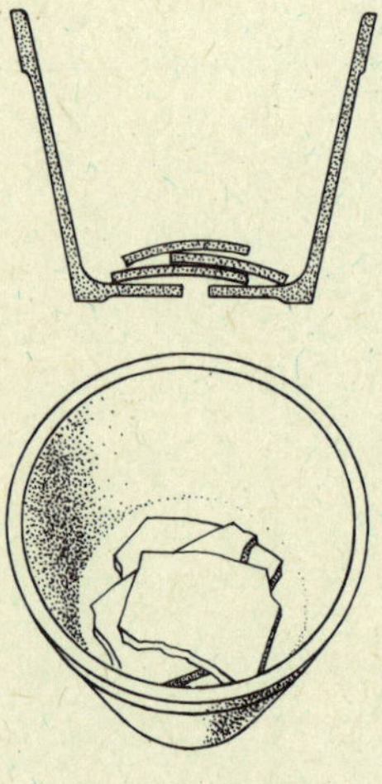

So sollen die Deckscherben über dem Abzugsloch liegen; oder zwei Finger hoch Kiesel als Dränage.

*»Durchgegangene Wurzeln« aus dem Abzugsloch*

was geschieht, wenn sich schon »durchgegangene Wurzeln« aus dem Abzugsloch drängen? Es gibt im Erwerbsgartenbau ebenso wie unter den Blumenfreundinnen und Zimmergärtnern Barbaren, die solche gesunden, kräftigen Wurzeln einfach wegschneiden und der Pflanze dadurch oft schwer verheilende Wunden beibringen. Der ohnedies mit mancherlei Anstrengungen belastete Vorgang des Umgewöhnens vom alten in das neue Pflanzgefäß wird durch solche Verletzungen noch mehr erschwert. Erst recht ist das Amputieren wüchsiger Wurzeln unverantwortlich, wenn etwa eine Umstellung auf Hydrokultur folgen soll.

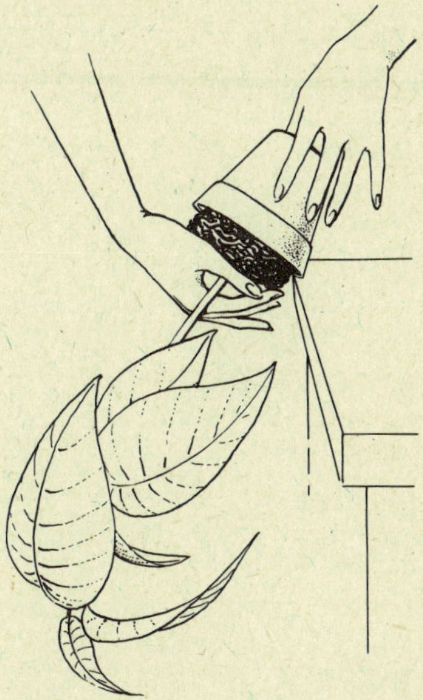
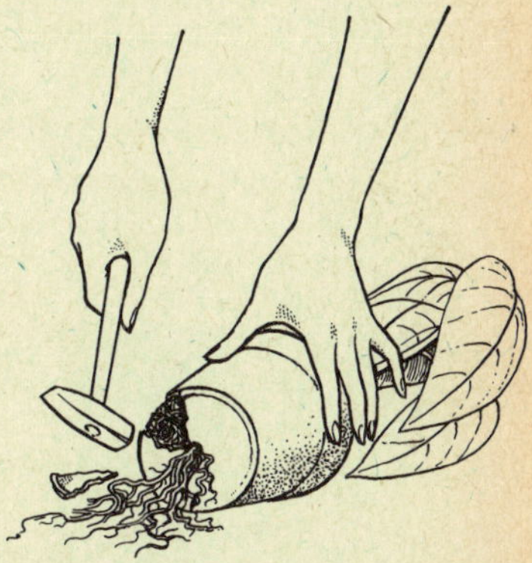

*Links:* Lösen des Topfballens mit dem langen, spitzen Messer.
*Mitte:* Nur bedingt zu empfehlen – Aufstoßen auf der Tischkante.
*Rechts:* Wurzelschonend ist der gut gezielte Hammerschlag.

*Kunststoffgefäße und Ausnahmetermine*

Man verzichte also auf die Tischkante und greife lieber zu einem nicht zu schweren Hammer. Mit ein paar geschickten Schlägen läßt sich der alte Blumentopf so zertrümmern, daß die aus dem Abzugsloch hervordrängenden Wurzeln nicht beschädigt werden und später, beim Wiedereinsetzen, vorsichtig mit eingetopft werden können. Kunststoffgefäße sind natürlich mit Hammerschlägen nicht zu bezwingen. Hier muß man mit der Küchenschere und einem scharfen Messer vorgehen, und wenn das nichts hilft, notfalls zu Beißzange und Blechschere greifen. Natürlich kann es Ausnahmefälle geben, wo Krankheit oder ein Sturz vom angestammten Platz oder sonstige besondere Umstände ohne Rücksicht auf den normalen Zeitplan sofortiges Eingreifen erfordern. Nach Ende Juli/Anfang August soll aber wirklich nur im alleräußersten Notfall umgetopft werden, weil Pflanzen kurz vor oder schon während der Ruhezeit kaum anwurzeln und dadurch oft so schwer geschädigt werden, daß sie den Anschluß an die nächste Wachstumsperiode nicht mehr schaffen – allenfalls sehr lange brauchen, bis sie sich einigermaßen erholen.

## Der ausgetopfte Wurzelballen braucht Vorbereitung

Prüfende Betrachtung des Wurzelballens zeigt, wie es um die Gesundheit der Pflanze bestellt ist. Sind die Wurzeln durchweg hell bräunlich gefärbt und haben noch hellere Spitzen, dann ist alles in Ordnung. Finden sich aber dunklere, womöglich mit weichen Faulstellen durchsetzte Teile, so muß bis ins gesunde Gewebe zurückgeschnitten werden. Das heißt: der Querschnitt des Wurzelendes muß frei von dunkleren Verfärbungen und einheitlich hell sein. Im allgemeinen ist das Wurzelgewebe im Schnitt rahmweiß; soweit andere Farben vorkommen, wird dies bei den Einzeldarstellungen des Pflanzenteils vermerkt. Übrigens werden nicht nur kranke, sondern auch angeknickte Wurzeln entfernt und Bruchstellen glatt geschnitten. Glattschneiden heißt: den Schnitt ohne Risse und weitere Verletzungen ein wenig schräg abwärts weisend ausführen.
Ob bei gesunden Wurzeln der Ballen mit einem spitzen Hölzchen gelockert oder nur – bei zu dichter Verfilzung außen aufgerauht werden soll, erkennt man eigentlich ohne weitere Schulung. Wieweit der ganze Ballen durch Auf- und Ausschneiden zu verkleinern ist, ergibt sich aus den Einzeldarstellungen. Meist kommt so etwas nur bei großen, alten Pflanzen – besonders bei Kübelpflanzen – in Frage. Nicht selten sind damit auch ein Rückschnitt der Laubkrone oder sonstige Schnittmaßnahmen verbunden. Ebenso müssen Teilung des ganzen Wurzelballens oder Wegnahme von Wurzelsprossen (»Kindel«) in Betracht gezogen werden; doch das gehört schon zum Thema Vermehrung. Auf jeden Fall wird bei Entnahme aus dem alten Pflanzgefäß die obere Erdschicht so weit abgehoben, wie dies ohne Beschädigung der Wurzeln und des Wurzelhalses möglich ist. Gleiches geschieht mit der Unterschicht nebst den häufig noch darin steckenden Deckscherben, die oft schon völlig von Endwurzeln umklammert sind. Die alten Deckscherben sind vorsichtig zu entfernen.

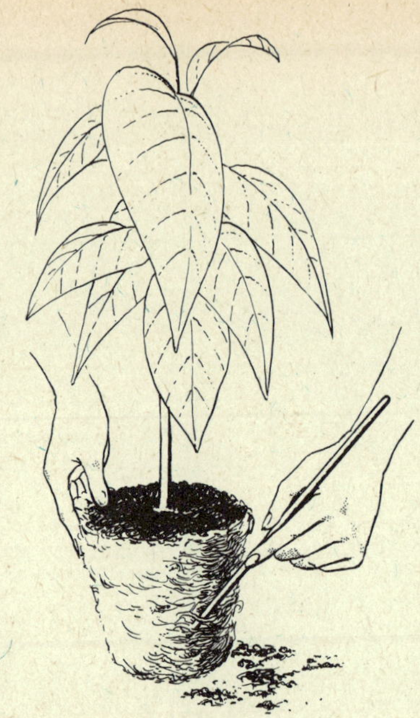

Lockern und Aufrauhen des verfilzten Wurzelballens mit dem Holzstäbchen.

Verkleinern eines Wurzelballens durch Ausschneiden eines schmalen Sektors.

## Vom Einsetzen zum Einwurzeln

Als Grundregel gilt: das neue Pflanzgefäß soll bei Pflanzen mittlerer Größe rundum etwa 2 cm größer sein als das alte. Doch gibt es hier Ausnahmen, die den Einzeldarstellungen zu entnehmen sind. Man soll diese Angaben nicht in den Wind schlagen, denn manche Pflanzen nehmen zu große Töpfe so übel, daß sie einfach keine jungen Wurzeln ins neue Erdreich schicken. Man holt sie dann kümmerlich oder schon eingegangen einige Monate später genauso wieder heraus, wie der Wurzelballen eingesetzt wurde. Andere wieder legen nach den verschiedenen Schnittmaßnahmen in einem zu klein gewählten Topf ein so stürmisches Wachstumstempo vor, daß die Umsetz-Prozedur wegen Sprengung der Wände alsbald wiederholt werden muß.

Unter allen sonstigen Regeln, die zu beachten bleiben, ist noch eine von besonderer Wichtigkeit: nach dem Umsetzen muß die Pflanze im neuen Topf genauso hoch stehen, wie sie im alten Topf gestanden hat. Einer der schlimmsten Fehler beim Umtopfen ist nämlich das Zu-Tief-Pflanzen, weil die meisten Gewächse solchen »Tiefstand« absolut nicht vertragen.

Schließlich muß man noch wissen, ob von Fall zu Fall fest oder locker zu pflanzen ist. Ein Oleander mit schwerer Erde will anders behandelt sein als Humuswurzler aus leichtem Waldgrund. Im allgemeinen soll die vorsichtig um den Ballen herum eingebrachte Erde mit einem Holzstäbchen ringsherum »festgestupft« werden. Einheitserde wird nur durch Aufstoßen des Topfes »eingerüttelt«. Nach beendeter Umpflanzarbeit wird sanft, ohne Wegspülen des Erdreichs, eine kleine Menge zimmerwarmes Wasser gegeben, wobei die ganze Pflanze gleich mit eingesprüht werden kann. Luftfeuchtigkeit und Fernhalten von direkter Besonnung sind für die nächsten 8–10 Tage unerläßlich, um die zum Teil noch funktionsbehinderten Wurzeln zu entlasten. In manchen Fällen sollte man gleich zur Plastikhaube greifen. Sie läßt unverzüglich jene »gespannte Luft« entstehen, die beste Starthilfe leistet.

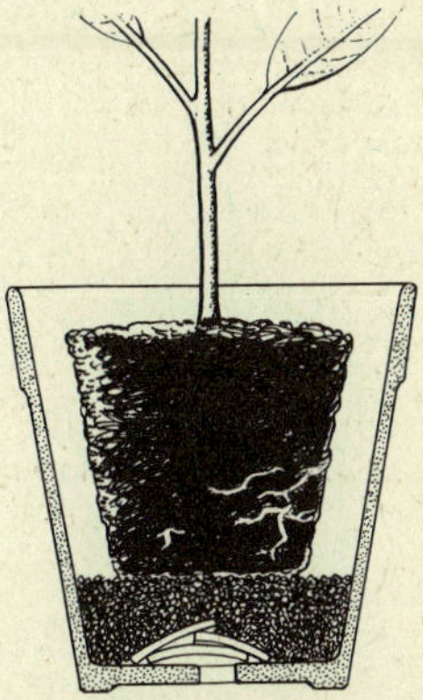

Größenverhältnis zwischen Wurzelballen und neuem Gefäß (Durchschnitt).

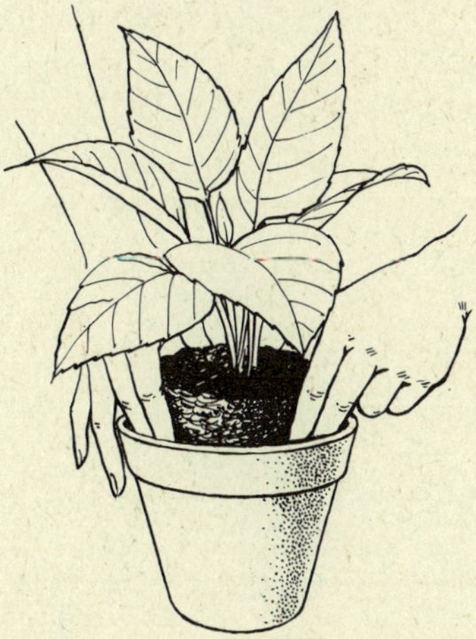

Einsetzen

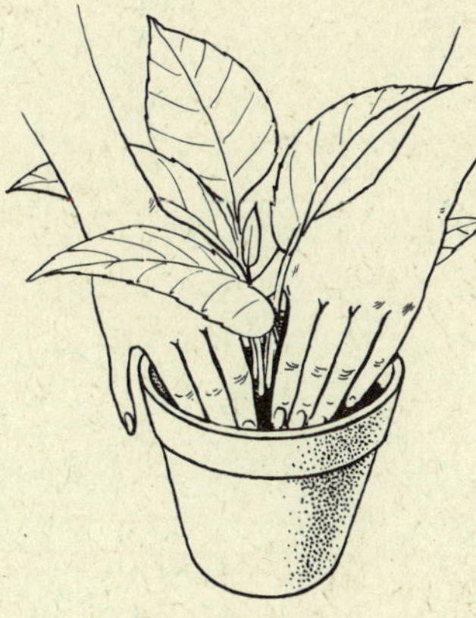

Andrücken

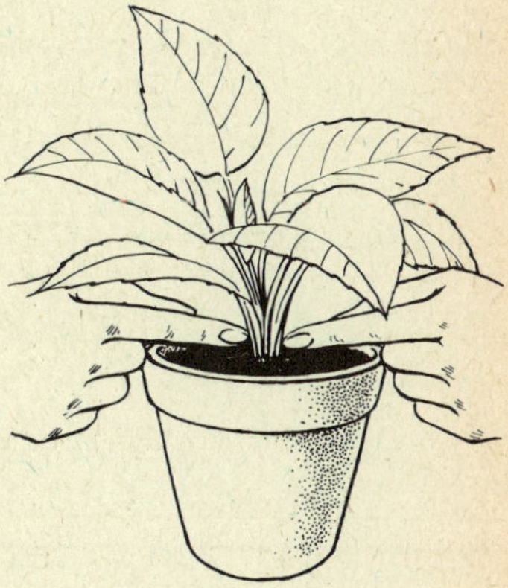

Stellung »auf Mitte« prüfen

# Glück mit Pflanzenkinderstuben

Erst wenn man auch Spaß an den mannigfachen Möglichkeiten der Zimmerpflanzen-Vermehrung bekommt, ist das »Wohnen mit Blumen« komplett. Zunächst einmal sprechen viele praktische Gründe dafür: gibt es doch etliche sehr beliebte Topfgewächse, die schon innerhalb verhältnismäßig kurzer Zeit – Tradeskantien zum Beispiel von einem Jahr zum andern – viel von ihrer ursprünglichen Schönheit eingebüßt haben und deshalb der Verjüngung durch Nachzucht bedürfen. Dann wieder sind Pflanzen so groß geworden, daß man sie weggeben, zugleich aber auch Ersatz für den eigenen Bestand haben will. Oder beim Zurückschneiden sind besonders hübsche Kopftriebe abgefallen – kein blumenfreundlicher Mensch könnte so etwas wegwerfen: also fügt man sich drein und steckt ein halbes Dutzend davon ab. Liebevoller Vermehrungsdrang regt sich auch, wenn irgendwo Brutzwiebelchen oder Brutblätter sprießen oder »Kindel« rund um eine Mutterpflanze erscheinen. So gibt es denn zahlreiche Gründe, unter denen echte Probierlust nicht der schlechteste ist. Außerdem kriegt man so manche Pflanze, die man gern hätte, im Blumenhandel nirgends zu kaufen, sondern nur von Hand zu Hand im Tauschwege von Gleichgesinnten. Schließlich erwerben Zimmergärtner aus Leidenschaft wohl auch etwas außerhalb der Legalität: »War ich doch zu Ostern mal wieder im Botanischen Garten – da ist mir so ein winziges Endchen von *Sedum morganianum* zwischen den Fingern hängengeblieben –, und sehen Sie bloß, was für eine Prachtpflanze das über Sommer geworden ist!« Solchen Besitzerstolz gibt es in vielen Variationen . . .

## Generative und vegetative Pflanzenvermehrung

Sie wissen ja: man unterscheidet die generative oder geschlechtliche Vermehrung aus Samen, zu der auch die Vermehrung der Farne aus Sporen gezählt wird, und die vegetative oder ungeschlechtliche Vermehrung aus den verschiedensten oberirdischen und dem Wurzelsystem entsprossenden Pflanzenteilen. Dabei gilt im allgemeinen die Ansicht, daß Freilandpflanzen überwiegend aus Samen, Zimmerpflanzen – vor allem in Liebhaberhand – überwiegend aus Stecklingen gezogen werden. Wer genau hinsieht, wird bald erkennen, daß diese Ansicht nur bedingt richtig ist. Es gibt doch eine recht stattliche Anzahl von Hausblumen, die sich aus Samen vermehren lassen, und wer dabei erst einmal auf den Geschmack gekommen ist, wird so bald nicht wieder auf dieses reizende Vergnügen verzichten wollen. Allerdings brauchen die meisten exotischen Sämereien, deren Beschaffung durch

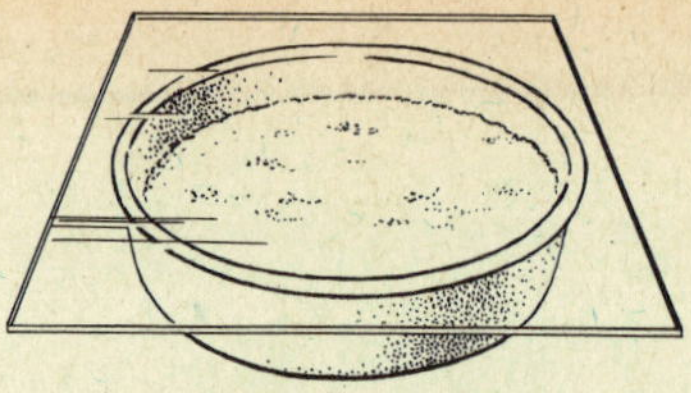

Einfache Ton-Saatschale mit Glasabdeckung: Abzugslöcher mit Scherben versehen; dünne Schicht Styromull als Dränage; Anzuchterde leicht andrükken; große Körner einzeln legen, feine Saat dünn in Rillen legen, mit Sand übersieben; sprühen.

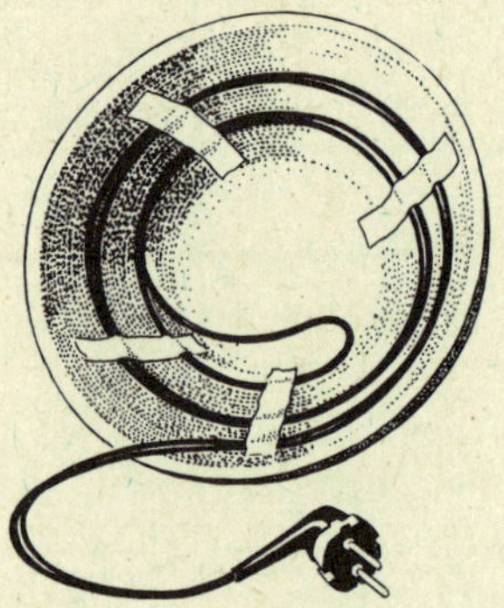

Heizbare Saatschale: Kleinkabel, das auch thermostatisch geregelt werden kann, mit Tesaband befestigen. Bei Kunststoffgefäß Abzugslöcher durchstoßen. Aussaat wie oben. Glasabdeckung nicht vergessen.

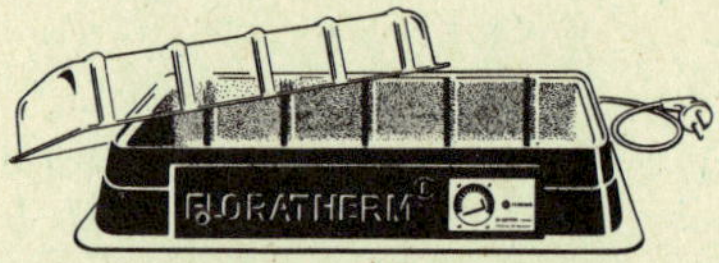


Heizbarer Vermehrungskasten mit oder ohne thermostatische Regelung; auch ohne Beheizung lieferbar. Sichert gespannte Luft und Bodenwärme. Für Direktaussaat oder zum Einstellen von Töpfchen.

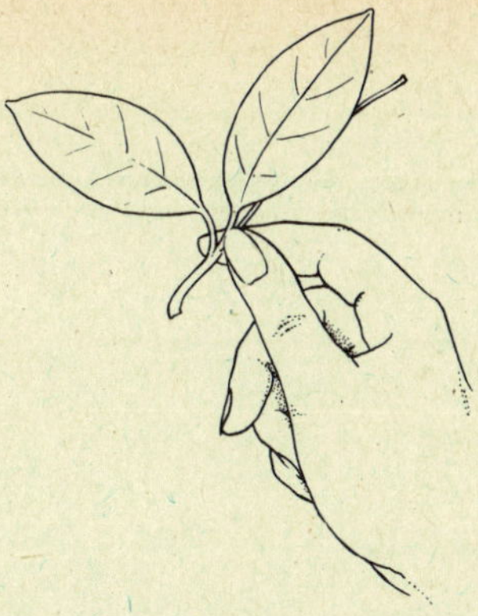

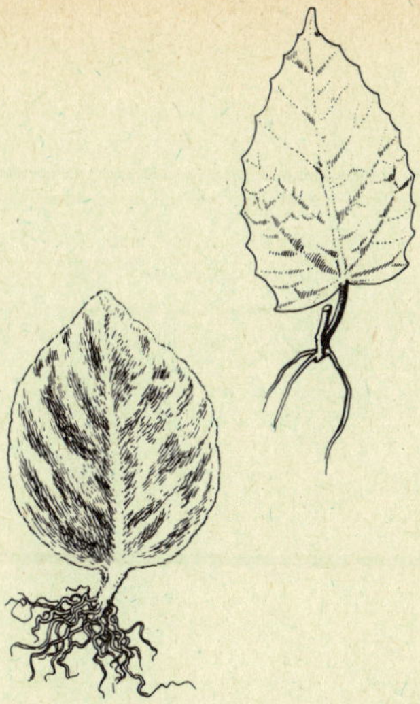

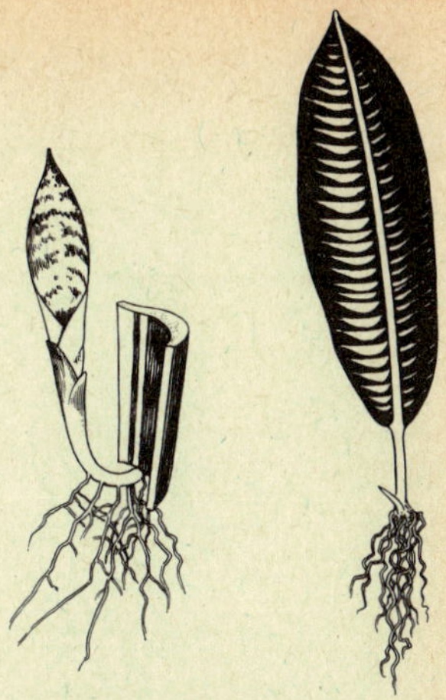

Kopfsteckling: zwei gut ausgebildete Blätter genügen (Hoya).
*Mitte:* Zwei Blattstecklinge: links Usambaraveilchen; rechts Cissus.

*Links:* Blattschnittling von Sansevierie bringt immer Rückfall in quergebänderte Ursprungsart.
*Rechts:* Blattsteckling vom Gummibaum braucht Triebknospe zur Weiterentwicklung als Pflanze.

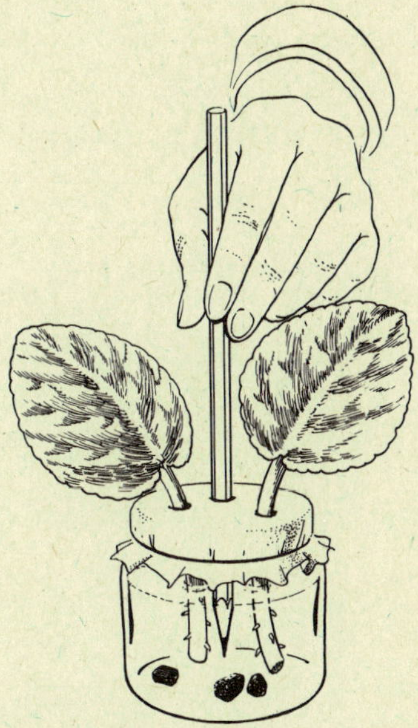

Wurzelziehen mit Blättern des Usambaraveilchens: Stiele anderthalb mal Blattlänge; zur Desinfektion Holzkohle ins Wasser.

den Samenfachhandel keine großen Schwierigkeiten mehr macht, eine oft über Wochen hinweg gleichmäßig hohe Keimtemperatur, die ohne besondere Vorrichtungen kaum gewährleistet werden kann. Sie ist in vielen Fällen der Stecklingsvermehrung unentbehrlich. Da zu den Voraussetzungen guten und raschen Keimens ebenso wie zur Kallusbildung beim Steckling auch Luftfeuchtigkeit gehört, so ist bei kleinerem Bedarf ein Vermehrungskasten mit automatischer Regelung der Wärme und Luftfeuchtigkeit die beste Lösung. Denn ein Kleingewächshaus mit richtigen Warmbeeten bleibt ja in den meisten Fällen doch ein Wunschtraum, an dessen Stelle vielleicht gar eine selbstgebastelte Warmhalteeinrichtung aus Blechbüchse mit Glühlampe und aufgesetztem Blumentopf mit Plastikhaube tritt.

Vermehrung aus Samen hat freilich einen Nachteil, den man nicht verschweigen darf: Sämlingspflanzen sind häufig nicht so blühwillig wie Stecklingspflanzen, zumal wenn sie von reichblühenden Mutterpflanzen abstammen. Andererseits sind die meisten Kakteen und anderen Sukkulenten auch bei Anzucht aus Samen oft schon im Jugendalter von zwei oder drei Jahren durchaus zum Blühen bereit und bleiben dabei bis ins hohe Alter. Genaue Auskunft darüber, welche Vermehrungsform im Einzelfall möglich oder ratsam ist, gibt jeweils der Abschnitt »Vermehrung« bei den Einzeldarstellungen im Pflanzenteil.

Als Anzuchterde wird am besten das nährstoffärmere Torfkultursubstrat TKS 1 für Jungpflanzenanzucht verwendet und vor Gebrauch ein Drittel scharfer Sand zugemischt. Bei Verwendung anderer zuverlässiger (organischer) Blumenerden kann zur Hälfte scharfer Sand beigegeben werden. Zur Anzucht aus Samen in Saatschalen, den sehr praktischen Handkästen aus Kunststoff, »Multitopf-Baby«-Anzuchtplatten oder was immer das Fachgeschäft auf diesem reich assortierten Gebiet empfiehlt, braucht man unbedingt auch ein feines Sieb, um die Aussaat entsprechend ihrer Kornstärke statt einer Erdabdeckung mit Sand übersieben zu können. Eine Blumenspritze – möglichst mit Flachbrause – liefert gleich nach dem Ansäen ebenso wie während und nach der Keimung Boden- und Luftfeuchtigkeit in feinster Verteilung. Nicht vergessen werden sollte gerade bei den wertvollen exotischen Samen von Zimmerpflanzen die Saatgutbeizung

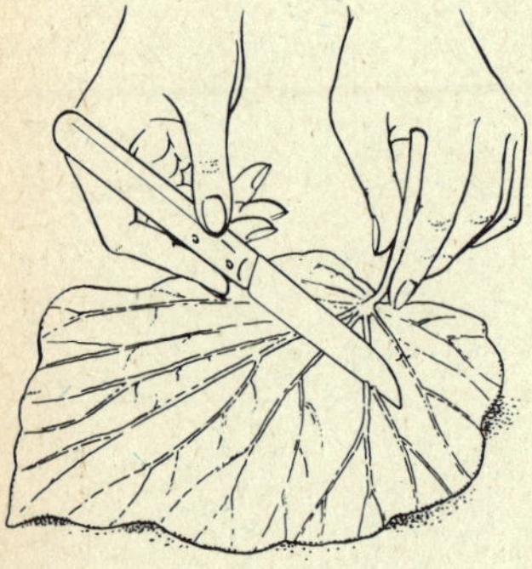

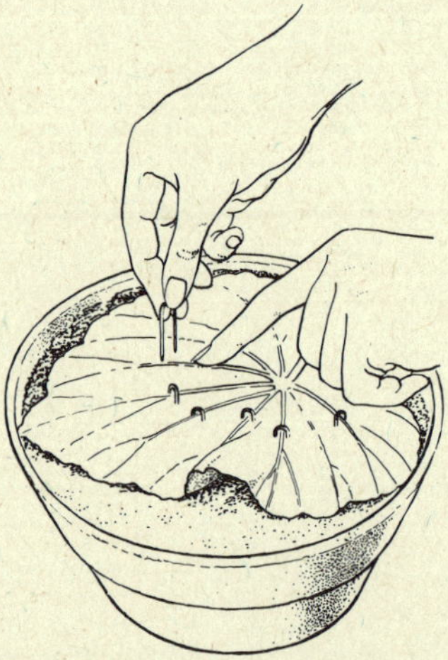

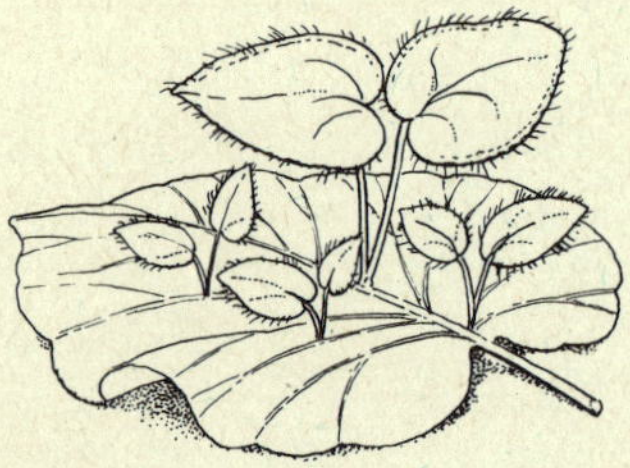

mit einer der bekannten Naß- oder Trockenbeizen zur Verhütung vor allem der typischen Sämlingskrankheiten wie Umfallkrankheit oder Wurzelfäule (Vorschriften genau innehalten; Naßbeizlösung lieber etwas schwächer ansetzen). Auch die zur Samenanzucht verwendeten Pflanzgefäße und Geräte sollten – vor allem bei Wiederverwendung – gründlichst desinfiziert werden. Am besten legt man sie über Nacht in eine kräftige Kalium-Permanganatlösung (Übermangansaures Kali) oder ebenfalls in Naßbeizlösung.
Bei der sehr dünnen Aussaat Steckschildchen mit den Namen der Sämereien nicht vergessen. Saatschale mit Glasscheibe abdecken, Dunkelkeimer mit Papier abdecken. Nach Auflaufen der Samen Papier gleich, Scheibe etwas später wegnehmen. Meist nach Erscheinen des 1. Blattpaares über den Keimblättern Sämlinge entweder nochmals in Saatschale oder gleich einzeln oder zu mehreren in passend-kleine Töpfchen mit Anzuchterde umsetzen. Nur kräftigste Pflänzchen für Weiterkultur auslesen.

**Blattbegonien – Blattsprosse**

*Links:* stärkere Blattadern (Rippen) rückseitig unterhalb einer Vergabelung durchschneiden.
*Mitte:* Blatt mit Unterseite auf feuchten Sand legen, festhaken; gekürztes Stielende muß vom Sand bedeckt sein; Glasscheibe auflegen, warm und feucht halten.
*Rechts:* Aus den Schnittstellen treiben unterseits Wurzeln, oberseits Jungpflänzchen (Blattsprosse). Vorsichtig abhärten, Deckglas entfernen; bei Kleinfingerlänge aus Mutterblatt herausschneiden, in kleinsten Töpfchen mit Anzuchterde weiterkultivieren.

**Dattelpalme aus Dattelkern**

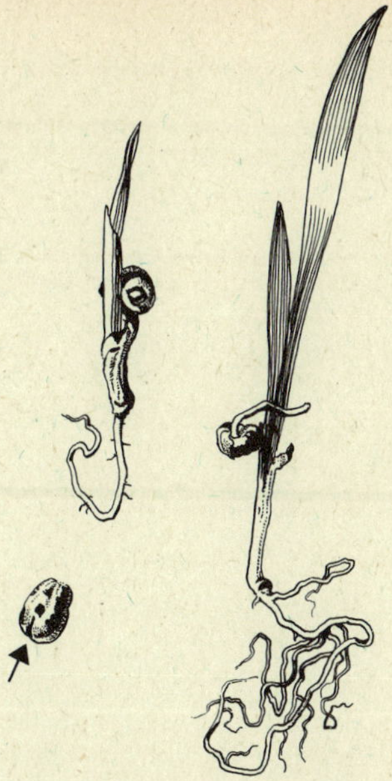

Harte Schale längs dünn schaben oder anfeilen, Kern korntief in kleinen Palmentopf mit feuchtem Sägmehl oder Anzuchterde legen; Bodenwärme 25° C. Keimt bald, bildet viele Wurzeln, die sehr brüchig sind.

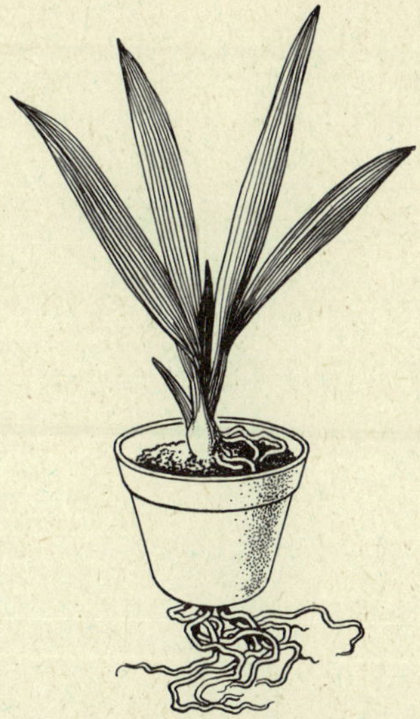

Breiter Topf mit »durchgegangenen« Wurzeln bedeutet Lebensgefahr für den Sämling, wenn Verletzungen oder Bruch beim Umsetzen die ungestörte Entwicklung in Frage stellen. Abschneiden ist sicherer Tod.

Im hohen Palmentopf wachsen die zunächst glatten Blätter fröhlich weiter. Das erste Fächerblatt erscheint üblicherweise kaum vor Ende des zweiten Standjahres. Die junge Palme hat sich durchgesetzt.

**Ananaspflanze aus dem Blattschopf**

Schopf halbfingertief ausschneiden; Fruchtfleisch entfernen. Strunk 2–3 Tage abtrocknen lassen. Hydrokultur oder Topf mit Anzuchterde; bei 26 bis 28° C feucht halten. Blattaustrieb bestätigt gelungenes Anwurzeln.

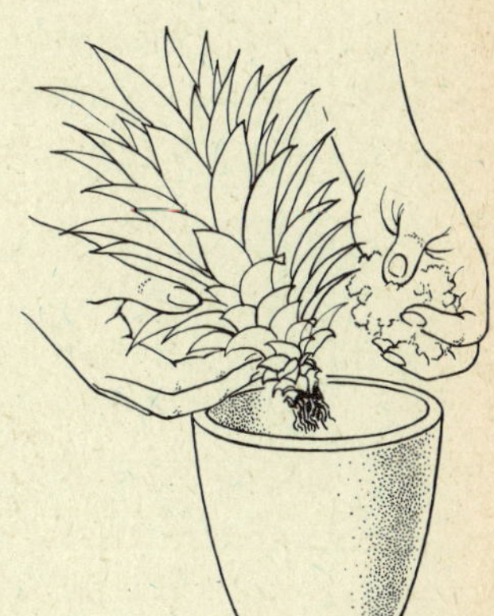

Stecklingsvermehrung wird großenteils an Bildbeispielen erläutert. Vorzumerken bleibt: Kopfstecklinge mit 3–4 Blättern oder Blattpaaren sind allgemein schräg zum Trieb dicht unter einem Blattknoten zu schneiden; vor dem Stecken untere Blätter mit Stielen entfernen. Ausnahmen: *Cissus, Hoya* (s. Zeichn. S. 71), *Philodendron, Scindapsus, Stephanotis stets 2–3* cm unter Blattknoten schneiden, Stielende stecken. Je kürzer und gedrungener der Steckling, desto eher bewurzelt er. Bis dahin braucht er Verdunstungsschutz im Vermehrungskasten oder unter der Plastikhaube – Gläser wegen Schwitzwasserbildung ungünstig. Standort hell ohne direkte Besonnung. Sobald Austrieb gelungene Bewurzelung anzeigt, durch tägliches Lüften vorsichtig abhärten, allmählich freistellen. Weitere Angaben siehe jeweils Abschnitt »Vermehrung« bei den Einzeldarstellungen im Pflanzenteil. Zeitpunkt für Stecklingsvermehrung meist Frühjahr, oft auch nach Rückschnitt der Pflanzen. Spätsommervermehrung bei Pelargonien und Fuchsien. Geschnittene Stecklinge von Kakteen und anderen Sukkulenten sowie sonstige mit größerer Schnittfläche vor dem Stecken einige Tage zum Abtrocknen liegen lassen. Erde sandig, mäßig feucht, Standort warm, nicht luftfeucht. Vermehrung aus Sporten siehe Farne (z. B. *Didymochleana* S. 188; *Polystichum* S. 306; *Pteris* S. 310).

Der Vollständigkeit halber sei noch erwähnt, daß der Gärtner von »Pikieren« spricht, wenn er die Sämlinge aus der Saatschale oder dem Keimbeet holt und in Töpfchen »vereinzelt«.

**Säulenkaktus-Pfropfen**

Pfropfen mit waagrechtem Schnitt: Kopf der Unterlage ohne Gewebequetschung abtrennen; äußere Ränder von Unterlage und Pfröpfling paßgerecht abschrägen. Schleimbildung mit Saugpapier entfernen. Pfröpfling drehend, mit leichtem Druck aufsetzen, mit Rundgummi befestigen.

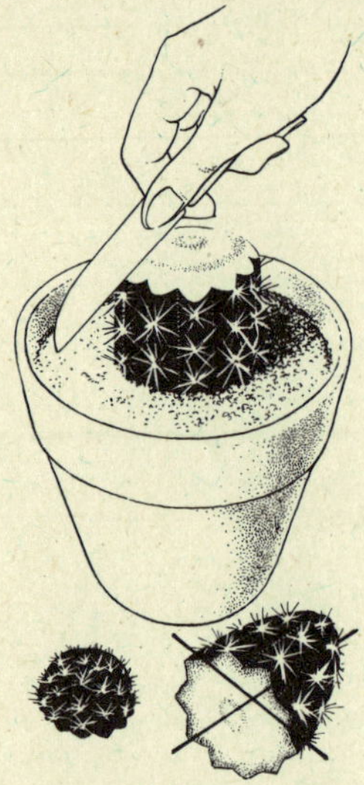

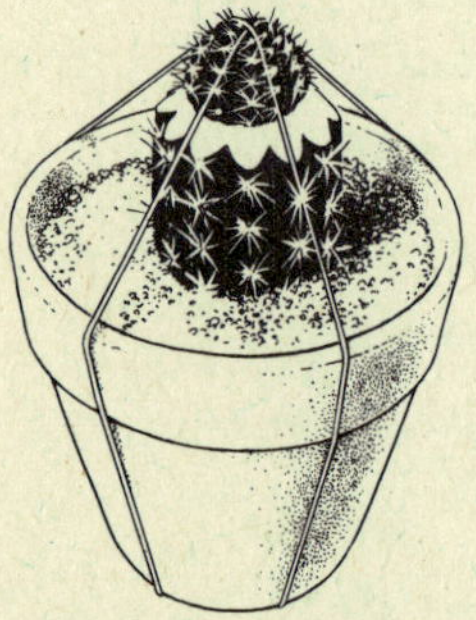

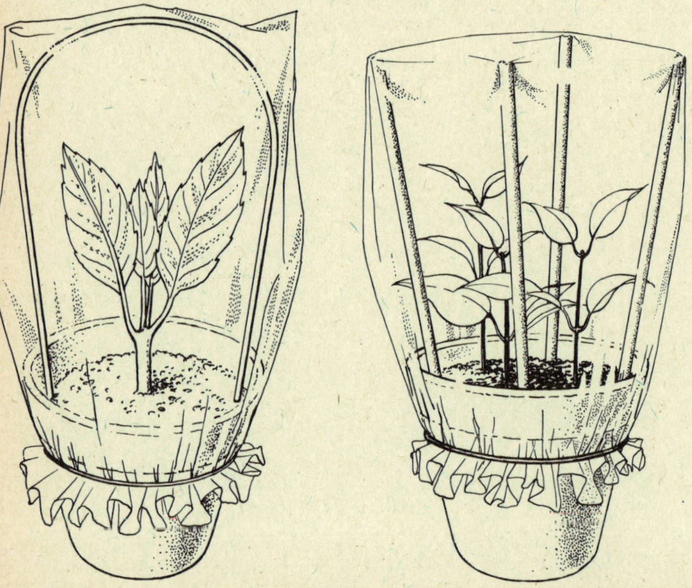

**Unentbehrlich: die Plastikhaube**

*Links:* Plastikhaube über Drahtbügel, mit Rundgummi befestigt; keine Berührung mit dem Steckling!
*Rechts:* Plastikhaube über vier Blumenstäben schützt Stecklinge sicher vor Randberührung.

## Oft erprobt, sehr gelobt: das Abmoosen

Abmoosen lassen sich auch Cordyline, Drazäne, Philodendron sowie Bromelienkindel und Klivienkindel am Wurzelstrang zur Mutterpflanze.

Beste Eignung: gesunde, großblättrige Gummibäume. Ziel: Verkleinerung durch Wegnahme des Kopftriebes, der zur bewurzelten Jungpflanze wird. Beste Zeit: Anfang Juni bis Anfang Juli, wenn beim Schneiden kaum noch Milchsaft aus der Wunde fließt.

1. Mit scharfem Messer in den Blattknoten des 3. oder 4. Blattes (ab Spitze gezählt) erst waagrecht, dann mit sanfter Drehung aufwärts, wie Strichelung, einen Schnitt durch die Mitte des Stammes legen. Damit die Schnittflächen nicht wieder zusammenwachsen, ein Stückchen Alufolie, auch Streifen von Silberpapier oder Flaschenkapsel, dazwischenschieben. Strichelung unten zeigt, wo nach Bewurzelung das ausfallende Stammstück abzutrennen ist.
2. Schnittstelle und Blattstiel reichlich faustgroß mit gut durchfeuchtetem Sphagnum (Sumpfmoos) – kein Waldmoos! – umgeben. Muß feuchter Torf genommen werden, so soll die zum Einhüllen des Ballens vorgesehene Klarsichtfolie schon vorher unterhalb der Schnittstelle beutelförmig angeordnet und festgebunden werden, damit kein Torf herunterfällt.
3. Packung muß so angebracht sein, daß Schnittstelle und Blattstiel ungefähr im Zentrum des Ballens sitzen. Folie breit übereinanderlegen, beiderseits mit Bast fest zubinden, so daß der feuchte Inhalt luftdicht abgeschlossen ist. Dann kein Nachgießen notwendig. Bei warmem, unbesonntem Stand erste Wurzeln nach 4–6 Wochen durch Klarsichthülle sichtbar: Zeit zum Auspacken.
4. Schematische Darstellung des Bewurzelns. Vorgang: Plastikhülle entfernen, restliche Stammhälfte durchtrennen, Alufolie herausziehen, Moosballen verkleinern, verbleibenden Ballen in passenden Topf mit Anzuchterde setzen. In diesem Fall auf zwei Teile Erde (EE, Composana) nur ein Teil Sand.

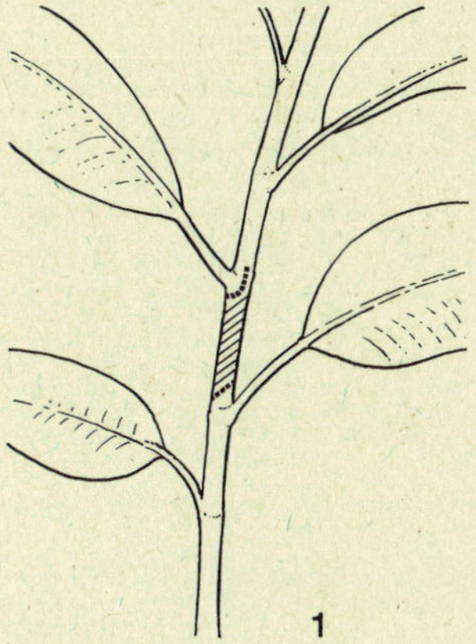
1

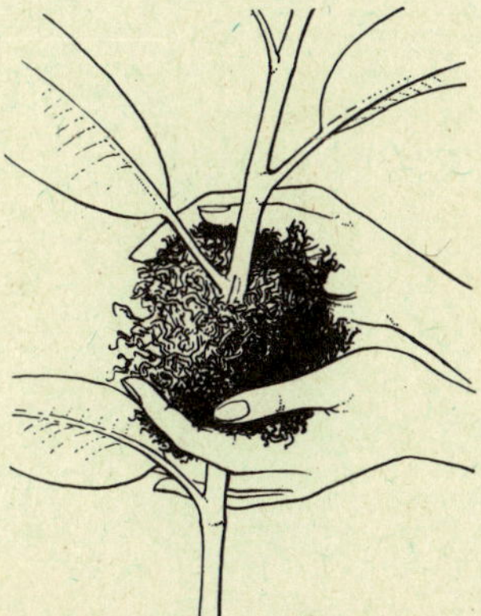
2

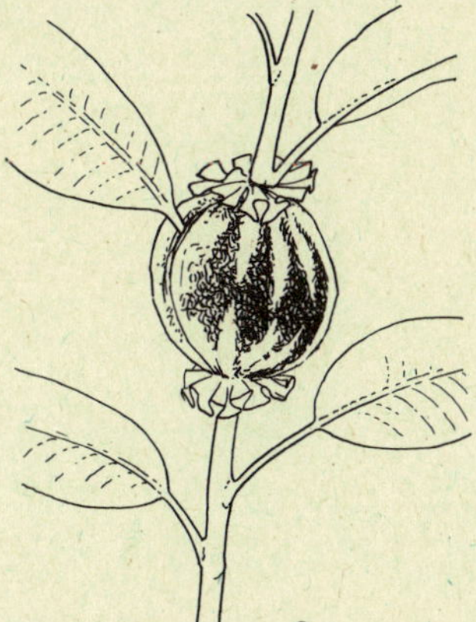
3

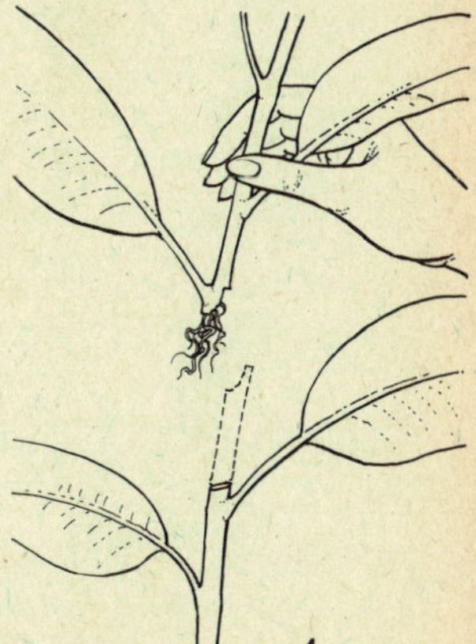
4

# Blumenpflege im Jahreslauf

Jede Blumenfreundin und jeder redliche Zimmergärtner wissen es genau: Mit Gießen und Düngen allein ist es nicht getan, sondern zu diesen alltäglichsten Maßnahmen treten noch mancherlei Handgriffe, von denen das volle Wohlbefinden unserer grünen Freunde abhängt. Einige ergeben sich aus einfachen praktischen Überlegungen; andere wieder erwachsen aus ständiger Beobachtung des pflanzlichen Lebens und einer auch vom Gefühlsmäßigen her bestimmten liebevollen Sorgfalt.

*Bodenpflege* Ebenso wie im Garten, so soll auch im Blumentopf und in jeder größeren Gemeinschaftspflanzung der Boden stets locker und frei von Verkrustungen sein. Gute Kulturerde sowie Beigaben von Torf, Hygromull oder Styromull tragen zwar schon viel zur Erhaltung dieses wünschenswerten Zustandes bei, doch kommt es immerhin vor, daß die Erde vom ständigen Gießen verschlämmt und deshalb die notwendige Bodenatmung beeinträchtigt. Das Lockern der Erde besorgt man ohne wurzelschädigendes Herumstochern mit einem zugespitzten Hölzchen oder dem zierlichen Spatel mit gebogener Metallspitze, wie es in jedem Topfblumenbesteck solcher Mini-Zimmergartengeräte zu finden ist.

*Topferde lockern und Vermoosung entfernen*

Wenn Moos im Blumentopf auftritt, so muß es durch Abheben der obersten Bodenschicht entfernt werden. Dann füllt man mit frischer Erde auf und deckt mit etwas scharfem Sand ab. Auf jeden Fall sollte die Ursache der Vermoosung ergründet werden, denn sie ist ja das sichtbare Zeichen einer Unstimmigkeit des Wasserhaushaltes und der Bodenreaktion, die ihrerseits durch Gießfehler ungünstig verändert sein kann.

*Aufbinden* Hochwachsende und rankende Pflanzen brauchen Halt und Stütze. Aber solche Stützen in Gestalt von Blumenstäben und Topfspalieren müssen so eingesteckt werden, daß dabei keine Wurzeln Schaden erleiden. Die Einsatzgefäße der Hydrokultur haben häufig zwei Löcher mit Führungen als vorgefertigte Lösung. Stäbe und Spaliere sollen nicht zu sehr »auf Vorrat« angebracht werden, sondern dem gegenwärtigen Wachstum angepaßt sein. Mit am schönsten, dauerhaftesten und preiswertesten sind Bambusstäbe und als hübsche Bastelei gefertigte Bambusspaliere, die sich auch leicht vergrößern lassen. Selbst pflanzlichen Ursprungs, fügt sich dieses auch farblich neutrale, glatte Holz überall werkgerecht ein. Die heute sehr beliebten Topfspaliere aus Kunststoff sind zwar ebenfalls dauerhaft und preiswert, aber oft schon durch ihre Farbe und Formgebung weit mehr modisches Beiwerk ohne jede organische Verbindung zum Pflanzenwuchs. Gleiches gilt auch von den zwar praktischen, aber keineswegs immer schönen Pflanzenklammern und Bindern aus Kunststoff. Das

Ein Topfspalier aus Kunststoff eignet sich für nicht zu schwere Pflanzen mit »Schauseite«.

beste und natürlichste Bindematerial bleibt auch am Blumenfenster der Bast. Aber was auch immer man dafür verwendet, es darf nie in eisenfeste Abschnürung ausarten, sondern soll als loser Achter zwischen Pflanze und Stütze geschlungen werden. Wo Bast nicht haltbar genug erscheint, bitte weder glatten Bindfaden noch Draht verwenden, sondern dann lieber helles Hanfgarn oder einen schönen braunen Kokosstrick: beide sind rauh und saugfähig und schneiden nicht ein.

»Antikipp« für widerspenstige Wandhänger: ein Stein unter dem Wandhaken.

*Übertöpfe* für Standpflanzen sowie Ampelgefäße sind bekannte Hilfsmittel zur Förderung der Bodenfeuchtigkeit und angeblichen Verschönerung. Daß aus ihnen keine »Fußbadewannen« mit besonderem Dauerwert werden dürfen, wurde schon an anderer Stelle angemerkt. Was aber die angebliche Verschönerung betrifft, so schlägt sie oft genug in ihr Gegenteil um, wenn beispielsweise Blütenpflanzen in Gefäße mit allzu farbenfreudiger Bemalung in unruhigen Mustern gesteckt werden. Zurückhaltung in der »Dekoration« ist also das beste Zeichen guten Geschmacks, wobei das Grün einer Blattpflanze eine ruhige, warme Tönung des Gefäßes ohne weiteres verträgt. Aber nie sollte man das natürliche Grün mit »Kunstgrün« totschlagen . . .

*Kopflastigkeit* bei fortschreitendem Wachstum wird nicht selten zu spät bemerkt. Und eines Morgens kommt man dann gerade recht zu der Bescherung: die voll erblühte Amaryllis ist ganz von selbst über Nacht umgekippt. Oder der Topf im Wandhänger sitzt gefährlich schief in seiner Halterung. Und was auf diesem Gebiet sonst noch alles passieren kann. Die Zeichnung zeigt, wie man auf einfachste Weise Vorsorge treffen kann. Ein paar größere Steine sollten überhaupt immer bereit liegen. Auch beim Geraderichten und Stützen tun sie gute Dienste.

*Sprühen allein tut's nicht*

*Staub* setzt sich besonders im Winter oft so fest daß man – von ausgebauten Blumenfenstern abgesehen – mit Sprühen allein nicht weiterkommt. Im Gegenteil: durch Sprühen haftet Staub nur noch fester auf den Blättern, verstopft die Spaltöffnungen und hemmt dadurch Atmung wie Assimilation. Großblättrige Pflanzen sollen deshalb öfter mit einem immer wieder in lauwarmem (enthärtetem) Wasser ausgespülten Schwamm oder weichen Lappen abgewischt werden, wobei man ruhig auch über die Stengel fahren darf. Beim Philodendron etwa sitzt da häufig weit mehr Staub, als die sorgliche Hausfrau denkt. Wo verzwickte Formen oder Stacheln und Brüchigkeit der Sukkulenten solche Schwammbehandlung nicht zulassen, auch natürliche Wasserscheu etwa der großen Blattbegonien oder die zarte Behaarung eines Greisenhauptes solche Prozeduren verbieten, muß ein feiner Haarpinsel helfen. Kleinblättrige Pflanzen werden durch ein lauwarmes Bad in der Wanne mit kräftigem Abbrausen erquickt. Ab-

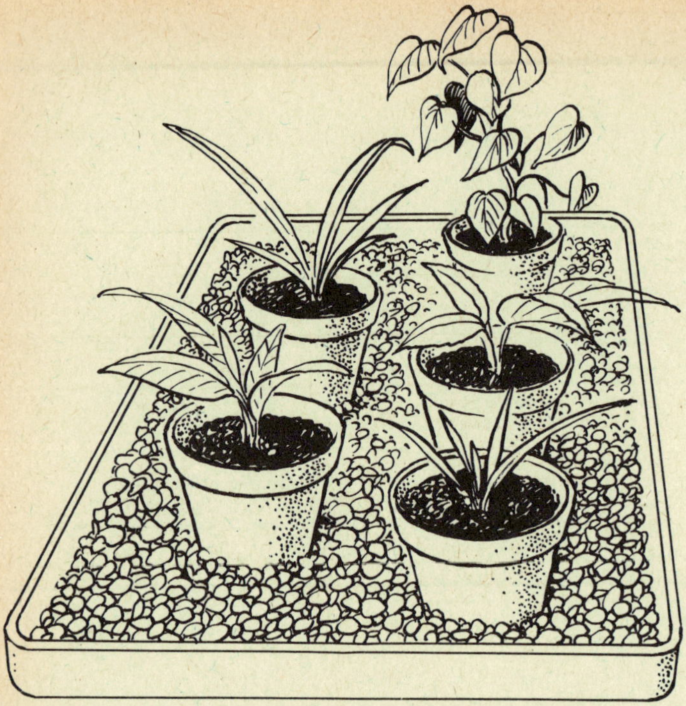

Wenn möglich, sollen die Töpfe etwa ¼—⅓ im Füllsubstrat, dabei aber nicht unmittelbar auf dem Boden der Wanne stehen.

Luftfeuchtes Kleinklima durch Zusammenfassung mehrerer Pflanzen im größeren Untersetzer.

brausen tut auch den großen gut, wobei die Härte des Wassers ausnahmsweise in Kauf genommen werden kann. Im Sommer soll man allen transportablen Pflanzen – auch ohne Eignung für längeren Freilandaufenthalt – die Wohltat eines mehrstündigen Abregnens in Wärme und Windstille gönnen.

*Fenstersorgen* entstehen der Hausfrau, wenn beim Lüften des Zimmers, zum Fensterputzen und sonstigen Hantierungen die Blumentöpfe weggeräumt werden müssen. Diese Arbeit läßt sich durch Zusammenfassung mehrerer Töpfe in entsprechenden Gefäßen sehr vereinfachen. Man muß dazu nicht einmal passende Blechuntersetzer mit Handgriffen anfertigen lassen. Es genügen die im Fachhandel mit und ohne Bodenlöcher erhältlichen »Kulturkisten« und ähnliche, dem Haushaltbedarf entfremdete flache Viereckschüsseln aus Kunststoff. Die Pflanzen werden entweder in Torf eingefüttert oder auf eine Unterlage aus Kieselsteinen gesetzt. Beide Substrate sind feucht zu halten, damit ihre Oberfläche im beheizten Raum ständig Wasser verdunstet und dadurch ein verbessertes »Kleinklima« schafft. In breiteren Fenstern lassen sich zwei oder drei solcher Behältnisse nebeneinander unterbringen. Sie ersparen zugleich die schon auf Seite 52 vorgestellte Lichtmarke, weil ja die Pflanzen selbst nicht gedreht und in ihrer Richtung zum Lichteinfall verändert werden.

»Kulturkisten«, wie der Erwerbsgartenbau sie in vielen Abwandlungen verwendet, lassen sich ebenfalls bestens als Gruppen-Untersetzer verwenden.

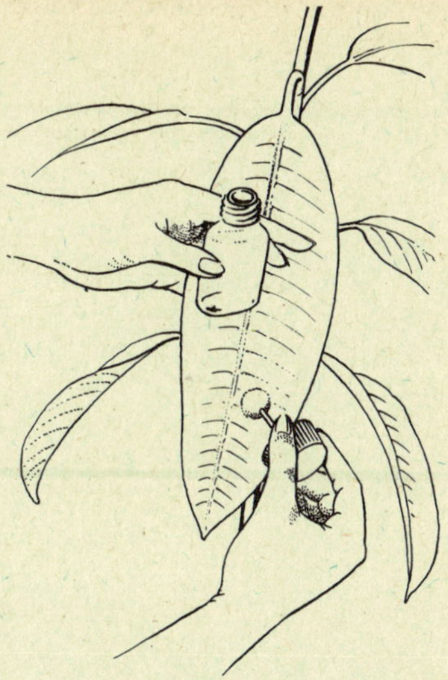

Gute Blattglanzmittel haben manches für sich: sie schützen auch vor Staub und Wasserflecken.

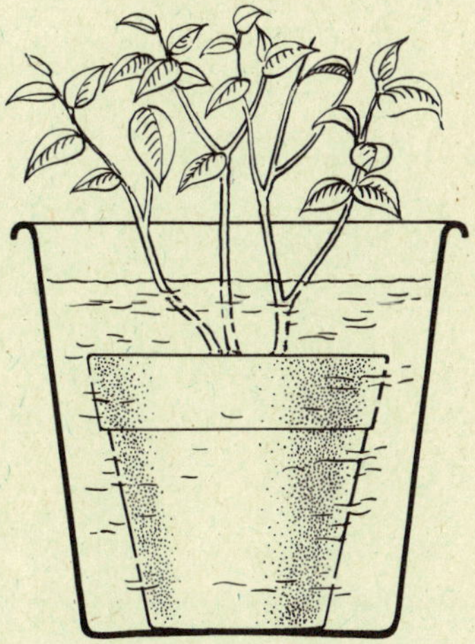

Hilfe für den trocken gewordenen Topfballen: Einstellen in zimmerwarmes Wasser, drinlassen, bis keine Luftblasen mehr aufsteigen.

*Blattglanzmittel* waren schon immer ein Sehnsuchtstraum tüchtiger Hausfrauen, die auch heute noch ihre Grünpflanzen ebenso »poliert« sehen wollen wie Möbelstücke und Parkett. Also wurden und werden noch immer Gummibaumblätter und ähnliches nach durchaus lobenswerter Entstaubung mit Bier, Milch oder gar Öl eingerieben. Dies ist am schlimmsten, weil Öl die atmungswichtigen Spaltöffnungen zuschmiert und als Oberflächenbelag ein hervorragender Staubfänger ist. Man kann es also nur begrüßen, daß inzwischen in ihrer Zusammensetzung unschädliche, in ihrer Wirkung ausgesprochen nützliche chemische Blattglanzmittel als Flüssigkeit zum Auftragen und als Spray entwickelt wurden. Sich ihrer – genau nach Vorschrift – zu bedienen, ist kein Luxus, denn über die an sich entbehrliche Glanzwirkung hinaus haben sie auch schützende und deutlich staubabweisende Eigenschaften. In der Schweiz wurde sogar ein »Mehrzweck-Blattglanzmittel« mit insektizider Wirkung herausgebracht.

*Hausmittel* gibt es nach wie vor mancherlei: man düngt auch mit Salatöl und verklebt dadurch die Erde; man setzt noch immer Eierschalenwasser an, das vor allem bald abscheulich stinkt, aber keine nachweisbaren Nährstoffe zur Pflanzendüngung enthält; man schüttet übrigen Tee und Kaffee an die Topfgewächse und behauptet, sie würden dadurch »angeregt«. Weshalb denn diese an sich harmlosen Verabreichungen während der Ruhezeit zu unterbleiben hätten. Wer da glaubt, Höhensonne im Winter sei den Zimmerpflanzen förderlich, wird durch schwere Blattverbrennungen schon nach Minutendauer solcher Bestrahlung sehr deutlich eines Besseren belehrt. Dagegen tun weder das Fernsehen noch eine ordnungsgemäß installierte Raumgasheizung den Lieblingen etwas zuleide. Aber Blumen am Küchenfenster kränkeln, wenn dort auf offenen Gasflammen gekocht und der Backofen ohne Abgas-Isolierung benutzt wird. Übrigens erstreckt sich die Sehnsucht nach Glanz gelegentlich auch auf die irdenen Blumentöpfe, denen ebenfalls mit Salatöl oder auch mit Speckschwarte zuleibe gegangen wird, um unschöne Verfärbung durch Kalkausblühungen oder Algenbesatz und Schimmel zu übertünchen. Vorübergehend mag die Fettschicht solche Augenwirkung hervorbringen. Doch die pflanzenschädigenden Ursachen werden dadurch nicht beseitigt. Und dies allein wäre bei solchen alarmierenden Erscheinungen wichtig. Bitte überzeugen Sie sich in den vorangehenden Kapiteln über Wasser und Blumenerde selbst davon.

*Ballentrockenheit* ist ein Kulturfehler, der bei sorgsamer Pflege eigentlich nicht vorkommen dürfte. Zuwenig gießen schädigt die Pflanzen nämlich meistens genauso endgültig wie zuviel gießen: Vertrocknete Wurzeln werden genausowenig wieder lebendig

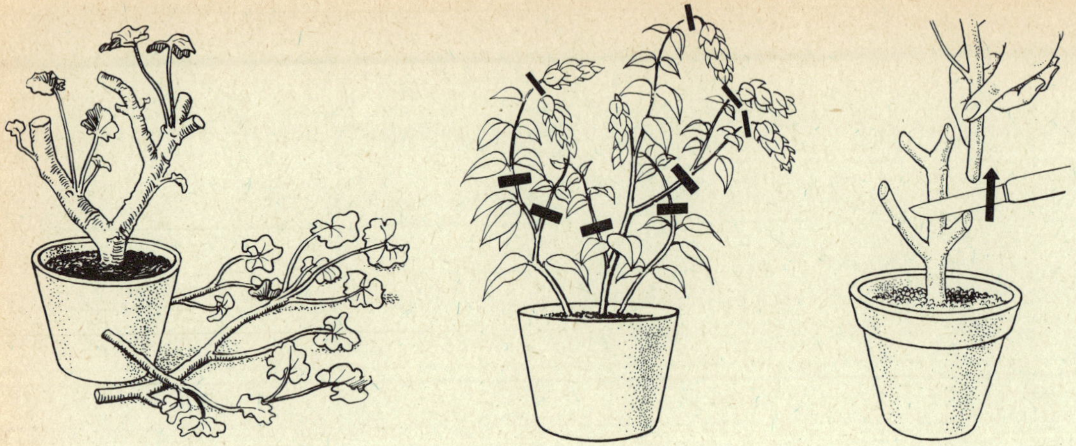

*Links:* Rückschnitt Geranie bei Austriebsbeginn Ende Februar.
*Mitte:* Beloperone entweder nur Blütenstände wegnehmen oder stark einkürzen für buschigeren Wuchs, wie Markierung zeigt.
*Rechts:* »Strenger« oder »scharfer« Rückschnitt bei einer holzigen Pflanze im Nachwinter.

wie verfaulte, und die Rettung im Wasserbad gelingt nicht immer. *Schneiden* kommt wie im Garten aus den verschiedensten Gründen vor. Deshalb gibt es auch bei vielen Einzeldarstellungen des Pflanzenteiles ein besonderes Stichwort »Schnitt«. Da haben wir zum Beispiel den schon beim Umpflanzen erwähnten Rückschnitt der Wurzeln als Entsprechung zum Rückschnitt der oberirdischen Pflanzenteile, wie er etwa bei Geranien und Fuchsien üblich ist. Formschnitt ist im Zimmerpflanzenbereich selten. Er betrifft eher Lorbeerkugeln und allenfalls Zitrusgewächse. Andere Gehölze werden nur bei Bedarf einem Auslichtungsschnitt unterworfen. Überalterte Pflanzen – ein im Innern der Krone unschön verkahlter Oleander oder Euonymus, ein Hibiskus, eine Myrte, verlangen geradezu nach einem »Verjüngungsschnitt bis ins alte Holz« und können dadurch innerhalb Jahresfrist wieder großartig in Ordnung kommen.

Jeder richtig ausgeführte Rückschnitt zur Entfernung zu lang gewordener, zu dicht stehender, sich überkreuzender, entlaubter oder trockener Triebe macht die Pflanze wüchsiger und schöner. Dabei muß man freilich dem natürlichen Aufbau Rechnung tragen, auch weder einfach drauflos säbeln, noch zu zaghaft sein. Eine sichere Hand und gutes Werkzeug sind ebensowichtig wie die nötige Sachkenntnis. Schnittflächen mit Gewebequetschungen, eingerissene Rinde und ausgesplittertes Holz sind schwere Kunstfehler. Bei dünnen Zweigen soll der Schnitt stets dicht über einem Triebauge (Blattknospe) liegen. Wunden, die Milchsaft absondern (Gummibaum, Wolfsmilch), werden durch Absengen mit einem Streichholz am »Verbluten« gehindert; saftreiche Schnittflächen vor allem der Kakteen und anderen Sukkulenten pudert man mit Holzkohlenpulver ein. Daß hier auch Abtrocknen an der Luft eine Rolle spielt, wurde schon erwähnt.

### *Was man zum Schneiden am nötigsten braucht*

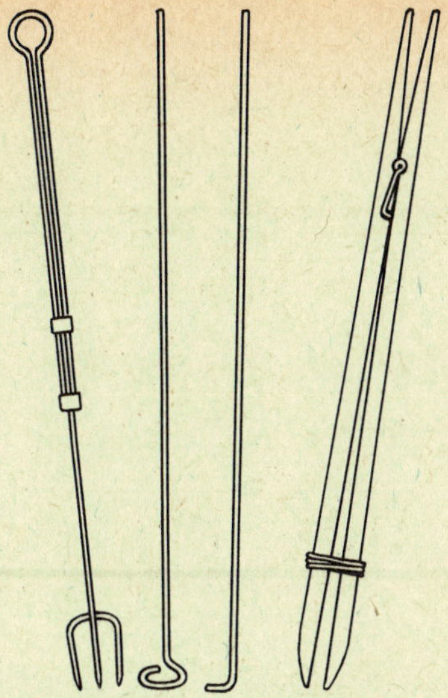

Werkzeuge für Flaschengärtchen gab es seither noch nicht fertig zu kaufen. Man muß sie entsprechend der Flaschenhöhe selber basteln oder vom Handwerker anfertigen lassen.

Meister der Flaschengärtnerei können sogar unter einem biedermeierlichen Glassturz allerliebste blühende Topfrosen erzielen.

# Flaschengärtchen anlegen

Generationen von Blumenfreunden hatten nichts oder doch fast nichts von ihnen gehört – aber mit einmal waren sie in aller Munde: jene meist mehr oder weniger kräftig grün gefärbten Glasgefäße, mit denen eine ebenso eilfertige Industrie nebst leider meist ebenso wenig genau informierten Gärtnern bis in die Supermärkte hinein Stadt und Land überschwemmten. Selbst ernsthafte, sonst überwiegend politisch orientierte Zeitschriften zollten dem angeblich just aus den USA importierten »Wunder« Tribut und berichteten – ebenfalls kaum von Sachkenntnis getrübt –, daß man sich von diesen echten und Pseudo-Flaschengärtchen neues Heil erwarte, weil immer weniger Menschen die Zeit aufbrächten, um Zimmerpflanzen in Erde richtig zu pflegen.

So als »problemloses Minitreibhaus« angeboten, erlebten die für Laienaugen recht dekorativen, oben weit offenen Rundgläser mit ihrer häufig kunterbunt zusammengewürfelten Bepflanzung eine allerdings nur kurze Hausse. Bis es sich nämlich herumgesprochen hatte, daß solche Gläser eben doch nicht das waren, was sie sein sollten: jene möglichst großen, nach Überwindung aller technischen und pflanzenbiologischen Voraussetzungen unter festem Verschluß stehenden Glasballons, in denen sorgsam auf einander abgestimmte, ausgesprochen langsam wachsende Pflanzen nun wirklich als geschlossene Welt für sich, völlig ohne jede Pflege auf lange Sicht – bis zu anderthalb oder zwei Jahren – zu leben vermögen. Wie man's richtig macht, zeigen die Werkzeichnungen auf den beiden folgenden Seiten. Übrigens: wie die Vorgeschichte der heutigen echten und falschen Flaschengärtchen noch vor der Mitte des vorigen Jahrhunderts – mit den berühmten Glaskästen des englischen Doktors Ward – wirklich angefangen hat, haben Sie sicher schon ab Seite 25 gelesen . . .

Nach der gelungenen Anpflanzung nebst vorsichtigster Bewässerung folgt eine Anlaufzeit, die in den meisten Fällen mehr oder weniger intensive Kondenswasserbildung an den Innenwandungen der Flasche mit sich bringt – ein Zeichen, daß mehr Wasser gegeben wurde, als die noch nicht eingewurzelten Pflanzen zu verarbeiten vermögen. Merken Sie sich bitte: äußerste Vorsicht beim Gießen ist von Anfang an Grundbedingung. Zeigt es sich, daß die Flasche ständig beschlagen bleibt, so haben Sie zuviel gegossen. In diesem Zustand darf keinesfalls schon verkorkt werden. Sie müssen »bei offenem Hals Ihrer Flasche« abwarten, bis der Wasserhaushalt im Gleichgewicht ist. Während der Anlaufzeit erkennen Sie diesen erstrebenswerten Zustand daran, daß die Flasche nur am Morgen ein wenig Beschlag zeigt, dann aber abtrocknet. Nun darf der Kork – oder bei modernen Glasballons

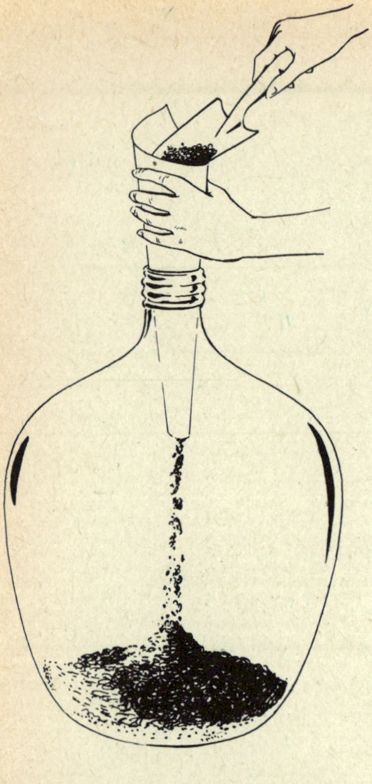

Zum Einfüllen des bodendeckenden Dränagematerials (grober Kies, Leca-Blähton) und der aufliegenden Erdschicht eignet sich ein einfacher Papiertrichter. Vorsicht: die Wandungen der Flasche müssen sauber bleiben!

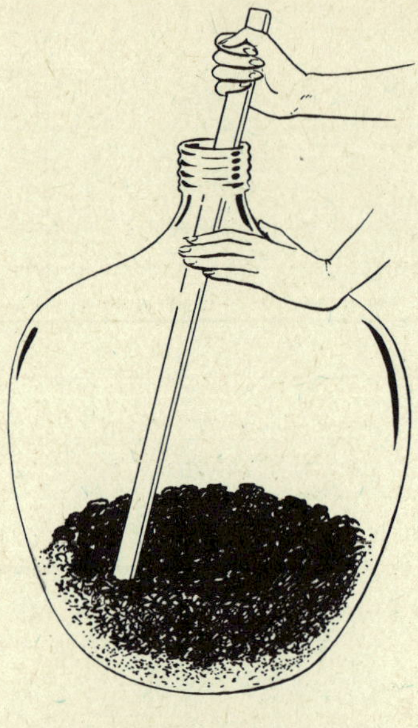

Dränageschicht und Erdschicht werden nacheinander mit einer im Flaschenhals noch genügend beweglichen, festen Holzlatte gleichmäßig am Boden verteilt. Zur Desinfektion einige Holzkohlestückchen beigeben.

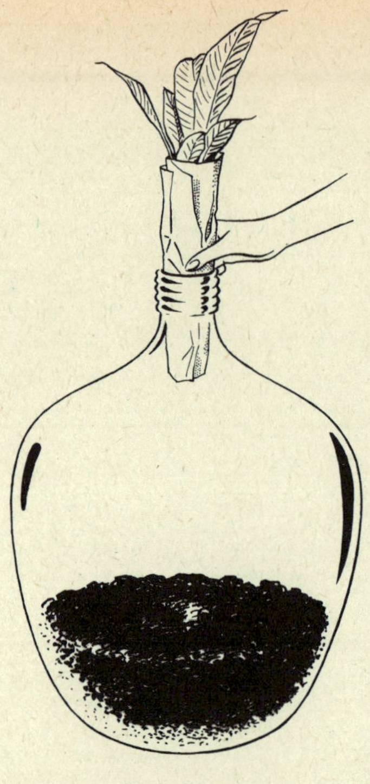

Die heikelste Arbeit: das Einführen der Pflanzen durch den engen Flaschenhals! Nach sorgfältiger Auswahl geeigneter, noch »schmal« bewurzelter Gewächse tritt wieder der selbstgedrehte Papiertrichter in Tätigkeit.

auch ein Schraubverschluß aus Kunststoff – sachgemäß angebracht werden. Als dritte Möglichkeit der Anlaufzeit bleibt zu bedenken: bildet sich nach der Bepflanzung von Anfang an keinerlei Kondenswasser, so ist dies ein Zeichen für zu geringe Startbewässerung, und es muß mit der gleichen Vorsicht wie nach dem Setzen der Pflanzen ein wenig nachgegossen werden.

Im echten Flaschengarten, der nicht unbedingt aus dem »chemischen« Glasballon bestehen muß, sondern auch jedes andere fest verschließbare Gefäß von der Bonbon- oder Wattedose und dem mit Drahtbügel versehenen Einmachglas bis zum luftdicht gedekkelten Aquarium als Wohnsitz haben kann, funktioniert der Kreislauf der Stoffe nach jenen Naturgesetzen, denen auch unsere Zimmerpflanzen in Erde oder in Hydrokultur und vor allem die Freilandpflanzen unterliegen.

Ist der gläserne Engpaß überwunden, so wird eine Pflanze nach der anderen mit Hilfe von Holzlatte, Greifzange oder »Pflanzlöffel« ausgewickelt und nach strenger Auswahl an ihren vorgesehenen Platz dirigiert.

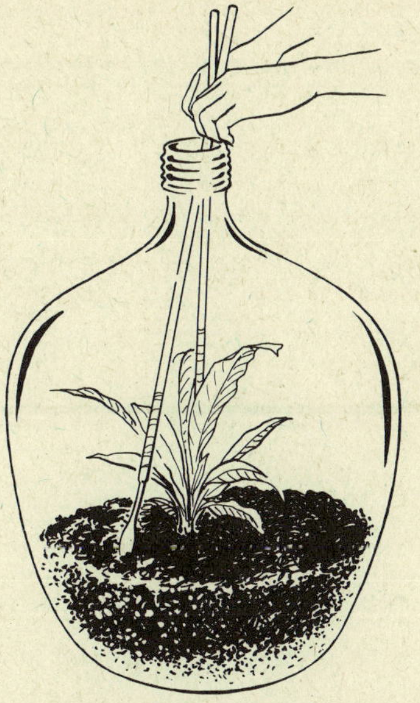

Ähnlich vollzieht sich auch das Setzen in ein mit der Holzlatte vorbereitetes Pflanzloch. Ohne Verletzung der Wurzeln sanft eindrücken, außen herum ein bißchen anhäufeln – fertig!

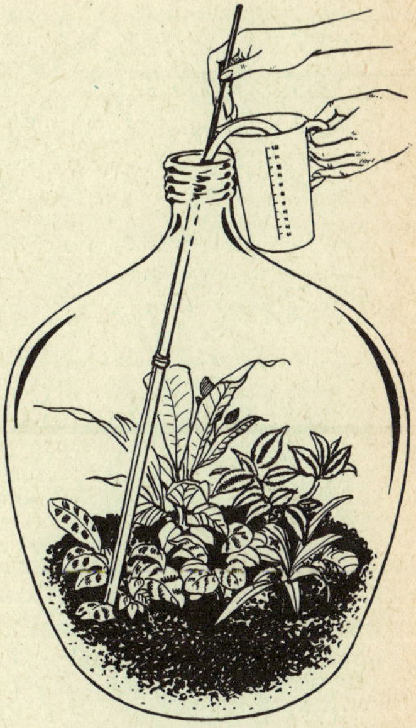

Nach dem Setzen kommt das Angießen: tropfenweise, mit einem Schlauch, nach dem Saugheberprinzip. Zu besserer Lenkung Schlauch an Stock festbinden. Wasser enthärtet, zimmerwarm. Wände sauber halten.

Vom ersten, sehr sparsamen Gießen kann der ganze Erfolg abhängen. Zuviel Wasser stört auf viele Wochen die Entwicklung des notwendigen biologischen Gleichgewichtes, das dem Verschließen der Flasche vorangeht.

Im hell, doch nicht sonnig aufgestellten Gefäß entnimmt die Pflanze die von ihr benötigten Nährstoffe in wässeriger Lösung. Soweit Wasser bei der Blattatmung wieder ausgeschieden wird, bildet es jene geringen Beschlagsmengen, die nur in den Morgenstunden und ohne störende Rinnsale an den Wandungen auftreten dürfen. Außerdem nimmt die Pflanze durch die Spaltöffnungen ihrer Blätter – wie wir uns erinnern – Kohlendioxid auf und scheidet Sauerstoff aus. Im autarken Lebensraum des Glases wird der über Tag ausgeschiedene Sauerstoff jedoch von ihr selbst zur Nacht zum Teil wieder aufgenommen, zum Teil verbrauchen ihn die im Wurzelgrund vorhandenen Kleinlebewesen, die ihrerseits auch an der Produktion von Kohlendioxid beteiligt sind. Ohne noch näher auf weitere Einzelheiten der selbstverständlich auch hier ablaufenden Fotosynthese zur Blattgrünerzeugung und aller sonstigen Wachstumsvorgänge eingehen zu können. Aber eines darf ich versichern: der richtig angelegte, fest verschlossene Flaschengarten gehört zu den reizendsten Spezialitäten, die Blumenfreundin und Zimmergärtner sich mit Verständnis und Geduld erarbeiten mögen. Man bekommt ihn – in diesem Sinne – nicht geschenkt, und schon gar nicht kann man ihn so ohne weiteres als Massenartikel in irgendeinem Laden kaufen.

*Rauminhalt und Pflanzenauswahl sorgfältig abstimmen*

Immer wird es sich zunächst darum handeln, das in Aussicht genommene Gefäß und seine Bepflanzung aufeinander abzustimmen. Ein Glasballon mit sechzig Liter Inhalt bietet da selbstverständlich andere Voraussetzungen als beispielsweise eine Chiantiflasche oder ein Bonbonglas mit erheblich weniger Rauminhalt. Erster Gesichtspunkt für die Pflanzenauswahl ist deshalb: Anpassung der bei langsamem Wachstum erreichbaren Pflanzengestalt nach Höhe und Umfang auf den Raum im Gefäß. Während also für das kleine, nur mäßig hohe Gefäß allenfalls zwei bis drei »paßgerechte« Gewächse in Frage kommen, dürfen es für den 40-Liter-Ballon schon ein halbes Dutzend und für den 60-Liter-Ballon noch einige mehr sein. Daß unter solchen Gesichtspunkten der rechteckige Grundriß und die beachtliche Höhe eines leeren Aquariums günstigste Möglichkeiten bieten, steht außer Zweifel. Aber das ist dann halt trotz luftdichtem Verschluß mit einer gläsernen Deckplatte kein zünftiger Flaschengarten ...

*Auf die Dauer eignen sich Grünpflanzen am besten*

Jeder wird einsehen, daß Blütenpflanzen im allgemeinen weniger geeignet sind als Blattpflanzen. Die Engländer als eigentliche Erfinder der ›Bottle Gardens and Fern Cases‹ (Flaschengärten und Farn-Gehäuse) bevorzugen auf Grund nun bald anderthalb Jahrhunderte zurückreichender Erfahrungen Farne aller Art. Kenner begnügen sich dabei nicht nur mit dem Einbringen von Pflanzen, sondern säen selbst durch den engsten Flaschenhals Farnsporen oder wenden eine der verschiedenen Methoden vegetativer Vermehrung an: Stecken von Ausläufer- oder Rhizomstückchen; Stecken von ausgereiften Blattstielen der Hirschzunge / *Phyllitis scolopendrium.* Aber alle diese Unternehmungen fordern viel Geduld – es dauert Monate, bis der Flaschengarten sich begrünt. An geeigneten Farnen aus unserem Pflanzensortiment seien einige langsam wachsende, zum Teil kleinbleibende Arten genannt:

*Diese Farne wachsen langsam und bleiben klein*

*Adiantum – A. capillus veneris, A. cuenatum gracillimum, A. pedatum; Asplenium – A. adiantum-nigrum, A. obovatum, A. ruta-muraria, A. trichomanes; Blechnum spicant; Pellaea-Arten; Phyllitis; Polystichum;* Kleinformen des Saumfarnes / *Pteris cretica* wie die weißbunte ›Albo-Lineata‹ oder die besonders apart geformte ›Distinction‹, während für größere Gefäße ›Rivertoniana‹ und ›Wimsettii‹ genannt zu werden verdienen.

# Blumenfenster-Praxis

*Was ist eigentlich ein Blumenfenster?*

Noch einmal sei es gesagt: eine Fensterbank – gleich welchen Materials – zum Aufstellen »nackter«, allenfalls mit einem Übertopf bekleideter Einzel-Pflanzgefäße hinzubauen, ergibt weder eine pflanzengerechte Konstruktion noch ein Blumenfenster im eigentlichen Sinne des Wortes. Der Begriff »Blumenfenster« meint stets eine so tiefe und so hohe Pflanzenwanne, daß die Blumentöpfe – je nach Art der darin gehaltenen Pflanzen und deren oft schon stattlicher Größe – in feuchten Torfmull oder in ein anderes Füllsubstrat eingefüttert und zu einer beetartig wirkenden Anlage vereinigt werden können. Auspflanzen kommt – auch das wurde bereits erwähnt – nur für Spezialanlagen mit schwach wurzelnden Pflanzen in Frage. Bitte vergleichen Sie dazu auch die Merksätze auf Seite 34.

*Grundmaße der Pflanzenwanne und der Brüstungshöhe*

Aus allen diesen Gründen soll die Mindesthöhe des Wannenraumes – ohne die Dämmung unter dem Wannenboden und ohne im Innern eingebaute Hilfsgeräte (Kabelheizung wie S. 90!) – für kleinere Blumenfenster mindestens 18–20 cm betragen. Für Fenster mittlerer Größe rechnet man mindestens 25–30 cm, für größere bodennahe Fenster und bodengleiche Raumbeete 50–60 cm. Doch sind dies alles nur Wahrscheinlichkeitsangaben eben für die Mindestmaße. In der Praxis sollte stets versucht werden, den Wannenraum entsprechend den für die Tiefe angegebenen Grenzwerten auf Seite 86/87 so groß wie möglich zu machen.

Der Abstand Pflanzenwanne – Oberkante – Fußboden – kurz »Brüstungshöhe« genannt – soll in Wohnräumen mit Hauptblickrichtung aus sitzender Stellung das Normalmaß von 60 cm tunlichst nicht überschreiten. Je niedriger nämlich ein Blumenfenster angelegt werden kann, desto besser präsentiert es sich dem Beschauer – desto harmonischer fügt es sich dem Raum ein. Höhen von 80 cm und mehr sollten nur im Notfall – etwa bei nachträglichem Einbau in ein unveränderliches Normalfenster – hingenommen werden. Niedrige Bepflanzung kann in solchem Fall

Der tiefer oder höher sitzende und der stehende Mensch betrachten das Blumenfenster jeweils aus einem anderen Blickwinkel. Je niedriger die Brüstung, desto schöner die Sicht, desto günstiger auch der Licht-Einfallswinkel und die Bepflanzungsmöglichkeiten.

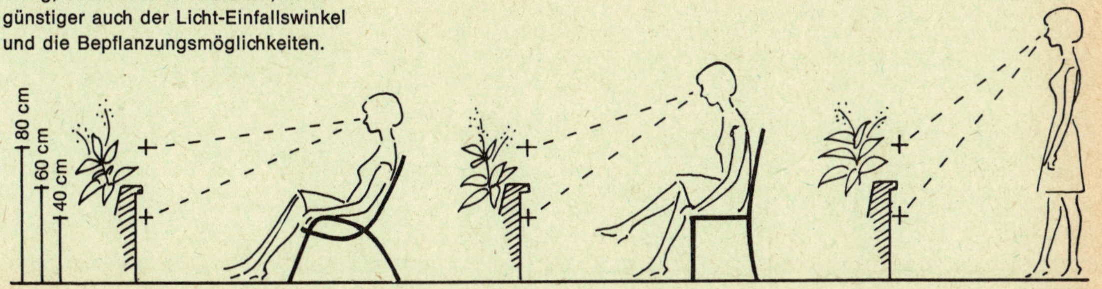

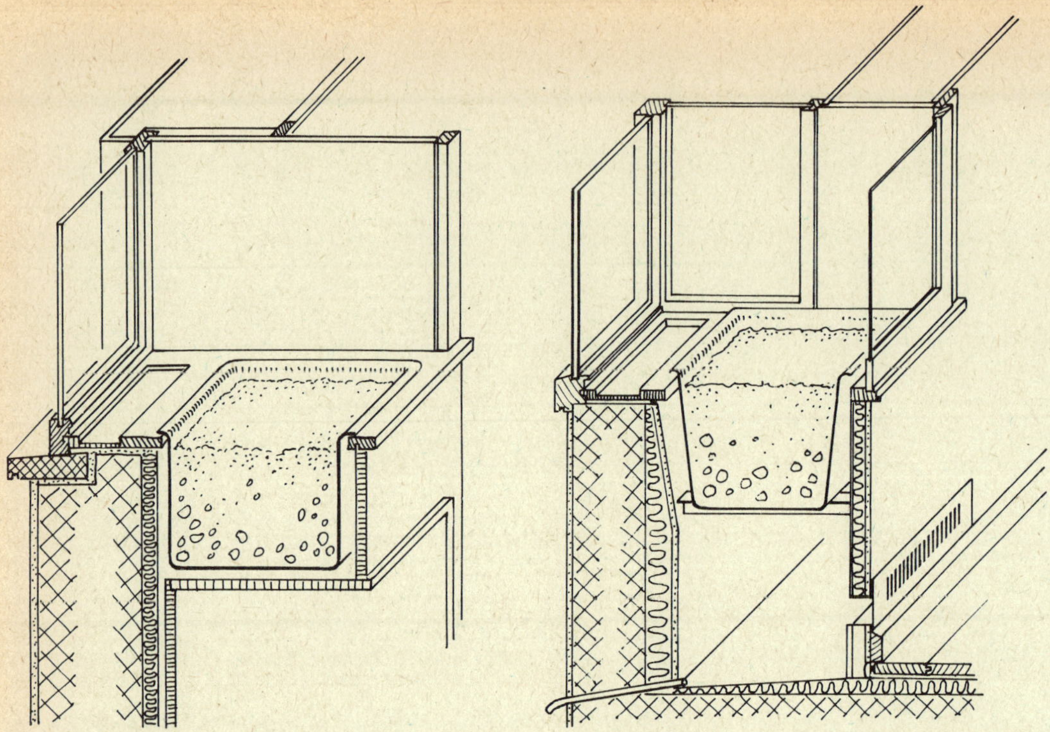

*Links:* Bündig eingebautes einfaches Blumenfenster ohne Trennscheibe zum Raum.
*Rechts:* Vorkragendes Blumenfenster mit Trennscheibe zum Raum und Heizungsnische (Tropenfenster).

einen gewissen Ausgleich schaffen. Ein wichtiger pflanzenbiologischer Gesichtspunkt kommt hinzu: je niedriger das Fenster liegt, desto höher kann die Frontscheibe sein, desto besser ist der Lichteinfall von oben, desto freudiger gedeihen die Pflanzen. Als Mindesthöhe für die Frontscheibe gelten daher 120 cm, während als Mindestbreite 110 cm anzunehmen sind.

Über die Tiefe – das heißt: Abstand Innenkante/Außenkante – kann man sich an Hand der perspektivischen Zeichnungen dieser und der folgenden Seiten orientieren. Für die beiden Typen oben wurden Tiefe und Höhe der Pflanzenwanne mit 40–50 cm angenommen. Wer 50–60 cm Tiefe ermöglichen kann, erzielt bei entsprechender Breite der Anlage um so reichere Bepflanzungsmöglichkeiten, doch soll bei solchen Abmessungen auch die Reichweite des menschlichen Armes für notwendige Pflegearbeiten im Außenbereich bedacht werden. Damit die Pflanzen von ihrem Standplatz bis zur Frontscheibe genug Raum haben, wird zwischen Pflanzenwanne und Verglasung stets ein sogenannter Vorwuchsstreifen eingeplant. Nehmen wir seine Tiefe nur mit 20 cm an, so ergeben sich hier zusammen mit der Wannentiefe doch gewisse Grenzen. Besonders bei Blumenfenstern, die bündig zur Außenwand angelegt werden, kann zuviel Tiefe des in den Wohnraum hineinragenden Baukörpers nicht nur unharmonisch wirken,

*Bündig zur Hauswand oder bündig zum Raum?*

sondern auch ohne irgendeine Abschirmung für die Pflanzen weniger zuträglich sein. Anders liegen die Dinge, wenn das Blumenfenster als vorkragender Erker gebaut wird und bündig zur Innenwand verläuft. Hier werden die Pflanzen – auch ohne die Trennscheibe eines ausgesprochenen Tropenfensters – immer noch genügend Abstand zur Zimmerluft im weitesten Sinne haben. Bitte vergleichen Sie hierzu auch die Abbildungen auf Seite 31 und 35: beide lassen erkennen, daß es sich um erkerartig nach außen vorspringende, bündig zum Raum eingebaute Anlagen handelt.

Die perspektivische Querschnittzeichnung eines bodengleichen Blumenfensters oder Raumbeetes ist nach den vorangegangenen Erläuterungen sicher leichter zu verstehen – besonders wenn dazu das allerdings etwas anders angeordnete Abbild schöner Wirklichkeit auf Seite 33 zur Betrachtung herangezogen wird. Die grafische Darstellung zeigt dagegen eine Anlage mit Frontscheibe und selbstverständlich mit Vorwuchsstreifen. Seine Bedeutung liegt nicht nur in größerer Bewegungsfreiheit der zum Lichte strebenden Pflanzen, sondern er gestattet auch die gefahrlose Aufstellung einer elektrischen Heizröhre, die für Notfälle und bei Verwendung nicht vereisungsfreier Glasscheiben immer zur Hand sein sollte. Übrigens: wo die Erkerform gewählt wird, begnüge man sich niemals damit, den vorkragenden Fensterteil etwa nur auf Konsole zu stellen. Die klimatischen Verhältnisse im Innern werden dadurch sehr ungünstig beeinflußt, da vollkommene Isolation kaum möglich ist.

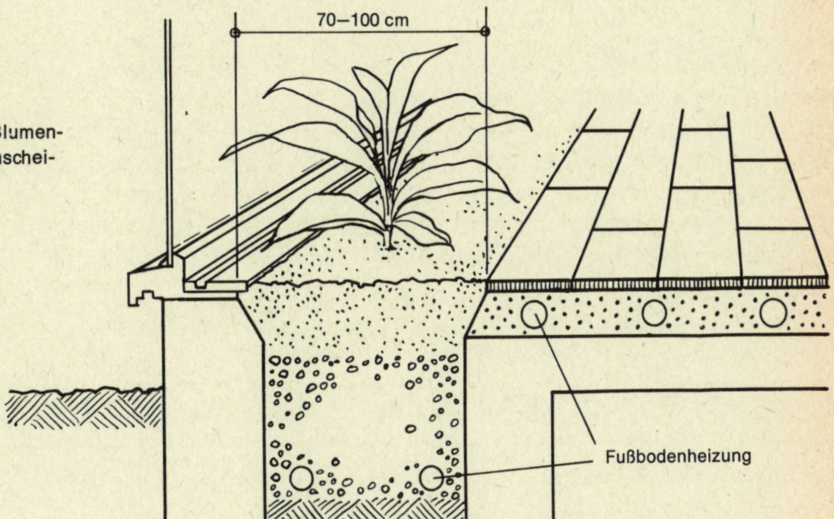


Vorkragendes bodengleiches Blumenfenster (Raumbeet) ohne Trennscheibe, mit Fußbodenheizung.

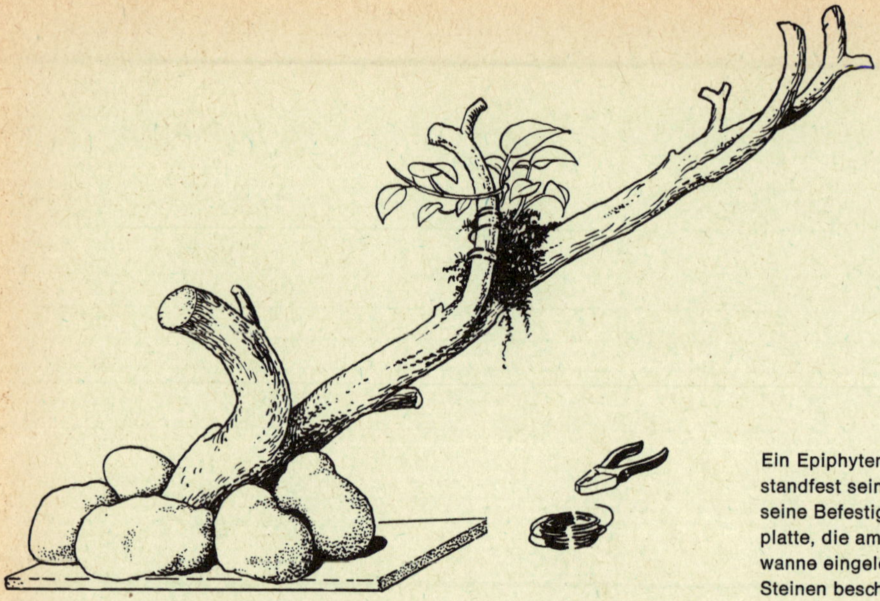

Ein Epiphytenstamm muß vor allem standfest sein. Sehr bewährt hat sich seine Befestigung auf einer Bodenplatte, die am Grunde der Pflanzenwanne eingelegt und mit größeren Steinen beschwert wird.

Das beste Ausgangsmaterial für Epiphytenstämme liefern ältere Hochstamm-Apfelbäume, Robinien – auch »falsche Akazien« genannt – und sonstige Hartholzarten. Gartenfreunde sägen sich das, was sie für ihr Blumenfenster brauchen, beim winterlichen Ausholzen selbst zurecht. Und sind die Äste nicht ganz so malerisch-zweckmäßig geformt, wie der Wunschtraum vom bizarren Epiphytenstamm es verlangt, so läßt sich – ähnlich wie beim Weihnachtsbaum – durch Einsetzen weiterer Zweige für Gabelungen und kleine Nischen der unvollkommenen Natur ein bißchen nachhelfen. Man braucht ja solche »mulmigen Stellen« zum Einbringen der schon pflanzfertig vorbereiteten »Wurzelpakete« all jener Pflanzen, die als Aufsitzer oder Scheinschmarotzer des tropischen Regenwaldes für das Leben auf einem Epiphytenstamm geeignet sind. Ihre Wurzeln – das ergibt sich auch aus den Einzeldarstellungen im Pflanzenteil – sind verhältnismäßig schwach entwickelt und dienen mehr als Halteorgane, die hier – am besten mit Sphagnum oder Sumpfmoos umhüllt und mit Kupferdraht umwickelt – eingesetzt und mit dem gleichen, nicht rostenden Draht befestigt werden.

*Zweige einsetzen wie beim Weihnachtsbaum*

Wieder gilt, was schon im Zusammenhang mit dem Abmoosen im Kapitel von den Pflanzenkinderstuben erörtert wurde: wer kein echtes Sphagnum beschaffen kann, möge lieber auf Fasertorf und die zur Orchideenkultur angebotenen Substrate ausweichen, keinesfalls aber Waldmoos verwenden, weil es zu leicht fault. Daß hier anstelle von Bast Kupferdraht empfohlen wird, hat ähn-

*Wegen Fäulnisgefahr: Waldmoos für Wurzelpakete verboten!*

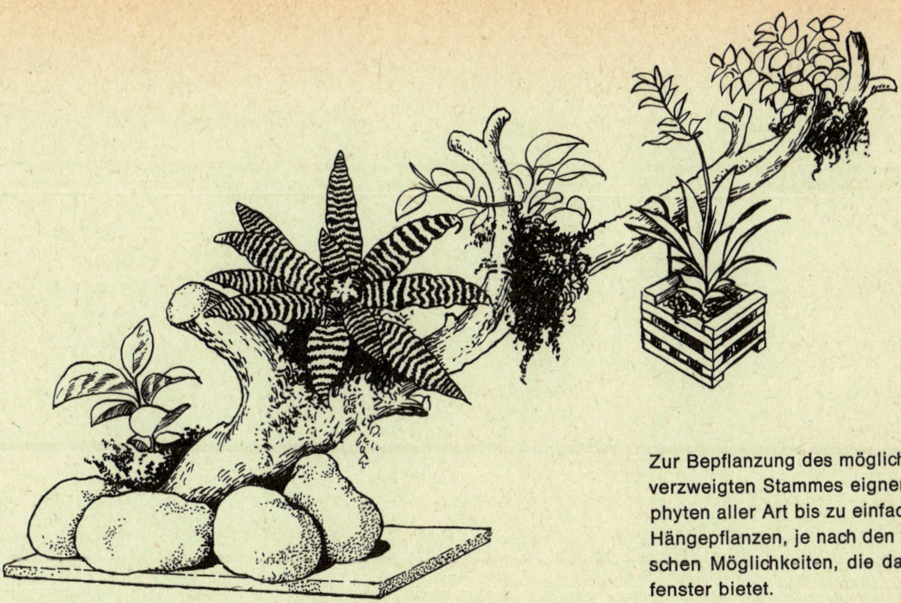

Zur Bepflanzung des möglichst reich verzweigten Stammes eignen sich Epiphyten aller Art bis zu einfachen Hängepflanzen, je nach den technischen Möglichkeiten, die das Blumenfenster bietet.

liche Gründe. Wenn Bast ständig feucht ist, wird er bald mürb und reißt. Aber es gibt noch ein anderes Material, das in seiner Schmiegsamkeit und völligen Unverrottbarkeit besser ist als Bast und Kupferdraht zusammen: das sind alte Perlonstrümpfe, die man in etwa 3 cm breite Ringe zerlegt. Diese Ringe – aufgeschnitten und durch Strecken gedehnt – sind hervorragende Befestigungsbänder, denen Dauerfeuchtigkeit nichts anhaben kann.

*Die Sache mit den Perlonstrümpfen*

Im übrigen muß zugegeben werden, daß Epiphytenstämme, auch wenn sie nur mit einfachen Pflanzen besetzt sind, mehr Arbeit machen als Gemeinschaftsanlagen in der Pflanzenwanne. Schon der Zwang zu dem bewußten »ständigen Feuchthalten« verlangt viel Aufmerksamkeit. Diese Feuchtigkeit aber muß sein, weil ja der weit in den Luftraum aufragende Stamm und seine Bewohner auch mehr verdunsten als die tiefer liegende Anpflanzung in der Horizontale. Sind aber Stamm und Wurzelballen erst einmal zu trocken geworden, dann gibt das nicht nur Schäden, sondern man hat meist mit Schwierigkeiten bei der Wiederbenetzung zu kämpfen. Arbeitserleichternd: eine Schlauchgießkanne.

*Epiphytenstämme brauchen mehr Pflege*

*Pflanzensortiment*

Das Sortiment der für Epiphytenstämme geeigneten Pflanzen muß natürlich so zusammengestellt werden, wie die technischen Einrichtungen des Blumenfensters es gestatten. Es reicht daher von kostbaren Orchideen, den langen Bärten der *Tillandsia usneoides* und anderen Warmhaus-Bromelien, Akanthusgewächsen, Baumfarnen und sonstigen Extravaganzen des Tropenfensters bis zu Kletterficus, Kletterphilo, Tradeskantien und sogar Efeu im einfachen, offenen Blumenfenster. Sollte aber je Ihr Epiphytenstamm trotz Bodenplatte und großen Steinen einmal Gleichgewichtsstörungen zeigen, dann erinnern Sie sich, daß ein so gut wie unsichtbarer Perlonfaden – vom oberen Ende zu einer Ringschraube an der Decke führend – solche kleinen Schwierigkeiten spielend überwindet.

## Es muß nicht immer gleich ein Baumstamm sein ...

»Naturpflanzenträger« für kleinere Blumenfenster, aber auch für freien Stand, lassen sich aus der bekannten Korkeichenrinde oder Borke basteln. Asthalter zum Ineinanderstecken dienen als Grundgerüst. Nach Montage und Zusammendrahten aller Teile wird das Gestell auszementiert oder mit Steinen gefüllt. Unser Modell (Zeichnung) hat oberhalb der Gabelung zwei übertopfähnliche Plätze zur Direktbepflanzung oder zum Einstellen von Blumentöpfen. Auch zwei Hydrovasen haben darin Platz.
Als Beispiel äußerster Vereinfachung, mit einer zierlich herabhängenden Doldenrebe *(Cissus striata)* und einer Grünlilie *(Chlorophytum)* besetzt, wurde dieses Modell vor Jahren auch im Fernsehen gezeigt und ist seitdem einem meiner offenen Blumenfenster treu geblieben. Daß Borkenstücke ohne jede Garnitur, lediglich an einem Draht aufgehängt, ausgezeichnete Wurzelträger für Kleinepiphyten sind, erlebt man bei jedem Gang durch eine botanische Sammlung mit Bromelienhaus. Überhaupt sind solche Besuche für die eigene Blumenfenster-Praxis höchst lehrreich.

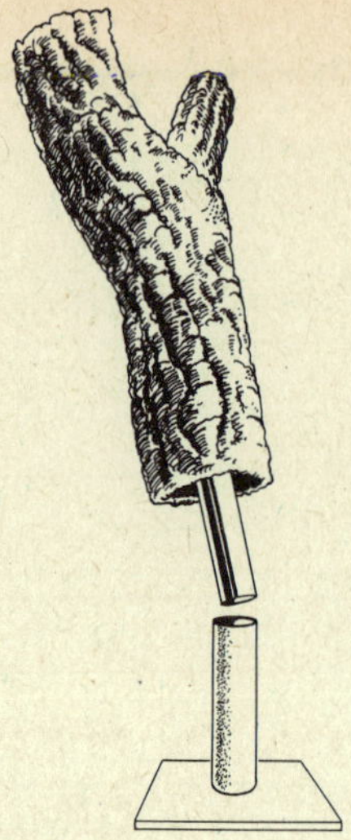

Selbstgebauter »Kunststamm« mit Borke (Korkeiche) verkleidet, zum Einstecken im Schaft der Bodenplatte, mit zwei Pflanzstellen.

## »Pflanzengemeinschaft mit Dauerwert«

So heißt eine Begriffsbestimmung des Wortes »Blumenfenster« im Lexikon. Um sie in allen Einzelheiten darzustellen, müßte man ein ganzes Buch schreiben. So bleiben zwangsläufig in diesem Kapitel, das nicht mehr als einige Anregungen geben kann, wichtige Themenkreise unerwähnt. Außenverglasung, Trennscheibe zum Raum, Frischluftregulierung, Luftfeuchtigkeit, Heizung, Sonnenschutz – vorab die verschiedenen Möglichkeiten der aus dem Baukörper selbst entwickelten oder zum Einmontieren fertig gekauften Pflanzenwanne und ihres Füllmaterials: lauter Teilgebiete, deren reibungsloser Zusammenklang eben die Grundlage für jene »Pflanzengemeinschaft mit Dauerwert« schafft. Auch muß hier unbedingt noch auf die großartigen Leistungen der Schweizer mit ihrer Luwasa-Hydrokulturmethode hingewiesen werden. Denn obzwar davon mehr auch in anderem Zusammenhang die Rede ist, so sind für das Blumenfenster sicher die entscheidendsten Impulse ausgegangen.

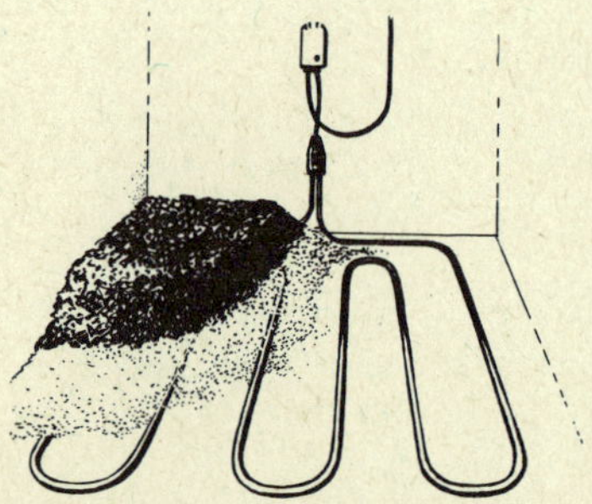

Die vollautomatische Blumenfenster-Kabelheizung mit Thermostat wird in einer 4–5 cm hohen Sandschicht verlegt; darauf kommt das normale Füllsubstrat.

Die »Spezialvase System Döring« ist in Abwandlungen auch heute noch so gefragt wie vor 50 Jahren. – Eines von vielen neueren Modellen zeigt den großen formalen Unterschied und die dadurch gegebene Überwindung manches alten Problems.

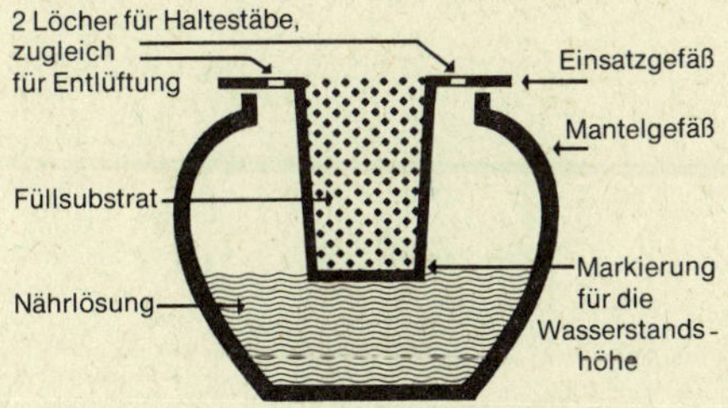


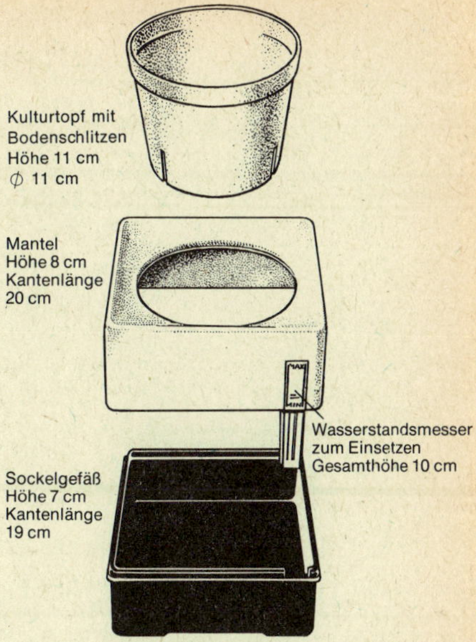


# Hydrokultur macht's möglich

*Zur Einführung bitte erst noch einmal das Kapitel »Hydrokultur gestern, heute und morgen« ab Seite 43 lesen!*

Drei Faktoren sind es, die der Hydrokultur oder Erdelosen Pflanzenpflege in den letzten Jahren – man darf wohl sagen: fast weltweit – ein völlig neues Gepräge und dadurch bedingt eine geradezu stürmische Aufwärtsentwicklung beschieden haben. An erster Stelle steht hier der allgemeine Wandel unserer Lebenshaltung, – die Abkehr vom beschaulichen Wohnstil und die dem rascheren Tempo auch des häuslichen Lebens angepaßte Hinneigung zum technischen Fortschritt.

Daraus folgt an zweiter Stelle die nicht nur im Erwerbsgartenbau, sondern auch bei den Produzenten jeglichen Hydrokultur-Zubehörs gewachsene Einsicht, daß hier ein lange Zeit viel zu wenig beachtetes, aber höchst aussichtsreiches Sondergebiet der Zimmerpflanzenpflege weit über den Bereich des Nur-Privaten hinaus intensiver Erschließung offen steht. Das als jüngstes, auf Seite 46 zitierte Beispiel von der »Hydrokultur auf See« spricht hier wohl eine deutliche Sprache.

*Lewatit HD 5 weist neue Wege*

Begünstigt wurde diese Entwicklung durch ein Ereignis, das rangmäßig eigentlich über allem steht und in hohem Maße förderlich fortwirkt: die ebenfalls schon – auf Seite 44 – erwähnte Schaffung der unter dem Markennamen Lewatit HD 5 heute im In- und Ausland eingeführten Spezial-Ionenaustauscher für Hydrokultur durch ein Chemiker-Team der Bayer-Werke in Leverkusen.

*Das Hydrogefäß und sein Werkstoff*

Betrachten wir die Dinge von ihrer alltäglichen praktischen Seite, so steht an erster Stelle die Frage nach den Hydrokultur-Gefäßen, deren umseitige Schemaformen auf den ersten Blick erkennen lassen, daß in jedem Fall ein sogenanntes Mantel- oder Umgefäß zur Aufnahme der Nährlösung und ein Einsatzgefäß – heute meist Kulturtopf genannt – zur Aufnahme der Pflanzenwurzeln vorhanden sein muß. Zum leichteren Hantieren und zur Gewährung besserer Austauschbarkeit der heute meist nach dem Baukastensystem gestalteten, mehrfarbigen Modelle sind die Umgefäße – siehe die umseitige Schemazeichnung rechts – nochmals unterteilt, was aber für uns im Augenblick nur formale Bedeutung hat. Hier geht es zunächst um den Werkstoff, der in jedem Fall ständig mit der Nährlösung und den in ihr enthaltenen chemischen Verbindungen in Berührung kommt und deshalb unbedingt wasserdicht, säurefest und chemisch neutral sein muß.

*Viel Vorliebe für »Selbstgemachtes«*

Fertig gekaufte Hydrogefäße ebenso wie die heute überall einzeln erhältlichen Kulturtöpfe, die auch in den Hydrogärtnereien verwendet werden, entsprechen selbstverständlich diesen Voraussetzungen. Doch gar nicht so selten kommt es vor, daß Blumenfreunde ihre Hydropflanzen nur im Kulturtopf kaufen, als Umgefäß aber einen vorhandenen Übertopf oder sonst ein im Haushalt vorhandenes Gefäß verwenden wollen. Mir sind da von der deckellos gewordenen alten Hongkong-Teekanne bis zu einer mit Ritterburgen und rheinischen Weinliedern geschmückten Steinzeug-Bowle die erstaunlichsten Dinge begegnet. Solche und andere selbstgemachte Kombinationen sind ohne weiteres möglich, wenn der Werkstoff die schon genannten Grundforderungen erfüllt.
Brauchbar in diesem Sinne sind also alle Gefäße mit hartgebrannter Innenglasur wie gute Keramik, Email, Porzellan und Glas, das aber wegen der bei hellem Licht unvermeidbaren Veralgung dun-

Blumentopfform: ungünstig

Zylinderform: ausreichend

Kugelform meist günstig

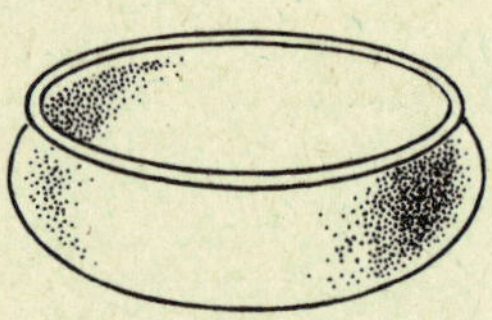

Kakteenschale: übliche Form

Das Umgefäß soll möglichst viel Nährlösung fassen

kelgrün oder rauchfarben getönt sein soll. Vorzüglich geeignet sind alle Gefäße aus hochwertigem Kunststoff (Novodur!), während billige Massenware Unsicherheitsfaktoren in sich bergen kann. Metall (Kupfer, Messing) und Asbest-Zement (Eternit und ähnliche Fabrikate) dürfen nur mit zuverlässiger Isolierung ver-

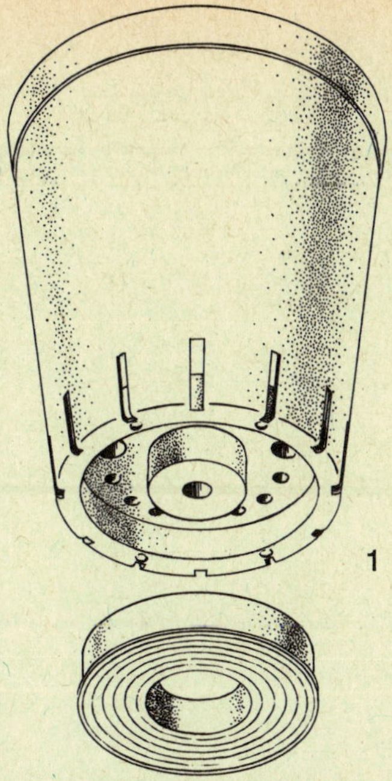

1

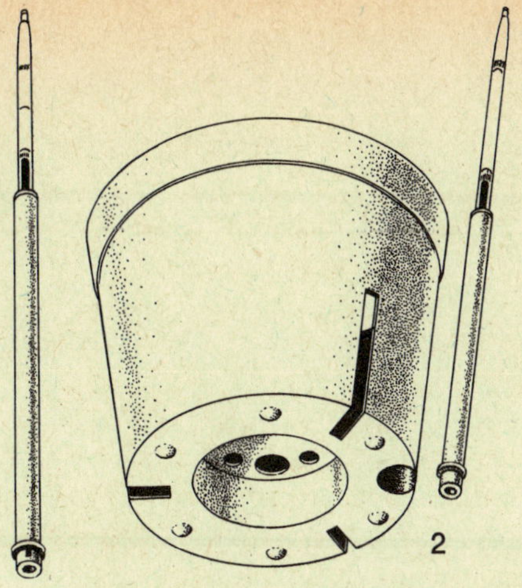

2

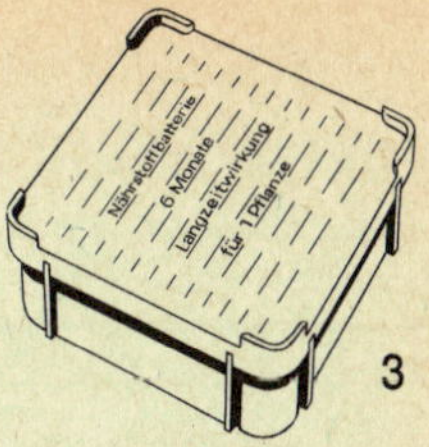

3

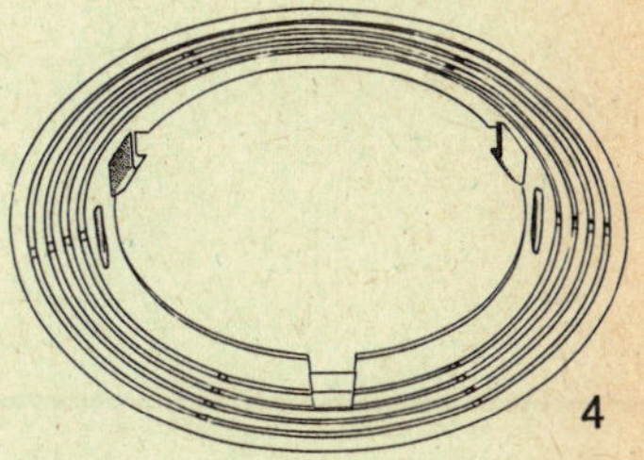

4

1. Hochform-Kulturtopf mit Ringform-Nährstoffbatterie. – 2. Einzeln erhältlicher Kulturtopf mit von unten einschiebbarem Wasserstandsanzeiger; Nährstoffbatterie paßt in den Hohlraum im Boden. – 3. Quadratische Nährstoffbatterie für Ionenaustauscher Lewatit HD 5. – 4. Sogenannte Kragenmanschette zum Ausgleich von Abständen zwischen Kulturtopf und Umgefäß, durch Ausbrechen der Stege zwischen den Ringen zu verkleinern.

wendet werden. Das heißt für Metall »echt englisch bleifrei verzinnt«, für Asbest-Zement Innenanstrich mit entsprechendem Kunstharzmaterial. Auch das Ausschlagen der Gefäße mit Folie ist möglich, wenn die Haltbarkeit immer mal kontrolliert wird.

Eines der wohl kaum je völlig lösbaren Probleme ist bei der Hydrokultur – wie bei der Erdkultur – das Größerwerden der Pflanzen. Sie wachsen übrigens bei »optimaler Pflege« in Nährlösung und entsprechender Veranlagung besonders rasch. Andererseits macht es hier – im Gegensatz zur Erdkultur – nichts aus, wenn vor allem das »Umgefäß« von Anfang an reichlich groß gewählt wird und dadurch auch Raum zum Durchwurzeln bietet. Die Relation zwischen der in Maximalstellung richtigen Nährlösungshöhe (kurz auch Wasserstandshöhe genannt) ermittelt man bei modernen Gefäßen mit dem Wasserstandsanzeiger. Er ist entweder (siehe Modell Seite 91) als Schauglas ausgebildet oder wird – vor allem bei großen Gemeinschaftspflanzungen – als selbständiges Zubehör bodentief eingesetzt. Häufig haben auch Kulturtöpfe für Einzelpflanzung eine Bodenöffnung, durch die man den Wasserstandsanzeiger bei Bedarf sogar nachträglich noch von unten einstecken kann.

### *Wenn Hydropflanzen zu groß werden*

Nach wie vor im Handel ist der beliebte Universaleinsatz zum »Mitwachsen« auf drei verschieden großen Mantelgefäßen (System Bornheim): sie reichen von der Halbliter-Kleinform bis zur Dreiliter-Kugelvase. Wenn deren Fassungsvermögen erreicht ist, hat der Hydrofreund schon soviel dazugelernt, daß er sich selbst weiterzuhelfen weiß. Das Umsetzen endgültig zu groß gewordener Pflanzen, die womöglich ihren Kulturtopf gesprengt haben (Sansevierie!), ist übrigens viel einfacher als bei Erdkultur. Bitte nur den richtigen Termin beachten!

## Das moderne Füllsubstrat heißt Lecaton

Als Füllsubstrat oder Trägersubstanz bezeichnet man jene Stoffe, die den Pflanzenwurzeln im Kulturtopf Halt geben, zugleich aber auch der Nährlösung ihre Wirkung auf das unterirdische Wachstum ermöglichen. Zur Lösung dieser Aufgaben muß das Füllsubstrat – ebenso wie die inneren Gefäßteile – chemisch neutral und faulungsfest (= frei von organischen Bestandteilen) sein sowie die notwendige Wasser- und Luftführung gewährleisten. Dafür ist eine beschränkte Kapillar- oder Haarröhrchenwirkung und »Wärme« des Materials erwünscht. Der kalte, völlig unporöse, dazu sehr schwere Basaltsplitt aus der Frühzeit ist ebenso wie die an sich hübschen Quarzkiesel in den Hintergrund getreten.
Entscheidend für die Weiterentwicklung der Hydrokultur wurde die Entdeckung eines Stoffes aus der Baustoffbranche: es war der Lecaton oder Blähton, auf dem die Schweizer Hydro-Pioniere ihr gesamtes Luwasa-System begründeten. Er wiegt kaum halb soviel wie Splitt oder Kiesel, wird für gärtnerische Zwecke (Gütezeichen beachten!) aus kalkfreiem Ton bei 1200° C im Drehofen gebrannt, wobei sich die kleinen Kügelchen »aufblähen«. Der Name Lecaton ist ein Kürzel der englischen Bezeichnung »**L**ight **e**xpanded **c**lay **a**ggregate«. Sortierung nach Größe muß man heute selbst besorgen; vor Gebrauch in warmem Wasser waschen.

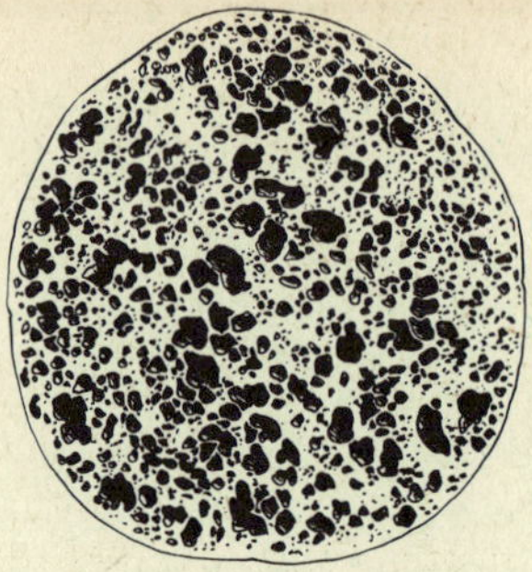

Der stark vergrößerte Querschnitt durch ein Korn des Lecatones läßt (bei geschlossener Oberfläche) die zahllosen luftgefüllten Poren im Inneren erkennen.

## Lebenselement ist die Nährlösung

Hier geht es heute um die grundsätzliche Entscheidung, ob man nach der konventionellen Methode mit Nährsalzgemischen (Tabletten, Pulver, Flüssigkonzentrat) arbeiten, oder sich den in vieler Hinsicht einfacheren, nach meinen Erfahrungen mehr Erfolgssicherheit bietenden Ionenaustauschern mit dem Markennamen Lewatit HD 5 zuwenden will.
*Konventionelle Methode* verlangt je nach Kalkempfindlichkeit der Pflanzen Beachtung der Wasserhärte, für die Aufbereitung nach dem pH-Wert siehe Seite 57/58. Die Nährlösung muß – bei zwischenzeitlichem Nachfüllen mit gleich aufbereitetem, vorgewärmtem Wasser – während der Wachstumszeit alle 4–6 Wochen, außerhalb der Wachstumszeit in längeren Zwischenräumen und geringerer Konzentration erneuert werden. Zur Ermittlung des pH-Wertes gibt es Indikatorpapier; vor Verwendung des zwar »weichen«, aber heute fast überall durch Luftverschmutzung für Hydrokultur unbrauchbaren Regenwassers ist dringend zu warnen. Auch üblicher Zimmerpflanzendünger statt der speziell für Hydrokultur entwickelten Nährsalzgemische und Flüssigkonzentrate ist nicht zu empfehlen.

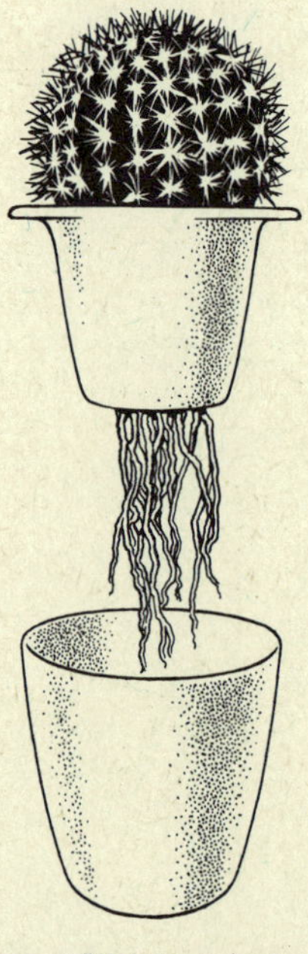

Seit über zwölf Jahren nach der konventionellen Methode gehalten, wächst dieser *Echinocactus grusonii* oder »Schwiegermutterstuhl«. Ø jetzt ca. 25 cm.

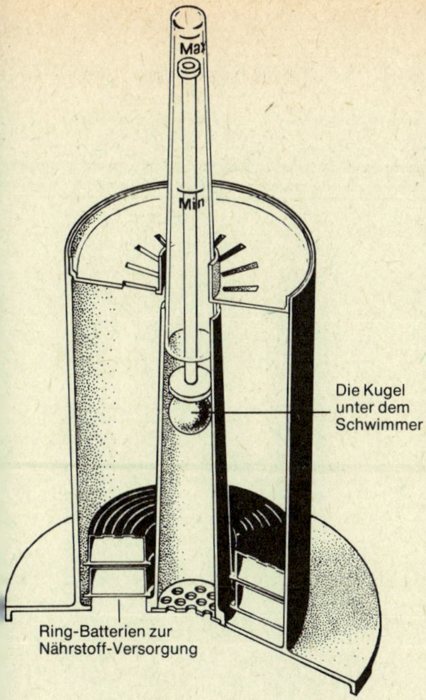


Für Großgefäße gibt es Wasserstandsanzeiger, deren Innenraum gleichzeitig als Speicher für Ionenaustauscher dient und leichtes Auswechseln (von oben) erlaubt. Ø Bodenplatte 16 cm; Gesamthöhe 28 cm.

*Ionenaustauscher Lewatit HD 5* bestehen aus wasserunlöslichen, winzig kleinen Kunstharzkügelchen, die mit den erforderlichen Nährstoffen »beladen« sind. Auf dem Weg über das jederzeit unaufbereitet verwendete, nur leicht vorgewärmte Wasser treten sie mit den Pflanzenwurzeln in Austausch. Dabei entnimmt die Pflanze immer genau so viel Nahrung, wie sie ihrem Wachstumsstadium entsprechend benötigt, während unverwertbare Stoffe (z. B. Kalziumkarbonat, Kochsalz) durch das Lewatit HD 5 gebunden werden. Die je Pflanze vorgeschriebene Normaldosis von etwa 40 g hält mindestens 6 Monate für ausreichende Dauerversorgung – bei nährstoffbescheidenen Pflanzen wie Kakteen und anderen Sukkulenten, auch vielen für Hydrokultur geeigneten Orchideen bis zu 12 Monaten. In der Zwischenzeit wird je nach Anzeige des Wasserstandsmessers nur mit leicht vorgewärmtem Leitungswasser nachgefüllt. Die Verwendung der im Handel erhältlichen Nährstoffbatterien muß nicht sein. Man kann Lewatit HD 5 in abgemessener Menge auch einfach auf das Füllsubstrat geben und mit Wasser einspülen. Nur bitte nie, nie, nie enthärtetes Wasser verwenden – es würde die Wirkung der Ionenaustauscher zerstören und die Pflanze verhungern lassen . . .

## Wer immer noch selbst umstellen will . . .

. . . muß wissen, daß die in der Hydrogärtnerei vorkultivierte Pflanze weit bessere Aussichten hat als eigener Erdkultur entnommene Gewächse aus dem Blumentopf. Tauglich sind in jedem Fall nur junge, kerngesunde, in bester Triebkraft stehende Pflanzen. Bester Zeitpunkt: meist Ende April bis Mitte Juni. Vor dem Austopfen gründlich durchgießen oder Topf über Nacht in zimmerwarmes Wasser stellen; Wurzeln aus dem Abzugsloch keinesfalls wegschneiden, lieber Blumentopf zertrümmern. Wurzelballen unter lauwarmem Fließwasser oder in großer Schüssel so lange ausspülen, bis keinerlei Erdreste mehr anhaften; Schaumstoffreste sind unschädlich. Schlechte oder beschädigte Wurzeln nun schräg abwärts wegschneiden, bei größeren Wurzelverlusten auch oberirdische Pflanzenteile einkürzen. Kulturtopf nicht zu klein wählen; der Pflanze den gleichen Stand (Höhe, Tiefe, Lichtmarke) wie im Blumentopf geben; ohne Hohlräume zwischen den Wurzeln mit Lecaton passender Körnung auffüllen (leicht einrütteln). Bei konventioneller Methode 2–3 Wochen lang, bis junger Trieb sich zeigt, nur aufbereitetes, klares Wasser nehmen, dann Nährlösung in halber Konzentration. Ionenaustauscher Lewatit HD 5 können sogleich zugesetzt werden. Zum Eingewöhnen hellen, doch unbesonnten, warmen Standort geben; Luftfeuchtigkeit nach Bedarf. Wasserstandshöhe je nach Gefäß der Bewurzelung anpassen.

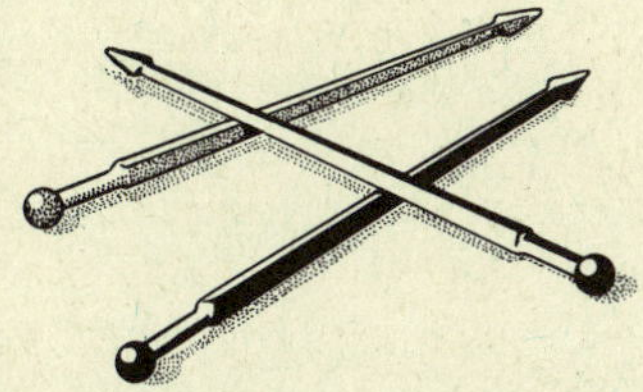

Sie meinen, am drehbaren Kulturtopf kann man keine Lichtmarke anbringen? Nehmen Sie ein buntes Partystäbchen und stecken Sie es randnah in den Lecaton . . .

# Pflanzenschutz: Vorbeugen und Heilen

Es liegt in der Natur der Sache, daß bei Zimmerpflanzen – häufiger als im Garten – durchaus nicht jeder beobachtete Schaden von tierischem Befall oder einer Infektionskrankheit herrührt. Dies zu erkennen und die Ursachen solcher Erscheinungen zu beseitigen, sollte die erste und wichtigste Aufgabe jedes Blumenfreundes sein. Doch es ist oft einigermaßen schwierig und verlangt schon einen geschärften Blick.

*Nicht alles, was so aussieht, kommt von Schädlingsbefall oder Pflanzenkrankheit!*

»Frostschäden aus der Sprühdose« oder Kältefolgen, wie das Gummibaumblatt auf Seite 99 sie zeigt, sind vom Befall mit Rostpilzen im Anfangsstadium kaum zu unterscheiden. Aber sie lassen sich weder durch Spritzen beeinflussen noch sonstwie ausheilen – stecken allerdings auch keine anderen Blätter an. Spitzendürre, Vertrocknen von Knospen und Blüten, gilbendes und fallendes Laub können Folgen von Wurzelerkrankungen sein, die ihrerseits durch Übergießen oder durch Ballentrockenheit und andere Kulturfehler ausgelöst wurden. So verursachen zu starke Spritzmittelkonzentrationen nicht nur Verbrennungsschäden an den grünen Pflanzenteilen, sondern können auch im Erdreich zu Wurzelschäden führen. Wie man den Topfballen vor solchen »Sickerschäden« durch Spritzbrühe schützt, zeigt die Zeichnung unten.
Zu starke Besonnung ruft besonders im Frühjahr bei lichtempfindlichen oder ungenügend abgehärteten Pflanzen Blattverbrennungen hervor. Dazu gehören Blattverfärbungen bei Gloxinie und Usambaraveilchen, deren bekannte »Gelbfleckigkeit« (siehe Zeichnung Seite 99) die Wahl läßt zwischen relativ harmlosem Sonnenbrand und gefährlicher, höchst ansteckender Viruserkrankung. Auch die »Fensterbildung« an Cissusblättern kommt von zuviel Licht, während helle runde Flecke auf samtigen Blättern nicht selten einfach die Folge von Wassertropfen beim Sprühen sind. Glasigwerden von Kakteen aus Wüstengebieten kommt von zu

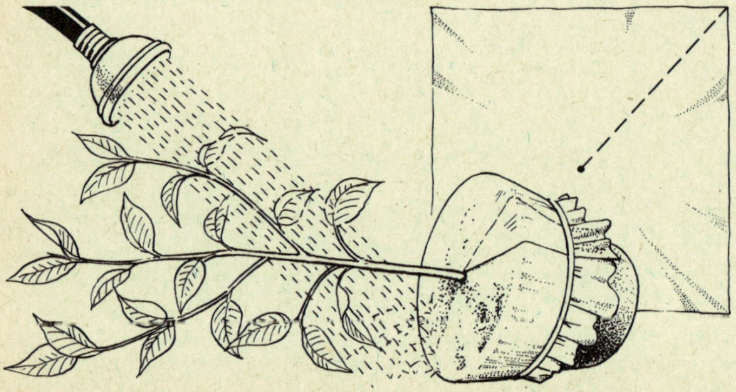

Schutz des Topfballens vor Pflanzenschutzmitteln: Quadratisches Plastiktuch wie gestrichelt aufschneiden, beim Einhüllen des Topfes dicht übereinanderlegen, mit Rundgummi oder Bindfaden befestigen.

Schutz vor Kälteschäden durch Pflanzenschutzmittel aus der Sprühdose: beim Einsprühen mindestens 30 cm Abstand zur Pflanze wahren.

hoher Luftfeuchtigkeit. Unterkühlung während der Wachstumszeit und Fehler beim Überwintern bewirken bei sukkulenten Pflanzen (typisch für Kugel- und Säulenkakteen) eine Art von Stamm- oder Wurzelhalsfäule, die sich zunächst unbemerkt im Inneren abspielt, bis plötzlich ein völliger Zerfall erfolgt.

*In Zweifelsfällen: nicht herumprobieren – Fachmann fragen!*

In allen solchen Zweifelsfällen sollte man nicht erst mit Pflanzenschutzpräparaten herumprobieren, sondern fachmännischen Rat einholen. Manchenorts gibt es dankenswerter Weise einen echten »Pflanzendoktor« mit regelmäßigen Sprechstunden. Aber auch Gartenämter, Pflanzenschutzämter und verwandte Dienststellen geben bereitwillig und kostenlos Auskunft. Ebenso hat jede Liebhaber-Gartenzeitschrift und fast jede Tageszeitung mit regelmäßig erscheinender Gartenseite ihren »Briefkasten« für dringende Leserfragen. Nur sollte man jeder Bitte um eine schlüssige Diagnose stets informatives Probematerial beifügen.

Von den »unklaren Sonderfällen« abgesehen, ist Pflanzenschutz gar nicht so schwierig. Natürlich kann man ihn nicht mit wohlweisen Reden vom Tisch kehren und behaupten, daß richtig gepflegte Zimmerpflanzen weder von Schädlingen befallen, noch von Krankheiten geplagt werden. Gute Pflege ist zwar ein treffliches Vorbeugungsmittel, und kräftige, gesunde Pflanzen bieten ihren Feinden allemal weniger Angriffsflächen als solche, die durch Kulturfehler oder aus anderen Ursachen kränkeln.

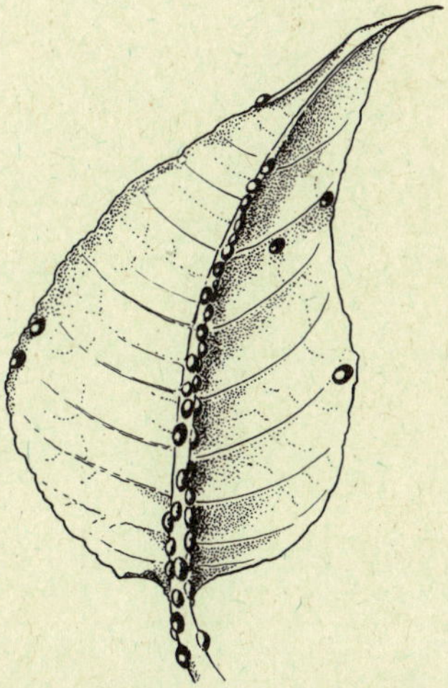

Schildläuse auf der Unterseite eines Aphelandra-Blattes.

Um so mehr sollte jeder echte Blumenfreund sich nie mit bloßen Abwehrmaßnahmen begnügen, sondern stets die Ursachen des Übels zu ergründen suchen und sie vor allem aus der Welt schaffen. Denn wo die Ursachen nicht beseitigt werden, treten ihre Folgen – insonderheit Schädlingsbefall – über kurz oder lang von neuem auf. So kann man sich mit einem der modernen Kombinationsmittel aus der Sprühdose in Abständen durch den ganzen Winter spritzen: ein Teil der Schädlinge wird zwar vernichtet, ihr Nachwuchs aber kommt fröhlich aus seinen Schlupfwinkeln her-

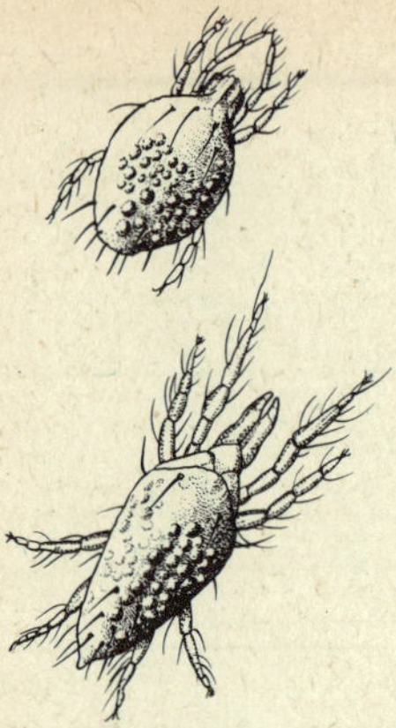

Spinnmilbe oder »Rote Spinne«, Larve (o) und Männchen (u); natürl. Größe 0,5 mm.

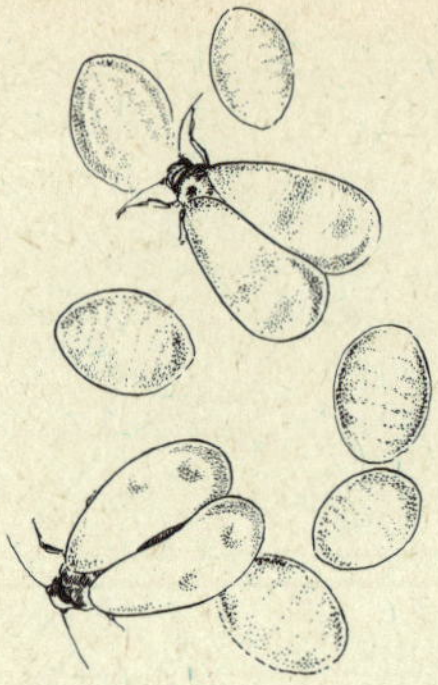

Kohlmottenschildlaus oder »Weiße Fliege«, immer blattunterseits; Vollkerfe und Eier; Gr. 1,5 mm.

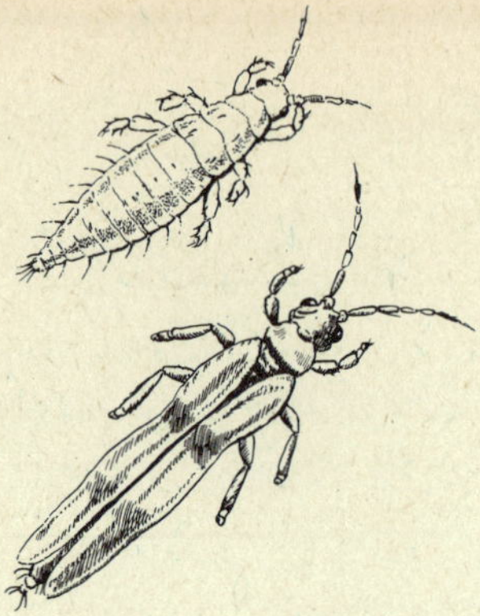

Blasenfuß oder Thrips, Larve (o) und Vollkerf (u); immer blattunterseits; nat. Größe 1 mm.

vor, das Spiel zwischen Abwehr und frischem Befall beginnt von neuem – Leidtragende ist die derart heimgesuchte Pflanze. Diese Situation gibt auch vollgültige Antwort auf die Frage, ob man Schädlinge, Pflanzenkrankheiten und ihre Schadbilder kennen muß? Ich meine: nicht alle, aber doch einige, bei denen – zum Beispiel Schildläuse – das Allroundmittel aus der Sprühdose die Schilde nicht immer zu durchdringen vermag, während Nachwuchs aus kaum angreifbaren Schlupfwinkeln ständig neue Befallsherde schafft. Abschaben, Abbürsten und Abheben mit dem spitzen Holzstäbchen sind bei guter Erreichbarkeit der erwachsenen Kerfe sicherer. Gegen die Vermehrung in den Schlupfwinkeln hilft wiederholtes, intensives Spritzen – besser noch Anwendung eines der sogenannten systemischen, d. h. ins innere »System« der Pflanze eindringenden Mittel, die in Lösung gegossen, auch als wirkstoffdurchtränkte »Schutzpfeile« aus Pappe in die Erde gesteckt oder in das Umgefäß der Hydropflanze gelegt werden. Tauchen ganzer Pflanzen in Schmierseifenbrühe (echte Ölschmierseife, 5–10 g je 1 Liter lauwarmes Wasser) ist ein gutes altes Hausmittel. Wo Tauchen schwierig ist, hilft eine alte Zahnbürste. Wurzelläuse – häufig an Zimmerfarnen und Kakteen – werden durch Gießen mit einem Spezial-Blutlausmittel bekämpft. Die Blutlaus selbst ist nicht nur schlimmste Feindin des Oleanders, sondern kann auch Drazänen und andere Zimmerpflanzen verseuchen. Den Befall mit Spinnmilben erkennt man an Sprenkelungen, die blattunterseits von den Hauptadern nach außen verlaufen, und an dem Gespinst feiner Fäden. Nicht alle Sprühmittel wirken – man prüfe die Angaben auf der Spray-Dose.

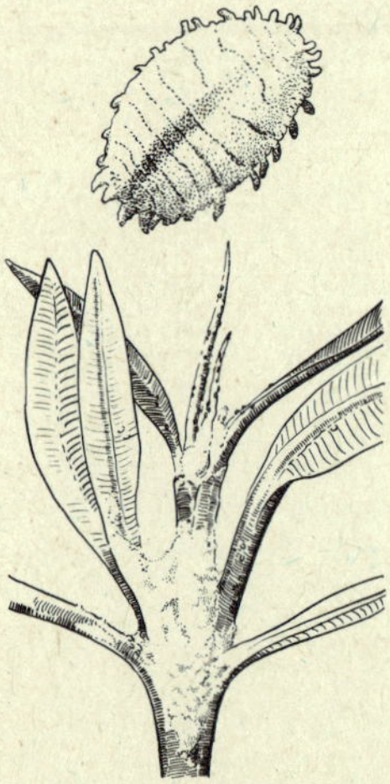

Woll- oder Schmierläuse mit Wachsabscheidungen in den Blattwinkeln von Oleander; natürl. Größe 1,5–2 mm.

Honigtau nennt man die zuckrigen Ausscheidungen der Läuse auf Blättern und Möbeln. Siedeln darin Schwärzepilze, so heißt er Rußtau. Beides harmlos – abwaschen genügt.

»Weiße Würmchen« oder Springschwänze sind Alarmzeichen für Bodennässe. Auftrocknen mit scharfem Sand, sparsames Gießen, Würmchen mit DDT- oder E-Mitteln stäuben.

Die Kohlmottenschildlaus oder »Weiße Fliege« ist an sich ein Gewächshausschädling, überfällt aber vor allem im Herbst Azaleen, Edelpelargonien, Fuchsien, Topfrosen und andere Zimmerpflanzen in ganzen Schwärmen, die blattunterseits sitzen und bei Annäherung davonstieben. Spritzen wichtig und hilfreich! Thrips oder Blasenfuß ruft durch Besaugen von Blättern und Blüten gelblich-grauweiße Fleckchen (Sprenkelung) hervor, hinterläßt winzige dunkle Kottröpfchen. Bekämpfung: Sehr gründliches Spritzen mit Blattlausmitteln.

*Pilz- und Viruskrankheiten sind eine Sache für sich.*

Pilzkrankheiten nehmen einen völlig anderen Verlauf als Schädlingsbefall. Hier liegt die Infektion oft Monate zurück, und die Zerstörungen im pflanzlichen Gewebe haben längst begonnen, ehe ihr Vorhandensein bemerkbar wird. In vielen Fällen ist es für wirksame Bekämpfung dann zu spät, und man trennt sich lieber von der kranken Pflanze, um Ansteckung zu verhüten. Rostkrankheiten erkennt man an den zunächst harten, braunen Pusteln, die zahlreich auf gelbgewordenem Gewebe der Blattunterseiten sitzen; meist stäuben sie später zu nicht zählbarer Vermehrung ihre Sporen aus. Die Brennfleckenkrankheit bildet ebenfalls Pusteln, die sich zu größeren Flecken verbinden; später daraus hervorquellende, sehr ansteckende rosa Sporenmassen. Blattfleckenkrankheiten können schlagartig selbst größere Pflanzen dahinraffen. Echter und Falscher Mehltau kommen bei rechtzeitiger Behandlung mit dem organischen Fungizid Dithane und Kupfermitteln manchmal zum Stillstand. Gegen Viruskrankheiten ist bis jetzt kein Kraut gewachsen: schleuniges Ausmerzen – keinesfalls durch Wegwerfen in den Mülleimer oder auf den Komposthaufen – ergibt sich als einzige Konsequenz.

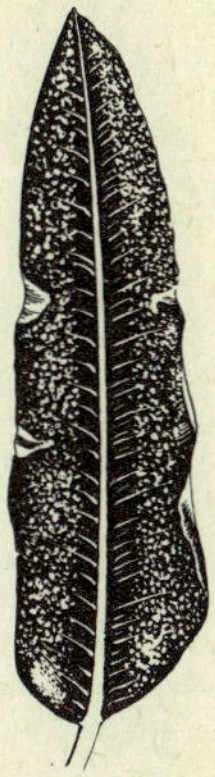

Frostschaden am Blatt eines Gummibaumes.

Blattläuse an Cinerarie können Pflanze zum Erliegen bringen.

Gelbfleckigkeit bei Usambaraveilchen: Sonnenbrand oder Virus?

# Pflanzenfamilien als Wegweiser

Die folgende Übersicht nach Pflanzenfamilien soll als Ergänzung zu den in alphabetischer Reihenfolge angeordneten Einzeldarstellungen dienen. Dadurch werden die großen Zusammenhänge der botanischen Systematik erkennbar. Um die internationale Verständlichkeit zu wahren, stehen auch hier die wissenschaftlichen Benennungen an erster Stelle. Es folgen – soweit vorhanden – die deutschen Familiennamen. Anmerkungen über Heimat und Herkunft der einzelnen Familienangehörigen geben Einblick in die weltweite Verbreitung unserer Zimmerpflanzen und ihre vielverschlungenen Wege bis zur europäischen Topfkultur.

Auf der Randspalte neben diesen »Familientexten« finden sich unter Angabe der Seitenzahlen die jeweils im Rahmen der Einzeldarstellungen beschriebenen, rund 500 Pflanzen. Sie gehören insgesamt 74 Pflanzenfamilien an. Als Grundlage für die zur Zeit gültigen botanischen Namen wurde das »Handwörterbuch der Pflanzennamen« von Zander (10. Auflage 1972, Verlag Eugen Ulmer, Stuttgart) verwendet.

**Acanthaceae,** Akanthus- oder Bärenklaugewächse haben eine bedeutende kunsthistorische Vergangenheit: einige im Mittelmeerraum bis weit nach Kleinasien beheimatete Arten dienten schon griechischen Bildhauern des klassischen Altertums als Vorbilder des weltberühmt gewordenen Kapitells der Korinthischen Säule mit dem Kranz aus stilisierten Akanthusblättern.
Die in einfacher Zimmerkultur oder – als typische Warmhauspflanzen – im klimatisierten Blumenfenster gehaltenen Familienmitglieder sind Kräuter und Halbsträucher aus tropischen Gebieten der Alten und der Neuen Welt.

Aphelandra / Glanzkölbchen 126
Beloperone / Zimmerhopfen 138
Crossandra 179
Fittonia 215
Hemigraphis 229
Hypoestes 242
Jacobinia 246
Pachystachys / Gelbe Beloperone 279
Pseuderanthemum 310
Thunbergia / Schwarzäug. Susanne 342

**Adiantaceae,** Frauenhaarfarngewächse sind eine neu begründete botanische Familie, die nur aus der Gattung *Adiantum* besteht.

Adiantum / Frauenhaarfarn 116

**Agavaceae,** Agavengewächse zählten bis vor wenigen Jahren teils zu den Amaryllisgewächsen, teils zu den Liliaceen. Die Gattung *Agave* selbst umfaßt über 300 Arten. Heimat: meist Südstaaten der USA, Mexiko, Zentralamerika, Westindische Inseln und nördliches Südamerika. Die für Zimmerkultur viel zu große *Agave americana* (»Hundertjährige Aloe«) wächst verwildert im gesamten Mittelmeerraum. Alle Angehörigen der Gattung *Agave* blühen erst im höheren Alter einmal mit ähriger Traube auf sehr hohem Schaft aus dem Wachstumszentrum und gehen dann ein. Andere Agavengewächse können vielmals wiederblühen.

Agave 119
Cordyline / Keulenlilie 175
Dracaena / Drachenlilie 2, 10, 16, 193
Sansevieria / Bogenhanf 324
Yucca / Palmlilie 350

Argyroderma / Silberhaut 128
Conophytum 174
Faucaria / Tigerrachen 209
Glottiphyllum / Zungenblatt 219
Lithops / Lebende Steine 252
Ophthalmophyllum / Augenblatt 252

**Aizoaceae,** Mittagsblumengewächse wurden früher nach ihrer größten Gattung *Mesembryanthemaceae* genannt. Neue Erkenntnisse führten zu der heute gültigen botanischen Bezeichnung für eine meist im südlichen Afrika beheimatete Gruppe von Blattsukkulenten mit teils strauchigem, teils stammlosem Wuchs. Einfachere Arten sind aparte Zimmergenossen, die sich auf kleinstem Raum unterbringen lassen. Besonders interessant: jene winzigen Hochsukkulenten, die wegen ihrer Anpassungsfähigkeit an den Standort auch »Mimikrypflanzen« genannt werden.

Iresine 24, 244

**Amaranthaceae,** Amarantgewächse dienen überwiegend als Sommerblumen für Garten und Balkon, einige waren schon im Barock als Teppichbeet- und Einfassungspflanzen beliebt. Auch die Brasililianerin *Iresine herbstii* zählte dazu, bis man sie vor einiger Zeit – vorab in Holland – als purpurrote Topfschönheit für Zimmerkultur entdeckte.

Amaryllis 23, 231
Clivia / Klivie 166
Haemanthus / Blutblume, Elefantenohr 224
Hippeastrum / Ritterstern 231
Narcissus / Narzisse 266
Vallota / Kleine Amaryllis 232

**Amaryllidaceae,** Amaryllisgewächse sind Stauden, die im großen Reich der Zwiebel- und Rhizomgewächse eine den Agaven- und den Liliengewächsen nahe verwandte Familie bilden. Herkunft überwiegend Südafrika, Zentralamerika und Australien. Die Pflanzengestalt deutet auf mehr oder weniger trockene Heimatgebiete, wo nahrungspeichernde Wurzelgebilde und lederartige bis sukkulente Blätter lebensnotwendig sind. Entsprechend ist auch die Zimmerkultur.

Allamanda 121
Carissa / Wachsbaum 152
Catharanthus / Sinngrün 152
Dipladenia 191
Nerium / Oleander 270

**Apocynaceae,** Hundsgiftgewächse zu häuslicher Pflege stammen aus tropischen und subtropischen Gebieten der Alten und der Neuen Welt. Zu den Gehölzen unter ihnen zählen so wichtige Heilpflanzen der modernen Medizin wie *Rauwolfia* und *Strophantus.* Dies führt zu dem Rückschluß, daß auch die übrigen Familienmitglieder für Zimmer und Balkon mehr oder weniger giftig sind. Es braucht den Blumenfreund nicht zu stören . . .

Aglaonema / Kolbenfaden 120
Anthurium / Flamingoblume 124
Caladium / Buntwurz 144
Dieffenbachia 41, 188
Monstera / Fensterblatt 13, 41, 263
Philodendron / Baumfreund 47, 294
Rhaphidophora 314
Sauromatum / Eidechsenwurz 325
Scindapsus / Efeutute 328
Spathiphyllum / Einblatt 338
Syngonium / Purpurtute 340
Zantedeschia /Zimmerkalla 350

**Araceae,** Aronstabgewächse tragen ihren Namen angeblich im Zeichen des Hohepriesters Aron und seines aus göttlicher Gnade grünenden Stabes, während die moderne Sprachwissenschaft das griechische Wort aròs = Nutzen zur Begriffsdeutung heranzieht. Die große Zahl der bei den Einzeldarstellungen vorkommenden Arazeen kennzeichnet sie als eine für einfache Zimmerkultur und Blumenfenster besonders gut geeignete Pflanzengruppe. Mit mehr als 50 Gattungen umfaßt die über alle Kontinente verbreitete Familie unterschiedlichste Gewächse: manche sehen wie Bäume oder Sträucher aus, ohne je echtes Holz zu bilden; andere sind bodenständige Kräuter, während wieder andere mit Rhizomen weit umherkriechen oder aus Knollen hervorsprießen. Epiphyten des Urwaldes, lianenartige Kletterer, seltsame Trockenblüher, Sumpf- und Wasserpflanzen runden das Bild dieser Vielfalt.

**Araliaceae,** Araliengewächse bilden eine kleinere Familie mit immerhin 65 Gattungen. Meist sind es verholzende, dornige Sträucher oder Bäume, die in tropischen Gebieten Amerikas, Asiens und Australiens, aber auch – wie der Efeu – in gemäßigten Zonen vorkommen. Übereinstimmend ist die Herkunft aus schattigen Waldgebieten, was man sich für den Standort bei Zimmerkultur merken sollte.

Dizygotheca / Fingeraralie 192
Fatshedera / Efeuaralie 207
Fatsia / Zimmeraralie 208
Hedera / Zimmerefeu 33, 226
Polyscias / Fiederaralie 306
Schefflera 47, 327

**Araucariaceae,** Araukariengewächse werden praktisch nur durch die Gattung *Araucaria* mit ihrer heute botanisch *A. heterophylla* genannten Zimmertanne (früher *A. excelsa)* vertreten.

Araucaria / Zimmertanne 127

**Asclepiadaceae,** Seidenpflanzgewächse leiten ihren botanischen Namen zweifellos von Asclepios, dem Sohn des Apollo und Gott der Heilkunst her. Der Name »Seidenpflanzgewächse« bezieht sich auf die Hauptgattung *Asclepia,* die früher als Lieferantin »vegetabilischer« Seidenfasern auch in Mitteleuropa angebaut, inzwischen aber durch Kunststoff verdrängt wurde. Mit Kettersträuchern und eigenartigen Sukkulenten liefert die Familie Tropenpflanzen für Zimmer und Gewächshaus, aber auch etliche schöne Blütenstauden für den Garten.

Ceropegia /Leuchterblume 156
Hoya bella / Kleine Wachsblume 236
Hoya carnosa / Wachsblume 237
Stapelia / Ordensstern 338
Stephanotis / Kranzschlinge 339

**Aspidiaceae,** Schildfarngewächse gehörten ursprünglich zur Großfamilie der Polypodiaceen oder Tüpfelfarngewächse und wurden – wie einige andere Gattungen – erst bei der letzten Nomenklatur-Durchforstung abgespalten.

Cyrtomium 186
Didymochlaena 188
Polystichum / Schildfarn 306

**Aspleniaceae,** Streifenfarngewächse sind ebenfalls eine solche Neuschöpfung, die nur aus drei Gattungen besteht. Das *Asplenium* selbst umfaßt 18 Arten, dabei interessante Urwaldgewächse.

Asplenium / Streifenfarn 25, 130
Phyllitis / Hirschzunge 299

**Balsaminaceae,** Balsaminen- oder Springkrautgewächse umfassen nur zwei Gattungen: die im Garten wie am Zimmerfenster geschätzten, teils ein- teils mehrjährigen Balsaminen, zu denen auch das berühmte »Fleißige Lieschen« gehört.

Impatiens / Fleißiges Lieschen 243

**Begoniaceae,** Schiefblattgewächse repräsentieren mit der Gattung *Begonia,* die in tropischen Regenwäldern Asiens, Afrikas und vor allem beider Amerika zu Hause ist, über tausend Arten mit unzähligen, ständig weiter vermehrten Zuchtformen. Ihre Entdeckung für Europa geschah um 1700 durch den französischen Botaniker Charles Plumier; ihren Namen erhielten sie nach dem damaligen Gouverneur von Französisch-Westindien Michèle Bégon. Sie behielten diesen Namen auch bei, als sich später herausstellte, daß die gleichen Pflanzen schon Jahrhunderte früher in China vorhanden und als Vorbilder für Porzellanmalerei benutzt worden waren.



**Bignoniaceae,** Bignoniengewächse haben viel zu bieten: sommergrüne und immergrüne Bäume und Sträucher von der Trompetenblume *Campsis* bis zum Trompetenbaum *Catalpa* und von der auch als »Freilandgloxinie« bekannten *Incarvillea* bis zur *Jacaranda,* die wir als Zimmerpflanze halten, während sie in den Tropen der ganzen Welt ein hochgeschätzter Zierbaum ist . . .



**Blechnaceae,** Rippenfarngewächse sind wieder so eine neue »Mini-Familie«, die früher zu den Tüpfelfarngewächsen zählte. Allbekannt ist der einheimische Rippenfarn *Blechnum spicant.* Einige Tropenfarne sind Schaustücke unserer Blumenfenster.



**Bromeliaceae,** Ananas- oder Bromeliengewächse wurden kurz nach der Entdeckung Amerikas durch erste Importe von Ananasfrüchten in Europa bekannt. Viele ihrer Anverwandten gehören zu den Pflanzenschätzen, die der französische Botaniker Plumier um 1700 aus Mittel- und Südamerika mitbrachte. Sein Freund und Kollege, der schwedische Arzt Olaf Bromel, wurde dann Taufpate jener Familie, von der man etwa 1600 Arten kennt. Fast alle sind – wie die Baumorchideen – Epiphythen oder Scheinschmarotzer, die in den Baumkronen leben, ohne echt schmarotzend ins Holz einzudringen. Belgische Züchter waren es, die 1835 mit systematischer Kultur von Bromelienpflanzen und -samen begannen.



**Cactaceae,** Kakteengewächse bilden mit etwa 5000 Arten die größte Gruppe jener Pflanzen, die unter dem Sammelbegriff Sukkulenten zusammengefaßt werden. Alle haben starke Wurzeln, die meist mehr flach an der Oberfläche liegen, um in Regenzeiten möglichst viel Wasser aufnehmen zu können. Es gibt aber auch einige Kakteen mit pfahl- oder rübenartigen Wurzeln. Abgesehen von den Blattkakteen, die epiphytisch im tropischen Regenwald wachsen, haben alle Kakteen ein dickes, fleischiges Gewebe, in welchem sie das aufgenommene Wasser für Trockenzeiten speichern. Ihre feste, oft lederartige und häufig zur Feindabwehr mit Stacheln oder anderen Auswüchsen versehene Oberhaut ist mit einem Wachsüberzug bedeckt, um dadurch – ebenso wie die auf

kleinste Oberflächenbildung abzielende Gestalt (Kugel- und Säulenform!) – die Körperverdunstung einzuschränken.
Beispiel: ein Riesenkaktus aus den besonders kakteenreichen Wüsten Arizonas oder Mexikos vermag in seinem säulenförmigen Körper bis zu 3000 Liter Wasser zu speichern. In Zeiten der Dürre kann er ohne Schaden bis zu 50% davon verlieren, um beim nächsten Tropenregen durch das Pumpwerk der Wurzeln alle Verluste wieder auszugleichen. »Trockenruhe« hat also ihren guten Sinn!

Lobivia 252
Lophophora 253
Mammillaria / Warzenkaktus 254
Melocactus / Melonenkaktus 259
Neoporteria 267
Notocactus 272
Opuntia / Feigenkaktus 276
Oraya 277
Parodia 284
Rebutia 312
Rhipsalidopsis / Osterkaktus 316
Selenicereus grandiflorus / Königin der Nacht 330
Trichocereus 345
Zygocactus / Weihnachtskaktus 352

**Campanulaceae,** Glockenblumengewächse sind mehr im Freiland als am Zimmerfenster zu finden. Von den nicht winterharten, meist in Südeuropa beheimateten Arten haben *C. fragilis* und *C. isophylla* für Topfkultur einige Bedeutung erlangt.

Campanula / Glockenblume 149

**Cannaceae,** Blumenrohrgewächse bestehen nur aus der Gattung *Canna* mit etwa 50 Arten im tropischen Amerika.

Canna / Blumenrohr 150

**Celastraceae,** Spindelbaumgewächse hören auch auf den wenig anmutigen Namen Baumwürgergewächse, der für eine Gattung dieser Familie typisch ist. Die immergrünen Arten des Spindelbaumes nebst ihren Zuchtformen sind beliebte Topf- und Kübelpflanzen, die viel zu Dekorationszwecken verwendet werden.

Euonymus / Spindelbusch 203

**Commelinaceae,** Commelinengewächse werden vom Blumenfreund für gewöhnlich insgesamt als Tradeskantien angesprochen. Einige ihrer Gattungen sind in der Tat auch schwer zu unterscheiden. Doch schon unsere kleine Auswahl zeigt, daß es allein zwischen den hängenden Formen und der aufrecht wachsenden Rhoeo große Unterschiede gibt. Alle entstammen dem tropischen und subtropischen Amerika.

Callisia 146
Rhoeo 319
Setcreasea 333
Siderasis 333
Tradescantia 344
Zebrina / Zebrakraut 352

**Compositae,** Korbblütler gehören neben den Orchideen zu den größten Pflanzenfamilien von allen. Ihre rund tausend Gattungen sind in fast 20 000 Arten nebst unzähligen Zuchtformen über die ganze Erde verbreitet. Sie umfassen unterschiedlichste Gewächse vom ein- und mehrjährigen Unkraut bis zu Gemüse-, Gewürz-, Arznei- und Zierpflanzen. Sogar das als Pflanzenschutzmittel hochgeschätzte Pyrethrum wird aus einer Chrysanthemenart gewonnen. Nur am Blumenfenster sind die Korbblütler ziemlich rar, was nicht zuletzt auf ihrer Abneigung gegen tropische Regenwälder beruhen mag: dort wird man sie vergeblich suchen.

Chrysanthemum 160
Gynura 222
Senecio / Cinerarie 331

| | |
|---|---|
|  | **Cornaceae,** Hartriegelgewächse sind bei uns vor allem als Gartensträucher bekannt. Der aus den USA stammende Blumenhartriegel, »Flowering Dogwood« genannt, gehört zu den schönsten Blütengehölzen, die wir kennen. |
|  | **Crassulaceae,** Dickblattgewächse sind – wie schon der deutsche Name sagt – sukkulente Pflanzen, die der Laie gern den Kakteen zuschlägt. Man kennt 35 Gattungen mit etwa 1500 Arten, deren botanische Umbenennungen der letzten Jahre oft Verwirrung in Liebhaberkreisen hervorrufen. So sind die einst durch Goethe berühmt gewordenen Brutblätter oder Bryophyllen keine selbständige Gattung mehr, sondern gehören zur Gattung *Kalanchoe,* die mit *K. blossfeldiana,* dem »Flammenden Kätchen«, wohl das bekannteste Topfgewächs der ganzen Sippe stellt. |
|  | **Cyperaceae,** Ried- oder Sauergräser unterscheiden sich von den meisten anderen Grasgewächsen durch ihre fast immer scharf dreikantigen ungegliederten Stengel und verhältnismäßig schmalen Blätter. Übrigens: Bewohner von Sümpfen und sauren Wiesen. |
|  | **Ericaceae,** Heidekrautgewächse sind eine für den Erwerbsgartenbau sehr wichtige Familie, die mit über 80 Gattungen und in rund 2500 Arten weltweite Verbreitung hat. Soweit ihre Sippe dem europäischen Zimmerpflanzensortiment angehört, bereitet sie leider oft Kummer. Einerseits mißachtet man ihre große Empfindlichkeit gegenüber kalkhaltigem Gießwasser, andererseits hält man die Heidekrautgewächse für Durstkünstler, statt sich nach ihrer alten Kennzeichnung als feuchtigkeitsliebende Moorbeetpflanzen zu richten. |
|  | **Euphorbiaceae,** Wolfsmilchgewächse gibt es wie Sand am Meer. Sie gelten als viertgrößte Pflanzenfamilie, die besonders im tropischen Amerika und in Südafrika verbreitet ist, aber – wie unsere verschiedenen Wild- und Gartenformen – auch in Gebieten mit subtropischem und gemäßigtem Klima vorkommt. Typisch für alle Wolfsmilchgewächse ist ihr mehr oder minder giftiger Milchsaft, dessen Verwendbarkeit zu Heilzwecken ein halbes Jahrhundert vor Christi Geburt – zumindest für den europäischen Kulturkreis – von dem römischen Arzt Euphorbus entdeckt worden sein soll. Als Zimmerpflanzen beliebt sind vor allem einige schöne Bewohner des Warm- und Lauwarmhauses sowie Vertreter der aus tropischen Trockengebieten stammenden, besonders anspruchslosen sukkulenten Arten, die so kakteenähnlich sind, daß man ihre Identität nur nach Ritzen mit einer Stecknadel am austretenden Milchsaft erkennen kann. |

**Gentianaceae,** Enziangewächse umfassen keineswegs nur Alpenpflanzen: Das meist einjährig gezogene »Blaues Lieschen« hat sich in den letzten Jahren weithin als reizende Topfblume durchgesetzt.



**Geraniaceae,** Storchschnabelgewächse stammen, soweit sie als Kasten- und Zimmerpflanzen auftreten, aus dem südafrikanischen Kapland. Alle sind vielfach durch Züchtung veränderte Nachfahren der im Jahr 1710 in England eingeführten Stammrassen.



**Gesneriaceae,** Gesneriengewächse verdanken ihren Namen dem 1565 an der Pest verstorbenen Schweizer Arzt und Botaniker Konrad *Gesner,* der als erster eine botanische Systematik entwickelt hat. Alle zur Zimmerkultur verwendeten Familienmitglieder stammen aus tropischen bis subtropischen Gebieten mit übereinstimmenden Lebensbedingungen: voran Abneigung gegen direkte Besonnung und kalkhaltiges Wasser (erwünscht pH 4,5!). Es gibt unter ihnen teils immergrüne, teils über Winter einziehende Kräuter, aber auch Sträucher, unter denen die hängenden, oft epiphytisch wachsenden Arten und Zuchtformen des *Aeschynanthus* und der *Columnea* wohl am bekanntesten sind.



**Gramineae,** Grasgewächse, dürften mit etwa 700 Gattungen und über 8000 Arten wohl das größte Nutzpflanzenkontingent in aller Welt stellen. Zierformen zur Zimmerkultur dagegen haben schier Seltenheitswert, weshalb hier auch nur eine genannt wird.



**Iridaceae,** Schwertliliengewächse stehen einerseits den Amaryllisgewächsen, andererseits den Liliengewächsen sehr nahe. Kein Wunder, wenn hier als Außenseiter nur der Krokus erscheint!



**Labiatae,** Lippenblütler entsenden ebenfalls ihre meisten Vertreter als Nutz- und Zierpflanzen ins Freiland.



**Leguminosae,** Hülsenfrüchte sind mit 600 Gattungen und etwa 13 000 Arten die drittgrößte Pflanzenfamilie. Ihr Anteil am Zimmerpflanzensortiment erscheint demgegenüber nach Art wie nach Eignung sehr bescheiden.



**Liliaceae,** Liliengewächse erweisen sich mit 220 Gattungen und über 3500 Arten wiederum als eine »Vollfamilie«, die überall auf der Welt, sogar in der Arktis und Subarktis, zu finden ist. Auch ihr Anteil an Zimmerpflanzen mit bester Eignung selbst für einfachste Lebensbedingungen ist beachtlich. Er reicht von ausgesprochen sukkulenten Pflanzen wie Aloe oder Gasterie bis zu den alten »Zimmerhelden« wie *Asparagus, Aspidistra* und *Chlorophytum.* Außerdem erscheinen hier alle jene Zwiebelblumen, die Ruf und Ruhm der Lilien als Träger hoher sittlicher Werte und Symbole religiöser wie künstlerischer Verklärung in vielen Jahrhunderten der Menschheitsgeschichte begründet haben. Hier freilich muß man zugeben, daß im Vergleich zur pflanzenbiologischen Vielfalt und erdumspannenden Verbreitung das Sortiment an echten Zimmerpflanzen immer noch größer sein dürfte. Denn selbst die schönste Treibhyazinthe und die noch so sorgsam vorkultivierte Tulpe vermögen nicht darüber hinwegzutäuschen, daß auch sie Außenseiter sind, wie der Krokus.



**Malvaceae,** Malvengewächse haben ein auch heute, im Zeitalter der Kunstfaser, noch immer unentbehrliches Familienmitglied: die Baumwollpflanze. Ihr Samen wird gelegentlich zu meist ziemlich nutzlosen Versuchen der Zimmerkultur im Versandhandel angeboten. Wer sich an unser Sortiment hält, wird damit sicher bessere Erfahrungen machen!



**Marantaceae,** Marantengewächse sind samt und sonders ausdauernde Kräuter, die das feuchtwarme Klima des tropischen Regenwaldes brauchen. Sie in einfacher Zimmerkultur zu halten ist eigentlich wider ihre Natur, auch wenn gelegentlich Beispiele mehrjähriger Anpassung bekannt werden.



**Melastomataceae,** Melastomagewächse werden wohl auch unter dem deutschen Familiennamen Schwarzmundgewächse eingeordnet: eine ihrer strauchig wachsenden Gattungen bringt nämlich Beeren, deren Genuß den Mund schwarz färbt. Hauptvorkommen der Familie: tropisches Amerika. Alle typische Warmhauspflanzen.



**Moraceae,** Maulbeergewächse sind an sich eine stattliche Sippe mit 61 Gattungen und etwa 1500 Arten. Der Zimmergärtner kennt da jedoch meist nur einen Namen, der freilich vieles aufwiegt: *Ficus,* zu deutsch einfach »Gummibaum«. Im übrigen geht es hier um eine seltsam gemischte Familie. Sie reicht von Hanf und Hopfen bis zum Brotfruchtbaum ferner Südseeinseln; bis zu dem als »Obstbaum der Mittelmeerländer« gepriesenen Feigenbaum; bis zu den zur Seidenraupenzucht einst unentbehrlichen Maulbeerbäumen auch unserer Breiten; und zu jenen Gummibäumen, die den weißen Milchsaft des Natur-Kautschuks lieferten. Was wir in Topf und Kübel ziehen, sind im Vergleich zu diesen bis 40 Meter hohen Urwaldriesen nur winzige Teilstücke, die deshalb auch nicht blühen und fruchten können. Neben solchen aufrecht wachsenden großblättrigen Arten gibt es aber auch zierlichere Formen mit kleineren Blättern wie die durchaus »blühwillige« Mistelfeige sowie niederliegende und klimmende Arten. Alle sind immergrün. Sommergrün ist allein der in warmen Lagen auch bei uns ziemlich winterfeste echte Feigenbaum, *Ficus carica*, allgemein als »Freilandfeige« bekannt.

**Myrsinaceae,** Myrsinengewächse wachsen als immergrüne kleine Sträucher und Bäume im ostasiatischen Raum. Ihre einzige Vertreterin am Zimmerfenster ist *Ardisia*, die Spitzblume.

Ardisia / Spitzblume 128

**Myrtaceae,** Myrtengewächse haben ähnlich wie die Maulbeergewächse eine ungewöhnliche Verwandtschaft, zu der Baumriesen wie der bis 90 m hohe australische Eukalyptus, die in vielen tropischen Ländern angebauten Gewürznelkenbäume und der westindische Nelkenpfefferbaum zählen. Unter den über 100 Gattungen mit etwa 3000 Arten, die auch kleinere Gehölze und Zwergsträucher umfassen, gab es früher noch viel mehr schöne Schmuckpflanzen in gärtnerischer Kultur. Ein echtes »Come back« hat davon in neuerer Zeit bei uns nur der Zylinderputzer/*Callistemon* erlebt, während beispielsweise das Sortiment in den USA noch eine ganze Anzahl weiterer Myrtengewächse für Liebhaberkultur nennt.

Callistemon / Zylinderputzer 147
Myrtus / Myrte 265

**Nyctaginaceae,** Wunderblumengewächse, vor allem in den Tropen und Subtropen Mittel- und Südamerikas beheimatet, zählen 30 Gattungen mit etwa 300 Arten. Die meisten sind Gehölze; zu den krautigen Pflanzen gehört die herrlich blühende Einjahrs-Gartenblume *Mirabilis jalapa.*

Bougainvillea 141
Pisonia 301

**Oleaceae,** Ölbaumgewächse sind mit Flieder, Forsythie, Esche und Liguster auch mehr im Freiland als am Zimmerfenster zu finden. Nur einige tropische Arten des Jasmin sind bis in unsere Kalt- und Warmhäuser vorgedrungen.

Jasminum / Zimmerjasmin 247

**Oleandraceae,** Oleandrafarngewächse waren mit etwa 40 wenig bekannten Arten in aller Welt zuvor eine Unterfamilie der Tüpfelfarngewächse. Nun sind sie selbständig geworden und umfassen als weitere Gattung noch *Nephrolepis*, den Schwertfarn.

Nephrolepis / Schwertfarn 269

**Onagraceae,** Nachtkerzengewächse kommen als beliebte Einjahrsblumen wie Clarkie, Godetie oder *Oenothera*/Nachtkerze im Garten und mit den *Ludwigia*-Arten im Aquarium vor. Nur die Fuchsie wurde eine Weltpflanze für Zimmer und Balkon.

Fuchsia / Fuchsie 216

Brassia 142
Calanthe / Schönorche 145
Cattleya 153
Coelogyne 169
Cymbidium / Kahnorche 183
Dendrobium / Baumwucherer 187
Epidendrum / Baumwurzler 200
Lycaste 254
Miltonia 262
Odontoglossum / Zahnzunge 274
Oncidium / Schwielenorche 275
Paphiopedilum / Venusschuh 282
Vanda 347

**Orchidaceae,** Orchideen gelten mit über 20 000 Arten nebst unzähligen, ständig weiterentwickelten Zuchtformen als die größte und auch vielgestaltigste Pflanzenfamilie von allen. Es gibt zwei Hauptgruppen: die im Boden wurzelnden terrestrischen oder Erdorchideen und die epiphytisch, als Aufsitzerpflanzen oder Scheinschmarotzer in Urwäldern lebenden Baumorchideen. Zwischen diesen beiden Gruppen finden sich »Grenzfälle«, die beispielsweise nach Art der Vanillepflanze sowohl terrestrisch als epiphytisch wachsen können. Erdorchideen kommen im tropischen, im gemäßigten und sogar im kalten Klima vor. Allein in Mitteleuropa gibt es etwa 60 wildwachsende Arten, darunter auch solche, die zur Hochgebirgsflora der Alpen zählen. Sogar im hohen Norden Kanadas wie in Sibirien sind Orchideen zu finden. Weitaus die meisten und prächtigsten aber wachsen als Baumorchideen in feuchtheißen Tropenwäldern der Alten und der Neuen Welt. Asiatische Orchideen waren es, die der deutsche Forschungsreisende Kaempfer 1689 entdeckte; 1732 kam die erste mittelamerikanische Orchidee nach England. Im übrigen ist das Thema »Orchideenliebhaberei« so umfangreich, daß es in einem allgemeinen Zimmerpflanzenbuch niemals erschöpfend dargestellt werden kann. Hier müssen die umfangreiche Fachliteratur und möglichst auch ein Anschluß an die Orchideengesellschaft weiterhelfen.

Oxalis / Glücksklee 278

**Oxalidaceae,** Sauerkleegewächse, mit acht Gattungen und 950 Arten, umfassen Kräuter mit Zwiebeln, Rhizomen oder Knollen sowie einige Halbsträucher und echte Gehölze. Alle sind Gewächse der Tropen und Subtropen.

Chamaedorea / Bergpalme 158
Chamaerops / Zwergpalme 19
Howeia / Kentiapalme 234
Microcoelum weddelianum / Kokospälmchen 260
Phoenix / Dattelpalme 298

**Palmae,** Palmen gehören mit ihren 236 Gattungen und über 3400 Arten zu den wichtigsten Nutz- und Zierpflanzen vieler tropischer und subtropischer Länder. Die einzige europäische Art ist *Chamaerops humilis,* die Zwergpalme. Im übrigen braucht man nur ein paar Stichwörter wie Betelnußpalme, Dattelpalme, Kokospalme, Sagopalme, die Stuhl- und Peddigrohr liefernde Rotangpalme oder die fasernspendende Raffiapalme zu nennen, damit jedermann begreift, was alles bei Familie Palme zu finden ist. Ihre Zierformen waren als Topf- und Kübelpflanzen im ausklingenden 19. Jahrhundert allergrößte Mode, sind aber dann – sehr zu Unrecht – fast völlig in Vergessenheit geraten. Einiges wird jetzt schon wieder neu angeboten . . .

Pandanus / Schraubenbaum 280

**Pandanaceae,** Schraubenbaumgewächse – sämtlich tropische Grünpflanzen – stellen aus ihrer größten Gattung *Pandanus* nur wenige Arten als dekorative Warmhausbewohner.

**Passifloraceae,** Passionsblumengewächse umfassen 12 Gattungen mit rund 600 Arten. Die Passiflora selbst bietet etwa 400 Arten überwiegend ausdauernder Kräuter und Klibrettersträucher, deren wichtigste Heimatgebiete im tropischen Amerika liegen. Man unterscheidet buntblättrige und grünblättrige Arten für Warmhaus- und Kalthauskultur. Die auffallendste Erscheinung von allen dürfte *P. quadrangularis* mit 10–12 cm großen Blüten und eßbaren Früchten sein. Für Zimmerkultur ist sie leider viel zu gewaltig.

Passiflora / Passionsblume 284

**Piperaceae,** Pfeffergewächse kommen natürlich dorther, »wo der Pfeffer wächst«: vor allem aus den Urwäldern des tropischen Amrika und Malaisia. Man unterscheidet Arten mit bunten und mit grünen Blättern, mit kriechendem und mit hängendem Wuchs.

Peperomia / Pfeffergesicht 292
Piper / Pfeffer 301

**Pittosporaceae,** Klebsamengewächse bilden eine nur kleine Familie, die vor allem in Australien ansässig ist. Alle sind immergrüne Sträucher oder Halbsträucher.

Pittosporum / Klebsame 302

**Plumbaginaceae,** Bleiwurzgewächse sind überwiegend Bewohner von Meeresküsten und Steppengebieten der Alten Welt. Zur Familie gehören Gartenpflanzen wie die Grasnelke/*Armeria* und der Strandflieder/*Limonium.*

Plumbago / Bleiwurz 305

**Polypodiaceae,** Tüpfelfarngewächse sind auch nach der Abspaltung so mancher »Kleinfamilie« im neuen Nomenklatur-Reglement noch immer die größte Familie aller Farnpflanzen. Die Vielgestaltigkeit ihrer über 150 Gattungen und etwa 7000 Arten ist kaum zu fassen. Auch sind sie Kosmopoliten im wahrsten Sinn des Wortes.

Phlebodium 297
Platycerium / Geweihfarn 303

**Primulaceae,** Primelgewächse sind so bekannt, daß über sie kaum gesprochen zu werden braucht. Nur die Familienzugehörigkeit des Alpenveilchens wirkt – wie mir scheint – immer irgendwie erstaunlich und fremdartig.

Cyclamen / Alpenveilchen 182
Primula / Primel 307

**Protaceae,** Proteusgewächse, die 62 Gattungen mit weit über tausend Arten umfassen, schicken nur eine einzige Vertreterin ins Haus des Zimmergärtners: die immergrüne Australierin/*Grevillea robusta!* Sie läßt nichts ahnen von dem Blütenzauber der südafrikanischen Proteen, die freilich nur als kostbare Schnittblumen per Flugzeug zu uns kommen.

Grevillea / Austral. Silbereiche 220

**Pteridaceae,** Saumfarngewächse – einst eine Gattung der Tüpfelfarne – sind durchweg leicht kultivierbare Erdfarne.

Pteris / Saumfarn 310

Punica granatum / Granatbaum 312

**Punicaceae,** Granatbaumgewächse haben klassische Vergangenheit: schon Plinius, der berühmte römische Geschichts- und Geschichtenschreiber, berichtet von einem »Punischen Apfelbaum«/ *Malus punicus,* der zuerst von den Puniern in Nordafrika kultiviert worden sein soll. Seine Heimatländer reichen vom östlichen Mittelmeer bis zum Himalayagebiet.

Duchesnea / Scheinerdbeere 196
Rosa / Rose 322

**Rosaceae,** Rosengewächse bilden – was mancher kaum ahnt – eine über die ganze Erde verbreitete Großfamilie mit über 100 Gattungen und 3000 Arten, die Nutz- und Zierpflanzen aller Art umfassen. Selbst hier stehen Topfrose und Erdbeere beisammen.

Coffea / Kaffeebäumchen 170
Gardenia / Gardenie 217
Ixora 244
Manettia 256
Nertera / Bubiköpfchen 272
Pentas 292

**Rubiaceae,** Krappgewächse – mit Kaffeebaum und China- oder Fieberrindenbaum an der Spitze eines hervorragenden Nutzpflanzenkontingentes – übertreffen mit rund 500 Gattungen und auf über 6000 geschätzten Arten die Rosengewächse noch um ein Vielfaches. Ihre wichtigsten Vorkommen liegen in tropischen Ländern. Die meisten sind Gehölze, doch gibt es auch einheimische Kräuter wie Labkraut und Waldmeister, die einst neben dem »Färberröte« genannten echten Krapp/*Rubia tinctorum* den wertvollen roten Farbstoff Alizarin lieferten.

Citrus / Orange usw. 163
Skimmia 335

**Rutaceae,** Rautengewächse sind reich an aromatischen Ölen, deren »Behälter« auf den Blättern als durchsichtige Punkte erscheinen, aber auch in allen übrigen Pflanzenteilen einschließlich der Blüten vorkommen. Wirtschaftlicher Nutzen und Heilkraft bestimmen ihr Wesen. Diptam und Raute sind älteste deutsche Gartenbewohner.

Hydrangea / Hortensie 240
Saxifraga cotyledon 325
Saxifraga stolonifera / Judenbart 325
Tolmiea / 'Henne und Küken' 343

**Saxifragaceae,** Steinbrechgewächse finden sich – meist als ausdauernde Kräuter oder Sträucher – in aller Welt. Als Hochgebirgspflanzen »brechen« sie tatsächlich mit ihren Wurzeln »den Stein«. Im Garten beherrschen sie mit Ziersträuchern wie *Deutzia* und *Philadelphus* sowie Johannisbeere und Stachelbeere nebst vielerlei Stauden von *Astilbe* bis *Tiarella* weithin die Szene. Tropenpflanzen sind Ausnahmen.

Calceolaria / Pantoffelblume 146
Hebe / Strauchveronika 225

**Scrophulariaceae,** Braunwurzgewächse sind ebenfalls mehr im Garten als in Gewächshäusern zu finden. Die Familie hat 200 Gattungen mit etwa 3000 Arten in allen fünf Erdteilen.

Selaginella / Mooskraut 330

**Selaginellaceae,** Mooskrautgewächse werden mit über 700 Arten nur von der Gattung *Selaginella* repräsentiert. Heimatgebiete sind die tropischen Regenwälder Asiens, Afrikas, Amerikas und Australiens nebst ihren Inselwelten.

**Sinopteridaceae** sind eine neue Farnfamilie, deren deutsche Bezeichnung noch zu fehlen scheint. Einige Tüpfelfarne haben sich hier selbständig gemacht. (Die Vorsilbe »Sino« bedeutet sonst: »chinesisch«.)

Pellaea 290

**Solanaceae,** Nachtschattengewächse gehören mit Kartoffel und Tabak, Tomate und Paprika im Nutzpflanzenbereich – mit vielen schönen Gartenpflanzen wie Petunie und Brokatblume nebst bedeutenden Gift- und Heilpflanzen wie Stechapfel und Tollkirsche – zu den wichtigsten Pflanzenfamilien. Es gibt 85 Gattungen mit etwa 2300 Arten, die meist in tropischen Ländern wachsen. Viele paßten sich auch dem an sich zu kurzen und zu kühlen mitteleuropäischen Sommer an und genießen bei uns seit Jahrhunderten Heimatrecht.

Browallia 143
Brunfelsia 143
Capsicum / Zierpaprika 150
Solanum pseudocapsicum / Korallenstrauch 336

**Theaceae,** Teegewächse bilden einen exklusiven Clan, dessen Bäume und Sträucher kühle Gebirgswälder der Tropen und Subtropen vor allem Ostasiens bevorzugen. Von den Folgen solcher Vornehmheit wissen die Blumenfreunde ein Liedlein zu singen.

Camellia / Kamelie 148
Cleyera 165

**Tiliaceae,** Lindengewächse sind viel tropischer, als der deutsche Freiland-Lindenbaum vermuten läßt. Die als Zimmerlinde gehaltene Afrikanerin *Sparmannia* ist nur ein Beispiel unter Hunderten!

Sparmannia / Zimmerlinde 337

**Urticaceae,** Nesselgewächse sind in der Tat auch mit der Großen Brennessel/*Urtica dioica* auf deutschem Unland verschwägert. Nesselgewächse gedeihen überall, besonders in den Tropen, und statt peinsamer Brennhaare entwickeln viele von ihnen nützliche Bastfasern, darunter auch die bis 26 cm lange Ramiefaser.

Pellionia 291
Pilea / Kanonierblume 299

**Verbenaceae,** Verbenengewächse bieten – wie interessant! – als wichtige Nutzpflanze den »Teakbaum«. Wer würde der kleinen Gartenverbene eine so hochragende Verwandtschaft zutrauen?!

Clerodendrum / Losbaum 164

**Vitaceae,** Weinrebengewächse – 12 Gattungen mit etwa 700 Arten – sind meist Klettersträucher oder Lianen. Wichtigste Nutzpflanze und uraltes Kulturgut: Der Weinstock/*Vitis vinifera*, wichtigste Zierpflanze: der »Wilde Wein« in mancherlei Spielarten und im Hausgartenjargon meist schlichtweg »Veitschi« genannt. Daß es auch baum- oder strauchartig wachsende und sukkulente Rebgewächse gibt, sei nur der Kuriosität halber erwähnt.

Ampelopsis / Scheinrebe 122
Cissus / Klimme 160
Rhoicissus 320
Tetrastigma / Tonkingwein 341

# Zimmerpflanzen zum Aussuchen

Wer immer ein Buch über häusliche Blumenpflege schreibt, stößt bei der Zusammenstellung seiner Pflanzenauswahl auf das gleiche Problem: wie soll man sie anordnen, damit die Leserschaft sich ohne Schwierigkeiten zurechtfindet? Eine Einteilung nur nach Liebhaber-Gesichtspunkten wie Standort oder Wuchsart oder Eignung für bestimmte sonstige Zwecke erschien bei den umfassenden Zielsetzungen der Neuausgabe doch zu laienhaft, zumal gerade dabei immer Grenzfälle für mehrere Entscheidungen der Zuordnung übrigbleiben.
Die alphabetische Folge nach den in unserem Falle unentbehrlichen, weil international allgemeinverständlichen botanischen Pflanzennamen bot sich trotz mancher auch hier erkennbarer Einwände letztlich doch als probateste Form der Darstellung an. Da zugleich grundsätzlich auf die bei der überwiegenden Mehrzahl der Leser wenig beliebten »Symbole« für bestimmte Grundtatsachen der Pflege verzichtet wurde, bleiben Wiederholungen bei den Ratschlägen für den Umgang mit Pflanzen gleicher oder ähnlicher Lebensansprüche nicht aus. Die Vorherrschaft der botanischen Pflanzennamen hat außerdem gerade bei einem Blumenbuch ihren besonders guten Sinn, weil so viele Topfgewächse teils überhaupt keine – teils landschaftlich verschiedene oder kaum bekannte deutsche Namen besitzen.
Für diejenigen, die nach gern geübtem Brauch ihre Bücher am liebsten »von hinten« lesen und benutzen, sei hier noch darauf hingewiesen, daß der auf Seite 114 beginnenden großen Pflanzenauswahl auf den Seiten 100–112 als Beitrag zum besseren Verständnis der botanischen Systematik ein Kapitel über die Pflanzenfamilien vorangeht. Es ist gewissermaßen der Schlüssel für vieles, was die alphabetische Reihenfolge nicht darzustellen vermag. Endlich gibt es ab Seite 361 noch ein Gesamtregister.

# **Abutilon** Zimmerahorn

Mit der Bezeichnung »Zimmerahorn«, den es seinen ahornähnlich gezackten Blättern verdankt, und dem zärtlichen Kennwort »Samtpappel«, als Hinweis auf die Zugehörigkeit zur Familie der samthäutigen Malvengewächse, dürfte das Abutilon hinreichend umschrieben sein. Gut gepflegt, wächst es freudig voran.

*Abutilon striatum* 'Thompsonii', Zimmerahorn, Familie Malvaceae / Malvengewächse

**Herkunft** In tropischen und subtropischen Gebieten gibt es etwa 150 Arten. Was davon im Lauf der letzten 120 Jahre in gärtnerische Kultur genommen wurde, stammt aus Mittel- und Südamerika.

**Pflanzengestalt** Größere oder kleinere Sträucher; die ganzen Pflanzen sind oft weich-filzig behaart. Die Blätter sind gestielt, verkehrt-herzförmig, mehrspaltig, die Blüten sind einzeln oder zu mehreren achselständig und glockig überhängend.

**Sortiment** An erster Stelle stehen heute die mannigfachen Zuchtformen der *Abutilon*-Hybriden mit grüner Belaubung und je nach Sorte gelben, orange- oder purpurroten, auch geäderten oder gestreiften Blüten; Blütezeit ist vom Frühling oft bis weit in den Herbst hinein. Daneben sind zwei der alten Arten zu nennen: 1. *A. striatum,* aus dem die beiden hochgeschätzten Sorten 'Thompsonii' mit gelb gescheckten Blättern und lachsfarbenen, hochrot geäderten Blüten entstanden sind. 2. *A. megapotamicum* hat überhängende Zweige, sehr viel kleinere grüne Blätter und gelbrote Laternenblütchen; die Zuchtform 'Aureum' hat gelbgeschecktes Laub.

**Wuchsformen** *Abutilon*-Hybriden und *Striatum*-Sorten wachsen aufrecht. Deshalb soll man die Jungpflanzen zur Erhaltung einer gedrungenen Buschform in den ersten Jahren jeweils vor Austriebsbeginn Ende Februar zurückstutzen. *A. megapotamicum* ist eine der wenigen Abutilon-Arten mit hängenden Zweigen. Es wird deshalb gern als Ampelpflanze verwendet oder zum Hochstämmchen geformt. Dafür gibt es zwei Wege: 1. Man zieht die Pflanze zunächst durch Ausbrechen aller Seitentriebe eintriebig bis zur gewünschten Höhe, kappt dann den Mitteltrieb und bildet aus den oben nachwachsenden Seitenzweigen allmählich die Krone. 2. Der Gärtner verwendet eine starkwüchsige Hybride nach gleicher Vorbehandlung als Unterlage, auf die er das *A. megapotamicum* veredelt.

*Abutilon megapotamicum,* Familie Malvaceae / Malvengewächse

**Pflege** Sommerstandort halbschattig, auch geschützter Platz im Freien ist willkommen. Überwinterung hell bei 12–14° C.

**Gießen** Während der Wachstumszeit März–Aug. reichlich, vor allem an heißen Tagen. Im Winter sparsam, nur gleichmäßig feucht halten. Sprühen im Frühjahr ist günstig, sonst gibt es keine Schäden durch trockene Luft.

**Düngen** Von März–Aug. wöchentlich.

**Umsetzen** Bei Austriebsbeginn in reichlich große Pflanzgefäße. Erde mittelschwer, humos, Typ Einheitserde (EE), Composana.

**Vermehrung** Bei Arten und Hybriden Stecklingsvermehrung im April/Mai; nur Hybriden erhält man auch aus Samen, Sämlinge blühen meist noch im ersten Sommer.

**Pflanzenschutz** Durch jähen Temperaturwechsel im Frühjahr kommt es zum Abwerfen von Blättern und Blüten. Zuviel Sonne bringt Rote Spinne; Blattläuse durch Zugluft.

# **Acacia armata** Zimmerakazie

Sie stammt aus dem australischen Busch und heißt deshalb auch »Känguruhdorn«. Sie hat zierlich gefiedertes Laub; im zeitigen Frühjahr erscheinen die gelben Blütenköpfchen, weshalb man ihr fälschlich auch den Namen »Mimose« gibt. Sie braucht unbedingt kühle Überwinterung bei 4–6° C in einem hellen Raum.

Wo ein solcher Raum fehlt, sollte man lieber auf die Zimmerakazie verzichten. An sich sind *Acacia armata* und andere seltener zur Topfkultur verwendete Artgenossen aus der Familie der Hülsenfrüchtler – wie der Akazienbaum unserer Breiten – hart und anspruchslos. Empfindlich sind sie nur gegen zu reichliches Gießen (vor allem im Winter, wo jedoch auch völlige Ballentrockenheit vermieden werden muß) sowie gegen die schon erwähnte unzweckmäßige Unterbringung in zu warmen und womöglich dunklen Räumen. Düngung von März bis August etwa alle zwei Wochen.

*Acacia armata,* Zimmerakazie, Familie Leguminosae / Hülsenfrüchtler

# **Acalypha** Nesselschön

Der aus dem Griechischen stammende botanische Name und ebenso die deutsche Bezeichnung sind ein Irrtum, denn tatsächlich hat dieses Wolfsmilchgewächs mit Nesseln nichts zu tun. Dafür wird es hinsichtlich seines Wertes als Topf- und Schnittblume mit Weihnachtsstern, Christusdorn und Kroton genannt.

**Herkunft** Die Acalyphen sind mit rund 500 Arten in vielen tropischen und subtropischen Gebieten der Erde verbreitet. Die engere Heimat der Hauptart *Acalypha hispida* ist nicht bekannt.

**Pflanzengestalt** *A. hispida,* der »Katzenschwanz«, hat grüne Blätter und leuchtend rote, lang herabhängende Fuchsschwanz-Blütenstände, wie sie ähnlich nur beim Amarant und beim Gartenfuchsschwanz vorkommen. Bei allen anderen Arten und Zuchtformen sind die Blüten unscheinbar; man hält die Pflanzen wegen ihrer herrlich bunten Belaubung als Blattgewächse. Dies gilt besonders für die aus der Südsee-Insulanerin *A. wilkesiana* gezüchteten *Wilkesiana*-Hybriden. Da gibt es Farbenspiele in grün-braun-schwarzroter Fleckung mit weißem Rand, während andere Blätter »nur« in braunen, grünen und rosaroten Tönen schwelgen.

**Pflege** Wie bei vielen buntblättrigen Pflanzen, die durch Lichtmangel verblassen und vergrünen, gilt auch bei *A. hispida* wie bei den anderen Arten und Sorten die Mahnung: Sehr heller, doch nicht prallsonniger Standort und ganzjährig viel Wärme. Die Temperatur darf bei diesen Tropengewächsen auch im Winter nicht unter 16° C absinken. Ebenso ist Luftfeuchtigkeit ganzjährig, auch während der Ruhezeit von Sept.–Jan./Febr., unerläßlich.

**Gießen** Während der Wachstumszeit (Febr.–Ende Aug.) ohne Staunässe gut feucht halten; über Winter etwas sparsamer gießen. Auch das Sprühen nach der Jahreszeit richten. Die Kalkempfindlichkeit ist gering, es genügt Enthärtung auf pH 6–6,5.

**Düngen** Während der Wachstumszeit alle zwei Wochen.

**Umtopfen** Bei Bedarf in mäßig größere Töpfe. Erde humos, nahrhaft.

**Vermehrung** Gärtnersache. Jungpflanzen zuerst eintriebig ziehen, im 2. Jahr für Buschform stutzen.

**Wichtig** Verblühtes immer gleich wegnehmen.

**Pflanzenschutz** Lufttrockenheit bewirkt Befall mit Schildläusen und Roter Spinne.

*Acalypha hispida,* Katzenschwanz, zweij., Familie Euphorbiaceae / Wolfsmilchgewächse

# **Achimenes** Schiefteller

Die verhältnismäßig kleine und bescheidene Ursprungsart aus Mittel- und Südamerika ist in den letzten Jahren von immer größeren, üppiger und farbenreicher blühenden Kreuzungsprodukten abgelöst worden, so daß man die heutigen *Achimenes*-Hybriden als preiswerte sommerliche Marktpflanzen bezeichnen kann.

Das aparte Gesneriengewächs verlangt während seiner gesamten Wachstumszeit von Frühling bis Herbst einen warmen, hellen, jedoch unbesonnten Platz. Nach der Blüte und dem Abwelken des Laubes die trockenen Stengel erdgleich abschneiden, später die wie winzige Tannenzapfen aussehenden »Erdstämme« (Wurzeln) wegnehmen und am warmen Platz in trockenem Sand überwintern. Legen: wie Gloxinienknollen im Februar–April in sehr humose, kalkfreie Erde. Nur mit enthärtetem angewärmtem Wasser gießen und ab Knospenbildung sprühen.

*Achimenes hybrida* 'Rose', Schiefteller, Fam. Gesneriaceae / Gesneriengew.

# **Adiantum** Frauenhaarfarn

So unentbehrlich das Adiantum für die Blumenbinderei ist, so zurückhaltend soll man sein, wenn man es zu sich ins Haus holen möchte. Gewiß sind alle Farne – wenn man sie richtig behandelt – wunderschöne Hausgenossen von großem Formenreichtum. Allein auf die richtige Behandlung kommt es halt an!

**Herkunft** Die meisten *Adiantum*-Arten und ihre Zuchtformen stammen aus Schattenlagen südamerikanischer Regenwälder. Einige Arten mit klimatisch weniger hohen Ansprüchen sind – mit Ausnahme von *A. hispidulum* – bei uns nicht im Handel.

**Pflanzengestalt** Die filigranhafte Anmut der lichtgrünen Wedel wird gesteigert durch ihre braun-schwarzen, steifen, drahtig-dünnen Stiele. Mit über 200 Arten umfaßt die Gattung *Adiantum* außerdem eine solche Vielfalt der Erscheinungen, daß etwa der Besitzer eines Kleingewächshauses schon aus dem derzeitigen Sortiment eine stattliche Sammlung machen könnte. Wir aber begnügen uns vorwiegend mit dem bewährten *A. cuneatum*, das heute den botanischen Namen *A. raddianum* trägt, und mit der neueren Zuchtform *A. raddianum* 'Decorum', die gegenwärtig als anerkannt beste Sorte für Topfkultur gilt. Daneben werden 'Goldoloo' und 'Brillantelse' sowie die alte Schweizer Züchtung 'Fritz Luethli' angeboten.

**Pflege** An sich braucht das Adiantum ganzjährig Warmhausklima und Schatten! Im Winter Luft- und Bodenwärme nicht unter 18–22° C. Größte Gefahr der Zimmerkultur am Fenster: »Kalte Füße«!

**Gießen** Nur mit temperiertem enthärtetem Wasser (pH 4–4,5) in den Topfrand gießen: nasser Busch = Stocken des Austriebs. Gefährlich: Ballentrokkenheit, die das Einrollen sämtlicher Blättchen bewirkt; Heilungsversuch: Einstellen des Topfes in Wasser wie oben bis zur Vollsättigung. Trockene Wedel bis zum Grund abschneiden. Dann (vielleicht) Neuaustrieb. Im Zimmer hohe Luftfeuchtigkeit durch Sprühen – Wasser wie oben – vom März bis Aug., im Winter weniger.

**Düngen** Wegen Salzempfindlichkeit nur in schwacher Lösung von März bis Aug. Hydronährlösung ist sehr geeignet.

**Umtopfen** Nach Bedarf, zunächst meist alle 1–2 Jahre, Spezialerde erwünscht; sonst EE/T mit Zumischung von je 1/4 Torf und scharfem Sand.

**Vermehrung** Durch Sporen leicht; siehe *Didymochlaena* S. 188.

**Pflanzenschutz** Laubschäden durch Lufttrockenheit, Sonne; Fraßschäden durch Schnecken im feuchten Torf.

*Adiantum raddianum* 'Decorum', Frauenhaarfarn, Familie Adiantaceae / Frauenhaarfarne

# Aechmea Lanzenrosette

**Die Gattung *Aechmea* gehört zur ebenso zahlreichen wie vielgestaltigen Familie der Bromeliaceen oder Ananasgewächse, der wir eine Reihe der schönsten, dabei verhältnismäßig anspruchslosen Zimmerpflanzen verdanken – daneben aber auch ungewöhnliche Bewohner für Blumen- und Tropenfenster.**

**Herkunft** Rund 150 Arten von Aechmeen sind in Mittel- und Südamerika zuhause. Einige Dutzend befinden sich seit Anfang des 19. Jahrhunderts in gärtnerischer Kultur und ergaben schöne Zuchtformen.

**Pflanzengestalt** Alle als Topfblumen und in Blumenfenstern verwendeten Aechmeen sind Epiphyten oder Aufsitzerpflanzen. Als Erbteil des Wohnens im Geäst der Urwaldbäume haben sie schwache Wurzeln, die mehr zum Festhalten als zur Nahrungsaufnahme dienen. Dafür tragen die grundständigen, rosettenförmig angeordneten, als Wassersammler rinnig gebogenen Blätter am Grund Saugschuppen und bilden geradezu eine Art von Auffanggefäß. Bromelien mit gleichen Eigenschaften heißen deshalb auch »Zisternenpflanzen«.

**Sortiment** Man kennt anspruchsvollere grünlaubige Arten wie *Aechmea fulgens* mit purpurvioletten Blüten über korallenroten Fruchtknoten an einer verzweigten Rispe oder *A. miniata* mit insgesamt rotem Blütenstand: beide mehr für Warmhauskultur. Robustere buntblättrige Arten für Zimmerkultur sind vor allem *A. chantinii* und *A. fasciata,* die Lanzenrosette: bedeutendste Vertreterin der Gattung und heute fast eine Modeblume. Ihre bis 60 cm langen, etwa 8 cm breiten Blätter sind silbergrau quergebändert. Die bläulichen, wenig haltbaren Blütchen verteilen sich über einen dicken Puschel aus rosigen Hoch- und Tragblättern, der auf starkem Schaft oberhalb des Blätterkranzes erscheint. Dieser Teil des Blütenstandes ist monatelang haltbar und überdauert die eigentliche Blütezeit, im Herbst oft sogar weit über das Winterhalbjahr hinaus – so lange nämlich, wie die Mutterpflanze, deren Wachstum mit der Blüte abgeschlossen ist, nun aus dem Wurzelbereich bis zu einem halben Dutzend und mehr Seitensprosse oder »Kindel« treibt.

**Pflege** Standort im Sommer wie im Winter warm, aber nicht zu sonnig, keinesfalls Prallsonne. Als eine der Bromelien mit graubunten harten Blättern ist *A. fasciata* wenig empfindlich gegen Lufttrockenheit. Sie eignet sich daher zum Aufenthalt in voll beheizten Räumen. Mindesttemperatur im

*Aechmea fasciata,* Lanzenrosette, Familie Bromeliaceae / Ananasgewächse

Winter 12–15° C; das ist aber für Daueraufenthalt schon die untere Grenze, von der ab es zu Unterkühlungsschäden (braune Blattränder, Fäulnis im Innern) kommt. Bei Wohnwärme mit Lufttrockenheit wird durch regelmäßiges Sprühen der Blütenstand gesichert. Auf Epiphytenbäumen und Aststücken oder in Orchideenkörbchen wachsende Aechmeen in trockener Zimmerluft müssen noch öfter gesprüht werden.

**Gießen** Zimmerwarmes, stets voll enthärtetes Wasser (pH 4–4,5), auch zum Sprühen wie oben. Über Sommer gießt man vorab in die »Zisterne« und hält den Topfballen nur eben feucht. Für die Ruhezeit – je nach Blütenbeginn Okt.–Febr. – die Zisterne ab Sept. nicht mehr nachfüllen. Ob dieser Wassersammler für die Ruhezeit völlig entleert werden muß, hängt von der Überwinterungstemperatur ab. Im warmen Raum (22–24° C) ist ein kleiner Wasserrest in der Zisterne zu empfehlen. Bei mäßiger Wärme (15–18° C) und erst recht darunter kann der kleine Rest Wasser bereits Fäulnis im Innern hervorrufen. Topfballen auch über Winter mäßig feucht halten.

**Düngen** Schwache Volldüngerlösung (Crescal, Compo flüssig) 1 g auf 1 l Wasser oder entsprechend schwache Nährlösung der Hydrokultur alle 2–3 Wochen in die Zisterne geben. Zum Ansetzen enthärtetes Wasser wie oben. Gegen Rückstände Zisterne gelegentlich mit klarem Wasser spülen.

**Umtopfen** Entfällt.

**Vermehrung** Kindel erst abnehmen, wenn sie halb so groß sind wie die Mutter. Vorher schon einige Wochen in die eigene kleine Blattrosette gießen. Dann die Austriebsstelle freilegen, mit möglichst großem, schon bewurzeltem Verbindungsstück abtrennen, in kleine Töpfe mit Bromelienerde (auch EE oder TKS) setzen. Sehr gut: Hydrokultur. Blüte kommt oft schon im ersten Jahr.

**Pflanzenschutz** So gut wie unnötig.

# **Aeschynanthus** Äschynanthus

Das dekorative Gesneriengewächs ähnelt in vielem der nah verwandten *Columnea.* Wo ihm Lebensbedingungen wie in seiner ostindischen und javanischen Heimat geboten werden, entwickelt es sich – als Epiphyt – mit lang herabhängenden Trieben zur prachtvollen, reich blühenden Ampelpflanze im Tropenfenster!

Halbschatten, Wärme und Luftfeuchtigkeit während des Wachstums (März bis August) sind Voraussetzung. Die Ruhezeit (Okt.–Januar) ist etwas unbequem, denn hier sollen bei ohnedies kühleren Temperaturen (18–20° C) zur Blütenbildung an den Triebspitzen noch 4 Wochen »Lauwarmhaus-Klima« mit nur 12–15° C eingeschaltet werden.

Ehrlich: ich habe das nie gemacht, dennoch blühte mein *A. speciosus* jedes Frühjahr bis weit in den Sommer und wurde so groß, daß er im botanischen Garten landete.

Gießen und Sprühen nur mit zimmerwarmem, voll enthärtetem Wasser (pH 4–4,5); Düngung März–August; zum Umtopfen im Februar/März Bromelienerde verwenden.

Ehrlich: er nimmt auch mit Einheitserde oder TKS vorlieb . . .

*Aeschynanthus speciosus,* Familie Generiaceae / Gesneriengewächse

# **Agave** Agave

Sie ist seit langem als Zier- und Dekorationspflanze so beliebt, daß man schon im Biedermeier »Blechagaven« anfertigte und die riesigen, in der Tat recht dekorativen Blattrosetten auf steinerne Postamente neben Toreinfahrten setzte. Da kann man sie manchmal heute noch sehen ...

**Herkunft** Heimat ist die als »Westindien« bekannte Inselbrücke um den Golf von Mexiko und südliches Nordamerika bis nördliches Südamerika. Von dort kam sie als *Agave americana* in den Mittelmeerraum und ist dort in großen Mengen verwildert. Als beliebte Zierpflanze mit etwa 300 Arten bekam sie internationalen Ruf; bei uns nur etwa ein halbes Dutzend als Topf- und Kübelpflanzen gefragt.

**Pflanzengestalt** Bodenständige Rosetten mit fleischigen (»sukkulenten«) Blättern, die oft einen scharfen Endstachel tragen und auch am Rand stachelig gezähnt sind. *A. americana* erreicht Blattlängen von 1,75 m und einen 5–8 m hohen Blütenstand.

**Blüte** Alle Agaven blühen erst im höheren Lebensalter auf hohem Schaft in einer ährigen Traube. Der Schaft sprießt aus dem Vegetationszentrum hervor. Die Mutterpflanze stirbt – wie die Bromelien – nach der Blüte ab, bildet jedoch oft schon im Heranwachsen aus ihren Wurzeln zahlreiche Seitensprosse oder Kindel.

**Sortiment** Kleinbleibende Arten für Zimmerkultur: *A. filifera* mit 3 cm breiten, bis 25 cm langen Blättern; *A. parrasana* aus dem südlichen Nordamerika mit auffallend breiten, bis 30 cm langen blaugetönten Blättern; *A. schidigera,* Mexikanerin, deren knapp anderthalb Zentimeter breite Blätter einen kugeligen Schopf bilden; *A. victoriae-reginae* aus Mexiko ist zweifellos die Schönste von allen (Bild). Die Rosette der mit aparten weißen Hornrändern gezierten Blätter erreicht bei langsamem Wuchs einen Durchmesser von 50–70 cm.

**Allgemeine Pflege** Sommerstandort sehr hell und sonnig; große Arten im Freien; Winterstandort während der Ruhezeit unbedingt kühl; große Arten 4–6° C, kleine Arten etwas wärmer.

**Gießen und Sprühen** Über Sommer reichlich, etwas Luftfeuchtigkeit besonders im Zimmer erwünscht; hartes Wasser (pH 7–8) wird vertragen. Im Winter trocken halten wie Kakteen.

**Düngen** Reichliche Düngung von März bis Anfang August fördert das Wachstum; knappe Kost hält die Pflanzen kleiner. Im Winter nicht düngen, wie Kakteen.

**Umsetzen** Nach Bedarf, vor Ende der Ruhezeit; je älter, desto seltener.

**Vermehrung** Am einfachsten durch Abtrennen von Nebensprossen (Kindel), die bei vielen Arten – nicht bei allen – schon im Jugendalter erscheinen. Möglichst dicht am Wurzelstamm der Mutterpflanze wegschneiden, Schnittstelle ein paar Stunden trocknen lassen, Kindel in kleine Töpfchen mit Anzuchterde setzen. Außerdem Vermehrung aus Samen; Behandlung wie Kakteensamen. Nur aus Samen zu vermehren sind die Zwergarten. *A. schidigera* und *A. victoriae-reginae.* Beide Vermehrungsarten im Frühjahr.

**Pflanzenschutz** Agaven erleiden kaum Schädlingsbefall. Falsche Überwinterung bringt Blattfäulen und -flecken.

*Agave victoriae-reginae,* Familie Agavaceae / Agavengewächse

# **Aglaonema** Kolbenfaden

Sie gehört zu jenen Aronstabgewächsen, bei denen es fraglich bleibt, ob man sich mit ihrer ungewöhnlichen Blätterschönheit zufrieden geben oder auf Blüten warten soll, die dann doch nicht erscheinen. Auch ist sie mehr noch als die ihr ähnliche Dieffenbachie auf Warmhauskultur – also Tropenfenster – angewiesen.

**Herkunft** Ihre Heimatgebiete sind Ostindien und der Malayische Archipel, wo es Tropenwälder mit extrem feuchtwarmer Luft und sonnenlosem Dämmerlicht gibt. Bekannt sind rund 50 Arten, von denen bei uns aber nur gut ein halbes Dutzend nebst etlichen Zuchtformen in Kultur sind. In Holland, wo vielleicht noch alte koloniale Beziehungen nachwirken, sind es einige mehr, und in den USA kommt man sogar auf drei bis vier Dutzend.

**Pflanzengestalt** Wuchs im ganzen ähnlich wie Dieffenbachie, teils fast baumartig, teils niedrig-buschig; buntblättrig. Typische Aronstab-Blütenstände im Verhältnis zur farbigen Pracht und Größe der Blätter bescheiden; farbige Beerenfrüchte möglich.

**Sortiment** *A. commutatum* (Philippinen, Java) mit halbmeterhohem, nach oben verzweigtem Stamm. Blätter der Art grün mit aschgrauen Flekken zwischen den Adern. Mehrere schöne Zuchtformen, darunter 'Pseudobracteatum' mit gelbweißen Blattstielen. Verhältnismäßig leicht blühend, Spatha weiß/kallaähnlich, rote Beeren. *A. costatum* (Malaysia) bildet niedrige, dichtbelaubte Büsche; Blätter bis 30 cm lang, smaragdgrün mit unregelmäßigen weißen Flecken. *A. modestum,* auch 'chinese evergreen' genannt, dürfte die härteste und allenfalls für einfache Zimmerkultur geeignete Art sein; Blätter ausnahmsweise einfarbig dunkelgrün, bis 25 cm lang. *A. pictum* (Sumatra, Borneo) hat einen Grundstamm, dem viele blättertragende Sprosse entspringen; die bis 20 cm langen und 5 cm breiten Blätter zeigen auf dunkelgrün-samtigem Grund hell grünlichgraue und silberweiße Flecke: eine der kleinsten und schönsten Arten. *A. rotundum* (früher *treubii,* Java); hat lange, schmale, silbergrau gefleckte Blätter, ähnlich der Hybride 'Silverking' (Bild).

**Standort** Bestes Gedeihen bei möglichst wenig Platzwechsel und freiem Stand im Tropenfenster. Pflanzgefäß mehr breit als hoch, da Flachwurzler; Erde sehr durchlässig, humos, mit Sphagnum und Ziegelsteinbrocken versetzt.

**Gießen und Sprühen** Nur mit enthärtetem temperiertem Wasser (pH 4–4,5), während der Wachstumszeit reichlich, im Winter trockener halten. Nur indirekt sprühen, Benetzung der feineren Arten gibt Flecke auf Blättern und etwa vorhandenen Blüten.

**Düngen** Während der Wachstumszeit (April–August) etwa alle 2 Wochen, kalkfrei.

**Ruhezeit** Oktober–Februar sparsam gießen, nicht düngen; Mindesttemp. 15–18° C (Luft- und Bodenwärme!).

**Umsetzen** Nach Bedarf (s. Standort).

**Vermehrung** Meist nur durch Stecklinge im geschlossenen Warmbeet (Gärtnersache!); *A. commutatum* auch aus Samen bei etwa 26° C.

**Pflanzenschutz** Schädlingsbefall bei Pflegefehlern: Wolläuse in Blattwinkeln; Rote Spinne bei zuviel Licht.

*Aglaonema*-Hybride 'Silverking', Familie Araceae / Aronstabgewächse

# **Allamanda cathartica** Allamande

Dieses tropische Hundsgiftgewächs – nahe verwandt mit Oleander und Immergrün – ist so aufregend schön, daß man die leider beschränkte Eignung des starkwüchsigen Kletterstrauches für Heimkultur immer wieder nur bedauern kann. Aber wer hat schon soviel Platz mit Warmhausklima?

**Herkunft** Die bekannten 12 Arten stammen mit einer Ausnahme aus Brasilien. Auch *A. cathartica* kommt dorther.

**Pflanzengestalt** Schlingstrauch, der bis 6 m hoch klettert. Format etwa wie *Passiflora quadrangularis,* die Riesengranadilla. Blätter eirund-länglich, an beiden Enden zugespitzt, zu dritt oder zu viert beisammensitzend, 10–14 cm lang. Blüten trichterförmig, goldgelb, im Grund weiß, duftend, Durchmesser 5–7 cm, zu mehreren in endständigen Trugdolden.

**Sortiment** Häufiger als die Art finden sich einige Zuchtformen wie 'Grandiflora' mit noch größeren zitronengelben Blüten; 'Nobilis' mit unterseits behaarten Blättern und ebenfalls sehr großen Blüten (10–12 cm); 'Schottii' noch stärker wachsend, Zweige behaart, Blüten sehr groß, gelb, im Schlund dunkler und braun gestreift.

**Blütezeit** Juni bis Oktober in ununterbrochener Folge.

**Standort** Sommer und Winter hell bis halbschattig. Man zieht die Triebe möglichst frei im Raum an Drähten, so daß die Knospen und Blüten ohne Einengung voll der Sonne zugewandt sind. Bei Topfkultur der stärker wachsenden Kulturformen Lenkung an Drahtgestellen mit entsprechendem Rückschnitt; bei schwächer wachsenden Formen durch Rückschnitt der Langtriebe Erziehung zu mehr buschigem Wuchs möglich.

**Gießen und Sprühen** Während der Wachstumszeit von April bis Sept./Okt. reichlich; im Winter sparsam gießen, nicht sprühen. Ruhezeit Nov.–Ende Febr.

**Düngen** Starker Wuchs und lange Blütezeit erfordern gute Ernährung: von Apr.–Aug. wöchentlich normal.

**Rückschnitt** Nach Triebabschluß im November zur Bildung vieler, blühwilliger Jungtriebe kräftig einkürzen.

**Umsetzen** Nach Bedarf und Möglichkeit vor Austriebsbeginn im Februar–März; dabei nicht stutzen, um keine Blütenansätze zu verlieren.

**Vermehrung** Aus Stecklingen nur im geschlossenen Warmbeet; Anzucht aus Samen bedingt möglich.

**Pflanzenschutz** Zugluft und zuviel Helligkeit meiden: beides bringt Befall mit Woll- und Schildläusen.

*Allamanda cathartica,* Familie Apocynaceae / Hundsgiftgewächse

# **Aloe** Aloe, Bitterschopf

Aus alten Zeiten volkskundlicher Spruchweisheit stammt der Vers »Die Aloe tut bitter weh, doch schafft sie rote Wangen«, was auf ihre einstige Bedeutung als Abführ-, Gallen- und Wundheilmittel zurückgeht. Da man Wunden mit dem Saft abgeschnittener Aloeblätter betupfte, wurde sie auch »Wundkaktus« genannt.

**Heimat** Tropisches Afrika, Südafrika, Madagaskar. Etwa 250 sukkulente, zum Teil baum- und strauchförmige Arten mit meist rosettig gestellten, schön gezeichneten Blättern. In gärtnerischer Kultur vor allem die kleineren stammlosen Rosettenpflanzen mit fleischigen, am Rand hübsch bestachelten Blättern. Überwinterung bei 4–6° C schützt vor Verlausung und Fäulnis. *A. arborescens* (Bild) gehört zu den höheren, stammbildenden Arten. Für Zimmerkultur am geeignetsten ist *A. variegata,* die Papageienaloe. Sie verträgt bei sehr sparsamem Gießen auch trockene Zimmerluft.

*Aloe arborescens,* Baumartige Aloe
Familie Liliaceae / Liliengewächse

# **Ampelopsis** Doldenrebe

Sie ist ein Rebengewächs, mit botanischem Namen eine Vitacee. »Vitis« aber heißt heute im Blumengeschäft so ziemlich alles, was zu den Rebengewächsen zählt und nicht gerade als *Cissus* bekannt ist. Alle sind kletternde oder selbstklimmende Sträucher und mit Ausnahme der Warmhausarten ziemlich unempfindlich.

Schönste Art ist die aus Ostasien stammende weißbunte *Ampelopsis brevipedunculata,* die im Handel auch als *Vitis heterophylla variegata* angeboten wird. Sie schwingt mit rötlichen Zweigen in weiten Bögen. Die Blätter sind ungeteilt bis fünflappig und ausgezackt, auf dunkelgrünem Grund weiß und rosa bis hellrot gezeichnet.
Sehr schön zum Beranken von Säulen und raumteilenden Spalieren in Räumen, die während der Wintermonate kaum beheizt sind. Die Pflanze ist zwar nicht frostfest, verlangt aber doch unbedingt sehr kühle Überwinterung, daher etwa für feste Balkonbepflanzung nicht anzuraten. Bester Standort: Kalthaus und Wintergarten.
Die kleinblättrige Zuchtform *A. brevipedunculata var. maximowiczii* 'Elegans' wirft ihre grün, weiß und rosa marmorierten Blätter im Herbst ab.

*Ampelopsis brevipedunculata var. maximowiczii* 'Elegans', Scheinrebe, Familie Vitaceae / Weinrebengewächse

# **Ananas bracteatus** Ziernanas

Als Hauptvertreterin der gärtnerisch überaus wichtigen Familie der Ananasgewächse oder Bromeliaceen ist die Ananas nun bald fünfhundert Jahre lang im internationalen Gespräch. Erste Kunde von den süß duftenden, goldgelben Wunderfrüchten kam schon bald nach der Entdeckung Amerikas Anno 1492.

**Verbreitung** Ausführlichere Nachrichten soll man in Europa jedoch erst dank dem spanischen Gelehrten Oviedo und seinem 1535 erschienenen Buch »Naturgeschichte Indiens« erhalten haben, womit der alte Irrtum des Kolumbus, daß er auf den »Westindischen Inseln« gelandet sei, einmal mehr bestätigt wurde.

Sieht man von dem reichen Legendenkranz um den Eintritt der Ananas in die Welt des Menschen ab, so bleibt die Tatsache, daß sie als Wildpflanze im gesamten tropischen Amerika zu finden war, alsbald in gärtnerische Kultur genommen wurde und dadurch ihren Habitus wie ihre praktischen Möglichkeiten sehr veränderte. Im Lauf des 17. und 18. Jahrhunderts bemächtigten sich nach und nach alle klimatisch geeigneten Länder auch Asiens und Afrikas der kostbaren Fruchtpflanze. Seit etwa 1830 wurde es im westlichen Europa modern, »Treibananas« mit Riesenfrüchten in Spezial-Warmhäusern heranzuziehen. So ändern sich die Zeiten ...

**Pflanzengestalt** Daß aus der »Urananas« mit ihren bis 1.20 m langen, hornartig bestachelten Blättern und einem Gesamtdurchmesser der Grundrosette von rund zwei Metern auch einmal allerliebste und trotzdem noch fruchtende Zwergformen für den Zimmergebrauch entstehen könnten, hat damals gewiß niemand gedacht. Die ersten, heute nur mehr als große Dekorationspflanzen verwendbaren Züchtungen hatten immer noch dreiviertel Meter Durchmesser, aber schon hübsche weiß umrandete, rötlich überlaufene oder breit gelbgrün gestreifte Blätter. Moderne Zwergarten sind nur noch halb so groß; ihre Fruchtstände werden sogar zum Schnitt verwendet.

**Blüte** Blütenstand nur bei hoher Wärme im höheren Alter; danach Austreiben von Kindeln und allmähliches Absterben der Mutterpflanze.

**Pflege** Die Ananas ist kein Epiphyt, sondern eine Erdbromelie wie die Billbergie (siehe S. 139). Ebenso pflegen!

**Vermehrung** Durch Kindel oder – spaßeshalber – durch den Blätterschopf reifer Früchte der »Nutzananas«. Geht gut in Hydrokultur.

*Ananas bracteatus* 'Variegatus', Zierananas, Familie Bromeliaceae / Ananasgewächse

# **Anthurium** Flamingoblume

Unter den Zimmerpflanzen, die durch systematische Züchtung aus exotischer Isolation den Wünschen der Blumenfreunde immer näher gebracht wurde, steht das schöne Aronstabgewächs mit seinen dekorativen Blüten in vorderster Reihe. Dabei geht es weniger um den Preis, der auch heute noch nicht gerade niedrig ist, als vor allem um das Vertrauen in die gesteigerte Wachstumskraft und anhaltende Blühwilligkeit, mit denen man durchaus eine Dauerfreundschaft ohne Rückschläge begründen kann.

**Herkunft** Mit über 500 Arten ist die Gattung *Anthurium* über das verhältnismäßig kleine Gebiet tropischer Regenwälder in Mittel- und Südamerika verbreitet. Dort wurden erste Vertreter der auch als »Teufelszunge« und »Schweineschwänzchen« volkstümlich gewordenen Flamingoblume um 1850 von dem österreichischen Arzt und Botaniker Dr. Karl von Scherzer entdeckt. Diese Ursprungsart erhielt den Namen *Anthurium scherzerianum.*

**Pflanzengestalten** *A. scherzerianum* verschwand immer mehr aus dem Sortiment und wurde durch die kräftigeren und reicher blühenden *A. Scherzerianum*-Hybriden ersetzt. Unter ihnen gibt es auch als reizende Zwergform die »kleine Flamingoblume«. Alle diese Hybridsorten haben schmale, gestielte, dunkelgrüne Blätter. Blütenstände mittelgroß; Scheide (Spatha) rot, rosa, weiß, auch gesprenkelt, stets seidig matt; Kolben meist in gleicher Farbe, dünn, oft spiralig gedreht (»Schweineschwänzchen«). Insgesamt wesentlich größer: die aus dem kolumbischen *A. andreanum* vor allem zum Schnitt gezüchteten *A.-Andreanum-Hybriden.* Hochstielige, breitere Blätter bis 40 cm lang; Kolben kürzer, dicker, gerade oder leicht gebogen, Spatha in vielen Farben, stets deutlich glänzend. Außer diesen beiden Züchtungs-Gruppen, bei denen die Blütenschönheit im Vordergrund steht, gibt es eine dritte Gruppe mit besonders schönen Blättern, jedoch so starkwüchsig, daß sie als Heimpflanzen ausscheiden. Allenfalls kann man *A. crystallinum* (Bild!) bei ständig hoher Luftfeuchtigkeit in einem großen Tropenfenster halten. Blätter rund-oval, etwa 50 x 60 cm, samtig-olivgrün, gelblich-weiß geädert. Blütenstände unscheinbar, doch nach Gewürznelken duftend.

Eine vierte Gruppe enthält Arten mit grünen geteilten oder ungeteilten Blättern, darunter eine epiphytische Kletterform *A. scandens* nebst ihrer Variante 'Violaceum', deren Kolben sich zu einem Fruchtstand mit rotvioletten Beeren entwickelt. Blätter schmal, glänzend-lederartig. In den USA so beliebt wie *Ficus radicans.*

**Blütezeit** Die beiden Hybridgruppen aus 'Scherzerianum' und 'Andreanum' können bei guter Pflege fast das ganze Jahr blühen; die Blattpflanzen blühen – wenn überhaupt – im Frühjahr.

**Verwendung** Am härtesten, daher auch noch für einfache Zimmerkultur geeignet sind die *A.-Scherzerianum*-Hybriden; etwas Luftfeuchtigkeit während der Hauptwachstumszeit (März–August) ist erwünscht. Alle anderen Sorten und Arten brauchen warmen, hellen Stand ohne direkte Besonnung (Nordost- bis Ostlage) im klimatisierten Blumenfenster; *A. crystallinum* gedeiht nur im Tropenfenster.

**Wärme** Hybridsorten brauchen auch im Winter 18° C Bodenwärme und 15° C Luftwärme. *A. crystallinum* verlangt sogar 18–20° C.

**Gießen und Sprühen** Nur mit temperiertem, voll enthärtetem Wasser (pH 4–4,5); während der Wachstumszeit reichlich gießen; blühende Pflanzen indirekt sprühen: Benetzung der Blütenstände gibt Flecke.

**Düngen** Da als Pflanzen des tropischen Regenwaldes salzempfindlich, am besten ballastfreie Flüssigdünger der Hydrokultur oder entsprechende Volldünger anwenden. Sparsame Gaben alle 2 Wochen genügen auch während der Wachstumszeit.

**Verpflanzen** Nach Bedarf bei Austriebsbeginn in sehr durchlässige, mit brockigem Torf und Sumpfmoos (Sphagnum) vermengte Erde. Auch EE oder TKS ist geeignet.

**Vermehrung** Ältere Stöcke teilen; Anzucht aus Samen leicht, aber für den Blumenfreund langwierig.

**Pflanzenschutz** Blattrollen bedeutet Abwehr gegen zu trockene Luft und Sonne; Rote Spinne, Thrips und Schnecken können großen Schaden anrichten.

Blatt von *Anthurium crystallinum,* Familie Araceae / Aronstabgewächse

*Anthurium-Scherzerianum*-Hybride in Hydrokultur: man erkennt alle Vorzüge der Erdelosen Pflanzenpflege; Blätter und Blüten – ebenso die reiche Bewurzelung im dunkelgrünen, algenabweisenden Kunststoffgefäß – überzeugen durch strahlende Gesundheit.

*Aphelandra*-Hybride 'Dania', Familie Acanthaceae / Akanthusgewächse

# **Aphelandra** Glanzkölbchen

Wenn Blumenfreunde das liebenswürdige Glanzkölbchen als undankbar schelten, so sind sie fast immer selber schuld daran. Sie vergessen vielleicht rechtzeitiges Gießen – dann gibt es Laubfall infolge Ballentrockenheit; oder sie sprühen nicht genug im lufttrockenen Raum – dann werden die Blattränder braun.

**Herkunft** Ein Akanthusgewächs aus dem tropischen bis subtropischen Amerika stellt eben gewisse Anforderungen an seine Betreuer.

**Pflanzengestalt** Die heute angebotenen Kulturformen stammen durchweg aus der Gruppe gelbblühender Arten mit weiß geäderten Blättern. Unter den Neuzüchtungen, die alte Fehler abgelegt haben, gilt *Aphelandra squarrosa var. louisae* 'Fritz Prinsler' als beste.

**Standort** Bei einfacher Zimmerpflege so warm und hell wie möglich stellen, jedoch direkte Besonnung meiden.

**Blütezeit** 3–8 Wochen lang zwischen April und August; verblühte Stände mit 1–2 Blattpaaren kürzen.

**Gießen** Ab Austrieb bis nach Blüte sehr reichlich mit lauwarmem enthärtetem Wasser (um pH 5); alle 2–3 Tage oder öfter sprühen. Winter trockener.

**Düngen** Über Sommer jede Woche.

**Umpflanzen** Im März in geräumige Töpfe. Erde nahrhaft, humos.

**Vermehrung** Nur im Warmbeet mit gärtnerischer Kultur.

**Pflanzenschutz** Ballentrockenheit und Lufttrockenheit (siehe oben!) bewirken auch Befall mit Schild- und Woll-Läusen. Zu sonniger oder zu kühler Stand verursacht Laubfall. Aber: nur vollbelaubte, auch als Blattpflanzen ansehnliche Exemplare der *Aphelandra* lohnen Weiterkultur.

*Aporocactus flagelliformis,* Schlangenkaktus, Familie Cactaceae / Kaktusgewächse

# **Aporocactus** Schlangenkaktus

Früher gehörte es vor allem auf dem Land beinahe zum guten Ton, daß im Kreise anderer beliebter Zimmerpflanzen auch ein Schlangen- oder Peitschenkaktus irgendwo im Fenster hing. Sicher war er als eine Handvoll Stecklinge ins Haus gekommen, denn zu kaufen gab es diese bescheidene Ampelpflanze kaum.

**Herkunft** Seine Urahnen stammten aus Mexiko, wo der *Aporocactus flagelliformis* epiphytisch oder auf Felsen wachsend Gebirgsgegenden bis in 2500 m Höhe bewohnt. Kein Wunder, daß er da nicht gerade verwöhnt ist und ob seiner Anspruchslosigkeit als eine der besten Anfängerpflanzen für werdende Kakteenliebhaber gilt!

**Pflanzengestalt** Die bleistiftstarken und bis anderthalb Meter langen Triebe sollen schön gleichmäßig und dicht bei dicht aus ihrem Topf herabhängen. Dann entwickeln sie schon im Frühjahr Blütenknospen in großer Zahl. Pflegefehler und vor allem Lichtmangel lassen die Triebe dünn und spillerig werden. Auf Blüten wartet man da vergebens.

**Blüten** Bilden sich nur, wenn der Schlangenkaktus nach einer sehr hell, kühl, aber nicht völlig trocken verbrachten Ruhezeit bereits im Februar wieder wärmer, noch heller und womöglich sonnig gestellt wird. Blütezeit: Frühjahr. Blüten bei starken Exemplaren bis 10 cm lang, weit offen, rosenrot, ähnlich den Blüten des Weihnachts- und Osterkaktus.

**Pflege** Ebenso wie frühjahrsblühende Blattkakteen. Wachstumszeit mit reichlichem Gießen und Düngen (stickstoffarm!) April–Aug. Dann Ruhezeit siehe oben. Kühlhalten erforderlich.

# **Araucaria** Zimmertanne

Die Zimmertanne oder Araukarie ist nun auch schon eine ältere Dame geworden. Ihr aufregender Flirt mit dem Weltumsegler Käpt'n Cook liegt weit zurück. Nur Fachleute erinnern sich daran, daß Cook die Schöne mit den filigranzarten Wedeln um 1775 auf den Norfolk- und Philip-Inseln im Stillen Ozean entdeckte.

**Herkunft** Dort war das Gehölz mit seinen nadelartigen Blättern nur in einem streng umgrenzten Gebiet zwischen Ost-Australien und Neu-Kaledonien anzutreffen, weshalb der ganze, freilich meist aus Wasser bestehende Bereich auch unter dem Namen »Araukarienprovinz« in die Geschichte einging.

**Wandlungen** Aber die Zeiten ändern sich. Aus *Araucaria excelsa,* der »Hocherhabenen«, wurde schlicht-botanisch eine *A. heterophylla,* was soviel wie »verschiedenblättrig« bedeutet. Und auch die Wohnverhältnisse in den europäischen Gastländern sind anders geworden. Nicht mehr ziert das »Zimmertännchen« die Kalte Pracht jener Feinen-Leute-Stuben, wo nur sonntags geheizt wurde. Je mehr Zentralheizung und Lufttrockenheit um sich griffen, desto spärlicher sind auch – in jeder Hinsicht – die Araukarien geworden. So ein Dreiertopf, wie unser Bild ihn zeigt, ist trotz verkahlter Stämme eine Rarität.

**Sommer** Da geht alles gut, wenn ein helles Nordfenster oder ein entsprechender Balkon oder ein Platz im Schatten hoher Gartenbäume verfügbar ist. Keine einengende Nachbarschaft! Gießen mit temperiertem, enthärtetem Wasser (pH 4,5–5); düngen von Mai–Aug. mit einem Rhododendron-Spezialdünger.

**Winter** Ab Oktober muß die Araukarie unbedingt kühl, bei 5–10° C stehen und darf kaum gegossen werden, sonst fallen die Wedel der unteren Etagen einer nach dem andern ab, und es bleibt jener kahle Stamm, wie wir ihn von ebenfalls falsch behandelten Gummibäumen, Dieffenbachien oder Krotons kennen. Die Wedel wachsen ja nicht nach. Andererseits kann der Übergang zu richtiger Winterpflege mit Kalthauscharakter soviel Neuaustrieb bringen, daß sich oben – siehe unser Bild – stattliche Kronen bilden. Und die sind ja auch recht hübsch anzusehen . . .

*Araucaria heterophylla,* Zimmertanne, Familie Araucariaceae / Araukariengewächse

## **Ardisia** Spitzblume

Der Name kommt von *ardis* – Pfeil und gehört einem zierlichen Bäumchen, dessen Heimatländer von Japan bis Südasien reichen. Dort wird das immergrüne Gehölz mit seinen meist waagrecht stehenden Zweigen über meterhoch, während die bei uns wieder in Mode kommende *Ardisia crenata* etwa 60 cm erreicht.

**Blüten und Früchte** Die weißlichen Blüten erscheinen in endständigen Trauben ab Juli und entwickeln sich rasch zu erbsengroßen Beerenfrüchten, die allmählich korallen- bis purpurrot werden und in ihrer monatelangen Haltbarkeit den eigentlichen Schmuckreiz der liebenswürdig-bescheidenen Pflanze ausmachen. Da die Früchte oft länger als ein halbes Jahr hängen bleiben, kommt es auch vor, daß gleichzeitig schon wieder neue Blüten sich erschließen.

**Allgemeine Pflege** Etwa wie Gummibaum. Beste Überwinterungstemperatur 12–15° C. Mehr Wärme bewirkt weniger Haltbarkeit der Beeren, die auch bei trockener Zimmerluft rasch runzelig werden. Regelmäßiges Sprühen mit lauwarmem Wasser ab der Blüte erweist sich als eine der wichtigsten Pflegemaßnahmen für gutes Gedeihen und Erhaltung des Schmuckwertes. Heller bis sonniger Standort gut.

**Wichtig** Die dunkelgrünen, lederigen schmal-elliptischen Blätter weisen an ihren krauswelligen, nach unten gebogenen Rändern häufig knotenförmige Verdickungen auf. Diese Bakterienknoten, in denen – ähnlich wie die Knöllchenbakterien an den Wurzeln der Hülsenfrüchtler – ein bestimmter Bazillus lebt, sind keine krankhafte Erscheinung. Deshalb nicht entfernen.

*Ardisia crenata,* Spitzblume, Familie Myrsiniaceae / Myrsinengewächse

## **Argyroderma** Silberhaut

Wie schon bei den Pflanzenfamilien nachzulesen ist, hießen die Aizoaceen früher Mesembryanthemaceen. Deshalb nennen Sammler und Wissenschaftler sie heute noch kurz »Mesems«. Viele von ihnen sind leicht kultivierbar: In flachen Schalen oder in Tischbeeten lassen sie sich immer wieder zum Blühen bringen.

*Argyroderma,* die Silberhaut, umfaßt etwa vierzig Arten, von denen vor allem *A. testiculare* wegen ihrer herrlichen roten Blüten und verhältnismäßig leichten Kultivierbarkeit sehr beliebt ist. In ihrer südafrikanischen Heimat kommt sie nur in einem bestimmten Gebiet mit quarzhaltigem Boden vor. Dieser Eigenart muß man Rechnung tragen: Erdmischung mit viel Sand und Ziegelsplitt, sehr durchlässig, kalkhaltig. Obenauf Quarzbrocken und Tuffsteinbrocken legen.

**Jahresrhythmus** Wachstumszeit Sommer; Blüte Herbst; Ruhezeit Winter bis Frühjahr vereinfacht die Pflege. Höchste Vorsicht auch beim Gießen im Sommer; kaum düngen. Wintertemperatur 8–10° C, völlig trocken halten (s. auch die übrigen Aizoaceen S. 174, 209, 219, 252). Für ernstliche Befassung Spezialliteratur!

*Argyroderma testiculare,* Familie Aizoaceae / Mittagsblumengewächse

# **Asparagus** Zierspargel

Er ist wirklich ein echtes »Spargelkraut« vom Stamm der Liliengewächse. Das bestätigt jeder Blick auf ein Spargelfeld im Hochsommer, auch wenn einige seiner Zimmerformen nicht ganz so »spargelmäßig« dreinschauen wie der gute alte *Asparagus sprengeri,* der neuerdings *A. densiflorus,* der »Dichtblütige«, heißt.

**Herkunft** Seinen früheren Artnamen *sprengeri* führt er nur noch quasi als Sortenbezeichnung. Aber auch das erinnert nach wie vor an Karl Sprenger aus Güstrow in Mecklenburg, der viele Jahre am Botanischen Institut in Neapel tätig war und das Spargelgrün aus Südostafrika bei uns eingeführt hat. Er ist 1917 auf Korfu gestorben.

**Sortiment** Außer der für Zimmerkultur wichtigsten Hauptart *A. densiflorus* 'Sprengeri', die meist blütenlos bleibt, gibt es noch den leicht blühenden *A. setaceus* (früher *plumosus*) oder Federspargel, der hübsche rote Beerenfrüchte bringt, aber eine winterliche Ruhezeit bei 8–10° C verlangt. Eigenartig gewelltes Laub und nach reicher Blüte viele rote Früchte bietet. *A. crispus,* den die Schweizer Blumenfreunde schätzen, weil er nicht ganz so heikel ist, wie *A. setaceus,* aber viel aparter als das einfache Spargelgrün. Das alte »Myrtenblatt«, die *Medeola,* heißt heute *A. asparagoides:* es ist ein Schatz an liebenswürdiger Anspruchslosigkeit. Eine prächtige Dekorationspflanze für mäßig beheizte Räume ist schließlich *A. falcatus,* der Sichelförmige Zierspargel, eine starkwüchsige, schlingende Art mit schmalen Scheinblättern; prächtige Dekorationspflanze für große Blumenfenster.

**Pflege** Bei *A. densiflorus,* der Hauptart, ist fast alles erlaubt, was man sonst nicht darf: warm oder kühl überwintern; keine Ruhezeit gönnen; ganzjährig mit nicht zu hartem Wasser gießen; im Sommer reichlich, im Winter bei warmem Stand gelegentlich ein bißchen düngen. Nur dunklen Stand und Ballentrockenheit verträgt er nicht, und zuviel Wärme bei Austriebsbeginn bringt Blattläuse.

Links: *Asparagus setaceus (plumosus),* Federspargel; rechts: *A. densiflorus* 'Sprengeri', Zierspargel, Familie Liliaceae / Liliengewächse

# **Aspidistra** Schildblume

Als Pflanze des tiefen, kühlen Schattens japanischer Gebirgswälder ist sie so anspruchslos, daß auch Metzgerladen und Schusterwerkstatt sie für sich in Anspruch nahmen. »Schildblume« heißt sie wegen der schildförmigen Griffelnarbe ihrer (rechts im Bild!) am Blattgrund sichtbaren Blüte.

Es gibt nur die eine Art *Aspidistra elatior* mit immergrünen, aufrechten, dunkelgrünen Blättern, die aus dickfleischigen Rhizomen sprießen. Nicht ganz so unverwüstlich wie sie selbst sind ihre an sich hübscheren weißbunten Varietäten. Sie brauchen etwas mehr Wärme und sollen recht knapp ernährt werden, denn mehr Düngung bringt Vergrünen der bunten Blätter.

**Pflege** Bei allem, was sie an Lichtmangel, Lufttrockenheit und sonstigen Unbilden verträgt, sei zweierlei vermieden: ein sonniger Standort und Dauerfußbäder. Folgen: Blattverbrennungen und faulende Wurzeln.

*Aspidistra elatior,* Schildblume, Familie Liliaceae / Liliengewächse

# **Asplenium nidus** Nestfarn

Wer die heimatliche Mauerraute *Asplenium ruta-muraria* mit ihrem zierlichen, aus jeder Ritze drängenden Blätterwerk kennt, wird im tropischen Nestfarn kaum ihren »großen Bruder« vermuten. Und doch gehören beide nicht nur der gleichen Gattung, sondern neuerdings auch derselben Familie der Streifenfarne an.

*Asplenium nidus,* Nestfarn, Aspleniaceae / Streifenfarngewächse

**Herkunft** *A. nidus* ist in allen Regenwäldern Asiens und Afrikas bis hinunter nach Australien zuhause.

**Gestalt und Lebensweise** Wie die Bromelien im tropischen Amerika lebt er als einer der größten Epiphyten in den Baumkronen und sammelt Nährstoffe in seiner tiefen trichterförmigen Rosette, die von den unzerteilten, steif aufrecht stehenden, glänzend hellgrünen Blättern gebildet wird. Länge bei 20 cm Breite über 1 m.

Seine leichte Vermehrbarkeit aus Sporen hat den Nestfarn zu einem wichtigen Artikel des Blumenhandels gemacht.

**Pflege** *A. nidus* gehört ins Tropenfenster oder mindestens ins bodenbeheizte Blumenfenster. Bodenwärme im Winter nicht unter 16–18° C, Luftwärme nachts nicht unter 15° C. Weniger bringt Unterkühlungsschäden. Gießen und Düngen etwa wie *Aechmea* (S. 117) oder *Vriesea* (S. 348). In den Warmhäusern botanischer Gärten wächst er zu riesigen alten Schaustücken heran.

## **Astrophytum** Bischofsmütze

Man kennt von dieser absonderlichen Gattung vor allem *A. myriostigma,* Bischofsmütze (Bild!), *A. asterias,* Seeigelkaktus und *A. ornatum,* Sternkaktus. Daß *A. asterias* einen Doppelgänger bei den sukkulenten Euphorbien hat, ist auch auf S. 206 nachzulesen. Es ist eines der seltsamen Vexierspiele der Natur.

Die bei den Kakteenfreunden beliebten Arten stammen aus Mexiko. Sie wachsen gern in einem mit Lehm und Bimskies angereicherten, also mehr mineralischen als humosen Boden. Unbestachelte Formen wie Bischofsmütze und Seeigelkaktus brauchen einen halbschattigen Platz. Bestachelte und Träger weißer Wollflöckchen sollen nur im Frühjahr vor zuviel Sonne geschützt werden, über Sommer aber möglichst hell und warm stehen. Blütezeit meist Sommer, Blühwilligkeit groß. Sparsam gießen, kaum düngen. Ab Herbst kühler Stand.
**Vermehrung** Aus Samen leicht.

*Astrophytum myriostigma,* Bischofsmütze, Fam. Cactaceae / Kaktusgewächse

## **Aucuba** Goldorange

Warum die Aukube auch »Goldorange« heißt, weiß eigentlich niemand. Mancher vermutet, es sei wegen der goldgelben Fleckung des Laubes. Mit goldenen Früchten hat der Name jedenfalls nichts zu tun. Außerdem ist das aus Japan stammende Hartriegelgewächs mehr eine Kübelpflanze als ein Zimmergenosse.

*Aucuba japonica* 'Crotonifolia', Goldorange, Familie Cornaceae / Hartriegelgewächse

**Pflanzengestalt** Der stattliche Busch mit biegsamen Zweigen wird bis 2 m hoch. Das immergrüne Laub der Ursprungsart *Aucuba japonica* ist ungefleckt. In Kultur sind heute überwiegend goldbunte 'Variegata'- und 'Maculata'-Sorten. Die Blüten der teils einhäusigen, teils zweihäusigen Züchtungen sind wie bei der Art unansehnlich, doch bringen einige Züchtungen hübsche rote Beerenfrüchte.
**Pflege** Gestutzte Kleinformen in Topfkultur eignen sich für kahle Räume, wo über Winter Kalthausklima um 4–6° C oder nur wenig mehr herrscht. Metzgereien, Dielen, Flure, Treppenhäuser und unbeheizte Schaufenster nehmen die größer werdenden Büsche auf. Ansprüche denkbar bescheiden: jede kräftig humose Gartenerde genügt beim Wechsel von einem Pflanzgefäß zum andern. Gießen über Sommer normal, im Winter sparsam; Düngung nach den üblichen Regeln, zur Sicherung der Holzreife ab August einstellen. Vermehrung durch Stecklinge und frischen Samen.

# **Begonia** Schiefblatt

Begonien gehören zu unseren vielseitigsten und schönsten Schmuckpflanzen. Botanisch werden sie als ein- oder mehrjährige Kräuter, Stauden und nichtverholzende Halbsträucher eingestuft. Gärtnerisch wird diese Riesengattung – s. dazu auch Kap. »Pflanzenfamilien« – aufgeteilt in sogenannte Sektionen, deren es zur Zeit 24 gibt. Der Blumenfreund unterscheidet üblicherweise drei Gruppen: 1. Blütenbegonien; 2. Strauchbegonien; 3. Blattbegonien, als deren wichtigste Vertreter die *Begonia-Rex*-Hybriden genannt werden müssen. Hinzu kommen noch die vorab als Beet- und Balkonpflanzen verwendeten Knollenbegonien. Typisch für alle sind die meist ungleichhälftigen »Schiefblätter«, denen die ganze Familie zu Recht ihren Namen verdankt.

Ihrer Herkunft nach sind alle Begonien Schattenpflanzen, die am Boden oder als Epiphyten des tropischen Regenwaldes, aber auch in subtropischen Gebieten wachsen und in Gebirgswäldern sogar bis zu 4000 m Höhe aufsteigen. Pflanzengestalt, Blütenformen und Blütenfarben wurden im Lauf von rund zwei Jahrhunderten durch Züchtung zahlloser Hybriden und immer neuer Sorten stark verändert. Geblieben sind jedoch bestimmte Grundeigenschaften der Ursprungspflanzen, so daß Herkunft und Heimat der Ausgangsarten auch heute noch wichtige Fingerzeige für die Pflege als Zimmerpflanzen geben.

Gemeinsam ist – mit wenigen Ausnahmen – das Verlangen nach lichtem Schatten und viel Luftfeuchtigkeit. Besonders für die herrlich gezeichneten großblättrigen Begonia-Rex-Hybriden und andere Vertreter dieser Gruppe bedeutet Sonne Lebensgefahr durch schwerste Gewebeverbrennungen. Allen gemeinsam ist die Vorliebe für lockere, humusreiche Erde, in der sich das feinfaserige Wurzelgeflecht flach ausbreiten kann.

Saftreiche Stengel, große Blätter oder sehr reiche Blüte nebst feuchtem

*Begonia* 'Gloire de Lorraine' – die winterblühende Blütenbegonie 'Lothringens Ruhm'

*Begonia acutifolia,* Spitzblättrige Begonie (Handelsname auch *Begonia acuminata)* – eine Strauchbegonie

Waldboden als Wurzelgrund deuten auf hohen Bedarf an nicht zu kalkhaltigem Wasser (pH 4,5–5) während der Hauptwachstumszeit. Dies gilt vor allem für Blütenbegonien und Blattbegonien. Bei den Strauchbegonien braucht man in dieser Hinsicht nicht ganz so genau zu sein. Sie nehmen auch mit etwas härterem Gießwasser (bis etwa pH 6,5) vorlieb.

## Blütenbegonien

Man versteht darunter meist einjährige krautige Pflanzen aus drei verschiedenen Züchtungskreisen:

**a) Begonia 'Gloire de Lorraine'**, kurz Lorraine-Begonie genannt, ist eine Schöpfung des französischen Züchters Victor Lemoine in Nancy. Sie erschien 1893 auf dem internationalen Blumenmarkt und hat seitdem dank bedeutsamer Weiterentwicklung vor allem in Deutschland und in den USA fast die ganze Welt erobert. Unzählige Hybriden des Urtyps in vielen Farbschlägen zwischen hell- und dunkelrosa blühen etwa vom Herbst bis zum Jahresanfang, bei uns vor allem als beliebte Geschenkpflanze während der Weihnachtszeit.

**Pflege** Während der ersten Tage nach Hereinnahme in die Wohnung möglichst kühl halten (Raumtemperatur 12–15° C); später werden 18–20° C ohne Fallenlassen von Blättern und Blüten vertragen – vorausgesetzt, daß weder ein besonnter Standort noch trockene Luft, auch keine Garnituren mit Schleifen und Tannenzweigen oder Zusammenpflanzung mit anderen Blumen die Haltbarkeit beeinträchtigen. Allgemeine Regeln über Wasserhärte und Gießen beachten; Verblühtes immer gleich auszupfen; keine Samenbildung dulden.

Keine Weiterkultur: »Lothringens Ruhm« ist einjährig und wird nach der Blüte weggeworfen.

**b) Begonia-Elatior-Hybriden** aus englischer Züchtung sind seit 1907 im Handel. Zahllose ständig veränderte und verbesserte Sorten mit einfachen und gefüllten Blüten in vielen Farben zwischen weiß, gelb, rosa und hell- bis dunkelrot. Auch ziemlich großblumige Formen.

Blütezeit und Pflege wie die Lorraine-Begonie. Keine Weiterkultur.

**c) Begonia semperflorens,** Immerblühende Begonie. Gilt eigentlich als Beetbegonie fürs Freiland, stellt aber zunehmend auch ein stattliches Sortiment für Topf- und Zimmerkultur – darunter als Ausnahme von der Regel sonnenverträgliche Züchtungen. Blüte je nach Anzuchtbeginn fast das ganze Jahr.

**Pflanzenschutz** Typische Erkrankungen der Blütenbegonien sind Echter Mehltau (Befall der Blätter, die zunächst fleckenweise mehlartigen Belag zeigen; Gewebe darunter zuerst mißfarbig-durchscheinend, dann bräunlich; Befall auch an Blattstielen und Blütenstengeln möglich) und eine durch Pilzinfektion hervorgerufene Stengelfäule (zerstörtes Gewebe an dunklen Flecken im oberen Teil der Stengel erkennbar; Stengel knicken um, brechen ab). In beiden Fällen keine Heilung. Da ansteckend, erkrankte Pflanzen mit Topf und Erde entfernen.

## Strauchbegonien

Diese »halbstrauchigen, aufrechten Arten« stammen fast durchweg aus tropischen Gebieten Mittel- und Südamerikas. Viele werden bis meterhoch; die schon im Stecklingsalter reich blühenden *Begonia-Corallina*-Hybriden mit so international berühmten Zuchtformen wie 'Lucerna' oder 'Madame Charat' erreichen sogar 2 m Höhe und halten bei guter Pflege ihre Blütenfülle fast ganzjährig.

Alle Strauchbegonien sind reich verzweigt, bilden jedoch kein echtes Holz, auch wenn die wurzelnahen alten Triebe wie Holz aussehen. Die in hängenden Trauben erscheinenden Blüten sind ziemlich groß, meist rot oder rosa, einige auch duftend; Blattformen und Laubfärbung zeigen die ganze Vielfalt dessen, was die Gattung *Begonia* zu bieten vermag, auch wenn dabei die Pracht und Schönheit der Blattbegonien nicht erreicht wird.

Übrigens: Vom »aufrechten Wuchs« gibt es Ausnahmen. *B. foliosa* ist eine strauchartige Begonie mit vielverästelten Trieben, die in älteren Jahren herunterhängen und dadurch die Eignung als aufregend schöne Ampelpflanze begründen. Auch *B. limmingheiana* (nur März bis Mai blühend) hat hängende Stengel und hängende, dicht mit hell- bis korallenroten Blumen besetzte Blütenstände.

**Allgemeine Pflege** Grundregeln auf S. 133 beachten; ganzjährig nur als Zimmerpflanze halten – Freilandaufenthalt (auch Balkon) wird schlecht vertragen. Möglichst wenig vom Platz bewegen, nicht drehen (Lichtmarke!). Standort hell, doch ohne direkte Besonnung.

**Gießen** Während der Wachstums- und Blütezeit reichlich mit enthärtetem Wasser, jedoch stauende Nässe ebenso vermeiden wie Ballentrockenheit. Luftfeuchtigkeit vor allem während der Triebentwicklung und Blütezeit wichtig. Wenn kein Luftbefeuchter vorhanden, nur indirekt sprühen, Blüten nicht benetzen.

**Düngen** Während der Hauptwachstumszeit (meist Februar bis August) wöchentlich nach Vorschrift, kalkarme Volldünger-Konzentrate zur Flüssigdüngung bevorzugen.

**Überwinterung** Möglichst nicht im voll beheizten, sondern nur mäßig warmen Raum (um 15° C). Zu warmer Stand kann Fleckigwerden der Blätter, Blattrollen und Schädlingsbefall (Rote Spinne, Thrips) bewirken.

**Rückschnitt** Zu hoch gewordene oder innen verkahlte Strauchbegonien soll man vor Austriebsbeginn im Frühjahr kräftig zurückschneiden. Sie treiben von unten her um so besser wieder aus.

**Umtopfen** Rechtzeitig vor zu starker wachstumsbedingter Durchwurzelung in mehr flache als hohe Gefäße; Ballenverkleinerung möglich. Humusreiche, beste Kulturerde (EE, TKS) oder Spezial-Moorbeeterde (z. B. Azaleenerde) verwenden.

**Vermehrung** Vegetative Vermehrung einfach – siehe Kapitel »Pflanzenkinderstuben«; Vermehrung aus Samen schwierig, ist Gärtnersache.

*Begonia metallica* – typische Strauchbegonie, bis 80 cm hoch; Blüte Hochsommer bis Herbst.

*Begonia* 'Cleopatra' – neuere Züchtung mit nilgrünen, dunkel gefleckten, unterseits weiß behaarten Blättern.

**Besonderheiten** Strauchbegonien sind sehr empfindlich gegen Zugluft, zu kühlen, zu warmen oder zu dunklen Standort, stauende Nässe und Fußbad im Untersetzer, ebenso gegen Ballentrockenheit. Jeder Kulturfehler bringt als erste Folgeerscheinungen Blattfall und Verlust der Blühwilligkeit.

**Nicht abgebildet:**
**Weitere schöne Strauchbegonien für Zimmerkultur:**

*B. albo-picta:* Hoch, stark verzweigt; Blätter schmal, schief-herzförmig, grün mit vielen silberweißen Flecken; Blütenstände hängend, Blüten grünlichweiß. Alte, leicht kultivierbare Art.

*B.-Corallina*-Hybriden gehören zu den züchterischen Großerfolgen der letzten Jahre. Als Welterfolg gilt die besonders reich blühende 'Corallina de Lucerna', ebenso wie 'Président Carnot' bis zu 2 m hoch. Blätter silbern getupft (»Forellenbegonie«!); üppige rosa bis rosenrote, hängende Blütenstände schon bei Jungpflanzen.

*B. credneri:* 40–50 cm hoch, verzweigt; Blätter schief-herzförmig, spitz zulaufend, oberseits grün, unterseits rot und behaart; fast ganzjährig hellrosa blühend.

*B. fuchsioides:* »Fuchsienbegonie«, buschiger Wuchs, bis 1 m hoch; Stengel leicht überhängend; Blätter klein, schief-eirund; rote Blüten von Nov.–April oder sommerblühend.

*B. maculata:* Ähnlich wie *B. albo-picta,* Blätter jedoch stets deutlich weiß gefleckt, unterseits rötlich; Blüten weiß bis rosa. Anspruchslos, sehr beliebte Zimmerpflanze.

*B. scharffiana:* Aufrecht, wenig verzweigt; ganze Pflanze dicht mit borstigen roten Haaren bedeckt; Blätter schief-herzförmig, lang auslaufende Spitze, oberseits dkl.-grün, unterseits tiefrot; lange Rispen mit großen weißrosa Blüten von Sommer bis Herbst.

*B. serratipetala:* die »Gesägtblumenblättrige«, 1913 aus Neu-Guinea eingeführt, ist eine der schönsten Strauchbegonien von allen: tief fiederspaltige, in einzelnen Abschnitten doppelt gezähnte, glänzend grüne Blätter mit blutroten Flecken. Dabei im warmen Raum, etwas luftfeucht, leicht zu halten.

## Blattbegonien

An der Spitze dieser Gruppe kaum mehr zählbarer Arten und Züchtungen schönster, apartester Pflanzengestalten steht zweifellos das Sortiment der *Begonia-Rex*-Hybriden.

Die Grundart *B. rex:* Als Königsbegonie, Rexbegonie oder Schiefblatt den Blumenfreunden in aller Welt über hundert Jahre lang vertraut gewesen, ist in reiner Form heute kaum noch zu finden. Sie war eine aus Ostindien stammende Waldbodenpflanze mit dicken Wurzelstöcken und schief-eiförmigen, bis 30 cm langen Blättern, die auf schwarz-grün-metallisch glänzendem Grund in der Mitte eine breite, ausgezackte silberne Binde zeigten und am Rand purpurrot gefärbt waren. Die nicht sehr zahlreichen, aber ziemlich großen rosa Blüten erschie-

*Begonia-Rex*-Hybride – ein Beispiel für viele aus dem riesengroßen internationalen Sortiment immer neuer Züchtungen.

*Begonia hispida* var. *cucculifera* wird »Henne mit Küken« oder »Kindchen auf der Mutter Schoß« genannt: Sie bringt auf ihren Blättern, entlang den Hauptnerven, sogenannte Adventivblättchen hervor.

nen im Frühsommer. Aus Kreuzungen von *B. rex* mit der angeblich aus Borneo importierten, als Art ebenfalls kaum noch geführten *B. diadema* entstanden dann die noch mannigfaltiger gezeichneten, in ihrer Eignung als Zimmerpflanzen wesentlich verbesserten Rex-Hybriden, bei denen übrigens Blühwilligkeit und Blütengröße häufig hinter der Blätterpracht zurücktreten.
Zu diesen längst ebenfalls weltweit verbreiteten Standardsorten gesellen sich noch viele, nicht minder kulturwürdige Arten, von denen hier einige der wichtigsten benannt werden.

**Allgemeine Pflege** Entspricht im ganzen den Anweisungen zur Pflege der Strauchbegonien, doch erfordert die Herkunft aus tiefen Gründen tropischer Regenwälder noch mehr Vorsicht bei der Wahl des Standorts, der keinesfalls besonnt sein darf. Nordfenster im nicht zu warmen Raum (bei den robusteren Arten 15–20° C als Wintertemperatur) verdienen den Vorzug. Wachstumszeit: Februar/März bis Frühherbst, keine eigentliche Ruhezeit, jedoch möglichst kein neuer Blattaustrieb während der dunkleren Jahreszeit. Abstoßen eines Teils der Blätter ist kein Alarmzeichen: solche Verluste werden von gesunden Pflanzen bald wieder aufgeholt.

**Gießen** nur mit zimmerwarmem, enthärtetem Wasser (pH 4,5–5). Nur indirekt sprühen, da Benetzung der Blätter Flecken hervorrufen kann. Ballentrockenheit und zu trockene Luft unbedingt vermeiden.

**Umpflanzen** nach Bedarf im Frühjahr; Pflanzgefäße möglichst breit und flach; Spezialerde (auch EE oder TKS) mit ein paar desinfizierenden Holzkohlestückchen vermischen, reiche Scherbeneinlage geben.

**Vermehrung** in Zimmerkultur vor allem durch Blattstecklinge im Sommer.

**Pflanzenschutz** wie bei den beiden anderen Gruppen. Einrollen der Blätter und Fleckigwerden: Lufttrockenheit und Befall mit Thrips.

**Nicht abgebildet:**
**Weitere schöne Blattbegonien mit guter Eignung für Zimmerkultur**

*B. crispula* kam 1950 aus Brasilien. Blätter kreisrund bis breit-nierenförmig, glänzend grün, oberseits wie die Blätter von *Peperomia caperata* (Seite 192) »gekrumpft« und gefurcht. Blüten innen weiß, außen rosa, klein.

*B. hydrocotylefolia,* die »Wassernabelblättrige« – so genannt nach einer Sumpfpflanze – bildet kriechende Erdstämme, aus denen auf kurzen Stielen die fast kreisrunden fleischigen Blätter erscheinen. Die Stiele sitzen wie bei der Kapuzinerkresse »im Nabel« der Blätter. Blattränder rotwollig. Blütenstände bis 20 cm lang, Blüten rosa. Anspruchslose Zimmerpflanze.

*B. imperialis,* mit *Imperial-Hybriden* wie 'Hildegard Epple' und 'Marbachtaler', hat kriechende Sprosse, samtig schimmernde, fast ganzrandige, zunächst smaragdgrüne, später bräunliche Blätter. Sehr schön!

*B. manicata:* Die Halskragenbegonie mit den Zuchtformen 'Crispa' und 'Aureo-maculata' gehört zum festen Bestand guter, alter Zimmerpflanzen. Manschetten aus schuppenartigen Wimpern im oberen Teil der Blattstiele. Auch Hauptnerven der Blätter mit gefransten Wimpern. Kleine rosa Blüten an hohen Blütenständen ab Dezember–Januar für viele Wochen, bringen unter Umständen sogar Früchtchen.

*B. masoniana:* 'Eisernes Kreuz' ist eine sehr schöne und interessante Neueinführung der letzten Jahre, jedoch nicht so zimmerfest, wie man es sich wünscht. Runzelige apfelgrüne, schief schildförmige Blätter tragen braune Streifen, die entfernt einem Eisernen Kreuz ähneln. Blüht im Frühjahr unscheinbar grünlich-weiß.

# Beloperone Zimmerhopfen

*Beloperone guttata,* der niedliche Halbstrauch aus Mexiko, wird allgemein weit unterschätzt. Man kauft ihn im Frühjahr als billige Marktpflanze meist für Balkon und Gartenbeete in Südlagen, ohne seine Tugenden als reichblühende, jahrelang haltbare Zimmerpflanze zu kennen – geschweige denn zu nutzen.

*Beloperone guttata,* Zimmerhopfen, Fam. Acanthaceae / Akanthusgewächse

Dabei ist dieser Zimmerhopfen mit den zahlreich erscheinenden Blütenständen alles andere als eine moderne »Wegwerfpflanze«. Viel zu hübsch und zu dauerhaft für solche Blütenstände mit den dachziegelartig übereinanderliegenden, braunrot bis violett und gelb gefärbten Hochblättern. Sie treiben noch lange ihr nikkendes Spiel, wenn die weißen Blütchen mit den dunklen Staubfäden schon längst vergangen sind.

**Pflege** Standort hell, doch nicht zu sonnig. Bei Freilandverwendung Töpfe am halbschattigen Platz einsenken, wegen Kälteempfindlichkeit im Herbst rechtzeitig einräumen. Ab Austriebsbeginn bis August reichlich, dann sparsamer gießen, doch nie ballentrocken werden lassen. Alle 8–10 Tage düngen. Um buschigen Wuchs zu erhalten, im Februar kräftig zurückstutzen. Überwinterung hell, mäßig warm (12–15° C), keinesfalls über hitzespukkenden Heizkörpern!
Stecklingsvermehrung im Warmbeet leicht.

# Bertolonia Bertolonie

Dieses anmutige Kräutlein mit den eigenartig samtigen, apart gezeichneten Blättern und rosa Blüten kommt aus Südbrasilien. Es gehört wie die halbstrauchige *Sonerila* (S. 336) und ihrer beider riesengroße Schwester *Medinilla* (S. 258) zur Familie der Melastomataceen.

Es gibt nicht viele Vertreter davon im Zimmerpflanzensortiment, denn die meisten von ihnen, so auch die seit 1850 bekannte *Bertolonia maculata,* sind nur etwas für Kenner mit besonderer Warmhauserfahrung. Ihr Standort muß bei gleichbleibenden Temperaturen von 22–25° C feucht und schattig sein. Auch ist ihre Schönheit so vergänglich, daß man ständig Nachzucht aus Samen treiben sollte, was relativ einfach ist. Saatgut von *B. maculata* und von *B. marmorata* im Exotenhandel zu haben.

*Bertolonia maculata,* Gefleckte Bertolonie, Fam. Melastomataceae / Schwarzmundgewächse

# **Billbergia** Zimmerhafer

Von allen Bromelien oder Ananasgewächsen ist die ihres ährigen Blütenstandes wegen auch »Zimmerhafer« genannte *Billbergia nutans* bei großer Blühwilligkeit am einfachsten – und oft über viele Jahre hinweg – am Zimmerfenster zu halten. Es gibt mehrere Typen mit schmaleren und breiteren Blättern.

**Herkunft** Ihre Heimatgebiete reichen von Mexiko bis Südbrasilien; ihren Namen erhielt sie zu Ehren des schwedischen Botanikers Gustaf Joh. Billberg (1772–1844). Von über 60 bekannten Arten ist *B. nutans* die einzige mit dem überragend guten Ruf für Zimmerkultur.

**Pflanzengestalt** Zum Unterschied von fast allen anderen Bromelien, die in tropischen Regenwäldern als Epiphyten auf Bäumen wachsen, ist der Zimmerhafer – wie die Ananas selbst – eine terrestrische oder Erdbromelie. Jahrelang weiterwachsend, bildet sie umfangreiche Büsche, die aus vielen kleinen Einzelpflanzen bestehen und 40–60 cm hoch werden. Die Blätter der Art sind grasähnlich, schmal, rinnenförmig, lederartig, hell- bis dunkelgrün; die Blätter der zahlreichen Zuchtformen sind breiter, graugrün.

**Blütenstand** Blüten am Ende des gebogenen Blütenschaftes hängend (»Nickende Billbergie«), mit weit herausragenden Staubfäden, von großen roten oder rosa Hochblättern umgeben. Blütezeit je nach Kulturverlauf zwischen Spätsommer u. Nachwinter.

**Allgemeine Pflege** Sommerstandort hell, ohne direkte Besonnung, auch sehr geschützt im Freien; keine Zugluft. Winterstandort dasselbe; Besttemperatur um 16° C, doch wird auch volle Wohnwärme vertragen. Unempfindlich gegen Lufttrockenheit. Unterkühlungsschäden ab 12–14° C.

**Gießen** Normal in Topf oder Pflanzschale; während sommerlicher Wachstumszeit reichlich, im Winter je nach Raumtemperatur mehr oder weniger sparsam. Sprühen nur bei Zimmerkultur im Sommer. Entkalkung nur bei extrem hartem Wasser über pH 6,5.

**Düngen** Von Mai bis Sept. einmal wöchentlich normal in den Topf.

**Umpflanzen** Am besten Juni/Juli in reichlich bemessene, mehr flache Pflanzgefäße. Bis zum Anwurzeln 2–3 Wochen lang knapp wässern, nicht düngen. Keine Bromelienerde, sondern gute Blumenerde (Einheitserde, Compo-Sana), kein stark torfhaltiges Substrat.

**Vermehrung** Durch Teilung beim Umsetzen, Blüte im nächsten Jahr. Anzucht aus Samen ist Gärtnersache.

**Pflanzenschutz** Schildläuse selten.

*Billbergia-Nutans*-Hybride, Zimmerhafer, Familie Bromeliaceae / Ananasgewächse

# **Blechnum** Rippenfarn

Er hat die Ehre, seit der neuesten Nomenklaturregelung selbständiger Familienvater und Vertreter einer Gattung von über 200 Erdfarnen zu sein. Sie sind – den unterschiedlichsten klimatischen Bedingungen zwischen tropisch und gemäßigt angepaßt – in allen Zonen der Erde zu finden und beliebt für viele Zwecke.

**Herkunft** Uns interessiert vor allem *Blechnum gibbum,* der »höckerige« Rippenfarn: eine wunderschöne Pflanze, die erst vor reichlich hundert Jahren auf Neukaledonien – einer Südseeinsel östlich von Australien – entdeckt und gärtnerischer Kultur zugänglich gemacht wurde. Für die Ansprüche des schönen Farnes als Topfgewächs fraglos von Bedeutung sind die heimatlichen Lebensbedingungen. Er kommt nicht aus feuchtwarmen tropischen Urwäldern, sondern aus einem beinahe gemäßigten, durch ständige Seebrisen frischen Klima. Die Sommertemperaturen liegen zwischen 22–36° C, – in der kühlen Jahreszeit bewegt sich das Thermometer zwischen 13–25° C.

**Pflanzengestalt** Ältere Exemplare können es zu einem bis meterhohen aufrechten Stamm bringen. Unser Bild zeigt ein Exemplar, bei dem sich der Stamm waagrecht liegend entwickelt hat, dabei aber genau so eine palmähnliche Krone aus gefiederten Wedeln trägt.

**Pflege** *B. gibbum* wird zwar oft als Warmhausfarn bezeichnet, doch wenn Warmhauskultur gleichbedeutend ist mit hoher Wärme und Luftfeuchtigkeit, so sind beide für ihn keineswegs notwendig. Man möchte ihn vielmehr eine Pflanze des Lauwarmhauses nennen und bestätigen, daß er sich bei einiger Sorgfalt sehr wohl auch in Zimmerkultur, auf jeden Fall in einem nicht einmal unbedingt bodenbeheizten, allerdings recht geräumigen und luftigen offenen Blumenfenster halten läßt. Die Bodentemperatur während der winterlichen Ruhezeit (Okt.–Febr.) sollte 16–18° C nicht unterschreiten.

**Gießen** Während des Wachstums März–Juli) sehr reichlich, sonst mäßig. Nie ballentrocken werden lassen, aber nie direkt sprühen, allenfalls während des Wachstums der neuen Wedel indirekt etwas Luftfeuchtigkeit.

**Düngen** Während der Wachstumszeit nur mit schwacher Lösung (0,5–1 g auf 1 Liter Wasser), salzempfindlich.

**Umtopfen und Erde** wie die übrigen Zimmerfarne (vgl. *Nephrolepis, Pteris)*

**Vermehrung** Aus Sporen an sich leicht; vgl. die übrigen Zimmerfarne. Warmbeet!

*Blechnum gibbum,* Rippenfarn, Fam. Blechnaceae / Rippenfarngewächse

# **Bougainvillea** Bougainvillee

Sie ist zwar gebürtige Brasilianerin, führt ihren Namen aber zu Ehren des französischen Admirals Louis Antoine de Bougainville (1729–1811). Er soll auf einer Weltreise zuerst in Südamerika die Pflanze und dann in der Südsee eine gleichfalls nach ihm benannte Insel der Salomonsgruppe entdeckt haben.

**Welterfolg** Die *Bougainvillea* aber wurde inzwischen eine internationale Größe. Sie wächst zwischen Indien und der Riviera selbst in England wie an der Bergstraße bei Heidelberg in unzähligen Gärten aller Kontinente.

**Pflanzengestalt** Immergrüner oder sommergrüner Kletterstrauch, im Freiland 3–4 m hoch. Bedornte Zweige mit kräftig grünen Blättern. Unscheinbare Blütchen zu dritt, von drei großen, je nach Art oder Züchtung violetten, roten, orangefarbenen, seltener weißen Hochblättern umgeben.

**Verwendung** Während der Blütezeit, die von Natur in die Monate März–Juli fällt, in gärtnerischer Kultur aber beliebig verändert werden kann, eine der apartesten Topfpflanzen; herrlich auch ausgepflanzt im Lauwarmbeet eines Wintergartens oder großen, bodengleichen Blumenfensters, wo die allerdings starkwüchsige *B. spectabilis* als Wandberankung dienen kann. Sonst werden die verholzenden Langtriebe an Stäben oder Drahtgestellen als Kronen gezogen, die schwächer wachsenden Zuchtformen wie etwa die heute wohl am meisten geschätzte *B. x buttiana* 'Mrs. Butt' und weitere Sorten in Buschform oder als reizende Kronenbäumchen. Sie können Jahrzehnte überdauern.

**Sommer** Ab März hell und warm stellen, für Luftfeuchtigkeit sorgen, baldmöglichst geschützten Platz im Freien geben, oder Wintergartenkultur oder Zimmerkultur mit sehr viel Frischluft. Da sehr kälteempfindlich, im Herbst rechtzeitig einräumen.

**Winter** Ruhezeit bis März. Kühler, heller Stand bei 6–8° C unerläßlich.

**Gießen** Im Sommer reichlich, im Winter sparsam, aber nie Ballentrockenheit aufkommen lassen, denn die bewirkt Abfallen von Blättern und Blüten, – vor allem letzteres.

**Düngen** Über Sommer wöchentlich mit Volldüngerlösung.

**Umtopfen** Erst jährlich, später in immer größeren Abständen; Erde wie Hortensien, auch EE.

**Vermehrung** Nur in gärtnerischer Kultur.

**Beachten** Bougainvilleen versagen bei kühlem, regnerischem Wetter das Einfärben der Hochblätter. Man pflege sie geduldig weiter!

*Bougainvillea glabra,* 'Alexandra', Fam. Nyctaginaceae / Wunderblumengew.

## **Bowiea** Bowiee

Dieses absonderliche Ding stammt ohne Zweifel aus dem Raritätenkabinett der Natur, wo die Trockenblüher und die Klumpfüße, die sechs Meter hohen Gurkenbäume und die winzigen »Liebesröschen« südwestafrikanischer Eingeborener zu Hause sind. Das Bild nebenan läßt erkennen, wie eigenartig die *Bowiea* aussieht.

**Herkunft** Sie ist ein Liliengewächs, kommt nur in Süd- und Ostafrika vor. Ihr voller botanischer Name lautet *Bowiea volubilis,* die Windende Bowiea. Ihr Namenspate J. Bowie (1789–1869) war internationaler Pflanzensammler.

**Pflanzengestalt** Erst hat man natürlich meist nur eine Zwiebel, die gelblich-grün oder grün und groß wie ein Tennisball sein kann. Mitten im Winter, im Januar/Februar, treibt die Zwiebel jene windenden Sprosse, die ihr den Artnamen gegeben haben. Sie sind fleischig, vielfältig verzweigt und sollen – was meines Wissens keine andere Pflanze vermag – nach Belieben rechts und links herum winden können. An zunächst kahlen Sprossen erscheinen im Frühjahr spargelkrautähnliche Blättchen und unscheinbare grünlich-weiße Blütchen.

**Wachstum und Pflege** Die Mutterzwiebel soll in einem nicht zu engen, flachen Pflanzgefäß in lehmiger Erde sitzen. Sie vermehrt sich leicht, so daß man bald ein ganzes Nest beisammen hat. Im Sommer sterben die grünen Triebe ab, dann herrscht Ruhezeit, die hell und kühl (6–10° C) und ohne jedes Gießen verbracht werden soll. Neuer Austrieb kann auch durch eingesteckte Reiser (hier aparter als ein Topfspalier) zu Kletterkünsten angeregt werden.

*Bowiea volubilis,* Windende Bowiea, Familie Liliaceae / Liliengewächse

## **Brassia** Brassia

Die Gattung *Brassia* gehört zur Gruppe der heutzutage sehr beliebten, weil ziemlich harten und daher auch für Anfänger ohne Tropenfenster geeigneten botanischen Orchideen. Sie sind zwar nicht mit prunkvollen Riesenblumen ausgestattet, aber ihre zierlichen Blütchen wippen wie Tänzerinnen auf schwanken Rispen.

**Herkunft** Ihre Heimat ist das tropische Amerika zwischen Mexiko und Süd-Brasilien, wo im Jahre 1813 die erste von insgesamt 38 Arten gefunden wurde. Die »gefleckte« *B. maculata* (Bild) soll übrigens von der Insel Jamaika stammen.

**Pflanzengestalt** Alle Brassien haben ziemlich große und eng beisammen sitzende Scheinbulben – das sind oberirdische Sproßknollen, in denen Nährstoffe und Wasser gespeichert werden. Solche Bulben oder Scheinbulben sind eine Spezialität epiphytisch wachsender Orchideen. Die Bulben der Brassien tragen zwei große ausdauernde lederartige Blätter; die bis 50 cm langen Blütenstände entwickeln sich aus der Grundknolle. Bekannteste Art: *B. verrucosa,* Blütezeit ebenso wie *B. maculata* Frühsommer.

**Pflege** Einfacher als bei mancher anderen Zimmerpflanze. Während der Wachstumszeit – Frühjahr bis Herbst – halbschattig stellen, mit voll enthärtetem Wasser feucht halten, öfter sprühen. Schrumpfen der Bulben im Sommer zeigt höheren Wasserbedarf an. Im Winter sehr sparsam gießen, Temperatur 18–20° C. Düngung nur kalkfrei, in schwächster Lösung (0,5‰ = ½ g auf 1 l Wasser) über Sommer alle 2 Wochen. Besser Spezial-Orchideendünger nach Vorschrift.

*Brassia maculata,* Gefleckte Brassie, Familie Orchidaceae / Orchideen

## **Browallia** Browallie

Dieses tropische Nachtschattengewächs heißt nach einem lutherischen Bischof Johan Browallius, der nicht nur ein hoher finnländischer Kirchenfürst, sondern auch ein kenntnisreicher Botaniker und Freund Carl von Linnés war, mit dem er das Geburtsjahr 1707 teilte. Sein Patenkind dürfte er nicht gekannt haben.

*Browallia speciosa*, Familie Solanaceae / Nachtschattengewächse

**Herkunft** *Browallia speciosa,* die heute vorwiegend kultivierte Art, soll um 1830 in Peru entdeckt worden sein. Man kennt neun Arten, von denen einige es auch schon zu Hybridenformen gebracht haben.
**Pflanzengestalt** Acht davon sind einjährige Kräuter, von denen *B. grandiflora* und *B. viscosa* als Sommerblumen mit Vorkultur neben anderen Nachtschattengewächsen gern auf sonnig-warmen Gartenbeeten stehen. Nur *B. speciosa* ist ein bis 50 cm hoher Halbstrauch mit reicher Verzweigung und dunkelgrünen Blättern, zwischen denen sich die zahlreichen violettblauen Blüten mit weißem Schlund sehr hübsch ausnehmen. Die Blütezeit hängt vom Aussaattermin ab: Zur Verwendung als Sommerflor Febr.–März; will der Gärtner Topfblumen für die Nachwintersaison heranziehen, so wird nicht vor Juli–August (im Kalthaus) ausgesät.
**Behandlung** An sich ist die *Browallia* nicht temperaturempfindlich. Winterblüher können ohne weiteres im Zimmer eingestellt werden, halten allerdings nicht so lange wie die Frühjahrsblüher, an denen man bis zum Herbst Freude haben kann.
Nicht prallsonnig stellen, normal gießen und düngen, Verblühtes immer gleich entfernen – das ist alles.

## **Brunfelsia** Brunfelsie

Otto Brunfels – Arzt, Theologe, Botaniker, Professor zu Mainz und Straßburg, vor allem aber Verfasser eines der ersten großen Kräuterbücher mit dem Titel »Contrafayt Kreuterbuch« – lebte von 1489 bis 1534: rund 200 Jahre bevor Linné ihm den Ehrentitel »Vater der Botanik« und die Patenschaft der *Brunfelsia* verlieh.

*Brunfelsia pauciflora var. calycina,* Fam. Solanaceae / Nachtschattengew.

**Herkunft** Diese Pflanzengattung mit etwa 30 Arten kleiner Bäume und Sträucher gehört zur großen Gruppe interessanter Solanaceen oder Nachtschattengewächse in Mittel- und Südamerika. Ihr Gehölzcharakter kennzeichnet sie eindeutig als ausdauernd.
**Pflanzengestalt** Die an sich sperrigen Sträuchlein verzweigen sich auch bei mehrfachem Stutzen nicht gern. Die dunkelgrünen lederartigen Blätter sind immergrün. Im Handel ist bei uns nur *Brunfelsia pauciflora var. calycina.*
**Blüte** Bei guter Pflege – auch in einfacher Zimmerkultur – bringt sie fast ganzjährig, mindestens aber von März bis Sept., viele große Blüten. Bei der nur winterblühenden Varietät 'Floribunda' zeigen die veilchenblauen Blüten ein kleines weißes Auge.
**Pflege** Halbschattiger Stand, im Winter etwas heller. Während der Wachstumszeit März–Sept. normal gießen, etwas Luftfeuchtigkeit ist erwünscht; alle 2 Wochen normal düngen; während der Ruhezeit Okt.–Januar sparsamer gießen, nicht düngen.
**Umtopfen** Nach Bedarf bei Austriebsbeginn in flachere Gefäße. Erde wie EE.
**Wichtig** Sehr empfindlich gegen Temperaturschwankungen; normale Zimmerwärme wird vertragen. Zu trockene Luft und zuviel Sonne bringen Schädlingsbefall.

# **Caladium** Buntwurz

Wer den häufig in Pflanzenschauhäusern gehaltenen Caladien mit dem zauberhaft farbigen Blattwerk auf oft meterhohen Stielen begegnet, wird zustimmen, daß dies eine der schönsten buntblättrigen Pflanzen von allen ist. Und wenn sie früher für Blumenfreunde als unerreichbar galt, so hat sich das geändert.

**Herkunft** Das *Caladium,* dessen Name in der Eingeborenensprache soviel wie »Pflanze mit eßbaren Wurzeln« bedeutet, kommt aus dem tropischen Amerika, vor allem aus brasilianischen Urwäldern des Amazonas-Gebietes.

**Pflanzengestalt** Von etwa 15 Ursprungsarten haben vor allem *C. bicolor, C. picturatum* und *C. schomburgkii* zur Züchtung vieler herrlicher Sorten gedient. Die reinen Arten sind fast gänzlich verschwunden. Man spricht heute vorab von *Bicolor*-Hybriden und den pfeilblättrigen *Schomburgkii*-Hybriden. Nur das kleine *Caladium humboldtii* mit grünen, weißgesprenkelten Blättern bestätigt als Ausnahme die Regel vom Sieg der Sorten. Alle sind Knollengewächse.

**Blüte** Der typische Aronstab-Blütenstand erscheint – wenn überhaupt – im April–Mai. Er ist unbedeutend.

**Verwendung** In erster Linie ist das *Caladium* eine etwas empfindliche Warmhauspflanze für größere Tropenfenster mit Halbschatten ohne direkte Besonnung. Aber es gibt Sorten, die nach sorgfältiger Abhärtung auch monatelang in einfacher Zimmerkultur gehalten werden können, zumal die Kulturzeit ohnedies verhältnismäßig kurz ist. Normaltemperatur um 22° C.

**Pflege** Man wird erstmals wohl eine fertige Pflanze betreuen. Sie braucht von Frühjahr bis August reichliches Gießen, bis Juli auch wöchentliche Düngung. Ab August so einschränken, daß Blätter einziehen. Knollen im Topf bei 16–18° C überwintern, im Februar entnehmen, alte Erde abschütteln, alte Wurzeln entfernen, einzeln oder zu dritt in geräumiges Pflanzgefäß mit sehr humoser Erde legen (EE, auch TKS). Zum Treiben warm stellen (25–26° C), feucht halten; erst nach völliger Ausbildung der Blätter zum Abhärten etwas kühler stellen. Während der Austriebszeit muß für sehr hohe Luftfeuchtigkeit gesorgt werden. Reife Blätter der für Zimmerkultur geeigneten Sorten vertragen auch trockenere Luft.

**Vermehrung** Wüchsige Pflanzen bilden kleine Seitenknöllchen zur Weiterkultur. Aber nicht zu früh abnehmen, Ausbildung eigener Blättchen abwarten, dann erst eintopfen.

*Caladium-Bicolor*-Hybriden in Sorten, Familie Araceae / Aronstabgewächse

# **Calanthe** Schönorche

Man kann diese anmutigen Erdorchideen, die in vielen Ländern – Ostasien mit Japan, Südseeinseln, tropisches Afrika, Mittelamerika und Mexiko – zu Hause sind, nicht eigentlich als leicht kultivierbare oder gar Anfängerpflanzen bezeichnen. Wer sich mit ihnen befassen will, sollte schon mehr können.

**Pflanzengestalt** Alle Calanthen haben große Scheinbulben mit großen, vielrippigen ungestielten Blättern (die Farnwedel unterhalb des Blütenzweigs auf unserem Bild haben sich nur gewissermaßen aus Dekorationsgründen da hereingedrängt). Je nach Art sind die Blätter immergrün oder fallen alljährlich ab. Diese laubabwerfenden Arten und aus ihnen gezüchtete Hybriden werden besonders gern kultiviert. Hierher gehört unter anderen die in Burma und Malayt beheimatete *C. vestita,* deren Blätter im Spätsommer gelb werden und abfallen, was aber schöner Weihnachtsblüte keinen Abbruch tut. Die im Bild gezeigte *C. hybr.* 'William Murray' gehört zu den *Vestita*-Hybriden, die auch in den USA sehr geschätzt sind. Der elegante traubige Blütenstand ist nach Farbe und Form sehr verschieden: einfarbig goldgelb, weiß, rosa, mehrfarbige mit dunklerem, oft geflecktem Schlund.

**Pflege** Die meisten Calanthen gehören ins helle Tropenfenster, einige gedeihen auch unter den Bedingungen des Lauwarmhauses. Die Eigenart des Laubabwerfens macht eigentlich zwei Standorte notwendig, da die kahlen Pflanzen während ihrer Ruhezeit nicht gerade schön aussehen, auch eine störende Trockenzeit verlangen.

*Calanthe-Vestita*-Hybride, Fam. Orchidaceae / Orchideen

# **Calathea** Korbmarante

Im Kreis der Marantengewächse, denen wir noch öfter begegnen werden, ist die Gattung *Calathea* nicht nur die artenreichste, sondern auch diejenige, deren mannigfache Schönheit immer wieder begeistert. Leider sind sie etwas empfindlicher als die einfachen Maranten (S. 256).

**Heimat** Es gibt etwa 150 Arten, die meist auf der großen Inselbrücke von Hinterindien nach Australien beheimatet sind und dort in feuchtwarmen tropischen Regenwäldern wachsen. Einige im tropischen Afrika.

**Pflanzengestalt** Sie sind echte Stauden mit einfachen, aus der Wurzel sprießenden Stielen und meist mehr länglichen als breiten, in verschiedensten Farbenspielen gezeichneten Blättern. Im Frühjahr oder Frühsommer erscheinende korbähnliche Blütenstände (Korbmarante!) unwichtig.

**Sortiment** *C. bachemiana,* die Blätter grünlich-silberweiß mit dunkelgrünen Bändern, unterseits grün. *C. lancifolia* (früherer Artname und jetzt oft noch Handelsname: *C. insignis*) ist eine der schönsten, wie das Bild erkennen läßt. *C. makoyana,* die bis 60 cm hohe »Gebetspflanze«, faltet abends ihre sehr dekorativen, mehr rundlichen Blätter zusammen.

**Pflege** Halbschattiger bis schattiger Standort. Hohe Luftfeuchtigkeit vor allem während des Blattaustriebs. Winterwärme nicht unter 16–18° C. Wachstum März–Sept., Ruhezeit Okt.–Jan. Gießen nur mit temperiertem, voll enthärtetem Wasser. Ballentrockenheit und stauende Nässe gleich schädlich. Düngung während des Wachstums alle 2 Wochen. Vermehrung durch Teilen.

*Calathea lancifolia,* Korbmarante, Fam. Marantaceae / Marantengew.

# **Calceolaria** Pantoffelblume

Feuchte Kühle ist das Lebenselement der effektvollen Einjahrsblüherin, die zu den gängigsten Marktpflanzen der Osterzeit gehört. Ihre Heimat sind die Gebirgswälder der südamerikanischen Anden. Doch die Ursprungsrassen wurden längst von besseren Zuchtformen abgelöst.

*Calceolaria*-Hybriden gibt es in ständig vermehrten Sorten. Die buschigen Kräuter sind in niedrigen, halbhohen und hohen Formen zu haben. Ihre eigenartigen »Rachenblüten« mit der zu einem breiten »Schuh« aufgeblasenen Unterlippe präsentieren sich einfarbig, getigert und zweifarbig.
Sie kommen fix und fertig ins Haus und halten um so länger, je weniger man ihnen Wärme und Sonne zumutet. Am besten ist das treue alte Doppelfenster nach Norden mit 10–12°. Aber wer hat das schon noch? Immer reichlich gießen, engen Stand meiden. Weiterpflege nach der Blüte nicht üblich. Gelegentliche Versuche, Stecklinge aus überwinterten Mutterpflanzen nachzuziehen, haben sich für den Blumenfreund immer als zu umständliche Zufallstreffer erwiesen. Auch im Juli begonnene Anzucht aus Samen mit allen Unsicherheiten der Überwinterung ist Gärtnersache.

*Calceolaria*-Hybride, Familie Scrophulariaceae / Braunwurzgewächse

# **Callisia** Kallisie

Man muß es vorweg sagen, daß die *Callisia* – deren botanischer Name verwunderlicherweise soviel wie »Schönheitslilie« bedeutet – ein Commelinengewächs und somit nahe verwandt mit Tradeskantie und Zebrakraut ist. Bis vor nicht allzu langer Zeit hießen ihre Arten *Setcreasea,* die jetzt eine eigene Gattung bildet.

*Callisia elegans,* die als kriechende Bodendeckerin in Tropenfenstern reizend aussieht, wird auch noch unter ihrem alten Namen *Setcreasea striata* angeboten. Ihre oberseits olivgrünen, von einem feinen weißen Mittelstreifen durchzogenen Blätter sind unterseits tief purpurrot und liegen rund um die Stengel dachziegelartig übereinander. Weiße Blütchen. Auch *C. repens* ist eine Kriechpflanze. Kultur: beide wie kriechende Tradeskantien, am besten im Blumenfenster.

*Callisia elegans,* Familie Commelinaceae / Commelinengewächse

# **Callistemon** Zylinderputzer

Tatsächlich hat mich einmal der Nachbarsbub gefragt, warum ich die komische Pflanze auf der Terrasse »Zylinderputzer« nenne, und ob das etwas mit den Zylindern im Auto zu tun hätte. Lampenzylinder sind der heutigen Jugend eben unbekannt, und mit einem Begriff aus der Zeit um 1800 kann sie nichts anfangen.

**Herkunft** Es gibt ungefähr 25 Arten, die alle in Australien und auf der südlich des fünften Kontinents gelegenen, mit frischem Klima bedachten Insel Tasmanien zu Hause sind. Als Kulturpflanze hat aber nur *Callistemon citrinus* (früher *C. lanceolatus*) im europäischen Bereich Fuß gefaßt.

**Pflanzengestalt** In der Heimat ist er ein immergrüner Strauch oder kleiner Baum bis 3 m Höhe. In Topf- und später Kübelkultur kann er etwa ein Drittel davon erreichen. Blätter derb, hart federnervig, 4–5 cm und mehr, meist lanzettlich, daher *lanceolatus.*

**Blüte** Immer wieder überraschend sind die schon bei Jungpflanzen und stets nur im oberen Drittel der Krone erscheinenden, wie steife Puschel nach allen Seiten aufwärts ragenden Blütenstände. Sie werden bis 10 cm lang, wobei die Einzelblütchen jeweils dicht bei dicht um eine Mittelachse geordnet sind. Sie fallen außerdem durch ihre überlangen roten Staubfäden auf. Daher kommt der weitere deutsche Name »Schönfaden«. Blütezeit Juni–August.

**Verwendung** Ausgezeichnete, sehr anspruchslose Zimmer- und Kübelpflanze, die früher schon einmal eine »große Zeit« hatte, dann verschollen war und neuerdings, vor allem auch als repräsentatives Muttertagsgeschenk, ihren Weg zu vielen Blumenfreunden findet. Noch sind gute, blühwillige Exemplare etwas teuer. Doch da Kultur und gärtnerische Vermehrung ebenso einfach sind wie bei der nah verwandten und viel billigeren Myrte, wird hoffentlich mit der Zeit auch die Nachzucht im Preis fallen.

**Pflege** Standort über Sommer möglichst im Freien, sonst hell und luftig im Zimmer; kühle Überwinterung bei 6–8° C ist Voraussetzung für gutes Gedeihen und Wiederblüte. Ab März bis zur Verbringung ins Freie nach Maimitte hell im warmen Zimmer halten; verträgt Lufttrockenheit.

**Gießen** Enthärtetes Wasser (pH 5).

**Düngen** Von Austriebsbeginn bis August alle 2 Wochen, kalkarm.

**Umtopfen** Febr.–März nach Bedarf, dabei für bessere Buschform zurückschneiden. Humose, kalkfreie Erde verwenden (EE, TKS), sonst gibt's gelbe Blätter und Mißwuchs.

*Callistemon citrinus,* Zylinderputzer, Familie Myrtaceae / Myrtengewächse

# **Camellia japonica** Kamelie

Sie gehört zu jenen Pflanzen, die immer wieder einmal als Königinnen gefeiert werden. Zugegeben: königlich ist ihre rosenähnliche Blüte schon, ob aber auch ihre Ansprüche »königlich« sind, darf man bezweifeln, denn wer sie richtig zu pflegen weiß, findet ihre Lebensbedingungen eher bescheiden und hat sie viele Jahre.

**Herkunft** Als Teegewächs zählt die Kamelie zu den ältesten Kulturpflanzen Ostasiens. Sie stand dadurch stets in einem gewissen Wettbewerb mit dem als Nutzpflanze noch viel angeseheneren Teestrauch, den das Abendland erst verhältnismäßig spät kennen lernte. Das kam nicht zuletzt von der großen Ähnlichkeit beider Gehölze, die ja noch heute in ihren botanischen Bezeichnungen zum Ausdruck kommt: der Teestrauch heißt – was Blumenfreunde kaum wissen – *Camellia sinensis;* die Kamelie aber heißt – was allgemein bekannt ist – *Camellia japonica.* Kein Wunder, daß selbst der große Linné deswegen seine liebe Not hatte. Für bestimmte wissenschaftliche Arbeiten brauchte er dringend einen echten Teestrauch. Da jedermann dem berühmten Gelehrten zu Diensten war, brachten Chinareisende ihm um 1750 mehrfach »Teesträucher« mit, die sich hinterher jedesmal als Kamelien mit ungefüllten roten Blüten entpuppten.
Ihren Gattungsnamen *Camellia* tragen beide übrigens zu Ehren des Jesuitenpaters Georg Josef Kamel, der 1706 als Missionar in Manila starb. Der Teestrauch ist gärtnerisch uninteressant, als Topfgewächs ungeeignet. Unsere Kamelie stammt aus den tiefen, kühlen Gebirgswäldern Japans, kommt aber auch in Nordchina und Korea vor.
Die europäische Kamelienkultur begann bald nach 1800 bei englischen Gärtnern, dehnte sich dann aufs Festland aus – zunächst auf Belgien, von da auf Frankreich und Deutschland. Nach den USA soll die erste Kamelie schon 1787 gekommen sein. Aber der ganz große Aufschwung begann dort erst volle 150 Jahre später, nach 1935. Heute gibt es in den USA zahlreiche »Kamelien-Liebhaber-Gesellschaften«, die – günstige klimatische Bedingungen vorausgesetzt – ihre »Sports« auch im Freiland hegen und pflegen können.

**Pflanzengestalt** Immergrüner Strauch mit glänzend dunkelgrünen, lederartigen Blättern, deren Typus an sich auf Anspruchslosigkeit und Widerstandsfähigkeit der Pflanze hindeutet. Verkaufsgröße meist 40–60 cm, setzt mehrjährige gärtnerische Kultur voraus; bei erfreulich langsamem Wachstum erreichen sie stattliches Kübelpflanzenformat. Alle sind Zuchtformen.

**Blüte** Weit geöffnet, Durchmesser sortenverschieden, bis 6 cm und mehr; einfach, halb- oder ganz gefüllt, rosenähnlich, doch ohne Duft; Blütenfarbe je nach Sorte zwischen einem nicht sehr gefragten Weiß über Zartrosa und das wohl häufigste kräftige Rosenrot bis zum samtig glühenden Dunkelrot, auch rosa und weiß gefleckt wie die immer noch kultivierte 'Chandleri Elegans' von 1824. Normale Blütezeit Jan.–März, jedoch so sortenverschieden, daß man mit einigem Geschick von November bis April blühende Kamelien haben kann.

*Camellia japonica,* Kamelie, halbgefüllt, Familie Theaceae / Teegewächse

**Winter** Es gibt ein Grundrezept für ihre richtige Behandlung: Gleichmäßigkeit in allen Dingen. Jeder Wechsel des Standorts und der Temperatur, jeder plötzliche Übergang von feuchter in trockene Luft, jede Unregelmäßigkeit beim Gießen bringt die Blütenknospen in Gefahr. Daher kommen dann all die Enttäuschungen bei der Übernahme einer blühenden, mit Knospen besetzten Pflanze aus dem Blumengeschäft in die Wohnung – womöglich in ein vollbeheiztes Zimmer mit trockener Luft: dann fallen Knospen und Blätter ab, und man wird eine so fehlbehandelte Pflanze kaum wieder in Ordnung bringen. Richtig ist: bis zum Öffnen der Knospen die Kamelie bei 10–12° C halten. Wer es dann gar nicht lassen kann, mag sie mit aller Vorsicht (gleicher Lichteinfall wie bisher!) in einen etwas wärmeren Raum bringen. Höchsttemperatur 16° C. Beibehaltung des ersten Standorts ist auf jeden Fall sicherer. Nach der Blüte sollte die Temperatur nicht über 6–10° C betragen. Das dient der Gesundheit vor allem des Laubes.

**Sommer** Von Mitte Mai bis Mitte/Ende Sept. Töpfe möglichst an einem luftigen, halbschattigen Platz im Garten einsenken. Zugfreier Balkon reicht allenfalls aus, aber Übersommern im Zimmer ist kaum möglich.

**Gießen** Wasser immer temperiert, auf pH 4–4,5 enthärtet. Über Winter gleichmäßig feucht halten; im Sommer bis Juli normal gießen, ab **Ende Juli** zum Ausreifen der Triebe und Bildung der Blütenknospen trockener halten. Im Winter bis Blüte für Luftfeuchtigkeit sorgen; Blätter abwaschen.

**Düngen** Von Dez.–Juli mit Moorbeetpflanzendünger oder Crescal oder Nährlösung der Hydrokultur (kalkfrei!).

**Vermehrung** Nur im Warmbeet beim Gärtner.

**Pflanzenschutz** Zu warme Überwinterung und falsche Sommerpflege bringen Verlausung aller Art, starken Rußtau, Laubfall und andere Übel.

## **Campanula** Glockenblume

Es ist eine bekannte Tatsache: die große Mehrzahl aller Zimmerpflanzen verträgt kein hartes Wasser. Zu den wenigen Ausnahmen von dieser Regel gehören zwei Glockenblumengewächse, die sich seit Generationen als Ampelpflanzen und Spalierberanker bei den Blumenfreunden großer Beliebtheit erfreuen.

**Herkunft** *Campanula fragilis,* die »Brüchige Glockenblume«, und *C. isophylla,* die »Gleichblättrige Glockenblume«, stammen beide aus Kalkgebirgen Italiens und verschiedener anderer Gebiete des Mittelmeerraumes, wo sie auch heute noch wild angetroffen werden.

**Pflanzengestalt** *C. fragilis* hat niederliegende oder hängende Stengel mit glatten hellgrünen Blättern und blaue Blüten, die ab Juni bis weit in den Sommer erscheinen. *C. isophylla* wirkt durch mehr oder weniger dichte Behaarung graugrün bis weißlich, blüht etwas später. Schönste die Zuchtform 'Mayi' mit noch größeren, wie Sterne aufgeschlagenen blauen Glocken. Dazu gibt es noch eine allerliebste weiße Sorte 'Alba'. Beide zusammen werden gern als »Bräutigam und Braut« am Spalier gezogen.

Alle diese Topfglockenblumen haben sehr brüchige Triebe, die bei jeder Verletzung viel weißen Milchsaft absondern (ungiftig!). Sie sind Stauden, die bei richtiger Behandlung jahrelang wiederkommen und so reich blühen, daß kaum noch Laub zu sehen ist.

*C. pyramidalis,* die in diesem Zusammenhang öfter erwähnte »Jakobsleiter», ist zwar im vollen Flor bei anderthalb Meter Höhe hinreißend schön anzusehen, aber nur zweijährig und auch am reifenförmig gebogenen Spalier für Zimmerkultur zu groß.

**Pflege** Über Sommer heller, doch vor Prallsonne geschützter Platz im Zimmer, ab Ende Mai zugfrei auch auf dem Balkon oder im Garten unterzubringen. Da sehr frostempfindlich, unbedingt vor den ersten Nachtfrösten einräumen. Dann Ruhezeit bis Anfang Februar bei 6–8° C und möglichst hellem Stand. Ab März wieder wärmer stellen, alte Triebe kräftig einstutzen, nach Bedarf in nur wenig größere Töpfe umpflanzen. Erde humos, nahrhaft, etwas Sand beigeben.

**Gießen** Während der Wachstumszeit und Blüte gleichmäßig feucht halten; Ballentrockenheit ist besonders bei der glatten *C. fragilis* sehr schädlich. Während Ruhezeit sparsam gießen.

*Campanula isophylla* 'Mayi', Sternglokkenblume, Familie Campanulaceae / Glockenblumengewächse

**Düngen** Über Sommer alle 2 Wochen mit normaler Volldüngerlösung.

**Vermehrung** Stecklinge im Frühjahr; *C. fragilis* auch aus Samen, die im Exotenhandel erhältlich sind.

# Canna Blumenrohr

Mit etwa 50 Arten im tropischen Amerika steht die *Canna* – Familie und Gattung zugleich – ganz für sich allein. Warum bei dieser Herkunft ihre in viele Sorten aufgespaltene Hauptart ausgerechnet *Canna indica*, Indisches Blumenrohr, heißt, erklärt wohl wieder nur der »Westindische Irrtum« des Kolumbus.

Die großen *Canna-Indica*-Hybriden sind eigentlich Gartenpflanzen. Erst seit es reizende Zwergsorten wie die zierliche 'Luzifer' (Bild), die lachsrote 'Alberich', die kirschrote 'Perkeo' und die gelbe 'Puck' gibt, hat man sich auf recht erfolgreiche Topfkultur dieser nur 50–60 cm hohen Mini-Formen besonnen. Neuerdings braucht der Blumenfreund sie nicht einmal mehr selbst anzutreiben, sondern er bekommt vorgetriebene Jungpflanzen im Topf mit Kulturanleitung geliefert. Das Blumenrohr ist ein Knollengewächs; seine Rhizome werden etwa wie Knollenbegonien behandelt.

*Canna-Indica*-Hybride 'Luzifer', Familie Cannaceae / Blumenrohrgewächse

# Capsicum Zierpaprika

Um es vorab klarzustellen: *Capsicum annuum* – zu deutsch Zierpfeffer oder Zierpaprika – ist mit der als Gemüsepaprika oder Spanischer Pfeffer weit verbreiteten Nutzpflanze eng verwandt. Auch die auf S. 336 beschriebenen Spielarten des Korallenbäumchens gehören dazu: alle sind Nachtschattengewächse.

**Herkunft** Die reizenden, immer vielgestaltiger gewordenen Züchtungen für Zimmerkultur stammen in ihren Ursprungsarten natürlich ebenfalls aus Mittel- und Südamerika, wo sie bis 2 m hohe Sträucher bilden oder als einjährige Kräuter etwa Halbmeterhöhe erreichen. Für die Weiterzucht zu europäischem Gebrauch wurden nur einjährige Arten verwendet.

**Pflanzengestalt** Was da in Topfkultur angeboten wird, sind buschige Sträuchlein verschiedener Größenordnung. Am beliebtesten scheint gegenwärtig die Zwergform 'Gnom' zu sein: ein Winzling von nur 20 cm Höhe, der aber bis zu 50 Früchtchen bildet, so daß man vor lauter Fruchtschmuck die hellgrünen Blättchen kaum noch sieht.

**Blühen und Fruchten** Die Anzucht erfolgt allgemein im Erwerbsgartenbau, wo bereits zwischen Februar und April ins Warmbeet gesät wird. Vorrei-

*Capsicum annuum,* Zierpaprika, Fam. Solanaceae / Nachtschattengewächse

ter sind manchmal schon Ende August am Markt. Das Hauptangebot der dann in vollem Fruchtschmuck prangenden Pflanzen erscheint aber meist nicht vor November und dehnt sich bis Jahresende aus, weshalb unser Zierpaprika als beliebte und immer noch preiswerte Geschenkpflanze auch als »Weihnachtspfeffer« angeboten wird.
Von den meist weißen oder gelblichen, gelegentlich auch ins Violette spielenden Blütchen bekommt der Blumenfreund in diesem Fall nichts zu sehen. Die Form der Früchte ist sehr verschieden: es gibt Kugeln und kleine Walzen, aufrecht stehende Spitzkegel und hängende Formen in leuchtenden Farben, von denen das Bild nebenan den lebendigsten Eindruck liefert.

**Interessant** Sind nun die Früchtchen des Zierpaprika ebenso scharf und würzig wie die Früchte der Nutzpflanze, so daß man den kleinen Busch in seinem Topf zum Abernten nur auf den Abendbrottisch zu stellen braucht? Man könnte es jedem Leser überlassen, selber die Probe aufs Exempel zu machen. Wenn dazu aber auch die Frage gleich noch bejaht wird, so hat das seinen guten Grund. Als Nachtschattengewächse sind alle Paprikasorten, klein und groß, leicht giftig. Für Kinder sind sie eben ihrer Schärfe wegen kaum gefährlich. Und Erwachsene werden ja kaum den ganzen Segen auf einmal vertilgen. Wer es versuchen will, entferne auf jeden Fall nach dem Aufschneiden des Früchtchens die Sammenkörner. Wie man's bei den großen auch macht.

**Pflege** Darüber ist nicht viel zu sagen. Trockenheit und Wärme führen jedenfalls zu rascherem Einschrumpfen der bunten Zier. Ein kühler Standort und gleichmäßige Bodenfeuchtigkeit tragen zur längeren Haltbarkeit bei. Aber auch sie hat Grenzen. Und dann bleibt nur noch die Konsequnez der »Wegwerfpflanze«, denn *Capsicum annuum* – der Name sagt es – ist wirklich einjährig!

# **Carex** Segge

Zwar sind die Seggen in über tausend Arten fast über den ganzen Erdball verbreitet, bilden »saure Wiesen«, ärgern den Gartenfreund durch endlose Wucherneigung und dringen in Hochgebirgen bis an die Schneegrenze vor. Als Zimmerpflanzen aber haben sie wenig zu bestellen: nur eine Art ist bedingt brauchbar.

Diese *Carex brunnea* ist in Südasien wie in Australien zu Hause. Man hat eine weißbunte 'Variegata'-Form aus ihr gezüchtet, die im Handel meist als *Carex elegantissima* angeboten wird: ein hübsches, gelblichgrün gestreiftes Gras, das 20–30 cm hoch wird und so gut wie keine Ansprüche stellt. Im Unterschied zum nahe verwandten Zypergras will die Segge jedoch weder im Aquarium noch im Dauerfußbad wachsen, sondern zieht die gleichmäßige Bodenfeuchtigkeit normaler Topfblumen vor. Vollbeheizte Räume sagen ihr nicht zu, denn sie ist eine Kalthauspflanze, die sich im Winter lieber mit Temperaturen von 8–16° C begnügt, sonst aber keine Standortsorgen kennt. Ob Sonne oder Schatten, ist ihr einerlei. Umtopfen nach Bedarf. Vermehrung durch Teilen, da die Aussaat nur grüne Gräser bringt.

*Carex brunnea* 'Variegata', Gestreifte Segge, Familie Cyperaceae / Ried- oder Sauergräser

# Carissa ('Acokanthera') Wachsbaum

Warum kennt man diesen schönen immergrünen Tropenstrauch so wenig? Vielleicht, weil er ebenso wie andere Familienangehörige der Hundsgiftgewächse giftig ist? Aber bei Oleander und Immergrün und vielen anderen Pflanzen in Haus und Garten nimmt man solche Unfreundlichkeit doch auch in Kauf?!

**Herkunft** Die Wachsbäume – recht hohe Sträucher, meist mit eigenartig doppelt bedornten Zweigen, immergrünem Laub und großen, duftenden Blüten – kommen in den Tropen Afrikas, Asiens und Australiens vor.

**Verwendung** Für Zimmerkultur sind sie schon wegen ihrer Größe und des ausgeprägten Lauwarmhaus-Charakters (Überwinterungstemperatur 12–15° C) weniger geeignet. Auch warnen Sachkenner vor der besonders hohen Giftigkeit der schönsten Art *C. spectabilis*. Beim Schneiden und sonstigen pflegerischen Verrichtungen undurchlässige Arbeitshandschuhe zum Schutz gegen den gefährlichen Milchsaft der Pflanze tragen.

Dennoch: während der Blütezeit von Februar bis April duften sie bezaubernd, so daß es schon deshalb lohnt, ihnen in einer Schausammlung einen Platz zuzuweisen. Übrigens hat diese Art keine Dornen. . .

*Carissa spectabilis,* Wachsbaum, Fam. Apocynaceae/Hundsgiftgewächse

# Catharanthus Catharanthus

Die hübsche Pflanze wird sogleich ihrer Fremdartigkeit entkleidet, wenn man ihren alten botanischen Namen *Vinca rosea* nennt. Dann ist nämlich *C. roseus* nichts anderes als der überall in den Tropen beheimatete exotische Vetter unserer traulichen Gartenpflanze *Vinca minor,* zu deutsch Immergrün.

Im Gartenbau zieht man *C. roseus* meist einjährig durch Aussaat im Warmhaus ab Februar. Die handlichen Halbsträucher blühen dann von Frühsommer bis Herbst und füllen mit ihrem rosenroten Flor vor dunkelgrünem Laub manche Lücke. Besitzer von Kleingewächshäusern schätzen das. Überwinterung ist möglich und dient vor allem der Stecklingsvermehrung, die – ebenso wie Anzucht aus Samen – im Februar vorgenommen werden soll. Übrigens ist Samen von *C. roseus* auch im Samenfachhandel erhältlich, so daß Blumenfreunde sich selbst damit versuchen können.

# **Cattleya** Cattleye

Die Gattung *Cattleya* mit einem riesigen Aufgebot an Arten und Züchtungen gehört zweifellos zu unseren prunkvollsten Orchideen. Ein solches Pflanzenwunder selbst zu besitzen, ist deshalb sehr verlockend. Dennoch: den Anfänger muß man dringend warnen, sich darauf einzulassen. Es bliebe eine Enttäuschung.

**Herkunft** Die Cattleyen stammen sämtlich aus Südamerika. Viele wurden im Gebiet zwischen Amazonas und Rio Grande entdeckt, manche sind in Venezuela, Kolumbien und Ekuador zu Hause. Die dadurch bedingten klimatischen Unterschiede müssen bei der Pflege berücksichtigt werden. Mr. William Cattley aus Barnet in England besaß schon um 1820 eine der größten privaten Orchideensammlungen. Deshalb trägt die *Cattleya* seinen Namen.

**Pflanzengestalt** Scheinbulben langzylindrisch bis spindelförmig; dickledrige Blätter einzeln oder seltener zu zweit an einer Bulbe; kräftig ausgebildete Wurzel-Rhizome. Der je nach Art oder Zuchtform zu den verschiedensten Zeiten – meist zwischen April und Sept. – erscheinende Blütenstand bricht aus einer Scheide hervor. Die Anzahl der Blüten ist wiederum sehr verschieden; sie schwankt zwischen zwei und 12–15, bei den kleinblütigen Trauben noch mehr. Große Einzelblüten können bis 20 cm breit sein. Ihre Haltbarkeit als Schnittblumen beträgt 10–14 Tage.

**Pflege** Bei den meisten Cattleyen ist die Winterpflege schwieriger als die Sommerpflege. Deshalb gehören diese epiphytisch lebenden Tropenpflanzen der reinen Arten und deren Hybriden weder in Zimmerkultur, noch in ein Tropenfenster, sondern ins warme Kleingewächshaus, dessen technische Einrichtungen sowohl die hohen Temperaturen und die sehr hohe Luftfeuchtigkeit der Wachstumszeit als auch die entgegengesetzten Anforderungen der kühl und bedingt trocken verbrachten Ruhezeit bieten. Alles das verlangt gründliche Sachkenntnisse, deren Darlegung über den Rahmen dieses Buches hinausginge. Am besten werden diese Kenntnisse erworben durch Umgang mit Gleichgesinnten (Orchideengesellschaft!) oder durch gründliches Studium von Fachliteratur nebst eigenen Erfahrungen. Hier nur noch ein paar Richtlinien:

**Gießen** Mit voll enthärtetem Wasser (pH 4–4,5); das früher dafür empfohlene Regenwasser kommt heute wegen Verschmutzung besonders im Winter (Rückstände von Ölheizungsrauch) nicht in Frage. Statt des Gießens wird auch das Tauchen der Töpfe oder Orchideenkörbchen empfohlen.

**Luftfeuchtigkeit** Sollte nicht durch Sprühen von Hand, sondern mit einem vollautomatischen Luftbefeuchter ohne Tröpfchenbildung bewirkt werden. Er verhütet Flecken auf Blüten und Blättern, die beide empfindlich sind.

**Erde** Sie wird durch Spezial-Pflanzstoff aus *Sphagnum* (Sumpfmoos), zerhackten Farnwurzeln (*Osmunda* und *Polypodium*) und verschiedenen anderen Zutaten ersetzt. Ganz modern sind Kunststoff-Substrate.

◁ *Catharanthus roseus*, Familie Apocynaceae / Hundsgiftgewächse

*Cattleya trianae* (Winterblüherin), Familie Orchidaceae / Orchideen

# **Cephalocereus** Schopfcereus

Mit der »Ehrfurcht vor schneeweißen Haaren« ist es hier so eine Sache: Noch stritten sich die Gelehrten, ob *Cephalus senilis,* das allbekannte »Greisenhaupt«, allein seine Gattung repräsentieren solle, da hat die Nomenklaturkommission schon entschieden, daß mindestens noch ein halbes Dutzend Arten dazukommt.

**Herkunft** So sind nach neuestem Stand die »Schopfcereen« wieder alle beieinander, wie sie ja auch aus gleichen mittel- und südamerikanischen Quartieren zwischen Mexiko und Brasilien stammen.

**Pflanzengestalt** Führend bleibt aber doch *C. senilis,* das Greisenhaupt, in seiner Heimat ein riesiger, bis 15 m hoher Säulenkaktus, dessen Haupt von langen lockigen Borstenhaaren umwallt ist. Das einzelne Haar erreicht 12 cm Länge. Ein Greisenhaupt blüht erst bei 5–6 m Höhe – kein Wunder, daß der Kakteenfreund dergleichen im eigenen Heim nie zu sehen bekommt. Selbst kleine Sämlinge tragen schon ihren weißen Schopf und das bis zum Boden reichende lockige Haarkleid.

**Pflege** Ein solches Unikum darf einige Ansprüche stellen. Das Greisenhaupt ist sehr lichtbedürftig, verlangt während der sommerlichen Wachstumszeit – trotz Herkunft von heißen, mit kalkreichem Schiefer bedeckten Hängen in Mexiko – Unterglaskultur und feuchte Hitze durch häufiges Einnebeln. Die Temperatur während seiner winterlichen Trockenruhe darf nicht unter 15° C absinken. Das weiße Haarkleid muß vor Zugluft und – durch Abdeckung des Bodens mit sauberen Steinchen – vor Verschmutzung geschützt werden.

**Gießen** Über Sommer normal. Von Nov.–Febr. mit Übergangszeiten im Herbst und Frühjahr trocken halten. Pflanze ist kalkhold.

**Düngen** Vorsicht wegen des Haarkleides! Stickstoffreiche Volldünger meiden, am besten von April bis Juni alle 2 Wochen Kakteendünger geben.

**Umtopfen** Jüngere Pflanzen zunächst jährlich, dann in immer größeren Abständen. Pflanzgefäße jeweils nur wenig größer. Wurzelballen schonen, die Pflanze nach Umsetzen mit Stäbchen abstützen.

**Vermehrung** Aus Samen sehr leicht und interessant: im Exotenhandel Saatgut von *aureus* bis *tetetzo.*

**Pflanzenschutz** Versäumnisse beim Einnebeln im Sommer bringen Rote Spinne und Woll-Läuse; bei zuviel Nässe im Winter drohen verschiedene Kakteenfäulen durch pilzliche und bakterielle Erreger, vor allem im Bereich des Wurzelhalses.

*Cephalocereus senilis,* Greisenhaupt, Familie Cactaceae / Kakteen

# **Cereus** Säulenkaktus

Cereus heißt soviel wie »Wachsfackel« oder »Wachskerze«. Hinter dieser einfachen Bezeichnung verbirgt sich eine unwahrscheinliche Vielfalt der Arten und Formen, die jetzt aber dank der letzten wissenschaftlichen Straffung wesentlich gebändigter und dadurch auch dem Kakteenfreund zugänglicher ist.

**Herkunft** Die Cereen bildeten früher eine Sammelgattung, die als wichtigste aller Kakteengattungen galt und riesige Säulenkakteen ebenso wie strauchförmige, kriechende und hängende Typen umfaßte. Heute, im klarer gegliederten und wesentlich verkleinerten Umfang, gehören der Gattung nur noch solche Kakteen an, die sich aus der Säulenform entwickeln und dann beispielsweise kandelaberartig verästelte Bäume mit Stämmen und Kronen bilden oder schon vom Boden ab »wie Orgelpfeifen« nebeneinander stehen. Ihre Heimat ist Südamerika von Nord-Argentiniens Gran Chaco bis Mendoza, Paraguay, Uruguay, Ost- und Süd-Brasilien.

**Pflanzengestalt** Für kleinere Kakteensammlungen und erst recht fürs Zimmerfenster werden die meisten Cereen mit der Zeit viel zu groß. Hinzu kommt, daß sie ihre zauberhaften, häufig nachts sich öffnenden Blüten erst im späteren Alter entwickeln. Wunderschön ist der weiße, meergrüne oder blaue Wachsüberzug, der die grüne Oberhaut mancher Arten als Verdunstungsschutz umgibt.

Wegen ihrer Wüchsigkeit und Anspruchslosigkeit werden manche Cereen – leider oft ohne die nötige Einsicht – als Pfropfunterlagen für kleinere, schwächer wachsende andere Arten verwendet. Ein solches Mißverhältnis kann nicht viel Gutes bringen!

**Sortiment** Eine liebenswerte Ausnahme von der Regel des Zu-Groß-Werdens bildet *Cereus chalybaeus;* seine wenig verzweigten Triebe werden immerhin »nur« drei Meter hoch und sind so intensiv blau bereift, daß er als »blauester Kaktus von allen« gilt. Wie man hört, erscheinen die bis 20 cm großen, außen rot bis rosenroten, innen weißen Blüten bereits an jungen Pflanzen ab Halbmeterhöhe; hier Stecklingsvermehrung zu treiben oder Anzucht aus Samen zu versuchen, müßte recht lohnend sein.

Anders *C. jamacaru:* er ist ebenfalls ein »Bläuling«, jedoch von so mächtiger Gestalt, daß seine Ausmaße die Möglichkeiten von Kakteenliebhabern bald überschreiten. Die ältesten und größten auf europäischem Boden kultivierten Exemplare stehen vor dem Spielcasino in Monte Carlo.

*Cereus peruvianus* 'Monstrosus', Felsenkaktus, Fam. Cactaceae / Kakteen

Bescheideneren Wachstums-Ehrgeiz entfaltet *C. peruvianus,* dessen Varietät 'Monstrosus' als Felsenkaktus auch bei den Blumenfreunden wohlgelitten ist (Bild S. 155).

**Pflege** Die Cereen gehören zu jenen Pflanzen, von denen es heißt, daß sie um so besser gedeihen, je weniger man sich um sie kümmert. Ich besitze selbst einen solchen 'Monstrosus'. Er kam als kleines Bruchstück ins Haus, wurde nach Abtrocknen der glatt geschnittenen Bruchstelle eingetopft, und wurzelte willig an. Seitdem sind über zehn Jahre vergangen. Zweimal in dieser Zeit wechselte er sein Pflanzgefäß, steht jeden Sommer brav am sonnigen Platz auf der Terrasse. Er wird vor den ersten Nachtfrösten eingeräumt und verbringt den Winter zusammen mit den ausdauernden Balkon- und Kübelpflanzen in einem hellen Souterrainzimmer bei etwa 6° C. Langsam ist er nun doch so groß geworden, daß sein Topf zum Schutz vor Kippgefahren in einem Dreifuß wie auf S. 56 Halt bekommen hat.

**Gießen** Über Sommer gelegentlich. Zur Entstaubung manchmal spritzen.

**Düngen** Über Sommer gelegentlich.

**Vermehrung** Stecklinge bewurzeln leicht. Ebenso gilt die Anzucht aus Samen als ausgesprochen einfach. Das Angebot im Exotenhandel ist groß.

# **Ceropegia** Leuchterblume

Wer sich gelegentlich mit den größeren Zusammenhängen im Reich der Zimmerpflanzen beschäftigt, wird bei den zierlichen Ceropegien oder Leuchterblumen auf recht interessante Familienverhältnisse stoßen. Kaum glaublich, daß diese sukkulenten Ampelbewohner mit der Wachsblume so nahe verwandt sind!

*Ceropegia linearis,* Leuchterblume. Fam. Asclepiadaceae Seidenpflanzengewächse, Gruppe Stapelien

**Herkunft** Die Gattung *Ceropegia* hat rund 160 Arten, die von Südafrika über das tropische Arabien bis Indien und Westchina, aber auch von Neu-Guinea bis Nord-Australien zu finden sind. Einige kommen auf den Kanarischen Inseln und Madagaskar vor. Am Zimmerfenster finden sich meist *C. woodii* und die nur durch die Blattform von ihr unterschiedene *C. linearis* (Bild), beide Südafrikanerinnen.

**Pflanzengestalt** Bewurzelten Knollen, die bis 5 cm ∅ erreichen können, entspringen fadendünne Sprosse, zwischen deren Abschnitten (Internodien) sich jeweils zwei herzförmige, fleischige, oberseits marmorierte, unterseits hellgrüne Blättchen bilden. Aus den Blattachseln entwickeln sich auch die kunstvollen »Kandelaberblüten« und wiederum Knollen, die zu einfachster Vermehrung dienen. Man benutzt sie sogar als Pfropfunterlagen für schwierige *Stapelia*-Arten, die ja ebenfalls zur Verwandtschaft der Asclepiadaceen zählen. Mehr noch: die Stapelien rückten zu einer besonderen Gruppe auf, der die Gattung *Ceropegia* untergeordnet wurde. *C. woodii* und *C. linearis* blühen fast das ganze Jahr über (siehe auch *Stapelia* S. 338).

**Sortiment** Noch wunderlichere gefleckte Blüten hat *C. distincta haygarthii,* die zudem lieber am Topfspalier klettert als herabhängt. Auch *C. fusca* von den Kanarischen Inseln, mit fingerdicken Trieben und Büscheln von Blüten an den Triebenden, wächst aufrecht. Die größten Blüten mit einem »Laternendach« über der grünmarmorierten Blüte hat *C. sandersonii.* Schade nur, daß man diese kleinen Kostbarkeiten so schwer bekommt!

**Pflege** Meine Ceropegien gedeihen in Hydrokultur und machen so gut wie keine Arbeit. Die Ampeln hängen ganzjährig oben am Rahmen eines großen Südfensters, die endlos fortwachsenden Sprosse bilden eine lebende Scheibengardine. Bei Erdkultur muß man sie natürlich ab und zu sparsam gießen, im Winter noch weniger, von April bis August auch ein bißchen düngen. An sich sollten sie über Winter kühl gehalten werden. Jedoch es geht auch so, denn vertrocknende Triebe wachsen immer nach.

**Pflanzenschutz** Ist nicht nötig.

# **Chamaecereus** Zwergcereus

Früher gehörte er zur Sammelgattung *Cereus,* jetzt repräsentiert er – wie manche andere selbständig gewordene Pflanze – die Gattung *Chamaecereus* und ihre einzige Art *C. silvestrii* für sich allein: ein willig blühender Einzelgänger, den aber schon wieder neue Familienbande mit seinen *Silvestrii*-Hybriden verknüpfen.

**Herkunft** Seine Heimat ist West- und Nordargentinien, wo mit Gebüsch bestandene Halden in erheblicher Höhe günstigste Lichtbedingungen bieten. Lichtmangel ist folglich auch das schlimmste, was man einem Chamaecereus antun kann.

**Pflanzengestalt** Der Fachmann nennt ihn einen »niederliegenden Zwergstrauch« mit zahlreichen fingerartigen Trieben. Im Blumentopf sieht die Sache – wie auch das Bild erkennen läßt – ein bißchen anders aus. Schon ein einziger solcher Trieb – fingerlang und fingerdick, meist achtrippig und mit dichter, fast weißer Bestachelung – bringt im Sommer mehrere wunderschöne große Blüten von leuchtendem Zinnoberrot. Bei guter Pflege wachsen »unten herum« auch viele Kindel, die bald reizende Rosetten von kürzeren Trieben bilden und blühen.

**Standort** Noch einmal sei's gesagt: Helligkeit, wenn auch nicht zuviel Sonne, entscheidet vorab über gutes Gedeihen und Blühwilligkeit. Schlechtes Licht macht die »Finger« dünn, lang und hellgrün; zu starke Besonnung läßt sie braunviolett erscheinen. Beides beeinträchtigt den gesunden Habitus der Pflanze. Der Winterstandort muß bei völliger Trockenheit kühl bis sehr kühl sein. Nächtliche Temperaturen ein wenig unter Null sind sehr erwünscht – die Pflanze schrumpft dabei und blüht dann um so reicher.

**Gießen** Nur im Sommer reichlich.

**Düngen** Während der Wachstumszeit (April–Juli/Aug.) reichlich mit stickstoffarmem Kakteendünger.

**Umtopfen** Bei der großen Brüchigkeit der Triebe stets problematisch.

**Erde** Soll sehr nahrhaft und locker sein, etwas Humus (Torfmull) gut.

**Vermehrung** Abgebrochene Sprosse wachsen meist an – Bruchfläche antrocknen lassen. Vermehrung aus Samen leicht; Exotenhandel bietet Saatgut von *C. hybr. grandiflorus* und *C.-Silvestrii*-Hybriden an. Lichtkeimer, Aussaat ganz dünn mit gesiebtem Sand decken.

**Pflanzenschutz** Sommergefahr bei ungenügendem Licht und Luftmangel: verheerender Befall mit Roter Spinne. Wintergefahren: Wärme und Feuchtigkeit, die beide unweigerlich zum Eingehen führen.

*Chamaecereus silvestrii,* Zwergcereus, Familie Cactaceae / Kakteen

# **Chamaedorea** Bergpalme

Palmen stehen heutzutage nicht besonders hoch in Gunst. In manchen Gegenden muß man schier Suchaktionen veranstalten, um eine aufzutreiben. Zu den Ausnahmen von dieser Regel aber gehört *Chamaedorea elegans,* die »Zierliche Bergpalme«, zumal sie schon im Jugendalter große Blühwilligkeit bekundet.

**Herkunft** Die ganze Gattung umfaßt etwa 120 Arten, die alle in Mittel- und Südamerika zu Hause sind.

**Pflanzengestalt** Alle sind unbestachelte kleine Pflanzen mit rohrartigem Stamm und meist gefiederten, seltener nur an der Spitze zweigespaltenen Blättern. Von *C. elegans* gibt es auch Hybriden wie die amerikanische 'Bella', eine allerliebste Mini-Palme, dabei aber ebenso blühwillig wie die Art. Von den Bergpalmen mit ungefiederten Blättern sei wenigstens noch die interessante *C. tenella* genannt: auch sie ist Mexikanerin, wird selten höher als 70–80 cm, und ihre 7 cm breiten Wedel sind nur 10–12 cm lang.

**Blüte** Immer zweihäusig. Die einfachen oder rispig verzweigten gelben Blütenstände sitzen unter oder zwischen den Blättern, sehr ähnlich den Blütenständen der Mimosen. Aus den Blüten können sich erbsengroße beerenartige Früchte entwickeln. Schon kleine Pflanzen im Zehner-Topf bieten im Nachwinter das ungewohnte, aber auf Jahre hinaus regelmäßig wiederkehrende Schauspiel der »blühenden Palme.«

**Standort** *C. elegans* ist eine der härtesten Zwergpalmen für einen zwar hellen, aber nicht sonnigen Standort. Während der Wachstumszeit von Frühjahr bis Juli und in den Herbst hinein ist jede normale Zimmertemperatur recht. Während der winterlichen Ruhezeit von Okt.–Febr. sollte wenigstens über Nacht die Temperatur nicht mehr als 12–14° C betragen. Lufttrockenheit schadet nichts, aber die Wärme vollbeheizter Räume wirkt sich nachteilig aus.

**Gießen** Im Sommer reichlich, im Winter nur Topfballen gerade feucht halten. Wasser nicht zu hart: pH 5–5,5 erwünscht.

**Sprühen** Fördert im Sommer das Wachstum der Wedel. Nur an sonnigen Tagen!

**Düngen** Am besten Flüssigdüngung in mäßiger Konzentration von März bis Juli wöchentlich, dann einstellen.

**Umtopfen** Im Frühjahr nach Bedarf, je älter, desto seltener. Hohe Palmentöpfe verwenden.

**Erde** Mittelschwer, durchlässig, humos; Typ EE oder Composana. Beigabe von etwas (scharfem) Sand kann nicht schaden.

**Vermehrung** Nur aus Samen möglich; bei hoher Bodenwärme (24–26° C) geht die Keimung – langsam – vonstatten. Kernchen zu dritt in kleine Töpfchen legen, später vereinzeln – Vorsicht, Wurzeln sind ziemlich brüchig! Keimlinge und Jungpflanzen vertragen keine direkte Besonnung; in den beiden ersten Lebensjahren warm, schattig und feucht halten; im dritten Standjahr erscheint meist die erste Blüte.

**Pflanzenschutz** Schildläuse und Rote Spinne können vorkommen.

*Chamaedorea elegans,* Zierliche Bergpalme, Familie Palmae / Palmen

# **Chlorophytum** Grünlilie

Von den über hundert Arten, die der Fachmann kennt, ist bei uns nur *Chlorophytum commosum,* die brave alte Grünlilie, in Zimmerkultur. Schon »Der kleine Lustgärtner«, ein schmales Bändchen aus dem Jahr 1809, zählt sie unter den »Zierblumen in Töpfen« auf. Seit 1794 kannte man sie aus Beschreibungen.

**Herkunft** Die Arten sind in den Tropen der Alten und der Neuen Welt verbreitet. Unser »Liliengrün« mit einer Handvoll Freundschaftsnamen vom »Flinken Heinrich« bis zum »Fliegenden Holländer« stammt aus Südafrika. Dort wächst es wirklich nur grün.

**Pflanzengestalt** In Zimmerkultur haben wir aber schon seit eh und je die weißbunte 'Variegata'-Sorte mit den grundständigen, 20–40 cm langen schmalen Blättern, die auch den Namen »Graslilie« rechtfertigen. Die Einzelpflanze bringt im Frühjahr bis Frühsommer dünne Blütenschäfte hervor, die mit fortschreitendem Wachstum Meterlänge erreichen. Durch die Schwere der im oberen Drittel erscheinenden kleinen Blütchen und der nach der Blüte sich bildenden bewurzelten Ausläuferpflänzchen neigt sich der Schaft im Bogen abwärts. Da man kaum je nur Einzelpflanzen, sondern stets ein ganzes Nest von Liliengrün beisammen hat, entsteht alsbald das Bild der Ampelpflanze mit den hundert Kindeln ringsherum.

**Pflege** Das Chlorophytum gilt mit Recht als eine unserer härtesten und anspruchslosesten Zimmerpflanzen. Es nimmt alles, wie es kommt: Es fügt sich gleich gut in vollbeheizte und in kühle Räume, es verträgt viel und wenig Sonne, macht sich nichts aus Lufttrockenheit, auch wenn ihm während der sommerlichen Wachstumszeit gelegentliches Einsprühen sichtlich wohltut. Es ist hervorragend geeignet für Hydrokultur!

**Gießen** Während des Wachstums Febr.–Sept. normal bis reichlich; während der Ruhezeit Okt.–Jan. je nach dem wärmeren oder kühleren Standort mehr oder weniger.

**Düngen** März–Sept. wöchentlich.

**Umtopfen** Sobald Wurzeln die Pflanze im zu kleinen Topf hochheben. Außer im Winter jederzeit. Pflanzgefäß weit und nicht sehr tief.

**Erde** Mittelschwer, etwas lehmig. EE.

**Vermehrung** Durch Abtrennen der Jungpflänzchen nach Ausreifung.

**Pflanzenschutz** Schlecht gepflegte Pflanzen können verlausen.

**Wichtig** Braune Blattspitzen nach Ballentrockenheit. Knickblätter durch Düngung bei Winterwärme und Luftmangel, so daß die Pflanze zu weich.

*Chlorophytum commosum* 'Variegatum', Fam. Liliaceae / Liliengewächse

## **Chrysanthemum** Chrysantheme

Ihre Ureltern waren in China und Japan zu Hause; dennoch heißt die Pflanze *Chrysanthemum indicum* und gehört mit ihrem gewaltigen Nachwuchs an Zuchtformen – den *C.-Indicum*-Hybriden oder Gärtner-Chrysanthemen – zu den besten Herbstblühern.

Sie füllen Töpfe, Schalen, Balkonkästen, dienen der Grabbepflanzung, dem Beetschmuck und beweisen damit einmal mehr, daß sie nur »unter anderem« auch am Zimmerfenster stehen können. Man soll sie nicht ballentrocken werden lassen, Verblühtes immer gleich entfernen und daran denken, daß der Flor am kühlen Platz länger hält als im vollbeheizten Raum. Nach der Blüte ergibt sich die Frage, ob Weiterkultur – zunächst mit Rückschnitt auf Fingerlänge und Ruhezeit bei 4–6° C – sich lohnt. Meist wird sie sich nicht lohnen.

*Chrysanthemum-Indicum*-Hybride
Familie Compositae / Korbblütler

## **Cissus** Klimme

Was wäre ein Zimmerpflanzenbuch ohne den Cissus! Man müßte es gleich wieder weglegen, weil einer der vielseitigsten und getreuesten Grünen Freunde fehlte. Glücklicherweise fehlt er hier nicht, sondern wird sich auf den folgenden Seiten mit den wichtigsten Vertretern seiner stattlichen Sippe gebührend präsentieren.

**Herkunft** Es gibt zwar einige Arten, die nicht unbedingt auf volles Tropenklima angewiesen sind. Aber jene Vertreter der Gattung *Cissus,* die seit ihrer Einführung in Europa im Jahr 1790 in gärtnerische Kultur genommen wurden, sind samt und sonders Tropenpflanzen. Da ihre Heimatländer in den verschiedensten Gebieten der Erde liegen, werden sie jeweils im Sortiment bei der betreffenden Pflanze genannt.

**Pflanzengestalt** Der Cissus ist sehr vielgestaltig, wie die Anpassung an Klima und Landschaft es jeweils verlangt, um sich als Kletterpflanze durchsetzen zu können. Was selbst kenntnisreiche Blumenfreunde nicht immer wissen dürften: Außer den nach Rebenart kletternden Lianen gibt es auch sukkulente, ähnlich wie bei der Familie Wolfsmilch, kakteenartige Vertreter, die dazu noch klettern, doch auch solche, die nicht klettern, dafür aber einen dicken sukkulenten Stamm von 2–4 Meter Höhe bilden. Als Topfgewächse bleiben diese merkwürdigen Außenseiter im Rahmen des Möglichen, so daß auch der private Sammler solcher Raritäten sein Vergnügen an ihnen haben kann. Die üblichen Zimmerarten werden viele Jahre alt.

### Arten für einfache Zimmerkultur

**Sortiment** An erster Stelle steht natürlich *Cissus antarctica,* in Australien zu Hause und deshalb nicht nur einfach »Klimme« oder »Zimmerrebe«, sondern auch »Australischer Wein« oder »Känguruhwein« genannt. Über seine Pflege braucht man nicht viel zu sagen. Nur drei Dinge kann er nicht leiden: 1. zu helles Licht, das mit durchscheinender Fensterung eine »nicht parasitäre Blattkrankheit« her-

*Cissus antarctica,* Känguruhwein, Familie Vitaceae / Weinrebengewächse

vorruft; in schlimmen Fällen werden die zunächst glasig erscheinenden Flecken erst gelblich, dann braun, dann kann es Laubfall geben; 2. Torf in seiner Erdmischung, was man vermeiden kann; 3. stauende Nässe (Fußbäder!), die vor allem während der winterlichen Ruhezeit verheerend wirkt; aber man weiß ja: über Winter wird ohnedies je nach Standort mehr oder weniger sparsam gegossen. Alles weitere bei den allgemeinen Kulturanweisungen.

An zweiter Stelle steht *Cissus rhombifolia,* die »Rautenblättrige Klimme«. Ihr Handelsname ist noch immer vielfach *Rhoicissus rhomboidea* – nicht zu verwechseln mit dem auf S. 321 beschriebenen und abgebildeten *Rhoicissus capensis*. Viel passieren könnte dabei allerdings nicht, denn auch *R. capensis* eignet sich zu einfacher Zimmerkultur. Doch zurück zur »Rautenblättrigen« oder »Königsklimme«: Sie wurde bei uns erst 1948 eingeführt, ist aber im grünpflanzenfreundlichen Schweden schon seit längerer Zeit sehr beliebt. In den USA hat sie es bereits zu einer mehr aufrecht und kompakter wachsenden, apart belaubten Zuchtform 'Mandaiana' gebracht. Stengel und Blätter sind unterseits rötlich, oberseits grün, alles leicht behaart. Das mittlere Blatt ist immer etwas größer als die beiden leicht asymmetrischen Außenblätter (Bild!). Während man bei *C. antarctica* auch in vieljähriger erfolgreicher Zimmerkultur kaum je irgendwelche Blüten zu sehen bekommt, soll *C. rhombifolia* im Frühsommer gelegentlich unscheinbar, halb unter den Blättern versteckte Doldenblütchen entwickeln. Ähnlich wie beim Wilden Wein, können daraus harte, nicht eßbare Beerchen entstehen. Kultur insgesamt wie *C. antarctica.*

Im Handel leider kaum zu finden ist *C. striata* aus Brasilien: ein niedriger, nur schwach rankender Kletterstrauch mit etwas behaarten Zweigen und ledrigen grünen Blättern. Da er Zimmerkultur gut verträgt, wäre sein Erscheinen am Markt eine echte Bereicherung für Blumenfreunde mit wenig Platz.

*Cissus rhombifolia,* Rautenblättrige Klimme, Familie Vitaceae / Weinrebengewächse

## Arten für Blumen- und Tropenfenster

Hier steht an erster Stelle natürlich der bildschöne *Cissus discolor,* die 'Bunte Klimme' aus Java. Ihre herzförmig-länglich zugespitzten Blätter werden bis 15 cm lang und 8 cm breit, schimmern samtig, sind rotviolett geädert und umrandet, oberseits silbrig-olivgrün marmoriert, unterseits rot (Bild). Diese herrliche Belaubung erscheint an kräftigem, mehr hochwachsendem als hängendem und mit der Zeit verholzendem Rankenwerk, das im Jugendalter übrigens ebenso wie die Blattstiele dunkelrot ist. Wo richtige Pflege mit hoher Wärme und Luftfeuchtigkeit gelingt, wird man bei längerer Lebensdauer vielleicht auch aus den Blattachseln heraus Blütenstände mit kleinen gelblichen Blütchen erleben. In diesem Fall muß allerdings auch mit dem sehr starken Wuchs der prächtigen Pflanze gerechnet werden. Sie ist eben ein echter Tropenklimmer mit ungestümer Kraft. Noch mehr gilt das von *Cissus gongylodes,* der dorther stammt, wo Brasilien, Peru und Paraguay die größte luftfeuchte Tropenhitze entfalten. Arglos leitet man die aparte Pflanze an der Oberkante des Blumenfensters entlang. Doch bald entspringen ihren vierkantigen Zweigen lange rote Luftwurzeln in solcher Zahl, daß sie einen lebenden Vorhang bilden. Auch werden die Blätter 25–30 cm lang, und die in Haftscheiben endenden Ranken kleben überall dort, wo man sie nicht brauchen kann. Eines schickt sich eben nicht für alle, und was im »Haus der *Victoria amazonica*« – früher *Victoria regia* – eines botanischen Gartens bestürzend schön wirkt, empfindet man im begrenzten häuslichen Raum als unerwünschte exotische Gewalttätigkeit. Ich spreche aus mehrjähriger eigener Erfahrung.

*Cissus discolor,* Buntblättrige Klimme, Familie Vitaceae / Weinrebengewächse

Cissus-*Striata*-Hybride aus USA, Familie Vitaceae / Weinrebengewächse

## Sukkulente Arten – sehr extravagant

Nur der Vollständigkeit halber sei noch ein Blick auf die sukkulenten Cissus-Arten gewagt. Da lebt in ostafrikanischen Trockenwäldern zum Beispiel *Cissus cactiformis,* die 'Kaktusähnliche Klimme'. Sie klettert hoch in den Baumkronen, aus denen die dicken Ranken wie Triebe einer irgendwie entarteten 'Königin der Nacht' herunterhängen. Blattpflanzenähnlicher bleibt da *Cissus quadrangularis,* die 'Vierkant-Klimme', eine Bewohnerin tropischer Steppen.

Außer diesen »Klettersukkulenten« gibt es noch eine Gruppe nicht kletternder sukkulenter Cissus-Arten, die an Seltsamkeit kaum zu überbieten sind. *Cissus juttae* etwa bildet 2–3 m hohe spitzkegelige, sehr saftreiche Stämme, an deren oberem Ende merkwürdige Blätter und Blüten erscheinen. Ähnlich sind *C. bainesii* und *C. crameriana.* Alle sind »gebändigter« Liebhaberkultur im Kleingewächshaus zugänglich.

**Pflege** Über *C. antarctica* wurde schon im Abschnitt *Sortiment* einiges gesagt. Hier sei nochmals darauf hingewiesen, daß man ihn zwar öfter als »Efeu des Südfensters« rühmt, was aber kaum zu verantworten ist. Ein Cissus im Südfenster würde alsbald an der bereits geschilderten »nichtparasitären Blattkrankheit« durchscheinender, eckiger Flecke leiden. Also soll der Standort bei einfacher Zimmerkultur hell, aber ohne – allenfalls: fast ohne – direkte Besonnung sein. Nachdruck liegt dabei auf dem Wort »Zimmer«: mit Ausnahme des auf S. 321 beschriebenen *Rhoicissus capensis* gehören alle Cissusarten ganzjährig in geschlossene Räume. Schon Balkonluft wird oft nicht gut vertragen; vor allem das Einräumen im Herbst bringt dann meist schweren Laubfall, der vor Eintritt in die winterliche Ruhezeit natürlich nicht mehr ersetzt werden kann, sondern strengen Rückschnitt notwendig macht und damit einen Rückgang der ganzen Pflanze nach sich zieht. Alle Cissusarten für einfache Zimmerkultur vertragen sowohl einen warmen als auch einen kühleren Überwinterungsort. Die Temperaturspanne liegt etwa zwischen 22/24 und 12/15 °C.

**Gießen** Im Sommer nicht zu reichlich, im Winter je nach kühlerem oder wärmerem Standort mehr oder weniger sparsam, pH 6–6,5. Keine Luftfeuchtigkeit (s. auch S. 160 unten).

**Düngen** Ab Austriebsbeginn bis Mitte Aug. wöchentlich, dann wegen Holzreife allmählich einstellen.

**Umtopfen** Im Jugendalter zunächst jährlich, dann nach Bedarf im Frühjahr in nicht viel größere Pflanzgefäße.

**Vermehrung** Bei genügend Wärme – am besten im geschlossenen Vermehrungskasten mit 25–30° C – im Frühsommer leicht aus knapp fingerlangen Stecklingen: 3–5 in kleine Töpfchen mit Anzuchterde, Sand und wenig torfhaltige Blumenerde 1:1 abstecken.

**Pflanzenschutz** Hauptgefahr ist zuviel Bodennässe im Winter: sie bringt Mehltau, braune Flecke u. a. Pilzkrankheiten.

**Warmhausarten** Nach den Regeln für schattige Tropenfenster behandeln.

# **Citrus** Orangenbäumchen und andere

Zwei Wege gibt es, um Blumenfreunde zu den verschiedenen »Zitrusgewächsen« hinzuführen – der eine: man steckt selbstgeerntete Kerne, – der andere: man geht ins Blumengeschäft, wo schon seit einer Reihe von Jahren allerliebste Spezialzüchtungen kleiner Bäumchen voll goldener Früchte für Zimmerkultur auf die sprichwörtliche »Liebe zu den Orangen« warten.

**Herkunft** Von ihrer Heimat Ostasien verbreiteten sich die Zitrusgewächse über die gesamte alte Kulturwelt bis zum Mittelmeeraum. Erste Exemplare in westeuropäischen Herrschaftsgärten gibt es jedoch erst seit der Frührenaissance. Man bezeichnete sie mit dem Sammelbegriff »Agrumen«, pflegte sie über Sommer in »Hesperidengärten« und schützte sie vor Winterkälte in Orangerien und Pomeranzenhäusern. In gärtnerischer Kultur waren vor allem *Citrus sinenis,* die Apfelsine oder Orange, und *Citrus limon,* die Zitrone.

**Pflanzengestalt** Im Freiland-Anbau sind sie Obstgehölze wie etwa der Pflaumenbaum, mit immergrünen lederigen Blättern. Da die Fruchtentwicklung ein volles Jahr beansprucht, gibt es auch bei den »Mini-Bäumchen« der Blumenfreunde häufig zu gleicher Zeit die bittersüß duftenden Blüten und reifende Früchte. Anders ist es mit den aus Apfelsinen-, Mandarinen-, Zitronen- oder Grapefruit-Kernen gezogenen Pflanzen. Diese Wildlinge wachsen zu sperrigen, teils auch bedornten Sträuchern heran und kommen kaum je zum Blühen oder gar Fruchten. Man muß sie genau wie jeden als Sämling herangezogenen Apfel- oder Birnbaum veredeln, – vorausgesetzt, daß Edelreiser zu beschaffen sind. Dann ist auch die Bildung von Hochstämmen mit normaler Kronenerziehung möglich. Allerdings werden solche Exemplare trotz langsamen Wachstums mit der Zeit doch zu groß, und man hält sich für Liebhaberfreuden besser an die gärtnerisch kultivierten Kleinformen wie *C. aurantium myrtifolia,* eine chinesische Zwergorange, oder *C. microcarpa mitis* 'Calamondin', die hierorts geschätzte Zwergzüchtung von den Philippinen, oder *C. taitensis* 'Otaheite', eine süße kleine Chinesin, die an Weihnachten reife Früchte bringt.

**Pflege** Natürlich ergibt sich das alte Problem: Zitrusgewächse kann man nur halten, wenn ein heller, sehr kühler Überwinterungsraum mit höchstens 4–6° C vorhanden ist. Den Sommer sollen sie möglichst im Freien verbringen, doch kann man da allenfalls auch mit einem Platz auf dem Balkon oder am häufig offen gehaltenen Fenster zurechtkommen. Gegossen wird bis Mitte August reichlich, ohne Rücksicht auf die Wasserhärte; während der winterlichen Ruhezeit den Topfballen mehr trocken als feucht halten. Düngung über Sommer reichlich, dann einstellen. Im zeitigen Frühjahr Rückschnitt nach Bedarf – er kostet allerdings meist etliche Blütenknospen. Umtopfen und sonstige Maßnahmen siehe Oleander. Auch Pflanzenschutz!

**Wichtig** Wärme und zuviel Bodenfeuchtigkeit im Winter bringen schweren Blattfall.

*Citrus microcarpa,* Zwergapfelsine, Familie Rutaceae / Rautengewächse

# **Cleistocactus** Silberkerze

Natürlich gehörten auch die Cleistokakteen früher zur großen Sammelgattung *Cereus,* und erst bei einer der letzten nomenklatorischen Neuordnungen wurden sie eine selbständige Gattung. Ihre Besonderheit: Sie wollen keine winterliche »Trockenruhe«, sondern ganzjährig genügend Feuchtigkeit, sonst schrumpfen sie.

*Cleistocactus wendlandiorum,* Familie Cactaceae / Kakteen

**Herkunft** Ihr Hauptvorkommen ist Westargentinien, Uruguay, Paraguay, Zentral-Bolivien und Peru, wo sie – es klingt wie ein Widerspruch in sich – an felsigen, doch luftfeuchten Stellen wachsen.

**Pflanzengestalt** Schlanke, vom Grund sich verzweigende Säulenkakteen, die teils aufrecht wachsend bis zu 2 m hoch werden, teils kleiner bleiben und niederliegen, wobei an ihrem Körper oft in ununterbrochener Folge den ganzen Sommer hindurch die merkwürdig wie Finger aufragenden Röhrenblüten erscheinen. Die Art *C. smaragdiflorus* setzt dabei auch unverdrossen laufend hellrote Früchte an; eine andere Art – *C. strausii* – hat dichte schneeweiße Borsten und karminrote Blüten, während ihre Varietät *'Fricii'* dazu noch 3–5 cm lange weiße Haare trägt. *C. wendlandiorum* (früher *C. flavescens*) ist kenntlich an den eigenartig geknickten gelbroten Blüten (Bild).

**Pflege** Sommerstandort warm und sonnig in nahrhafter Erde, wo sie ihre Wurzeln ungehindert ausbreiten können. Genügend gegossen und (stickstoffarm) gedüngt, sind sie sehr wüchsig und blühwillig. Winterstandort hell, kühl; nicht ganz trocken.

**Vermehrung** Außer Stecklingsvermehrung sehr leicht durch Samen.

# **Clerodendrum** Losbaum

»Losbaum« heißt – genau der griechischen Grundform des botanischen Namens entsprechend – soviel wie »Schicksalsbaum«. Worin das Schicksalhafte der Pflanze besteht, ließ sich leider nicht ergründen. Allerdings trug sie noch zu Anfang unseres Jahrhunderts den deutschen Namen »Liebe in Unschuld«.

*Clerodendrum thomsoniae,* Losbaum, Fam. Verbenaceae / Verbenengew.

**Herkunft** Die Gattung *Clerodendrum* umfaßt rund 400 Arten, davon die meisten im tropischen Asien und Afrika. Nur drei oder vier kamen zu uns in gärtnerische Kultur und gelten vorab als prächtige Schaustücke.

**Pflanzengestalt** Am bekanntesten dürfte *Clerodendrum thomsoniae* sein: ein bis 4 m hoher Kletterstrauch, der im Kongo zuhause ist. Seine windenden Stengel tragen länglich-herzförmige Blätter. Die rasch vergänglichen scharlachroten Blüten erscheinen ab April in dichten Trugdolden; sie sind von aufgeblasenen rahmweißen Kelchen umgeben, die ihrerseits – ähnlich wie manche Hochblätter – sehr lange halten und den eigentlichen Schmuck der Pflanze ausmachen. Afrikanischer Herkunft ist auch das ebenfalls schlingende *C. splendens,* von Dezember bis Mai in feuerroten Doldentrauben blühend. Aufrecht wächst *C. philippinum* (früher *C. fragrans)* aus Ostasien; Blüten hortensienähnlich. Blütezeit verschieden.

**Pflege** C. thomsonae braucht von Oktober bis Februar eine streng durchgeführte Ruhezeit bei 10–12° C, er verliert dabei meist sein Laub. Im Frühjahr alte Triebe stutzen, um den blühenden Neutrieben Platz zu machen. Formierung zu Kronenbäumchen für Zimmerkultur möglich.

# **Cleyera** Sperrstrauch

Das Aussehen einer Jungpflanze läßt nur ahnen, wie elegant und zugleich dekorativ in ihrer Erscheinung die *Cleyera* ist. Und Bedauern kommt auf, wenn eine Überprüfung des Lebensstandards dieses Teegewächses ergibt, daß man sie auf lange Sicht im Zimmer halten könnte. Warum fehlt sie im Sortiment?

**Herkunft** Andrew Cleyer war ein holländischer Arzt und Botaniker des 17. Jahrhunderts. Die erst etwa zweihundert Jahre später nach ihm benannte Pflanzengattung *Cleyera* – teilweise und noch heute unter der Bezeichnung *Eurya* geführt – hat einen großen Artenkreis in Mittelamerika, doch haben sich diese Bäume und Sträucher zur Eingliederung in die Reihe brauchbarer Kulturgewächse als ungeeignet erwiesen. In gärtnerischer Kultur ist nur die Art *Cleyera japonica,* deren Heimatländer in etwa mit denen des Teestrauches und der Kamelie übereinstimmen.

**Pflanzengestalt** Kleiner Baum oder Strauch mit immergrünen Blättern unterschiedlicher Form, meist 6–8 cm lang und 4 cm breit, immergrün. Aus dieser Art wurde die heute einzig weiterkultivierte weißbunte Varietät *C. japonica* 'Tricolor' entwickelt mit hell-dunkelgrün marmoriertem, den Rändern zu cremeweiß gezeichnetem, an Jungtrieben oft rot überlaufenem Laub. Diese wirklich bildschöne Blattpflanze wird jetzt vorab in belgischen Züchtereien vermehrt. Erfreulich langsamer Wuchs kann jahrzehntelange Freundschaft begründen.

**Blüte** Bei der buntblättrigen Zuchtform 'Tricolor' ist eine Blüte kaum zu erwarten. Die grüne Art blüht weiß, duftend, bringt runde rote Früchte.

**Pflege** Die Blütenlosigkeit vereinfacht vieles, was uns bei der nahe verwandten Kamelie Schwierigkeiten macht. Es gibt also keinen Kummer wegen mißlungener Winterblüte! Die *Cleyera* ist recht robust, kann über Sommer halbschattig ohne weiteres auch im Freien stehen; sie verlangt allerdings nach Möglichkeit einen etwas kühleren Winterplatz mit 10–12° C.

**Gießen** Das sehr feine und dichte Wurzelgeflecht neigt zum Austrocknen. Achtung vor Ballentrockenheit, daher auch im Winter bei sparsamem Gießen gleichmäßig feucht halten. Blätter durch Sprühen oder Abwischen mit feuchtem Wattebausch entstauben. Wasser auf pH 4,5–5 enthärten, temperiert verabreichen.

**Umtopfen** Nach Bedarf im Frühjahr. Erde Typ EE oder Composana. Gut andrücken.

**Düngung** und alle übrigen Maßnahmen einschließlich Pflanzenschutz wie Kamelie.

*Cleyera japonica* 'Tricolor', Sperrstrauch, Familie Rutaceae / Rautengewächse

# **Clivia** Klivie

Ihr Name klingt nach Römischen Elegien und Sommernachtstraum, aber weit gefehlt: Früher einmal hieß sie *Himantophyllum*, dann kam eine botanische Neuordnung und mit ihr Lady Clive (sprich: klaiv), Herzogin von Northumberland († 1886). Sie schuf als Ehrenpatin die Verbindung zum feinsten englischen Hochadel nördlichsten Gepräges.

**Herkunft** Die Gattung *Clivia* hat drei Arten, die alle in Südafrika beheimatet sind. In gärtnerischer Kultur ist lediglich *Clivia miniata*, die man im Gebiet von Natal an Hängen und in Gebirgstälern findet, wo es lehmigen Boden mit durchlässigem Untergrund und einer fruchtbaren Humusauflage gibt. Als Ausnahme kommt auch *C. nobilis* aus dem Kapland vor. Sie ist im ganzen bescheidener und ebenso anspruchslos wie die prunkvollere große Schwester.

**Pflanzengestalt** Sie ist keine echte Zwiebelblume, sondern besitzt einen sogenannten Zwiebelstamm, der von dicken, zwiebeligen Blattscheiden eingehüllt und Zentrum der dichtfaserigen fleischigen Wurzeln ist. Der Blattform wegen heißt die Klivie auch 'Riemenblatt'. Das Laub ist immergrün, bodenständig, treibt inmitten der mehrjährigen dicken Blattscheiden stets paarig aus, so daß mit der Zeit über der Erde ein starker Grundstamm aus weiter oben auseinanderfallenden Blättern entsteht. Höhe um 60 cm.

**Blüte** Der stabile, mindestens handbreit die Blätter überragende Blütenschaft ist etwas flachgedrückt; er treibt oben eine große Dolde aus 10 bis 20 mennigroten, gelegentlich auch etwas helleren oder dunkleren, immer sehr ansehnlichen Einzelblüten. Der Schaft treibt im zeitigen Frühjahr dicht neben oder zwischen den Blättern, jedoch nie aus dem Wachstumszentrum. Die manchmal geäußerte Sorge, daß eine Klivie nach der Blüte eingehen könnte, ist biologisch gesehen gegenstandslos. Vielmehr kommt es bei guter Pflege nicht selten zu einer zweiten Blüte im Herbst. Und wer die nach der Blüte erscheinenden »Kindel« nicht in übertriebenem Vermehrungswunsch sogleich wegnimmt, kann mit den Jahren prächtige Familien mit einem Dutzend und mehr Blütenständen auf einmal erzielen. Unser Bild zeigt eine etwa zehnjährige Pflanze!

**Verwendung** Schon vor weit mehr als hundert Jahren galt die Klivie als eine der anspruchslosesten, zugleich auch während der Blütenlosigkeit durchaus ansehnlichen Zimmerpflanzen – läßt sie sich doch fast alles gefallen, ist auch mit wenig Licht und relativ schlechter Luft zufrieden, daher als Standard-Topfblume in mäßig hellen Gaststätten sehr geschätzt.

**Pflege** Hauptanliegen: jahrein, jahraus, Sommer und Winter denselben Standort beibehalten. Nicht drehen (Lichtmarke!). Helles Fenster mit Morgensonne ist sehr bekömmlich. Beste Temperatur Oktober–Januar nicht über 10–12° C. Das entspricht in etwa einem Fensterplatz hinter dem zugezogenen Store im vollbeheizten Raum, wobei selbstverständlich keine Heizquelle unter dem Fenster liegen darf. Keine Empfindlichkeit gegen trockene Luft.

**Gießen** Hier liegt eine der Hauptfehlerquellen für das Versagen von Klivien: ihre Wurzeln vertragen keine stauende Nässe – siehe die Angaben über Bodenverhältnisse im Ursprungsgebiet! Deshalb über Sommer zwar reichlich gießen, aber Fußbäder vermeiden und bis zum nächsten Mal Abtrocknen der Erdoberfläche abwarten; während der Ruhezeit Sept.–Januar je nach Raumtemperatur möglichst trocken halten. Am kühlen Platz braucht man so gut wie gar nicht zu gießen. Sprühen allenfalls während des ersten Blattwachstums und des Treibens der Blüte erwünscht; Blätter gelegentlich mit dem feuchten Wattebäuschchen vom Staub befreien. Bester pH-Wert: 6,5–7.

**Düngen** Nur während der Wachstumszeit von Februar–Juli alle 1–2 Wochen. Ab Ende Juli, sobald keine Blätter mehr nachwachsen, zur Ausreifung und Vorbereitung auf die Ruhezeit Düngung innerhalb von 4–6 Wochen allmählich einstellen.

**Umtopfen** Je älter die Klivie, desto seltener. Jungpflanzen zuerst jährlich, dann in immer größeren Abständen. Alte Erde zwischen den Wurzeln vorsichtig mit Stäbchen entfernen; große Pflanzen sollten eine Vorratsdüngung wie Kübelpflanzen erhalten. Erde: Typ EE oder Composana; bester Zeitpunkt: bald nach der Blüte.

**Vermehrung** Seitensprosse (Kindel) nicht vor dem 2. Jahr mit mindestens 4–5 Blättern und bei guter Wüchsigkeit vorsichtig, nach Freilegen der Wurzeln, von der Mutterpflanze lostrennen (s. Kapitel »Pflanzenkinderstuben«, Seite 75), in kleine Töpfchen mit Anzuchterde aus Sand und Torf 1:1 setzen. Sobald sich ein kleiner Torfballen gebildet hat, in größeren Topf mit Blumenerde umsetzen. Ob man die Kindel überhaupt wegnehmen soll, ist eine Grundsatzfrage, die zum Teil auch von den Unterbringungsmöglichkeiten einer immer größer werdenden »Klivien-Familie« – zuletzt von Kübelausmaßen! – abhängt. Siehe dazu die Anmerkungen am Schluß des Abschnitts Blüte.

**Pflanzenschutz** Befall mit Schmier- und Schildläusen ist meist eine Folge des zu warmen Winterstandorts und wegen der Hartnäckigkeit des Übels recht unangenehm. Die in den Blatt-

*Clivia miniata,* Klivie, Familie Amaryllidaceae / Amaryllisgewächse

achseln eingenisteten Läuse vermehren sich ständig weiter und sind nur durch äußerst konsequent durchgeführte Maßnahmen nebst erstarkender Gesundheit der Pflanze allmählich auszurotten. Bei Bekämpfung nach Vorschrift besonders auf Ausspritzen der Blattscheiden (Blattachseln) achten, um die Brut zu vernichten. Behandlung notfalls im Abstand von 8–10 Tagen mehrfach wiederholen, vor allem aber Ursachen des Befalls, wie falschen Standort u. ä., beseitigen.

**Wichtig** Klivien, die nicht blühen wollen, sind meist durch Vorenthaltung ihrer notwendigen Ruhezeit mangelhaft ausgereift. Zu kurze, »sitzengebliebene« Blütenschäfte sind eine Folge mangelnder Wärme während der Blütenbildung bis Oktober. Nach der Blüte bilden sich nicht selten mennigrote Samenkapseln. Sie zu belassen, hat wenig Zweck und kostet die Pflanze nur unnötig Kraft. Die »selbstgezogenen« Samen sind meist nicht keimfähig. Zwar ist Anzucht aus Samen an sich möglich, jedoch recht langwierig: bei bester Pflege dauert es von der Aussaat bis zur ersten Blüte mindestens drei Jahre, in Liebhaberkultur noch länger. Gut ausgereift abgenommene Kindel blühen oft schon im 2. Jahr.

# **Codiaeum** Kroton, Wunderstrauch

Ausnahmen bestätigen die Regel, daß diese herrliche Pflanze nicht nur ein Hätschelkind für Liebhaber mit Tropenfenster ist. Immer wieder begegnet man Prachtexemplaren, die blühend und in makelloser Blätterschönheit auch im Zimmer ein Jahrzehnt und mehr hinter sich bringen. Milchsaft siehe »Weihnachtsstern«.

**Herkunft** Heimat dieses tropischen Wolfsmilchgewächses ist Indien und der Malayische Archipel, wo der 'Croton' in 14 Arten leuchtend buntbelaubter Bäume und Sträucher mehrere Meter hoch wird. Dort wurde der »Wunderstrauch« angeblich um 1860 von dem berühmten englischen Gärtner und Pflanzensammler John Gould Veitch auf einer Ostasienreise entdeckt. Er brachte die schon damals in den Ursprungsgebieten und heute auch in vielen anderen tropischen Ländern als Zierpflanze geschätzte Neuheit mit nach Europa. Hier entstanden seither so viele Kreuzungen, daß man sie kaum mehr nach Namensorten ordnen kann, sondern sich mit der allgemeinen Bezeichnung *Codiaeum variegatum var. pictum* begnügt.

**Pflanzengestalt** Immergrüne Sträucher mit Blättern unterschiedlichster, stets unsymmetrischer Form zwischen breit und schmal, auch korkenzieherartig gedreht, überwiegend drei- und vierfarbig in strahlenden Grün-, Rot-, Weiß-, Rosa-, Gelb- und Brauntönen, punktiert, geädert, marmoriert oder gefleckt.

**Blüte** Bei guter Eingewöhnung unscheinbare Wolfsmilchblütchen meist im Nachwinter oder Frühjahr.

**Züchterischer Fortschritt** Es ist noch nicht lange her, daß der Kroton als ausgesprochene Warmhauspflanze galt. Wegen ihrer dekorativen Wirkung in Schalen und anderen Arrangements verwendete Jungpflanzen überlebten bei einfacher Zimmerkultur selten den ersten Winter. Durch strenge Auslese und Vermehrung nur bestbewährter Sorten bahnt sich hier ein spürbarer Wandel an: die Wundersträucher sind robuster geworden.

**Standort** Sommer wie Winter lichter Schatten ohne direkte Besonnung. Lichtmangel bewirkt Verblassen oder Vergrünen der bunten Blätter.

**Temperatur** Gleichmäßige Luft- und Bodenwärme, – im Winter 16–18° C: weniger bringt Unterkühlungsschäden mit Laubfall; mehr bewirkt statt Ruhezeit Weitertreiben und Ausbildung kleinerer, mangelhaft eingefärbter Blätter, die im Gesamtbild der Pflanze stören.

**Gießen und Sprühen** Von März bis August ziemlich feucht halten, ab Herbst sparsamer gießen; ganzjährig vor Luft- und Ballentrockenheit hüten; dies gilt besonders bei einfacher Zimmerkultur ohne Tropenfenster. Trokkene Heizungsluft bewirkt Laubfall und Verkahlen der unteren Stammteile, Dahinsiechen auf kahlem Stamm als »Kronenbäumchen« . . .

**Düngen** Bei gesundem Austrieb ohne wesentliche Blattverluste von März bis August wöchentlich einmal.

**Vermehrung** Nur in Warmhauskultur.

**Pflanzenschutz** Pflegefehler bringen hartnäckigen Schildlausbefall; Rote Spinne und Thrips vor allem bei Lufttrockenheit im Winter.

*Codiaeum variegatum var. pictum,* Kroton, Wunderstrauch, Fam. Euphorbiaceae / Wolfsmilchgewächse (siehe auch Bild S. 39)

# **Coelogyne** Hohlnarbe

Wer den Kopf schüttelt, wenn von Orchideen in Zimmerkultur die Rede ist, wird oft nicht leicht eines Besseren zu belehren sein. Aber allein in der Gruppe der herrlich blühenden Coelogynen gibt es einige der wichtigsten und vom Orchideenliebhaber – auch Anfänger – begehrtesten Pflanzen. Der Versuch lohnt unbedingt!

**Herkunft** Die Hauptart *Coelogyne cristata* wurde um 1830 im indischen Nepal am Himalaja gefunden. Sie gedeiht dort auf feuchten Felsen und abgestorbenen Bäumen bis 2000 m Höhe und mehr. Andere Coelogynen leben in den Monsumgebieten von Ceylon bis zur Südseeinsel Samoa. *C. fimbriata,* eine ebenfalls für Zimmerkultur bestens geeignete Zwergform, kam 1825 aus Südchina nach Europa. *C. dayana* und *C. massangeana* sind auf den Inseln des Malayischen Archipels – Sumatra, Java, Borneo – zu Hause.

**Pflanzengestalt** Insgesamt gibt es 120 Arten, die teils terrestrisch als Erdorchideen, teils epiphytisch als Baumorchideen leben. *C. cristata* bildet eiförmige bis kugelige, etwa 6 cm hohe Pseudobulben mit je zwei Blättern von etwa 30 cm Länge. *C. dayana* und *C. massangeana* können Bulben bis 12 cm Höhe und halbmeterlange Blätter entwickeln. Je größer und kräftiger die zartgrünen Bulben, desto schöner, gesünder und blühwilliger die Pflanzen.

**Blüte** *C. cristata* bringt bis 10 cm große Einzelblumen in 3–4blütigen hängenden Trauben. Da sich die Blüten – crèmeweiß mit gelben Kämmen auf der Lippe – immer gleichzeitig öffnen, bieten große, ältere Pflanzen, die Dutzende von Blüten tragen können, einen herrlichen Anblick. Gleiches gilt für die bis meterlang herabhängenden Blütentrauben der beiden anderen Arten, deren bis 5 cm große, insgesamt zierlichere Einzelblüten ebenfalls crèmeweiß sind, aber noch gelbgerandete und sepiabraun gezeichnete Lippen haben. Alle Coelogynenblüten sind zwar wegen mangelnder Haltbarkeit zum Schnitt nicht geeignet, jedoch an der Pflanze erstaunlich lange haltbar. Blütezeit *C. cristata* Jan.–April; die beiden anderen Früh- bis Hochsommer.

**Pflege** Kultur im Orchideenkörbchen, – sehr gut auch in Hydrokultur. Aufhängung über Sommer luftig, dabei mäßig feucht halten; bei kühlerem Winterplatz (14–16° C) ziemlich trocken halten. Zusätzliche Luftfeuchtigkeit nur während des Trieb- und Blütenwachstums. Allgemeine Regeln über Wasser (pH 4–4,5), Düngung (salzfrei), Umtopfen und Pflanzstoff, Vermehrung (hier durch Teilen der Bulben) siehe auch die übrigen Orchideen.

**Wichtig** Strenge Ruhezeit.

*Coelogyne cristata,* Hohlnarbe, Familie Orchidaceae / Orchideen

# **Coffea arabica** Kaffeebäumchen

Das Kaffeebäumchen gehört zu jener gar nicht kleinen Gruppe beachtlicher Zimmerpflanzen, die gewissermaßen nur von der Liebe ihrer Besitzer leben – mehr noch von der Liebe derer, die gern auch so ein reizendes Bäumchen haben wollen. Obwohl einfach zu halten, bekommt man es – jedenfalls hierzulande – nicht zu kaufen. Saatgut zeitweise im Exotenhandel erhältlich.

**Herkunft** Alte Weisheit: der Kaffee und somit auch die Kaffeepflanze stammen aus Arabien. Von dort wurden sie des Nutzens und des Genusses wegen zunächst in die tropischen Anbaugebiete der Alten Welt gebracht, dann weiter auch in andere Erdteile. Die Gattung *Coffea* umfaßt rund 50 Arten von Sträuchern und kleinen Bäumen, die überwiegend im tropischen Afrika zu Hause sind. Wichtigste Art war seit eh und je *Coffea arabica,* von der es auch eine für einfache Zimmerkultur besonders geeignete Zwergform *C. arabica nana* geben soll.

**Pflanzengestalt** Der Kaffeestrauch als tropische Freiland-Nutzpflanze wird bei etwas sperrigem Wuchs 3–5 m hoch; in botanischen Gärten unter Glas erreicht er 3 m; gut gepflegte alte Pflanzen in Zimmerkultur können ohne weiteres mit der Zeit 2 m Höhe erreichen. Normales Zimmermaß selbstgezogener, zunächst eintriebiger Pflanzen: 60–80 cm. Waagrechte Seitenzweige, immergrüne, leicht gewellte, dunkelgrün-glänzende gegenständige Blätter.

**Blüte** Die schneeweißen duftenden schmal-sternförmigen Blüten erscheinen ab dem 3.–4. Standjahr – bei der Zwergform früher – stets zu mehreren aus den Blattachseln. Blütezeit: Sommer bis Spätsommer.

**Pflege** Standort ganzjährig im Zimmer, halbschattig, keine Prallsonne, wenn's geht, im Winter etwas heller. Wachstums- und Blütezeit März/April bis Aug./Sept. Während dieser Zeit etwas Luftfeuchtigkeit erwünscht, daher öfter sprühen. Ruhezeit von Okt.–Febr. bei mäßiger Wärme (15–20° C), wobei ein Absinken der Bodenwärme unter 16–18° C schlechter vertragen wird als fehlende Luftwärme.

**Gießen** Wüchsige Pflanzen über Sommer reichlich, doch ohne stauende Nässe; Wasser auf pH 4,5–5 enthärten. Winter: je nach Raumtemperatur, doch sparsam, aber Ballentrokkenheit verhüten.

**Sprühen** Während der Austriebszeit günstig; Wasser temperiert, wie oben.

**Düngen** April–Aug. alle 1–2 Wochen kalkarme Volldüngerlösung. Bis Mitte Sept. zum Ausreifen des Holzes dann langsam einstellen.

**Umtopfen** Nach Bedarf bei Austriebsbeginn in geräumige Pflanzgefäße. Erde nahrhaft, humos, durchlässig. Typ EE.

**Vermehrung** Eigene Anzucht aus nur ganz frischen Samenkernen schafft beste Voraussetzungen auch für einfache Zimmerkultur. Rote Beerenfrüchte aus Luftfracht-Importen im Exotenhandel gewährleisten Keimfähigkeit; ebenso voll ausgereifte Kaffeebohnen aus Warmhauskultur; »Selbstgezogenes« ist oft nicht keimfähig. Kerne im Frühjahr zu zweit oder dritt in Saatschalen mit feuchtem Sand legen, bei 24–26° C (beheiztes Vermehrungsbeet!) rasch zum Keimen bringen, bietet bessere Voraussetzungen als langsame Keimung bei niedrigeren Temperaturen. Jungpflänzchen zuerst in 1:1 Anzuchterde, dann nach weiterem Wachstum um Sommermitte in Erde wie oben umsetzen.

**Pflanzenschutz** Schildläuse im Winter können sehr lästig werden.

*Coffea arabica,* Kaffeebäumchen, Fam. Rubiaceae / Krappgewächse

# Colchicum Herbstzeitlose

Sie stehen für gewöhnlich in Massen auf feuchten Wiesen und werden ihrer Blätterlosigkeit wegen im Volksmund auch »Jungfern ohne Hemd« genannt. Es gibt ihrer jedoch – außer der heimischen Wildpflanze – noch rund ein halbes Hundert andere Arten. Einige ihrer großblumigen Gartenformen haben dann auch Eingang in die Zimmerpflanzenkultur gefunden.

**Herkunft** Die zur Zimmerkultur geeigneten Arten stammen aus Nordafrika und West- bis Mittelasien. Aus ihnen wurden viele schöne Sorten gezüchtet.

**Pflanzengestalt** Die eiförmigen, je nach Sorte mehr oder weniger großen Zwiebeln sitzen in braunen, weit über den »Hals« hinausragenden Schalen. *Colchicum* wird seit 1561 (!) in europäischen Gärten kultiviert. Es spielte übrigens seit jeher als Mittel gegen mancherlei Gebrechen in der Volksheilkunde eine Rolle. Das ihm innewohnende giftige Alkaloid Cholchicin gilt noch heute offizinell als Mittel gegen Gicht, Rheuma und Wassersucht. Besonders gifthaltig sind die Samen, die bei den Kulturformen freilich kaum noch zur Auswirkung kommen: sie sind steril oder fehlen.

**Verwendung** Die rundlichen Zwiebeln sind nicht nur im Fachhandel erhältlich, sondern werden wie die immer noch als *Arum cornutum* gehandelte und in diesem Buch auf S. 325 vorgestellte Eidechsenwurz – mit botanischem Namen heute *Sauromatum venosum* – auch auf Messen und Märkten angeboten. Sie gelten da als »Trockenblüher«, die man nur auf einen mit feuchtem Moos gefüllten Untersetzer oder auch ohne jede weitere Starthilfe im warmen Zimmer hinzulegen braucht. Sie treiben dann im Laufe weniger Wochen willig aus und entfalten je nach Sorte ihre zum Teil sehr ansehnlichen Blüten. Sobald der Flor vergangen ist, sollte man die Zwiebeln unverzüglich in den Garten setzen, da noch im späteren Herbst das Wurzelwachstum beginnt. Im Frühjahr treiben sie dann üppig sich entwickelnde Blätterhorste, die – ebenso wie bei anderen Zwiebelblumen und Knollengewächsen – erst nach dem natürlichen Vergilben entfernt werden dürfen. Ohne Ausreifen der Blätter und gleichzeitige Entwicklung der neuen Blühanlage kann es auch keine Wiederblüte im Freiland geben.

*Colchicum autumnale* 'Lilac Wonder', Herbstzeitlose, Fam. Liliaceae / Lilien

**Sortiment** Als Trockenblüher am besten geeignet sind großblütige Gartenhybriden wie 'Autumn Queen', 'Lilac Wonder', 'Princess Astrid', 'The Giant', 'Waterlily'. Diese Edel-Herbstzeitlosen liefern auch gute Schnittblumen von erstaunlicher Haltbarkeit.

# Coleus Buntnessel

Die Pracht ihrer bunten Blätter ist kaum zu beschreiben. Sie ist eine einfache Marktpflanze und zum »preiswerten Vergnügen« geschaffen. Aber drei Kardinalfehler machen das immer wieder zweifelhaft: 1. Lichtmangel läßt die Farben vergrünen; 2. kalkhaltiges Gießwasser und ebensolcher Boden schädigen die Pflanze; 3. Ballentrockenheit bringt sie vollends zum Erliegen.

**Herkunft** Über 200 Arten von Kräutern und Halbsträuchern gibt es im tropischen Asien und Afrika. Gärtnerische Auslese ist seit über 100 Jahren mit immer noch steigendem Erfolg in Kultur.

**Pflanzengestalt** Man unterscheidet zwei Gruppen: 1. die wegen ihrer herrlich bunten Belaubung nur als Blattpflanzen weitergezüchteten Sorten mit dem Sammelnamen *Coleus-Blumei*-Hybriden; sie sind je nach Sorte 30–60 cm hoch, haben kantige, am Grund verholzende Stengel und länglich-eirunde, spitz zulaufende gezähnte Blätter von sortenverschiedener Größe und Farbigkeit. Sommerblüte unerheblich. Blütenansätze am

*Coleus-Blumei*-Hybride, Buntnessel, Familie Labiatae / Lippenblütler

besten gleich auskneifen. Die Pflanzen sind an sich mehrjährig, doch ist die Weiterkultur kaum lohnend. – 2. Einjährige oder ausdauernde Arten mit sehr schöner Winterblüte findet man überwiegend nur in Gewächshauskultur. So *C. fredericii* aus Angola (Westafrika), wächst zu meterhohen, reich verzweigten Büschen mit hellgrünen Blättern heran, blüht im Dez. in langen Rispen mit tiefblauen Blumen, ist einjährig, samt sich am Stand reich aus. *C. thyrsoideus,* ebenfalls aus Afrika und bis meterhoch, wächst unverzweigt steif aufrecht, blüht leuchtend blau in sich verzweigender endständiger Rispe von Dez. bis Febr. Ausdauernd. Zwischen beiden Gruppen steht *Coleus pumilus* (früher *C. rehneltanius*), die »Hängende Buntnessel« oder »Blumennessel«. Sie stammt von den Philippinen, hat dünne hängende Zweige, zierliche bunte Blätter und blüht von November bis zum Frühjahr wunderhübsch himmelblau in 10–20 cm langen Rispen. Schöne ausdauernde Ampelpflanze.

**Verwendung** *Coleus-Blumei*-Hybrigen kauft man im Frühjahr als fertige Topfpflanzen im Handel. Sie sind dann kräftig im Wuchs, buschig in der Form und leuchtend im Farbenspiel ihrer Belaubung, aber auch sehr frostempfindlich, daher zur Verwendung als Balkon- und Gartenpflanzen erst nach Maimitte ins Freie bringen.

**Pflege** Intensive Blattfärbung nur bei viel Licht, deshalb hellsten Platz im Raum geben, am Südfenster bei Mittagshitze etwas schattieren. Zu wenig Licht bewirkt Farblosigkeit und Vergrünen der Blätter. Zur Überwinterung ebenfalls sehr hell und warm stellen; dadurch ist aber die Gefahr des Schädlingsbefalls groß. Überwinterte Pflanzen sind auch meist schon sparrig im Wuchs und unten herum verkahlt, so daß Weiterpflege im allgemeinen nicht lohnt. Besser: im Herbst wegwerfen, im Frühjahr wieder Jungpflanzen kaufen.

*Winterblüher* haben einen ihrem Wachstumsrhythmus entsprechenden Pflegeplan: Hauptversorgung mit Gießen, gelegentlichem Sprühen und Düngen fällt hier in die Monate November–April; dann ruhiger Sommer, etwas trockener halten, doch vor Ballentrockenheit hüten. Das gilt vor allem für *C. pumilus,* der auch vor Austriebsbeginn zur Bildung kräftiger Jungtriebe etwas zurückgestutzt.

**Gießen** Große Empfindlichkeit gegen kalkhaltiges Wasser bedingt Enthärtung auf pH 4–4,5. *C.-Blumei*-Hybriden über Sommer reichlich gießen, bei großer Sommerhitze gelegentlich sprühen. Winterblüher siehe Abschnitt Pflege.

**Düngen** Während der Wachstumszeit möglichst kalkfreie oder kalkarme Volldüngergaben, z. B. Crescal, Compo flüssig.

**Umtopfen** Soweit Weiterkultur es erfordert oder bei Austopfen für Kastenkultur unbedingt kalkfreie Erdmischungen oder Substrate verwenden. Sehr geeignet: TKS (Torfkultursubstrat), sofern keine Gefahr des Austrocknens und schwerer Wieder-Benetzbarkeit besteht.

**Vermehrung** Ist im allgemeinen nicht üblich, an sich jedoch einfach. Krautige Kopfstecklinge bewurzeln in Saatschalen oder kleinsten Töpfen mit feuchtgehaltener Anzuchterde (hälftig kalkfreier – »scharfer« – Sand) innerhalb weniger Tage. Auch Wurzelziehen im wassergefüllten dunklen Fläschchen und Stecklinge, danach in TKS oder ähnliche kalkfreie Erdmischung setzen, gelingt ohne weiteres. Beste Zeit: Frühjahr bis Sommermitte. Die Jungpflanzen werden 1–2mal umgesetzt und zur Erzielung eines buschigen Wuchses zurückgestutzt. Überwinterung solcher Jungpflanzen lohnt. Anzucht aus Samen mit Aussaat im Febr.–März ist Liebhaber-Feinarbeit. Der Fachhandel führt viele Sorten und Mischungen.

**Wichtig** Beachtung der Grundregeln bringt Pflanzen von ungeahnter Üppigkeit und Intensität der Farben. Blütenansätze sollten bei Kultur als Blattpflanzen ausgekniffen werden.

# **Columnea** Kolumnee

Ähnlich wie der Weihnachtsstern hat auch die *Columnea* mit dem weithin unbekannten deutschen Namen »Rachenrebe« den Blumenfreunden immer ein wenig Kummer bereitet. In Zimmerluft und manchmal sogar im Blumenfenster verkahlten die Triebe, und die Wiederblüte blieb aus. Jetzt gibt es neue bessere Sorten.

**Herkunft** Im botanischen Namen *Columnea* steckt der latinisierte italienische Botaniker Fabio Colonna (1567 bis 1640). Es gibt an 160 Arten, die in Regenwäldern des tropischen Mittelamerika (Costa Rica, Panama, auch Mexiko sowie auf Haiti und Puerto Rico) gefunden wurden. Die meisten heute kultivierten Arten waren noch vor 1900 unbekannt.

**Pflanzengestalt** Epiphytisch – als »Aufsitzerpflanzen« – in den Kronen der Urwaldbäume lebende Sträucher und Halbsträucher, auch kletternde, hängende oder kriechende Kräuter. Bei den in Kultur befindlichen Arten bilden sich lang herabhängende Triebe mit immergrünen, unterschiedlich geformten und strukturierten gegenständigen kleinen Blättern.

**Blüten** Erscheinen meist einzeln, an kurzen Stielen, in den Blattachseln; auch büschelförmige Anordnung kommt vor. Farbe zinnoberrot oder orangerot, auch mit gelbem Schlund. Blütezeit Herbst oder Nachwinter, manchmal auch zweite Blüte.

**Sortiment** Die alten Hauptarten sind *C. gloriosa* als schönste und anspruchsvollste mit Zuchtform 'Purpurea'; *C. hirta* mit sehr großen Rachenblüten und sehr langer Blütezeit von Spätwinter bis Frühjahr; *C. microphylla* als hübsche Kleinform; *C. schiedeana* wächst am stärksten und blüht von März–Mai bräunlich, innen gelb und netzartig geadert. Alle werden überboten durch die halb aufrecht wachsende, besonders harte *C. kewensis*, deren Qualität heute sehr betont wird; ferner durch die Sorte 'Stavanger' mit langen Trieben und kleinen Blättern sowie eine neue Gruppe von *Columnea*-Hybriden, die vor allem in den USA gefördert werden. Sie sollen viele Probleme lösen.

**Pflege** Aufhängung halbschattig-hell, ohne direkte Besonnung. Wintertemperatur 15–18° C; kühlste Zeit: 10 bis 15° C im Herbst. Ständig hohe Luftfeuchtigkeit ohne direkte Benetzung. Gießen nur mit temperiertem enthärtetem Wasser. Düngen während der Wachstumszeit wöchentlich, kalkfrei (Crescal, Compo flüssig).

**Umtopfen** Nach Abschluß der Blüte in größere, flache Pflanzgefäße.

**Pflanzenschutz** Laubfall bei Zugluft.

*Columnea hybr.*, Fam. Gesneriaceae / Gesneriengewächse

## **Conophytum** Blühende Steine

Unter den durch seltsame Formen und oft noch merkwürdigere Lebensgewohnheiten auffallenden Aizoaceen oder Mittagsblumengewächsen ist die Gattung *Conophytum* eine der artenreichsten. Zanders Pflanzenwörterbuch nennt allein 33 Arten solcher »Blühenden Steine«; wissenschaftlich erfaßt sind über 300 Arten!

*Conophytum ficiforme* (Bild) leistet sich noch einen besonderen Scherz: seine violettrosa Blüten sind alles andere als »Mittagsblumen«, denn sie öffnen sich nur bei Nacht. Auch gehört es zu jenen Arten, die ihren Pflegern durch »umgekehrten Zeitsinn« besondere Sorgfalt abverlangen: seine Ruhezeit fällt in die Monate April bis August. Da muß man es ganz trocken halten, so daß die Körperchen runzelig werden. Dann platzt die Haut, und mit den neu austreibenden Körpern kommt die Blüte: die Wachstumszeit hat begonnen und dauert vom Herbst bis zum Frühjahr. Während dieser Zeit die Pflanzen hell, luftig und etwas feucht halten. Vorsichtigste Bewässerung und gelegentliches Einnebeln sind überhaupt das A und O aller Mittagsblumenpflege. Vgl. dazu: *Argyroderma* S. 128 sowie die übrigen Aizoaceen auf den S. 209, 219 und 252.

*Conophytum ficiforme,* Blühende Steine, Familie Aizoaceae / Mittagsblumengewächse

## **Convallaria** Maiglöckchen

In Blumenbüchern, die nach Themenkreisen angelegt sind, steht das Maiglöckchen im Kapitel über das Treiben von Blumenzwiebeln. Es erweist sich dabei in doppelter Hinsicht als Grenzfall. Denn es geht bei jenen Treibzwiebeln nicht um echte Zimmerpflanzen, und zudem ist das Maiglöckchen keine Zwiebelblume.

**Herkunft** Bei Linné hieß es botanisch noch *Lilium convallium,* und in den USA nennt man es noch heute 'Lily of the valley' – die »Lilie des Tals«. Denn dort wie auch in den gemäßigten Zonen Europas und Asiens wächst das Maiglöckchen vielfach wild in den Tallagen lichter Laubwälder mit kalkhaltigem Boden und auf Urgestein. Als Topfblume kann man die völlig winterharte kleine Staude also keinesfalls ansprechen. So wird sie denn auch in den einschlägigen Katalogen als »echtes, riesenblumiges, stark duftendes Gartenmaiglöckchen« angeboten, und nur sozusagen in Klammern steht dabei, daß man »auch stärkere Keime für Zimmerkultur« haben kann.

**Pflanzengestalt** Wie Maiglöckchen oberirdisch aussehen, weiß wohl jeder. Unterirdisch gehören sie zu den Rhizompflanzen, die sich mit ausläuferartigen, weit umherkriechenden

Grundstämmen im Boden ausbreiten.
**Verwendung** Um zur Weihnachtszeit blühende Maiglöckchen zu haben, kauft man die als »Eiskeime« bekannten, bereits im vorigen Winter – spätestens März – im Kühlhaus eingelagerten Blühkeime. Sie werden entweder mit entsprechender Anlaufzeit gleich fertig in Behältern mit feuchtem Moos geliefert: dann bleibt nichts weiter zu tun, als die Kunstofftöpfchen oder gewachsten Papierbecher bei mäßiger Wärme feucht zu halten.
Oder man setzt die vorbehandelten, gebündelt erworbenen Keime, nach Einstutzen der längsten Wurzeln dutzendweise in nicht zu flache Pflanzschalen, die mit einer Mischung aus Erde und feuchtem Torfmull 1:1 beschickt wurden. Die Keimspitzen sollen gerade eben aus der Erde hervorsehen; sie werden reichlich fingerdick mit feuchtem Moos abgedeckt. Schalen beiseite stellen, feucht und warm halten, bis das Laub durchzutreiben anfängt. Nun das Moos bis auf eine dünne Deckschicht abnehmen, die Pflanzgefäße hell und kühl stellen. Die beste Temperatur für knospende und blühende Maiglöckchen liegt bei 12° C. Im voll beheizten Zimmer dauert der Flor nur wenige Tage. Durch Folgepflanzungen kann man bis in den März hinein blühende Maiglöckchen haben.
**Wundertöpfe** Es gibt nicht nur für Krokus, sondern auch für Maiglöckchen »Wundertöpfe« – in diesem Fall wiederum Kunststoff- oder Pergaminbecher, die 4–6 Eiskeime enthalten und mit Alufolie abgedeckt sind.
**Wichtig** Aus Maiglöckchenblüten werden manchmal hübsche rote Beeren. Sie sind ebenso wie die ganze Pflanze giftig. Also Vorsicht! Abgetriebene Maiglöckchen können zwar noch im Garten ausgepflanzt werden, doch bringen sie meist keine Blüten mehr. Wurzelgeflecht ist Unkrautschutz.

*Convallaria majalis*, Maiglöckchen, Familie Liliaceae / Liliengewächse

# **Cordyline** Keulenlilie

Früher war sie ein Liliengewächs. Aber beim letzten großen Aufräumen der Nomenklatur-Kommission wurde sie der neu gegründeten Familie der Agavengewächse zugeordnet (s. Kap. Pflanzenfamilien). Dieser Akt der botanischen Systematik hat natürlich nichts mit ihren Qualitäten als Zimmerpflanze zu tun!

**Herkunft** Es gibt etwa 20 Arten, die überwiegend aus Indien und dem australischen Raum stammen.
**Pflanzengestalt** Es gibt tropische und halbtropische Bäume, Sträucher und Halbsträucher, von denen manche in ihren Heimatländern 12–15 m hoch werden, während stammlose Arten als Büsche kaum Mannshöhe erreichen. Zu unterscheiden ist auch zwischen Arten mit ungestielten riemenförmigen, oft schwertförmig zugespitzten Blättern und anderen, deren gestieltes Laub breiter und deutlich geädert ist. Alle blühen mehr oder weniger auffallend erst im höheren Alter.
**Verwechslungen** Infolge ihrer engen Verwandtschaft mit den Drazänen gehen die botanischen und die an sich überholten alten Handelsnamen oft arg durcheinander. Dabei sind beide Gattungen leicht zu unterscheiden: Alle Cordylinen haben weiße Wurzeln mit keulenförmigen Speicherknollen

*Cordyline terminalis* 'Tricolor', Familie Agavaceae / Agavengewächse

(daher der Name »Keulenlilie«), alle Drazänen haben im Schnitt deutlich gelbe Wurzeln.

**Sortiment** *C. australis,* die Australische Keulenlilie, und *C. stricta,* die Straffblättrige Keulenlilie *(Dracaena congesta)* sind Kalthauspflanzen mit grünen oder stark veränderlichen bunten Blättern. Ältere Exemplare von *C. australis* werden so groß, daß sie nur noch für hohe, weite Räume in Frage kommen. *C. stricta* bleibt kleiner. *C. terminalis* nebst ihren vielen Sorten sind Warmhauspflanzen. Nur die rotblättrigen Formen eignen sich für Zimmerkultur. (Pflege siehe *Dracaena,* Seite 193.)

## **Coryphantha** Koryphante

Im Sortiment des Kakteensammlers spielt die Gattung *Coryphanta* eine besondere Rolle. Manche meinen, sie seien nicht ganz leicht zu pflegen, andere wieder sind begeistert von ihrem willigen Gedeihen, ihrer aparten Bestachelung und ihrer Blütenschönheit ohne Rückschläge.

**Herkunft** Nicht jeder weiß, daß man es hier mit zwei in ihren Lebensbedingungen recht verschiedenen Gruppen zu tun hat. Zwar stammen die Coryphanten durchweg aus dem Südwesten der USA und Mexiko. Doch während die einen »extremen Wüstenbewohnern« zugeordnet werden und wirklich nicht ganz leicht zu halten sind, gehören die anderen den mehr »normal« gearteten Graslandbewohnern an.

**Pflanzengestalt** Die *mammillaria*-ähnlichen Kugelkakteen werden 8–12 cm groß, *C. elephantidens,* eine leichter pflegliche Art, erreicht sogar bis etwa 18 cm Durchmesser. Alle sind mit Warzen bedeckt, aus deren Mitte die kräftigen, farbig vom Körper abstehenden Stacheln sprießen. Die seidig glänzenden zitronengelben oder rosa Blüten erscheinen im Scheitel.

**Pflege** Die Wüstenbewohner (Kennzeichen: stärkere Bestachelung) verlangen kargen, steinigen, humusfreien Boden; Wurzelhals zwischen Bimskiesstücke einbetten; sehr zurückhaltend gießen! Die Arten aus dem Grasland – dickfleischig und weniger bestachelt – lieben einen etwas humosen Boden und während der Wachstumszeit mehr Feuchtigkeit. Im Winter alle Coryphanten hell, kühl und trocken halten (»Trockenruhe«).

*Coryphanta cornifera* (Wüstenbew.), Familie Cactaceae / Kakteengewächse

# **Crassula arborescens** Deutsche Eiche

Mit diesem originellen Dickblattgewächs hat man schon um seiner vielen Namen willen allerhand Umtrieb. Was wir hier als Hauptvertreterin für Zimmerkultur beschreiben und im Bilde zeigen, ist tasächlich *C. arborescens,* das »Baumartige Dickblatt« – mit unterseits rotgeränderten Blättern und rosa Blüten.

Seine Pflanzengestalt – strauchartig oder durch Ausbrechen der Seitentriebe als knorriges Miniaturbäumchen mit vielverzweigter Krone gezogen – entspricht durchaus dem, was man sich unter einer Eiche vorstellen kann. Aber wieso nennen viele Leute das scheinbar gleiche Gewächs auch 'Geldbaum', 'Judasbaum', 'Elefantenbaum' oder sogar 'Speckeiche'? In Wahrheit dürfte hier – nicht zuletzt durch den Wechsel der botanischen Namen – ein Durcheinander zwischen zwei oder sogar drei sehr ähnlichen Arten entstanden sein. Es gibt nämlich auch eine *Crassula argentea,* was soviel wie 'Silbriges Dickblatt' heißt: sie hat einfarbig grüne, durch Wachsüberzug silbrig (oder speckig!) scheinende, markstückgroße, runde Blätter (daher das Geld und der Judas!) – dazu reinweiße Blüten, die ebenso selten vorkommen wie der rosige Blust am Dickblatt-Eichbaum. Diese beiden Arten wurden früher noch wechselweise *Crassula portulacea* oder 'Portulaks-Dickblatt' genannt – damit Sie Bescheid wissen, wenn Ihnen der Name noch heute begegnen sollte.

Der 'Elefantenbaum' schließlich mag auf die Herkunft der hier in Rede stehenden Dickblätter deuten: stammen sie doch allesamt aus Trockengebieten Südafrikas, wo unsereiner denn ja wohl nicht zu Unrecht auch Elefanten vermutet. Zugleich aber ist diese Herkunft – wie bei etlichen anderen Zimmerpflanzen – ein Unterpfand für Anspruchslosigkeit und denkbar einfache Pflege.

**Wachstumszeit** März bis August. Standort sonnig-luftig – nicht in Prallsonne am Südfenster hinter der Glasscheibe schmoren lassen! Lieber ab Ende Mai geschützt im Freien unterbringen –, wenn möglich, Töpfe im Boden einsenken. Nicht öfter als einmal monatlich düngen, stets sparsam gießen. Nur zum Entstauben sprühen. Vor den ersten kühlen Herbstnächten mit Temperaturen unter 8–10° C einräumen.

**Ruhezeit** Sie dauert bis etwa Ende Februar und bringt das leider nicht eben seltene Standortproblem in der modernen Wohnung. Crassulaceen vertragen nämlich – ebenso wie viele Kakteen und andere sukkulente Pflan-

*Crassula arborescens,* Fam. Crassulaceae/Dickblattgewächse

Crassula lycopodioides, Bärlapp-Dickblatt, Familie Crassulaceae / Dickblattgewächse

zen – während ihrer Ruhezeit keinesfalls die Wärme des vollbeheizten Wohnraumes, sondern verlangen unabdingbar einen kühlen, hellen Platz mit höchstens 6–10° C. Mehr bringt Geilwuchs, Verlausung und Blattfall; wo dazu noch Luftfeuchtigkeit herrscht, stellen sich leicht auch Mehltaupilze ein.
Selbstverständlich wird während der Ruhezeit im kühlen Raum nicht gedüngt und kaum gegossen.
**Umtopfen** Bei Austriebsbeginn im Februar-März in nicht zu tiefe, nicht zu große Töpfe, Schalen oder Kübel von nur halber Höhe. Gute Dränage am Boden; Erde sandig-humos.

**Blüte** Wenn überhaupt, dann Mai-Juni. Es gibt keinen Schlüssel für das merkwürdige Blühverhalten der *C. arborescens* und ihrer nächsten Verwandten. Manche blühen schon im 3. Standjahr – andere lassen sich 10, 15 oder 20 Jahre Zeit –, die meisten erfreuen ihre Besitzer nur als Blattpflanzen von üppigem Wuchs.
**Vermehrung** Kinderleicht durch Kopfstecklinge oder Blattstecklinge, die von Frühjahr bis Herbst in üblicher Anzuchterde (hälftig Sand) rasch bewurzeln und austreiben. Schnitt- oder Bruchstellen vor dem Stecken ein paar Stunden lang abtrocknen lassen. Auch Aussaat ist möglich.

**Andere kulturwürdige Crassulaceen** Das Sortiment der für Zimmerkultur geeigneten Dickblätter ist weit größer als der Blumenfreund im allgemeinen weiß. Hier Nachforschungen anzustellen und womöglich eine kleine, feine Sammlung aufzubauen, dürfte ebenso reizvoll sein wie das Sammeln von Kakteen. Erinnert sei noch daran, daß im Familienverzeichnis einige weitere Gattungen angegeben sind: so *Echeveria, Kalanchoe, Rochea, Sedum.*

Crassula falcata, Sichel-Dickblatt, Fam. Crassulaceae / Dickblattgewächse

Hier werden deshalb nur einige weitere Angehörige der Gattung *Crassula* selbst genannt. Daß eine Gattung zugleich den Familiennamen trägt, kommt übrigens öfter vor.
*Crassula falcata,* das 'Sichel-Dickblatt', wird im Handel häufig noch unter seinem botanisch ungültig gewordenen Namen *Rochea falcata* geführt. Es stammt aus dem östlichen Kapland und wird dort als Halbstrauch bis 90 cm hoch. In Zimmerkultur schätzt man das Sichel-Dickblatt nicht nur wegen seiner eigenartig weißgrauen, sehr sukkulenten, 7–10 cm langen, sichelförmig gebogenen Blätter, sondern ebenso wegen der prächtigen, schirmartigen Blütenstände. Bei älteren Pflanzen können sie aus Hunderten von leuchtend roten Blütchen bestehen und ein im Verblühen langsam verblassendes »Bukett« bis zu 20 cm Durchmesser bilden. Dieser Blütenschönheit wegen wird die Pflanze in ihrer Heimat auch 'Alpenrose der Südafrikaner' genannt.
**Pflege** Wie *C. arborescens.*

**Vermehrung** Auch aus Samen einfach (bei Anfragen oder Bestellungen beide Namen nennen!).
*Crassula lycopodioides,* das 'Bärlapp-Dickblatt', ist ein sehr merkwürdiges Gewächs. Seine dachziegelartig übereinanderliegenden, winzigen Blättchen hüllen die aufrecht wachsenden, vierkantigen Triebe wie ein Schuppenpanzer völlig ein. Auch dieses Dickblatt stammt aus Südafrika, wo es an steinigen, trockenen Hängen ganze Kolonien seiner bis 30 cm hohen, vielverzweigten Zwergsträucher bildet. Die in den Blattachseln erscheinenden gelbgrünen Blütchen sind unbedeutend.
**Ampelpflanzen** von großem Reiz sind: *C. rupestris,* das 'Felsen-Dickblatt', dessen walzenförmig-kriechende Triebe sich bei sonnigem Stand leuchtend rot färben;
*C. socialis,* das 'Gesellige Dickblatt', mit hellgrünen Rosetten und im Winter erscheinenden weißen Blütchen.
*C. teres,* ein ebenso merkwürdiges wie seltenes Gewächs, das nach der Blüte eingeht.

## **Crocus** Krokus

Er ist uralter Blumenadel aus dem kleinasiatischen Mittelmeerraum, hat keine Zwiebeln, sondern Knollen und wird alljährlich oft zur Zimmertreiberei bemüht, ohne sein Ziel als einer der frühesten Frühlingsboten am Fenster zu erreichen.

Der Grund? Fast immer werden die Pflanzen vorzeitig ins Warme gebracht, die Blüte bleibt sitzen – es erscheinen nur Blätter. Der richtige Weg: je 6–8 Knöllchen ab Sept. etappenweise in flache Töpfe, Schalen oder den 'Krokus-Wundertopf' legen; zum Vortreiben kühl und dunkel stellen (Einschlag im Garten oder Keller!).

Ab Mitte Januar immer noch kühl (6 bis 8° C), aber hell aufstellen. Erst wenn die Blütenknospen etwa ein Drittel hervorspitzen, dürfen die Pflanzen ans Wohnzimmerfenster. Wichtig: Beim Legen einmal angießen. Ab Austrieb nur mäßig feucht halten, da sonst leicht Wurzelfäule. Verblühte Knöllchen im Garten auspflanzen.

*Crocus,* Krokus, Familie Iridaceae / Schwertliliengewächse

## **Crossandra** Crossandre

*Crossandra infundibuliformis* kam erstmals 1817 aus Indien nach Europa, geriet dann in Vergessenheit und wurde 1950 »neu entdeckt«. Wie viele andere Akanthusgewächse, galt sie zunächst als heikle Warmhauspflanze nur für Tropenfenster. Heute aber gibt es härtere Kulturformen, die fast schon Allgemeingut sind.

In seiner ceylonesischen und vorderindischen Heimat erreicht der krautige Halbstrauch bis zu 1 m Höhe und bringt ganzjährig, ohne Unterbrechung, seine aparten lachsrosa Blüten hervor. Ihnen dankt die Crossandra übrigens ihren zungenbrecherischen Artnamen, denn *infundibuliformis* heißt zu deutsch trichterförmig und bezieht sich auf die verhältnismäßig lange Kronröhre, der die flachen Blumenblätter wie ein breit sich öffnender Trichter aufliegen. Die Blüten erscheinen zu mehreren an langen, schuppig mit Deckblättern besetzten Stielen, die aus den Blattachseln entspringen.

Gerühmt wurde auch an der Topfblume die lange Haltbarkeit des Flors von Frühjahr bis Herbst. Beklagt wurde an der Ursprungsart ihre Empfindlichkeit gegen Temperaturen unter 20° C und gegen Lufttrockenheit, die sogleich mit Blattrollen und Nachlassen der Blütenfülle beantwortet wurde.

Aber dann erschien die schwedische Züchtung *C. infundibuliformis* 'Mona Wallhed' am Markt und zeigte so viele Vorzüge, daß sie bald weltweite Geltung erlangte. Auch in den USA ist das kräftige, gegenüber der Art gedrungener wachsende, selbst in einfacher Zimmerkultur freudig blühende Zuchtprodukt sehr beliebt. Vermehrung durch Stecklinge möglich.

**Standort** Über Sommer halbschattig, im Winter recht hell ohne direkte Besonnung. Ganzjährig im geschlossenen Raum halten, Überwinterungstemperatur nicht unter 18° C, auf entsprechende Bodenwärme achten.

**Gießen und Sprühen** Möglichst nur enthärtetes Wasser (pH 4,5–5) mit Zimmerwärme verwenden. Während der Wachstums- und Blütezeit reichlich – während der Ruhezeit (etwa Okt./Nov. – Jan./Febr.) sparsam gießen, jedoch Ballentrockenheit unbedingt vermeiden. Während der Blüte nur bei Lufttrockenheit ohne Benetzung der Blumenblätter –, sonst allgemein öfter sprühen, da Blattrollen auch heute noch vorkommt und meist vom Nachlassen der Blühwilligkeit begleitet wird.

*Crossandra infundibuliformis,* Familie Acanthaceae / Bärenklaugewächse

**Düngung** Ab Austriebsbeginn (meist Ende Febr.) nicht länger als bis August, damit Jungtriebe ausreifen, 1x wöchentlich nur in gut durchfeuchteten Boden (Flüssigdüngung mit Defisan oder Wuxal oder mit Nährlösung der Hydrokultur erweist sich wegen leichter Erschließbarkeit günstig).

**Umtopfen** Vor Erscheinen der ersten Blütenknospen im Frühjahr; Erde leicht und humos: Einheitserde o. ä. Markensorte.

**Vermehrung** *C. infundibuliformis* sogar aus selbstgezogenen Samen, die bei Belassung von Blüten gut ausreifen, sowie aus Stecklingen im Mai/Juni schon bei 20° C Bodenwärme. Die neuen Zuchtsorten lassen sich nur aus Stecklingen vermehren.

**Allgemeines** Jungpflanzen zur besseren Verzweigung stutzen; auch ältere vertragen Rückschnitt.

**Pflanzenschutz** Trockene Luft bringt Rote Spinne und Weiße Fliege.

# **Cryptanthus** Versteckblüte

Als besonders reizende Vertreter der Bromelien- oder Ananasgewächse spielen die größeren und kleineren Rosettenpflanzen der Gattung *Cryptanthus* meist auf Epiphytenbäumen Exotenschau. An sich sind sie aber Erdbromelien, die am Boden leben und deshalb in flachen Schalen oder Töpfen bestens gedeihen.

In gärtnerischer Kultur sind rund ein Dutzend Arten, die alle aus Südamerika stammen und teilweise zu sehr schönen Sorten mit herrlich gezeichneten bunten Blättern weiterentwickelt wurden.

Der Cryptanthus ist keine Pflanze des tropischen Regenwaldes, sondern ein Bodenbedecker weiter Trockengebiete, die nur mit niedrigen Gehölzen bestanden sind, wie es in Ostbrasilien der Fall ist. Das bedingt eine gewisse Lebenshärte, die dem Blumenfreund seinen Umgang mit den anpassungsfähigen Sonderlingen erleichtert. Auf hohe Blütenschönheit darf er freilich nicht warten. Was da zwischen den bunten Blättern erscheint, ist eben unscheinbar und »versteckt«.

**Allgemeine Pflege** Bei Erdkultur heller Standort ohne Prallsonne; sehr lockere, möglichst mit etwas Sphagnum vermischte Humuserde. Bei Verwendung als Epiphyten wie andere Baumbromelien von *Aechmea* bis *Tillandsia* behandeln. Wintertemperatur für die Buntblättrigen 20–22° C; Einfarbige etwas weniger. Sparsam gießen; keine Düngung. Wachstums- und Blütezeit (meist März–Aug.) normal gießen, Boden gleichmäßig feucht halten. Düngung am besten durch gelegentliches Sprühen mit einem Flüssigdünger in schwacher Lösung (Defisan, Wuxal, Hydro-Nährlösung). Gilt auch für die epiphytisch gehaltenen Cryptanthus.

**Vermehrung** Durch Kindel, die in den Achseln der Rosettenblätter entstehen und sich ausgereift von selbst loslösen. In flachen Gefäßen kultivieren!

**Schönste** *C. beuckeri; C. bivittatus* (entzückende Kleinform); *C. bromelioides* (nur als Zuchtform 'Tricolor' mit grün-weiß gestreiften, rot überlaufenen Blättern bekannt); *C. fosterianus; C. zonatus* mit herrlichen Sorten wie 'Lubbersianus', 'Mirabilis', 'Osyanus', 'Silberlila' (s. auch Zeichnung S. 89).

*Cryptanthus bromelioides* 'Tricolor'
Fam. Bromeliaceae / Ananasgewächse

# Ctenanthe oppenheimiana

Wer kennt schon diese Pflanze, deren Name so fremd und vertraut zugleich klingt? Der Gattungsbegriff *Ctenanthe* kommt aus dem Griechischen und heißt – nach ihrer unsymmetrischen Form – soviel wie »Kammblüte«. Herr Oppenheim, als Taufpate der Art, ließ sich nicht ermitteln. Sie aber ist ein Marantengewächs!

Beinahe alles, was zu dieser Familie gehört, geht im Handel als Marante. Aber es gibt – wie schon auf Seite 145 bei der *Calathea* angedeutet wurde – zwischen diesen wunderbaren Blattpflanzen mit ihren selten oder gar nicht erscheinenden, sehr bescheidenen Blütchen doch beachtliche Unterschiede.

Welcher Blumenfreund weiß schon etwas von *Phrynium* und *Stromanthe,* oder von *Thalia,* die nicht etwa nach der heiteren Muse der Griechen, sondern nach einem deutschen Botaniker des 16. Jahrhunderts, Johann Thal, benannt wurde? Einschließlich der artenreichen *Calathea* und den Maranten selbst sind sie alle Pflanzen der tropischen Regenwälder Südamerikas. Die *Ctenanthe* ist mit etwa 20 Arten in Brasilien zu Hause. Knapp ein halbes Dutzend davon kann man in botanischen Sammlungen finden. Nur die härteste, aber auch größte und schönste Art kommt über den Ladentisch in Liebhaberhand.

Wenn Sie einer bis meterhohen »Marante« mit dunkelgrünen, längs der Blattnerven silberweiß gestreiften und unterseits purpurroten Blättern begegnen: das ist sie, – *Ctenanthe oppenheimiana.* Die Zuchtform 'Variegata' hat noch buschiger beisammenstehende, 30–40 cm lange Blätter in noch leuchtenderen Farben. Die kleine Anschwellung zwischen Blatt und Stiel ist eine Art von Gelenk.

**Pflege** Soviel Schönheit ist unabdingbar an ein Tropenfenster gebunden. Temperatur und hohe Luftfeuchtigkeit müssen je nach der Jahreszeit genau geregelt sein. Gießen und Sprühen nur mit voll enthärtetem Wasser (pH 4–4,5), im Rhythmus mit den übrigen Anwohnern des Fensters. Flüssigdünger (Defisan, Wuxal, auch Plantosan) nur während der Wachstumszeit alle zwei Wochen.

**Vermehrung** Durch Teilen zu groß gewordener Stöcke, am besten im Frühjahr.

*Ctenanthe oppenheimiana* 'Variegata'
Fam. Marantaceae / Marantengewächse

# **Cyclamen persicum** Alpenveilchen

Es gilt heutzutage nicht nur als eine der gängigsten Marktpflanzen, sondern leider auch als »Wegwerfpflanze Nummer eins«. Züchterische Überforderung und unser moderner Wohnstil wirken zusammen, um sachgemäße Pflege und erst recht eine gedeihliche Weiterkultur über viele Jahre fast unmöglich zu machen. Doch sollten echte Blumenfreunde es immer wieder versuchen.

Wo nämlich die Wiederblüte einmal gelungen ist, kommt das Alpenveilchen unter gleichen Bedingungen meist getreulich immer wieder. Die an den Rändern zierlich gesäumten Blüten sind dann kleiner und nähern sich der alten Ursprungsart des *Cyclamen persicum*. Diese Ursprungsart ist freilich in über hundert Jahren internationaler Alpenveilchen-Züchtung untergegangen. Dafür entstand »die wichtigste Topfpflanze Europas«.

**Allgemeines** Alpenveilchen kommen ab Herbst als vollerblühte Pflanzen ins Haus. Bei richtiger Pflege können sie weiterblühend bis zum nächsten Frühjahr durchhalten.

**Standort** Kühl (im Winter 10 bis 12° C), lichter Schatten. Als ideal galt früher der Platz zwischen Doppelfenstern an der Nordseite. Ein sonniger Platz im warmen Zimmer bringt die Pflanzen in kürzester Zeit zum Erliegen.

**Gießen** Blühende Alpenveilchen brauchen auch am kühlen Platz verhältnismäßig viel zimmerwarmes, auf pH 5–6 enthärtetes Wasser. Knolle und junge Knospen dürfen nicht benetzt werden. Bei tiefsitzenden Knollen ist deshalb Gießen in den Untersetzer sicherer. Überschüssiges Wasser nach ½ Std. wegschütten. Pflanzen mit vielen Blüten und vielen großen Blättern lieber mehrmals täglich gießen.

**Düngen** Für Weiterkultur das ganze Jahr, da keine Ruhezeit. Während der Blüte alle 2 Wochen; während Wachstumszeit von Knolle und Laub jede Woche.

**Wichtig in jedem Fall** Abgeblühtes und schlechte Blätter laufend am Stengelgrund auszupfen; keine Samenbildung dulden.

**Weiterkultur** Umsetzen der abgeblühten Pflanze; warm, hell-schattig stellen. Altes Laub muß bleiben, bis Neuaustrieb beginnt. Ab Maimitte übersommern im Freien; Einräumen erst vor stärkeren Nachtfrösten; bis Erscheinen der Blütenknospen kühl und luftig halten (8–10° C).

**Vermehrung** Nur Anzucht aus Samen möglich – privat nicht lohnend.

**Pflanzenschutz** Meist erfolglos.

*Cyclamen persicum,* Familie Primulaceae / Primelgewächse

## **Cymbidium** Kahnorche

*Cymbidium*-Mini-Hybride 'Galiodin', Fam. Orchidaceae / Orchideengewächse

Botanischer und deutscher Name verweisen auf die Gestalt der Lippe. Die heute im Handel angebotenen Cymbidien sind durchweg Erdorchideen für Kalthauskultur. Ihre Eignung für einfachere Zimmerpflege ergab sich, seit die Züchtung der reizenden Cymbidium-Mini-Hybriden gelang. Sie entstanden durch Einkreuzung besonders zierlicher Formen aus Japan, Korea und Formosa.

Riesen wie *C. giganteum* oder *C. grandiflorum,* die in unbändiger Wuchskraft Töpfe sprengen und über meterlange Blütenstiele entwickeln, sind beim Liebhaber außer Kurs. Das abgebildete *C.* 'Galiodin' gehört zu den jüngsten und schönsten ‚Minis', die zudem auch blühwilliger sind als ihre Voreltern und Umtopfen nicht mit Versagen der Blüte strafen.

**Allgemeine Pflege** Aufstellung sehr hell und luftig mit 'kaltem Fuß', keinesfalls auf Fensterbänken über Zentralheizung. Freier Stand ohne beengende Nachbarschaft ergibt sich, wenn man größere Blumentöpfe umgestülpt auf ein Kiesbett setzt und obenauf die Cymbidien postiert. Überwinterungstemperatur 7–12° C; Übersommern ab Ende Mai am halbschattigen Platz unter Bäumen im Garten wird sehr geschätzt. Einräumen vor den ersten kühleren Nächten unter 8° C.

**Blütezeit** Meist Frühjahr, manche Herbst; bei den Hybriden 6–8 und mehr Blüten in lebhaften Farben am Stiel. Hervorragende Haltbarkeit auch als Schnittblumen.

**Gießen und Sprühen** Während der Wachstumszeit über Sommer reichlich, besonders bei heißem, sonnigem Wetter. Nur chlor- und kalkfreies Wasser (pH 4–4,5) mit Raumtemperatur verwenden. Nach Triebabschluß im Herbst Gießen einschränken, während Ruhezeit nur soviel netzen, daß die wasserspeichernden Pseudobulben nicht schrumpfen.

**Düngung** Weniger oder gar nicht ist hier immer mehr. Flüssigdünger (hier Planfosan!) in sehr verdünnter Lösung alle 14 Tage während der Hauptwachstumszeit reicht vollauf.

**Umtopfen** Nur wenn der letztjährige Trieb den Topfrand erreicht hat. Für Erdorchideen nicht zu große, normale Tontöpfe nehmen. Keine Spezial-Pflanzstoffe, sondern Rasenerde mit Torf und Sand zu gleichen Teilen. Oder reiner Torf.

## **Cyperus** Zypergras

Es ist eine Allerweltspflanze, aber auch in aller Welt zu Hause und in aller Welt beliebt: das Zypergras aus der Familie der Cyperaceae / Ried- oder Sauergräser, die genau zehn Mitglieder hat. Bis zum Papyrus der Ägypter reicht die Ahnenreihe, und was man gern im Fenster sieht, gedeiht willig auch im Aquarium.

*Cyperus alternifolius,* das Wechselblättrige Zypergras, ist eine von den rund 600 Arten, die als Sumpf- und Uferpflanzen in vielen tropischen, subtropischen und gemäßigten Gegenden der Erde vorkommen. Es siedelt vor allem in Sumpfgebieten auf Madagaskar. Um so erstaunlicher erscheint die keineswegs an tropische und subtropische Lebensbedingungen gebundene Widerstandsfähigkeit, der wir die vielseitigen Verwendungsmöglichkeiten des *C. alternifolius* verdanken.

Es gedeiht als Topfpflanze so gut wie im Aquarium – übersommert ebenso gern am halbschattigen Platz im Garten wie im Sumpfbeet am Freilandbecken. Auch gehört es zu den Standardgewächsen der Hydrokultur. Sie bringt wahre Schaupflanzen mit 80 cm Höhe und mehr nebst ungewöhnlicher Blütenfülle. Diese amüsanten braunen Gräserblüten erscheinen inmitten einer allerliebsten quirligen

*Cyperus alternifolius*, Zypergras, Familie Cyperaceae / Riedgräser

Blätterkrone auf schwanken Halmen oft hoch über den schwertförmig zugespitzten Grundblättern. Solcher ungewöhnlichen Form wegen wird das Zypergras wohl in der gesamten englischsprechenden Welt bis hinunter nach Australien 'Umbrella plant' – »Regenschirmpflanze« genannt.

Eine gelegentlich im Handel angebotene weißbunte Zuchtform 'Variegatus' gleicht in ihrem Erscheinungsbild der grünblättrigen Grundart, sieht zunächst natürlich noch hübscher aus, soll aber leider – vor allem bei guter Pflege – allmählich wieder vergrünen.

*C. alternifolius gracilis*, das niedliche Zwerg-Zypergras, ist in Australien beheimatet. Es gleicht in allem der Grundart, wird aber nur etwa 30 cm hoch.

**Allgemeine Pflege** Hier gilt es, nur eine Grundregel zu beachten: als Sumpfpflanze ist *C. alternifolius* im Unterschied zu allen »normalen« Zimmerpflanzen darauf angewiesen, stets einen »nassen Fuß« zu haben – mit anderen Worten: es braucht genau das, was wir sonst verdammen, nämlich als Topfgewächs den ständig mit Wasser gefüllten Untersetzer oder ein für noch größere Wasservorräte geeignetes, flaches Gefäß. Beim Einstellen in ein Aquarium oder ins Freilandbekken empfiehlt sich die Errichtung einer kleinen Anhöhe. Denn der Topf, dessen Erdoberfläche zuvor etwa fingerhoch mit grobem Sand oder flachen Kieselsteinen abzudecken ist, soll nur gerade vom Wasser überspült werden.

Beim Übersommern im Garten hat dies außerdem den Vorteil, daß die Entnahme zum Überwintern am frostgeschützten, vor Unterkühlungsschäden gesicherten Ort wesentlich einfacher ist. Unterste Grenze der Überwinterungstemperatur 10–12° C. Mäßige Helligkeit genügt. Wasser im Untersatz nicht vergessen!

Im übrigen reicht die Wärmeverträglichkeit ganzjährig bis 25° C, so daß auch Überwintern im vollbeheizten Wohnraum möglich ist. Allerdings ist während der Ruhezeit von Okt.–Jan./Febr. eine niedrigere Temperatur bekömmlicher.

**Blütezeit** Frühjahr bis Frühsommer, auch später.

**Düngen** Bei Topfkultur Apr. bis Aug. wöchentlich. Bei Haltung in Aquarium und Freilandbecken nur nach den Regeln der Wasserpflanzendüngung. Übliche Nährsalze gefährlich!

**Verpflanzen** Nach Bedarf in nahrhafte, humose Erde / Einheitserde.

**Vermehrung** Abschneiden der »Regenschirme« nach der Blüte mit 5 cm langem Stiel, dabei Blätter um 1/3 einkürzen, in gleichmäßig 15–18° C warmes Wasser legen, nach Bewurzelung eintopfen; oder sogleich in sandige Anzuchterde stecken, naß halten. Außerdem Vermehrung durch Teilen großer Stöcke oder aus Samen (langwierig).

**Pflanzenschutz** Bei zu warmem Stand und zu trockener Luft im Winter gelegentlich Befall mit Blatt- und Schmierläusen. Bekämpfung nach Vorschrift. Braune Blattspitzen kommen vom ständigen Stehen in zu hartem oder zu saurem Wasser und Boden. Beste Reaktion: pH 5,5–6,5.

Zwei weitere Arten bleiben zu nennen und zu empfehlen:

*C. diffusus,* mit breiteren Blättern und niedrigerem Wuchs, verlangt Behandlung wie normale Topfpflanzen ohne »nasse Füße« und wärmeren Stand, da sonst die Blätter gelb werden und die Stiele klein bleiben.

*C. haspan,* von sehr elegantem Wuchs, doch allgemein anspruchsvoller und schwieriger zu überwintern, da höheres Licht- und Wärmebedürfnis.

Leider viel zu selten ist bei uns *C. fertilis:* ein Zypergras, das völlig aus der Art schlägt. Es bildet suppentellergroße Blattrosetten und lang herabhängende Blütenstiele, aus deren Endspitzen neue Rosetten entstehen. Eine Ampelpflanze eigener Art!

*Cyperus diffusus,* »Ausgebreitetes« Zypergras, Familie Cyperaceae / Riedgräser

# Cyrtomium falcatum

Ein heute der neuen Kleinfamilie Aspidiaceae/Schildfarngewächse zugeordneter Zimmerfarn, der in Japan, China, Nordindien, auf Ceylon und in Südafrika zu Hause ist. Noch schöner als die Art präsentiert sich die Zuchtform *C. falcatum* 'Rochfordianum'. Der spitzigen Endfiedern wegen auch »Stechpalmenfarn« genannt.

Haltbarkeit und Anspruchslosigkeit lassen die sehr dekorative Pflanze in milden Gegenden mit Weinklima unter Laubschutz sogar im Freien überwintern, doch ist das Risiko unerwarteter Kälte dabei natürlich nicht auszuschließen.

**Allgemeine Pflege** Wie *Pteris* – d. h. im Sommer stets warmer, schattiger Stand; Wintertemperatur 10–12° C. Reichliches Gießen und etwas Luftfeuchtigkeit während der Wachstumszeit April–Juli/August erwünscht. Ruhezeit Okt.–Febr. Beim Düngen auf Salzempfindlichkeit achten, nur schwache Lösungen geben. Alte Wedel abschneiden fördert den Nachwuchs.

**Vermehrung** Am einfachsten durch Teilen zu groß gewordener, alter Stöcke; oder Aussaat reifer Sporen auf Torf mit viel Feuchtigkeit und Wärme (siehe *Didymochlaena*, S. 188).

*Cyrtomium falcatum* 'Rochfordianum'
Fam. Aspidiaceae / Schildfarngewächse

*Cytisus racemosus*, Traubenginster,
Fam. Leguminosae / Hülsenfrüchtler

# **Cytisus** Ginster

Als Gartenstrauch ist der brave Ginster oder Geißklee weitbekannt. Unter den nicht winterharten Formen steht *Cytisus racemosus* als reichblühende, anspruchslose Zimmerpflanze an erster Stelle. Doch verlangt sie die bei uns so selten mögliche kühle Überwinterung bei 6–10° C in einem hellen, luftigen Raum.

Wer das nicht bieten kann, soll auf den reizenden Hülsenfrüchtler mit seinem Blust leuchtend gelber Schmetterlingsblüten lieber verzichten, obwohl seine Vorliebe für kalkhaltige Erde und somit auch kalkhaltiges Gießwasser ein wichtiges Problem ausschaltet.

Es ist genau umgekehrt wie sonst: Gelbfärben der Blätter und Kümmern der Triebe sind die Reaktion auf zu sauren Boden!

**Blütezeit** März–April im Zimmer.

**Übersommern** Für Weiterkultur mit Wiederblüte sehr heller, sonniger Platz im Garten kaum zu entbehren.

# **Dendrobium** Baumwucherer

Zu den für Liebhaberkultur geeigneten, in ihren Ansprüchen freilich sehr verschiedenen Orchideen gehört auch die artenreiche Gattung der Dendrobien. Während die einen »temperiert« gehalten werden können und mit einem einfachen Blumenfenster zufrieden sind, verlangen andere Warmhausklima im Tropenfenster.

Diese Mannigfaltigkeit wird verständlich, wenn man die Herkunft der besonders üppig blühenden Pflanzen bedenkt: ihre Gebiete reichen im Norden bis Japan, im Süden bis Neu-Guinea. Mit die schönsten Arten stammen teils aus den feuchtwarmen Tälern am Fuße des Himalaya, teils aus anderen Zonen des ostasiatischen Raumes.

*Dendrobium nobile* – wohl eine der beliebtesten Arten auch für Zimmerkultur – verlangt nur während der Wachstumszeit höhere Temperaturen (um 24° C) und einen sehr hellen Platz, am besten in Südlage. Die Blütenbildung dagegen hängt von einer streng innegehaltenen Ruhezeit im kühlen Raum (8–10° C) ab. Blütezeit zwischen März und Juni.

*D. pierardi* als Gegenbeispiel: ein tropischer Epiphyt ohne Ruhezeit, verlangt ganzjährig viel Wärme, viel Licht und während des Treibens hohe Luftfeuchtigkeit. Als echter 'Baumwucherer' hat er abwärts weisende Bulben, so daß hier Korkrinde oder schräg nach unten hängende Orchideenkörbchen nicht zu entbehren sind.

*D. phalaenopsis*, die 'Nachtfalterähnliche', wird ihrer größeren, farbig sehr verschiedenen und besonders haltbaren Blüten wegen als Schnittblume geschätzt. Ihre Herkunft aus südlichen Tropengebieten (Queensland, Süd-Neuguinea) verlangt unbedingt Warmhauskultur. Unser Bild läßt ihre Schönheit ahnen. Liebhaber und vor allem Anfänger sollten jedoch eine der weniger anspruchsvollen Arten oder deren meist schon härtere Zuchtformen vorziehen (auch für Hydrokultur!).

Empfehlenswert sind unter anderen: *D. chrysanthum*, Kultur etwa wie *D. nobile*, goldgelbe Blüte Aug./Sept. *D. densiflorum*, geht gerade noch ohne Tropenfenster, blüht März/Mai in hängenden Trauben. *D. wardianum*, Kultur etwa wie die vorige; 8–10 cm breite Einzelblüten Jan./März.

**Wichtig** Alle Dendrobien schätzen kleine Pflanzgefäße, wollen dafür lieber öfter (bis zweimal im Jahr) umgesetzt werden. Als Pflanzstoff nur Osmunda, Polypodium und Sphagnum ohne Zusätze verwenden. Außer richtiger Temperatur und Luftfeuchtigkeit sind Helligkeit, Frischluft notwendig.

*Dendrobium phalaenopsis*, Familie Orchidaceae/Orchideen

## Didymochlaena truncatula

Man sollte sich durch den schwierigen und sicher fast unbekannten Namen nicht abschrecken lassen. Er bedeutet – etwas frei aus der griechisch-lateinischen Kombination übersetzt – soviel wie »gestutztes Mantelkleid« und gehört einem wunderschönen Farn mit bescheidenen Ansprüchen an seine Pfleger.

Fortschrittliche Jungpflanzengärtnereien ziehen ihn gern im Lauwarmhaus. Das bedeutet für den Blumenfreund: gutes Gedeihen in einfacher Zimmerkultur, wenn für die Wintermonate ein nur mäßig warmer Raum zur Verfügung steht. Beste Überwinterungstemperatur 14–16° C.

Ihrer Herkunft nach ist die Didymochlaene ein Allerweltsgewächs, das in sämtlichen Tropenländern der Erde vorkommt, sich in seiner Pflanzengestalt leicht verändert und deshalb an seinen Heimatstandorten unter den verschiedensten Namen geht. Als typisch für die gärtnerische Grundform gelten lange, etwas bräunliche, doppelt gefiederte Blätter, die ihrerseits dichtstehende, ungleichseitige Fiedern tragen.

*Didymochlaena truncatula* ist einzige Vertreterin ihrer Gattung, gehörte früher zur Großfamilie der *Polypodiaceae* oder Tüpfelfarngewächse und wurde dann den Aspidiaceen oder Schildfarngewächsen zugeordnet.

**Allgemeine Pflege** Ganzjährig schattiger Standort. Ab Austriebsbeginn (März) und über Sommer warm und luftfeucht halten. Nur mit enthärtetem Wasser (um pH 5) reichlich gießen; während Entfaltung der neuen Wedel (etwa April/August) auch öfter sprühen. Sparsam und möglichst mit salzfreien Nährstoffen (Flüssigdünger der Hydrokultur!) düngen. Ruhezeit Okt./Februar unbedingt bei nur mäßiger Wärme (14–16° C) innehalten, dabei trockener halten, nicht düngen, nicht sprühen. Umpflanzen nach Bedarf bei Austriebsbeginn in leichte humose Erde (Einheitserde). Zur Nachwuchsförderung alte Wedel jeweils am Grunde abschneiden.

*Didymochlaena truncatula,* Familie Aspidiaceae / Schildfarngewächse

**Vermehrung** *D. truncatula* gehört zu jenen Farnen, deren blütenlose Fortpflanzung durch Sporen auch in Zimmerkultur gelingen kann Die staubfeinen Sporen befinden sich in den tüpfelförmigen Sporenbehältern oder Sporangien an den Unterseiten ausgewachsener Wedel. Im Reifezustand fallen sie aus und können wie Samen keimen. Einfachste Methode: Saatschalen mit feuchtem Torf unter den Wedeln aufstellen, gut warm halten (24 bis 26° C). Oder im Handel käufliche Sporen aussäen.

## **Dieffenbachia** Dieffenbachie

Ein sehr schönes Exemplar der großen ▷ *Dieffenbachia bowmannii*

Auf der Weltrangliste beliebter Blattpflanzen steht sie ganz weit oben. Man kultiviert seit etwa hundert Jahren rund zwei Dutzend Arten und immer neue, noch schöner belaubte Zuchtformen. Ja, gerade in jüngster Zeit hat sich mit diesem Aronstabgewächs aus dem tropischen Amerika ein gewaltiger Wandel vollzogen.

Die vor allem in England und in den USA entwickelten neuen Sorten sind mit den »unten herum« häufig unschön verkahlten, der einfachen Zimmerkultur abholden Senioren oft beträchtlicher Höhe nicht mehr zu vergleichen. Nicht nur, daß sie bereitwillig auf klimatisierte Räume oder gar Warmhauskultur verzichten und sich – vor allem in Hydrokultur – selbst während der Wintermonate mit normalsorgsamer Zimmerpflege abfinden. Sie haben auch eine neue Eigenschaft gewonnen, die ihren Besitzern freilich nur bedingt Freude macht: das ist eine oft schon im zweiten, dritten Standjahr einsetzende, früher kaum je beobachtete Blühwilligkeit. Leider ist diese an sich begrüßenswerte Neigung – wie bei manchen anderen Araceen auch – von sofortigem Einstellen des Blätter-

*Dieffenbachia* 'Exotica', Familie Araceae / Aronstabgewächse – mit Blütenstand

wachstums begleitet. Sobald die Knospenbildung der an sich unscheinbaren, nur einen Tag geöffneten typischen Aronstabblüte beginnt, wird das Laub einfach »mickrig« und bleibt so, bis die Fruchtreife abgeschlossen ist. Man tut also nur gut daran, jeden Austrieb der leicht erkennbaren Blütenstände sofort tief unten auszubrechen.

**Verwendung** Als prachtvolles Schaustück, das besonders gern auch zur Schalenbepflanzung verwendet wird, ist schon manche Dieffenbachie in Privatbesitz gekommen. Topft man sie da vernünftigerweise alsbald für Einzelhaltung um, so ist bei guter Pflege die Gewöhnung an einfache Zimmerkultur vor allem bei den Neuzüchtungen durchaus möglich. Und wer den »Blütenmord« im Vorfrühling nicht scheut, wird auch nicht mehr über meterhoch verkahlte, nur noch oben mit einer ansehnlich weitertreibenden Blätterkrone gezierte Stämme zu klagen haben. Vielmehr gedeihen ihm je nach Zuchtform die kleineren buschigen Sorten so gut wie die hohen mit Blättern bis 60 cm Länge.

**Allgemeine Pflege** Standort lichter Schatten, keine direkte Besonnung. Ab Austriebsbeginn im März und über Sommer sehr warm und luftfeucht halten, durch reichliches Gießen mit enthärtetem, zimmerwarmem Wasser (pH 4,5–5) für gleichmäßige Bodenfeuchtigkeit sorgen – Ballentrockenheit bringt braune Blattränder und Dauerschäden. In Zimmerkultur häufig sprühen. Ab Austriebsbeginn bis August wöchentlich düngen, kalkarme Volldünger oder organische Düngerzubereitungen – auch Flüssigkonzentrate der Hydrokultur – bevorzugen.

Winterpflege am gleichen Standort, Durchschnittstemperatur von 15° C (18° C Bodenwärme!) nicht unterschreiten, Zugluft vermeiden. Ab Sept. bis Februar eine Art von Ruhezeit ohne Düngung und mit etwas sparsamerem Gießen einlegen, damit in der lichtarmen Zeit kein ungenügender Blattaustrieb stattfindet. Bei Zimmerkultur Lufttrockenheit durch Sprühen mildern, Blätter zum Entstauben gelegentlich lauwarm abwaschen.

**Umpflanzen** Junge wie ältere Pflanzen jährlich im Frühjahr. Pflanzgefäße nur wenig größer wählen. Erdmischung soll nahrhaft, dabei grob und brockig sein. Bei Selbstherstellung: nicht ganz verrottetes Laub mit Komposterde und Torfbrocken vermischen, zur Desinfektion Holzkohlestückchen beigeben. Sonst Qualitäts-Kulturerde (Einheitserde) verwenden.

**Vermehrung/Verjüngung** Sollte eine alte Pflanze doch untere Blätter verloren haben, kann man durch Rückschnitt des Stammes bis auf etwa 10 cm über Topfhöhe verjüngen. Ist die Pflanze noch gesund, so treibt der Stumpf wieder aus. Etwas Geduld ist dafür vonnöten. Den abgeschnittenen Kopf (Triebspitze mit 2–4 Blättern genügt) kann man als Kopfsteckling verwenden. Auch fingerlange Stammstükke mit Triebknospe (in früherer Blattachsel undeutlich erkennbar) können waagrecht in den Topf eingelegt und leicht mit Erde bedeckt – zu neuen Pflanzen werden. Doch gelingt dies alles nur bei hoher Bodenwärme (24 bis 26° C) und gleichmäßiger Bodenfeuchtigkeit im entsprechend beheizten Vermehrungsbeet.

**Sortiment** Am häufigsten werden *D. maculata* und *D. seguine* nebst ihren zahlreichen Kulturformen angeboten. Weite Verbreitung hat auch *D. bausei* mit gelbgrünen, dunkelgrün und weiß gefleckten Blättern. Die oft als *D. picta* geführten Formen sind wohl Verwechslungen mit Formen von *D. seguine*. Weltruf haben unter anderen die Züchtungen 'Janet Weidner', 'Mary Weidner' und 'Rudolph Roers'. Die größte Art, deren tiefgrüne Blätter mit hellgrünen Flecken bis 75 cm lang werden, ist *D. bowmannii*. Am schwächsten wächst die reizende *D. maculata* 'Jenmannii' mit schmalen, nur bis 8 cm breiten, grünen Blättern, die von weißen Bändern zwischen den Seitenadern durchzogen sind.

Grünblättrig, dafür noch im tiefsten Schatten gedeihend: *D. humilis*.

# Dipladenia Dipladenie

**Diese lianenartig schlingende Verwandte des Oleanders, des Immergrüns und einiger anderer, zur gleichen Familie der Apocynaceen oder Hundsgiftgewächse zählenden Zimmerpflanzen hat in den letzten Jahren ohne Zweifel Karriere gemacht. Ihre Zimmerwürdigkeit steht außer Zweifel. Sie ist ganz einfach »in«.**

Wer nun aber meint, daß es sich hier um eine aufregende Neuheit handelt, ist im Irrtum. Sie feiert vielmehr nach rund einem halben Jahrhundert fast völliger Vergessenheit in ungebrochener Jugendschönheit ein so strahlendes Come back, daß die zuständigen Stellen deshalb – vielleicht nicht ohne Absicht – ihren einst geführten deutschen Namen unterschlagen haben. Zugegeben: er klingt längst nicht so gut wie es dem Liebreiz der Dame Dipladenie gemäß wäre. Sie hieß nämlich noch um 1900 »Doppeldrüse« ...
*Dipladenia boliviensis,* weiß mit gelbem Schlund blühend, und *D. sanderi,* deren etwas größere rosa Blüten ebenfalls mit einem zartgelben Schlund aufwarten, sind die bekanntesten Arten. Aber sie gelten heute wie einst als überholt durch eine Anzahl noch schönerer, noch reicher und farbenprächtiger blühender Hybriden. Von ihnen seien 'Amoena' (kräftig rosa, tiefrosa Auge, gelbe Kronröhre), 'Rosacea' (zartrosa mit dunklerem Rand, gelber Schlund) und 'Rubiniana' genannt. Eine echte Neuheit dürfte die besonders großblütige Zuchtform *D. sanderi* 'Rosea' in herrlichem Lachsrosa sein. Schlund und Kronröhre zeigen das übliche Gelb.
Ihrer Pflanzengestalt nach ist die Dipladenie ein Kletterstrauch mit glatten Trieben und glänzend grünen, kräftigen Blättern. Zum Ruhme der Blüten sei noch nachgetragen, daß sie bei richtiger Pflege mindestens von Mai bis November in ununterbrochener Folge erscheinen und dazu noch erstaunlich lange – 2 Wochen und mehr – an den peitschendünnen Zweigen halten. Man zieht sie an hohen Drahtbügeln oder am Topfspalier.
Hier noch zwei sommerblühende Arten, die gelegentlich angeboten werden, – beide stammen aus Brasilien.
*D. eximia* mit 6–8 cm breiten, leuchtend rosenroten Blüten in Trauben.
*D. splendens* mit den größten, unterseits behaarten Blättern und den größten, bis 10 cm breiten Blüten, die innen rosa, außen weiß sind. Achselständige Blütentrauben.
**Allgemeine Pflege** Als ein Geschöpf tropischer südamerikanischer Regenwälder verlangt die Dipladenie einen hellen bis halbschattigen Platz ohne direkte Besonnung. Wer ihr in den Wochen nach Austriebsbeginn, etwa ab März, nun mehr Wärme und Luftfeuchtigkeit gewährt, wird dadurch die Blühwilligkeit fördern. Ab Mai bis Jahresende genügt normale Zimmertemperatur. Im Januar/Februar sollte eine kurze Ruhepause bei nur 12–15° C und sparsamem Gießen eingeschaltet werden. Sonst wird je nach Trieb und Blühen ausreichend, jedoch ohne stauende Nässe gegossen. Düngung: April bis August, nicht länger!
**Umpflanzen** Nach Bedarf im zeitigen Frühjahr in nur wenig größere Töpfe mit gutem Wasserabzug.
**Wichtig** Blattrollen kommt von zu trockener Luft und zu hellem Stand.

*Dipladenia sanderi* 'Rosea', Familie Apocynaceae / Hundsgiftgewächse

# **Dizygotheca** Fingeraralie

Wer Fingeraralie sagt, meint eigentlich immer *Dizygotheca elegantissima,* denn andere als diese wahrhaft eleganteste Art der Gattung *Dizygotheca* sind bei uns kaum bekannt, obwohl es ihrer mehr als ein Dutzend gibt. Gelegentlich kommt *D. kerchovei* vor, die auch noch unter ihrem früheren Namen *Aralia kerchoveana* in Fachbüchern und Katalogen zu finden ist. Sie kommt aus dem Bereich ferner Südseeinseln und ist an ihrer hanfblattähnlichen Belaubung zu erkennen. Eine weitere, vor allem im Ausland bekanntere Art ist *D. veitchii,* deren reizende Zuchtform 'Gracillima' sogar im Bilde gezeigt werden kann.

*Dizygotheca veitchii* 'Gracillima', Familie Araliaceae / Araliengewächse

*Dizygotheca elegantissima,* Familie Araliaceae / Araliengewächse

Unterschiede in der äußeren Erscheinung sind deutlich zu sehen. Veitch's Fingeraralie hat noch zierlichere Blättchen, die eine weiße Mittelrippe erkennen lassen. Unterschiede in der Pflege werden nicht gemacht, sodaß – wer mit der 'Elegantissima' fertig wird, auch 'Gracilliana' für eine Dauerfreundschaft gewinnen dürfte.

Das Bild links unten ist ein beredtes Zeugnis dafür, was innerhalb von zwölf Jahren aus einer so angenehm langsam wachsenden Pflanze werden kann. Und man erkennt: dieses tropische Araliengewächs, das weit draußen im Stillen Ozean, auf der Insel Neukaledonien, zu Hause ist, entfaltet unter Umständen viel mehr Lebenskraft, als ihm für gewöhnlich zugetraut wird. Andererseits darf man sich nicht durch die enge Verwandtschaft mit der natürlich viel härteren Zimmeraralie oder der ebenfalls auf »robust« herausgezüchteten Efeuaralie täuschen lassen, sondern muß der tropischen Herkunft Rechnung tragen.

**Allgemeine Pflege** Standort hell, ohne direkte Besonnung; viel Wärme und Luftfeuchtigkeit. Auch während der Ruhezeit von Oktober bis Februar darf die Lufttemperatur nie unter 15° C absinken. Noch wichtiger: die Bodentemperatur sollte gleichmäßig bei 18–20° C gehalten werden. Denn »kalte Füße« im Winter (oder gar kalte und nasse Füße!) sind einer der Hauptgründe für das Versagen jener Fingeraralien, die als 40–50 cm hohe, kräftige Jungpflanzen ins Haus kommen. Ältere Pflanzen, die sich eingewöhnt haben, sind dann weniger empfindlich.

**Gießen** Während der Wachstumszeit von Frühjahr bis Spätsommer maßvoll (pH 5–6), dazu vor allem Jungpflanzen reichlich sprühen. Während der Ruhezeit sparsam ohne Ballentrockenheit; Sprühen je nach Raumtemperatur einschränken oder unterlassen.

**Düngen** Ab Austriebsbeginn bis August (Ausreifen des Jungtriebes vor Ruhezeit!) nicht zu reichlich – wegen des von Natur langsamen Wachstums. Über Winter keine Düngung.

**Umpflanzen** Vor Austriebsbeginn: junge Pflanzen jährlich, ältere nach Bedarf alle 2–3 Jahre in nur wenig größere Töpfe. Einheitserde!

**Vermehrung** Früher nur durch Veredlung in gärtnerischer Warmhauskultur. Heute auch durch Anzucht aus Samen, die im speziellen Samenfachhandel aus garantiert frischen Importen mit Kulturanleitung erhältlich sind. Erstjahrswachstum 20–30 cm. Aus Samen gezogene Pflanzen erkennt man – wie bei Philodendron – an den unten am Stamm kleineren Blättern.

**Pflanzenschutz** Sonne und trockene Luft bewirken Befall mit Roter Spinne und mehr noch mit Schildläusen. Bekämpfung nach Vorschrift.

# **Dracaena** Drazäne, Drachenlilie

In einer Gartenzeitschrift des Jahrgangs 1901 wird berichtet, daß man eine Blumenfreundin nach der besten Blattpflanze für Zimmerkultur befragte. Sie sagte dazu: »Ich nenne vorbehaltlos die Drazäne. Anspruchslos wie *Aspidistra,* elegant im Aussehen, frei von Ungeziefer. Meine *Dracaena fragrans* ist jetzt 17 Jahre alt ...«

**Herkunft** Die Gattung *Dracaena* umfaßt rund 20 Arten in den Tropen und Subtropen von den Kanarischen Inseln über Afrika und Asien bis zu der großen Inselbrücke nach Australien.

**Pflanzengestalt** Bäume der stammbildenden Formen im Heimatgebiet werden viele Meter hoch; keine Ausläuferbildung. Die Blätter sind lanzettlich bis säbelartig, je nach Art steif aufrecht, schilfartig oder in schöner Neigung überhängend, grün oder von Natur oder durch Züchtungen buntblättrig; auch Arten mit »normalen« Blättern an dicht verzweigten Sträuchern. Häufig wird *D.* mit der nah verwandten *Cordyline* verwechselt, deren weiße Wurzeln mit Speicherknollen sich jedoch von den orangegelben Drazänenwurzeln deutlich unterscheiden.

**Blüte** Blühwilligkeit sehr verschieden, meist erst im höheren Alter. Blütenstand lockere Dolde oder Rispe, Blüten grünlich-weiß oder rahmweiß, auch duftend. Blütenschaft dicht neben dem Wachstumszentrum erscheinend, daher kein Eingehen nach der Blüte. Blütezeit: Sommerhalbjahr. Siehe auch Zeichnung einer zwanzigjährigen blühenden Pflanze im Kapitel »Blumenpflege im Jahreslauf«.

**Sortiment** *Dracaena deremensis,* die Drazäne aus Derema im ostafrikanischen Usambara-Gebiet, kommt in gärtnerischer Kultur kaum noch vor; gefragt sind dagegen ihre beiden buntblättrigen Zuchtformen 'Bausei' und 'Warneckii' (Bild S. 16). – In Mode ist *D. draco,* der echte »Drachenbaum« von den Kanarischen Inseln, seit Touristen die Samen aufsammeln oder als Souvenirs einhandeln. Auch ich zog solche Sämlinge heran, die sogar im Fernsehen gezeigt wurden. Inzwischen haben sie Kübelgröße. *D. draco* ist die härteste Art: unempfindlich gegen Wärme und Lufttrockenheit; es gibt jedoch Unterkühlungsschäden bei Überwinterung unter 10° C. – *D. fragrans,* die »Duftende Drachenlilie«, ist eine stammbil-

*Dracaena fragrans* 'Victoria', Duftende Drazäne 'Victoria', Familie Agavaceae / Agavengewächse

Verholzter Stammschnittling mit Austrieb, sogenannte Ti-Plant

dende Warmhauspflanze; sie kommt bei guter Pflege allenfalls auch in Zimmerkultur fort; die breiten bis sehr breiten Blätter hängen 50–70 cm lang in weiten Bögen schlaff herab; herrlich duftende Blüten erscheinen im höheren Alter; als beste aller Zimmerdrazänen gilt ihre Zuchtform 'Rothiana': lichtbescheiden, eine Hausgenossin für Jahrzehnte; ihre Blätter sind 70–80 cm lang, um 7 cm breit, dicklederig, dunkelgrün mit weißem Rand; in unregelmäßiger Folge bringt sie wunderbare Blüten. Weitere Sorten für Warmhauskultur (große Tropenfenster, Kleingewächshäuser) sind: 'Lindenii', 'Massangeana', 'Victoria', die leider leicht wieder vergrünt (Bild S. 193). – Aus dem Kongo stammt die Strauchdrazäne *D. godseffiana* (Bild S. 195) mit reicher Verzweigung und spitz-eirunden, weiß gefleckten Blättern; gelblichweiße, duftende Blüten im Frühjahr, später roter Beerenschmuck; es gibt von ihr zwei Zuchtformen 'Florida Beauty' mit noch stärker gefleckten und 'Kelleri' mit marmorierten Blättern. – Westafrikanerin aus Oberguinea ist die recht eigenartig-schöne *D. godieana,* deren schlanker Stamm breite, bis 25 cm lange, gestielte Blätter mit weiß-grüner Querbänderung trägt; wegen der schwierigen Vermehrung ist sie selten, nur für Warmhauskultur. – Haltbar und unempfindlich ist *D. hookeriana* aus dem Kapland, sie ist stammbildend und hat schmale, grüne 60–80 cm lange Blätter; buntblättrige Sorten sind 'Latifolia', 'Rothiana' und 'Variegata'. – *D. marginata* aus Madagaskar hat besonders schmale, rotbraun geränderte Blätter von 30–40 cm Länge; Höhe bis 2 m (Bild S. 10). – Zu den großen Dekorations-Drazänen, die gern mehrtriebig wachsen oder sich ästig verzweigen, gehört auch *D. reflexa* von der Insel Mauritius; berühmt ist ihre weißbunte Zuchtform 'Song of India' (Bild S. 2, gegenüber dem Haupttitel). – Die kleinste und dabei eleganteste aller Zimmerdrazänen – Warmhauspflanze aus dem Kongo – heißt *D. sanderiana;* mit ihrer schönen weißbunten Belaubung paßt sie noch in größere Tropenfenster. – »Ti-Plant« nennt man, wohl etwas abweichend von der ursprünglichen Bedeutung des Wortes, Stammschnittlinge aus scheinbar schon totem Holz von Drazänen; in Wasser gestellt oder in Erde gepflanzt, erwachen sie zum Leben, treiben kräftig aus und bringen manchmal sogar Blüten: zu haben sind sie im Raritätenhandel auf Messen und Märkten, wie die »Wunderknolle« der Eidechsenwurz oder die »Rose von Jericho«.

**Pflege** Für einfache Zimmerkultur geeignet sind vor allem *D. draco, D. fragrans* 'Rothiana' und *D. hookerina.* Sie vertragen mäßige Sonne und Schatten, eignen sich auch zum Übersommern im Freien und überwintern bei 12–14° C. Alle anderen, voran die meisten buntblättrigen Zuchtformen, gehören eigentlich in Warmhauskultur, wobei – von Fall zu Fall – Ausnahmen diese Regel bestätigen. Notwendig sind: Schutz vor Besonnung am schattigen Platz, kein Freilandaufenthalt, sondern ganzjährig im geschlossenen Raum halten, soweit nicht Unterbringung im vollklimatisierten Tropenfenster oder Kleingewächshaus erforderlich ist. Überwinterungstemperatur nicht unter 15–18° C. Im Sommer hohe Luftfeuchtigkeit bei einer Durchschnittstemperatur von 22–24° C. Wachstumszeit ist von März-August, Ruhezeit von Oktober–Januar.

**Gießen** Über Sommer normal, während der Ruhezeit sparsamer; stauende Nässe wird allgemein schlecht vertragen; sie kann zu Fäulnis der fleischigen Wurzeln führen. Ballentrokkenheit ist vor allem für die Buntlaubigen in Warmhauskultur schädlich.

**Düngen** Wüchsige Pflanzen sollen von März–August mindestens alle zwei Wochen mit Volldünger-Lösung – nur auf den gut durchfeuchteten Topfballen – versorgt werden. Mit zunehmendem Alter erweist sich sogar wöchentliche Düngung als vorteilhaft. Rechtzeitige allmähliche Einschränkung bis Einstellung zur Vorbereitung auf die Ruhezeit ist wichtig.

Siehe zu *Dracaena* auch Cordyline, S. 175.

**Umsetzen** Jungpflanzen zunächst jedes Frühjahr – am besten im Mai; mit zunehmender Größe in längeren Abständen, wobei die Pflanzgefäße jeweils nur wenig größer sein sollen. Die Erde muß nahrhaft, humos, jedoch, dem Habitus der Wurzeln entsprechend, mehr durchlässig als schwer sein. Einheitserde und Composana haben sich gut bewährt. Bei Erreichung von Kübelmaß Erdmischung wie Oleander (Seite 270).

**Vermehrung** Nur *Dracaena draco,* der kanarische »Drachenbaum«, läßt sich aus Samen vermehren. Sonstiges angebliches Drazänensaatgut stammt durchweg von Cordylinen. Samen von *D. draco* ist auch im Exotenhandel erhältlich. Aussaat einzeln in kleinste Töpfchen mit Anzuchterde am besten im Mai-Juni; Bodenwärme (24–26° C) fördert die Keimung; sie dauert 4–6 Wochen; der Keimling sollte bis Herbst mindestens 10 cm hoch sein, er braucht warme Überwinterung. Andere Drazänen werden durch Stecklinge, Stammschnittlinge oder Abmoosen vermehrt.

**Pflanzenschutz** Kulturfehler begünstigen Schädlingsbefall (Rote Spinne, Schild- und Schmierläuse, Thrips); braune Blattspitzen entstehen nach Ballentrockenheit, trockener Zugluft, auch durch Überdüngung.

*Dracaena godseffiana,* Strauchdrazäne, Familie Agavaceae / Agavengewächse

*Duchesnea indica,* Indische Erdbeere, Familie Rosaceae / Rosengewächse

# **Duchesnea** Indische Erdbeere

Es ist immer wieder dasselbe: Wenn aus einer Ampel im Zimmer oder auf dem Balkon, von einem Topfspalier am Fenster oder irgendwo im Garten zwischen typischem Erdbeerlaub die roten Früchtchen leuchten, kommt bestimmt irgendeiner daher und stiebitzt. Aber diese Erdbeeren schmecken nach gar nichts . . .

**Herkunft** Es sind eben keine »richtigen«, sondern trotz vieler Übereinstimmungen nur Scheinerdbeeren: sie sind schon zu Beginn des vorigen Jahrhunderts aus Indien zu uns gekommen, aber auch in vielen anderen Teilen der Erde verwildert anzutreffen. Mein Garten gehört übrigens auch dazu, denn sie wachsen überall da, wo man sie gar nicht brauchen kann.
**Pflanzengestalt** Die *Duchesnea* gleicht einer rankenden Monatserdbeere, deren Ausläufer sie als Bodendecker wie als Ampelpflanze geeignet machen. Einziger Unterschied: die von Juni bis Herbst erscheinenden Erdbeerblütchen sind nicht weiß, sondern hellgelb.

**Pflege** Sie ist denkbar einfach: Heller Stand- oder Hängeort, im Sommer drin oder draußen, im Winter besser bei 10–12° C als im vollbeheizten Raum, der ungern hingenommen wird.
**Gießen** Während der Wachstumszeit reichlich, über Winter sparsam – je nach Raumtemperatur.
**Düngen** über Sommer normal.
**Vermehrung** Da ältere Stöcke unschön werden, sollte man sie am besten jedes Frühjahr erneuern. Bewurzelte Ausläufer gibt es genug. Die Anzucht aus Samen ist einfach, soweit Saatgut erhältlich ist.
**Pflanzenschutz** Rotfärben der Blätter kommt von Durst oder Hunger.

*Echeveria setosa,* Familie Crassulaceae / Dickblattgewächse

S. 197: Pflanzgefäß links unten, v. links n. rechts: *Echeveria elegans, E. setosa;* darüber: *E. agavoides*; Pflanzgefäß rechts oben, v. links n. rechts: *E. agavoides* 'Cristata', *E. nodulosa, E. secunda* 'Pumila'; darüber: *E. harmsii.*

# **Echeveria** Echeverie

Jeder Blumen- und Gartenfreund kennt wohl die hübschen sukkulenten Rosettenpflanzen. Wer aber meint, der etwas gelehrt klingende Name *Echeveria* komme aus dem Lateinischen, ist auf dem Holzweg. Denn Atanasio Echeverria, ein mexikanischer Pflanzenzeichner des 19. Jahrhunderts, war der botanische Pate.

**Herkunft** Über 150 Arten von Echeverien wachsen in dem verhältnismäßig begrenzten Gebiet von Kalifornien im Norden über Mexiko bis Peru im Süden. Die ersten Echeverien fand man vor 1800 in Mittel-Kalifornien, weshalb die Pflanze *E. californica* genannt wurde. Sie ist inzwischen zu einer nahe verwandten anderen Gattung der Dickblattgewächse abgewandert.
**Pflanzengestalt** Meist grundständig in Rosettenform wachsende Stauden mit schöner Blattfärbung in Grün und Braunrot, oft interessant behaart, mannigfaltig in Form und Größe.
**Blüten** Sie erscheinen in ährigen Dolden, die ständig von unten nachwachsen und dadurch viele Wochen halten. Blütenfarbe überwiegend orangegelb, auch rosenrot und scharlachrot. Blütezeit der Zimmerformen artverschieden, meist zwischen Winter und Frühjahr, vereinzelt gibt es auch Sommerblüher.
**Sortiment** Für einfache Kultur am Zimmerfenster werden die fast oder ganz stammlosen Arten bevorzugt. Dazu gehören *E. agavoides*, die Agaven-Echeverie, die mit ihren spitzen graublauen Blättern ansehnliche Rosetten bildet; *E. carnicolor,* die »Fleischfarben Blühende« mit lockerem Wuchs; sie bildet so viele Ausläufer, daß sie als Ampelpflanze verwendet werden

kann; *E. setosa* (Bild) hat weiße Behaarung und im Sommer langstielige leuchtend rote Blüten mit gelben Spitzen. Die stammbildenden vielästigen Halbsträucher und Sträucher, die bis 70 cm hoch werden, eignen sich mehr für bodennahe Blumenfenster oder niedrig stehende Pflanzgefäße; *E. coccinea,* 50–70 cm hoch, weich behaart, Sommerblüher aus Mexiko; *E. gibbiflora,* große, dichte Rosetten auf 30 bis 50 cm hohen Stämmchen, hellrote, weiß bereifte Blüten an hoher Trugdolde im Herbst. Dazu kommen noch einige staunenswerte Sorten ('Caruncolata' mit Auswüchsen auf den Blättern!); *E. nodulosa,* niedrigster Rosettenstrauch mit nur 20 cm Stammhöhe, Blätter rot gerändert, unterseits rot gefleckt, rotbraune Blütchen mit gelben Spitzen ab März. Dazu viele reichblühende Sorten.

**Pflege** Sehr heller Standort im Sommer wie im Winter. Übersommern im Freien an geschütztem Platz. Überwinterungstemperatur bei hellem Stand 6–10° C, Winterblüher wollen es wärmer.

**Gießen** Im Sommer wenig, im Winter noch weniger – möglichst trocken halten.

**Düngen** Von März–Juli genügt einmal monatlich, dann nicht mehr.

**Umtopfen** Junge Pflanzen jährlich, später nach Bedarf. Erde sandig-humos; EE, auch Kakteenerde.

**Vermehrung** Die Arten auf dreierlei Wegen: 1. Abnehmen von Seitenrosetten; 2. Blattstecklinge und sogar abgeschnittene Blütenstile; 3. aus Samen vieler Arten im Exotenhandel. Manche Sorten bringen keine keimfähigen Samen, können daher nur vegetativ aus Kindeln (Seitenrosetten) und Stecklingen vermehrt werden.

**Überlegung** Man sollte mit der vegetativen Vermehrung langsam tun, die Seitenrosetten an den Mutterpflanzen lassen und in flachen Schalen lange blühende, viel schönere Gemeinschaften heranziehen.

**Pflanzenschutz** Größter Feind: zuviel Gießen! Das bringt Wurzelfäule, auch Mehltau.

# **Echinocactus** Kugelkaktus, Igelkaktus

Von der früher riesengroßen Sammelgattung sind nach der letzten nomenklatorischen Bereinigung sieben Arten übrig geblieben, von denen man aber eigentlich nur drei in Kultur findet. Daß die Hauptart *Echinocactus grusonii* »Schwiegermutterstuhl« genannt wird, mag ihre Beliebtheit kennzeichnen.

**Herkunft** Die der neuen Gattung noch verbliebenen Arten sind in Mexiko daheim. Sie wachsen in steinigem Gelände, auch auf höher gelegenen Geröllhalden mit starker Sonneneinstrahlung und nächtlicher Abkühlung. Daher ihre Härte.

**Pflanzengestalt** Die verhältnismäßig rasch zu mächtigen Kugeln oder Zylindern heranwachsenden Arten der »Etus«, wie sie vereinfachend genannt werden, sind vorab Objekte für Schausammlungen, doch findet man *E. grusonii* auch bei Liebhabern so gewichtiger Stücke. Die im wolligen Scheitel erscheinenden gelben oder rosa Blüten lassen meist sehr lange auf sich warten. Sie bringen dann schuppige Früchte mit schwarzen Samenkörnern.

**Sortiment** *E. grusonii,* der Goldkugelkaktus, bildet die weltberühmten hellgrünen Bälle im goldgelben Stachelkleid über scharfen Rippen. ⌀ bis 80 cm! In den USA nennt man diesen »Etus« auch 'Golden Barrel' – Goldenes Faß – und schätzt seine bei uns wohl weniger bekannte Neigung zu Christata-Bildungen von groteskem Ausmaß. – *E. horizonthalonius* ist flachrund, blaßgrün, weißlich-grau bereift; effektvolle rote bis gelbe Stacheln; ⌀ handliche 25–30 cm, doch nur in Unterglaskultur zu halten. – *E. ingens* (früher *E. grande*), der Riesen-Igelkaktus, produziert mattgrüne bis blaugraue Walzen, die bei 1 m ⌀ bis zu 2 m Höhe erreichen. Als Jungpflanzen mit roten Querbändern sind sie für Heimkultur noch gut geeignet.

**Pflege** Alle »Etus« verlangen während der sommerlichen Wachstumszeit hohe Wärme und viel Sonne, im Winter aber unbedingt kühlen Stand bei 8–10° C. *E. grusonii* darf jedoch beim Austreiben im Frühjahr keiner Prallsonne ausgesetzt werden.

**Gießen** Während der Wachstumszeit bis etwa Mitte August gleichmäßig feucht halten, jedoch vor jeder stauenden Nässe hüten. Gießen ab August allmählich einstellen, Pflanzen über Winter völlig trocken halten. Feuchtigkeit wirkt verderblich.

**Düngen** Während der Wachstumszeit reichlich mit Kakteendünger. Ab August allmählich einstellen. Ab März langsam wieder beginnen.

**Umsetzen** Wegen Brüchigkeit der Wurzeln tunlichst vermeiden. Der Wurzelgrund ist sehr porös zu halten: Kakteenerde oder EE mit viel Ziegelgrus. Topferde zum Lüften über Sommer öfter mit Stäbchen vorsichtig auflockern.

**Vermehrung** Aus Samen wegen Weiterkultur nach Pikieren für Liebhaber schwierig, da Wurzelschäden kaum vermeidbar.

**Pflanzenschutz** Zu wenig Gießen im Sommer bringt durch Trockenheit Rote Spinne und Wolläuse; bei zuviel Gießen im Winter entsteht Kakteenfäule am Wurzelhals.

*Echinocactus grusonii,* Goldkugelkaktus, »Schwiegermutterstuhl«, Familie Cactaceae / Kakteen

# Echinocereus Igel-Säulenkaktus

Er wurde von der Sammelgattung *Cereus* abgespalten und bildet seither mit etwa 60 Arten einen eigenen Clan. Das praktische Kleinformat und die um so größeren Blüten sowie geringe Ansprüche haben die Echinocereen zu Lieblingen der Kakteenfreunde gemacht. Kurzname: »Ecer«.

*Echinocereus pectinatus*, Kammartiger Igel-Säulenkaktus, Familie Cactaceae / Kakteen

**Herkunft** Ihre Heimatgebiete liegen im Südwesten der USA und im nördlichen bis mittleren Mexiko. Die meisten »Ecer« sind Wüstenbewohner, einige leben zwischen Grasbüscheln in der Prärie, andere im Gebüsch von Berghängen.

**Pflanzengestalt** Die selten über 20 cm hohen, weichfleischigen Pflanzen verzweigen sich zu kleinen Säulen. Die grünen Formen müssen von den weißen, dichtbestachelten oder behaarten Arten pflegemäßig unterschieden werden.

**Sortiment** Kaum oder gar nicht bestachelte Arten sind beispielsweise *Echinocereus knippelianus* und *E. pulchellus*. Schön bestachelt oder behaart ist. *E. delaetii*, dessen bis 30 cm lange, teils liegende, teils aufrechte Triebe wie ein Greisenhaupt von langen Borstenhaaren eingehüllt sind; rosa Blüten sind selten. – *E. pectinatus* (Bild) wächst meist einzeln, wird bis 15 cm hoch, der Körper ist von gelblichen, roten bis dunkelbraunen Kurzstacheln fast völlig bedeckt; die purpurrote Blüte hat bis 8 cm ⌀.

**Pflege** Grüne Arten über Sommer ungeschützt im Freien; Stachel- und Haarträger warm, sonnig, luftig, etwas feucht halten. Im Winter kühl und trocken, dabei hell und sonnig stellen. Erde – siehe Herkunft! – mineralisch, ohne Humus, lehmig-sandig; pH 6–6,5 bestätigt leicht alkalische Neigungen für Boden und Gießwasser.

# Echinopsis Seeigelkaktus

Sage niemand, daß Kaktus gleich Kaktus sei! Allein die auf diesen beiden Seiten vertretenen Gattungen zeigen in sich große Abweichungen. Wer Sammlerfreuden ernten will, muß auch das nötige Verständnis für die meist gar nicht einmal so feinen, sondern recht deutlichen Unterschiede aufbringen.

*Echinopsis eyriesii*, Seeigelkaktus, Familie Cactaceae / Kakteen

**Herkunft** Die Echinopsen – Kurzname »Eps« – stammen durchweg aus Südamerika, wo man sie in Argentinien wie in Bolivien und Brasilien, in Paraguay und Uruguay findet.

**Pflanzengestalt** Die kleinen Kugelkakteen werden seit über 100 Jahren als Anfänger- und Sammlerkakteen kultiviert; sie sind deshalb überwiegend nur noch in Zuchtformen verbreitet. Die herrlichen, in langen Trichtern seitlich des Scheitels erscheinenden, breit sich öffnenden duftenden Blüten sind weiß, blaßrosa, gelb und rot. Weil einige Nachtblüher sind, entstand die fälschliche Bezeichnung »Königin der Nacht«.

**Sortiment** *E. calochlora:* Hell grasgrüne Kugeln mit kurzen Stacheln; Blüte bis 16 cm lang, bis 10 cm ⌀, weiß, tellerförmig sich öffnend, gilt als schönste. – *E. eyriesii:* Kleine Kugeln, dunkelbraune, kurze Stacheln, Blüten 20 cm lang, bis 12 cm ⌀, als Nachtblüher öffnen sie sich erst am Spätnachmittag; die Hybridformen sind meist blaßrosa (Bild). – *E. kermesina:* Bis 15 cm ⌀, vielrippig, bunt bestachelt; karminrote Blüte von 15 bis 18 cm Länge, ⌀ 8–9 cm. Sehr schön.

**Pflege** Einfach, wenn der Unterschied in der Erdmischung beachtet wird. Sie soll durchlässig, zugleich kräftig und humos sein. Dazu reiche Ernährung über Sommer. Im Winter kühl und völlig trocken. Sonst wie *Lobivia*, S. 252.

# Epidendrum Epidendrum

*Epidendrum* 'Rainbow'-Hybride, Fam. Orchidaceae / Orchideen

Der aus dem Griechischen hergeleitete Name heißt wörtlich »die auf Bäumen Lebende«: eine epiphytische Orchidee also, deren Gattung als artenreichste von allen gilt und schon 1737 von Linné aufgestellt wurde. Viele davon gelten seit langem als kulturwürdig; Neuzüchtungen haben die Palette noch erweitert.

**Herkunft** Die Heimatgebiete der Epidendren, deren Anzahl der Arten mit 500–600, an anderer Stelle mit »über 750« angegeben wird, erstrecken sich über das gesamte tropische Amerika von Mexiko und Florida bis Bolivien und Paraguay, auch Brasilien.

**Pflanzengestalt** Im Typus sehr verschiedenartig, wachsen fast alle epiphytisch, haben ein- bis mehrblättrige Bulben, die denen der Cattleyen, der Coelogynen und sogar der Dendrobien ähneln, oder bilden belaubte Stämme. Ähnlich ist es mit der Unterschiedlichkeit der Blüten: sie erscheinen teils einzeln, teils zu mehreren in kurzen oder in lang herabhängenden oder sogar verzweigten Trauben; auch aufrechte Rispen kommen vor. Die Blütezeit ist artverschieden von Februar–November. Keine ausgesprochenen Anfängerpflanzen, jedoch in richtiger Auswahl und mit etwas Verständnis auch in Zimmerkultur zu halten.

**Sortiment** *Epidendrum ciliare* aus Mexiko bis Mittelamerika zeigt ihre Blüten von Herbst bis Winter (Bild); auch für kleinere Sammlungen. – *E. fragrans,* Westindische Inseln und Brasilien, einer der ältesten Epiphyten in Europa; die herrlich duftende Blüte erfreut von Nachwinter–Mai. – *E.vitellinum* ist eine besonders schöne, blühwillige Kalthaus-Orchidee aus Mexiko; Blütezeit Okt.–Dez.. Es gibt verschiedene Kreuzungen wie *x Epidrobium* aus *Dendrobium x Epidendrum* und *x Epidiacrium* aus *Caularthron x Epidendrum.* Auch die 'Rainbow'-Hybriden (Bild) gehören in diese Reihe.

**Kultur** einfach, die Pflanze gedeiht gut in mäßiger Wärme (Cattleyenhaus); sie überwintert sogar ohne Luftfeuchtigkeit, wenn der Raum hell und kühl ist. Pflanzstoff durchlässig; Gießwasser pH 4–4,5. Die neuen Hybriden sind empfehlenswerter als viele der nur unscheinbar blühenden alten Arten. Im übrigen allgemeine Regeln für Orchideen beachten.

*Epidendrum ciliare,* Familie Orchidaceae / Orchideen

# **Epiphyllum** Blattkaktus

Als er noch *Phyllocactus* hieß, gab man ihm den statistisch erhärteten Ehrentitel eines »Lieblingskaktus der Nation«. Seit er *Epiphyllum* heißt, machen die ständigen Verwechslungen mit dem Weihnachtskaktus seine Freunde völlig kopfscheu, zumal niemand dessen schon wieder fraglichen Namen *Zygocactus* behält.

**Herkunft** Dennoch wird man sich an die nomenklatorischen Änderungen gewöhnen und zur Kenntnis nehmen müssen, daß die Gattung *Epiphyllum* mit etwa 20 Arten in Mexiko – und über die mittelamerikanische Landbrücke hinweg – bis Argentinien zu Hause ist.

**Pflanzengestalt** Dort leben die Epiphyllen wie Bromelien oder Orchideen als epiphytisch wachsende Sträucher im tropischen Regenwald. Ihre am Grund stielrunden Triebe bilden langgestreckte, blattartige Äste, die an den Rändern verschieden gekerbt sind. Blüten entspringen nur den älteren, mindestens zweijährigen Sprossen. Sogenannte »Spieße«, die durch Lichtmangel am Winterstandort entstehen, tragen keine Blüten und sollen ebenso wie unschön gewordene alte Triebe im Frühjahr entfernt werden.

**Sortiment** Die botanischen Arten sind heute kaum noch gefragt. Dafür gibt es eine Vielzahl von Hybriden, die leichter zu halten sind und noch viel schöner blühen. Man unterscheidet Nachtblüher (»Falsche Königin der Nacht«) und duftende Tagblüher mit reicher Farbenpalette von Lachs und Rosa bis Rot und Karmin, auch zweifarbige Sorten, in den USA 'Orchid Cacti' – Orchideenkakteen – genannt. Sie gehören zu den schönsten und dabei anspruchslosesten Zimmerpflanzen des gesamten Sortimentes.

**Pflege** Nach kühler Überwinterung bei 8–10° verlangen die Epiphyllen ab April hellen Stand und zunehmende Wärme. Ab Ende Mai am besten warm, geschützt, ohne Prallsonne im Freien aufstellen; geschlossene Räume sind nur bedingt – mit viel Frischluft – geeignet. Im Freiland mit Einsetzen der Herbstkühle einräumen; Ruhezeit Nov.–Febr., heller Stand bei 8–10° C. Außerdem gibt es nach jedem Abblühen eine kurze Ruhepause.

**Luftfeuchtigkeit** Nur während des Wachstums bis zur Blüte.

**Gießen** Über Sommer reichlich, während der Ruhezeit sparsam, Übergangszeiten anpassen; Wasser pH 4,5–5, temperiert.

**Düngen** Über Sommer bei gutem Wachstum kräftig; Kakteendünger.

**Umsetzen** Am besten einige Wochen nach der Frühjahrsblüte, auf jeden Fall aber möglichst selten, weil die Blühwilligkeit oft sehr beeinträchtigt wird. Erde mit Sphagnum oder Torfmull versetzen; EE bedingt brauchbar.

**Vermehrung** Nach mehrtägigem Abtrocknen der Schnittfläche wurzeln Stecklinge leicht an. Bei Samenvermehrung kann es bis zur ersten Blüte mehrere Jahre dauern.

**Pflanzenschutz** Zu trockene Luft im Sommer bringt Rote Spinne und Wollläuse; Gefahr von Wurzelfäulen durch stauende Nässe im Winter.

**Wichtig** Bestens geeignet für langjährige Haltung in Hydrokultur.

*Epiphyllum*-Hybride, Blattkaktus, Fam. Cactaceae / Kakteen

## **Episcia** Schattenröhre

Sie ist ein Gesneriengewächs aus dem süd- und mittelamerikanischen Raum. Lebt wie viele seiner Familienmitglieder überall dort, wo tropische Regenwälder Luftfeuchtigkeit und tiefen Schatten bieten oder feuchte Flußufer zu bodenbedeckendem Wachstum einladen. Fazit: Liebhaberpflanze für Warmhauskultur.

Am bekanntesten sind *Episcia cupreata* mit vielen buntblättrigen Sorten aus Kolumbien und die ihr sehr ähnliche, aus Brasilien stammende, nur etwas kleinere *E. reptans* (Bild), Blüte Juni–Sept.

*E. dianthiflora,* die 'Nelkenblütige', ist Mexikanerin, hat eirunde grüne Blätter und weiße, innen leicht gefleckte Blüten, die langgestielt in den Blattachseln erscheinen.

Alle sind wunderhübsche Bodenbedeckungspflanzen, die aber auch in Schalen oder Ampeln gehalten werden können.

Kultur wie *Fittonia* (S. 215)

*Episcia reptans,* Schattenröhre, Familie Gesneriaceae / Gesneriengewächse

## **Erica** Glockenheide

Wenn man bedenkt, welche Stellung bei uns in Landschaft und Brauchtum bis hin zum Volkslied das Heidekraut einnimmt, dann erscheint es kaum glaublich, daß von über 500 Arten der Gattung *Erica* nur 16 in Europa vorkommen. Alle übrigen sind fast ausnahmslos in Südafrika zu Hause, einige als Topfpflanzen bekannt.

**Sortiment** Nicht verwunderlich ist es, daß früher aus diesem gewaltigen Arsenal bei uns wiederum in botanischen Gärten und sonstigen Schausammlungen Dutzende oder gar Hunderte von solchen »Kap-Eriken« kultiviert wurden. Der Blumenfreund von heute beschränkt sich meist auf *Erica gracilis,* die von Sept.–Dez. rosenrot blüht. Im Nachwinter, von Februar–März, setzen die weiße *E. hiemalis* und ihre rosa, lachsrot oder rosaweißblühenden Hybriden ein. Die *E. x wilmorei*-Hybriden mit ihren langen Röhrenblüten sind herrliche Frühjahrsblüher. Eine zauberhafte Sommerblüherin ist die »bauchige« *E. ventricosa* im »erikafarbenen« Blust.

**Pflege** Alle Kap-Eriken brauchen ganzjährig viel Licht, im Sommer sonnigen Stand möglichst im Freien; Überwinterung bei 6–8° C. Gießen nur mit voll enthärtetem Wasser (pH 4–4,5); im Sommer reichlich. Sprühen nur im Frühling und Sommer. Im Winter trockener halten. Düngen Mai–Juli. Topferika kann viele Jahre halten, – die meisten vertrocknen vorzeitig!

*Erica x wilmorei*-Hybride, Glockenheide, Familie Ericaceae / Heidekrautgewächse

# Espostoa Haarkerzenkaktus

In den USA kennt man diese Gattung unter dem Namen »Peruvian old man«. Das bedeutet: Dieser »Alte Mann aus Peru« ist nicht etwa ein spannenlanger Kleinkaktus, sondern am heimatlichen Standort, auf trockenen Hügeln oder auf felsigem Grund, ein Riese von mehreren Metern Höhe im weißen Haarkleid.

Die Hauptart *Espostoa lanata* erreicht in Kultur bei langsamem Wachstum etwa Meterhöhe und ist im Schmuck ihrer langen weißen Haare auch dann noch von dämonischer Schönheit, wenn der Kakteenfreund ihre seitlich am Stamm erscheinenden blaßrosa Nachtblüten kaum je erleben wird. Sie erscheinen ebenso wie zweigartige Austriebe erst im Alter.

**Pflege** Bei hoher Wärme und sonnigem Stand auch über Sommer im geschlossenen Raum halten; nahrhafter Boden; während der Wachstumszeit reichlich wässern. Sonst wie *Cephalocereus,* Seite 154.

*Espostoa lanata,* Watte-Cereus / Familie Cactaceae / Kakteen

# Euonymus Spindelstrauch

Der griechische Pflanzenname *Euonymus* kennzeichnet eine Gattung von Sträuchern, deren sommergrüne und winterharte Art als »Pfaffenhütchen« wohl jedem Gartenfreund bekannt ist. Von den immergrünen, nicht winterharten Arten gehört unsere Aufmerksamkeit dem »Spindelstrauch«, *E. japonicus.*

*Euonymus japonicus* 'Aureomarginatus', Familie Celastraceae / Baumwürgergewächse

**Herkunft** Sein botanischer Name sagt es: der Spindelstrauch stammt aus Japan, wo er – ähnlich wie die Kamelie – im frostfreien Klima gedeiht.

**Pflanzengestalt** In seiner Heimat ist er ein bis 8 m hoher, gelegentlich auch stammbildender Strauch; als Topf- und Kübelpflanze erreicht er meist nicht über 2 m Höhe und etwa ebensoviel ⌀. Die Zweige sind leicht kantig, zäh, dunkelgrün. Die lederartig-glänzenden und länglich-runden, leicht gezähnten Blätter sind zwar weicher und kleiner als die Blätter des echten Lorbeer, doch ihnen immerhin so ähnlich, daß der Spindelstrauch vielfach auch als »Falscher Lorbeer« bezeichnet wird. *Euonymus japonicus* (Handelsname oft auch noch *Evonymus)* bringt im Mai-Juli an sich unscheinbare grünlich-weiße Blütchen, deren Reiz in ihrer Vielzahl vor dem dunkelgrünen Laub besteht. Manchmal bilden sich rote Früchtchen. Blühunwillige und buntblättrige *E.* sind auch als dekorative Blattpflanzen recht schön.

**Sortiment** Für Topfkultur eignet sich besonders der kleinblättrige *E. jap.* 'Microphyllus' in Grün, Gelbbunt und Weißbunt. – In Frankreich sehr beliebt ist der stark weißbunte 'Président Gauthier'. – 'Aureomarginatus' hat dunkelgrüne Blätter mit viel gelber Umrahmung (Bild). – Außer den genannten gibt es noch viele andere Sorten.

**Pflege** Unabdingbar: Überwinterung im hellen, kühlen Raum bei 4–6° C. Ruhezeit ist Okt.–Febr. Danach darf er etwas wärmer gestellt werden; ab Ende April will er einen sehr luftigen Raum mit viel Platz oder Freiland, auch Balkon, hell bis halbschattig. Leichter Nachtfrost wird im Frühjahr wie im Herbst hingenommen.

**Gießen** Über Sommer reichlich, ab Aug. sparsamer, jedoch wegen der immergrünen Belaubung Ballentrokkenheit meiden. Im Frühjahr die Blätter durch Abbrausen entstauben.

**Rückschnitt** Kräftig im Frühjahr.

**Düngen** Apr.–Aug. alle 2 Wochen.

**Umsetzen** Jungpflanzen jährlich im März, später seltener, wie Oleander.

**Vermehrung** Sie ist bei grünen Pflanzen durch Kopfstecklinge im Frühjahr leicht, bei den buntblättrigen Formen schwieriger.

**Pflanzenschutz** Winterwärme hat Schild- und Schmierläuse, Mehltau und Laubfall zur Folge.

# **Euphorbia pulcherrima** Weihnachtsstern, Poinsettie

Das tropische Wolfsmilchgewächs hat im Lauf der letzten Jahre eine erstaunliche Entwicklung von der langstieligen, wenig haltbaren Schnittblume des Weihnachtsmonats zur anerkannten, für einfache Weiterkultur geeigneten Zimmerpflanze gemacht. Auch ist es keine Hexerei mehr, sie wieder zum Blühen zu bringen.

**Herkunft** 1834 kamen die ersten Exemplare aus Mexiko nach Europa und fanden zunächst wenig Interesse. Erst um die Jahrhundertwende begannen deutsche Züchter mit sortenmäßiger Weiterentwicklung, während in den USA die immer steigende Nachfrage zur Schaffung ausgedehnter Freilandkulturen in Kalifornien führte. Der erste große Durchbruch gelang dem Züchter Paul Ecke 1918 mit 'Oakleaf' ('Eichblatt'), dem dann über Jahrzehnte hinweg immer neue Weltsorten wie 'Eckespoint pink', 'Eckespoint red' und andere folgten. Unser heutiger Lizenzbau trägt häufig den Namen des kalifornischen Züchterkollegen Paul Mikkelsen, und was man daraus anbietet, ist schon beinahe kein »Weihnachtsstern« mehr, sondern kann unabhängig von jeder jahreszeitlichen Bindung blühen.

**Pflanzengestalt** Ausdauernder immergrüner Strauch, im tropischen Freiland bis 1,20 m hoch. Triebe meist wenig verzweigt. Blätter groß, spitz-eiförmig oder lanzettlich oder eichblattartig ausgebuchtet, an der Triebspitze zu rosettenförmig angeordneten, je nach Sorte prächtig feuerroten, lachsrosa oder rahmweißen Hochblättern (Brakteen) ausgebildet.

**Blütenstand** Bei neueren Sorten oft zu dritt und mit je 20 cm Durchmesser nebeneinander erscheinend, umgeben die Hochblätter den ebenfalls rosettig gedrängten Kreis unscheinbarer grünlichweißer Wolfsmilchblütchen. Das farbige Gepränge dient der Anlockung von Insekten und »Honigvögeln« zur Bestäubung.

**Wiederblüte** Weihnachtssterne sind Kurztagspflanzen (s. S. 54). Zur Blütenbildung und zum Einfärben der Hochblätter brauchen sie eine »Kurztagsbehandlung« von acht Wochen mit einer Tageshelle von jeweils 10 Stunden. Mehr Licht – sogar kurzfristiges Einschalten der Zimmerbeleuchtung – verhindert die Bildung von Blütenknospen und fördert nur ein üppiges »vegetatives Wachstum« als hübsche Blattpflanze. Nach Abschluß der Kurztagsbehandlung müssen die Knospen so gut vorgebildet sein, daß weitere 2–3 Wochen später der Blütenstand nebst den Hochblättern voll entwickelt und nun auch »lichtfest« ist.

**Allgemeine Pflege** Weihnachtssterne ganzjährig im Raum halten; übersommern am geschützten Platz auf dem Balkon möglich. Standort hell ohne direkte Besonnung. Nach der Blüte Rückschnitt auf ca. 15 cm, nur 3–5 Triebe belassen. Ruhezeit bis Mai; Wachstumszeit bei normaler Winterblüte Mai-November. Durchschnittstemperatur im Winter 18–20° C; während der Blüte kühler stellen fördert die Haltbarkeit der »Sterne«.

**Gießen** Während der Wachstumszeit reichlich; auch lauwarm sprühen; nach der Blüte bis Mai sehr sparsam.

**Düngen** Von Juni–Okt. wöchentlich.

**Vermehrung** Aus Triebspitzen im Sommer.

**Pflanzenschutz** Lufttrockenheit bringt Woll- und Schildläuse, auch Rote Spinne.

**Wichtig** Weißer Wolfsmilchsaft, der bei Beschädigungen austritt, ist sehr giftig; »Bluten« der Pflanze mit brennendem Streichholz oder Kerzenflamme stoppen.

*Euphorbia pulcherrima,* Weihnachtsstern, Familie Euphorbiaceae / Wolfsmilchgewächse

# **Euphorbia milii** Christusdorn, Dornenkrone

Schon im Kapitel Pflanzenfamilien wurde erwähnt, daß die Wolfsmilchgewächse auch eine große Anzahl interessanter, dabei anspruchsloser sukkulenter Pflanzen umfassen. Eine der bekanntesten und – wie der Weihnachtsstern – wegen ihrer symbolträchtigen Erscheinung beliebtesten ist der Christusdorn.

**Herkunft** Ihr alter Gärtnername ist *Euphorbia splendens,* die Glänzende Wolfsmilch. Ihre Heimat sind die Granitberge im Hochland von Madagaskar, wo *E. milii* und einige ihr nah verwandte Abarten noch heute in größeren Beständen wild zu finden sind. Der Christusdorn kam vor etwa 150 Jahren nach Europa und wurde bald zu einer der Standard-Zimmerpflanzen, die als Hausgenossen Jahrzehnte überdauern.

**Pflanzengestalt** Die gut bleistiftstarken, schwach kantigen oder fast runden Zweige sind nicht holzig, sondern sukkulent, dunkel bräunlich bis hellgrau-grünlich und dicht mit 1–1,5 cm langen, sehr spitzen Dornen besetzt. Zwischen den Dornen bilden sich in loser Folge, nach den endlos fortwachsenden Triebspitzen zu dichter werdend, länglichrunde hellgrüne Blätter. Die meist zu mehreren an aufrechten, langen Stielen erscheinenden »Blütchen« verdanken ihre rote oder gelbe Farbigkeit nicht sich selbst, sondern den Hochblättern, von denen sie wie Blumenblätter umschlossen werden. Der Christusdorn blüht ununterbrochen mindestens von Februar bis Juni, manchmal auch länger.

**Standort** Eine der besten Pflanzen für sonnige Lagen, ideal für trockene Zimmerluft, daher allerdings gegen Luftfeuchtigkeit empfindlich. Zum Unterschied von anderen sukkulenten Euphorbien verlangt der Christusdorn keinen kühleren Winterplatz, sondern duldet volle Wohnwärme. Übersommern im Freien nur an sehr geschütztem Platz, möglichst mit eingesenktem Topf. Dies ist besonders bei älteren Pflanzen empfehlenswert, da sie – an Stäben oder Topfspalieren gezogen – oft recht schwer sind und zum Umkippen neigen.

**Gießen** Im ganzen mäßig, im Winter bei warmem Stand nur so viel, daß der Topfballen nicht austrocknet.

**Düngen** Von Frühjahr bis Spätsommer etwa alle zwei Wochen (Kakteendünger!)

**Umsetzen** Nach Bedarf, in jüngeren Jahren alle 1–2 Jahre, später seltener in sandig-humose Erde (Einheitserde).

**Vermehrung** Stecklingsvermehrung im Frühjahr einfach. Wegen Fäulnisgefahr die Kopftriebe jedoch nicht vom frischen Austrieb schneiden, sondern ältere Triebstücke verwenden. Zur besseren Kallusbildung Schnittfläche einen Tag an der Luft abtrocknen lassen, dann in kleinste Töpfchen mit Anzuchterde (Mischung aus Sand und Erde 1:1) abstecken. Bewurzelte Stecklinge später köpfen; das gibt hübsche, mehrtriebige Pflanzen, die sich besonders gut zur Krone formieren lassen. Auch Anzucht aus Samen möglich: Mischungen von *Euphorbia-Milii*-Hybriden im Exotenhandel erhältlich.

**Wichtig** Abfallen der grünen Laubblätter im Winter ist Anzeichen für zu kühlen Stand, für zu reichliches Gießen oder für beides. Auch Platzwechsel kann totalen Laubfall zur Folge haben. Er wird im Frühjahr bei Neuaustrieb ausgeglichen.

**Vorsicht!** Der weiße Wolfsmilchsaft ist auch hier giftig – nicht in offene Wunden, Mund, Nase oder Augen bringen! Beim Hantieren mit dem Christusdorn Handschuhe tragen und lange Pinzette oder Gurkenzange benutzen!

*Euphorbia milii,* Christusdorn, Familie Euphorbiaceae / Wolfsmilchgewächse

## E. pseudocactus Kaktus-Wolfsmilch

Als Beispiel für die oft staunenswerte Ähnlichkeit der sukkulenten Wolfsmilchgewächse mit echten Kakteen haben wir hier eine Art gewählt, die selbst Kakteensammler oft nur dadurch erkennen können, daß sie die Haut der Pflanze mit einer Stecknadel ritzen und sich davon überzeugen, ob weißer Wolfsmilchsaft heraustritt.

Im übrigen ist die Kaktus-Wolfsmilch mit ihrem kandelaberähnlichen Wuchs, 4–5rippigen, grüngrundig-marmorierten Ästen und 1,5 cm langen Dornen nur eine von Hunderten seltsamer Pflanzengebilde, deren Auslese sich nicht zuletzt auch wegen ihrer leichten Kultivierbarkeit bei uns eingebürgert hat. Viele stammen aus dem afrikanischen Kapland, aber außer dem auf der vorigen Seite besprochenen madagassischen Christusdorn gibt es auch arabische, indische und sogar etliche südamerikanische Sukkulenten-Euphorbien.

**Sortiment** Einige der hübschesten kleinbleibenden Arten, die wie Kakteen gepflegt werden und über Sommer auch im Freien stehen können:

*E. caput-medusae* / Medusenhaupt – Heimat ist das Kapland; von dem oben verdickten kurzen Stamm stehen zahlreiche, von fünfkantigen Blattpolstern umgebene Äste wie Schlangen nach allen Seiten; es wächst am besten in sehr hohen, engen Töpfen (Palmentöpfen).

*E. globosa* / Kugel-Wolfsmilch – Heimat ist ebenfalls das Kapland. Sie besteht aus runden Sproßgliedern, die rasenbildend aneinanderhängen; interessant ist die Blütenbildung mit langem »Blütenstand-Austrieb«. Sie braucht sehr hellen, trockenen Stand, Schalenbepflanzung.

*E. grandicornis* / Großhörnige Wolfsmilch – Ihre Heimat reicht von Kenya bis Portugiesisch-Ostafrika; kurzer Hauptstamm mit dreikantigen grünen oder gestreiften Seitenästen und bis 7 cm langen Dornen.

*E. obesa* / Dicke Kugel-Wolfsmilch – Heimat ist das östliche Kapland. Durch ein wunderbares Vexierspiel der Natur ist diese sukkulente Wolfsmilch wirklich nur durch die »Milchsaft-Probe« vom Seeigelkaktus / *Astrophytum asterias* (S. 131) zu unterscheiden. Sie ist eine der schönsten Wolfsmilcharten.

**Allgemeine Pflege** Zum Unterschied vom Christusdorn verlangen alle diese sukkulenten Arten wie Kakteen kühle Trockenruhe im Winter. Während der Wachstumszeit von März bis August warmer, sonniger, luftiger Stand.

**Vermehrung** Durch Stecklinge und aus Samen.

*Euphorbia pseudocactus,* Kaktus-Wolfsmilch, Familie Euphorbiaceae Wolfsmilchgewächse

## Exacum affine Blaues Lieschen

Absonderlich zu denken, daß dieses tropische Kraut und Pendant unseres braven alten »Fleißigen Lieschens« ausgerechnet ein Enziangewächs ist. Doch in der Tat: Enziangewächse kommen nicht nur in den Alpen und in europäischen Steingärten vor, sondern auch in Asien, auf Madagaskar und in Afrika.

**Herkunft** »Lieschen in Blau« soll vor dem 1. Weltkrieg von der wegen ihrer eigenartigen Vegetation berühmten Insel Skotra (am Eingang zum Golf von Aden, afrikanische Ostküste) nach Europa gekommen und gärtnerisch bearbeitet worden sein.

**Pflanzengestalt** Bei uns wird wohl nur noch die Zuchtform *Exacum affine* 'Atrocoeruleum' als frühsommerliche Marktpflanze gehandelt. Das heutige Blaue Lieschen – mit seiner krautigen, etwas fleischigen und reich verzweigten »Figur« dem Fleißigen Lieschen (S. 243) aus der Sippe der Balsaminengewächse recht ähnlich – blüht indes längst nicht so ausdauernd. Seine tief dunkelblauen, duftenden und am Grund mit fünf gelben Staubbeuteln gezierten Blumenaugen öffnen sich jeweils sechs Monate nach Beginn der gärtnerischen Warmhauskultur. Bei Aussaat im Dezember können blühende Pflanzen also frühestens Ende Ju-

◁ *Euphorbia pseudocactus,* Kaktus-Wolfsmilch, Familie Euphorbiaceae / Wolfsmilchgewächse

ni verkaufsfertig sein. Die Blüte endet dann im August/September. Weiterkultur lohnt nicht; das Blaue Lieschen gilt als einjährig.

**Pflege** Entsprechend einfach ist seine Behandlung während der kurzen Sommerfreundschaft. Halten Sie die Blauen wie die Fleißigen (roten) Lieschen hell, ohne direkte Besonnung und nicht zu warm. Fensterkasten und Balkon in Nord- und Nordostlage werden vertragen. Gießen Sie mit nicht zu hartem Wasser (pH 5,5–6) und vermeiden Sie Ballentrockenheit, die mit Blütenrieseln beantwortet werden würde. Bei vorgedüngter Topferde wird etwas Düngung kaum nötig sein, kann aber auch nicht schaden.

*Exacum* affine, Blaues Lieschen, Fam. Gentiaaceae / Enziangewächse

*Fatshedera lizei,* Efeuaralie, Familie Araliaceae / Araliengewächse

# **Fatshedera** Efeuaralie

Es liegt an der alphabetischen Reihenfolge, daß entgegen biologischen Gestzen die – allerdings zu großem Ruhm gelangte – gärtnerische Zuchtform *Fatshedera lizei* vor der traditionsreichen Art *Fatsia japonica* dargestellt werden muß. Vorzüge gegenüber der Art sind die beste Rechtfertigung dafür.

**Herkunft** *Fatshedera lizei,* die 1912 entstandene Kreuzung aus *Fatsia japonica* und *Hedera helix,* ist das Erfolgsobjekt der französischen Baumschule Lizé-Frères in Nantes, die damit einen Weltstar im Grünpflanzensortiment geschaffen hat. Dabei bringt die prachtvolle lebenskräftige Pflanze auch praktischen Nutzen: sie eignet sich bestens für Veredelungen – vor allem als Unterlage von Efeu-Hochstämmen. Nicht minder elegant, jedoch langsamer wachsend ist eine weißbunte 'Variegata'-Form.

**Pflanzengestalt** Mit den Jahren kann *F. lizei* Kübelmaß von beträchtlicher Höhe erreichen. Sie wächst aufrecht und hat immergrüne, meist drei- bis fünflappige Blätter. Nur bei kühler Überwinterung bringen ältere Pflanzen manchmal im Frühjahr grünliche Doldenblüten wie *Fatsia.*

**Pflege** Allgemein wie *Fatsia* (siehe S. 208). Sehr widerstandsfähige Pflanze, sie verträgt am hellen, kaum besonnten Platz die Überwinterung auch im warmen Raum, wenn für Luftfeuchtigkeit gesorgt wird. Wegen der Neigung zu eintriebigem Längenwachstum erzwingt man Verzweigungen durch jährliches Stutzen; Buschform wird auch durch Zusammensetzen von je drei Stecklingen erreicht. Die Vermehrung ist leicht.

# Fatsia japonica Zimmeraralie

Sie repräsentiert Gattung und Art zugleich, gehört außerdem auch zu jenen »Zimmerhelden«, deren Widerstandsfähigkeit gegen alle Unbilden des Topfblumendaseins ihr so achtungsvolle Beinamen wie »Schlachterpalme« und »Kühlhausahorn« eingetragen haben. Vieljährige Freundschaft ist geringer Mühe Lohn.

**Herkunft** Schon der Name sagt es: sie ist Japanerin. Wird als immergrüner Strauch im Ursprungsland bis 5 m hoch und ist seit rund 150 Jahren bei uns als Topf- und Kübelpflanze in gärtnerischer Kultur.

**Pflanzengestalt** An zunächst eintriebigen dünnen Stämmchen bilden sich nur zögernd Austriebe. Die lederigen, oberseits saftig grünen, unterseits helleren Blätter haben bis 40 cm lange Stiele, sind 7–9lappig, meist breiter als lang, Breite je nach Alter und Größe 15–40 cm; beim Austrieb sind sie braunfilzig, später glatt. Unscheinbare grünlich-weiße Doldenblüten erscheinen nur bei älteren Pflanzen; Blütezeit verschieden, – meist im Frühling, später bilden sich, wie beim Efeu, dunkle Beerenfrüchte.

**Sortiment** Es gibt mehrere nicht eben häufige Zuchtformen: die französische 'Moseri' ist grünlaubig mit noch größeren Blättern, gedrungener im Wuchs, wächst langsamer; 'Variegata' mit ebenfalls langsamer wachsenden, leider auch zum Vergrünen neigenden weiß- und gelbbunten Formen; 'Albomarginata' mit weißrandiden grünen Blättern; 'Reticulata' mit netzartiger Zeichnung.

**Wichtig** Buntblättrige Sorten brauchen bei sonst gleicher Pflege mehr Wärme. Wintertemperatur 14–16° C.

**Pflege** Das Erfolgsrezept für *Fatsia japonica* heißt: kühler Standort das ganze Jahr. Am hellen Nordfenster, über Sommer auch am schattigen Platz im Freien, mit viel Frischluft ohne Zugluft fühlt sie sich am wohlsten. Überwinterung in Kalthausklima bei 6–8° C ist unerläßlich, um die Schönheit der Belaubung zu erhalten. Daher gute Eignung für Dielen, Hallen, Schaufenster, kaum beheizte Geschäftsräume.

**Gießen** Während der Wachstumszeit (April–Aug.) reichlich, denn eine so großblättrige Pflanze braucht viel Wasser, besonders auch während des Austriebs im Frühjahr und Frühsommer. Zur Einleitung der Ruhezeit ab August sparsamer gießen, weitere Wassergaben der Temperatur des Winterstandorts anpassen. Keine Ballentrockenheit aufkommen lassen, aber Fußbäder unbedingt vermeiden.

**Düngen** Wüchsige Exemplare von April–August wöchentlich einmal; im Herbst und Winter keine Düngung.

**Umsetzen** Nur nach voller Durchwurzelung in nicht zu große Töpfe, später Kübel. Bester Zeitpunkt: März/April. Erde nahrhaft, humos, etwas lehmig; oder zuverlässige Fertigerde wie Composana, Einheitserde.

Nach Erreichung von Kübelmaß Behandlung und Erdmischung wie Oleander, Seite 270.

**Vermehrung** Am einfachsten aus garantiert frisch importiertem Samen im warmen Vermehrungskasten. Die oft empfohlene Stecklingsvermehrung und das Abmoosen machen zwar auch keine Schwierigkeiten, beeinträchtigen aber die Schönheit des Wuchses, zumal bei älteren Pflanzen.

**Pflanzenschutz** Bei zu warmem Stand und Lufttrockenheit kann gelegentlich eine Milben- und Blattkräuselkrankheit auftreten (jüngere Blätter kräuseln, ältere werden runzlig, höckerig); Bekämpfung wie Rote Spinne, geschädigte Blätter abschneiden und verbrennen.

*Fatsia japonica,* Zimmeraralie, Familie Araliaceae / Araliengewächse

## **Faucaria tigrina** Tigerrachen

Die ungemein dekorative Kleinsukkulente aus der Familie der Aizoaceen oder Mittagsblumengewächse gehört zu den leicht kultivierbaren Gattungen, die man auch außerhalb einer sorgsam aufgebauten Spezialsammlung am Zimmerfenster halten kann. Von den rund 30 bekannten Arten sind sechs in Kultur.

**Herkunft** Wie alle anderen »Mesems« stammen sie aus Südafrika.

**Pflanzengestalt** Die dickfleischigen, am Rande mit aufrechten »Zähnen« besetzten Blätter stehen sich paarweise gegenüber und sind am Grund so zusammengewachsen, daß der Eindruck eines offenen Tiermaules entsteht. Die Tigerähnlichkeit wird noch durch Weißfleckigkeit der Blätter erhöht. Die zauberhaft schönen goldgelben Strahlenblüten erscheinen ab August aus den einköpfigen Rosetten.

*Faucaria tigrina,* Tigerrachen, Familie Aizoaceae / Mittagsblumengewächse

**Sortiment** Zu *F. tigrina,* dem Tigerrachen, gibt es noch *F. felina,* den Katzenrachen, mit undeutlich punktierten Blättern, *F. lupina,* den Wolfsrachen mit dräuenden Zähnen und *F. tuberculosa,* deren Blätter oberseits mit Höckern oder Warzen geziert sind. Alle blühen gelb im Herbst.

**Pflege** Wachstumszeit im Sommer erleichtert zügiges Wachstum und reiche Blüte. Übersommern im Freien bei vollsonnigem Stand sehr erwünscht. Kleine Töpfe. Trocken halten, sobald Runzligwerden den Beginn der Ruhezeit anzeigt.

**Vermehrung** Durch Teilen oder aus Samen.

## **Ferocactus** Kugelkaktus

Die Ferokakteen sind riesige Kugelkakteen aus den südwestlichen Wüstengebieten der USA und Mexikos. Dort wachsen sie im Lauf vieler Jahrzehnte oder sogar eines Jahrhunderts bei manchen Arten zu gewaltigen Säulen mit drei Metern Höhe und mehr heran. In Zimmerkultur halten sich die Maße jedoch in Grenzen.

**Sortiment** Beliebteste Art für Kakteenliebhaber ist *F. latispinus,* die Teufelszunge (alter Handelsname: *Echinocactus corniger).* Sie erreicht bis 40 cm Durchmesser; breite Kugel mit 23 Rippen und wunderschöner, blaßrötlicher bis hellbrauner Bestachelung (»Zungenstacheln«). Sie ist jedoch nur selten zur Entfaltung ihrer kleinen rötlichen, sogar duftenden Blüten zu bewegen. Im Gegensatz dazu stehen *F. hamatacanthus* und *F. stainesii,* die beide nicht weniger prachtvoll bestachelt, aber dazu noch ausgesprochen blühwillig sind. Ihr Besitz ist meist eine echte Freude.

*Ferocactus latispinus,* Kugelkaktus, Familie Cactaceae / Kaktusgewächse

**Blütezeit** Je nach Art Frühjahr bis Sommer; Blüten wenig haltbar.

**Allgemeine Pflege** Sommerstandort sehr hell, im Freiland voll sonnig, recht warm; normal gießen, bei Hitze öfter sprühen. Ab Oktober kühl stellen, Ruhezeit (»Trockenruhe«) Nov. bis Febr., Besttemperatur 8–10° C ohne Gießen und Düngen.

**Vermehrung** Vor allem durch Samen; auch Kindel und Veredelungen.

**Pflanzenschutz** Sommertrockenheit bringt Rote Spinne und Verlausung; Winternässe bewirkt tödliche Fäule am Wurzelhals.

# **Ficus** Gummibaum

Allgemeiner Meinung und sachlichen Erhebungen zufolge hält sich der Gummibaum nun schon seit Jahren als Zimmerpflanze Nummer eins im Sortiment wie im Bewußtsein der Blumenfreunde. Warum das so ist, wird man mit Scharfsinn und Logik allein wohl niemals ergründen können. Denn sicher gibt es genug andere Topfgewächse, die mindestens soviel Bescheidenheit und willige Wachstumskräfte nebst dekorativem Aussehen zu bieten haben, doch an Beliebtheit hinter ihm zurückstehen. Dabei kann er – vor allem auch in Hydrokultur – noch weit mehr leisten.

**Herkunft** Die riesengroße Gattung *Ficus,* deren Name nichts anderes als Feige bedeutet, umfaßt über tausend Arten tropischer Bäume, zu denen auch etliche epiphytisch wachsende Gesträuche und Kletterpflanzen gehören. Die Heimatländer der für Zimmerkultur und Warmhaus geeigneten Arten liegen in Süd- und Südostasien, vor allem Indien, im Bereich des Malaiischen Archipels bis hinunter nach Australien, auch im tropischen Westafrika. *Ficus carica,* die »Gemeine Feige«, ist als »Obstbaum der Mittelmeerländer« in Südeuropa wie in Nordafrika zu Hause.

**Pflanzengestalt** Die botanische Gemeinsamkeit der im übrigen typmäßig denkbar verschiedenen Arten liegt einerseits beim Milchsaft, der früher die Vormachtstellung bestimmter Gummibaumarten – insonderheit *Ficus elastica* – begründete, jedoch heute so gut wie überhaupt keine Rolle mehr spielt. Zum andern sind es die merkwürdigen »Urnenblüten«, aus denen bei einigen Arten tatsächlich eßbare oder als exotischer Baumschmuck auffallende Feigen werden. Dies betrifft in erster Linie den schon erwähnten »Obstbaum der Mittelmeerländer«, *Ficus carica,* der durch zielstrebige Akklimatisation als echte »Freilandfeige« mit sommergrüner Belaubung auch bei uns in milden Lagen vorzüglich gedeiht und reiche Ernten bringt. Ich kann das aus eigener langjähriger Erfahrung bestätigen. Von den für Zimmerkultur verwendbaren Gummibaumarten dürfte nur *F. deltoidea,* die zierliche »Mistelfeige« (Bild), zum Fruchten kommen. Die anderen Arten dieser Gruppe – *F. aspera,* die »Rauhe Feige« von den Südseeinseln, nebst ihrer Zuchtform 'Parcelli'; oder *F. cerasiformis,* die »Kirschenfeige« aus Ostindien; oder *F. edulis,* die »Eßbare Feige«, ebenfalls aus Südseebereich – trifft man eigentlich nur in Botanischen Gärten und Pflanzenschauhäusern, wo sie im gleichmäßigen Warmhausklima auch ihre originellen Früchte bringen. Die gängigen Gummibaumarten in Heimkultur dagegen kommen schon deshalb nie zur Entwicklung irgendwelcher Fruchtansätze, weil sie selbst bei Erreichung von Kübelmaß immer nur winzige Teilstücke mächtiger Urwald-Bäume darstellen. Einige Höhenmaße am natürlichen Standort sind im Abschnitt *Sortiment* angegeben.

*Ficus deltoidea,* Mistelfeige, Familie Moraceae / Maulbeerbaumgewächse

**Übersicht der Abbildungen** Seite



## Sortiment schöner Gummibaumarten und ihrer Zuchtformen

**Vorbemerkung** Die zahllosen Arten der Gattung *Ficus* in den verschiedensten Heimatländern dürfen uns nicht darüber hinwegtäuschen, daß im Lauf der Zeit nur ein sehr kleiner Teil davon in Kultur genommen und zu den für uns Blumenfreunde »wichtigsten aller Grünpflanzen« entwickelt wurde. Da eine Rangordnung im Rahmen dieser Übersicht – trotz der unbestreitbaren Vorrangstellung von *F. elastica* als der Idealgestalt des Gummibaums schlechthin – zu schwierig wäre, folgen wir der abc-lichen Reihenfolge und haben nur die kleine Gruppe der Kriech- und Kletterformen an den Schluß gestellt.

### 1. Aufrecht wachsend, alle immergrün

*Ficus bengalensis,* Banyanbaum der Inder, dort 30 m hoher Baum mit Luftwurzeln; Blätter 10–20 cm lang, steiflederartig, rundlich-länglich-oval, dunkelgrün, in der Jugend ebenso wie die Triebe mit bräunlichem Flaum behaart, später glatt.

*F. benjamina,* Kleinblättriger Gummibaum, wegen seiner schön überhängenden Zweige und zierlichen Belaubung auch »Birkenfeige« genannt (Bild S. 43); in seiner Heimat Indien wird er ein großer, breitkroniger Baum. Blätter glänzend grün, etwas lederig, eiförmig in kleiner Spitze endend. Ausgezeichnete Zimmerpflanze, die auch in größere Blumenfenster paßt, kann in vieljähriger Freundschaft Kübelmaß erreichen.

*F. deltoidea* (früher *diversifolia),* Mistelfeige (Bild S. 210), wächst im Gebiet des Malaiischen Archipels als epiphytischer Strauch auf Bäumen; Höhe in Zimmerkultur nicht über 60–80 cm, bei reicher Verzweigung. Blätter graugrün, lederartig, umgekehrt spitzeiförmig an kurzen Stielen sitzend. Die erbsengroßen gelblichen Feigen stehen einzeln oder zu zweit aufrecht an Stielen. *F. deltoidea* wächst bei genügend Wärme und Luftfeuchtigkeit unermüdlich – ganz langsam! – Jahre und Jahrzehnte weiter.

*F. elastica,* der vielgerühmte »Urgummibaum«, wird in seiner ostindischen Heimat 20–25 m hoch. Nach ungeschriebenen ästhetischen Grundregeln soll er eintriebig kerzengerade in die Höhe wachsen und von unten bis oben ein lückenloses Blätterkleid zeigen. Wie er aussieht, ist allgemein bekannt. Auch erweist sich immer von neuem, daß trotz aller braunwerdenden und im Nachwinter – als Folge offenbar unvermeidlicher Pflegefehler – abfallenden Blätter nebst gar zu schnellem, der Zimmerdecke zustrebendem Wachstum der gute alte Gummibaum – seit 1815 in Kultur – »eine angenehme, dem Auge schmeichelnde und verhältnismäßig bescheidene Pflanze« ist. Daß er nach Stutzen seines Kopftriebs eine vielästig sich verzweigende Krone bilden oder mit einem kräftigen neuen Seitentrieb oben an der Fensterkante entlanggezogen werden kann, gehört zu den Vorzügen seiner Langlebigkeit. Neben ihm setzen sich mehr und mehr seine pompöseren, aber keineswegs empfindlicheren Zuchtformen durch. Als erste nach dem Krieg erschien *F. elastica* 'Decora' am Markt. Sie ist übrigens keine Kreuzung, sondern durch Auslese von Saatgut der Art entstan-

*Ficus elastica* 'Variegata', Buntblättriger Gummibaum, Familie Moraceae / Maulbeerbaumgewächse

*Ficus elastica* 'Decora tricolor', Dreifarbiger Gummibaum, Familie Moraceae / Maulbeerbaumgewächse

*Ficus retusa,* Stumpfblättriger Gummibaum, Familie Moraceae / Maulbeerbaumgewächse

den. Vom Handel wie von den Blumenfreunden kurz *Ficus decora* genannt, macht das stattliche Gewächs mit seinen großen, breit eiförmigen, sattgrünen Blättern allerbeste Figur; Bedingung ist freilich, daß diese steif aufgerichtete und in dichter Folge am Haupttrieb erscheinende Blätterzier keine Fehlstellen aufweist. Empfindlichkeit besteht gegen plötzliche Temperaturschwankungen und Zugluft, gegen zu warme Überwinterung (nicht über 15–18° C), auch gegen »kalte Füße« (unter 12–15° C Bodentemperatur) und gegen stauende Nässe besonders während der Ruhezeit. – Aus der grünen Form entstand die wunderschön dreifarbige Sorte 'Decora tricolor' (Bild oben links), für die ungefähr gleiche Kulturbedingungen gelten. – Als recht anspruchslos hat sich dagegen die etwas schmutzig-weißbunte Sorte 'Doescheri' bewährt; im Handel wird sie auch unter der Bezeichnung »Belgischer Findling« geführt, was auf ihre zufällige Entstehung schließen läßt. – Sehr intensiv und klar in der weißbunten Zeichnung ist die Sorte 'Schrijveriana' (Bild Seite 20); sie ist Jahrgang 1955 und somit wohl die letzte in der Reihe von *Ficus-elastica*-Neuzüchtungen. – Die alte, länglich-schmale Blattform der Art, jedoch mit prächtig gelb und helldunkelgrün marmorierten Blättern, zeigt die nun bald hundertjährige Sorte 'Variegata' (Bild S. 211), die auch leicht mehrtriebig zu ziehen ist.

*F. lyrata,* die »Geigenfeige« aus dem tropischen Westafrika, früher auch *F. pandurata* geheißen, dürfte das Monumentalste sein, was die Gattung *Ficus* dem Zimmergärtner zu bieten hat (Bilder S. 37 u. 44). Die dicklichen, etwas lederig-rauhen, dabei saftiggrünen Blätter erreichen 50–60 cm Länge, haben eine geigen- oder leierartige Form und gewellten Rand. Die ganze Pflanze ist herrlich anzusehen, braucht zu vollem Gedeihen aber einen freien, von keiner Nachbarschaft eingeengten Stand und möglichst – wie es auch das Bild S. 37 zeigt – kein einseitiges Licht; etwas mehr luftfeuchte Wärme ist vor allem der Jugendentwicklung förderlich; die Geigenfeige verzweigt sich nicht, sondern wächst immer geradeaus in die Höhe; man kennt sie seit dem Anfang unseres Jahrhunderts; Vermehrung aus Kopfstecklingen nur im Warmbeet bei 30–35° C möglich; Gärtnersache.

*F. retusa,* die »Stumpfblättrige Feige«, wächst als beliebter großkroniger Baum in Ostindien und auf den Malaiischen Inseln; wie das Bild links unten erkennen läßt, ähnelt er *F. elastica,* neigt jedoch schon im Jugendalter zu Verzweigungen.

*F. rubiginosa,* der »Braunrote Gummibaum«, ist in seiner australischen Heimat ein nur bis 4 m hoher, jedoch vielverzweigter Strauch, dessen Äste sich am natürlichen Standort zur Erde niederbeugen, dort Wurzeln schlagen, neue Austriebe bilden und damit große Flächen überdecken; die Blätter der Art sitzen an kurzen Stielen, sind mittelgroß, bis 10 cm lang, grün, in der Jugend – ebenso wie die jungen Triebe – braunfilzig. Beliebter und dabei ebenso anspruchslos ist seit Generationen die weißbunte Zuchtform *F. rubiginosa* 'Variegata' (Bild S. 214); Art und Sorte sind typische Kalthauspflanzen, brauchen also kühle Überwinterung bei 10–12° C und stehen über Sommer gern an geschützter Stelle im Freien; ihr großer Vorteil: sie wachsen ausgesprochen langsam und können deshalb zu wahren Familien-Erbstücken werden. Vermehrung nur durch Stecklinge, die während der Wachstumszeit sehr leicht bewurzeln.

### 2. Kriech- und Kletterformen

*Ficus pumila,* der »Kletterficus«, hat sein Verbreitungsgebiet zwischen Ostasien und Australien. Er ist selbstklimmend wie Efeu, kann größere Flächen überdecken und bringt in älteren Jahren auch bis birnengroße Feigen. Erstaunlich ist seine Unempfindlichkeit, die ihn auch niedrige Temperaturen bis nahe dem Gefrierpunkt ertragen läßt. Es gibt mehrere hübsche Sorten wie 'Minima', 'Serpyllifolia' und die freilich anspruchsvollere 'Variegata'.

*Ficus rubiginosa* 'Variegata', Familie Moraceae / Maulbeerbaumgewächse

*F. quercicifolia,* der »Eichenblättrige Gummibaum«, stammt aus Burma, bildet zunächst kleine Büsche, später überhängende Zweige; an sich ist er eine Warmhauspflanze, reizend für Ampeln in entsprechend klimatisierten Räumen.

*F. radicans,* die »Kriechfeige« mit unbekannter Herkunft, bildet Wurzeln aus den Blattknoten ihrer Triebe und betätigt sich so als Bodendecker. Ihre Blätter sind wesentlich größer als die von *F. pumila.* Die Sorte 'Variegata' hat weißbunte, zum Teil völlig chlorophyllfreie Blätter (Bilder Seite 214).

**Vermehrung** Alle drei aus Stecklingen, die bei 20–25° C Bodenwärme leicht bewurzeln.

## Und so soll man die Gummibäume pflegen . . .

Soweit in den Einzeldarstellungen des Sortiments keine anderen Anweisungen gegeben sind, gelten für alle grünblättrigen Formen die folgenden Grundregeln. Buntblättrige sind im allgemeinen empfindlicher, brauchen mehr Wärme und Luftfeuchtigkeit.

**Verwendung** Meist ganzjährig im Raum. Dekorative Blattpflanze für Einzelstellung. Ältere Exemplare mit Seitenästen sind auch gut als Rahmenpflanzen für Blumenfenster. Am liebsten steht der Gummibaum jahraus, jahrein am gleichen Platz.

**Sommer** Standort sehr luftig, hell, doch nicht mit Prallsonne. Licht muß immer von oben auftreffen; sobald die Triebspitze in die »Dunkelzone« oberhalb der Fensterleibung eintritt, hört ihr normales Wachstum auf, und auch die unteren Blätter fangen an zu kümmern. Übersommern im Freien – auch Balkon – wirkt im allgemeinen ungünstig, da schon das Aus- und Einräumen für den ausgesprochen konservativen Gummibaum eine schwere Störung bedeutet. Auf jeden Fall kommt – wenn überhaupt – nur ein warmer, dabei sehr mäßig besonnter, aber völlig windgeschützter Platz in Frage.

**Winter** Ruhezeit Oktober–Februar. Beste Überwinterungstemperatur bei 12–15° C; mehr wird bei guter Gesundheit und Belassung am gewohnten Standort allenfalls vertragen. Weniger bringt auf die Dauer Unterkühlungsschäden, die um so schwerer sind, wenn dazu noch mehr als notwendig gegossen wird.

**Luftfeuchtigkeit** Die einfachen grünblättrigen Arten sind dankbar für Sprühen während des Blattaustriebs im Frühjahr. Alle buntblättrigen sowie auch die kletternden Arten und Sorten

**Blätterpflege** Blattoberseiten öfter mit feuchtem Wattebäuschchen entstauben; wo Glanz gewünscht wird, keine porenverstopfenden Hausmittel – Milch, Bier, Salatöl – verwenden. Blattglanzmittel guter Herkunft (Compo, Etisso) verhüten Wasserflecke und wirken deutlich staubabweisend.

**Düngen** Für wüchsige Pflanzen mit guter Blattentwicklung ab Austriebsbeginn bis Mitte Aug. alle 1–2 Wochen Volldüngerguß; weniger wuchsfreudige Exemplare nicht durch Überdüngung krank machen. Keine Düngung mehr nach Triebabschluß!

**Umsetzen** Nur bei völliger Durchwurzelung im Febr.-März, Pflanzgefäße

und Schmierläuse, bei zuviel Sonne und in Zugluft stellen sich Rote Spinne und Thrips ein. Bei Bekämpfung auf Empfindlichkeit mancher Arten gegen E-Mittel achten! – Vom Rand aus erscheinende große braune Flecke können Befall mit *Gloeosporium*-Blattfleckenkrankheit anzeigen: diese Blätter ausmerzen, vorbeugend gegen weitere Infektion mit organischem Pilzgift spritzen.

**Wichtig** Hängenlassen der unteren Blätter bedeutet: zu warmer Stand im Winter; Blätter gilbend oder schwarzfleckig bedeutet: Wurzelschäden durch »kalte Füße«, Bodennässe. Fazit: Kulturfehler schädigen am meisten!

sollten mit Ausnahme der Ruhezeit öfter gesprüht werden.

**Gießen** Ab Austriebsbeginn bis Ende August reichlich, nicht trocken werden lassen; dann zur Triebberuhigung und Ausreifung des Holzes langsam zurückgehen. Über Winter auch im wärmeren Raum gerade nur feucht halten. Die sehr sauerstoffbedürftigen Wurzeln vor allem der großblättrigen Arten dürfen jetzt lieber einmal etwas trocken werden. Mehr Wasser als die Wurzeln bei herabgesetztem Stoffwechsel während der Ruhezeit aufnehmen können, bringt Jahr für Jahr vielen Gummibäumen Siechtum und Tod. Wasser um pH 6.

nicht viel größer wählen. Man verwende eine Mischung aus Laub- und Komposterde, mit Beigabe von Sand, Torf und Holzkohlestückchen. Desgleichen Composana, EE. Für große ältere Pflanzen auch Vorratsdüngung wie Oleander S. 270.

**Vermehrung** Kopfstecklinge in Erde oder Wasser; Blattstecklinge mit Triebauge im Vermehrungsbeet bei 25–30° C oder unter Plastikhaube; Abmoosen: Näheres siehe Kapitel »Pflanzenkinderstuben«. Anzucht aus Saatgut ist möglich, aber in Zimmerkultur nicht üblich.

**Pflanzenschutz** Zu warmer, eingeengter, lufttrockener Stand bringt Schild-

Links: *Ficus pumila,* Kletterficus, Fam. Moraceae / Maulbeerbaumgewächse
Rechts: *Ficus radicans,* Kriechfeige

# **Fittonia** Fittonie

Elizabeth und Sarah Mary Fitton veröffentlichten um 1850 in London ein Buch »Conversations on Botany«. Dafür durften sie einer wenig später entdeckten Gattung von Akanthusgewächsen ihren Namen geben. Als Bodenbedeckungspflanze ist die Fittonie heute wohl jedem Blumenfenster-Besitzer geläufig.

**Herkunft** Die beiden bekannten Arten stammen aus tropischen Regenwäldern in Peru. Es sind typische Warmhauspflanzen, die man in einfacher Zimmerkultur, einzeln im Blumentopf, kaum halten kann.

**Pflanzengestalt** Krautige Stauden, teils mit kriechendem, teils mit aufrechtem Wuchs. Blätter eirund, 5–7 cm lang, kreuzweise gegenständig an kurzen Stielen. Unscheinbare gelbe Rachenblütchen zeigen sich im Frühjahr meist nur an den Arten, nicht an den Zuchtformen.

**Sortiment** Am häufigsten trifft man – auch als Schalenbepflanzung – 'Argyroneura', die 'Silbergeäderte', eine Zuchtform der Art *Fittonia verschaffeltii*. Das Bild links zeigt die Übereinstimmung zwischen Blattzeichnung und Name. Eine zweite Sorte *F. verschaffeltii* 'Pearcei' mit karminroter Blattäderung kommt seltener vor. *F. gigantea* soll buschig-verzweigt aufrecht wachsen und bis 60 cm hoch werden; ihre dunkelgrünen, bis 10 cm langen Blätter sind hell karminrot geädert. Diese Art kommt für Liebhaberkultur kaum in Frage; sie dient vor allem den Botanikern als Experimentierpflanze zum Thema Kältetod.

**Pflege** Aufstellung zwar ohne direkte Besonnung, jedoch zur Erhaltung der bunten Farben nicht zu dunkel. Hohe Luftfeuchtigkeit ist im Sommer notwendig. Überwintern etwas trockener, Besttemperatur 18–20° C, sonst Unterkühlungsschäden.

**Gießen** Von Frühjahr bis Herbst gleichmäßig feucht (nicht naß!) halten, über Winter – auch ohne eigentliche Ruhezeit – etwas weniger Wasser stets temperiert, pH 4–4,5. Bei Sprühen nicht empfindlich gegen Tröpfchenbildung auf den Blättern.

**Düngen** Sehr sparsam, kalkfrei, nur von März bis Anfang August alle zwei Wochen in schwacher Lösung (Crescal, Compo flüssig, Nährlösung der Hydrokultur.

**Umtopfen** Nach Bedarf im Frühjahr bei Neuaustrieb in flache Pflanzgefäße. Vorsicht wegen Brüchigkeit der Stengel! Deckscherben und fingerhohe Dränageschicht am Boden nicht vergessen, Holzkohlestückchen beigeben. Erde leicht und humos. Bei EE etwas scharfen Sand zumischen.

*Fittonia verschaffeltii* 'Argyroneura', Fam. Acanthaceae / Akanthusgewächse

*Fittonia gigantea,* Riesenfittonie, Fam. Acanthaceae / Akanthusgewächse

**Vermehrung** Aus Stecklingen im Frühjahr und Sommer erstaunlich leicht: Bewurzelung am schattigen Platz schon bei 18–20° C Bodenwärme im geschlossenen Vermehrungsbeet.

**Pflanzenschutz** Schlimmste Feinde: Asseln und Schnecken, die vorbeugend bekämpft werden sollten. Empfindlich gegen Zugluft.

# **Fuchsia** Fuchsie

Ihr Taufpate Professor Leonhart Fuchs lebte vor über 400 Jahren. Blumenfreunde fragen gern, ob sie wirklich nur eine Balkon- und Gartenpflanze ist? Antwort: Nein, es gibt auch Arten wie etwa *Fuchsia procumbens,* die als Ampelpflanze im kühlen Raum wohnen können.

**Herkunft** Der französische Weltreisende Charles Plumier, dem wir die Begonie verdanken, hat um 1700 in höheren Lagen chilenischer Gebirgswälder auch die Fuchsie entdeckt. Ihre Heimatländer reichen von Mexiko über Südamerika und die Falklandinseln bis Neuseeland.

**Pflanzengestalt** Dort überall fand man das strauchartige Gewächs mit den hängenden Blüten. Gärtnerkunst hat daraus unzählige Zuchtformen entwickelt. Wir unterscheiden die großen Gruppen der aufrecht wachsenden Fuchsien und der Hängefuchsien, die einfach blühende und gefüllt blühende Sorten umfassen. Eine weitere Gruppe bilden die traubenblütigen *Fuchsia-Tryphylla*-Hybriden, mit denen vor allem die kalifornischen Züchter arbeiten. Im internationalen Sortiment gibt es über 2000 Arten und Sorten – bei uns kaum mehr als ein halbes Hundert, das allerdings zunimmt.

**Pflege** Als Zimmerpflanzen im Sommer recht luftig, halbschattig bis schattig halten; im Winter bei 12–15° C kaum besonnt und doch hell stellen. Entsprechend ihrer Herkunft aus feuchtkühlen Gebirgswäldern in 2000 m Höhe lieben die Fuchsien während der Wachstums- und Blütezeit auch als Topfpflanzen im Raum etwas Luftfeuchtigkeit, erst recht bei üblichem Balkon- oder Freilandaufenthalt im Hochsommer.

**Gießen** Als Waldbodenpflanzen immer gleichmäßig feucht halten; im Winter zwar weniger gießen, aber nie ganz austrocknen lassen. pH 5–6.

**Düngen** Febr.–Aug. wöchentlich fördert Blühdauer und Schönheit.

**Rückschnitt** Ende Febr. nur bei alten Sorten und Hängefuchsien; Neuzüchtungen wachsen meist von selbst buschig. Ausputzen in jedem Fall.

**Umsetzen** Nach Rückschnitt oder Ausputzen; Töpfe nicht viel größer. Composana, Einheitserde.

**Vermehrung** Am besten Mai–Juni aus unten schon leicht verholzten Grundtrieben, 5–6 Blattpaare, unterste stutzen. Samen möglich.

**Pflanzenschutz** Bei trockener Sommerhitze Blattläuse und Weiße Fliege. Fuchsienrost, Grauschimmel.

*Fuchsia-Hybride* 'Pink Galone', Gefülltblühende Hängefuchsie, Familie Onagraceae / Nachtkerzengewächse

# **Gardenia** Gardenie, Jasmin-Rose

Ein amerikanischer Arzt und Naturforscher des 18. Jahrhunderts namens Garden war ihr Ehrenpate; ihre größte Zeit hatte sie wohl in der 2. Hälfte des vorigen Jahrhunderts als anerkannte »Knopflochblume« der vornehmen Welt. Dann lebte sie überwiegend in Romanen. Heute führt sie der Garten-Versandhandel im Katalog.

**Herkunft** Heimat je nach Art Ostasien oder tropisches und subtropisches Afrika. Schon um 1750 kannte man einige der noch heute beliebtesten, aus China stammenden Arten, deren es insgesamt etwa sechzig gibt.

**Pflanzengestalt** Immergrüner, reich verzweigter Strauch mit glänzend-lederartigen, elliptischen oder ovalen, meist gegenständigen und kaum gestielten Blättern. Tellerförmige Blüten von 8–10 cm, weiß, seltener gelb, herrlich duftend. Die wichtigste, aus China stammende Art ist *Gardenia jasminoides,* aus der die als Schnitt- und Ansteckblume wichtigere 'Veitchii' mit kleineren Blüten und andere Sorten entwickelt wurden.

**Verwendung** Die Gardenie als Topfblume ist zweifellos im Kommen. Für gehobene Zimmerkultur mit Winterblüte kommt dafür eigentlich nur *G. jasminoides* – besser *G. jasminoides* 'Veitchii' – in Frage. Sie ist für den verständnisvollen Liebhaber kaum schwieriger zu halten und alljährlich zur Wiederblüte zu bringen als die Kamelie, mit der sie ohnedies viel Ähnlichkeit hat.

**Sommer** Freilandaufenthalt am halbschattigen, warmen und geschützten Platz wird nach vorsichtiger Abhärtung ab Anfang bis Mitte Juni meist gut vertragen. Als Winterblüherin muß *G. jasminoides* rechtzeitig vor den ersten kühleren Nächten eingeräumt werden.

**Winter** Wie Kaffeebaum und Ixore ist die stammverwandte Jasmin-Gardenie sehr empfindlich gegen »kalte Füße«. Ausgeglichene, luftfeuchte Raumtemperatur von 16–18° C und gleichmäßige Bodenwärme von 18–20° C sind unerläßlich. Standort sehr hell, frei und luftig ohne intensive Besonnung.

**Gießen** Während der Wachstums- und Blütezeit – bei 'Veitchii' Winterblüte beachten – normal, jedoch nur mit enthärtetem, angewärmtem Wasser pH 4–4,5, Bodenwärme 20–22° C.

**Düngen** Je nach Wachstumsrhythmus ab Austriebsbeginn 4 Monate lang mit kalkfreier Volldüngerlösung – wenn möglich, mit organischem Blumendünger wie Compo Guano flüssig.

**Umsetzen** Vor Austriebsbeginn; ältere Pflanzen höchstens alle 3–4 Jahre, unter größter Schonung der feinen Wurzeln; nicht tiefer oder höher setzen als vorher; fest andrücken. Nur beste kalkfreie Erde, – Azaleenerde, soweit erhältlich, sonst EE mit 50% Torfzusatz.

**Vermehrung** Mit Kopftrieben, die wie bei Myrte oder Zimmerlinde geschnitten werden, unter Plastikhaube und bei genügend Bodenwärme (24–26° C) relativ einfach. Sonst Gärtnersache.

**Pflanzenschutz** Pflegefehler begünstigen Befall mit Roter Spinne, Schmierläusen und Thrips. Zu kalter und zu nasser Boden bewirken Gelbsucht (Chlorose). Zur Bekämpfung das BASF-Spezialmittel »Fetrilon«.

*Gardenia jasminoides* 'Veitchii', Gefüllte Jasmin-Gardenie, Familie Rubiaceae / Krappgewächse

# **Gasteria** Gasterie

Die Gasterien bilden eine große Gattung sukkulenter Liliengewächse mit vielen hübschen, für einfache Zimmerkultur bestens geeigneten Arten, die unter verschiedenen Namen Volkstümlichkeit genießen. Ihre verschiedenen Wuchsformen passen in jede Sukkulentensammlung. Herkunft: Südafrika.

*Gasteria liliputana,* Bitterbauch, Familie Liliaceae / Liliengewächse

**Pflanzengestalt** Dicke fleischige Blätter, teils mit weißen Flecken, teils mit Perlwarzen, rosettig oder zweizeilig. Blütenglöckchen bräunlich-rot, in lokkeren Trauben oder Rispen auf hohem Schaft. Blüte: Frühjahr bis Sommer.

**Sortiment** Kleinformen sind: *Gasteria armstrongii,* 4–6 zweizeilige dicke Blätter, dunkelgrün, beiderseits runzelig mit Höckerchen. – *G. liliputana,* Blätter zweizeilig, später rosettig, nur 3–6 cm lang, weißlich gefleckt, wegen dem blasigen Blütenkelch und dem bitteren Saft 'Bitterbauch' genannt. – *G. humilis,* Blätter rosettig, 8–10 cm lang, weißliche Flecken in unregelmäßigen Querreihen. – Größere Arten: *G. candicans,* Blätter rosettig geordnet, 25–30 cm lang, weiß punktiert, Blütenstand bis meterhoch, seit 1821 in Kultur. – *G. picta,* Blätter zweizeilig, in spiralig gedrehter Rosette. – *G. verrucosa,* Hirschzungenkaktus, Blätter zweizeilig, große Perlwarzen, eine der schönsten Arten.

**Pflege** Sonnenverträglich, für Südfenster geeignet. Sonst wie *Haworthia.*

# **Gloriosa** Ruhmeskrone

Zuerst wurde sie mehr als etwas empfindliche Freilandpflanze angeboten; dann wurde sie zur Schau- und Schnittblume. Das ist sie noch heute, doch hat man dazu auch ihre Eignung für gehobenere Zimmerkultur erkannt, wobei stets auf die Wichtigkeit des Ruhens der Rhizome von Oktober–Februar verwiesen wird.

**Herkunft** Sechs Arten im tropischen Asien und Afrika, drei in Kultur.

**Pflanzengestalt** »Ausdauernde Kräuter« mit dicken, knollenartigen Rhizomen; Kletterlilien mit einfachen oder später verzweigten Stengeln, Wuchshöhe je nach Art in Kultur 1,5–2 m. Blätter stengelumfassend, 10–12 cm lang, länglich-oval mit Spitzen, die zu fadendünnen Halteorganen ausgezogen sind. Blüten bis 10 cm lang, einzeln oder zu mehreren an langen Stielen aus den Achseln der oberen Blätter erscheinend; Blumenblätter zurückgeschlagen, Farben artverschieden. Blütezeit Sommer bis Herbst.

**Sortiment** Am bekanntesten: *Gloriosa rothschildiana,* Blüte dunkelrot mit gelb, Ränder leicht gewellt. – *G. simplex,* Blüte erst gelb, später bei Besonnung rot, Ränder glatt. – *G. superba,* stärkerer Wuchs als die vorigen, im Erblühen grünlich, dann gelb, zuletzt rot.

**Pflege** Standort in der Wachstums- und Blütezeit von Apr.–Sept. hell bis halbschattig, warm. Nach Einziehen der oberirdischen Pflanzenteile Knollen im Topf belassen, trocken halten, bei 10–12° C überwintern. Im Febr.–März aufnehmen, alte Erde abschütteln, alte Wurzeln entfernen, je 2–4 Knollen mit 2 cm Erddecke in größere Töpfe mit guter Scherbeneinlage und frischer Erde legen, zum Antreiben warm stellen, während des Austriebs bis zur Blüte für Luftfeuchtigkeit sorgen. Spalier zum Hochranken.
**Gießen** Über Sommer normal, lauwarm, pH 5–6. Ab Anfang Sept. langsam aufhören, damit Pflanze bis Okt. eingezogen hat. Sprühen siehe oben.
**Düngen** Ab Austrieb bis August.
**Vermehrung** Durch Teilung der Knollen: etwas riskant; durch Brutknöllchen und aus Samen: beides mühsam.
**Pflanzenschutz** Zugluft und zu wenig Wärme im Frühjahr bringen Blattläuse; schlechte Lichtverhältnisse mindern die Blühwilligkeit. Bei Fehlern in der Ruhezeit versagen die Pflanzen.

*Gloriosa rothschildiana*, Ruhmeskrone, Familie Liliaceae / Liliengewächse

## **Glottiphyllum** Zungenblatt

Jeder Fachmann und ernsthafte Liebhaber weiß, daß die Glottiphyllen oder Zungenblätter ebenso wie die Fenestrarien oder Fensterblätter und die Ophthalmophyllen oder Augenblätter zu den »schwierigen« Gattungen der Aizoaceen oder Mittagsblumengewächsen zählen. Doch scheint dieser Einwand fraglich zu sein.

**Probleme** Wer sich nämlich etwas näher mit der Lebensweise dieser Hochsukkulenten aus süd- oder südwestafrikanischen Trockengebieten befaßt, wird bald erkennen, daß »richtige Pflege« im wesentlichen vom richtigen Gießen und Düngen oder vielmehr von der Unterlassung dieser beiden, sonst für alle Zimmerpflanzenpflege so wichtigen Maßnahmen abhängt. Daß beispielsweise die Zungenblätter mit ihren dickfleischigen, tatsächlich zungenartigen Blättern zur Verhütung zu intensiven Wachsens und Blühens gar nicht knapp genug gehalten werden können, will mancher Betreuer nicht einsehen.

**Grundregeln** Hier heißt es: Nicht auspflanzen, sondern in kleinen Töpfen halten; ein sehr durchlässiges, wenig nährstoffreiches Bodengemisch (2/3 Sand, 1/3 Lehm) verwenden; auch während der sommerlichen Wachstumszeit fast trocken halten und kaum düngen; viel Sonne ist gut, aber zuviel Sonne läßt unter Umständen die Blätter kurz bleiben und sich verfärben.
Wer dies alles beachtet, wird an ihrem gesunden Wuchs und den prächtigen »Löwenzahn«-Blüten viel Freude haben. Vgl. dazu die Aizoaceen auf den Seiten 128 *(Argyroderma)*, 174 *(Conophytum)*, 209 *(Faucaria)* und 252 *(Lithops)*. Es ist nur eine Auswahl!

*Glottiphyllum oligocarpum*, Zungenblatt, Familie Aizoaceae / Mittagsblumengewächse

# Graptopetalum Graptopetalum

Dieses Dickblattgewächs, dessen Name aus dem Griechischen stammt und soviel wie »bemaltes Kronblatt« bedeutet, steht einerseits den Echeverien und andererseits der Gattung *Sedum* nahe. Man wollte ihm sogar schon seine Eigenständigkeit absprechen und es zum Bastard zwischen Echeverie und Sedum erklären.

**Herkunft** Zwei Arten mit Heimat Mexiko werden genannt. Viel Neues ist unter diesen Umständen vom *Graptopetalum* nicht zu erwarten.

**Pflanzengestalt** Der Botaniker bezeichnet die Art *G. paraguayense* (früher *G. weinbergii*) als »sukkulenten Kleinstrauch mit sparrig verzweigten, bis 6 mm dicken Ästen«, an deren Triebenden die sukkulenten 5–7 cm langen, fleischfarben-weißgrauen Blätter »rosettig gehäuft« erscheinen (Bild!). Professor Werner Rauh, Heidelberg, einer der besten Sukkulentenkenner der Welt, beschreibt als zweite Art *G. filiferum* wie folgt: »Die stammlosen Rosetten mit 5–6 cm ∅ treten zu dichten Rasen zusammen; die grünen oder bräunlichen Blätter enden in einer langen, borstenförmigen Haarspitze; die 5–8 cm langen Blütenstände sind reich verzweigt, Blüten verhältnismäßig groß, mit weißen, an der Spitze rötlichen Blütenblättern.« Das Wichtigste aber ist die Anmerkung: »Sehr dekorative, leicht zu kultivierende Art.«

**Pflege** Der Steckbrief des *Graptopetalum* macht besondere Pflegeanweisungen überflüssig. Man wird sich in allem nach den Zimmerformen von *Echeveria* (S. 196), und *Sedum* (S. 329) richten können. Sparsam gießen gehört dazu.

*Graptopetalum paraguayense*, Familie Crassulaceae / Dickblattgewächse

# Grevillea robusta Australische Silbereiche

Sie hat den Ruhm, zur Familie mit den am schönsten blühenden Sträuchern der Welt zu gehören, doch die *Grevillea* selbst gilt nur als Blattpflanze. Als Topfgewächs wird sie – anderen »Blattpflanzen« gleich – nie groß genug zur Blütenbildung. In einem botanischen Garten in Israel aber kam sie unlängst zur Blüte.

**Herkunft** *G. robusta* ist ein Proteusgewächs. Die herrlichen Blütensträucher wachsen in Südafrika und schikken ihre Wunderblüten per Flugzeug in alle Welt. Die *Grevilla* aber ist in ihrer westaustralischen Heimat ein Riesenbaum, der bis 50 m hoch wird!

**Pflanzengestalt** Als einzige ihrer Gattung von etwa 170 Arten immergrüner Sträucher und Bäume hat sie sich willig in einfache Zimmerkultur gefügt und erfreut bei bescheidenen Ansprüchen ihre Besitzer durch farnartig gefiedertes Laub. Leider wächst die *Grevillea* so rasch, daß meist schon nach 3–4 Jahren »Kübelmaß« erreicht und damit die weitere Haltung im Zimmer fraglich wird. Einige andere Arten, die kleiner bleiben und prachtvoll blühen, sind nur im Gewächshaus zu halten.

**Pflege** Standort im Sommer halbschattig, im Winter hell und möglichst kühl, am besten bei 6–10° C. Eingewöhnte Pflanzen vertragen allenfalls 12–15° C. Zur Austriebszeit im Frühjahr ist etwas Luftfeuchtigkeit günstig.

**Gießen** Zu naß und zu trocken sind gleich schädlich. Beides vermeiden.

**Düngung** Nur über Sommer, normal.

**Umtopfen** Bei Austriebsbeginn im Frühjahr, Töpfe nicht zu groß.

**Pflanzenschutz** Bei zu warmer Überwinterung Verlausung aus den Blattwinkeln.

*Grevillea robusta*, Australische Silbereiche, Familie Protaceae / Proteusgewächse

# **Guzmania** Guzmanie

Herr Guzmann – so berichtet eine magere Fama – sei spanischer Abkunft, Apotheker, Botaniker und »Sammler historischer Gegenstände« gewesen. Immerhin Ruhmes genug, daß es zum Ehrenpaten für eine unserer artenreichsten und schönsten Bromelien gelangt hat. Anspruchsvoll – für Tropenfenster.

**Herkunft** Die Heimatgebiete der etwa 120 Arten umfassenden Gattung erstrecken sich von Mittelamerika über weite Teile Südamerikas bis nach Peru und auf die Inselwelt der Antillen.

**Pflanzengestalt** Alle Guzmanien sind Bewohner tropischer Regenwälder, wo sie jedoch nicht nur als Aufsitzerpflanzen oder Epiphyten, sondern auch am Boden wurzelnd leben. Ihre trichterförmigen Rosetten können je nach Art bis 50 cm Höhe und ebensoviel Durchmesser erreichen. Die glattrandigen teils kräftig grünen, teils bunten Laubblätter unterscheiden sich deutlich von den am Grund der Rosetten entstehenden starkfarbigen Hochblättern, die den Blütenstand umgeben. Bei einigen Arten erscheint der Blütenstand aber auch auf hohem Schaft. Blütezeit meist Nov.–Januar.

**Sortiment** Am meisten gefragt sind bei uns heute wohl die erst vor etwa 20 Jahren entstandenen *Guzmania*-Hybriden mit zur Weltklasse zählenden Sorten wie 'Intermedia' und 'Magnifica'. *G. lingulata* (Bild) bildet große, dichte Rosetten; ihre nur wenigblütige Mitte ist von einem Kranz leuchtend roter Hochblätter umgeben. Herrliche Zuchtformen sind auch 'Broadview' und 'Splendens'. *G. minor* ist eine reizende, nur 20 cm hohe Kleinbromelie; weiße Blütchen, rote Hoch- und Tragblätter. *G. monostachya* (früher *tricolor)* wird bis 40 cm hoch, dreifarbiger Blütenstand auf noch höherem Schaft. G. *zahnii* stammt aus Kolumbien, hat zungenförmig zugespitzte, eigenartig rötlich-grün gefärbte und von rötlichen Längsadern durchzogene Blätter; der Blütenschaft wird bis 40 cm hoch und ist von unten bis oben mit roten Stengelblättern besetzt, Hochblätter und Blüten der Rispe sind goldgelb. – Alle genannten Arten und Sorten wachsen ephiphytisch.

**Pflege** Mit Ausnahme einiger neuerer Sorten gehören die Guzmanien am besten ins Tropenfenster mit geregelter Wärme und Luftfeuchtigkeit sowie lichtem Schatten. Wintertemperatur nicht unter 16–19° C.

**Gießen und Sprühen** Beides nur mit enthärtetem, temperiertem Wasser. Gießen während der Wachstumszeit – meist März–Aug. – normal in die Trichter; während des Austriebs von Blättern und Blüten auch öfter sprühen. Ab Ruhezeit nach Blüte Wasser aus den Trichtern gießen, insgesamt trockener halten, nicht sprühen.

**Düngen** Während der Hauptwachstumszeit in größeren Abständen schwache Nährlösung (Hydrokultur!) in die Rosetten oder Blattdüngung durch Einsprühen wie bei *Aechmea* (S. 117).

**Umtopfen** Entfällt, da Mutterpflanze allmählich abstirbt.

**Vermehrung** Durch Kindel wie *Aechmea* (S. 117). Samen an sich im Exotenhandel erhältlich, Anzucht jedoch schwierig, obwohl die Guzmanien als »willige Keimer« gelten.

**Pflanzenschutz** Bedrohung weniger durch Schädlinge und Krankheiten, als durch Pflegefehler.

*Guzmania lingulata,* Familie Bromeliaceae / Ananasgewächse

## **Gymnocalycium** Gymnocalycium

Auch ohne Kakteenliebhaber zu sein, kennt heute wohl jeder Blumenfreund den »Rotschopf«, fälschlich auch »Erdbeerkaktus« genannt. Vor etlichen Jahren noch eine kleine Kostbarkeit, wird er heute vieltausendfach vermehrt, ist aber doch nur einer von den vielen »Gymnos«, die so schön blühen und leicht wachsen.

*Gymnocalycium denudatum,* Familie Cactaceae / Kakteen (links)
*Gymnocalycium mihanovichii var. friederichii,* Familie Cactaceae / Kakteen

**Herkunft** Die Gattung *Gymnocalygium* ist mit über 50 Arten in Südamerika zu Hause. Vor allem in Argentinien gedeihen sie an sehr unterschiedlichen Standorten: vom nahrhaften Boden in voller Sonne bis zu den Spalten ungeschützter Felswände nahe der Frostgrenze. Daher ihre Zähigkeit.

**Pflanzengestalt** Alle sind reizende kleine Kugelkakteen, ∅ je nach Art zwischen 5 und 15 cm; meist haben sie wenige dicke Rippen mit großen, oft schön gefärbten Stacheln. Die Blüten erscheinen auf langen Röhren und sind oft so groß oder gar größer als die ganze Pflanze.

**Sortiment** Zu den schönsten und interessantesten Arten gehören: *G. denudatum,* seiner spinnenähnlichen hellgelben Bestachelung wegen »Spinnenkaktus« genannt; die weißen Blüten werden bis 5 cm lang (Bild). – Als unverwüstlich gilt *G. gibbosum,* ebenfalls weißblühend. – Star aller Kleinkakteen: *G. mihanovichii* mit der rosablühenden Varietät *friederichii.* Aus ihr entstand 1941 in Japan jene weltberühmte chlorophyllfreie, dafür leuchtendrote Mutation, die das Ausgangsmaterial für den »Rotschopf« wurde (Bild). Er lebt nur durch seine grüne Unterlage; seit 1970 gibt es ihn auch in Gelb. Beide blütenlos.

**Pflege** Stand je nach Art sehr hell bis halbschattig; im Winter trocken, 6–8–10° C.

**Vermehrung** Aus Samen leicht; Saatgut zahlreicher Arten.

## **Gynura** Gynure

Schon seit über 100 Jahren gibt es im Zimmerpflanzensortiment einen aufrecht wachsenden tropischen Halbstrauch, aber man kannte ihn kaum. Vor einigen Jahren wurde dann die kletternde *Gynura scandens* eingeführt und fand reges Interesse. Allerdings hört und liest man noch immer viel Falsches über sie.

**Herkunft** Sie ist eine von den rund 25 Arten in wärmeren Gegenden Asiens und Afrikas; sie selbst stammt aus lichten Gebirgswäldern im tropischen Ostafrika.

**Pflanzengestalt** Ihre kantigen Triebe werden 80–100 cm lang. Sie sind ebenso wie die oberseits grünen, vielzackigen Blätter auf ihrer Unterseite samtig behaart und tief purpurviolett gefärbt. Diese herrliche Farbe macht den Hauptreiz der Pflanze aus. Sie hält sich aber nur im hellsten Licht. Das gleiche brauchen auch die Triebe, weil sie sonst in ein unnatürliches Längenwachstum zwischen den einzelnen Blattpaaren (Internodien) verfallen. Immer wieder zurückgestutzt, verzweigen sie sich alsbald reichlich und bilden schließlich hängend eine schmucke Ampelpflanze, am Topfspalier gezogen ein breit gefächertes Rankgewächs. Dann hört man selbst aus Fachkreisen, die *Gynura* sei eine

Blattpflanze. Aber im Spätsommer treibt sie auch längliche dunkellila Knospen, die sich zu orangegelben Körbchenblüten öffnen. Leider riechen die Blüten in den ersten Tagen recht unerfreulich. Doch das sollte man in Kauf nehmen und sich durch die silberhaarigen Glöckchen der monatelang haltbaren Samenstände entschädigen lassen. Blüten und Glöckchen gegen Ende des Flors oft gleichzeitig.
**Pflege** Standort ganzjährig immer noch heller. An weniger besonnten Plätzen vergrünen die Gynuren, blühen kaum, erzeugen allerdings nicht den unangenehmen Geruch, verlausen aber dafür ausgiebig. Gießen und Düngen im Sommer reichlich; im Winter – je nach Temperatur – sparsam. Umtopfen lohnt sich nicht recht; ältere Pflanzen sind bald nicht mehr schön.
**Vermehrung** Deshalb lieber in jedem Herbst Stecklinge nachziehen; sie bewurzeln im Handumdrehen, geben bis zum Frühjahr stattliche Pflanzen. *Gynura* eignet sich auch hervorragend für Hydrokultur.

*Gynura scandens*, Klettergynure, Familie Compositae / Korbblütler

## **Haemanthus** Blutblume, Elefantenohr

Es gibt ihrer zwei: die eine mit dem deutschen Familiennamen »Elefantenohr« zählt sozusagen zum Stammpersonal aller Zimmerpflanzenkultur unter einfachsten Bedingungen. Die andere, ihrer aufregend schönen, auf Seite 224 abgebildeten Blüte wegen auch »Feuerkugel« genannt, ist ein Warmhausgewächs.

**Herkunft** Beide gehören zu den etwa 50 Arten der Gattung *Haemanthus,* die von Abessinien bis ins Kapland, also fast in ganz Afrika, vorkommt.
**Sortiment** *H. albiflos,* das Elefantenohr, ist eine der immergrünen Arten mit dickfleischigen, wirklich wie große Ohren herabhängenden Blättern. Sie treiben stets paarweise aus der etwas plattgedrückten Zwiebel, werden 20 cm und mehr lang, sind 10–12 cm breit, dunkelgrün und am Rand bewimpert. Der kugelförmige, feinstrahlige Blütenstand (Bild) erscheint auf kurzem dicken Schaft als vielblütige weiße Dolde, aus der die mit gelben Staubgefäßen besetzten weißen Staubfäden weit herausragen. Blütezeit ist Sommer bis Herbst. – *H. katharinae* aus Natal und ihre häufiger kultivierte Hybride 'König Albert' gehören zu den Typen mit dünnen, häutigen Blättern, die gleichzeitig mit dem Blütenschaft oder wenig später erscheinen und im Herbst einziehen. Der Schaft ist am Grund gefleckt, wird bis 30 cm hoch und trägt eine dichte Dolde langgestielter, leuchtend roter Blüten (Bild nächste Seite), die bei älteren Pflanzen bis 25 cm ⌀ erreichen; Blütezeit ist der Hochsommer. Der Name »Blutblume« kommt daher, daß einige Arten bei Verletzungen einen blutroten, aber harmlosen Saft ausscheiden.

*Haemanthus albiflos,* Elefantenohr, Amaryllidaceae / Amaryllisgewächse

**Pflege** *H. albiflos,* das Elefantenohr, ist sehr robust und läßt sich viel gefallen. Ganzjährig immer am gleichen gut besonnten Platz gedeiht es am besten. Mäßige Wärme von 12–15° C während der winterlichen Ruhezeit bekommt ihm an sich besser als volle Wohnwärme, aber auch die wird hingenommen. Kein Anspruch an Luftfeuchtigkeit. – *H. katharinae* und 'König Albert' sind an sich Warmhauspflanzen, halten sich aber auch in einfacher Zimmerkultur am warmen, doch nur halbschattigen Platz; sie werden ab Aug. so wenig gegossen, daß sie einziehen; auch *H. albiflos* kann – je nach Raumtemperatur – über Winter fast trocken stehen. Zuviel Bodennässe ist für sie der größte Feind!

**Düngen** Sparsam nur über Sommer.

**Umtopfen** *H. albiflos* nur nach Bedarf, *H. katharinae* im zeitigen Frühjahr, Zwiebel nur gut zur Hälfte in die Erde senken.

**Vermehrung** Aus Brutzwiebeln langwierig, deshalb *H. albiflos* lieber in reichblühenden Familiengemeinschaften weiterwachsen lassen. *H. katherinae* entsteht auch aus Samen, es dauert aber sehr lange: bis zur Blüte der Jungpflanzen vergehen einige Jahre.

*Haemanthus katharinae,* Blutblume, Familie Amaryllidaceae / Amaryllisgewächse

## **Haworthia** Haworthie

In der riesengroßen Familiengemeinschaft der Liliengewächse gibt es – wie es auch in diesem Rahmen viele Beispiele zeigen – zahlreiche sukkulente Pflanzen aller Formate. Mit zu den hübschesten Lilien-Kleinsukkulenten gehören die Haworthien: nach dem englischen Botaniker A. H. Haworth (um 1800).

**Herkunft** Rund 100 Arten wachsen in Südafrika, die meisten im Kapland. Bereits um 1700 kamen erste Importe nach Europa, doch gab es in unserem Jahrhundert noch Entdeckungen.

**Pflanzengestalt** Alle Haworthien sind niedrige oder halbstrauchige Pflanzen mit dicken, fleischigen Blättern in rosettiger Anordnung. Ausgesprochenes Kleinformat macht sie für Liebhaber mit wenig Platz besonders geeignet. Daß die im Frühling bis Frühsommer an langen, dünnen Stengeln erscheinenden Blütonglöckchen mehr unscheinbar als dekorativ sind, kann im Vergleich mit der Vielfalt von Arten und ihren inzwischen entwickelten Zuchtformen wohl verschmerzt werden. Sie gliedern sich in mehrere Gruppen.

**Sortiment** Am schönsten und auch am haltbarsten sind die Arten mit weißen Perlwarzen auf den dunkelgrünen Blatt-Unterseiten. Sie brauchen keine eigentliche Ruhezeit. Den Reigen beginnt *H. fasciata* mit kugeliger, weit offener Rosette; Blätter dreieckig, spitz zulaufend, unterseits ziemlich große Warzen. – Als Zimmergenossin am meisten geschätzt ist wohl *H. margaritifera:* Rosette etwa 15 cm Ø, mehr geschlossen, große etwas quer-rundliche Perlwarzen auf beiden Blattseiten. Sie ist eine formenreiche Art mit hübschen Varietäten. – Ähnlich in der Gestalt, aber mit noch größeren Warzen ausgestattet ist *H. papillosa.* – Schmal-walzenförmig, aufrecht wachsend, mit 10–15 cm hohen Stämmen und vielen kleinen Perlwarzen auf den Blatt-Unterseiten präsentiert sich *H. reinwardtii* (Bild). – Etwas empfindlicher als die derbblättrigen Warzenträger sind die Arten mit einerseits oder beiderseits durchscheinenden warzenlosen Blättern. Hierher gehören vor allem *H. cymbiformis* mit kurzen, aufrecht-abstehenden, saftig graugrünen Blättern und *H. panifolia,* ein bildschönes Gewächs mit größeren, flacheren, breit aufgeschlagenen und besonders nach den Rändern zu durchscheinenden Blättern.

**Pflege** Alle diese reizenden Klein-Sukkulenten brauchen ganzjährig sehr viel Licht, aber keine Prallsonne. Sie sollen nur im geschlossenen Raum gehalten werden. Haworthien mit Perlwarzen haben von Okt.–Febr. Ruhezeit, die möglichst bei 10–12° C verbracht werden sollte. Die Haworthien mit durchscheinenden Blättern dagegen ruhen von April–Sept. und müssen ohne Düngung in dieser Zeit trockener gehalten werden. Dafür brauchen sie bei fortlaufendem Wachstum im Winter mehr Wärme (14–16° C), mehr Bodenfeuchtigkeit und leichte Düngung (alle 2 Wochen etwas Kakteendünger). Der unterschiedliche Wachstumsrhythmus ist interessant zu beobachten und leicht in die Pflege einzubeziehen. Kein Verlangen nach Luftfeuchtigkeit.

**Umtopfen** In flache Gefäße.

**Vermehrung** Durch Abtrennen der Seitensprosse oder aus Samen – beides leicht.

*Haworthia reinwardtii,* Haworthie, Familie Liliaceae / Liliengewächse

## **Hebe** Strauchveronika

Veronika, den »Ehrenpreis«, kennt man vor allem als beliebte Gartenstaude. Es gibt aber auch eine Gruppe von etwa 30 teils winterharten, koniferenartigen Sträuchern, teils nur für Topf und Kübel geeigneten, nicht winterharten Arten. Früher unter dem Namen *Veronica* geführt, sind sie nun als *Hebe* selbständig geworden.

**Herkunft** Aus diesen unsicheren Familienverhältnissen ist ein großes Durcheinander der botanischen Benennungen entstanden. Immerhin ist gewiß, daß etwa 140 Arten der Gattung *Hebe* in Neuseeland, einige auch in Australien daheim sind.

**Pflanzengestalt** Die eigenartigen kleinen Gehölze ähneln mit nadelartigen Blättern den Koniferen oder haben immergrüne, lederartige Blätter. Die Blüten erscheinen über Sommer in achselständigen aufrechten Trauben mit sortenverschiedenen Farben zwischen weiß, karminrot und blau. Aus vielen Arten ragen die in sorgsamer züchterischer Auslese geschaffenen *Hebe-Andersonii*-Hybriden hervor. Am bekanntesten dürfte ihre 'Variegata'-Form mit weißbunten Blättern sein. Von weitem betrachtet, könnten karminrote Sorten wie 'Evelyn' oder 'Seduisante' fast mit *Callistemon,* dem Zylinderputzer, verwechselt werden.

**Pflege** Am besten ist die Sommerkultur an einem geschützten Platz auf dem Balkon oder im Freien; rechtzeitiges Einräumen ist wichtig, da sie sehr kälteempfindlich sind; Überwinterung muß bei 8–10° C erfolgen. Die sonstige Pflege ist wie bei allen ähnlichen immergrünen Kalthauspflanzen.

**Pflanzenschutz** Bei richtiger Pflege keine besondere Anfälligkeit.

*Hebe-Andersonii*-Hybride, Strauchveronika, Familie Scrophulariaceae / Braunwurzgewächse

# **Hedera** Zier- oder Zimmerefeu

Seit aus verständlichen Gründen kletternde und rankende Pflanzen in großer Zahl unsere Wohnungen erobert haben, gehört auch der Zier- oder Zimmerefeu wieder zu den Lieblingen der Blumenfreunde. Tatsächlich hat er seit dem klassischen Altertum nie aufgehört, Begleiter des menschlichen Lebens zu sein . . .

**Herkunft** Die in Ägypten dem Sonnengott Osiris und in Griechenland dem weinfrohen Dionysos geweihten Ursprungsarten waren freilich wildwachsende Formen. Dabei mag es sich um den bis weit nach Nordafrika verbreiteten Kanarischen Efeu/*Hedera canariensis* und den in Osteuropa bis nach Kleinasien beheimateten Colchischen oder Kaukasischen Efeu/*Hedera colchica* gehandelt haben. Daß es auch japanischen und irischen Efeu gibt, spricht für seine historische wie für seine geographische Gültigkeit in einer vielhundertjährigen Geschichte, die eben doch über das Abendland weit hinausreicht.

**Pflanzengestalt** Der Efeu ist ein immergrüner Kletterstrauch, der sich selbstklimmend mit Haftwurzeln an seiner (senkrechten) Unterlage festzuhalten vermag. Jede Loslösung verursacht Verluste an Wuchskraft und Belaubung. Wieweit die im Handel befindlichen Formen botanische Varietäten oder tatsächlich gezüchtete, in Generationen standardisierte Kulturformen der Ursprungsart *Hedera helix* sind, ist bis heute noch nicht einwandfrei geklärt. Auch die gärtnerischen Benennungen deuten auf etwas verworrene Familienverhältnisse hin. Ist doch der Efeu – wie alle Araliengewächse – in seiner züchterischen Substanz sehr veränderlich. In die Sprache des Praktikers übertragen, liest sich das in einem Fachbuch für den Erwerbsgartenbau etwa so: »Für den Topfverkauf als Zimmerpflanze wie zur Schalenbepflanzung werden im Gartenbau zahlreiche Wuchsformen gezogen. Bei den riesigen Mengen an Topfefeu, die der europäische wie auch der nordamerikanische Gartenbau brauchen, und bei der natürlichen Variabilität der Pflanze entstehen immer neue Formen mit abweichendem Wuchs.« So gibt es denn eine ständig wechselnde Zahl von Sorten, die kommen und gehen und allein schon deshalb die Wahl schwer machen.

## Efeu – ein Thema mit vielen Variationen

Die professionellen Efeuzüchter in aller Welt sind natürlich um wohlklingende Taufnamen für ihre Züchtungen nicht verlegen. Da gibt es unter den Grünblättrigen eine krausgerandete 'Crispa', eine ahornblättrige Amerikanerin 'Maple Queen', eine Zwergsorte mit winzigen Blättchen 'Minima', während 'Glazier', 'Goldherz' oder 'Luzii' sich als Vertreter der Weißbunten oder Panaschierten entpuppen. Doch als Ausnahme von der Regel einer Fülle kaum merkbarer und rasch wechselnder Namen bleibt mit Sicherheit die Standardsorte 'Gloire de Marengo' (Bild), die aufrecht oder hängend, auch als Hochstamm gezogene weißbunte Dekorationspflanze mit den fast ungelappten Blättern erhalten. Weshalb übrigens dieses doch gar nicht kriegerische Pflanzenwesen zur Erinnerung an eine der blutigsten Schlachten des Napoleonischen Krieges gegen die Österreicher – am 14. Juni 1800 – einen so kriegerischen Namen tragen muß, hat mir noch niemand erklären können. Nun, der 'Ruhm von Marengo' gedeiht dennoch fort und fort. Sollte er vielleicht eine französische Züchtung sein? Fast möchte man es vermuten, obwohl die Fachliteratur dazu schweigt.

*Hedera helix* 'Gloire de Marengo', Großblättriger Zierefeu, Familie Araliaceae / Araliengewächse

*Hedera canariensis*, Kanarischer Efeu, ▷ grüne Form, Familie Araliaceae / Araliengewächse

## Und so soll man den Zimmerefeu pflegen

Obwohl er als fast sprichwörtlich bescheidene Pflanze gilt und deswegen gern mit dem mir immer etwas peinlichen Namen eines »Zimmerhelden« belegt wird, tauchen bei seiner Eingliederung ins Familienleben und erst recht bei längerer Befassung mit ihm allerlei Probleme auf. Ist er wirklich so bescheiden und so widerstandsfähig, daß man ihm einfach alles zumuten darf? Richtig ist: er läßt sich viel gefallen! Er ist in seinen grünen Kulturformen sehr lichtbescheiden, hat aber eine Abneigung gegen stauende Nässe und bevorzugt über Winter einen kühleren Stand. Dies allein schon schafft Schwierigkeiten, wenn beispielsweise die anmutig von Efeu umrankten Familienbilder in einem voll beheizten Raum an der Wand hängen. Da sollte es dann wenigstens nicht zu dunkel sein, damit keine langen, dünnen Triebe mit großem Abstand von einem Blatt zum andern (Internodien) entstehen.

**Pflege** Allgemeine Behandlung wie *Fatsia japonica.* Efeu ist selbstklimmend und hält sich mit Haftwurzeln fest. Jede gewaltsame Loslösung verursacht Verluste an Wuchskraft und Laub. Efeu braucht also einen Platz, wo er ungestört fortwachsen kann. Übrigens hat man eigenartige Beobachtungen bei den Haftwurzeln gemacht. Manche Tapeten – auch Kunststoffplatten und andere moderne Werkstoffe zum Verkleiden von Fensterleibungen oder Wandungen von Blumenfenstern – scheinen Stoffe zu enthalten, die dem Efeu nicht zusagen, während Holz und Mauerwerk ihm durchaus behagen. Hier Erfahrungen zu sammeln und an andere Blumenfreunde weiterzugeben, wäre überaus verdienstlich. Auch kann man sich vor ungeeigneten Wänden mit selbstgebastelten Rankrahmen, Topf- und Kastenspalieren aus Holzleisten oder Bambus gut weiterhelfen. Zum Zusammenbinden Hanfgarn oder Bast nehmen.

**Sommer** Anbringung schattig bis halbschattig, besonders die buntblättrigen Arten vor Sonne schützen. »Schattige Kühle« gilt als Lebenselement aller Efeuarten und -sorten.

**Winter** Grundsätzlich sollte während der Ruhezeit in den lichtarmen Monaten ein ungeheizter, jedoch frostfreier Raum zur Verfügung stehen. Die eigentliche Ruhezeit dauert von Okt.–Jan. Vorher und nachher etwas wärmer stellen ist nützlich.

**Gießen** Während der Wachstumszeit gleichmäßig feucht halten, keine Ballentrockenheit für die Waldbodenpflanze! Über Winter trockener halten, besonders im kühleren Raum. pH 5,5–6,5, stets zimmerwarm verabreicht.

**Düngen** Von April–August wöchentlich mit Volldüngerlösung.

**Umsetzen** Bei Austriebsbeginn in nur wenig größere Pflanzgefäße. Erde durchlässig, torfreich. EE oder Composana mit etwas scharfem Sand.

**Vermehrung** Durch Stecklinge leicht. Beste Zeit: Frühherbst.

**Pflanzenschutz** Schädlingsbefall – Schildläuse, Rote Spinne – bei zuviel Wärme und trockener Luft. Plötzlich ausbrechende Blattkrankheiten können strahlend gesunde Pflanzen in wenigen Tagen zum verdorrenden Gerippe machen. Andere rufen bei langsamerem Verlauf runde, braune, eingesunkene Flecke auf Blättern, Blattstielen und Jungtrieben hervor oder bilden außer ähnlichen Flecken breite, vertrocknete Blattränder; auch braune, zur Mitte hin heller werdende Flecke kommen vor. Beste Abwehr: vorbeugendes Spritzen mit organischen Pilzgiften von Frühjahr bis Herbst. Direktbekämpfung wie bei Schädlingsbefall unwirksam. Erkrankte Pflanzenteile sofort entfernen, in schweren Fällen lieber ganze Pflanze ausmerzen.

*Hedera-helix*-Hybride 'Pittsburg', Weißbunter Zierefeu, Familie Araliaceae / Araliengewächse

# Hemigraphis Halbgriffel

Von vielen Arten dieser tropischen Kräuter sind zwei in gärtnerischer Kultur. Beide stammen aus Malaysia, was soviel wie Warmhauspflanzen für Liebhaber bedeutet. Es sind ausdauernde Kräuter mit niederliegenden, an den Spitzen aufsteigenden Stengeln und hübsch gefärbter Belaubung.

*Hemigraphis alternata* (Bild) hat oberseits silbrig-graugrüne, violett schimmernde, unterseits purpurrote Blätter, bei *H. repanda* sind die Blattoberseiten dunkel olivgrün, die Unterseiten rot. Beide blühen weiß in endständigen Ähren, doch gelten sie in erster Linie als bodendeckende oder zum Aufhängen im Tropenfenster geeignete Blattpflanzen.

**Pflege** Ganzjährig warm und luftfeucht; typisches Warmhausklima in Schattenlage. Gießen nur mit voll enthärtetem Wasser (pH 4–4,5), jedoch mit Vorsicht, zu viel Feuchtigkeit schadet. Sonstiges siehe Fittonia S. 215.

*Hemigraphis alternata,* Halbgriffel, Familie Acanthaceae / Akanthusgewächse

# Hibiscus Roseneibisch

*Hibiscus rosa-sinensis,* der auch als »Chinarose« bekannte Roseneibisch, hat sich dank seiner Anspruchslosigkeit, erstaunlichen Blühwilligkeit und Wandlungsfähigkeit der Blüten beinahe zu einer Lieblingsblume für Fenster und Balkon entwickelt. Manche typischen Wesenszüge teilt er mit dem *Abutilon* (S. 114).

**Herkunft** Das macht: beide gehören zur Familie der Malvengewächse, die mit 85 Gattungen und über 1500 Arten rund um den Erdball verbreitet ist. Ihre schönsten und interessantesten Vertreter sind freilich in tropischen Ländern zu finden. Doch während das auch als Zimmerahorn oder Samtpappel bei uns eingebürgerte *Abutilon* vorab in der westlichen Hemisphäre, zwischen Mexiko und dem nördlichen Südamerika, zu Hause ist, kam *Hibiscus rosa-sinensis* – wie schon der botanische Name sagt – vermutlich aus dem südlichen China, wo er zu Anfang des 18. Jahrhunderts entdeckt worden sein soll. Heute ist er als eine der beliebtesten Gartenpflanzen in allen tropischen Ländern zu finden.

**Vielseitige Verwandtschaft** Zur Gattung *Hibiscus* gehören übrigens nicht nur tropische wie auch winterharte Ziersträucher, unter denen *Hibiscus syriacus* im mitteleuropäischen Bereich zu den schönsten zählen dürfte. Er stammt in Wahrheit ebenfalls aus Ostasien und trägt nur versehentlich den geographisch irreführenden Nammen. Zu den tropischen Nutzpflanzen gehört *H. cannabinus,* der Dekkan- oder Gambo-Hanf, dessen Fasern heute noch wirtschaftlich wertvoll sind. *H. esculentus,* der als zauberhafte Einjahrsblume auch in unseren Gärten zu finden ist, liefert mit seinen unreifen Früchten jenes ostasiatische Tropengemüse, das dort »Gombo« heißt und in unseren Fachgeschäften als »Okra« angeboten wird.

**Pflanzengestalt** *Hibiscus rosa-sinensis,* der »Chinesische Roseneibisch«, ist ein etwas sperrig wachsender immergrüner Strauch mit abstehenden Ästen und glänzend grünen, unten eirunden, nach oben spitz zulaufenden gezähnten Blättern. Als Freilandgehölz in tropischen Gebieten kann der Roseneibisch bis fünf Meter hoch werden. Zunächst als Topfgewächs und später als Kübelpflanze gehalten, kann er mit der Zeit und ohne regelmäßigen strengen Rückschnitt gut zwei Meter Höhe erreichen.

*Hibiscus rosa-sinensis,* 'California Gold', Roseneibisch, Familie Malvaceae / Malvengewächse

Außer der besonders bei Zimmerkultur üblichen strauchigen Form kann man sehr einfach und ohne Veredlung »wurzelechte« Hochstämmchen heranziehen, wie sie beispielsweise auf der Insel Mainau im Italienischen Rosengarten allsommerlich in mehreren Sorten zu sehen sind. Da der Hibiskus ohnedies zu eintriebigem Wuchs neigt, geschieht die Stammbildung durch ständiges Ausbrechen aller Seitentriebe bis zur gewünschten Höhe fast von selbst. Belassung und Stutzen der alsbald austreibenden Verzweigungen helfen dann das Krönchen formen und auch über längere Zeiträume hinweg in Form halten. Zur Information: Die ältesten Mainau-Bäumchen, eingeschlossen die verschiedenen Abutilon, wurden noch im Krieg – etwa ab 1942 – aus Stecklingen herangezogen.

**Blütenschönheit** Schon Jungpflanzen bringen die großen, trichterförmigen Blüten mit den weit aufgeschlagenen Blumenblättern und weit hervorstehenden Staubgefäßen. Als Blütezeit wird häufig nur »Frühsommer bis Herbst« angegeben. Doch diese Begrenzung ist viel zu knapp, denn bei richtiger Pflege schicken noch verhältnismäßig kleine Büsche mit Ausnahme einer Winterpause etwa von November bis Januar unermüdlich Blüte um Blüte aus den Blattachseln. Sie treiben mit diesen herrlichen Schauapparaten gewaltigen Aufwand, denn jede Blüte hält nur einen Tag. Aber bereitwillig erschließen sich auch jeden Tag neue Knospen.

**Sortiment** Die Ursprungsfarbe der »Chinarose« war leuchtend rosenrot, ihr Status ungefüllt, ihr Durchmesser 8–10 cm. Inzwischen wurde die Palette immer vielseitiger; es gibt außer einfachblühenden auch halbgefüllte und gefüllte Sorten; der Durchmesser neuester Paradezüchtungs-Blüten wird mit 12–15 cm angegeben.

Als Beispiele seien genannt: *H. rosa-sinensis* 'flore pleno', rosenrot, gefüllt; *H. rosa-sinensis* 'California Gold', goldgelb, einfach; *H. rosa-sinensis* 'Miss Betty', reingelb, einfach; *H. rosa-sinensis* 'Laterita variegata', eine dänische Züchtung: orangegelb mit scharlachroter Mitte, einfach, geschlitztes Laub; *H. rosa-sinensis* 'Flamingo', riesenblütig, gelblichrosa, einfach, Laubblätter sehr groß, gewölbt, fast schwärzlich-grün. *H. rosa-sinensis* 'Cooperi' hat verhältnismäßig unscheinbare rote Blütchen, dafür aber eine so auffallend buntscheckige, unsymmetrisch geformte Belaubung, daß ihr Besitz ein Extravergnügen ist.

Eine Sache für sich, und mit seinen extravaganten Laternenblütchen in etwa an *Abutilon megapotamicum* erinnernd, ist der 1879 im tropischen Ostafrika entdeckte *Hibiscus schizopethalus.* Seine roten oder orangegelben Blüten hängen an langen Stielen von den sanft geneigten Zweigen herab. Die nach oben aufgeschlagenen Blumenblätter sind tief geschlitzt, der Griffel mit den Staubblättern hängt wie eine Troddel nach unten. Diese Art ist insgesamt etwas wärmebedürftiger als *H. rosa-sinensis,* verträgt daher kein Übersommern im Freien, sondern ist ganzjährig auf Zimmerkultur mit Wintertemperaturen nicht unter 16 bis 18° C angewiesen.

**Standort** *H. rosa-sinensis* gedeiht am besten mit viel Licht und Wärme, jedoch ohne Prallsonne. An Zimmerkultur gewöhnte Pflanzen blühen meist

*Hibiscus rosa-sinensis,* Roseneibisch, halbgefüllt, Familie Malvaceae / Malvengewächse

länger, aber weniger reich als die ab Ende Mai bis Herbstbeginn am warmen, geschützten Platz im Freien oder auf dem Balkon übersommerten Exemplare, bei denen die Umgewöhnung von drinnen nach draußen und erst recht die Rückkehr in Zimmerluft unvermeidliche Störungen mit sich bringen. Beste Überwinterungstemperatur 12–15° C. Weniger bringt Laubfall, mehr Wärme bringt Laubfall und Geilwuchs. In beiden Fällen: gestörte Blütenbildung.

**Gießen** Reiche Wurzelbildung, kräftiges Wachstum und unermüdliches Blühen verlangen entsprechend reichliche und regelmäßige Bewässerung während der Hauptvegetationszeit. Vor Ballentrockenheit hüten, sonst Knospenfall möglich. Ab Sept. Gießen einschränken. Gelegentlich sprühen.

**Düngen** Entsprechend dem hohen Nährstoffbedürfnis ab Austriebsbeginn bis Mitte August jede Woche, dann allmählich einstellen.

**Umtopfen** Bei Austriebsbeginn im Februar. Jungpflanzen jährlich, ältere Pflanzen in größeren Abständen. Beste humose Markenerde, mittelschwer.

**Schnitt** Schon beim Kauf von Jungpflanzen auf Mehrtriebigkeit achten; sonst durch Einkürzen der Triebspitze buschigen Wuchs erzwingen. Ältere Pflanzen jeweils im Februar kräftig zurückschneiden; zu lange Einzeltriebe einkürzen (»Formierungsschnitt«). Hochstämmchen nach den Regeln im Abschnitt »Pflanzengestalt« behandeln.

**Vermehrung** Bei 24–26° Bodenwärme und gespannter Luft (im Vermehrungsbeet, unter Glasglocke oder Plastikhaube); noch wenig verholzte Kopfstecklinge nehmen, Mai/Juni.

**Pflanzenschutz** Krankheiten und Schädlingsbefall sind leicht zu vermeiden. Zugluft kann Befall mit Woll-Läusen und Roter Spinne bringen. Abfallen der Blütenknospen kommt nicht nur durch Ballentrockenheit, sondern auch durch mangelhafte Ernährung und unausgeglichene Lebensbedingungen (jähen Temperaturwechsel, Standortänderung, Lichtmangel). Lufttrockenheit verursacht Blattrollen.

*Hibiscus rosa-sinensis* 'Cooperi', Familie Malvaceae / Malvengewächse

**Guter Rat** In kühlen, regnerischen Sommern sollte man den Hibiscus nicht den Unbilden eines Freilandaufenthalts aussetzen. Er wird sich dann in Zimmerluft wohler fühlen.

# **Hippeastrum** Ritterstern

Wir sagen allgemein *Amaryllis,* doch geht es dabei um zwei nach Herkunft und Lebensbedingungen recht verschiedene Pflanzengattungen: *Hippeastrum* oder »Ritterstern« und *Amaryllis* oder »Belladonnalilie«; als dritte kommt noch die Gattung *Vallota* oder »Klein-Amaryllis« hinzu. Alle sind Amaryllisgewächse.

**Herkunft** Die Gattung *Hippeastrum* ist mit 60–70 Arten zwischen Mexiko, Peru und Brasilien zu Hause; ihre Standorte sind Steppen- oder Waldgebiete mit ausgeprägten Trockenzeiten. Die Gattung *Amaryllis* aus dem südafrikanischen Kapland hat nur eine einzige Art: *Amaryllis belladonna,* ebenso die Gattung *Vallota,* von der man nur die im südlichen Kapland beheimatete *Vallota speciosa* kennt.

**Pflanzengestalt und Sortiment**

1. *Hippeastrum* oder »Ritterstern« kommt als Art schon lange nicht mehr vor, sondern lebt in immer neuen Generationen von *Hippeastrum*-Hybriden, die zur Kennzeichnung als Zuchtprodukte auch »Gärtner-Amaryllis« genannt werden. Diese Abkömmlinge südamerikanischer Arten, wie *H. aulicum* und *H. vittatum,* haben nach Sorte und Qualität in ihrer Größe verschiedene, fast kugelförmige hellbraune Zwiebeln mit kreisrundem Boden. Die Blätter, 50–70 cm lang, riemenförmig-schmal, kräftig hellgrün, erscheinen zugleich mit oder nach der Blüte und ziehen im Herbst ein. Je nach Wuchskraft 1–3, ausnahmsweise auch 4 Blütenstände auf 50–70 cm hohen, runden, innen hohlen Schäften. Jeder Schaft kann 2–4–6 große Trichterblüten von 18–24 cm Breite bringen. Die Farbskala reicht von weiß über lachs bis hell- und dunkelrot; auch zweifarbig geflammte, umrandete oder im Schlund geheimnisvoll dunkelnde Blüten kommen vor. Hauptblütezeit ist der Nachwinter bis Mai.

2. *Amaryllis belladonna,* die »Belladonnalilie«, mit rundgebauter Blattanlage und schmalen, festen, rinnigen, dunkelgrünen Blättern. Der im Unterschied zum *Hippeastrum* massive Schaft trägt vorwiegend Sommerblüten. Die Art war wenig bekannt und kaum erhältlich. Doch als Anfang der sechziger Jahre »Südafrikanische Amaryllis-Hybriden« auf dem Markt er-

schienen, änderte sich das. Diese Pflanzen mit den großen, birnförmigen, tief dunkelbraunen Zwiebeln sind von niedrigerem, kräftiggedrungenem Wuchs der etwas breiteren Blätter. Mit ihrer schon Anfang November einsetzenden Blütezeit füllen sie eine echte Marktlücke. Der erste Blütenschaft erscheint meist vor oder gleichzeitig mit dem Laubaustrieb, ein zweiter folgt unmittelbar. Die Palette der Blütenfarben reicht von zartem Rosa bis zu samtig-feurigem Rot, das an sich die Originalfarbe ist. Laub zieht ein.

3. *Vallota speciosa,* »Klein-Amaryllis«, wird nur 30–40 cm hoch und ist am hübschesten in größerer Anzahl in einem flachen Pflanzgefäß. Die Zwiebeln sind klein, braun, länglich-eiförmig. Die Blätter werden bis 40 cm lang, 3 cm breit, dunkelgrün und sind fächerig gestellt. Im Sommer bilden sich 3–10 scharlach- bis tiefrote Blüten in aufrechter Dolde auf etwa 30 cm hohem Schaft. Starke Zwiebeln bringen mehrere Blütenschäfte nacheinander. Reiche Vermehrung durch Seitenzwiebeln, die für sich eingetopft allerdings mindestens 3 Jahre bis zur ersten Blüte brauchen. Ältere Pflanzen für alljährliche reiche Blüte möglichst selten umtopfen. Laub zieht nicht ein, daher ganzjährig pflegen.

*Hippeastrum*-Hybride 'Apple Blossum', (Apfelblüte), Familie Amaryllidaceae / Amaryllisgewächse

**Hippeastrum-Kultur** Neu erworbene Zwiebeln ab Ende Dezember zum Treiben ansetzen. Bei Erdkultur mäßig großen Topf mit Deckscherben und 2 Finger hoch Kies als Dränage versehen; zum Auffüllen lehmig-humose Erde oder Composana oder Einheitserde verwenden. Zur Verhütung von Infektion mit »Rotem Brenner« (siehe Abschnitt Pflanzenschutz) Zwiebeln nur gut hälftig in die Erde drücken, fest pflanzen, angießen, warmstellen (um 25° C). Bis Austriebsbeginn sparsam gießen, erst mit zunehmendem Wachstum der dicken Blütenknospe oder erster Blattspitzen (auch beides zugleich) wieder zulegen. Wasser zimmerwarm, pH 5–6,5. Nun auch an hellen Platz stellen, ausreichend gießen, vierzehntägig düngen, häufig sprühen bis zum Aufblühen; Dauer ab Austriebsbeginn etwa acht Wochen. Ab Vollblüte kühl stellen verlängert den Flor. Keine Samenbildung dulden; Schaft erst nach Eintrocknen am Grund wegschneiden.

Das Eintopfen von Zwiebeln kann etappenweise bis Ende Febr. oder Anf. März erfolgen, so daß man bis Mai blühende Pflanzen hat.

**Sommerpflege** Nach der Blüte am gut besonnten, luftigen Platz im Zimmer oder – ab Ende Mai – auch draußen immer gleichmäßig gießen und düngen. Reiches Blattwachstum soll einsetzen und die vom Blühen geschrumpfte Zwiebel wieder dick und prall machen. Zur Wiederblüte muß sie am Ende des Sommers deutlich größer sein als beim Aufsetzen im Winter. Richtig gepflegte Zwiebeln nehmen von einem Jahr zum andern 1–2 cm an Umfang zu. Meine älteste *Hippeastrum*-Zwiebel mißt rundum 37 cm; zum Vergleich: eine Kegelkugel hat 50 cm Umfang.

**Ruhezeit** Keine Wiederblüte ohne strikte Ruhezeit von Okt.–Dez. Daher zum Übergang ab Anf. Aug. Gießen und Düngen erst vermindern, dann einstellen, so daß die Blätter innerhalb 4–5 Wochen einziehen. Nun Töpfe am nicht zu kühlen Platz (10–12° C) völlig beiseite stellen. Ende Dez. erste Zwiebeln austopfen, alte Erde und Wurzelreste entfernen, wie oben beschrieben, von neuem in nur wenig größeren Topf setzen, wieder zum Treiben aufstellen.

**Vermehrung** Aus Brutzwiebeln wie erwähnt; aus sortenechten Samen (im Handel erhältlich). Beides ist aber langwierig. Anzucht aus selbst geerntetem Saatgut ist wegen mangelnder Sortenechtheit nicht lohnend. Auch soll man zur Kräftigung der Zwiebeln auf Samenbildung lieber verzichten.

**Pflanzenschutz** Außer Pilzinfektion mit »Rotem Brenner« kaum Schädlinge und Krankheiten. Pilz verursacht rote Punkte und Streifen an Blättern, rissiges Aufbrechen der Schäfte; Bekämpfung nur vorbeugend durch Einlegen der Zwiebeln in Grünkupfer- oder Ferbam-Lösung vor dem Setzen.

*Amaryllis* - Zwiebeln der südafrikanischen Hybriden haben bei sonst gleichen Bedingungen einen um rund drei Monate früheren Kulturbeginn. Man setzt also die ersten Zwiebeln bereits Mitte September zum Treiben an; der späteste Termin ist Anfang bis Mitte November. Die Zwiebeln haben lange Wurzelbärte, die weder beschädigt noch entfernt werden dürfen. Sie ermöglichen eine rasante Entwicklung von nur 3–4 Wochen bis zur Blüte. Ruhezeit bei eingezogenem Laub ab Juli für Wiederblüte unerläßlich.

**Hydrokultur** Beste Eignung; liefert staunenswerte Ergebnisse. Unterschiede des Kulturverlaufs gibt es lediglich bei der Vorbereitung auf die Ruhezeit und während dieser selbst. Das Einziehen der Blätter wird gefördert durch allmähliche Reduzierung der Nährlösung bis auf einen kleinen Bodensatz zur Erhaltung der Feuchtigkeit im Mantelgefäß. So bleiben die Wurzeln voll erhalten und ermöglichen ein sofortiges Austreiben, wenn bei Ende der Ruhezeit frische Nährlösung oder Lewatit HD 5 gegeben und dann das Hydrogefäß gut warm (25–30° C) gestellt wird. Unverdrossenes Zwiebelwachstum und 3–4 Blütenschäfte im Jahr sind keine Seltenheit (Bild). Vermehrung mit Brutzwiebeln bringt oft schon im 3. Jahr erste Blüte. »Roter Brenner« ist so gut wie unbekannt.

Über zehnjährige *Hippeastrum*-Hybride der Verfasserin in Hydrokultur (seither auf Ionenaustauscher umgestellt), Familie Amaryllidaceae / Amaryllisgewächse

# **Howeia** Kentiapalme

Die Familienverhältnisse dieser schönen und in Zimmerkultur besonders ansprechenden Palme sind etwas verworren. Ihr botanischer Name *Howeia* bezieht sich auf die »Lord Howe's Insel« im Vorfeld von Australien, »Kentia« heißt die Hauptstadt dieser Insel im Stillen Ozean. Übrigens: Palmen sind groß im Kommen...

**Herkunft** Dort also ist die *Howeia* zu Hause. Die Botaniker aber fanden heraus, daß es auf dieser Insel – und nur hier – zwei Arten der Gattung *Howeia* gibt. Andere sind bisher nicht bekannt geworden.

**Pflanzengestalt** Beide Arten haben viel Ähnlichkeit miteinander, unterscheiden sich aber vor allem in ihrer Größe: *H. belmoreana* erreicht 8–10 m Höhe; *H. forsteriana* bringt es jedoch auf über 15 m. Aber schon in der Kultur von Palmenhäusern, zu deren festem Bestand die beiden Schwestern gehören, wirkt sich dieser Unterschied kaum aus, so daß auch der Blumenfreund nichts davon merkt, selbst wenn eine getopfte Kentiapalme viele Jahre lang als treue Wohngefährtin sein Leben teilt und mit der Zeit Kübelmaß erreicht. Denn auch die Wedel – bei 'Belmoreana' zwei, bei 'Forsteriana' bis drei Meter lang – lassen im Format von »Wohnzimmerpalmen« keine Unterschiede erkennen. Von anderen Palmen jedoch unterscheidet sich die *Howeia* in älteren Jahren vor allem durch einen an der Basis auffallend verdickten Stamm. Die eleganten dunkelgrünen Wedel sind oberhalb des schlanken Stieles breit gefiedert, bei 'Belmoreana' mehr aufrecht stehend, mit nur oberseits deutlich hervortretender Mittelrippe (Bild); bei 'Forsteriana' sind die Wedel sanft geneigt, wo ei die Mittelrippe beiderseits sic und unterseits noch mit Schüppchen bedeckt ist. Beid werden für Zimmerkultur ge triebig gezogen. Blütenk ben, 1 m und länger wer , hänge bei älteren Exemplaren mit starkem Stamm wie ungefüge Würste zwis en den unteren Wedeln herab. Doch Wohnraum kommt das kaum vor.

**Pflege der Kentiapalme im Jahreslauf** Nicht zuletzt wegen ihrer Anspruchslosigkeit wird die Kentia wieder eine der häufigsten Zimmerpalmen. Sie hat ein sehr geringes Lichtbedürfnis; es heißt, dies käme daher, daß Jungpalmen im Urwald wie eine Art Unterholz leben und sich deshalb mit Schattenlagen abfinden müssen. Man hält sie ganzjährig im Zimmer und sorgt für mäßig warme Überwinterung bei 14–16° C; Nachttemperatur 12–14° C.

**Gießen** Palmen sind keine Durstkünstlerinnen. Und da sie im Winter auch keine eigentliche Ruhezeit durchmachen, muß man sie – dem mehr oder weniger kühlen Standort angepaßt – das ganze Jahr über ausreichend – im Winter auf jeden Fall sparsamer – gießen. Das Wasser darf nicht zu hart sein, sonst bewirkt es bei seltenem Umsetzen eine schädliche Verlaugung des Bodens. Ihr erstes Zeichen sind die bekannten braunen Blattspitzen. Günstigste Reaktion bei pH 5–6,5.

**Düngen** März–Juli wöchentlich Volldünger, nur auf feuchten Boden.

**Umsetzen** März/April, möglichst immer seltener, Bodenreaktion beachten. Erde humos, mittelschwer, Composana, EE, – später Mischung wie Oleander (Seite 270).

**Vermehrung** Nur aus zuverlässig frischen Samen, die nach dem Termin ihres Import 2–9 Monate bis imung bra hen. ester und ster uss ist der März i einer ur von 25 bis

**anzen ch** sonnigem d treten chiedene nkheite Befall Schild- Wolläu n, ter Sp ne viel Sonne mer

*Ho eia belmoreana,* Kentiapalme, an ilie

# **Hoya** Wachsblume

Fangen wir wieder einmal beim Namen an: *Hoya* klingt zwar sehr lateinisch, ist aber gut englischen Ursprungs. Denn Thomas Hoy, der Ehrenpate, lebte in der 2. Hälfte des 18. Jahrhunderts und soll Gärtner beim Herzog von Northumberland, aber auch Pflanzenzüchter gewesen sein. Unausrottbar lebt seit Generationen der Irrtum weiter, die Wachsblume »Asklepia« zu nennen: nicht nur, daß es richtig *Asclepias* heißen müßte – dieser Name gehört schon längst der Seidenpflanze *Asclepias curassavica.*

**Herkunft** Die Gattung *Hoya* umfaßt an 200 Arten, die alle zwischen Südchina und Ostindien, dem Malaiischen Archipel und bis hinunter nach Australien zu finden sind. Aus dieser Fülle hat sich bei uns kaum ein halbes Dutzend als dekorative Gewächshauspflanzen in Schausammlungen und knapp drei für Zimmerkultur durchgesetzt. Ganz anders ist es in den USA, wo eine ganze Reihe schöner Arten und deren sehr geschätzte Zuchtformen zum festen Bestand des Zimmerpflanzensortiments gehören.

**Pflanzengestalt** An erster Stelle steht bei uns natürlich *Hoya carnosa,* die »Fleischige Hoya«, unsere Wachsblume. Sie ist ein immergrüner Kletterstrauch mit meterlangen biegsamen, später verholzenden Trieben von grünlich-bräunlicher Farbe. Die Blätter sind breit, spitz-eirund, 5–8 cm lang, durch die Haupt-Längsader wie zweigeteilt, etwas sukkulent (»fleischig«), dunkelgrün-glänzend. Gelegentlich auftretende weiße Tüpfel im Blattgewebe sind artelgen, ohne krankhafte Ursache.

*Hoya bella,* Zwergwachsblume, Familie Asclepiadaceae / Seidenpflanzengewächse

**Blüten** Sternförmig, wachsähnlich schimmernd, weiß oder blaßrosa, mit leuchtend rotem Fleck in der Mitte, besonders nachts stark duftend. Je 12–15 Stück bilden ziemlich große, kurz gestielte Dolden von bemerkenswerter Haltbarkeit. Bei warmem Wetter sondern sie honigsüße Nektartropfen ab. Blütezeit: zwischen Ende Mai und Herbst, wochenlang. Blühende oder abgeblühte Dolden darf man keinesfalls abschneiden: die Wachsblume blüht nicht nur an ihren Neutrieben, sondern immer wieder auch an den Kurztrieben (»Blütenzapfen«) des alten Holzes. Daher die Regel: Je älter die Pflanze, desto reicher die Blüte. Leider gibt es auch Wachsblumen, die allen Bemühungen zum Trotz und ohne ersichtliche Gründe blütenlos als Grünpflanzen dahinleben. Eine weißbunte 'Variegata'-Form mit gelbweißen, auch rot geränderten Blättern blüht von Natur wenig, ist insgesamt schwächer im Wuchs, sieht aber hübsch aus.

*Hoya australis,* die »Australische Wachsblume«, kommt bei uns nur gelegentlich vor. Typisch für sie: die Blüten haben keinen Mittelfleck, sondern sind von innen nach außen rot überlaufen. Blütezeit Herbst.

*Hoya bella,* die »Schöne Hoya« oder Zwergwachsblume (Bild), ist Inderin aus Niederburma, bildet waagrechte, vorn hängende, dicht mit spitzen, nur etwa 2,5 cm langen Blättchen besetzte Stengel. Die Blüten sitzen in hängenden Dolden an den Triebspitzen, sie sind wachsartig-weiß mit rotgesternter »Nebenkrone« inmitten. Blütezeit Sommer. Diese reizende Pflanze gedeiht am besten in Ampeln oder Orchideenkörbchen; sie ist insgesamt wärmebedürftiger.

**Pflege** Ganzjährig im Raum halten. Freiluft-Experimente gehen fast immer schlecht aus. Sommerstandort hell und warm, doch ohne Prallsonne; luftig, doch ohne Zugluft, die das »Rieseln« der Blütenknospen auslösen kann. Während des Treibens, jedoch nicht unmittelbar vor und während der Blütezeit, öfter sprühen. *H. bella* am besten im wärmeren, luftfeuchten Blumenfenster halten. Nach der Blüte ab Herbst (Okt.–Febr.) Ruhezeit. Beste Überwinterungstemperatur 10–12° C am hellen, zugfreien Platz. Mehr Wärme bewirkt lange, dünne Wintertriebe, die selbst blütenlos bleiben, aber als Kräfteverschleiß Gesundheit und Blühwilligkeit der ganzen Pflanze nachteilig beeinflussen. Winterwärme bringt zudem schlecht entwickelte junge Blätter und Schädlingsbefall.

Wenn sich nach kühler Überwinterung im Februar erste bräunliche Spitzen des normalen jungen Blattaustriebs zeigen, sollten die Pflanzen nicht gleich der vollen Wohnwärme ausgesetzt, sondern übergangsweise bei 15–18° C gehalten werden. Ob solche Abstufungen der Temperatur im Privathaushalt möglich sind? Oft genügt die Aufstellung hinter Stores an einem wenig besonnten Fenster ohne Heizkörper unter der Fensterbank ...

**Gießen** Zuviel oder zu wenig Wasser gehört zu den Hauptgründen des Versagens von Wachsblumen. Richtig ist: ab vollem Austrieb bis nach der Blüte reichlich gießen, dann zur Vorbereitung auf die Ruhezeit einschränken, ab Okt. bei kühlem Stand nur feuchthalten, so daß keine Ballentrockenheit eintritt. Mit dem Wärmerstellen im Nachwinter und beim Austriebsbeginn Wassergaben langsam wieder steigern. Keine Wasserenthärtung.

**Düngen** Wüchsige, regelmäßig blühende Pflanzen ab Vollaustrieb bis zum Höhepunkt der Blüte alle 2 Wochen kräftig düngen und dadurch besonders ältere Exemplare vor häufigerem Umtopfen bewahren, weil sonst mindestens für das laufende Jahr die Blüte ausfällt. Weniger zügig wachsende Pflanzen zurückhaltend, nur monatlich, düngen; Nährstoffüberfütterung beeinträchtigt die Blühwilligkeit.

**Umsetzen** Je älter die Wachsblume, desto seltener umsetzen, weil – wie schon gesagt – die Bildung der Blütenknospen durch diesen Eingriff leidet. Wenn es unvermeidbar ist, dann mit allergrößter Vorsicht! Nur wenig größeres Pflanzgefäß nehmen. Zur Wahrung der Durchlässigkeit gute Scherbeneinlage und Dränageschicht aus grobem Kies geben. Beste Zeit: vor Austriebsbeginn Febr.–März.

**Erde** Verlangt wird sandig-lehmiger Wurzelgrund, der recht durchlässig sein und die Neigung zur neutralen Seite hin (pH 6,5–7!) berücksichtigen soll. Zusatz von Torf ist also hier fehl am Platz, normaler (nicht entkalkter »scharfer«) Sand ist erwünscht; Beigabe von Holzkohlestückchen ist empfehlenswert. Composana gut, Einheitserde brauchbar. Größere Exemplare von Kübelformat vertragen Erde mit Vorratsdüngung wie Oleander (Seite 270).

**Vermehrung** Stecklingsvermehrung ist bei genügend Wärme und Luftfeuchtigkeit leicht, vor allem unter Plastikhaube. Zeitpunkt: Mai–Juli. Am besten nimmt man dazu junge, doch unten schon etwas verholzte Triebe. Es genügt ein Blattpaar mit Triebknospe, 1–2 cm unterhalb des Blattknotens geschnitten. Kleinste Töpfchen mit Anzuchterde aus 1:1 Sand und Torf (hier erlaubt!).

**Pflanzenschutz** Zu warme Überwinterung bringt völlige Verlausung der Blattunterseiten mit klebrigem Honigtau, der bald in Rußtau übergeht; auch Schmierläuse in den Blattachseln stellen sich ein. Zur Bekämpfung ist Tauchen noch besser als Spritzen.

**Wichtig** Die großen Wachsblumen brauchen »Rankhilfe« durch feste Stäbe oder Spaliere. Die Triebe immer einseitig aufbinden, da die Pflanzen sehr lichtwendig sind. Die blühende »Schauseite« ist daher leider – immer dem Fenster zugewandt. Drehen und Bewegen ab Knospenbildung streng verboten. Es kann zu sofortigem »Rieseln« der künftigen Blüten führen. Zur Vorsorge: Lichtmarke anbringen! Im übrigen: Wachsblumen werden uralt...

*Hoya carnosa,* Fleischige Wachsblume, Familie Asclepiadaceae / Seidenpflanzengewächse

# Hyacinthus Hyazinthe

Man glaubt es kaum, aber obwohl die Hyazinthe gar keine »richtige« Zimmerpflanze ist, übersteigt der Jahresbedarf an Treibhyazinthen für Raumkultur in allen blumenliebenden und klimatisch dafür geeigneten Ländern der Erde den Bedarf aller jahreszeitlich vergleichbaren anderen Topfgewächse um ein Vielfaches.

**Weltstar** Ehe von den praktischen Fragen ihrer Existenz die Rede ist, soll deshalb ein wenig ihrer Jahrhunderte alten Rolle als Weltstar gedacht werden. Seit der Mitte des 16. Jahrhunderts ist *Hyacinthus orientalis,* die im vorderen Orient beheimatete Zwiebelblume, in Westeuropa bekannt. Sie scheint nach der Eroberung Konstantinopels durch die Türken anno 1453 allmählich eingewandert zu sein.

**Holland** Auf dem Umweg über Italien und Frankreich kam sie dorthin und wurde – nach Abflauen der großen »Tulpenwut« – in nicht ganz so spektakulären und spekulativen Ausmaßen erklärter Liebling der Zwiebelzüchter und eine der Prunkblumen des Barock. Während man um 1600 nur vier Typen gekannt hatte, waren es um 1700 schon 2000 Sorten, wobei nach heutiger Währung bis zu viertausend Mark für eine einzige Zwiebel gezahlt wurden. Um Haarlem waren viele Hektar Boden für Hyazinthenanbau reserviert. Dann flaute der Boom allmählich ab. Beste Zwiebeln kosteten nach 1800 nur noch bis zu zehn (Gold-)Mark, was nicht einmal wenig war.

**Berlin** Aus Frankreich emigrierte Hugenotten brachten 1685 Zwiebeln mit nach Berlin. 1740 wurde die »Erste Berliner Hyazinthen-Ausstellung« veranstaltet. Zur Biedermeierzeit, als im Südosten der preußischen Hauptstadt rund 25 Morgen besten »märkischen Sandes« sich in Hyazinthenfelder verwandelt hatten, war die stolze Schöne echte Modeblume – bis die Mietskasernen der Gründerjahre kamen.

**Heute** Wieder ist Haarlem-Lisse das Hyazinthenzentrum, doch nun auf internationaler Grundlage. Und wirft man einen Blick in Blumenzwiebelkataloge aus aller Welt, so wird dort sicher die altberühmte Sorte 'Delfter Blau' abgebildet sein.

## Treibhyazinthen in Erdkultur

Um blühende Pflanzen fast von Weihnachten bis Ostern zu haben, wählt man für Treibzwecke präparierte Zwiebeln der frühen, mittelfrühen und späten Sorten aus. Die Zwiebeln sol-

Treibhyazinthe 'Blue Jackett' in Erdkultur, Fam. Liliaceae / Liliengewächse

len frei von Verletzungen, Druckstellen und Flecken sein, sich fest anfühlen und vor allem einen unbeschädigten Zwiebelboden haben.

**Zwiebeln legen** Die frühesten Sorten legt man Anfang September, die spätesten Mitte bis Ende Okt. Für Einzelpflanzung nimmt man mehr hohe als breite Töpfe; bei Gruppenpflanzung hält man 6–8 cm allseitigen Abstand. Gute Dränage am Boden des Pflanzgefäßes. Erde nahrhaft, sandig-durchlässig; Composana und EE sind gut geeignet. Zwiebeln vor dem Legen mit pulverisierter Holzkohle einpudern und so tief in die Erde drücken, daß die Spitze noch 1 cm herausschaut; Oberfläche fingerdick mit Sand abdekken; abschließend einmal leicht durchgießen, nicht naßplanschen!

**Vorkultur** Besser als der umständliche, oft nicht mögliche Einschlag in einer Gartengrube ist der Einschlag in einer mit Erde, Torf und Sand gefüllten, abdeckbaren Kiste am sehr kühlen, doch frostfreien Ort (Nordbalkon, luftiger, unbeheizter Keller). Füllmaterial gleichmäßig feucht halten; bei Verwendung von Kunststoffgefäßen vorsichtige Direktbewässerung. Ist notwendig zum Bewurzeln, das etwa 8 bis 10 Wochen dauert.

**Antreiben** Danach Pflanzgefäße aus dem Einschlag nehmen, Sandschicht entfernen, für den Übergang nochmals 8–10 Tage kühl und dunkel stellen. Den nun schon sichtbaren Austrieb mit einem Hütchen abdecken; Austriebshöhe von 12–15 cm abwarten, dann hell bei etwa 15° C aufstellen. Ab jetzt muß sich die Blüte folgerichtig weiterentwickeln.

**Wichtig** Rückschläge erfolgen meist zwischen der Entnahme aus dem Einschlag bis zum Wärmerstellen. Vermieden werden muß jäher Wechsel von kalt zu warm, von feuchter zu trockener Luft, von dunkel zu hell (mit Sonne). Nach der Blüte mit Gießen und nun auch Düngen weiterpflegen; nach Einziehen der Blätter trocken aufbewahren; später in den Garten setzen, da nochmaliges Treiben für Zimmerkultur zwecklos ist.

Hyazinthe 'Vuurbaak' in Wasserkultur, Familie Liliaceae / Liliengewächse

## Treibhyazinthen in Wasserkultur

Allgemeine Bedingungen wie bei Erdkultur. Präparierte Treibzwiebeln nach der Blütezeit staffeln, späterblühende bis Beginn des Vortreibens weiter kühl, doch frostfrei und trocken lagern. Feuchtigkeit bringt Schimmelbildung und Faulstellen an der Zwiebel.

**Vorkultur** Früheste Sorten ab Mitte Sept. warm, halbdunkel, luftig hinlegen (oben auf Bücherschrank u. ä.). Am Rand des Zwiebelbodens muß sich der »Wurzelkranz« bilden; er sieht aus wie eine Perlschnur kleiner weißer Knötchen. Nun die Zwiebeln so auf die mit Wasser gefüllten Treibgefäße setzen, daß der Zwiebelboden sich wenige Millimeter über der Wasserfläche befindet, aber nicht benetzt wird. Hütchen aufsetzen.

**Wasser** Es darf weder zu hart noch gechlort sein. Abkochen genügt. Gut ist einwandfreies Regenwasser. Den Gefäßinhalt während der ganzen Kulturzeit nie wechseln.

**Wurzelziehen** Nach dem Aufsetzen Gefäße kühl und dunkel stellen. Wo ein dunkler Raum fehlt, werden glashelle Gefäße mit dunkler Papiermanschette oder Alufolie umhüllt. Sobald die Wurzeln die Wasseroberfläche erreicht haben, wird der Abstand zum Zwiebelboden auf 2 cm vergrößert. Der spätere Wasserverbrauch muß immer durch Nachfüllen ergänzt werden. Im übrigen bleiben die Gefäße ungestört, bis der Austrieb 10 cm hoch ist.

**Endphase** Behutsamer Übergang in Helligkeit und mäßige Wärme (siehe Erdkultur). Das Hütchen erst abnehmen, wenn der Trieb es von unten leicht anhebt. Die Blüte muß folgerichtig kommen. Die Zwiebeln nach der Blüte sinngemäß wie bei Erdkultur behandeln – kein nochmaliges Treiben!

**Hinweis** Sitzenbleiben ist die Folge von zu raschem Treiben oder zu trokkener Luft. Abhilfe: nochmals kühl stellen, überlanges Laub einkürzen.

# **Hydrangea** Hortensie

Unter den wenigen Steinbrechgewächsen, deren Eignung für Zimmerkultur als erwiesen gelten darf, ist die Hortensie zweifellos in jeder Hinsicht die bedeutendste. Man darf ohne Übertreibung sagen, daß sie nun seit fast zweihundert Jahren ihren Platz in Haus und Garten behauptet.

**Herkunft** Zum uralten ostasiatischen Blumenadel gehört *Hydrangea,* die »Wasserschlürferin«. Erste lebende Pflanzen kamen 1799 aus Japan in die berühmten »Kew Gardens« bei London. Ausgangsform für die systematische Weiterentwicklung als Zimmerpflanze wurde *Hydrangea macrophylla.*

**Pflanzengestalt** Sie bildet in der Heimat bis 4 m hohe sommergrüne Sträucher mit gedrungenem Zweigwerk; wird in Topfkultur heute meist eintriebig gezogen, kann mit der Zeit Kübelmaß erreichen und wächst sich dann bei Freilandkultur in mildem Klima wieder zu über meterhohen dichten Büschen aus. Die schön geäderten, etwas dicklichen und am Rand grob gesägten Blätter sind an kurzen Stielen gegenständig angeordnet; Länge 7 bis 15 cm.

**Blüten** In prächtigen kugeligen Ständen von 15–20 cm ∅ viele Wochen haltbar; Farben weiß, hell- und dunkelrosa bis karminrot, auch künstlich erzieltes Blau. Natürliche Blütezeit Frühsommer; für Marktbedarf um Ostern Terminänderung in Spezialzüchtereien.

**Sommerpflege** Blühend erworbene Hortensien kühl, schattig und sehr luftig stellen. Etwas Luftfeuchtigkeit erwünscht. Nach Maimitte soll man den Topf an schattiger, windgeschützter Stelle im Garten einsenken oder wenig besonnt auf dem Balkon unterbringen.

**Verblühtes** Alle verblühten Blütenstände werden alsbald abgeschnitten. Bei den eintriebigen, gedrungen wachsenden Neuzüchtungen nimmt man außer dem Blütenstand noch ein Blattpaar weg. Bei den langstieligeren, mehrblütigen älteren Sorten wird zugleich der blütentragende Endtrieb um 2–3 Blattpaare eingekürzt.

**Nach der Blüte** Zur Weiterkultur im Freiland bestimmte Exemplare werden nach dem Schnitt der Blüten an einem schattigen, geschützten Platz ausgepflanzt. Die Pflanzstelle muß dazu angemessen vergrößert und mit einer Mischung aus feuchtem Torf und etwas scharfem Sand beschickt werden. Zur Weiterkultur im Zimmer bestimmte Pflanzen bleiben bei normaler Versorgung bis zum Laubfall ungestört. Lohnt meist nicht.

**Winterpflege** Beim Laubfall und ersten Frost sind die Töpfe aufzunehmen, zu säubern und einzuräumen. Für die Ruhezeit stellt man sie im kühlen Raum bei 4–8° C oder frostfrei bei den Kübelpflanzen im Keller auf. Treiben für frühe Blüte ab Januar durch Wärmerstellen einleiten; sonst natürlichen Austriebsbeginn – Dickerwerden der Triebknospen, meist Ende Februar bis März – abwarten.

**Gießen** Wie ihr botanischer Name erkennen läßt, sind die Hortensien mit ihren riesigen Blütenständen und großen, glatten Blättern während der Wachstums- und Blütezeit sehr wasserbedürftig, trinken unter Umständen zweimal täglich ihren Untersetzer leer, machen bei der geringsten Ballentrockenheit schlapp. Hier hilft dann nur Einstellen in ein größeres Gefäß mit temperiertem, vorschriftsmäßig enthärtetem Wasser, das bis über den Topfrand reicht (siehe Anweisung Seite 79). Ab August bis zum Laubfall das Gießen immer mehr einschränken; nach dem Einräumen am Überwinterungsort nur beim Nachschauhalten soviel temperiertes Wasser geben, daß Ballentrockenheit vermieden wird. Erst beim Aufstellen zum Treiben mit fortschreitender Laubentwicklung – langsam wieder normal bis sehr reichlich gießen.

**Wasserbeschaffenheit** Hortensien lehnen bis zu einem gewissen Grad Kalk ab. Für Pflanzen mit Blütenfarben zwischen Weiß und Karminrot genügt Enthärtung auf pH 5,5–6; blau blühende Hortensien, deren Farbe für Topfkultur in den Züchtereien durch besondere Erdmischungen und Beifügung von Aluminiumsalzen erzielt wird, sollten auch später, wenn sie beim Blumenfreund stehen, mit stärker enthärtetem Wasser (pH 4–4,5) gegossen werden. Wasser stets – auch am Winterstandort und zum Sprühen – temperiert, niemals kalt verabreichen.

**Düngen** Ab Einsetzen des Laubaustriebs bis Mitte August wöchentlich nach Vorschrift; kalkarmen Spezialdünger wie für Azaleen, Kamelien, Orchideen verwenden: »Erical« oder »Crescal« oder einen standardisierten Flüssigdünger wie »Compoflüssig«.

**Umsetzen** Zuerst jährlich, später mit 2–3jährigen Pausen in große Töpfe, später in Kübel. Erde leicht, humos, torfhaltig. Empfohlen wird auch Azaleenerde, soweit heute noch erhältlich. Im übrigen bleibt immer noch der Rückgriff auf zuverlässige Beutelerden wie Composana oder EE.

**Rückschnitt** Die Blüten erscheinen aus den Endknospen der einjährigen Triebe; Einkürzen wäre hier gleichbedeutend mit Vernichtung des Flors. Deshalb nur dünne, schlecht ausgebildete Zweige wegnehmen, und zwar im April/Mai, wenn der Laubaustrieb eine Übersicht gestattet.

**Vermehrung** Aus Kopfstecklingen im Warmbeet. Gärtnersache.

**Pflanzenschutz** Blattlausbefall entsteht durch Zugluft; Thrips, Echten Mehltau nach Vorschrift bekämpfen. Zu Gelbsucht der Blätter (Chlorose) kommt es durch kalkhaltige Erde, Heilung durch Spezialmittel »Fetrilon«. Vergrünen und Mißbildungen an den Blüten deutet auf Hortensien-Virus, ist teilweise sortenbedingt; befallene Pflanzen sofort ausmerzen.

*Hydrangea macrophylla,* Haus und Gartenhortensie, Familie Saxifragaceae / Steinbrechgewächse

## **Hypocyrta** Kußmäulchen

Das zierliche Gesneriengewächs, von dessen bekannten neun Arten drei in gärtnerischer Kultur sind, gehört mit einer Ausnahme dem großen Kreis brasilianischer Urwaldpflanzen an. Daraus folgt, daß man es am besten halbschattig in einem leidlich warmen und luftfeuchten Blumenfenster hält.

*Hypocyrta strigillosa* (Bild) ist ein unverzweigt wachsender Halbstrauch, der bis 60 cm hoch werden kann. Die gelegentlich sogar als eine Art von modischer Marktpflanze in Supermärkten vertriebene *H. glabra* erkennt man an ihren glänzend dunkelgrünen, buchsbaumähnlichen Blättchen. Die als hübsche Ampelpflanze verwendbare, leider kaum bekannte *H. nummularia* hat hängende, rot behaarte Triebe mit kurzen Seitenzweigen.

**Blüte** Sie ist Ursache des deutschen Namens »Kußmäulchen«: die blasig aufgetriebenen Kronenblätter – meist scharlachrot mit hellerem Saum – sehen wie ein zum Küssen gespitztes Mündchen aus.

*Hypocyrta strigillosa,* Kußmäulchen, Familie Gesneriaceae / Gesneriengewächse

*Hypoestes,* Familie Acanthaceae / Akanthusgewächse

## **Hypoestes** Hypoestes

Früher hieß diese Pflanze *Eranthemum* und wird nicht selten jetzt noch im Handel unter diesem Namen geführt. Die beiden vorzugsweise kultivierten Arten *Hypoestes sanguinolenta* und *H. taeniata* sind einander so ähnlich, daß man sie kaum unterscheiden kann. Hervorragend wirkt eine Neuzüchtung 'Polka'.

**Herkunft** Aus Madagaskar stammende Halbsträucher mit wunderschön gezeichneten Blättern und weniger wichtigen lila oder hell-purpurnen Blütchen. Da die Sträuchlein zum Verkahlen neigen, sollte man sie durch Stutzen an höherem Wachstum als 40–50 cm hindern. Geschnittene Triebenden lassen sich im warmen Vermehrungsbeet als Stecklinge verwenden.

**Bester Standort** luftiges Blumenfenster ohne direkte Besonnung; Wärme und hohe Luftfeuchtigkeit während der Wachstumszeit erwünscht (reichlich mit enthärtetem Wasser gießen und sprühen!). Pflege wie *Fittonia*.

# Impatiens walleriana Fleißiges Lieschen

Wie manche andere Kulturpflanze, so hat auch das »Fleißige Lieschen« oder »Springkraut« sich beachtlich fortentwickelt. Als »Sultans Balsamine« war es noch ausschließlich an Großmutters Stubenfenster gebunden. Heute gestatten vielseitige Zuchtformen auch vielseitige Verwendung in Haus und Garten.

**Herkunft** Lieschens Vorfahren *Impatiens sultani* und *I. holstii* sind vermutlich noch heute in Gebirgswäldern des tropischen Ostafrika und der ihm vorgelagerten Inselwelt – vor allem Sansibar – zu Hause. Sie wachsen bis in Höhen von tausend Metern wie Unkraut. Unser kultiviertes europäisches Lieschen bekam den Artnamen *I. walleriana* zuerkannt.

**Pflanzengestalt** Krautiger Halbstrauch, als solcher ausdauernd, 30 bis 60 cm hoch. Die dicken, fleischigen Triebe sind stark verästelt und sehr saftreich, was bei der tropischen Herkunft auf erhebliche Kälteempfindlichkeit schließen läßt. Die hellgrünen oder – bei manchen Sorten – auch weißbunten, spitzelliptischen, gestielten Blätter zeigen leichte Zähnung.

**Blüte** Die in vielen Rottönen variierenden Blüten erscheinen mit Ausnahme der lichtärmsten Zeit um die Jahreswende ohne Unterbrechung aus den Blattachseln und zeigen den typischen »Balsaminensporn«. An warmen Sommertagen pflegen ausgereifte »Springkraut«-Samenkapseln mit einem zarten Knall zu platzen und ihre Samen weit umher zu schleudern.

**Sortiment** Einige gedrungen wachsende und kleinbleibende Sorten für Topfkultur: *I. wall. nana* 'Feuerschein' (feuerrot mit orange); 'Baby-Hybriden' ('Rosa Baby', 'Rotes Baby', 'Orange Baby' usw.); die amerikanische Züchtung 'Blaze' (orange-scharlach); die altbewährte 'Schöne Klettgauerin' – alle 20–25 cm hoch. Für Topfkultur, Balkon- und Beetbepflanzung zugleich eignen sich die $F_1$-Hybriden der neuen 'Futura'-Serie in vielen Farben, darunter »Orchid-Lavendel«. Anstelle der alten Stammrassen sind mehr die $F_1$-Hybriden der 'Kobold'- und der 'Elfin'-Serie im Gespräch.

**Allgemeine Pflege** Sommerstandort lichter Schatten, ohne direkte Besonnung; Herbst und Frühjahr halbschattig; am hellen Winterstandort Wärme um 20° C, am weniger hellen Winterstandort genügen etwa 15° C. Längerer Aufenthalt bei Temperaturen unter 12–14° C bringt Unterkühlungsschäden: Blattfall, Blütenlosigkeit, bei gleichzeitig zu reichlichem Wässern auch Abfaulen ganzer Stengel.

**Gießen, Sprühen** Je wärmer und heller das Lieschen steht, desto mehr (enthärtetes) Wasser verbraucht es; der Bedarf an Luftfeuchtigkeit gilt als umstritten, zumal direktes Sprühen die Blüten schädigen kann.

**Düngen** Trotz ganzjährigem Wachsen und Blühen nur während Hauptwachstumszeit März–Sept. wöchentlich düngen.

**Umsetzen** Wenn überhaupt, dann Frühling und/oder Hochsommer in leichte, humose Erde (sehr gut EE oder TKS). Besser: überalterte Pflanzen wegwerfen, Nachwuchs ziehen.

**Vermehrung** Stecklinge vom Rückschnitt oder aus Samen, der in 10 Tagen keimt.

**Pflanzenschutz** Sommersonne bringt Rote Spinne; bei zu trockener Luft Blattläuse und Weiße Fliege.

*Impatiens walleriana,* Fleißiges Lieschen, Familie Balsaminaceae / Balsaminengewächse

## **Iresine herbstii** Iresine

Wie schon bei Betrachtung ihrer Familie der Amaranthgewächse erwähnt, sind *Iresine herbstii* nebst ihren zahlreichen Kulturformen bei uns als Topfblumen bisher noch wenig bekannt. Aber in Holland preist man sie als eine der »dankbarsten Zimmerpflanzen«, und auch in den USA gehört sie ins Sortiment.

Ihre prächtig weinroten, von helleren Adern durchzogenen und ebenso hellrot gestielten, deutlich herzförmigen Blätter stempeln die gebürtige Mexikanerin zu einer dekorativen Blattpflanze ersten Ranges. Mehr kann und will sie allerdings nicht bieten, denn ihre Blütchen sind im Gegensatz zu denen anderer Familienmitglieder – voran Amarant und Celosia – allzu klein und bescheiden.

**Pflege** Um es gleich vorwegzunehmen, *I. herbstii* ist nur einjährig, aber man kann sie bei genügend Bodenwärme leicht von einem Jahr zum andern aus Stecklingen vermehren. Bester Standort: luftfeuchtes Blumenfenster mit viel Licht und Wärme, doch wird im Rahmen früherer Zweckbestimmung als Teppichbeetpflanze auch Übersommern im Freien vertragen. Reichlich lauwarmes Gießwasser, Ballentrockenheit vermeiden. Buschigen Wuchs durch Stutzen fördern.

*Iresine herbstii,* Iresine, Familie Amaranthaceae / Amarantgewächse

## **Ixora coccinea** Ixore

Man sieht die reizende, aus Indien stammende Warmhauspflanze seit einiger Zeit ungefähr ebenso häufig in den Blumenläden wie andere tropische Schaugewächse, doch hat die Ixore den meisten von ihnen die größere Haltbarkeit voraus. Im voll ausgebauten Blumenfenster beweist sie Lebenskraft und Blühwilligkeit.

**Pflanzengestalt** Von über 200 Arten der Gattung *Ixora,* die in den Tropen aller Erdteile anzutreffen sind, wurde bei uns nur *Ixora coccinea* in Kultur genommen. Immergrüner Strauch, erreicht im Blumentopf Meterhöhe. Blätter glänzend-lederartig, 5–10 cm lang. Blüten – wie Artname *I. coccinea* erkennen läßt – leuchtend scharlachrot, in breiten Doldentrauben an den Triebenden. Internationale Klasse sind einige Hybriden wie die sehr reichblühende, dunkelorange 'Biers Glory', 'Morsal' mit licht-orange, oft rot überlaufenen großen Blüten oder die lachsrote 'Shawii' (Bild).

**Blütezeit** Ixoren sind Sommerblüher, deren Flor bei guter Pflege in ununterbrochener Folge von Mai bis September erscheint. Obwohl sie dadurch vor dem für winterblühende Tropenpflanzen oft so gefährlichen Platzwechsel vom Warmhaus ins Blumengeschäft und von da in die Hand des

Kunden bewahrt bleiben, beklagen Fachleute die Neigung zum Fallenlassen von Blüten auch ohne ersichtliche Pflegefehler.

**Allgemeine Pflege** Ganzjähriger Standort sei – wie schon gesagt – ein Tropenfenster. Dort während der Wachstums- und Blütezeit von März bis August/Sept. lichter Schatten ohne direkte Besonnung; möglichst keine Platzänderung während der winterlichen Ruhezeit. Bodentemperatur ganzjährig 18–20° C, Lufttemperatur jahreszeitlich entsprechend temperieren – im Winter nicht unter 16–18° C, sonst Unterkühlungsschäden mit Laubfall und Versagen der nächsten Blüte.

**Gießen und Sprühen** Beides stets mit enthärtetem Wasser (pH 4,5–5,5); hohe Luftfeuchtigkeit von Frühjahr bis Sommer ist unentbehrlich. Dann der Ruhezeit entsprechend Wassergaben und Luftfeuchtigkeit mindern.

**Düngen** Gute Ernährung während der Wachstumszeit fördert Dauer und Schönheit der Blüte.

**Umtopfen** Nach Bedarf, in kalkfreie Erde: humos, mittelschwer, auch EE oder TKS.

**Vermehrung** Nur in gärtner. Kultur.

**Pflanzenschutz** Sonniger Stand bringt Blattrollen. Bei Schwächung durch Lufttrockenheit oder Kühle Schildlausbefall.

*Ixora coccinea* 'Shawii', Ixore, Familie Rubiaceae / Krappgewächse

## **Jacaranda** Palisanderbaum

Im Blumentopf ist die *Jacaranda* natürlich kein Palisanderbaum mit violetten Blüten wie in ihrer brasilianischen Heimat. Wir kennen sie nur als Jungpflanze, die mit ihren filigranhaft gefiederten Blättern an *Mimosa pudica,* die Sinnpflanze, und auch an *Grevillea robusta,* die Australische Silbereiche, erinnert.

Von der einen hat sie ihren botanischen Namen *Jacaranda mimosifolia,* an die andere soll man sich halten und auf S. 220 nachschlagen, wenn es um Pflegeanweisungen geht. Dabei ist die reizende Kleine, deren Blüte der Liebhaber solcher Spezialitäten allerdings nie erleben kann, als echtes Tropengewächs doch viel empfindlicher als der Heilige Baum der australischen Eingeborenen.

Sie wird zwar gern als Dekorationspflanze für Schalen und Körbe verwendet, gehört aber unbedingt ins Tropenfenster, wo es auch bei Halbschatten noch hell, dazu warm und luftfeucht ist. Wintertemperatur nicht unter 16–18° C.

**Gießen** Natürlich nur mit enthärtetem Wasser: auch im Sommer nicht zuviel, im Winter sparsamer.

**Düngen** Kalkarm, von Frühjahr bis Herbst alle zwei Wochen.

**Vermehrung** Interessanterweise relativ leicht im Febr./März aus importiertem Samen, wenn die Bodentemperatur von etwa 25° C gesichert werden kann.

*Jacaranda mimosifolia,* Palisanderbaum, Familie Bignoniaceae / Bignoniengewächse

# **Jacobinia** Jakobine

Sie gehört zu jenen Pflanzen, die im Lauf der letzten 150 Jahre immer einmal verschwanden und dann wieder auftauchten. Ob das auch früher mit einem Namenswechsel verbunden war? Sicher ist jedenfalls, daß man von Neuheit sprach, als jetzt aus der alten *Justitia* die junge *Jacobinia* wurde.

**Herkunft** Rund 50 Arten der Gattung *Jacobinia* wachsen ausschließlich in den Tropen der Neuen Welt. Nur zwei von ihnen – beide aus Brasilien – beweisen immer wieder ihre Eignung für eine etwas sorgfältigere Zimmerkultur, die lange Freundschaft verspricht.

**Sortiment** An erster Stelle steht *Jacobinia carnea* (Bild): ein kräftiger, vielverzweigter Strauch, der mit 40 bis 60 cm Höhe blühend gekauft wird und bei guter Pflege bis anderthalb Meter hoch werden kann. Die Blätter sind kurzgestielt, glattrandig, flaumhaarig. Die Blüten in großen Ständen an den Triebenden sind fleischfarben, auch rosa und orange (etwas klebrig); Blütezeit ist Frühling bis Herbst. An zweiter Stelle kommt *J. pauciflora,* die auch heute noch unter ihrem alten Namen *Libonia floribunda* angeboten wird. Sie ist ein Sträuchlein mit kleinen lederigen Blättern, 30–60 cm hoch; viele kleine, an kurzen achselständigen Stielen nickende rote und etwas gelbe Blütchen von Febr. bis April.

**Pflege** *J. carnea* steht am besten ganzjährig im halbschattigen, luftfeuchten Blumenfenster, ohne einengende Nachbarschaft; Wintertemperatur 18–20° C. Für *J. pauciflora* mit anderem Rhythmus bis zur Blüte 8 bis 10° C, dann 16–18° C. Nur *J. pauciflora* verträgt und wünscht ein Übersommern im Freien an sonnigem Platz.

**Gießen** Während der Wachstumszeit immer sehr reichlich; schon einmalige Ballentrockenheit bewirkt Laubfall. Wasser zimmerwarm, pH 5,5–6. Höhere Luftfeuchtigkeit im Sommer nur für *J. carnea,* – für *J. pauciflora* während der Blüte. Während der winterlichen Ruhezeit wird nicht zu trockene Zimmerluft vertragen. Gelegentlich etwas sprühen.

**Düngen** *J. carnea* im Frühjahr wöchentlich.

**Umtopfen** *J. carnea* im Frühjahr, Töpfe reichlich; größere, unten verkahlte Pflanzen kräftig zurückschneiden. *J. pauciflora* nach der Blüte in kleine Töpfe pflanzen, nach Bedarf einstutzen. Erde humos, Typ EE oder Composana.

**Vermehrung** Stecklinge bei 20–22° C im Vermehrungsbeet; Frühjahr.

**Pflanzenschutz** Bei *J. carnea* Blattrollen, Blattläuse und Rote Spinne durch Lufttrockenheit.

*Jacobinia carnea,* Jakobine, Familie Acanthaceae / Akanthus- oder Bärenklaugewächse

## **Jasminum** Jasmin

Gartenjasmin ist allgemein bekannt. Es gibt aber auch Mischarten auf der Grenze zwischen Freiland- und Zimmerkultur, etwas empfindlichere Kalthausarten, die »am kühlen, frostfreien Ort« überwintern wollen, und schließlich solche, denen man Warmhauskultur bieten muß. Jede ist auf ihre Weise interessant.

**Sortiment** Am unempfindlichsten dürfte *Jasminum officinale* sein. Es stammt aus China, wächst in Südeuropa im Freien, braucht Topfspalier, wirft Laub ab; Blüte weiß, duftend, von Frühsommer bis Herbst (Bild). Im gleichen Zeitraum blüht weiß und duftend auch das immergrüne, aus Ostindien stammende *J. sambac,* dessen Zuchtform *J. sambac* 'Plena' – mit gefüllten Blüten – gelegentlich im Handel auftaucht. Seiner tropischen Herkunft entsprechend, verlangt dieser Kletterstrauch Warmhauskultur. – *J. polyanthum,* Kletterstrauch aus Ostasien, rosa blühend, Kalthaus.

*Jasminum officinale,* Kletterjasmin, Familie Oleaceae / Ölbaumgewächse

## **Kalanchoe** Kalanchoe

Die Familienverhältnisse der Dame Kalanchoe sind im Laufe der letzten Jahre immer unübersichtlicher geworden. Früher wußte man: das ist die im Nachwinter rotblühende Pflanze, die sich unbedingt an den deutschen Namen »Flammendes Kätchen« gewöhnen soll. Aber inzwischen ist noch vielerlei dazugekommen.

*Kalanchoe blossfeldiana,* Flammendes Kätchen, Familie Crassulaceae / Dickblattgewächse

**Herkunft** Nach der heutigen botanischen Einordnung zählen über 200 Arten zur Gattung *Kalanchoe.* Auch die früher selbständigen Bryophyllen oder Brutblätter gehören jetzt dazu. Die schönsten und vielgestaltigsten Typen stammen aus Madagaskar. Aber auch in ganz Afrika bis ins südliche Arabien und zu der ihrer interessanten Flora wegen berühmten Insel Sokotra am Eingang zum Golf von Aden sind Angehörige der Gattung *Kalanchoe* zu finden.

**Pflanzengestalt** Es gibt unter ihnen kleine Stauden von nur 10 cm Höhe, aber auch Sträucher, Kletterpflanzen und sogar Bäume, die bis 3 m Höhe erreichen. Für uns Blumenfreunde sind die sukkulenten Arten als meist recht anspruchslose Wohngefährten am interessantesten, zumal sie nicht nur aparte immergrüne Blattformen zeigen, sondern meist auch ansehnlich blühen.

**Blüte** Hier gibt es eine Besonderheit: Alle *Kalanchoe* sind Kurztagspflanzen. Ihre natürliche Blütezeit fällt in die Wintermonate, kann aber durch die heute im Gartenbau allgemein übliche Kurztagsbehandlung mit verminderter Tageslichtdauer beliebig verlegt werden, wie das beispielsweise auch beim Weihnachtsstern geschieht (siehe hierzu S. 54 und 204).

**Sortiment** Am bekanntesten und als preiswerte Marktpflanze allgemein beliebt ist *Kalanchoe blossfeldiana,* das »Flammende Kätchen«. Die nur 30 cm hohe Staude stammt aus Gebirgsgegenden von Nord-Madagaskar, hat dunkelgrüne, rot geränderte, ganzrandige oder gekerbte Blätter und ab Januar kopfartig beisammenstehende, leuchtend rote Blüten. Anstelle der Art sind heute nur noch die verschiedensten Züchtungen größeren und kleineren Formates, auch unterschiedlicher Blütenfarben von orangegelb bis tief dunkelrot im Handel, wobei dank der Kurztagsbehandlung die Blütezeit fast über das ganze Jahr ausgedehnt wird. So unterscheidet man beispielsweise: die niedrigste, nur 10–12 cm hohe *K. blossfeldiana* 'Compacta Liliput', großblättrig, Spätblüte rot. 'Tom Thumb gelber Zwerg' Höhe nur 15 cm. Die Vertreter der 'Tom Thumb'-Serie selbst sind mittelhoch, von kugeligem Wuchs; Blüten größer, teils mittelfrüh, teils spät erscheinend; beliebte Sorten: 'Orange-Triumph', 'Gelber Liebling'. Eine der hübschesten Frühsorten, bis 45 cm hoch, mit besonders großen Blütenständen, Einzelblütchen feuerrot mit gelbem Rand heißt 'Goldrand'; gut für Topfkultur geeignet. Als reizende Neuheit bewährt sich *K. miniata* 'Madagaskar-Glöckchen' mit größeren, roten, gelb gerandeten Blütenglokken; Höhe 20–25 cm; Weiterkultur dank sicherer Wiederblüte lohnend. Eine Schönheit besonderer Art ist *Kalanchoe tomentosa* (Bild), in ihrer madagassischen Heimat ein bis 80 cm hoher Halbstrauch mit holzigem Grundstamm, oben krautig-verzweigt. Sie trägt locker angeordnet dickfleischige, silbrig-filzige Blätter von unterschiedlicher Form; gezähnte Ränder sind mit fuchsroten Haaren besetzt, so daß sie wie gepunktet aussehen. Bildschöne Zimmerpflanze, jedoch selten blühend. – Als reizende Ampelpflanze läßt sich *K. jongmansii* verwenden: Sprosse dünn, schwach holzig, hängend, große gelbe Blüten einzeln an kurzen Stielen.

**Pflege** Um das Verblassen der haltbaren Blüten zu verhindern, sollen alle *Kalanchoe*-Arten und Sorten in dieser Zeit so hell wie möglich stehen, im Sommer halbschattig, auch geschützt auf dem Balkon oder im Garten. Soweit man sich nicht mit Einjahrskultur begnügt, ist ab Oktober Ruhezeit bis Wiederblüte zu beachten, wobei die Temperatur nicht unter 15° C absinken darf; aber auch Wohnwärme nebst trockener Luft werden hingenommen.

**Gießen** Über Sommer normal, im Winter je nach Raumtemperatur sparsamer, doch ohne Ballentrockenheit.

**Düngen** Von Mai–Aug. etwa alle 2 Wochen.

*Kalanchoe tomentosa,* Filzige Kalanchoe, Familie Crassulaceae / Dickblattgewächse

**Umtopfen** Nach Bedarf in nur wenig größere Töpfe.

**Rückschnitt** Bei Weiterkultur vor allem höhere Sorten nach der Blüte stutzen; niedrige verzweigen sich meist von selbst. Zu groß gewordene Pflanzen werden mit der Zeit unansehnlich.

**Vermehrung** Aus Samen oder Stecklingen sortenbedingt, jedoch nicht lohnend. Der Gärtner kann es in jedem Fall besser.

**Pflanzenschutz** Krankheiten und Schädlinge kommen kaum vor. Hauptgefahr: zu nasser Stand läßt Triebe abfaulen.

## Kalanchoe bryophyllum, Brutblätter

Die *Brutblätter* oder *Bryophyllen* zählen zwar »offiziell« heute zur Gattung *Kalanchoe.* In ihrer äußeren Erscheinung wie als Zimmerpflanzen sind sie für den Blumenfreund aber nach wie vor eine Sache für sich, die deshalb an dieser Stelle gesondert betrachtet werden soll. Die botanische Wissenschaft möge verzeihen . . .

**Herkunft** Es gibt über 20 Arten, die nun den Gattungsnamen *Kalanchoe* tragen. Die meisten stammen aus Madagaskar. Drei sind es vor allem, die nicht nur wegen ihrer leichten Kultivierbarkeit, sondern mehr wohl noch wegen ihrer erstaunlichen Vermehrungsweise immer wieder Freude bereiten.

**Sortiment** *Kalanchoe crenata* (früher *Bryophyllum crenatum,* »Gekerbtes Brutblatt«) bis 50 cm hoch, hat spitzeiförmige, graugrüne, dickfleischige bis 12 cm lange Blätter mit leicht eingekerbtem Rand. In den Kerben entwickeln sich die Brutknospen bis zu selbständigen bewurzelten Pflänzchen. Braunrote Blüten stehen in rispiger Trugdolde. *Kalanchoe daigremontiana* (früher *Bryophyllum daigremontianum*) ist insgesamt dem »Gekerbten Brutblatt« sehr ähnlich, doch sind die Blätter schmaler, spitzer und braun gefleckt; Blüte rosa. – *Kalanchoe tubiflora* (früher *Bryophyllum tubiflorum,* »Röhrenblütiges Brutblatt«), bis 70 cm hoch, Blätter blaß graugrün, bräunlich gefleckt, quirlig um den Hauptstamm geordnet, wie kleingeschnittene Spaghetti geformt; Brutknospen stehen büschelweise an den Blattspitzen; Blüte rötlich, in glockigen Trugdolden. – *Kalanchoe pinnata* (früher *Bryophyllum calycinum*) galt schon zu Goethes Zeiten als Kuriosum, ist aber heute weniger beliebt, weil es bis meterhoch und bald ausgesprochen »gakelig« wird. Die neueren, erst seit dem Anfang unseres Jahrhunderts bekannten Arten zeichnen sich demgegenüber durch gedrungeneren Wuchs aus.

**Pflege** Im Sommer warm und luftig am mittags etwas schattigeren Südfenster; im Winter zur Vorbereitung auf die Blüte bei 10–12° C halten. Die Brutblätter gehören zu den widerstandsfähigsten und anspruchslosesten Zimmerpflanzen, die es gibt. Trockene Luft wird besser vertragen als feuchte; Schaden entsteht – wie bei vielen anderen sukkulenten Pflanzen – vor allem durch zuviel Bodenfeuchtigkeit, die den Hauptstamm zum Abfaulen bringt. Wer dieser Gefahr ausweichen will, halte sie in Hydrokultur. Da gedeihen sie prächtig.

**Gießen** Über Sommer normal, im Winter so wenig, daß der Wurzelballen fast trocken erscheint.

**Düngen** Während Austriebszeit noch sehr sparsam; während Wachstumszeit Mai–Aug. typische »nährstoffarme Sukkulentendüngung« etwa alle 3 Wochen. Am besten mit Kakteendünger.

**Umtopfen** Sollte durch Nachzucht ersetzt werden, da ältere Pflanzen nicht mehr so schön sind.

**Vermehrung** Durch die nach Ausreifung abfallenden, schon bewurzelten Brutknospen, die zu mehreren in kleine Töpfe oder Schalen gesetzt werden. Damit sie schon im ersten Nachwinter blühen, muß die Vereinzelung bis Mitte Aug. beendet sein. Stecklingsvermehrung im Frühsommer durch Triebspitzen. Schnittflächen abtrocknen!

*Kalanchoe daigremontiana,* Gekerbtes Brutblatt, Familie Crassulaceae / Dickblattgewächse

*Kalanchoe tubiflora,* Röhrenblütiges Brutblatt, Familie Crassulaceae / Dickblattgewächse

# **Lilium** Lilie

Früher haben Blumenfreunde die Lilie als Zimmerpflanze stets mit etwas Mißtrauen betrachtet. Doch seit um die Mitte unseres Jahrhunderts – ausgelöst durch den Amerikaner Jan de Graaff – die große Revolution der Lilienzüchtung einsetzte, ist das anders geworden. Die Topflilie gewann ihre Zukunft.

**Herkunft** Die Lilie ist ältester, vornehmster Blumenadel. Den Völkern des Mittelmeerraumes, von den alten Ägyptern angefangen, über Griechenland, Rom und Byzanz weit über die »klassischen« Jahrhunderte hinaus, war diese edelste der Zwiebelblumen als Symbol wie bald auch als Gartenpflanze vertraut. In vielen Arten eroberte sie die Welt.

**»Neue Lilien«** In zielstrebiger Arbeit von Jahrzehnten entstanden die Hybridlilien von heute. Außer den führenden de-Graaff-Züchtungen und anderen amerikanischen Sorten sind daran auch holländische, kanadische und last not least deutsche Einführungen beteiligt. Für Topfkultur eignen sich am besten niedere bis mittelhohe Formen, die nicht über 70–90 cm hoch werden, keine zu lange Entwicklungsdauer haben und aus ansehnlicher Belaubung reich blühen. Stengelwurzler, die ihre Wurzeln oberhalb der Zwiebel treiben und deshalb 8–10 cm Erddecke brauchen, kommen nur für Gruppenpflanzung in Schalen und anderen größeren Pflanzgefäßen in Frage. Einzelpflanzung müßte am besten in hohen Palmentöpfen erfolgen.

**Sortiment** *Longiflorum*-Hybriden, die in den USA weitverbreiteten Osterlilien mit langen grünlichweißen Trichterblüten, eignen sich sehr gut für Zimmerkultur. – *Auratum*-Hybriden aber sind von geradezu exotischem Reiz. Jan de Graaff nennt unter den 'Golden Chalice'-, 'Midcentury'- und 'Rainbow'-Hybriden mit an erster Stelle seine berühmte orangerote Züchtung 'Enchantment', mit der um 1950 die Revolution der Lilienzüchtung begann (Höhe bis 75 cm). Das Bild nebenan läßt ihre ganze Herrlichkeit nur ahnen. Gute Eignung für Zimmertreiberei haben ferner die gelbe 'Destiny'

Lilien-Hybride 'Enchantment', de-Graaff-Züchtung, Familie Liliaceae / Liliengewächse

(90 cm); die goldgelbe 'Golden Chalice' selber (50–75) cm); die rotgelbe 'Harmony' (50–75 cm); die feuerrote 'Paprika' (60–90 cm). Dies alles ist nur eine kleine Kostprobe, denn die Revolution der Lilienzüchtung ist noch lange nicht vorbei . . .

**Eintopfen** Das Legen der Lilienzwiebeln kann an sich zu verschiedenen Zeiten – auch für normale Sommerblüte – erfolgen. Meist wird jedoch Treiberei für Nachwinter- oder Frühjahrsblüte bevorzugt. In diesem Fall topft man die Zwiebeln im Herbst ein. Das Wichtigste: Pflanzgefäß groß genug wählen und durch Dränageschicht aus Schlacke oder Kies für sehr guten Abzug sorgen. Bei größeren Pflanzgefäßen mehrere Abzugslöcher vorsehen. Als Erdmischung wird zu je einem Drittel Garten- oder Lauberde, sowie Sand und Torf unter Beigabe einer Handvoll gedämpftem Knochenmehl als Vorratsdüngung empfohlen. Auch Composana oder Einheitserde sind zu brauchen. Topf zunächst nur halbvoll füllen, dünne Sandschicht daraufgeben, Zwiebel einsetzen, nun bis über die Spitze mit Erde bedecken.

**Vortreiben** Zum Bewurzeln Töpfe über Winter kühl doch frostfrei aufstellen oder einschlagen. Febr./März bei 10–12° C wärmer stellen. Sobald sich Triebe zeigen, bei 12–16° C sehr hellen, luftigen Platz geben. Erste Blüte etwa Ende April möglich.

**Gießen** Vom Legen der Zwiebel bis zum Wärmerstellen sehr sparsam, dann, dem Wachstum angepaßt, bis Juli mehr, jedoch nie überwässern.

**Düngen** Ab Austrieb bis Blüte alle 10–12 Tage, dann einstellen.

**Weiterpflege** Am einfachsten: nach Blüte in den Garten pflanzen. Zu nochmaligem Treiben Laubpflege mit Gießen und Düngen bis Mitte Aug. Einziehen der Blätter bis Frühherbst. Nach Ruhezeit neuer Treibbeginn möglich, aber – zumal bei präparierten Treibzwiebeln – nicht immer erfolgreich, daher kaum ratsam.

## **Liriope** Liriope

Bei uns fast unbekannt, in anderen Ländern wegen seiner Anspruchslosigkeit geschätzt, in den USA als »The big Blue Lily-Turf« – der dicke blaue Lilien-Rasen – weitverbreitet, sollte dieses wirklich reizende, kaum über 30 cm hohe Liliengewächs endlich auch in das bundesdeutsche Sortiment einbezogen werden.

Es ist ebenso wie der ihm sehr ähnliche »Schlangenbart« *(Ophiopogon)* im ostasiatischen Raum zu Hause. Gehört zu einer kleinen Gattung mit nur 5 Arten, von denen *Liriope muscari* aus China und Japan allenfalls auch bei uns gelegentlich im Handel auftaucht. Diese Art mit fleischigen Wurzeln, breit-grasförmigen Blättern und bis 40 cm hohen Blütenständen voll violetter Blümchen wird nach altem Brauch oft noch als *Ophiopogon muscari* geführt. Sie ist Stammutter einer Menge hübscher Sorten, von denen wir *L. muscari* 'Variegata' mit weißbunten Blättern im Bilde zeigen.

**Blütezeit** Später Sommer; danach aus den der Traubenhyazinthe ähnlichen Blüten blaue, lange haltbare Beeren. Sommerstand hell bis halbschattig; Winter am besten bei 10–12° C halten, verträgt allenfalls auch wärmere Überwinterung bis 18° C.

*Liriope muscari* 'Variegata', Buntblättrige Liriope, Familie Liliaceae / Lilien

# **Lithops** Lebende Steine

Man nennt sie auch »Lebende Kiesel«, weil die kugeligen Körper dieser besonders interessanten und artenreichen Gattung in ihrer vielgestaltigen Musterung bunten Kieselsteinen so ähnlich sind. Zugleich erfüllen sie damit wie kaum eine andere Gruppe ihres Formenkreises die Anforderungen als »Mimikry-Pflanzen«.

**Mimikry** Das heißt: ihr Äußeres paßt sich von allen hochsukkulenten Pflanzen wohl am besten der Umgebung an. Und selbst im Rahmen einer zu Schauzwecken aufgestellten Sammlung muß man schon genau hinsehen, um die »Pflanzenkiesel« in ihrer Tarnaufmachung von echten Mineralien zu unterscheiden. Nur wenn im Herbst aus den Spalten der rundlichen Blätter die ungewöhnlich großen gelben oder weißen Blüten in ihrem Seidenglanz hervorbrechen, wird die Schutzhaltung gegenüber der feindlichen Umwelt aufgegeben. Es geht schließlich um die Fortpflanzung!

**Herkunft** Wie alle diese eigenartigen Aizoaceen oder Mittagsblumen stammen auch die »Lebenden Steine« aus Süd- und Südwestafrika, wo trockene Geröll- und Sandwüsten mit lehmigem Boden und Gesteinsspalten ihnen erwünschte Lebensbedingungen bieten. Während ihrer Trocken- und Ruhezeit, die bei uns zur Winterzeit stattfindet, können sie sich fast ganz in den Boden zurückziehen.

**Pflege** Wie bei allen Hochsukkulenten ist richtiges Gießen das Wichtigste. Hier beschränkt es sich auf die Triebzeit der Sommermonate, muß aber auch dann so sparsam geschehen, daß die Blätter vom Überangebot an Flüssigkeit nicht platzen. Ab September bis zur Bildung neuer Körperchen völlig trocken halten.

**Vermehrung** Am leichtesten aus Samen; erste Blüte nach 2–3 Jahren.

*Lithops fulleri,* Lebende Steine, Fam. Aizoaceae / Mittagsblumengewächse

*Lobivia densispina,* Dichtstachelige Lobivie, Familie Cactaceae / Kakteen

# **Lobivia** Lobivie

Über ihre Gültigkeit als Gattung von eigenem Rang und Namen sind sich die Kakteenfachleute nicht ganz einig. Aber alle bestätigen, daß die heute als Lobivien eingeordneten Kugelkakteen zu den besten Anfängerpflanzen von allen und zu den blühwilligsten Kleinkakteen weit und breit gehören.

**Herkunft** Die umfangreiche Gattung mit vielen, zum Teil stark von einander abweichenden Arten ist durchweg in Südamerika zu Hause – vor allem in Nordargentinien und Bolivien. Auch Peru gehört dazu.

**Pflanzengestalt** Man kann die rund 100 Arten schwer auf einen Nenner bringen. Es sind mittelgroße, kugelig bis zylindrisch wachsende Pflanzen, deren Rippen oft schräge Furchen zeigen, aber auch durch Höcker aufgeteilt sein können. Ebenso ist die Bestachelung nach Art und Anordnung sehr verschieden: sie kann sowohl sehr dicht, fein und kurz als

*Lobivia hermanniana* (nach Backeberg), Familie Cactaceae / Kakteen

auch stark und hakig ineinander gebogen oder sogar in schneeweiße Behaarung abgewandelt sein. Die Blüten haben überwiegend 5 cm Ø, doch kommen auch größere und kleinere vor, wobei Form und Farben erheblich voneinander abweichen. Einige Beispiele besonders schöner Arten mögen das bestätigen.

**Sortiment** *L. densispina* (Bild): Kurzer, zylindrischer Körper, 10–15 cm hoch, neigt zu Verzweigungen; Bestachelung dicht, gelblich bis bräunlich; Blüte kurz, 5 cm Ø, seidiges Gelb. – *L. haageana:* Wächst zylindrisch, der bis 30 cm hohe Körper sproßt wenig, starke Bestachelung; Trichterblüten bis 7 cm Ø, gelb bis rot mit dunklem Schlund. – *C. jajoiana,* »die Königin der Lobivien«, besticht durch einzigartige Blüten, deren lackschwarzer Schlund von einem dicht mit farbigen Staubfäden besetzten Ring abgeschlossen wird. Die Blütenblätter sind gelb und wein- bis tomatenrot. – *L. leucomalla* hat die gleiche Form wie *L. densispina,* dazu schneeweiße Behaarung mit dichtstehenden Borsten; Blüte gelb.

*L. pentlandii:* Rasenförmig wachsende, wegen ihrer Vielseitigkeit sehr beliebte Art; Nachtblüherin in einem wunderschönen Gelblichweiß.

*L. tiegeliana:* Laubgrüner, 5–6 cm hoher Kugelkaktus; lange goldbraune Stacheln; Blüte seidig-rosenrot.

**Pflege** Sommer luftig-sonnig; Winter kühl und hell, bei 4–10° C. Etwas humoserer Boden und etwas mehr Feuchtigkeit als bei den meisten anderen Kleinkakteen erwünscht, jedoch sollen sie während der Ruhezeit (Okt. bis Knospenbildung) ebenfalls trockengehalten werden. Wasser pH 5–6, über Sommer gute Ernährung steigert die Blühwilligkeit. Blütezeit Mai–Juli.

*Lophophora williamsii,* Familie Cactaceae / Kakteen

## **Lophophora** Schnapskopf (Schnapsknopf)

Ein überaus interessanter, aber nicht ungefährlicher Einzelgänger, dessen Wesensart sogleich ersichtlich wird, wenn man seinen »Zweitnamen« *Anhalonium* nennt. Die niedrige, flachkugelige Pflanze ist nämlich der berühmte Rauschgiftkaktus, den die Indianer auch »Peyotl« oder »Mescalbutton« nennen.

Mescalbutton heißt wörtlich »Schnapsknopf«. Der gebräuchlichere Name »Schnapskopf« weist wohl auf die durch seinen Mescalingehalt ausgelösten Rauschzustände und Halluzinationen hin. Hauptlieferant für die Droge ist *Lophophora williamsii* (Bild)

**Pflege** Kakteenkenner empfehlen einen sehr sonnigen, heißen Stand mit genügend Feuchtigkeit im Sommer, über Winter aber Kühle und völlige Trockenheit. Der Boden soll überwiegend mineralisch und locker sein. Im übrigen keine Ansprüche. Leichte Anzucht und sichere Blüte aus Samen der langrunden rosa Früchte.

## **Lycaste** Lykaste

Diese bildschöne Südamerikanerin aus Guatemala gilt als eine der am leichtesten kultivierbaren Orchideen. Die Blätter sind etwa 50 cm lang, der Blütenschaft erreicht 30 cm, die zart rosenrote Blüte mit am Grund dunklerer Lippe hat um 15 cm ∅. Blüte November bis März; epiphytische Kalthausorchidee.

*Lycaste virginalis* (Handelsname meist noch *L. skinneri*) hat große eiförmige Pseudobulben und treibt 2–3 längsgeaderte Blätter, die jährlich abgeworfen werden. Standort im Winter hell und kühl, im Sommer halbschattig. Nach Abwerfen der Blätter strenge Ruhezeit, bis der Neuaustrieb sich regt. Während des Wachstums feucht halten, flüssig düngen, nicht spritzen. Nie so trocken werden lassen, daß die Bulben schrumpfen. Für Hydrokultur, Zimmer und Kleingewächshaus, auch zum Schnitt sehr zu empfehlen.

*Lycaste virginalis,* Familie Orchidaceae / Orchideen

## **Mammillaria** Warzenkaktus

Wo immer man in der Fachliteratur über die Gattung *Mammillaria* etwas nachlesen will, ist überall von der kaum überschaubaren Vielzahl ihrer Arten, aber auch von ihrer hohen Qualität als Liebhaberpflanze und Sammelobjekt die Rede. Um einigermaßen Ordnung zu schaffen, wurden eigens »Untergattungen« gebildet.

**Herkunft** Eine »Übersicht über die Verbreitung der Arten« im Kakteenbuch von Prof. Buxbaum nennt nicht weniger als 25 Hauptplätze ihres Vorkommens, die von Texas und Neu-Mexiko über Kalifornien und das Gebiet von Arizona bis auf die »Westindischen Inseln«, von Kuba bis Trinidad reichen. Die meisten Arten sind aber doch in Mexiko zu Hause.

**Pflanzengestalt** Überwiegend Kugelkakteen, die einzeln oder in Gruppen wachsen. Es bilden sich aber auch kurze zylindrische Körper. Typisch für alle sind die in immer neuen Variationen und »Mustern« angeordneten Warzen und deren gleichfalls ungemein variable Bestachelung, die ganz kurz und der Körperfläche dicht anliegend, aber auch überlang mit Widerhaken sein kann, oder sie wird durch ein greisenhauptähnliches Wollkleid ersetzt. Im Vergleich zu der auch farbig hochinteressanten Bestachelung sind die meist im Kranz um den Scheitel erscheinenden Sommer-Blütchen zwar farbig reizvoll, aber doch klein und bescheiden. Viele bilden bis zum nächsten Frühjahr keulenförmige rote Früchte, die fast mehr schmücken als die Blüten. Ausgereift stoßen sie sich von selbst ab oder lassen sich leicht herausziehen. Näheres siehe Vermehrung. Einige Arten neigen auch zu

*Mammillaria rhodantha,* Rosenroter Warzenkaktus / Cristataform, Familie Cactaceae / Kakteen

*Mammillaria wildii,* Wilds Warzenkaktus, Familie Cactaceae / Kakteen

Cristata-Bildung (Bild): Das ist eine abnorme »Hahnenkammform«, bei der sich das sonst punktförmige Vegetationszentrum linien- oder bandförmig verbreitert; der Botaniker nennt diesen Vorgang »Fasziation«.

**Sortiment** Alle Mammillarien sind kulturwürdig. Hier eine winzige Auswahl der allerschönsten: *M. bocasana* bildet mit Kügelchen von nur 5 cm ∅ reizende Gruppen mit teils haarfeinen weißen, teils gelblich-bräunlichen Stacheln; Blüten gelblichweiß mit rosa Mittelstreifen; Früchte bis 4 cm lang, auffallend hellkarminrot. – *M. geminispina* bildet bis 8 cm dicke, weiß bestachelte Kugeln, die sehr schön blühen, aber auch zu Cristata-Bildung neigen. – *M. gigantea,* eine der größten, bis 18 cm ∅. – *M. hahniana* gehört zu den schönsten weißhaarigen Arten, Blüten karminrot. – *M. humboldtii* wird ebenfalls völlig vom blendend weißen Stachelkleid eingehüllt; kleine Blüten hellkarmin; leider ziemlich selten. – *M. pennispinosa* wächst einzeln auf dicker Rübenwurzel, hat seltsame »Fiederstacheln«; blasse gelblich-rosa Blütchen mit rosa Schlund, 2 cm lange karminrote Früchte. *M. plumosa,* der berühmte »Flaumfederkaktus«, ist von noch längeren und weicheren Fiederstacheln ganz eingehüllt; er bildet Familien entzückender kleiner Federbällchen, Blüten unscheinbar, Früchte rötlichgrün. – *M. prolifera* gilt als unverwüstliche Anfängerart, die noch unter ungünstigsten Bedingungen blüht und fruchtet. – *M. schiedeana* (Bild) mit seidig glänzender Bestachelung, weißlichen Blütchen und hellkarminroten, bis 2 cm langen Keulenfrüchten gehört zu den erklärten Lieblingen der Kakteenkenner. – *M. wildii* (Bild) bildet gern Gruppen ihrer hellgrünen, kurzen, zylindrischen Einzelkörper; sehr schöne Bestachelung; reich und sicher blühend, bräunlich-rote Keulenfrüchte. Völlig anspruchslos und hart. *M. zeilmanniana* gehört ebenfalls zu den Anfängerarten mit Heldenmut, bringt dichte dunkelrosa Blütenkränze.

**Pflege** Außer den weichfleischigen grünen Arten wie *M. wildii,* die keine Prallsonne vertragen, wollen alle Arten über Sommer einen recht sonnigen Stand, denn davon hängt die Schönheit und Farbigkeit der Bestachelung ab. Die starke Lichtabhängigkeit der Mammillarien zeigt sich auch in einer erstaunlichen Sonnenwendigkeit selbst älterer Exemplare. Um Schiefwuchs zu verhüten, sollten die Pflanzen öfter gedreht werden; ist ohne Nachteil für Blühen und Fruchten. Der Winterstandort muß hell sein, mit einer Temperatur von 6–8° C. Pflanzgrund vorwiegend mineralisch, dabei sehr nahrhaft.

**Gießen** Über Sommer reichlich; über Winter fast ganz trocken halten.

**Düngen** Über Sommer reichlich mit Spezial-Kakteendünger.

**Umsetzen** Möglichst selten und wenn doch, müssen die Gefäße der Wurzelbildung (Rübenwurzel!) angepaßt sein. Erde wie oben erwähnt.

**Vermehrung** Durch Gruppenteilung oder aus Samen, der aber oft recht langsam keimt.

**Achtung!** Viele Arten führen Milchsaft wie Gummibaum oder Wolfsmilch.

*Mammillaria schiedeana,* Schiedes Warzenkaktus, Familie Cactaceae / Kakteen

## **Manettia** Manettie

Saverio Manetti, italienischer Botaniker in Florenz (1723–1784), gab dem reizenden Krappgewächs aus Südamerika seinen Namen. Gegenwärtig ist die vor über 150 Jahren in Europa eingeführte Kletterpflanze bei uns so gut wie unbekannt geworden. Man sollte sich ihrer erinnern – sie verdient es.

Von rund 40 Arten windender Kräuter und kleiner Sträucher findet man höchstens zwei gelegentlich in Kultur: *Manettia bicolor,* die zweifarbige Manettie, und die ihr sehr ähnliche *Manettia inflata*, deren roter Teil der Blütenkrone – der botanische Name sagt es – am Grund deutlich »aufgeblasen« ist (Bild).

**Pflege** Die Manettien sind Pflanzen des Lauwarmhauses, wünschen also, nach normaler Sommerzeit mit reicher Blüte von Frühling bis Herbst, während der winterlichen Ruhepause mäßige Wärme nicht unter 12–15° C; sie kann also im normal beheizten Zimmer allenfalls an einem Nordostfenster hinter dichten Stores stehen. Wo dies der Fall ist, wird man an den zierlichen Schlingern helle Freude haben. Allerdings ist dazu auch noch vorbeugendes Spritzen gegen Ungezieferbefall wünschenswert. Sonstige Pflege wie Bougainvillea.

*Manettia inflata,* Aufgeblasene Manettie, Fam. Rubiaceae / Krappgewächse

## **Maranta** Marante, Pfeilwurz

Früher konnten die Maranten nur in Warmhauskultur, also in Tropenfenstern und Kleingewächshäusern gehalten werden, inzwischen haben sie sich so gut eingeführt, daß man sie heute – mit ein wenig Vorsicht – durchaus zu den »gehobeneren Zimmerpflanzen« zählen darf. Ihre Blattschönheit ist unerreicht.

**Herkunft** Die Maranten, deren Namenspate der schon 1574 verstorbene italienische Gelehrte Bartholomea Marante war, sind sozusagen Mehrzweckpflanzen: die grünblättrige *M. arundinacea* ('Arrowroot') bildet knollenartige Wurzeln mit sehr hohem Stärkegehalt. Sie wird deshalb in vielen tropischen Ländern angebaut. Das hochwertige Stärkeprodukt war als Kindermehl und Krankenkost schon bald nach 1700 in Westeuropa bekannt. Die verschiedenen Schmuckmaranten dagegen fanden sich erst gute hundert Jahre später allmählich bei uns ein. Die meisten kamen aus tropischen Regenwäldern Brasiliens, wo sie weniger im tiefen Schatten und häufiger an lichten Stellen zu finden sind.

**Pflanzengestalt** Die etwa 30 Arten der Gattung *Maranta* werden meist nicht über 20–25 cm hoch. Große Formen mit 60–80 cm Höhe und mehr gehen zwar im Handel auch unter dem Namen Marante, gehören aber – wie schon erwähnt – anderen sehr ähnlichen Gattungen an (siehe *Calathea,* die Korbmarante, auf Seite 145 und *Ctenante* auf Seite 181). Diese beiden dürften nach wie vor etwas empfindlicher sein als die echten Maranten, deren Zählebigkeit – vor allem ausgepflanzt als Bodenbedecker im Blumenfenster – oft geradezu rührend ist. Alle sind ausdauernde Kräuter, deren Blätter an kurzen, grundständigen Stengeln sitzen. Der Wuchs ist je nach Art flach ausgebreitet oder aufrecht; manche Arten wechseln auch zwischen dem Ausbreiten der Blätter bei Tag und Aufrechtstellen bei Nacht. Unscheinbare weißliche Blütchen in endständigen Ähren nur bei älteren Pflanzen von Frühling bis Frühsommer.

**Sortiment** Nur zwei buntblättrige Arten nebst einigen Zuchtformen sind in Kultur. Bei *Maranta bicolor,* der zweifarbigen Marante, können die Blätter nebst Stengeln bis 30 cm hoch werden, während das Blatt allein 15 cm lang und etwa 11 cm breit ist; ihre Zeichnung ist oberseits dunkelgrün mit je 6–8 großen samtbraunen Flekken zu beiden Seiten der Hauptader und einem helleren Mittelstreifen, unterseits purpurrot. Eingeführt wurde diese Art 1823. – *M. leuconeura,* die weißnervige Marante, ist heute in Kultur kaum mehr anzutreffen, da ihre Varietäten schöner und weniger anspruchsvoll sind. Am häufigsten dürfte immer noch *M. leuconeura* 'Kerchoveana' sein (Bild). Sie hat insgesamt viel Ähnlichkeit mit *M. bicolor,* doch fehlt ihren oberseits smaragdgrünen Blättern der hellere Mittelstreifen längs der Hauptader zwischen den beiden Gruppen samtbrauner Flecke; auch sind die Blätter unterseits blaugrün und rot gefleckt; diese Zuchtform gilt als beste Marante für Zimmerkultur. – Weit prunkvoller in ihrer Blattzeichnung ist *M. leuconeura* 'Massangeana' mit etwas kleineren olivgrünen Blättern, die längs der Mittelader versetzte Muster in Weiß und Dunkelbraun sowie eine fischgrätähnliche silberweiße Äderung nach beiden Seiten zeigen; die Blattunterseiten sind dunkelrot. – Eine sehr aparte Fortentwicklung von silberweißen zu orangeroten Seitenadern auf samtig-dunkelgrünem Grund ist bei der Züchtung *M. leuconeura* 'Fascinator' (Bild) zu sehen. Alle drei Leuconeura-Varietäten sind übrigens schon vor 1900 entstanden.

**Pflege** Die Unterbringung im klimatisierten Tropenfenster oder im Blumenfenster mit steuerbarer Bodenheizung bietet natürlich die größeren Erfolgschancen. Auf jeden Fall soll der Standort zwar hell, aber ohne direkte Besonnung sein, mit gleichmäßiger Wärme um 22° C am Tag; nächtliches Absinken auf 16–18° C entspricht den natürlichen Wachstumsbedingungen. Als Wintertemperatur genügen bei Tag 18–20° C, bei Nacht um 16° C, jedoch nicht weniger.

**Gießen und Sprühen** Stets nur mit temperiertem, auf pH 4–4,5 enthärtetem Wasser, während der Wachstumszeit reichlich, jedoch stauende Nässe ebenso wie Austrocknen meiden. Von Sept.–Febr. sparsamer.

**Düngung** Von Apr.–Aug. höchstens alle 14 Tage halbe Konzentration.

**Umsetzen** Sofern nicht ausgepflanzt werden konnte, vor Austriebsbeginn in flache Töpfe oder Schalen; Erde durchlässig, brockig; Typ EE gut.

**Vermehrung** Nur durch Teilen beim Umsetzen im Nachwinter.

**Pflanzenschutz** Vor Schnecken und Asseln im Torfsubstrat des Blumenfensters hüten; vorbeugende Bekämpfung ist ratsam.

◁ *Maranta leuconeura* 'Kerchoveana', Fam. Marantaceae / Marantengewächse

*Maranta leuconeura* 'Fascinator', Fam. Marantaceae / Marantengewächse

# **Medinilla** Medinille

Sie heißt mit Recht *Medinilla magnifica* – die »Großartige« oder die »Prächtige«. Und wer sich von ihrem hohen Schönheitswert überzeugen will, der schlage vorn die S. 21 auf, wo eine ausgewachsene Pflanze im vollen Blütenschmuck in der ihr gemäßen Umgebung zu sehen ist.

**Herkunft** Ein Gewächs wie dieses kann natürlich nur aus Gegenden stammen, wo tropisches Klima nebst allen sonstigen Wachstumsbedingungen ungewöhnlich günstig sind. Andere Arten, von denen man weit über hundert kennt, kommen auf der gesamten großen Inselbrücke von Ostindien bis in die Bereiche der Südsee vor. *M. magnifica* aber wird nur auf den Philippinen – vorab auf der Insel Luzon – angetroffen. Ihren Namen hat die Gattung übrigens nach einem spanischen Kolonialbeamten um 1820.

**Pflanzengestalt** Im Urwald wächst die Medinille als ein bis anderthalb Meter hoher vielverzweigter Strauch mit vierkantigen, borkigen und durch Knoten unterteilten Ästen, deren Struktur auf dem Bild S. 21 deutlich zu erkennen ist. Die Blätter sind dick, lederartig, dunkelgrün, bis 30 cm lang, immer gegenständig.

**Blüte** Aus den Blattachseln entspringen an ebenfalls bis 30 cm langen Stielen die aus zahlreichen Einzelblütchen zusammengesetzten und von großen rosig-weißen Tragblättern überdeckten Blütentrauben. Als natürliche Blütezeit gelten die Monate Februar bis August – unsere Aufnahme S. 21 wurde im April gemacht. Bei den heutigen Anzuchtmöglichkeiten kommen selbstverständlich auch andere, für den Blumenhandel vielleicht günstigere Blütezeiten vor.

**Unterbringung** Man lasse sich durch diese trotz ihres hohen Preises leichte Erreichbarkeit nicht täuschen. Die *Medinilla* ist keine Zimmerpflanze, auch wenn man sie während der Blüte mit aller Vorsicht als exotisches Prunkstück vorübergehend in die Wohnung nehmen kann. Auch Jungpflanzen, die am Leben bleiben und womöglich wieder blühen sollen, gehören also unbedingt in ein sehr geräumiges Tropenfenster, besser und ihrem starken Ausdehnungsdrang angemessener in ein Kleingewächshaus mit Warmhauscharakter, wo sie am hellen Platz, ohne Einengung und ohne direkte Besonnung als Ampelpflanzen hängen können. Später braucht man hohe Kübel, die den blütenschweren Trieben genügend Bodenfreiheit gewähren. Abstützen schützt vor Bruchschäden.

**Sommerpflege** Temperatur März–Aug. 20–22° C und mehr. Mit voll enthärtetem, temperiertem Wasser (pH 4–4,5) reichlich gießen, für hohe Luftfeuchtigkeit sorgen; dem starken Wachstum angepaßt, reichlich (kalkfrei!) düngen.

**Winterpflege** Nach Übergangszeit von Nov. bis Anfang Febr. Ruhezeit bei 15–17° C: Ausreifen der Triebe, Bildung der Blütenknospen. Sparsamer gießen, nicht mehr düngen, bis Blütenknospen sich zeigen. Zu früher Kulturbeginn kann Versagen der Blüte und nur Laubbildung bewirken.

**Umtopfen** Nach Bedarf im zeitigen Frühjahr; Erde wie Bromelienerde. Dabei gelegentlich Rückschnitt bis ins alte Holz.

**Vermehrung** In gärtnerischer Kultur.

**Pflanzenschutz** Schädlingsbefall und Wachstumsrückgang in trockener Luft.

*Medinilla magnifica,* Familie Melastomataceae / Schwarzmundgewächse

# **Melocactus** Melonenkaktus

Um es gleich vorweg zu sagen: die Melonenkakteen – so harmlos sie aussehen – sind eine heikle Gesellschaft. Sie tragen zwar ein niedliches Wollmützchen oder gar einen weißen Fez mit roten Borsten auf dem Kopf, jedoch um den Bauch – unsichtbar – ein Schild mit der Warnung: »Nur für erfahrene Pfleger!«

**Herkunft** Diese Warnung hängt mit den natürlichen Wachstumsbedingungen zusammen. Die rund 30 Arten der Gattung *Melocactus* sind vor allem in Küstengebieten von Mittelamerika einschließlich der Westindischen Inseln zu finden. Daher ihr Verlangen nach Luftfeuchtigkeit während der Vegetationszeit und ihre besonderen Ansprüche an den Wurzelgrund.

**Pflanzengestalt** Kugelkakteen mit 10 bis 15 cm ⌀; im höheren Alter aufrecht-melonenförmig mit stark ausgeprägten hohen Rippen und dekorativer, meist rotbrauner Bestachelung. Der Haarschopf *('Cephalium')* aus Wollhaaren und Borsten zeigt die Blühfähigkeit an, er entsteht aber erst im höheren Alter, von da an hört das Körperwachstum auf; nur das *Cephalium* wächst weiter und übertrifft schließlich den Körper an Höhe. Halb versteckt im *Cephalium* bilden sich winzige, meist rote Blütchen und später keulenförmige rote Früchte.

**Sortiment** *Melocactus maxonii:* Wie das Bild erkennen läßt, handelt es sich um ein älteres Exemplar, das über die Kugelgestalt schon hinaus ist und mit der Bildung des *Cephaliums* begonnen hat; 2 rote Früchte im Scheitel. – Weitere Küstenarten sind *M. obtusipetalus* und *M. violaceus.* Der gelegentlich in Schausammlungen anzutreffende seltene *M. peruvianus* stammt von Jamaika.

**Pflege** Die Erfahrung lehrt, daß Importe nicht nur schwer erhältlich, sondern auch schwieriger einzugewöhnen und weiterzukultivieren sind als selbstgezogene Sämlingspflanzen. Da der Exotenhandel gut ein Dutzend Samen verschiedener Arten anbietet, kann der fortgeschrittene Kakteenfreund sich daran versuchen. Die Anzucht aus Saatgut erfolgt nach den üblichen Regeln. Wurzelechte Sämlinge wachsen und blühen gut.

**Erdmischung** 2 Teile Buchenlauberde, etwas Komposterde und etwas Gartenerde auf 1 Teil groben, scharfen (= kalkfreien) Sand; Bodenreaktion pH 4,5.

**Gießen und Sprühen** Ebenfalls nur mit enthärtetem Wasser (pH 4,5); über Sommer reichlich. Winter Trockenruhe.

**Düngen** Bei gutem Wachstum über Sommer normal mit Kakteendünger.

**Umsetzen** Melokakteen haben ein ungewöhnlich großes, am natürlichen Standort weit und sehr flach ausgebreitetes Wurzelsystem. Topfkultur zwingt zu unnatürlicher Einengung und Gefährdung bei jedem Wechsel des Pflanzgefäßes; erhöhte Gefahr besteht nach Beginn der *Cephalium*-Bildung, da kaum noch neue Saugwurzeln entstehen. Umsetzen also tunlichst durch Nährstoffgaben ersetzen.

**Vermehrung** Aus Samen, siehe oben.

**Standort** Im Sommer am besten unter Glas, warm, aber nicht zu sonnig, Luftfeuchtigkeit durch Einnebeln. Ab Mitte August allmähliche Vorbereitung auf Winterruhe bei Temperaturen nicht unter 10° C, hell und trocken.

**Wichtig** Kulturvorschläge nur für Melokakteen aus Küstengebieten.

*Melocactus maxonii,* Melonenkaktus, Familie Cactaceae / Kakteen

# **Microcoelum** Kokospälmchen

Sie war seit jeher ein Liebling der Blumenfreundinnen und Zimmergärtner: die reizende kleine »Kokos«, das Fiederpälmchen aus Brasilien, mit dessen »neumodischem« botanischen Namen man sich bis auf den heutigen Tag nur schwer abfindet. Es gab Zeiten, da rangierte sie sogar als Festgeschenk für junge Mädchen noch vor dem Myrtenstöckchen zum Brautkranz. Und ihre Eigenarten vom hohen, schmalen Palmentopf bis zum Fußbad im Untersetzer hat man immer willig in Kauf genommen.

**Herkunft** Es wurde schon gesagt: *Micrococlum weddelianum,* stammt aus dem tropischen Brasilien, wo keineswegs »Palmenklima« mit Wüstensand und Oasenromantik herrscht. Sie ist vielmehr das Klima des tropischen Regenwaldes gewöhnt und in Zimmerkultur auch unter günstigen Bedingungen meist nur einige Jahre zu halten. Ein so stattliches Exemplar, wie das Bild es zeigt, gehört zu den Ausnahmen von dieser Regel.

**Pflanzengestalt** An heimatlichen Standorten kann die reizende Kleine eine Stammhöhe von anderthalb Metern und 3 cm ⌀ erreichen. Wie es sich für eine echte Kokospalme geziemt, ist solch ein Stamm dann mit braunen Fasern umkleidet, und seine gestielten Wedel werden ebenfalls bis anderthalb Meter lang. In häuslicher Pflege sind – wie gesagt – solche Rekordmaße nur selten zu erreichen.

**Pflege** Kenner meinen, die oft beklagte geringe Haltbarkeit des Kokospälmchens liege vor allem an falscher Überwinterung. Es sei zwar richtig, die Pflanze über Sommer im Zimmer zu halten, jedoch würde ihr winterliche Wohnwärme ausgesprochen schlecht bekommen, während etwas kühlere Überwinterung bei 16–18° C nebst Luftfeuchtigkeit weder trockene Spitzen noch Bräunen ganzer Partien der unteren Wedel verursachen würde. In gründlichen Versuchen habe ich diese Ansicht bestätigt bekommen. Denn daß meine letzte kleine Kokos nach achtjähriger Freundschaft einging, lag an einem Unfall mit den Wurzeln, deren Brüchigkeit immer noch größer ist, als man denkt. Halten wir also als Grundregeln fest: kein Übersommern im Freien oder auf dem Balkon, sondern Zimmerluft das ganze Jahr. Standort hell, aber ohne direkte Besonnung. Und überwintern wie oben.

**Luftfeuchtigkeit** Ab Austriebsbeginn bis zum Triebabschluß etwa Mitte August ist Luftfeuchtigkeit zum gleichmäßigen Wachstum der Wedel unentbehrlich. Weitertreiben neuer Wedel über Winter sollte durch den angeratenen etwas kühleren Stand tunlichst vermieden werden, auch wenn das Kokospälmchen, wie die meisten anderen Palmen, keine eigentliche Ruhezeit verlangt.

**Gießen** Ab Austriebsbeginn bis Ende Juli reichlich, aber hartes Wasser vermeiden, beste Reaktion pH 5–5,5. Während der Wachstumszeit immer etwas Wasser im Untersetzer stehen lassen oder Tontopf gut in feuchten Torf eingebettet halten; auf jeden Fall – auch im Winter, der Raumtemperatur angemessen – stets für genügend Bodenfeuchtigkeit sorgen. Ballentrockenheit ist eine der Hauptursachen für braune Blattspitzen.

**Düngen** Während der Wachstumszeit (Frühjahr bis Mitte August) alle 8–10 Tage Volldüngerlösung in halber Konzentration nur auf gut durchfeuchteten Boden.

**Auf den Palmentopf kommt es an!**

**Umsetzen** Die meisten Schwierigkeiten für das Fortkommen der kleinen Palmen entstehen, wenn sie umgesetzt werden müssen, denn der hierfür fast unentbehrliche schmale und hohe Palmentopf entsprechender Größe ist oft nicht aufzutreiben. Sollte aber außerdem im alten Topf die Wurzel bereits »nach unten durchgegangen sein« und den Weg durch das Abzugsloch gefunden haben, so kann ihr Abbrechen das Ende des Pälmchens bedeuten. Manchmal gelingt es, den alten Topf mit Hammer und Zange so zu zertrümmern, daß Wurzelbeschädigungen vermieden werden. Dann bleibt als nächste Klippe das geforderte »feste Pflanzen« in den richtigen Topf. Als bester Wurzelgrund gilt eine Mischung aus grober Rasenerde mit Lauberde 1:1 unter Beigabe von etwas scharfem Sand. Composana und EE haben sich bewährt.

**Vermehrung** Aus frischem Importsamen möglich, aber schwierig. Vegetative Vermehrung nicht möglich.

**Pflanzenschutz** Schildläuse wie auch Thrips können durch ihre Hartnäckigkeit recht schädigend wirken. Ihre Bekämpfung muß die Befallsherde am Grund der Blattstiele und im Herzen der Pflanze erfassen. Falls alte Stümpfe weggeschnittener Wedel vorhanden sind, so sind sie unbedingt zu entfernen. Den Strunk der Palme gründlichst benetzen oder die ganze Pflanze in Lösung tauchen, vorher die Erde mit Plastik abdecken.

**Wichtig** 1. Bei Übernahme aus dem Blumenhandel prüfen, ob das Abzugsloch im Verkaufstopf vorhanden ist. – 2. Bei Umsetzen den neuen Topf nicht mehr als 2–3 cm im ⌀ größer nehmen. – 3. Die Wedel auch im Winter öfter sprühen und entstauben.

*Microcoelum weddelianum,* Kokospälmchen, Familie Palmae / Palmen

# **Miltonia** Miltonie

Die bildschöne Südamerikanerin trägt ihren Namen nach dem englischen Orchideenfreund Lord Fitzwilliam, Viscount of Milton; beide haben mit dem berühmten englischen Dichter gleichen Namens (1608–1674) nichts zu tun. Die Miltonie wurde erstmals 1837 beschrieben. Sie ist nicht gerade eine Anfängerpflanze.

**Herkunft** Etwa 20 epiphytisch wachsende Arten werden in die beiden Gruppen der brasilianischen und der kolumbianischen Miltonien aufgeteilt. Einige Arten wurden auch westlich in Costa Rica und südlich in Paraguay entdeckt.

**Pflanzengestalt** Allgemein besteht große Ähnlichkeit mit den Gattungen *Brassia, Odontoglossum* und *Oncidium.* Die meisten Arten entwickeln viele Scheinbulben, die – von Scheiden umgeben – teils oval oder zugespitzt, langgestreckt, teils stark zusammengedrückt erscheinen. Länge zwischen 6–10 cm. Blätter dünn, lang, riemenförmig und so weich, daß sie bei Halbmeterlänge umgebogen herabhängen.

**Blüten** Sind wegen ihrer Schönheit, Größe und Vielgestaltigkeit hochgeschätzt, an der Pflanze wochenlang haltbar, als Schnittblumen dagegen leider sehr rasch verwelkend. Blütezeit artverschieden über das ganze Jahr verteilt.

**Sortiment** Als eine der schönsten gilt *M. candida* mit reinweißen Blüten, deren Lippe zwei purpurviolette Grundflecke trägt. Blütezeit Aug.–Nov. Kultur temperiert bis warm. – *M. clowesii* bringt im Sept.–Okt. Schäfte mit 8–10 herrlichen Einzelblüten, die oft bis zu 8 cm ⌀ haben. Zeichnung kastanienbraun mit gelben Spitzen und dunkelpurpurroten Querbändern; Lippe weiß, untere Hälfte violett. Kultur temperiert bis warm. – *M. roezlii,* kolumbianische Kalthausorchidee; Schaft 2–6blütig, Blüten duftend, 8–10 cm ⌀ mit farbenprächtiger Zeichnung, daneben reinweiße Form. Blütezeit Okt.–Nov. – *M. vexillaria* (Bild), ebenfalls kolumbianische Kalthausorchidee, wächst in 1500–2000 m Höhe an Waldrändern, gilt als eine der schönsten und begehrtesten Arten. Blätter rötlich bis blaugrün – bringt nicht selten mehrere Schäfte mit 3–9 Blüten von 9–12 cm ⌀; Blütenfarbe stark veränderlich, meist rosenrot mit dunkleren Partien und gelb geflecktem Schlund. Blütezeit Frühjahr. Eine »geographische Abart« *M. vexillaria var. rubella* wird wegen ihrer kleineren, ins Violette spielenden Blüten auch Veilchenorchidee genannt. – Außer den Arten viele schöne, leichter kultivierbare Hybriden. Geht auch für Hydrokultur.

**Pflege** Siehe die als vergleichbar genannten anderen Orchideen: *Brassia, Odontoglossum* und *Oncidium.*

*Miltonia vexillaria,* Fahnenartige Miltonie, Familie Orchidaceae / Orchideen

# **Mimosa** Sinnpflanze

**Eigentlich ist es schade, daß diese reizende, geradezu mit schauspielerischen Talenten ausgestattete Pflanze im Zimmerpflanzensortiment wahrlich nur eine Mimosenrolle spielt. Dabei ist sie so einfach zu pflegen und zu vermehren, daß man sie schon als Lehrbeispiel für Kinder viel häufiger halten sollte.**

**Herkunft** Unter mehreren hundert Arten hat sich nur *Mimosa pudica*, die »Schamhafte Sinnpflanze«, als Topfgewächs leidlich durchgesetzt. Sie stammt aus dem tropischen Amerika, wurde aber auch in tropische Gebiete der Alten Welt eingeschleppt und breitete sich dort oft wie Unkraut aus.

**Pflanzengestalt** Sparrig wachsendes, verholzendes Kraut mit 30–50 cm Höhe. Die handförmigen gefiederten Blätter sind so reizbar, daß sie bei der leisesten Berührung zunächst einzeln und paarweise zusammenklappen, worauf sich der Stiel mit dem ganzen schmal gefalteten Blatt nach unten senkt. Diese Vorstellung findet aber nur bei Tag und Temperaturen über 18–20° C statt. Empfindet die Pflanze keinen Reiz mehr, so breitet sie ihre Blättchen wieder auseinander. Über Nacht Schlafstellung.

**Blüte** Rosa bis lilarosa Blütenstände, in kugeligen Köpfchen an den Zweigenden zusammengedrängt. Blütezeit bei guter Pflege von Mai bis September in ununterbrochener Folge.

**Einjahrskultur** Da ältere Pflanzen bald weniger schön sind, empfiehlt sich alljährliche Nachzucht durch Aussaat im Februar–März. 6–8 Körner, in kleine Töpfchen gelegt und bei 20° C gleichmäßig warm gehalten, keimen nach 12–14 Tagen. Keimlinge bis auf 3–4 kräftigste ausdünnen, feuchtwarm (Glasglocke, Plastikhaube) weitertreiben, zweimal in größere Töpfe bis 12er Topf umsetzen (pikieren). Von dem manchmal – angeblich wegen besserer Verzweigung – empfohlenen Stutzen der Jungpflanzen ist dringend abzuraten. Nur ungeschnitten entwickeln sie sich so folgerichtig, daß manchmal schon Ende April die ersten Blütchen erscheinen und reiche Samenbildung erfolgt. Grundbedingung: halbschattiger bis sonniger, heller Standort, gleichmäßige Wärme über 18–20° C und Luftfeuchtigkeit. Alte Pflanzen im Herbst wegwerfen.

**Gießen** Bis etwa August gleichmäßig feucht halten; Ballentrockenheit unbedingt vermeiden; bei Lufttrockenheit sprühen.

**Düngen** Von Frühjahr bis Spätsommer alle zwei Wochen Volldünger.

**Pflanzenschutz** Schädlinge selten; Zugluft: Blattläuse und Rote Spinne.

*Mimosa pudica*, Sinnpflanze, Familie Leguminosae / Hülsenfrüchtler

# **Monstera** Fensterblatt

Um in dieser herrlichen Pflanze eines der schönsten Beispiele für das »Wohnen mit Blumen« zu erkennen, schlage man das Farbbild auf Seite 13 nach. Ich meine, dort zeigt sich unabweislich, welche Ausdruckskraft und Harmonie der Mensch in jahrelanger Verbundenheit mit seinen Grünen Freunden erreichen kann.

**Herkunft** In Sumpfgebieten des tropischen Mittel- und Südamerika leben über zwei Dutzend Arten der Gattung *Monstera.* Vier davon sind nebst etlichen Zuchtformen in unserem Sortiment heimisch. Das Kontingent der USA ist mit rund 15 Arten und mindestens ebenso vielen Zuchtformen wesentlich reicher.

**Pflanzengestalt** Immergrüne, halbepiphytische kletternde Sträucher mit oft sehr großen, schildförmigen, tief fiederspaltigen oder auch durchlöcherten Blättern, mit oder ohne Luftwurzeln. Blattform je nach Alter oft sehr verschieden. Die Kalla-ähnlichen Blütenstände mit großem weißem Hüllblatt und duftendem, später eßbarem, ananasähnlich schmeckendem Fruchtzapfen kommen in Zimmerkultur gelegentlich, bei Auspflanzung im Gewächshaus an älteren Pflanzen häufig vor. Sind doch selbst unsere schönsten Exemplare zu Hause immer nur Bruchteile der riesigen, kraftstrotzenden Urwaldpflanzen, die mit ihrem ungestümen Wachstum in Schausammlungen ohne weiteres 10 m Höhe erreichen.

**Sortiment** *Monstera acuminata,* das Zugespitzte Fensterblatt aus Guatemala, kommt als Zimmerpflanze nur gelegentlich vor; Blätter in der Jugend ganz, werden erst im Alter, ab 25–30 cm Länge, tief fiederschnittig.

*M. deliciosa,* das Köstliche Fensterblatt (Bild S. 13), ist Mexikanerin und seit über hundert Jahren als eines der beliebtesten Blattgewächse bei uns heimisch. Die gewaltigen schildförmigen Blätter an 30–50 cm langen Stielen sind lederig-dunkelgrün und tief fiederschnittig gefenstert. Bei 40–70 cm Breite können sie 60–80 cm lang werden. Jugend- und Altersformen oft sehr verschieden. Insgesamt etwas kleiner ist die Sorte 'Borsigiana'.

*M. obliqua,* das Schiefe Fensterblatt aus Brasilien, ebenfalls kleiner als *M. deliciosa,* fällt durch die eigenartige, am Rande zusammenhängende Löcherung seiner Blätter auf; besonders typisch bei jüngeren Pflanzen der Zuchtform *M. obliqua* 'Leichtlinii' (Bild).

*M. pertusa,* das Durchbrochene Fensterblatt, Heimat Brasilien und Westindische Inseln, ist ein rascher, reichbelaubter Klimmer. Die Fensterung seiner Blätter tritt wie bei *M. acuminata* erst in älteren Jahren auf.

**Luftwurzeln** Wegen Brüchigkeit mit Vorsicht behandeln, nie abschneiden, bei entsprechender Länge auf feuchte Erde oder in ein mit Wasser gefülltes Übergefäß lenken, wo sie sich in »Erdwurzeln« umwandeln. Im übrigen ist volles Gedeihen über Jahre nur bei völlig unverändertem Standort mit genügend Licht, Luft und Ausbreitungsraum der ganzen Pflanze gesichert.

**Wichtig** Dank großer äußerer Ähnlichkeit werden einige *Monstera* oft auch als *Philodendron* bezeichnet. In der Tat bestehen zwischen beiden Gattungen nur gewisse blütenbiologische Unterschiede. Ihre Pflege ist gleich. Siehe *Philodendron* ab S. 294.

*Monstera obliqua* 'Leichtlinii', Familie Araceae / Aronstabgewächse

# Myrtus Myrte

Über Umfang und Vielseitigkeit der Myrtengewächse ist schon vorne bei den Pflanzenfamilien die Rede; als Gattung bietet die Myrte sich selbst nur mehr in einer einzigen Art an: *Myrtus communis,* die Brautmyrte. Von früher vielgenannten Varietäten einschließlich der buntblättrigen Formen ist keine Rede mehr.

**Herkunft** Aus dem europäischen Mittelmeerraum, wo die Myrte als 3–5 m hoher Strauch schon im klassischen Altertum eine Rolle spielte. Mönche haben die Pflanze wohl über die Alpen mitgebracht. Schon im frühen Mittelalter kannte man bei uns die Heilkraft des aus Myrtenblättern gewonnenen ätherischen Öls. Der Brautkranz aus blühenden Myrtenzweigen aber ist ebenso wie der Weihnachtsbaum viel jüngeren Datums. Eine Tochter aus dem hochberühmten Haus Fugger soll Anno 1583 als erste mit einem Myrtenkranz im Haar zur Trauung in der Augsburger St. Anna-Kirche geschritten sein.

**Pflanzengestalt** Muß man die Myrte noch beschreiben? Jede Blumenfreundin weiß auch heute noch, daß es Buschformen und Kronenbäumchen gibt. Beide sind durch Schnitt und Formieren leicht zu lenken. Myrten können uralt werden.

**Blätter** Immergrün, lederig-hart, klein, spitz-eirund; beim Zerreiben angenehm würzig riechend.

**Blüten** Erscheinen einzeln, sehr zahlreich an kurzen Stielen aus den Blattachseln; Farbe weiß, auch rosig überhaucht; Blütezeit ab Mai/Juni; im Herbst manchmal erbsengroße bläuliche oder weiße Beerenfrüchte, eßbar.

**Sommer** Freier, lichter, nicht zu sonniger Stand am offenen Fenster; ab Maimitte auch geschützter Platz ohne Prallsonne auf dem Balkon oder Einsenken der Töpfe im Garten. Vor den ersten Nachtfrösten einräumen.

**Winter** Standort im vollbeheizten Wohnraum oder im dunklen, wenig gelüfteten Keller bringt mit Geilwuchs, endloser Verlausung und anderen Schäden jede Myrte zum Erliegen. Die Überwinterung verlangt einen hellen, luftigen Platz bei einer Temperatur von 4–6° C. Mäßige Wärme von 10 bis 12° C über Tag wird allenfalls ertragen, wenn dafür nächtliche Abkühlung gesichert ist. Freier Stand ohne einengende Nachbarschaft ist unerläßlich. Kronenbäumchen dürfen ohne Rücksicht auf Lichtmarke immer mal gedreht werden, damit sie in Form bleiben.

**Gießen** Wasser temperiert, auf etwa pH 5 enthärtet. Im Sommer reichlich, besonders bis zum Öffnen der Blütenknospen, jedoch stauende Nässe (Fußbad) und Ballentrockenheit vermeiden. Der Wasserbedarf im Winter richtet sich nach dem Standort: je kühler, desto geringer. Bei 4–6° C Erde gerade nur gleichmäßig feuchthalten.

**Düngen** Ab Austriebsbeginn bis nach Blüte reichlich mit kalkfreien Düngern (Crescal, Hakaphos blau).

**Umtopfen** Im Frühjahr nach Bedarf, je älter, desto seltener. Erde kalkfrei, nahrhaft, humos (EE, Composana u. ä.). Pflanztiefe sehr genau beachten, zu tief gesetzte Myrten kümmern.

**Vermehrung** Aus Stecklingen reichblühender Mutterpflanzen im Frühsommer. Samen: Keimung bis zu 1 Jahr.

**Pflanzenschutz** Nur falsch behandelte Myrten sind anfällig. Dann Pilzkrankheiten und Schädlingsbefall.

*Myrtus communis,* Brautmyrte, Familie Myrtaceae / Myrtengewächse

# Narcissus Narzisse

Die Narzisse, eine Zwiebelblume aus der Familie der Amaryllisgewächse, ist fraglos in erster Linie Gartenpflanze. Doch was viele Blumenfreunde nicht wissen: außer den bekannten Weihnachtsnarzissen lassen sich auch fast alle anderen Arten und Sorten in Töpfen oder Schalen treiben.

**Herkunft** Die Sage vom schönen Griechenjüngling Narkissos, der sich in sein Spiegelbild im Wasser einer Quelle verliebte und so lange hineinsah, bis er verschmachtend den Tod fand, läßt an der Stelle seines Hinscheidens eine weiße Blume wachsen, die nach ihm »Narzisse« genannt wurde. Die Geschichte umschreibt damit zugleich das Heimatgebiet der über drei Dutzend Narzissen-Arten mit südlichen Zonen Europas und Kleinasiens um das östliche Mittelmeergebiet. Aber auch weiter westlich, im Karst, in den Karpaten, in Südtirol und bis ins Salzkammergut hinein sind Wildnarzissen noch heute zu finden. Am berühmtesten und westlichsten: die Narzissenwiesen bei Montreux/Schweiz.

**Pflanzengestalt** Zwiebelgewächse mit riemenförmigen Blättern, die meist zusammen mit dem kantigen Blütenschaft und den Blüten erscheinen. Man unterscheidet sechs Gruppen, die von den Trompeten-Narzissen über Incomparabilis, Dichter-Narzissen, Tazetten und Jonquillen bis zu den botanischen Arten reichen. Für Zimmerkultur verwendet man »Doppelnasen« von präparierten Treibzwiebeln. Sie haben mehrere Vegetationspunkte und daher eine reichere Blüte. Vorkultur wie Hyazinthen in Erde, doch ohne Hütchen. Am interessantesten ist *Narzissus tazetta,* die in den angelsächsischen Ländern als »Paperwhite« bekannte Weihnachtsnarzisse, eine Tazettenhybride. Sie wird für Weihnachtsblüte um Mitte Oktober zu dritt, fünft oder sechst in flachen, kiesgefüllten Schalen aufgesetzt. Wasser darf gerade bis zum Zwiebelboden reichen, ist bei hellem, luftigem, möglichst kühlem Stand ständig nachzufüllen. Zu warmer Stand ergibt so überlange Stengel, wie unser Bild sie zeigt. Nach Weihnachten bis Ende Januar zum Treiben aufgesetzte Zwiebeln blühen fast noch reicher als der erste Satz. Abgeblühte Zwiebeln sind wertlos, da nicht winterhart.

*Narcissus tazetta* 'Lotus albus', Weihnachtsnarzisse, Familie Amaryllidaceae / Amaryllisgewächse

# **Neoporteria** Neoporterie

Das Schönste an diesen kleinen Kugelkakteen, die sich erst im Alter zu Zylinderformen auswachsen, ist ihre reiche Bestachelung, deren Farbe bei den verschiedenen Arten von reinem Weiß über Gelb und Braun bis zu einem sonst im Pflanzenreich kaum angetroffenen tiefen Schwarz reicht.

**Herkunft** Die über zwei Dutzend bekannten Arten stammen sämtlich aus Chile und Nordargentinien; ihr Zusammenschluß zu einer Gattung ist erst einige Jahrzehnte alt; in ihrer botanischen Benennung steckt der Name eines zeitgenössischen Insektenforschers namens Porter.

**Ansichten** Die Meinungen der Kakteenspezialisten über Eignung und Eigenschaften der Neoporterien sind geteilt. Während der berühmte Krainz sie als »äußerst langsam wachsende, dabei widerstandsfähige Pflanzen für sehr warme Standorte« rühmt, in Zimmerpflege aber nur gepfropfte Exemplare empfiehlt, nennt Professor Buxbaum in seinem nicht minder berühmten Buch »Kakteenpflege biologisch richtig« die anerkannt schönsten Arten *N. nidus* und *N. napina* mit ihrer langen Rübenwurzel ausgesprochen schwierig. Der deutsche Experte Dr. Cullmann aber meint: »In mineralischer Erde und bei hellem Stand wachsen und blühen alle zufriedenstellend.« Für ihn heißt übrigens die schönste Art *N. senilis* (früher *N. gerocephala*): im Wirrhaar ihrer langen weichen Stacheln ist sie in der Tat dem echten Greisenhaupt ähnlich.

**Allgemeine Pflege** Etwa wie *Coryphanta* (S. 176), *Mammillaria* (S. 254) oder *Rebutia* (S. 312)

*Neoporteria pilispina,* Familie Cactaceae / Kaktusgewächse

# **Neoregelia** und **Nidularium**

Im Lager der Bromeliaceen oder Ananasgewächse hat es schon immer manchen Familienzwist gegeben. Gattungen entstanden und verschwanden und tauchten dann plötzlich wie der Vogel Phoenix aus der Asche neu im Pflanzenwörterbuch auf. In diesen Kreis gehören auch *Neoregelia* und *Nidularium.*

**Herkunft** Jede der beiden Gattungen ist mit rund 30 Arten in Brasilien vertreten. Ihre Namen sind allerdings trotz sonstiger großer Übereinstimmung grundverschieden. *Neoregelia* heißt nichts als »Neue Regelie«, wobei der zweite Namensteil vom einstigen Direktor des Botanischen Gartens zu Petersburg, E. A. von Regel (1815–1892), stammt. *Nidularium* aber kommt vom lateinischen *Nidus* = Nest, bedeutet also »Nestchen« und wird mit den deutschen Namen »Nestrosette« oder »Nest-Ananas« wiedergegeben. Bei den Neoregelien sind übrigens mit sieben Arten noch die Aregelien eingemeindet worden, doch das dürfte schon eine ganze Weile her sein. Es wird auch wissenschaftlich heute nur noch gewissermaßen in Klammern weiterüberliefert.

**Pflanzengestalt** Beide Gattungen gehören zu den Aufsitzerpflanzen oder Epiphyten tropischer Regenwälder. Beide bilden geschlossene Rosetten, deren Blätter dornig gezähnt oder gesägt sind. Welche Unterschiede gerade hinsichtlich der Belaubung und ihrer Pflegeansprüche bestehen, ergibt sich aus den Einzelheiten des Sortiments.

**Blüte** Alle Arten beider Gattungen entwickeln ihre Blütenstände inmitten der Rosetten, wobei die Blütchen,

*Neoregelia*-Hybride 'Volckhartii', Familie Bromeliaceae / Ananasgewächse

*Neoregelia carolinae* 'Tricolor', Familie Bromeliaceae / Ananasgewächse

wahrlich wie in einem Nest, jeweils zu mehreren den Achseln der starkfarbigen Hochblätter entspringen.

**Sortiment** Die Aufzählung der Schönen und Allerschönsten beginnt üblicherweise mit *Neoregelia binotii;* sie hat bis 30 cm lange lederartige, ringsum kräftig bestachelte und an den Spitzen rot gefleckte Rosettenblätter, die oberseits grün, unterseits aber – ähnlich wie *Aechmea chantinii* – noch mit weißen Querbinden geziert sind. *N. carolinae* bildet flache Rosetten. Ihre beiderseits glänzend grünen Blätter werden bis 40 cm lang, sind an den Rändern fein bestachelt, die inneren tragen leuchtend rote Spitzen; »Herzblätter« des Nestes glänzendhochrot, Blüten tiefviolett mit weißer Blütenröhre. Die Farbenpracht der wohl bekanntesten Kulturform *N. carolinae* 'Tricolor' leuchtet aus der Abbildung auf dieser Seite; daneben weitere herrliche Sorten wie 'Marechalii' und 'Meyendorffii'. *N. concontrica* mit 30 cm langen, 10 cm breiten, oberseits dunkelrot-grün gefleckten Blättern und elfenbeinweiß oder violett getönten Hochblättern hat wohl das eigenartigste »Nest« von allen: die blauen, weiß gesäumten Blütchen erscheinen auf einer Art von Nadelkissen. Die kleinste Rosette mit nur 15–20 cm langen purpurbraunen, nach dem Inneren zu gefleckten Blättern und mehr ins Bräunliche spielenden Hochblättern hat *N. tristis,* die »traurige Neoregelie«.

Unter den Nidularien ist vor allem *N. innocentii* mit oberseits dunkelroten, unterseits schwärzlichgrünen Rosettenblättern zu nennen; ihre Herzblätter im »Nest« leuchten während und nach der weniger effektvollen Blüte noch viele Wochen in prachtvollem Kupferrot; mehrere, vor allem in den USA verbreitete Varianten wie 'Paxianum', 'Purpureum' und die Zwergform *N. innocentii var. nana* bestätigen die Beliebtheit der wunderschönen Pflanzen; aus Belgien kommt eine Züchtung 'Maureanum'. Das seit 1888 bekannte *N. striatum* zeigt seine hellgrünen, gelbgestreiften Blätter in weniger dichten Rosetten als die anderen; Hochblätter mit braunen Spitzen, Blütchen weiß.

**Allgemeine Pflege** Hier werden bei aller botanischen Übereinstimmung doch große Unterschiede deutlich. Zwar sind beide Gattungen grundsätzlich Warmhauspflanzen, doch gibt es gerade bei den Neoregelien einige Arten, die man mit etwas Sorgfalt sogar in einfacher Zimmerkultur über die Runden bringt: außer den schon im Sortiment genannten *N. carolinae* nebst ihren Zuchtformen sei da vor allem noch *N. princeps* erwähnt. Alle Neoregelien brauchen zur Erreichung ihrer vollen Schönheit viel Licht (aber ohne direkte Besonnung!). Ihre beste Überwinterungstemperatur liegt bei 15–18° C, während zur Zeit des Wachstums und der Blütenbildung (meist März bis August) 22–25° C und mehr geboten werden sollten. Dank ihrer härteren Blätter vertragen die Neoregelien während der winterlichen Ruhezeit, die ja meist auch schon mit dem Einsetzen der Endphase einhergeht, auch trockene Luft.

Die Nidularien mit ihren sehr viel weicheren und vielleicht noch bunteren Blättern sind dagegen auf einen schattigen Stand im voll klimatisierten Tropenfenster angewiesen. Sie beanspruchen während der Wachstumszeit gleichmäßig hohe Wärme und Luftfeuchtigkeit.

Für alle sonstigen Pflegemaßnahmen vergleichen Sie bitte auch *Aechmea* (S. 117), *Guzmania* (S. 221), *Tillandsia* (Seite 342) und *Vriesea* (S. 348).

**Vermehrung** Hier ist anzumerken, daß Weiterkultur mit Kindeln nur bei hoher Bodenwärme gelingt, und daß bei Vermehrung aus Samen (soweit im Exotenhandel überhaupt erhältlich) manche Arten und Sorten – z. B. *Neoregelia carolinae* 'Tricolor' »untreu fallen«, d. h. grüne Blätter bringen.

**Pflanzenschutz** Bei Kulturfehlern können Schildlausbefall und Thrips sowie Fäulnis der »Zisternenblätter« vorkommen.

# **Nephrolepis** Schwertfarn

Sein botanischer Name heißt – wörtlich übersetzt – Nierenschuppenfarn. Aber »Schwertfarn« klingt fraglos besser und ist »handlicher« im Sprachgebrauch, zumal es sich hier um den besten, widerstandsfähigsten und somit auch beliebtesten Zimmerfarn von allen handelt. Seine Lebenskraft überdauert viele Jahre.

**Herkunft** Der Schwertfarn gehörte seit eh und je zu den Polypodiaceen oder Tüpfelfarngewächsen. Jetzt wurde er aber aus diesem Familienverband herausgenommen und mit einem sonst kaum bekannten tropischen Farn zur Familie der *Oleandraceae* vereinigt. Von *Nephrolepis* selbst gibt es etwa 30 Arten in tropischen und subtropischen Gebieten.

**Pflanzengestalt** Typisch für alle ist zweierlei: Es gibt – nicht selten sogar innerhalb derselben Art – Erdfarne und epiphytisch wachsende Formen; einige Arten – darunter die für Zimmerkultur wichtigsten – treiben lange Ausläufer, die nicht nur der einfachsten Vermehrung dienen, sondern auch die Verwendung als sehr dekorative Ampelpflanze möglich machen.

**Sortiment** An der Spitze steht *N. exaltata,* – das heißt »Hochgewachsener Schwertfarn«. Er ist zwar als Art so gut wie verschwunden, lebt aber in vielen für Gartenbau und Zimmergärtnerei bedeutsamen Züchtungen von großer Mannigfaltigkeit weiter. Es gibt mehrfach gefiederte und gefiedert-fiederschnittige Wedel; bei anderen sind die Fiedern gewellt und gedreht; es gibt sehr harte, starkwüchsige Sorten wie 'Rooseveltii' und Kleinformen wie 'Boston Zwerg'; es gibt die berühmte Marktsorte 'Whitmannii', der man wegen ihrer dicht gekrausten Belaubung höhere Empfindlichkeit nachsagt, und es gibt die ihr äußerlich vergleichbare Sorte 'Bornstedt', die als einzige unter den *N. exaltata*-Zuchtformen nicht nur durch Abtrennen von Ausläufern, sondern auch noch durch Aussaat ihrer fruchtbar gebliebenen Sporen vermehrt werden kann. Von anderen *Nephrolepis*-Arten ist vor allem die pantropische *N. cordifolia* interessant: sie ist ebenso wie *N. exaltata* Erdbewohner und Epiphyt zugleich, bildet aber außerdem an ihren wurzelartigen Erdstämmen – ähnlich wie manche Maranten – lange Ausläufer mit im Boden sitzenden schuppigen Knollen.

**Pflege** Im allgemeinen wie *Pteris* (S. 311), doch vertragen die meisten *Nephrolepis* mehr Licht als andere Farne oder wünschen sogar etwas Sonne. Winter: mindestens 14–16° C.

*Nephrolepis exaltata* ‚Rooseveltii', Schwertfarn, Familie Oleandraceae / Oleandrafarne

# **Nerium oleander** Oleander

Zugegeben: der Oleander ist keine Zimmerpflanze im eigentlichen Sinn des Wortes. Nur im jugendlichen Alter kann man ihn bedingt in geschlossenen Räumen halten, weil sein Wachstumsrhythmus nun einmal den Winterplatz »am kühlen, frostfreien Ort« verlangt, während Stubenluft ihm auch zur Sommerzeit schlecht bekommt. Dennoch gehört er – so meine ich – ganz unabdingbar in den Kreis jener »Hauspflanzen«, auf die man in einem Blumenbuch wie diesem nicht verzichten kann.

**Herkunft** Heimat ist das Mittelmeergebiet, wo die bis fünf Meter hohen Büsche – ähnlich wie bei uns Erlen und Weiden – an sonnigen, doch im Untergrund feuchten Flußufern oder in den zeitweise oberflächlich trockenen, steinigen Flußbetten der sogenannten Torrenten stehen. Das Wissen um diese ursprünglichen Lebensbedingungen dürfte viel dazu beitragen, daß die infolge falscher Behandlung nur zu oft traurig dahinvegetierenden Oleander besser gepflegt werden.

**Pflanzengestalt** Sperrig wachsende immergrüne Sträucher mit elastischen, später verholzenden Zweigen, an denen die lederigen, schmal-lanzettlichen graugrünen Blätter sich paarweise oder zu dritt gegenüberstehen. Unter mancherlei Zuchtformen, die heute angeboten werden, gibt es auch 'Variegatum'-Sorten mit weiß- oder gelbbuntem Laub. Sie sind deshalb weniger blühfreudig.

**Blüte** Die Blüten erscheinen in endständigen, vielblütigen Trugdolden an den Triebspitzen. Es gibt vielerlei Spielarten mit einfachen und gefüllten Blüten in rahmweiß, rosa, rot, seltener teerosengelb. Blütezeit Juni bis September.

**Sommer** Da Oleander 4–5° C unter Null kurzfristig ohne Schaden übersteht, kann man ihn in milden Lagen ohne Rücksicht auf Spätfröste oft schon Anfang April aus dem Winterquartier holen. Standort so sonnig, heiß und lufttrocken wie möglich. Prallhitze vor einer weißen Südmauer – dazu aber ein sehr feuchter Fuß – sagt ihm am meisten zu. Einräumen so spät wie möglich, zumal nach den ersten Herbstfrösten meist noch mehrere schöne Spätherbstwochen kommen. Ich habe unsere Kübel schon über den ersten Advent hinaus im Freien gehabt, und sie litten keinen Schaden, sondern kamen um so besser durch die dunklen Monate . . .

**Winter** Ruhezeit bei Temperaturen um 4–6° C. Notfalls genügt ein nicht zu dunkler Kellerraum, doch sind helle Überwinterungsräume mit ständiger Frischluftzufuhr unvergleichlich viel besser. Aufstellung in auch nur mäßig beheizten Wohnräumen, in Dielen, Fluren oder zugigen Treppenhäusern ist – abgesehen von der oft über »Hausformat« hinausreichenden Größe älterer Pflanzen – nur im äußersten Notfall anzuraten. Meist kann dort die verlangte niedrige Temperatur nicht eingehalten werden. Mehr Wärme aber bringt Geilwuchs und Ungeziefer, dadurch Kräfteverschleiß, der sich natürlich auch auf die Blühwilligkeit auswirkt und sie mindert.

**Gießen** Ab Austrieb bis Frühherbst je nach Witterung reichlich bis sehr reichlich. Möglichst abgestandenes, temperiertes Wasser (25–30° C!) geben. Warm gießen (auch im Winter) steigert die Blühwilligkeit. Töpfe und Kübel sollen in großen Untersetzern stehen, damit man während der Wachstumszeit häufig – bei heißem Wetter täglich – von unten wässern kann. Mehrtägige »Dauerfußbäder« erwünscht bis notwendig. Oleander ist keine Wüstenpflanze! Ab Mitte August – zum Ausreifen der Triebe – zunehmend sparsamer gießen. Nach dem Einräumen, über Winter, nur vor Ballentrockenheit schützen, gelegentlich trocken entstauben. Regen, Luftfeuchtigkeit und Sprühen sind beim Oleander unbeliebt.

**Düngen** Ab Austriebsbeginn jede Woche kräftige Dunggüsse bis Mitte August, dann wegen Holzreifung einstellen. Früher war Dungwasser aus getrocknetem Kuhmist auf dem Land anerkannte Oleandernahrung.

**Erde** Gute, lehmige Gartenerde oder Rasenerde; Beigaben: Komposterde, Torf, Sand. Empfehlenswert: Einheitserde, auch Composana.

**Umsetzen** Stets erst nach völliger Durchwurzelung des Topfes oder Kübels. Beste Zeit: Mai-Juni. Wurzelballen freilegen (s. »Gewußt wie . . .«), mit dem Spaten ringsherum 2 Finger breit verkleinern, mit Kralle aufrauhen. Neues Pflanzgefäß entsprechend größer wählen. Wegen Wasseraufnahme von unten reichlich Scherben oder groben Kies als Einlage geben. Vorratsdüngung (z. B. 1 Kilo Hornmehl oder Hornspäne, 250 g entfettetes Knochenmehl, 250 g Patentkali mischen, davon 50 g auf 10 Liter Erde) in die unterste Erdschicht.

**Schnitt** Innen verkahlte, überalterte oder zu groß gewordene Oleander durch strengen Rückschnitt bis weit ins alte Holz verjüngen. Zeitpunkt: Herbst oder Ende Februar – Verlust früher Blüte muß in Kauf genommen werden.

**Vermehrung** Ab Ende Mai bis Ende Juli jederzeit durch Stecklinge, die im wassergefüllten, dunklen Fläschchen bewurzeln, dann in kleinste Töpfchen mit Anzuchterde setzen (Vorsicht! Wurzeln sehr brüchig!).

**Pflanzenschutz** Woll- und Schildlausbefall im Winterquartier zeigt zu warmen Stand und Frischluftmangel an. Hartnäckige Blutlausplagen bei kränklichen Pflanzen (Befallsherde am Wurzelhals!) mit Spezialmitteln bekämpfen. Braucht viel Geduld!

**Wichtig** Oleander ist giftig. Alle Pflanzenteile enthalten die gefährlichen Stoffe Nereïn und Oleandrin.

*Nerium oleander,* Oleander, Familie Apocynaceae / Hundsgiftgewächse

# **Nertera** Korallenmoos

Bei den Pflanzen, deren Fruchtschmuck uns weitaus wichtiger ist als die Blüten, steht – als einzige Vertreterin ihrer Gattung – das reizende Korallenmoos mit an erster Stelle. Sehr zu Unrecht wird es häufig nur als kurzlebige Marktpflanze behandelt. Tatsächlich kann man die *Nertera* auch weiterkultivieren.

**Herkunft** Schon vor über 200 Jahren kam die allerliebste kleine Südamerikanerin aus den Anden zwischen Peru und Kap Horn nach Europa. Im Auf und Ab der Blumenmoden hat sie schon einiges an »Willkommen und Abschied« mitgemacht. Gegenwärtig ist sie wieder häufiger im Handel.

**Pflanzengestalt** *Nertera granadensis* ist ein ausdauerndes kriechendes Kraut (Bild) mit 15–25 cm langen Stengeln, an denen die nur 7 mm langen Blättchen mit 4 mm langen Stielchen sitzen. Die ebenso winzigen weißen Sternblütchen erscheinen im April/Mai. Daraus bilden sich dann bis August die kaum erbsengroßen Beeren in solcher Zahl, daß vom lichtgrünen Laub kaum noch etwas zu sehen ist. Sie können so bis in den Winter halten.

**Pflege** Sommerstandort hell, kühl, ohne Prallsonne; viel Frischluft. Überwintern bei 8–10° C, hell und luftig. Ruhezeit Okt.–Februar.

**Gießen** Über Sommer gleichmäßig feucht halten, im Winter etwas trokkener. Nur außerhalb der Blütezeit öfter sprühen.

**Düngen** Stickstoffarm und sehr sparsam, um Blattwachstum zu steuern.

**Umtopfen** Nur im Sinn von Teilen im August (besser als nach dem Beerenfall). Erde: sandig-humos, durchlässig.

**Vermehrung** Außer Teilen auch durch Samen im Febr.-März; hohe Bodenwärme erforderlich; mühsam.

**Pflanzenschutz** Durch Zugluft siedeln sich Blattläuse an den Triebspitzen an; im Moos gern Schnecken!

*Nertera granadensis,* Korallenmoos, Familie Rubiaceae / Krappgewächse

# **Notocactus** Buckelkaktus

Die große Gruppe wunderschöner Kugelkakteen gehörte früher zur Gattung *Echinocactus.* Heute bildet sie zusammen mit den beiden Arten der einstigen Gattung *Brasilicactus* eine gut überschaubare Gemeinschaft sehr beliebter, schön bestachelter und reich blühender Kakteen für Anfänger.

**Herkunft** Die Notokakteen leben mit etwa 15 Arten im mittleren Südamerika. Man findet sie in Süd-Brasilien, Paraguay, Nord-Argentinien und Uruguay auf Geröllhalden und sandigen Grasböden. Diese Herkunft ist – wie immer – wichtig für ihre richtige Behandlung.

**Pflanzengestalt** Es sind Kleinkakteen von kugeliger, später auch zylindrisch werdender Gestalt. Zahlreiche Rippen mit unterschiedlichster Bestachelung geben ihnen auch ohne Blüten ein sehr apartes Aussehen. Kaum eine andere Gattung aber erreicht ihre Blühwilligkeit, die oft schon bei

Jungpflanzen einsetzt. Einzeln oder zu mehreren erscheinen die Blüten im Bereich des Scheitels zuverlässig jeden Sommer im seidigen Gelb mit vielen Schattierungen und mit den typischen roten Griffeln über gelben Staubgefäßen.

**Sortiment** Einer der Kleinsten: *Notocactus apricus,* hat 15–20 gehöckerte Rippen, rote Stacheln, Blüte bis 8 cm lang, bis 6 cm ⌀, innen gelb, außen rötlich überlaufen. – Beliebte Standardform: *N. concinnus,* glänzend grüne, flache Kugeln mit breit eingedrücktem, warzig gehöckertem Scheitel (»Buckelkaktus«!) und gelben oder roten Stacheln; große seidig-gelbe Blüten. – Star der »Notos«: *N. haselbergii* (früher *Brasilicactus h.*), Kugeln bis 10 cm ⌀; feine, sehr dichte weiße Stacheln; Scheitel neigt sich zum Licht; auf ihm bildet sich das große Nest gelbroter bis blutroter Blüten. – *N. leninghausii* (Bild) wächst aus Kugeln von 10 cm ⌀ zu Säulen bis 1 m Höhe; von Jugend an schräger, wolliger Scheitel; schöne goldgelbe Bestachelung; reingelbe Blüte um 5 cm ⌀. – Sehr beliebt, doch überaus nässeempfindlich: *N. ottonis,* ⌀ meist nicht über 6–7 cm; gelbe und braune Stacheln; dunkelgelbe Blüte um 4 cm ⌀. – Gern gehalten: *N. submammulosus* mit Einzelkugeln von 8–9 cm ⌀; Rippen in kinnartige Höcker zerlegt, lange und kürzere gelblichweiße Stacheln; hellgelbe Blüten von 4–5 cm ⌀. – Wertvolle Neueinführung: *N. uebelmannianus,* dessen glänzend dunkelgrüne Kugeln bis 17 cm ⌀ erreichen; auffallend durch dicke, flachrunde Rippen mit großen, flach anliegenden hellen Stacheln; Blüten mit 5 cm ⌀ kommen in verschiedenen helleren und dunkleren Rottönen vor: eine wahre Augenweide!

**Pflege** Normale Sommerpflege an recht hellem, besonntem Platz im Freien oder – gerade beim Notokaktus möglich – einfach am Zimmerfenster. Kommen die Pflanzen aus einem lichtärmeren Winterquartier, so sollen sie – ebenso wie alle anderen derart überwinterten Kakteen – erst vorsichtig umgewöhnt und abgehärtet werden. Um Verbrennungsschäden des noch weichen Gewebes zu verhüten, empfiehlt sich bei Sonnenschein zunächst für etwa 2 Wochen leichtes Schattieren. Wo die häuslichen Verhältnisse es erlauben, kann man einfach die Fensterscheiben von außen mit einer später leicht abwaschbaren Gewächshausfarbe betupfen. – Der Winterstandort muß bei den Notokakteen nicht ganz so kühl sein wie bei anderen Formen. Als untere Grenze werden hier 10° C genannt, was der Eignung für »Fensterbrettpflege« gewiß förderlich ist.

**Gießen** Wüchsige, reich blühende Pflanzen über Sommer ausgesprochen feucht halten, jedoch keinesfalls stauende Nässe aufkommen lassen. Leicht saure Reaktion des Wassers – etwa pH 5–5,5 – ist sehr günstig. Auch vorsichtiges Einnebeln bei Hochsommerhitze wirkt günstig. Prof. Buxbaum empfiehlt Sprühen mit enthärtetem, heißem Wasser am Abend! Über Winter dagegen herrscht unabhängig von der Raumtemperatur völlige Trockenheit (»Trockenruhe«).

**Düngen** Wie üblich nur über Sommer mit stickstoffarmem Kakteendünger. Düngung ab August auslaufen lassen.

**Umsetzen** Nach Bedarf in nahrhafte, durch groben Sand locker gemachte und durch Zusatz von Laubmulm in Richtung einer etwas sauren Bodenreaktion angereicherten Erde. Sonst EE mit Sand.

**Vermehrung** Sehr einfach durch Aussaat. Gut ein halbes Hundert Samen von Arten und Sorten sind im Exotenhandel zu haben.

**Pflanzenschutz** Die alte Warnung vor den Folgen von Trockenheit im Sommer und zuviel Feuchtigkeit während der Wintermonate.

◁ *Notocactus leninghausii,* Familie Cactaceae / Kakteen

*Notocactus horstii,* Familie Cactaceae / Kakteen

# **Odontoglossum** Zahnzunge

Die Gattung *Odontoglossum* ist wohl jedem bekannt, der sich irgend für Orchideen und ihre Pflege interessiert. Sind doch einige ihrer vielen Arten und erst recht deren Hybriden – vor allem auch die Gattungskreuzungen mit dem nah verwandten *Oncidium* – bewährte Liebhaber- und Anfängerpflanzen. Hydrokultur!

**Herkunft** Man kennt rund 250 Arten, die alle – wiederum ebenso wie die Oncidien – meist in Höhen über 1500 m als Epiphyten und typische Nebelwaldorchideen an den bewaldeten Hängen und Hochebenen tropischer Gebirge von Mexiko bis ins nördliche Südamerika vorkommen. Manche steigen dabei bis zu 3000 m und bestätigen damit den Ruf der ganzen Gattung als Kalthauspflanzen mit relativ geringen Ansprüchen.

**Pflanzengestalt** Ähnlich wie die *Miltonia* besitzen auch die *Odontoglossum* eiförmige, flach zusammengedrückte, dicht gedrängt beieinandersitzende Scheinbulben, die geradezu Nester bilden und jeweils zwei schmale Blätter entwickeln; bei Jungtrieben findet man auch ganze Blätterschöpfe. Aus den jungen Scheidenblättern der Scheinbulbe entspringt der lange bis sehr lange Blütenschaft. Er ist – aufrecht oder hängend – oft mit ganzen Trauben oder Dolden herrlichster und sehr vielgestaltiger, großer Blüten besetzt, die – erstaunlicherweise in trokkener Luft – am Stock wochenlang haltbar sind.

**Sortiment** Im Kranze eines kaum begrenzten Angebotes eignen sich für Zimmerkultur besonders einige der als »mexikanische Arten« geführten Gruppe und deren Hybriden. *Odontoglossum bictoniense,* Bulben 10 cm hoch; meterhoher Schaft mit zehnblütiger Traube, jede Blüte bis 5 cm ⌀; Blütezeit Herbst; Übersommern sonnig im Freien. – *O. cervantesii* mit nur taubeneigroßen Bulben; Blütenstiel hängend, Blüten in sechsblütiger Traube, jede 6 cm breit, duftend; Blütezeit Winter; gut kultivierbar. – *O. citrosmum,* Scheinbulben bis 12 cm hoch; Blütentrauben bis 90 cm herabhängend, mit 30 Blüten besetzt; Blütezeit Mai–Juni. – *O. grande,* der Star unter den Zahnzungen (Bild); Blüten bis 16 cm breit; Blütezeit Herbst–März; strenge Ruhezeit vor neuer Blütenbildung. Schönste Art, einfachste Kultur. – Noch zu nennen: *O. pulchellum,* Nachwinterblüte; *O. rossii,* reizende Zwergform, Winterblüte; *O. uro-skinneri,* Frühsommerblüte, ähnlich wie *O. bictoniense.*

**Pflege** Schon die über das ganze Jahr verteilten Blütezeiten lassen Unterschiede in der Behandlung erkennen. Hinzu kommt, daß einige Arten sich »gegenläufig« verhalten: sie wollen es im Sommer kühl und sehr luftfeucht, im Winter warm und trocken haben. Daher Kulturanleitung bei Erwerb jeder neuen Pflanze anfordern; für Gießen und Düngen allgemeine Regeln der Orchideenkultur beachten (Wasser pH 4–4,5; mineralische Dünger nur in schwächster Konzentration: 0,5‰, nicht alkalisch).

*Odontoglossum grande,* Große Zahnzunge, Fam. Orchidaceae / Orchideen

# **Oncidium** Schwielenorche

Warum nur haben die herrlichsten Blütenpflanzen oft so absonderliche, unpoetische Namen? In vielen Fällen sind es wissenschaftliche Bezeichnungen, die der botanischen Systematik dienen. Im übrigen schenkt uns die Gattung *Oncidium* einige bildschöne Arten auch für Zimmerkultur in Erde und Hydro.

**Herkunft** Der Schwede Olof Peter Schwartz, Professor in Stockholm, entdeckte um 1800 die ersten Oncidien auf einer Reise durch die Westindischen Inseln. Mit der Zeit fanden sich in dem großen Verbreitungsgebiet zwischen Mexiko und Bolivien – Paraguay noch so viele weitere Arten, daß man ihrer heute über 350 kennt und damit eine der größten Gattungen im Familienkreis der Orchideen vor sich haben dürfte.

**Pflanzengestalt** Dies alles zusammen bedingt erhebliche Unterschiede der äußeren Erscheinung wie der Lebensansprüche in gärtnerischer Kultur, während andererseits schon bei der Beschreibung des *Odontoglossums* und seiner Sippe auf die enge Verwandtschaft mit den Oncidien verwiesen wurde. Sie bewährten sich als ausgezeichnete Kreuzungspartner für die Züchtung vieler prachtvoller und meist leichter kultivierbarer Hybriden. Fast alle Oncidien sind Epiphyten, aber nur ein Teil von ihnen lebt wie die Odontoglossen in feuchtkühlen Nebelwaldgebieten bis zu Höhen über 3000 m; andere bevorzugen warme Küstengebiete mit mehr Sonne und Trockenheit; eine dritte Gruppe ist im tropischen Regenwald zu finden und in häuslicher Kultur entsprechend als Warmhauspflanzen zu behandeln.

**Sortiment** Zu den für Zimmerkultur geeigneten Arten gehören: *Oncidium bicallosum,* die »zweischwielige« Schwielenorche mit doppelten kleinen Auswüchsen auf der Lippe; dicke, aufrechte Blütenstände bis 40 cm Länge, an den Spitzen verzweigt; Blütezeit Winter; Pflege erfordert etwas Fingerspitzengefühl; – *O. forbesii* aus Brasilien mit bis 60 cm langen Blütenständen und schmetterlingsartigen großen Einzelblüten im Spätherbst. *O. ornithorhynchum,* die 'Vogelschnabelähnliche Schwielenorche' (Bild) mit ihren tänzerisch beschwingten Blütchen ist eine echte Anfängerpflanze. – *O. tigrinum* hat in Rispen herabhängende, duftende, große Blüten im Herbst und Winter, nimmt wenig Platz weg. – *O. varicosum,* wohl die eleganteste und bekannteste, auch als Schnittblume bewährte Art; Blütenschaft kann bis 1,50 m hoch werden und unzählige Blüten tragen; Blütezeit mit meist zweijährigen Pausen im Winter. – Eine der abenteuerlichsten Gestalten im Orchideenreich ist *O. kramerianum,* dessen drei lang ausgezogene Sepalen (Kelchblätter) wie die Fühler eines Schmetterlings geformt sind; anspruchsvolle Liebhaberpflanze.

**Pflege** Alle genannten Arten sind Warmhausorchideen und – im Rahmen entsprechender Kulturanleitungen bei Erwerb – als solche am besten im Tropenfenster zu halten.

*Oncidium ornithorhynchum,* Vogelschnabelähnliche Schwielenorche, Familie Orchidaceae / Orchideen

*Oplismenus hirtellus,* Stachelspelze, Familie Gramineae / Grasgewächse

*Opuntia rufida,* Fuchsroter Feigenkaktus, Fam. Cactaceae / Kaktusgewächse

# **Oplismenus hirtellus** Stachelspelze

Von weitem mag man das reizende tropische Ziergras – als Ampelpflanze gezogen – für eine Tradeskantie halten. Bei näherem Zusehen erkennt man sogleich die viel dünneren, in regelmäßigem Abstand von typischen »Grasknoten« unterbrochenen und bis halbmeterlang herabhängenden Halme.

**Kulturformen** Die Stachelspelze muß nicht als Ampelpflanze gehalten sein: Triebstücke – eingetopft oder direkt ins Füllsubstrat am Rand des Blumenfensters gesteckt – bewurzeln sich bei 18–20° C Bodenwärme rasch und werden zu schmucken Kriechpflanzen.

**Wachstum und Ruhe** Austriebsbeginn Mitte März; während der Wachstumszeit bis Mitte August reichlich gießen, wegen Vergrünungsgefahr der weißbunten oder weiß-bunt-rosa überhauchten Blätter sparsam düngen. Dann Wässern einschränken, Nährstoffgaben allmählich einstellen. Ab Ruhezeitbeginn (und meist auch Beginn der Heizperiode) im Oktober Ampelpflanzen möglichst nicht in der Heißluftzone nahe der Zimmerdecke, sondern kühler halten.

**Lichtbedarf** Am stärksten im Winter. Während der Wachstumszeit genügt lichter Schatten.

**Verpflanzen** Nach Bedarf vor Austriebsbeginn im Februar.

**Vermehrung** Besser wie Tradeskantien jedes Jahr im Frühsommer Jungpflanzen nachziehen: knapp fingerlange Triebstücke halbdutzend- oder dutzendweise in Schalen mit sandiger Anzuchterde abstecken. Bodenwärme 18–20° C.

**Hinweis** *Oplismenus* geht auch unter dem alten Namen *Panicum.*

# **Opuntia** Feigenkaktus, Opuntie

Es ist noch nicht lange her, da prophezeite man in eingeweihten Kreisen den Opuntien ihr nahes Ende als Zimmerpflanzen. Die großen Freilandopuntien für Garten und Balkon kamen immer mehr in Mode, obwohl sie sehr stark wachsen und mit dem Blühen auf sich warten lassen. Seither hat sich das Blatt gewendet.

Die schwächer wachsenden und weniger gefährlich bedornten Kleinformen für Zimmerkultur sind im modernen Kakteensortiment wieder unentbehrlich, und man muß auch tatsächlich nicht einmal ausgesprochener Kakteensammler sein, um an diesen eigenartig-schönen, dabei erfreulich anspruchslosen Gewächsen seine Freude zu haben.

**Herkunft** Urheimat der mit über 200 Arten vertretenen Gattung sind beide Amerika, wo winterharte und nicht winterharte Arten zwischen Kanada und Patagonien tief im Süden vorkommen. Manche Arten wurden auch in andere Erdteile verschleppt, so daß man unkrautartig verwilderte Opuntien längst schon in Australien, Südafrika und Südeuropa findet.

**Pflanzengestalt** Am weitesten verbreitet und auch bei den Arten für Zimmerkultur am häufigsten ist die Scheibenopuntie *(Platyopuntia)* mit den bekannten scheibenförmigen Flachsprossen, die sich wie Kettenglieder zu zweigartigen Gebilden aneinander reihen. Zu dieser Gruppe gehören vor allem die starkwüchsigen Arten, die in ihren tropischen Heimat- und Nachbaugebieten auch als Hekken und Fruchtpflanzen (»Feigenkaktus!«) geschätzt werden. Völlig anders beschaffen ist die Stäbchen- oder Zylinderopuntie *(Cylindropuntia):* Sie bildet niedere Büsche; die Zweige bestehen aus stielrunden, fleischigen, später verholzenden Gliedern. Viele Opuntien sind interessant bestachelt; alle tragen – auch an den Früchten – Büschel von Glochiden oder Angelborsten, deren Widerhaken in die Haut eindringen und schmerzhafte Verletzungen hervorrufen können. Vorsicht! Handschuhe anziehen, Splitterpinzette bereithalten, Gurkenzange benutzen.

**Blüten** Groß, seidig glänzend, in leuchtenden Farben, bei Scheibenopuntien an den Kanten der Flachsprosse, bei Zylinderopuntien früher und zahlreicher seitlich an den Langsprossen. Blütezeit Frühjahr–Sommer.

**Sortiment für Zimmerpflege** *O. basilaris* stachellos, doch glochidenreich; purpurrosa Blüten nicht häufig. *O. bergeriana* (Bild) sehr blühwillig, ziegelrot, neigt zu Kübelmaß. *Cylindropuntia clavarioides,* Negerfinger (Kristataform). *O. microdasys,* Goldopuntie, mit hübschen Kleinformen wie 'Minima'; gelb. *O. rufida* (Bild) stachellos, glochidenreich; sehr blühwillig.

**Sommerpflege** Am sonnigen, warmen, luftigen Standort sehr einfach. Boden durchlässig-nahrhaft; gießen ab Austriebsbeginn bis Mitte August normal, dann bis Beginn der Ruhezeit immer sparsamer; Düngen (Kakteendünger!) bis Mitte Juli zweimal die Woche, dann zwecks Triebabschluß einstellen. Umtopfen evtl. im Frühjahr.

**Winterpflege** »Trockenruhe« am hellen, unbedingt kühlen Ort (6–8° C).

**Vermehrung** Aus Stecklingen, deren Schnittfläche 14 Tage abtrocknen soll. Anzucht aus Samen möglich.

**Pflanzenschutz** Auf Wolläuse an Glochidenbüscheln achten!

*Opuntia bergeriana,* Bergers Feigenkaktus, Familie Cactaceae / Kaktusgewächse

*Oroya peruviana,* Oroye, Familie Cactaceae / Kaktusgewächse

## **Oroya** Oroye

Der reizende Kugelkaktus, von dem nur wenige Arten bekannt sind, wurde über viertausend Meter hoch in den Anden von Zentralperu gefunden. Bei den Sammlern sehr beliebt sind *O. neoperuviana* und die Hauptart *O. peruviana.* Ihrer Hochgebirgsheimat entsprechend, sind alle Oroyen fast winterhart.

**Pflanzengestalt** In Topfkultur etwa 7 cm hoch, Durchmesser bis 14 cm. Körper dunkel, fast blaugrün, mit spiralig herablaufenden, in länglich-sechseckige Warzen gegliederten Rippen. Stacheln zunächst hellbraun-durchscheinend, später braun bis schwärzlich, manchmal verflochten.

**Blüten** Rosa bis rot, manche auf gelblichem Grund, zahlreich in Scheitelnähe erscheinend.

**Pflege** Ihrer Herkunft entsprechend, verlangen die Oroyen einen kiesigen Boden mit leicht saurer Reaktion (pH 5–6). Gepfropfte Exemplare sind vorzuziehen. Winter kühl und hell.

# Oxalis deppei Glücksklee

Im Blumenhandel hat der aus Mexiko stammende »Glücksklee« seine große Zeit nach Weihnachten, wenn die rosenrot bis purpurn und am Grund gelb blühenden Pflänzchen als preiswerte Neujahrsangebinde dienen. Ihr eigenes Schicksal ist meist weniger glücklich: sie werden zu warm gehalten und zuviel gegossen.

Lange Stiele mit Umfallneigung sind die Folge. Das Glück aber gibt sich durchweg vierblättrig. Die Blättchen sind oberseits grün mit undeutlich brauner Binde, unterseits graugrün. Andere, vor allem für sommerliche Topf- und Kastenkultur verwendete Oxalis-Arten haben nur dreizählige Blätter. Alle gehen bei Dunkelwerden in Schlafstellung.

Man kann *Oxalis deppei* auch selbst zur Neujahrsblüte treiben: je 4–6 Knöllchen Mitte September in nicht zu große Töpfe legen, fingerhoch mit Erde decken. Sparsam angießen, bis zur Wurzelbildung bei 6–8° C halten. Danach während der ganzen Kultur, bis zum Abwelken und Einziehen der Blätter, Wärme nicht über 12–14° C ansteigen lassen, wenig gießen. Später zum Auslaufen in den Garten pflanzen; nochmals treiben lohnt nicht.

Die jahrelang haltbare Kastenpflanze *O. bowiei* kommt im Handel kaum vor.

*Oxalis deppei*, Glücksklee, Familie Oxalidaceae / Sauerkleegewächse

# Pachyphytum Pachyphytum

Das wunderschöne Dickblattgewächs gehört wie die Echeverien zu den aus Mexiko stammenden, sehr wandlungsfähigen und zur Zimmerkultur geeigneten Blattsukkulenten. Außer acht Grundarten gibt es interessante Hybriden, die meist aus Kreuzungen mit Echeverien (= *x Pachyveria* – Seite 280) stammen.

Aus dem Sortiment seien genannt: *P. amethystinum* mit aufrechten Stämmchen und grauweißen, amethystfarben überlaufenen, zur lockeren Rosette geordneten Blättern, Sommerblüte nicht aufregend. *P. bracteosum* mit 10–30 cm hohen Stämmchen, Sommerblüte hochrot. *P. hookeri* bis 60 cm hoher Halbstrauch. *P. oviferum* (Bild), Stämmchen kurz, Blätter dickfleischig, eiähnlich; ganze Pflanze weiß bereift; karminrote Blüten im Mai–Juni.

**Pflege** Wie *Echeveria;* als Kalthauspflanzen hell, kühl, aber frostfrei überwintern. Vermehrung aus Stecklingen und – soweit erhältlich – aus Samen.

# **Pachystachys lutea** Gelbe Beloperone

Seit einiger Zeit gibt es außer dem bräunlichen »Zimmerhopfen« *Beloperone guttata* eine ihm ähnliche Pflanze, die im Handel als »Gelbe Beloperone« geführt wird. Sie ist aber keineswegs eine Neuheit, die angeblich erstmals vor Jahresfrist auf einer englischen Blumenschau gezeigt wurde.

**Herkunft** In älteren deutschen Blumenbüchern vor 1900 kann man *Pachystachys lutea* sehr wohl finden. Da wurde sie als beliebte Zimmerpflanze gepriesen und hatte auch den deutschen Namen »Dichtähre«. Später scheint sie dann in der Gattung *Jacobinia* untergebracht worden zu sein, und dort hat man die gebürtige Südamerikanerin wohl jetzt, als Neuheit frisiert, wieder ausgegraben.

**Pflanzengestalt** Sie ähnelt in ihrem aufrechten Wuchs, mit den steif aufgerichteten gelben »Ähren« in der Tat auch einigen, allerdings nicht mehr im Handelssortiment verzeichneten ährenblütigen *Jacobinia*-Arten.

Die enge Verwandtschaft aller dieser Akanthusgewächse untereinander steht jedenfalls außer allem Zweifel. Über das Aussehen von *P. lutea* hieß es schon damals: »Halbstrauchig bis strauchig; Äste grün; Blätter glatt, oval-länglich zugespitzt, lebhaft grün mit deutlicher Äderung; Blütenstände in dichten, reichen Endähren. Die gelblich-weißen Blütchen sind von leuchtend gelben Hochblättern umgeben. Blütezeit Frühling bis Winter; Hochblätter lange haltbar.«

**Erwägungen** Nach meinen allerdings erst kurzen Erfahrungen mit *P. lutea* dürften ihre Ansprüche zwischen der ja ziemlich robusten, bekanntlich auch für Balkon und Freiland geeigneten *Beloperone guttata* und den etwas anspruchsvolleren, auch in ihrem Blütenflor weniger haltbaren *Jacobinia*-Arten für Zimmerkultur liegen. Das wäre ein Gewinn für viele Blumenfreunde, die mit mehr der Warmhauskultur zuneigenden Pflanzen und dem winterlichen Kampf gegen die Lufttrockenheit voll beheizter Räume ohnedies immer ihre Schwierigkeiten haben. Aber irgendein greifbarer Vorteil muß doch mit dieser Pseudo-Neuheit verbunden sein, sonst hätte die »Dichtähre« von einst doch nicht schon in dem im Jahr 1894 erschienenen »*Vademecum Botanicum*« von Karsch eine so freundliche Beurteilung gefunden.

**Pflege** Ich habe mich jetzt teils nach den Kulturanweisungen für *Beloperone guttata,* den Zimmerhopfen (S. 138), gerichtet, dabei jedoch Balkon und Übersommern im Freiland ausgeschlossen. *Pachystachys lutea* wird also bei mir ganzjährig im Zimmer gehalten, verbrachte das letzte Jahr an einem luftigen Nordostfenster, wo es im Sommer normal und im Winter etwa 15° C warm ist. Und wenn ich nicht genau weiterwußte, dann habe ich bei den Pflegemaßnahmen für *Jacobinia carnea* nachgeschaut. In diesem Buch sind sie auf S. 246 zu finden. Auch ein Blick auf *Aphelandra* (S. 126) kann weiterhelfen.

*Pachystachys lutea,* Gelbe Beloperone, Fam. Acanthaceae / Akanthusgewächse

◁ *Pachyphytum oviferum* (= eiertragendes P.), Familie Crassulaceae / Dickblattgewächse

# x Pachyveria x Pachyverie

In der botanischen Fachliteratur wird dieses Mitglied der Familie Dickblattgewächse nur mit einem Kreuzchen vor seinem Namen geführt und dazu vermerkt, daß dies gar keine richtige Gattung sei, sondern nur eine Zusammenfassung »von Bastarden verschiedener Eltern«. Bei Pflanzen ist das nicht weiter ehrenrührig.

*x Pachyveria clavifolia,* Familie Crassulaceae / Dickblattgewächse

**Herkunft** Meist aus Kreuzungen zwischen Echeverien- und Pachyphytum-Arten, aus denen die Pachyverien als beliebte mexikanische Blattsukkulenten hervorgegangen sind (vgl. S. 278).

**Pflanzengestalt** Im allgemeinen besteht viel Ähnlichkeit mit den Echeverien, doch überwiegt der Einschlag der stammlosen oder nur kurzstämmigen Rosettenpflanzen von Pachyphytum-Seite. Daher kommt auch – wie das Bild zeigt – die Neigung zu wachsig bereiften Blättern und verhältnismäßig großen rötlichen oder fast weißen Blüten an zuerst nickenden, später gerade aufgerichteten Blütenständen.

**Sortiment** Nur eingefleischte Sukkulentensammler werden sich unter der Aufzählung einiger botanischer Namen etwas vorstellen können oder gar wissen, daß es sich dabei um sogenannte Gattungshybriden zwischen *Echeveria* und *Pachyphytum* handelt. Daher auch der »zusammengesetzte« Name. Die Fachliteratur nennt vier wichtige Kreuzungsarten, denen man gelegentlich bei Spezialangeboten begegnet: *x Pachyveria clavifolia* (Bild), *x P. pachyphytoides, x P. scheideckeri* und *x P. spathulata.*

**Pflege** Insgesamt wie Echeverie, wobei vor allem auf die helle und kühle Überwinterung fast ohne Gießen zu achten ist.

**Vermehrung** Vor allem aus Samen, die – soweit frisch im Exotenhandel erhältlich – bereits nach 2 Wochen keimen.

# Pandanus Schraubenbaum

Zugegeben: er gehört zu meinen Lieblingspflanzen. Seit vielen Jahren wohnt immer einer im Blumenfenster; der vorletzte war so gewaltig geworden, daß er die Raumabmessungen sprengte; der jetzige lebt nun acht Jahre an seinem Platz – ein Schaustück strotzender Kraft, bei dem die Trennung näherrückt.

**Herkunft** Die Familie der Pandanaceen oder Schraubenbaumgewächse hat an die tausend Arten, die in drei Gattungen zusammengefaßt sind. *Pandanus,* der Schraubenbaum selbst, ist Vertreter einer Gruppe von Bäumen und Sträuchern, die meist auf den Malaiischen Inseln, aber auch auf Madagaskar und im tropischen Afrika zu finden sind.

**Pflanzengestalt** Alle wachsen aufrecht, sind immergrün und sehen auf den ersten Blick – vor allem im Jugendalter – fast wie grün- oder buntlaubige Drazänen aus. Dann aber zeigen sich doch große Unterschiede. So sind die zunächst grundständigen schmalen Blätter, die je nach der Art 1–2 m lang werden können, im Turnus eines Schraubengewindes angeordnet. Und schon mit vier, fünf Jahren fängt der Schraubenbaum im Blumentopf an, sich mit sogenannten Stelz- oder Stützwurzeln über die Erdoberfläche zu erheben. Diese Eigenart gehört zum Erscheinungsbild der Pflanze, und man soll nicht etwa versuchen, durch Umtopfen nebst Tiefersetzen das Wurzelwerk wieder in der Erde verschwinden zu lassen. Es handelt sich hier, wie der Fachmann sagt, um »sproßbürtige, stelzenförmige Luftwurzeln«, die den inzwischen abgestorbenen Stamm ersetzen. Oberhalb der Stelzwurzeln – und auch das ist typisch für den Schraubenbaum – bilden sich bei den meisten Arten alsbald ringsum unter und zwischen den Blättern zahlreiche Seitentriebe, die an den Pflanzen belassen oder zur Nachzucht entfernt werden können. Blütenbildung kommt bei den Schraubenbäumen in gärtnerischer Kultur nicht vor.

**Sortiment** Drei Arten sind im Handel: 1. *Pandanus utilis,* der Nützliche Schraubenbaum, wird in seiner Heimat Madagaskar bis 20 m hoch; hat dunkelgraugrüne, steife, bis 10 cm breite und bis 150 cm lange Blätter, die dicht mit nicht ganz ungefährlichen roten Rand- und Endstacheln besetzt sind; als härteste Art kann er eine Überwinterungstemperatur von 16° C – aber nicht darunter – vertragen! 2. *P. sanderi,* Sander's Schraubenbaum, ist auf Timor und einigen anderen Inseln des Malaiischen Archipels zu Hause; die Blätter sind 5–6 cm breit, 80–100 cm lang, weiß oder hellgrün gestreift, junge Blätter oft reinweiß, Rand- und Endstacheln weiß oder rot; Überwinterungstemperatur nicht unter 18–22° C. – 3. *P. veitchii,* Veitchs Schraubenbaum, Heimat Südseeinseln; schopfiger Blätterstand wie *P. sanderi,* die nur leicht gezähnten und mit keinem Endstachel besetzten Blätter haben gelbliche Längsstreifen und wirken wie mit feinen grünen Nadelstreifen durchzogen; Überwinterungstemperatur nicht unter 18–22° C. Häufigste Art in gärtnerischer Kultur, »zimmerluftfeste«, im ganzen anspruchslose, dabei sehr dekorative Pflanze, mit der man so lange gut Freund sein kann, bis sie – leider! – zu groß wird.

**Pflege** Ganzjährig im Zimmer halten. Sommerstandort bei Mindesttemperatur von 20–25° C hell ohne direkte Besonnung; etwas Luftfeuchtigkeit ist in den Wochen nach Austriebsbeginn erwünscht. Winterwärme siehe oben. Ruhezeit Sept.–Jan.

**Gießen** Im Sommerhalbjahr bei gutem Wachstum reichlich; gelegentlich sprühen. Enthärtung auf pH 6–6,5 nur bei entsprechend höher kalkhaltigem Wasser erforderlich.

**Düngen** Von März–Juli alle 1–2 Wochen normal mit Volldüngerlösung.

**Umsetzen** Jungpflanzen jährlich, dann nach Bedarf, dazu Blätter am besten hochbinden, einhüllen. Neues Pflanzgefäß reichlich groß nehmen. Erde: Typ EE, Composana; humos, mittelschwer.

**Vermehrung** *P. sanderi* und *P. veitchii* bilden die erwähnten Seitensprosse, die beim Abtrennen von der Mutterpflanze mindestens 20 cm lang sein sollten und dann bei normaler Zimmerwärme von 20–22° C in kleinen Töpfchen mit Anzuchterde leicht bewurzeln. *P. utilis,* der keine Seitensprosse treibt, kann nur aus Samen – frisch importiert im Exotenhandel – vermehrt werden; Keimtemperatur 25–30° C, Keimzeit 3–4 Wochen. Vermehrung aus Samen gelingt natürlich auch bei den anderen Arten, soweit Saatgut erhältlich.

**Pflanzenschutz** Übereinstimmendes Urteil bei Fachleuten und Liebhabern: Schraubenbäume leiden weder unter Krankheiten noch Schädlingsbefall. Tödlich wirken nur Unterkühlungsschäden, Nässe und Vertrocknen.

*Pandanus veitchii,* Veitch's Schraubenbaum, Fam. Pandanaceae / Schraubenbaumgewächse

# **Paphiopedilum** Venusschuh

Wortwörtlich übersetzt, heißt *Paphiopedilum* eigentlich »Venuspantöffelchen«, weil die schöne Göttin – nach der Stadt Paphos auf Cypern – auch den Beinamen »Paphia« führte. Abgesehen von diesen klassischen Hintergründen umfaßt die Gattung zwar nur etwa 60 Arten, doch so unzählig viele Zuchtformen mit den stolzesten Stammbäumen, daß mancher gelernte Genealoge darob vor Neid erblassen müßte. Kein Wunder, daß die Pflanze mit dem vielgestaltigen, aufregend geformten Pantoffel zu den volkstümlichsten Orchideen von allen zählt . . .

*Paphiopedilum fairieanum,* Faires Venusschuh, Familie Orchidaceae / Orchideen

**Herkunft** Im Unterschied zu anderen Orchideen mit einer Großzahl von Vertretern der neuen Welt stammen die Paphiopedilen durchweg aus der Alten Welt des ostasiatischen Raumes und der pazifischen Inseln: von Südchina und Hinterindien über die Philippinen und Indonesien bis hinab nach Neu-Guinea. Die oft mit diesen – überwiegend erdbewohnenden – Tropenpflanzen verwechselten *Cypripedium-* oder Frauenschuh-Arten gehören den gemäßigten Zonen der Alten und der Neuen Welt an und umfassen unter anderen auch die noch in Mitteleuropa heimischen Wildorchideen der Gattung.

**Pflanzengestalt** Immergrüne büschelförmig oder mit Rhizomen, jedoch ohne Bulben bewurzelte Stauden; Blätter grundständig, lederig, je nach Art grün oder gefeldert, gefleckt, marmoriert. Blütenschäfte ebenfalls je nach Art 15–50 cm lang, zwischen den Blättern erscheinend, meist einblütig.

**Blüte** Besteht aus dem oberen, meist sehr breiten, unpaaren mittleren Blütenhüllblatt (Fahne), den beiden seitlich davon abwärtsweisenden äußeren Blütenhüllblättern und der pantoffelförmigen, die Bestäubung fördernden Lippe, dahinter das blumenblattartig verbreiterte sogenannte Staminodium, – ein unfruchtbar gewordenes Staubblatt, das oft fleischig und schildförmig erscheint. Alle Blütenteile sind je nach Art oder Zuchtform denkbar verschieden geformt und gefärbt. Blütezeit vieler beliebter Arten und Sorten in den Wintermonaten, daneben andere zu den unterschiedlichsten Jahreszeiten, oft über viele Wochen oder Monate andauernd, auch als Schnittblumen sehr haltbar.

**Sortiment** Einige der schönsten, für Zimmerkultur und einfache Blumenfenster geeigneten Arten und Hybriden: *Paphiopedilum barbatum,* Bärtiger Venusschuh (nach den Randhaaren der äußeren Blütenhüllblätter), von der südindischen Halbinsel Malakka, bewährter Kreuzungspartner; Blätter mit dunkelgrüner Schachbrettzeichnung. Schaft 25 cm hoch; Blüte 6–10 cm breit; Blütezeit: Mai–Juli. – *P. callosum,* Schwieliger Venusschuh, Heimat Siam, Vietnam; Blätter blaugrün mit Schachbrettzeichnung. Schaft 35 cm hoch; Blüte 10 cm breit; Blütezeit März–Juli. Die albinotische Variante 'Sanderae' als Kreuzungspartner bewährt. – *P. fairieanum,* Faires Venusschuh, Sikkim (Bild), Heimat Bhutan, westindische Provinzen. Blätter hellgrün; Schaft 20 cm hoch; Blüte 6 cm breit; Blütezeit Juli–Okt. Sehr schöne und pflanzengeschichtlich interessante Art. – *P. glaucophyllum,* Blaugrünblättriger Venusschuh, Heimat Java. Schaft 40 cm hoch, mehrblütig; Blüte 10 cm breit; Blütezeit fast das ganze Jahr. – *P. hirsutissimum,* Sehr Rauhhaariger Venusschuh, Heimat Assam. Blätter grün; Schaft 20 cm hoch; Blüte 12 cm breit; Blütezeit April–Juni, auch März–Mai. – *P. insigne,* Ausgezeichneter Venusschuh, in 1800 bis 2000 m Höhe auf bemoosten Felsen an den Hängen des Himalaya wachsend. Blätter grün; Schaft 20–25 cm hoch, einblütig; Blüte 8–10 cm breit; Blütezeit Nov.–März. Am häu-

figsten kultivierte, für Anfänger bestens geeignete Art; meist verwendeter Kreuzungspartner mit berühmten Zuchtformen wie 'Aureum', 'Chantinii', 'Harefield Hall' (Bild), 'Sanderae'; Blütezeit Herbst und Winter. Sehr anspruchslose Kalthausorchidee; Blüten halten an der Pflanze 2–3 Monate, geschnitten mehrere Wochen lang. – *P. niveum,* Schneeweißer Venusschuh, Heimat Tambelan-Inseln westlich Borneo und Langkawi-Insel westlich Malakka, dort auf Kalkfelsen wachsend. Buntblättrig; Schaft 15 cm hoch; Blüte 6 cm breit; Blütezeit Apr.–Juli. – *P. spicerianum,* Spicers Venusschuh, Heimat Assam. Blätter grün; Schaft 20 cm hoch, einblütig; Blüte 8 cm breit; Blütezeit Okt.–Febr. Geschätzter Kreuzungspartner. – *P. villosum,* Zottiger Venusschuh, Heimat Südburma, an der Westseite des Golfes von Bengalen. Epiphytisch wachsend. Blätter grasgrün; Schaft 25–30 cm hoch; Blüte sehr groß: 12–15 cm breit; Blütezeit Nov.–April. Reiche Hybridisation. –
Zu den wichtigsten Hybriden gehören:
x *P. harrisianum,* Blüte Okt.–Jan.
x *P. lathamianum,* Winterblüte.
x *P. leeanum,* Winterblüte.

**Pflege** Zuordnung zu den Gruppen der Kalthaus-, Lauwarmhaus- und Warmhausorchideen genau unterscheiden. Von den genannten Arten und ihren Hybriden gehören nur *P. hirsutissimum* und *P. insigne* zu den Kalthausorchideen mit kühler Überwinterung bei 12–15° c. Alle anderen brauchen – da ohne eigentliche Ruhezeit – gleichmäßige Winterwärme nicht unter 18° C Nachtwärme und ganzjährig hohe Luftfeuchtigkeit; über Sommer Nachtwärme nicht unter 20° C. Standort ganzjährig hell, jedoch ohne direkte Besonnung. Ausreichende Boden- und Luftwärme ist besonders für das Gedeihen der buntblättrigen Formen unabdingbare Voraussetzung. Wärme und Luftfeuchtigkeit sind besonders während der unterschiedlichen Wachstums- und Blütezeiten wichtig. Kulturfehler auf diesem Gebiet rächen sich schwer.

**Gießen** Nur mit angewärmtem, enthärtetem Wasser (pH 4–4,5), mit Ausnahme kalkliebender Arten wie *P. niveum.* Während Wachstums- und Blütezeit normal, nur 2–3 Wochen nach der Blüte etwas sparsamer. Ballentrockenheit unbedingt meiden.

**Düngen** Bei terrestrischen Orchideen Anwendung üblicher Nährstoffkombinationen möglich; empfehlenswert auch die ballastfreien Flüssigkonzentrate der Hydrokultur. Anwendung nur während Wachstums- und Blütezeit.

**Umsetzen** Warmhausarten jährlich; Kalthausarten nur alle 2 Jahre; beide jeweils kurz vor Wachstumsbeginn; meist zeitiges Frühjahr. Pflanzerde auch für die terrestrischen Paphiopedilen ungefähr wie für Epiphyten. Geeignet: TKS mit Beigabe von kleingehackter *Osmunda* oder *Polypodium.* Locker pflanzen, Scherbeneinlage als Dränage geben.

**Vermehrung** Durch Teilen beim Verpflanzen. Sonst Gärtnersache.

**Pflanzenschutz** Blattläuse und Rote Spinne bei Lufttrockenheit.

*Paphiopedilum insigne* 'Harefield Hall', Venusschuh-Hybride, Familie Orchidaceae / Orchideen

*Parodia microsperma,* Familie Cactaceae / Kakteen

## **Parodia** Parodie

Große Gattung reizender Kugelkakteen, die sich wegen auffallend schöner Bestachelung und schon in früher Jugend einsetzender prachtvoller Blüte bei den Kakteenfreunden besten Ansehens erfreut. Hervorzuheben ist auch ihr langsames Wachstum, das leichte Unterbringung auf lange Sicht erlaubt.

**Herkunft** Mittleres Südamerika. Die meisten bei uns kultivierten Arten stammen von trockenen Berghalden und aus hügeligem Gelände in Nord-Argentinien; weitere Heimatländer: Bolivien, Paraguay und Süd-Brasilien.
**Pflanzengestalt** Kugeln je nach Art 5–15 cm ⌀ oder mehr, einige werden im Alter auch zylindrisch. Rippen oft spiralig gestellt, warzig oder hökkerig, reich und farbig bestachelt, vielfach lange Hakenstacheln. Blüten in Rottönen zwischen lachs und karmin, aber auch gelb, meist 4–5 cm ⌀, oft in ganzen Sträußen um den Scheitel; bis 10 Tage haltbar. – Alle Parodien sind bildschön, wachsen langsam und sind gut unterzubringen; für rascheres Wachstum werden sie oft auch gepfropft. Einige Allerschönste: *Parodia chrysacanthion; P. maxima* (größte, Einzelstacheln bis 11 cm lang); *P. microsperma* (Bild); *P. nivosa; P. sanguiniflora.*
**Pflege** Allgemein wie die anderen Kleinkakteen (siehe *Mammillaria* S. 254 *Rebutia* S. 312). Jedoch besondere Vorsicht beim Gießen, weil der Wurzelhals sehr nässeempfindlich ist; auch Sommertrockenheit wird schlecht vertragen. Erde locker, nahrhaft. Winterstand bei 8–12° C, hell, trocken.
**Vermehrung** Saatgut im Handel; Anzucht jedoch schwierig.

## **Passiflora** Passionsblume

Eine rührende Blumenlegende weiß zu berichten, daß um 1620 ein der Botanik ergebener Jesuitenpater, auf Missionsarbeit in Peru, eine Erscheinung hatte: er erlebte im flirrenden Mittagslicht vor einer sonnigen Felswand als Vision das Wunder der Passionsblumenblüte als Sinnbild christlichen Glaubens; er erkannte in den drei Stempeln die Kreuzesnägel, im rötlich überlaufenen Fadenkreuz rund um die Bestäubungsorgane die Dornenkrone, im gestielten Fruchtknoten den Kelch des Herrn ...

**Herkunft** Die peruanische Heimat in stark besonnten Vorgebirgslandschaften stimmt für einige Arten. Es gibt deren aber über 400, von denen die meisten auch in anderen südamerikanischen Ländern verbreitet sind. Nur wenige finden sich im tropischen Asien und Australien. Einige fast winterharte Formen sind im subtropischen Nordamerika zu Haus. Kaum mehr als ein Dutzend davon ist in gärtnerischer Kultur.
**Pflanzengestalt** Klettersträucher mit oftmals meterlangen rankentragenden Trieben, die an Topf- und Wandspalieren gezogen werden. Die Blätter sind gestielt, mittelgrün, glatt, breitherzförmig, je nach Art einfach, dreifach bis sieben- oder neunfach gelappt, wobei der Mittellappen meist länger ist als die Seitenlappen. Außerdem gibt es einige buntblättrige, dafür sehr bescheiden blühende Arten für Warmhauskultur in Schausammlungen. Die Blüten sind groß, fallen durch Form und Farbe auf und erscheinen von Frühsommer bis Frühherbst in ununterbrochener Folge in den Farben weiß oder himmelblau, seltener weinrot und violett. Unter günstigen Bedingungen können auch in Topfkultur gezogene Passifloren gelbe oder apfelsinenfarbene, bis hühnereigroße Früchte entwickeln.
**Sortiment** Als traditionsreiche, angenehme Zimmerpflanze von vieljähriger Lebensdauer geschätzt ist vor allem *Passiflora caerulea,* die »Himmelblaue Passionsblume«, mit fünf- bis siebenlappigen immergrünen Blättern; die Blüten sind weißlich mit blauem Fa-

*Passiflora caerulea,* Blaue Passionsblume, Familie Passifloraceae / Passionsblumengewächse; Detailaufnahme aus einem Wandbewuchs mit Blütenknospen, Blüten und Früchten.

*Passiflora racemosa*, Traubige Passionsblume, Familie Passifloraceae / Passionsblumengewächse

denkranz. Dazu die elfenbeinweiße Hybride 'Comtesse Elliot' und die schon als Jungpflanze sehr blühwillige weinrote Zuchtform 'Kaiserin Eugenie' halten in sehr geschützten Lagen, etwa vor warmer Hauswand mit Winterdecke, bei mildem Wetter auch im Freien aus. Zurückgefrorene Triebe wachsen rasch nach und blühen normal. – *P. gracilis* und *P. incarnata* sind in den USA als 'Wild Passion Flowers' für Freiland und Hausberankung beliebt. Es sind mehr Blatt- als Blütenpflanzen, aber bei uns kaum bekannt.

*P. quadrangularis*, die »Riesengranadilla«, ist ein gewaltiger Kletterstrauch; die Blüten haben 8–12 cm ⌀ und eine Strahlenkrone aus 5 Reihen farbiger Fäden; die Früchte sind eßbar. Die Pflanze eignet sich aber nur fürs große Warmhaus. – *P. racemosa*, die »Traubige Passionsblume« (Bild), hat derbe, dreiteilige Blätter und leuchtendrote Blüten in lockeren Trauben. Wegen ihrer Schwachwüchsigkeit ist sie eine gute Zimmerpflanze.

**Pflege** Ab Austriebsbeginn im März hellster, sonnigster Stand mit viel Platz am Südfenster. Ab dem letzten Maidrittel bis Sept. auch Übersommern auf dem Balkon oder im Garten. Dort im Topf einsenken, jedoch keinesfalls auspflanzen (siehe Grundregeln S. 55). Topfspalier oder Stäbe zum Rundum-Beranken anbringen; große Pflanzen im Kübel halten. Die Vorbereitung auf die Ruhezeit mit dem Aufhören des Triebwachstums noch bei Weiterblüte im August beginnen: ohne Ballentrockenheit sparsamer wässern, Düngung allmählich einstellen. Vor den ersten Nachtfrösten einräumen, sonst Unterkühlungsschäden.

Über Winter bis Februar hellen, luftigen Platz geben, Besttemperatur 6–8° C; mäßige Wärme bis etwa 12° C wird bei etwas erhöhten Wassergaben leidlich vertragen; vollbeheizte Räume bewirken Geilwuchs, schädigen die Gesundheit und vermindern die Blühwilligkeit. Mit Austriebsbeginn im März die Pflanzen durch Wärmerstellen, reichlicheres Gießen und Wiederaufnahme der Düngung auf Sommer vorbereiten.

**Rückschnitt** Ende Februar, etwa 3 Wochen vor dem Umsetzen, alte Triebe auf 6–8 Augen zurückschneiden; so bekommt man reichblühende, kurze Seitensprosse.

**Gießen** Starkes Wachstum und reicher Flor fordern bei Sommerhitze oft zweimal täglich Bewässerung; im übrigen sind die schon gegebenen Weisungen zu beachten. pH 5,5–6.

**Düngen** Starkes Wachstum bedingt von Frühjahr bis Aug. einmal wöchentlich eine Volldüngergabe; frisch umgetopfte Pflanzen erst nach dem Anwurzeln düngen.

**Umsetzen** Jungpflanzen jährlich; ältere alle 2 Jahre im März; die Topfgröße der starken Wurzel- und Ablegerbildung anpassen. Erde kräftighumos, etwas lehmhaltig, Typ EE. Große Pflanzen erhalten Vorratsdüngung wie Oleander (S. 270). Frisch umgesetzte Pflanzen 8–10 Tage kühl und schattig stellen.

**Vermehrung** Am einfachsten durch Abtrennen und Eintopfen der Ableger von Mai–Juli; langwieriger und unsicherer ist die Vermehrung durch Kopfstecklinge von schon leicht verholzten Kurztrieben; werbetüchtig angepriesene Anzucht aus Samen bringt meist wenig blühwillige Pflanzen.

**Pflanzenschutz** Er spielt bei richtiger Behandlung der an sich genügsamen Passionsblume kaum eine Rolle; Befall mit Schmierläusen nur bei Frischluftmangel am zu warmen Winterplatz.

**Wichtig** 1. Gelbwerden und Abfallen von Blättern trotz sachgemäßer Überwinterung sind unbedenklich, solange es nicht zu völligem Kahlwerden kommt. – 2. Passionsblumen blühen nur bei viel Sonne und Wärme; in kühlen, regnerischen Sommern können sie versagen. – 3. Blütenlosigkeit und endloses Fortwachsen der Triebe kommt auch von zu leichtem Boden mit überhöhtem Torfanteil. Abhilfe beim nächsten Umtopfen.

# **Pavonia** Pavonie

Ihr Name und ihre Gestalt haben nichts mit dem lateinischen *pavo* (der Pfau) zu tun. Sie heißt nur so zur Ehrung des spanischen Forschungsreisenden und Botanikers Pavon aus der ersten Hälfte des 19. Jahrhunderts. Als ausgezeichnete Winterblüherin sollte das aparte Malvengewächs mehr Aufmerksamkeit finden.

*Pavonia multiflora,* Pavonie, Familie Malvaceae / Malvengewächse

*Pavonia multiflora,* gebürtige Brasilianerin, hat als einzige unter etwa 170 Arten den Sprung in europäische Blumentöpfe geschafft. In den USA soll auch die ihr sehr ähnliche *P. intermedia* in gärtnerischer Kultur sein.

**Pflanzengestalt** Immergrüner kleiner Strauch, der mit vielen anderen Malvaceen die Neigung zu eintriebigem Wuchs teilt. Seine 15–20 cm langen schmalen Blätter sind am Rand leicht gezähnt, unterseits rauh.

**Blüte** Purpurroter Hüllkelch und Krone, die stets geschlossen bleibt. Erscheint kurzgestielt, steif aufrecht stehend, aus den Blattachseln im Bereich des Spitzentriebs. Aus ihrer Mitte schießt – ebenfalls steil nach oben gerichtet – der überlange Griffel mit rosa Narbe und blauen, nierenförmigen Staubbeuteln. Blütezeit Herbst bis Frühjahr.

**Liebhaberpflanze** für Warmhauskultur. Da der Spitzentrieb als Blütenträger nicht gestutzt werden darf, muß bei Verwendung im geschlossenen Blumenfenster das Höhenwachstum bedacht werden.

**Vermehrung** Nur durch Kopfstecklinge im Warmbeet bei 30° C Luft- und Bodentemperatur. Bewurzelung erstaunlicherweise vor allem im Spätwinter gut – innerhalb 4–6 Wochen. Weiter Warmhauspflege.

# **Pedilanthus** Schuhblüte

Auch diese Pflanze mit dem kaum bekannten deutschen Namen gehört zu den sukkulenten Wolfsmilchgewächsen. Von den insgesamt 14 Arten, die alle im tropischen Mittelamerika beheimatet sind, kennt man bei uns nur die Zuchtform *Pedilanthus tithymaloides* 'Variegatus' mit weißgeränderten Blättern (Bild).

*Pedilanthus tithymaloides* 'Variegatus', Familie Euphorbiaceae / Wolfsmilchgewächse

**Pflanzengestalt** Sehr typisch ist der »Zick-Zack-Wuchs« der bis 1 cm dikken grünen Äste, die bis 2 m hohe Büsche bilden können. Blätter der Art ebenfalls grün, leicht sukkulent, länglich-oval, bis 12 cm lang und 6 cm breit. Weißgeränderte Blätter der Zuchtform auch karminrot überlaufen. Laubfall im Herbst.

**Blütenstand** Die üblichen Wolfsmilchblütchen erscheinen in dichten Trugdolden an den Triebenden; sie sind umgeben von effektvollen roten Hochblättern. Leider wird diese große Schau erst im Alter, bei Erreichung einer für normale Blumenfenster kaum mehr tragbaren Höhe dargeboten.

**Erwägungen** Es ist bekannt, daß bei uns wie vor allem in den USA die buntblättrigen, durch den Zick-Zack-Kurs der Stengel amüsant wirkenden Pflanzen zeitweise als Dekorationsmaterial für Schalen und sonstige Arrangements beliebt waren und wohl auch wieder werden können. Solche Jungpflanzen von 50–60 cm Höhe dürften manchen zu einem Versuch mit ihnen reizen. Allerdings muß zweierlei bedacht werden: einmal wird in der gesamten Fachliteratur darauf hingewiesen, daß der *Pedilanthus* einen besonders giftigen Wolfsmilchsaft führt; zum andern: überhöhte Luftfeuchtigkeit bringt leicht Mehltau.

# Pelargonium Geranie

»Die Geranien des Balkonkastens und der Zimmerkultur sind Pelargonien« steht in einem großen deutschen Pflanzenlexikon zu lesen. Dieser Lapidarsatz ist nicht ganz so unvernünftig, wie es scheint, denn tatsächlich gibt es auch eine Gattung *Geranium*, deren zahlreiche Arten auf gut deutsch »Storchschnabel« heißen.

**Herkunft** Während alle diese Storchschnäbel überwiegend in den gemäßigten Zonen angetroffen werden, findet sich die Gattung *Pelargonium* mit rund 240 Arten fast ausschließlich im südafrikanischen Kapland. Von dort kam die erste Geranie bereits 1710 nach Europa.

**Zuchtformen** Mit der Zeit entstanden vier große Gruppen, davon drei mit unzähligen Sorten in ständiger Weiterentwicklung. Nur eine – die Geranien mit duftenden Blättern – umfaßt eine Reihe ursprünglicher Arten (siehe S. 290). Sie sind ebenso wie die Edelpelargonie für Zimmerkultur.

## Pelargonium-Grandiflorum-Hybriden, Edelpelargonien

Sie wachsen meist eintriebig mit holzigem Stengel; Blätter lichtgrün, groß, nierenförmig, am Rande gezähnt. Blüten groß bis sehr groß, 5 cm ⌀, erscheinen in dichten Dolden oder zu wenigen in vielen Farben von weiß über rosa und rot bis zu fast schwärzlichem Blauviolett, immer mehrfarbig gefleckt, geflammt oder geädert. Blütezeit von Mai (Muttertag!) bis in den Frühherbst.

**Pflege** Ganzjährig im Zimmer, übersommern auch auf dem Balkon. Sommerstandort hell mit Morgen- oder Abendsonne und viel Frischluft. Winterstandort im nur mäßig beheizten bis kühlen Raum bei 10–12–15° C, keinesfalls mehr, aber nicht bei den Balkongeranien im Keller überwintern.

**Gießen** Während Wachstums- und Blütezeit (März–Aug.) reichlich; nach Übergangszeit am kühleren Winterstandort sparsam. Sommer und Winter stauende Nässe vermeiden. Wasser leicht sauer, pH 5–6,5.

**Düngen** Während Wachstums- und Blütezeit (März–Aug.) reichlich, doch nicht überdüngen.

**Umsetzen** Ende Februar in nur wenig größere Töpfe mit nahrhafter, humoser Erde (Composana, EE).

**Rückschnitt** Leichter Vorschnitt nach Blüte Ende August. Hauptschnitt – soweit erforderlich – beim Umsetzen.

*Pelargonium-Grandiflorum*-Hybride, Edelpelargonie, Familie Geraniaceae / Storchschnabelgewächse

**Vermehrung** Aus geeigneten Schnittabfällen; kräftige Spitzentriebe, die noch nicht geblüht haben, fingerlang unter größerem Blattpaar abschneiden; Schnitt etwas schräg abwärts führen; Blätter des untersten Blattpaares bis zur Stengelmitte wegnehmen. Stecklinge bis zur Blattachse in kleine Töpfchen mit Anzuchterde geben; am hellen, doch unbesonnten Platz aufstellen. Sehr geeignet: geschlossenes Vermehrungsbeet mit 10° C Bodenwärme, auch Plastikhaube. Im Okt. erstmals umtopfen, Temperatur halten; Ende Februar nochmals umtopfen, etwas wärmer stellen (um 12° C). Zu warmer Stand bereits um 15° C verhindert Blütenbildung. Für buschigen Wuchs im Frühjahr zurückstutzen. Vermehrung auch im März möglich: bequemer, aber nicht so erfolgreich. Stutzen dann im Herbst.

**Pflanzenschutz** Jeder Kulturfehler kann einen Befall mit Blattläusen oder Weißer Fliege (Mottenschildlaus) bringen; letztere besonders bei Versuchen des Übersommerns im Freien so zahlreich, daß ganze Schwärme des Schädlings die Pflanzen heimsuchen; Bekämpfung besonders durch Einsprühen der Blattunterseiten. Bei Geranien leider häufig: pilzliche und bakterielle Blattfleckenkrankheiten, die in häuslicher Pflege nicht heilbar sind; hier hilft nur Ausmerzen der befallenen Pflanzen. Gleiches gilt für Grauschimmel, der bei zu feuchtem Stand und/oder Frischluftmangel oft die ganze Pflanze befällt. Viruserkrankungen hingegen sollen an *P. grande* bisher nicht beobachtet worden sein.

**Wichtig** Edelpelargonien haben eine von Natur begrenzte Lebenszeit. Reichste Blüte im zweiten und dritten Jahr, dann nachlassend. Weiterkultur überalterter Pflanzen nicht lohnend.

## Geranien für Kastenpflanzung und Freiland

Wenn von Geranien die Rede ist, versteht man darunter jene Pflanzen, deren offizielle Bezeichnung »Zonalpelargonie« oder – die halbrunde braune Zone auf den Blättern kennzeichnend – auch »Gürtelpelargonie« lautet. Verwendet werden heute nur noch *Pelargonium-Zonale*-Hybriden in unzähligen Sorten und Farbschlägen. Sie wachsen aufrecht, buschig-verzweigt. Die samtigen Blätter haben beim Zerreiben typischen Geraniengeruch. Gefüllte oder ungefüllte Blüten – meist in kugeligen Dolden – zeigen alle Rottöne vom zartesten Rosa und Lila bis Feuerrot; Blütezeit (mit Frostschutz): Ende April oft bis weit in den Oktober hinein.

Die *Pelargonium-Peltatum*-Hybriden, Efeupelargonien oder Hängegeranien mit kriechenden oder hängenden, über halbmeterlangen, gern knickenden Stengeln, haben dicklich-glänzende, glatte, efeuähnliche Blätter, gefüllte oder ungefüllte Blüten in etwas zarteren Tönungen; gleiche Blütezeit.

**Pflege** Beide Gruppen brauchen Sommeraufenthalt im Freien; Überwinterung möglichst hell und luftig bei 6–8° C. Während die robusteren Zo-

Hybriden des alten *Pelargonium peltatum* / Geranie und *P. zonale* / Zonalpelargonie in buntem Verein.

nalpelargonien volle Sonne vertragen, bevorzugen die Efeupelargonien mit ihren glatten Blättern einen halbschattigen Sommerstandort. Aufenthalt im geschlossenen Raum wird allenfalls kurzfristig vertragen.

Sonstige Pflegemaßnahmen sinngemäß wie Edelpelargonie.

**Vermehrung** Außer Stecklingsvermehrung im Herbst oder Frühjahr bei *P.-Zonale*-Hybriden jetzt auch aus Samen, sogar $F_1$-Hybriden.

*Pelargonium radens,* Rosenpelargonie, Familie Geraniaceae / Storchschnabelgewächse

### Geranien mit duftenden Blättern für Zimmerkultur

Nicht häufig im Handel anzutreffen, doch ganz reizend sind die zwar bescheiden blühenden, aber interessant laubduftenden, fiederblättrigen Arten. Hierher gehören: *Pelargonium capitatum,* Blätter rosenduftend; Blütchen purpurrosa – *P. crispum,* krausblättrig, zitronenduftend; Blütchen violett. – *P. x fragrans,* »wohlriechend«; Blütchen weiß mit roter Äderung. – *P. graveolens,* die Rosenpelargonie oder Rosengeranie, am häufigsten gezogene Zimmerpflanze mit »balsamisch« duftendem Laub; Blütchen rosa bis purpurn. – *P. odoratissimum,* Zitronengeranie; Blütchen weiß bis rosa. – *P. radens,* Laub ebenfalls rosenduftend; Blütchen blaßpurpurn, dunkler geädert. Alle diese Arten sind seit rund 200 Jahren bei uns in gärtnerischer Kultur. Zur Biedermeierzeit galten sie im Gefolge ihrer größeren, blütenreicheren Schwestern ein Jahrzehnt lang geradezu als Modeblumen. Und die Stecklinge dieser »kleinen Lieblinge der Damen« gingen damals – ähnlich wie heute – ganz privat von Hand zu Hand.

**Pflege** Wie Edelpelargonie, jedoch zur Vermeidung endlosen Längenwachstums recht sonnigen Sommerstandort geben. Rückschnitt und Stecklingsvermehrung nur im Frühjahr. Lebensalter 2–3 Jahre.

# **Pellaea** Pellefarn, Pelläa

Der Name soll vom griechischen *pellos* = schwärzlich kommen und auf die tief dunkelbraunen, fast schwärzlichen Blütenstiele einiger Arten hinweisen. Von rund 60 bekannten Arten ist ein halbes Dutzend in Kultur und bewährt sich für Jahre immer wieder als anspruchsloser, dabei recht schmucker Wohngefährte.

**Herkunft** Zum Unterschied von den meisten Farnen, die Schattenlagen und Feuchtigkeit bevorzugen, sind die Pellefarne »xerophytische« oder Trokkenpflanzen. Sie wachsen gern an Felsen und besiedeln dabei ausgesprochen trockene Gebiete zwischen dem südlichsten Südamerika und Kanada; einige auch in Südafrika.

**Pflanzengestalt** Aus kriechenden Rhizomen wachsen an grundständigen Stielen die Wedel mit gefiederten oder ungefiedert zusammengesetzten Blättern. Sporenhäufchen *(Sori)* bilden sich blattunterseits auf den Enden der Adern, vom fortlaufend umgeschlagenen Blattrand bedeckt.

**Sortiment** *Pellaea atropurpurea,* der Dunkel-purpurrote Pellefarn, ist ein fast winterharter Felsenfarn aus den USA, der dort »querdurch« von Vermont bis Florida, Texas und Neumexiko vorkommt; er bevorzugt Kalksteinformationen, – wünscht und verträgt daher ziemlich hartes Wasser. Die Blattstiele sind 10 cm lang, schwarzbraun, wie poliert; die hübschen, rotbraunen Wedel werden bis 25 cm lang; als ausgesprochener Kalthausfarn ist er völlig anspruchslos. – *P. cordata,* der Herzförmige Pellefarn, der in Mexiko bis Peru zu Haus ist, hat strohgelbe, bis 20 cm lange Blattstiele und bis 30 cm lange Wedel mit lanzettlich-dreieckigen Blättchen; er gilt trotz seiner tropischen Heimat als Kalthausfarn. – *P. falcata,* der Sichelförmige Pellefarn, wächst in Südasien, im tropischen Australien, Tasmanien und auf Neuseeland; er wirkt wie die vergrößerte Ausgabe von *P. rotundifolia* (Bild Seite 291). Sie selbst – mit dem deutschen Namen Rundblättriger Pellefarn – stammt aus Neuseeland und ist als reizende Zwergform die für Gartenbau und Zimmergärtnerei wichtigste Art von allen; ihre Wedel haben lederig-glänzende, dunkelgrüne, 20–30 cm lange, doch nur 3–4 cm breite Fiedern, die wie rundlich-ovale Blättchen aussehen. – *P. viridis* (Handelsname noch immer *P. hastata*) mit langen schwarzroten Blattstielen und 2–3fach gefiederten dreieckigen Blättern gilt als die härteste Art.

**Pflege** Schon die Herkunft läßt darauf schließen, daß bei den Arten der Gattung *Pellaea* manches anders ist als bei den sonstigen Farnen. Der

Sommerstandort muß hell und warm, frei und luftig sein; Halbschatten wird gerade noch vertragen. Der Winterstandort wird ebenfalls hell und luftig gewünscht mit Besttemperatur von 12–15° C – das entspricht etwa einem Fenster in Nordost- bis Ostlage, ohne Heizkörper darunter und mit Store gegen die Wohnwärme des Zimmers abgesichert.

**Gießen** Im Sommer normal, im Winter knapper, höchst empfindlich gegen zuviel Feuchtigkeit (»xerophytische« Pflanzen!); ausgesprochene Ballentrockenheit schadet allerdings ebenso. Wasserenthärtung ist im allgemeinen unnötig, da die *Pellaea* kalkfreundlich ist wie Sansevierie und andere Lilienarten; pH 7 oder DH 8–9 werden ohne weiteres vertragen. Sprühen nicht erforderlich.

**Düngung** Über Sommer normal.

**Umsetzen** Nach Bedarf in Einheitserde oder normale Farnerde.

**Vermehrung** Sie ist aus Sporen schon bei 18° C möglich, jedoch in Zimmerkultur nicht ganz einfach.

*Pellaea rotundifolia,* Rundblättriger Pellefarn, Familie Sinopteridaceae / Sinopteris-Farngewächse

# **Pellionia** Pellionie

Die *Pellionia* hat ihren Namen nach einem französischen Offizier, der um 1800 die sogenannte Freycinet'sche Expedition nach Australien begleitete. Außerdem gab es in jüngster Zeit Verwirrung um das buntblättrige Nesselgewächs, weil man es der Gattung *Elatostema* eingliederte, die Änderung dann aber zurückzog.

**Herkunft** *P.* stammt aus tropischen Regenwäldern zwischen Burma und Vietnam; sie kommt auch im Bereich der Pazifischen Inselwelt vor.

**Pflanzengestalt** Es sind kriechende, seltener halbstrauchig wachsende Kräuter mit auffallend schön gefärbten und gezeichneten Blättern von 5–7 cm Länge und 2–3 cm Breite. Interessant ist ihre Neigung, nach zunächst aufrechtem Jugendwuchs der Triebe »umzukippen« und zur bis halbmeterlang herabhängenden Ampelpflanze zu werden. Außerdem eignet sie sich bestens zur Schalenbepflanzung sowie als Bodenbedecker in Blumenfenstern. Gerühmt wird ihre Anpassungsfähigkeit, die keineswegs an Warmhauskultur gebunden ist. In Kultur sind die beiden Arten *Pellionia pulchra* und *P. repens* (Bild).

**Pflege** Im Sommer hell bis halbschattig ohne direkte Besonnung; im Winter nicht unter 10–12° C, auch wärmer. Wachstum Frühjahr bis Spätsommer, Ruhezeit Okt.–Jan. Gießen mit enthärtetem Wasser (pH 4,5–5), über Sommer reichlich, im Winter sparsamer. Düngen März–Aug. wöchentlich. Stecklingsvermehrung bei 18–24° C leicht, erlaubt jährliche Verjüngung. Vor Zugluft schützen, sonst treten Blattläuse und auch Rote Spinne auf.

*Pellionia repens,* Familie Urticaceae / Nesselgewächse

# **Pentas** Pentas

Viel zu wenig bekannt und als reizende winterblühende Zimmerpflanze gewürdigt ist dieses halbstrauchige Krappgewächs. Es kommt mit über 30 Arten in vielen Ländern des tropischen Afrika vor und bürgerte sich auch in den warmen Zonen anderer Erdteile als Gartenpflanze ein. Bei uns ist nur eine Art in Kultur.

Diese von Sept.–Januar prächtig blühende *Pentas lanceolata* (Handelsname auch *P. carnea*) ist seit über 100 Jahren in Europa bekannt. Höhe 30 bis 60 cm; hellgrünes Laub etwas behaart; langröhrige Blüten in endständigen doldigen Büscheln; Farben von reinweiß bis dunkelkarmin. – Bester Stand ab Blütenbeginn am kaum besonnten Platz bei 14–16° C. Bis Ende des Flors ausreichend, dann sparsamer gießen; Düngung ab Frühjahr bis Blütenbeginn. Sonstige Pflege wie *Ixora* (Seite 244). Rückschnitt der Triebe fördert buschigen Wuchs.
Keine Warmhauspflanze!

*Pentas lanceolata,* Familie Rubiaceae / Krappgewächse

# **Peperomia** Pfeffergesicht, Zwergpfeffer

Die niedlichen Pfeffergesichter in all ihrer Mannigfaltigkeit der Pflanzengestalten haben sich im Verlauf kaum eines Jahrzehnts von vielbestaunten und vielbegehrten Warmhauspflanzen zu wackeren kleinen Freunden auch außerhalb hoch technisierter Tropenfenster und Kleingewächshäuser entwickelt.

**Herkunft** Alle sind Bewohner tropischer Regenwälder im südamerikanischen Raum. Man kennt über 600 Arten und hat davon immerhin so viele in Kultur genommen, daß private Sammlerwünsche – nicht zuletzt auch wegen des handlichen Formats der meisten dieser Sammelobjekte – voll befriedigt werden können. Zwei Dutzend typische Vertreter der Gattung *Peperomia* wären schnell beieinander, und man hätte viel Spaß an dieser buntgewürfelten Gesellschaft.

**Pflanzengestalt** Um ihrer Vielgestaltigkeit Herr zu werden, hat man sie in Arten mit bunten Blättern, Arten mit grünen Blättern und Arten mit kriechenden oder hängenden Zweigen aufgeteilt.

*Peperomia caperata,* Gerunzeltes Pfeffergesicht, blühend, Familie Piperaceae / Pfeffergewächse

Die meisten sind epiphytisch wachsende, ausdauernde, niedrige Kräuter mit dicken Stengeln und fleischigen Blättern, deren Oberseiten einen mit bloßem Auge erkennbaren eigenartigen Aufbau zeigen: beim Durchschneiden bemerkt man im Profil, daß die Oberschicht mit dünner Haut als eine Art von Wasserspeicher über dem eigentlichen Blattgewebe liegt. Dünnblättrige Arten haben diese Einrichtung nicht. Blüten kommen nur bei wenigen Formen vor; die überwiegende Zahl wird wegen ihrer interessanten, oft auch weißbunten Belaubung als Blattpflanzen gehalten.

**Sortiment 1. Buntblättrige Arten**
*P. argyreija* kommt aus Brasilien und hat schildförmige, silbrig und grün gestreifte, 8–12 cm lange Blätter an roten Stielen. – Als aufrechte, dicht behaarte Pflanze, die schon seit 1802 zum Sortiment gehört, präsentiert sich *P. blanda*. Wie das Bild unten erkennen läßt, stehen die Blätter meist »wirtelig«, d. h. in Kreisform, um ihre Sproßachsen. – *P. caperata,* die »Steppdeckenpeperomie« genannt, wurde erst 1954 aus Brasilien eingeführt (Bilder S. 292 und S. 293 rechts). Die runzligen (»gekrumpften«), dunkel- und hellgrün marmorierten Blätter sitzen an langen roten Stielen. Die Blüten erscheinen sehr zahlreich im Frühling in kolbenförmigen Ähren auf rotgefleckten Stielen. – Bei *P. clusiifolia* (Handelsname auch *P. obtusifolia)* sitzen die Blätter wechselständig an kurzen Stielen; sie sind dick-lederig, etwas nach oben gebogen, grün mit roter Tönung, gelbbunte 'Variegata'-Form; die Pflanze ist seit 1793 bekannt und dürfte wohl die älteste Peperomie in Kultur sein. *P. griseo-argentea* (Handelsnamen auch *P. hederifolia, P. pulchella).* Ihre Blattstiele sind lang, weißlich mit roter Strichelung; die Blätter sind bis 6 cm breit, herz- oder schildförmig, oberseits zwischen grünen Hauptnerven blasig aufgewölbt, silbrig glänzend, ein apartes Gewächs, an dem man viel Freude haben kann.

**2. Grünblättrige Arten**

*P. arifolia* mit der buntblättrigen Sorte 'Astrid': die weißlichen Ährenblüten sind zu rispenähnlichen Gesamt-Blütenständen vereinigt. – *P. fraseri* (früher *P. resedaeflora)* hat reseda-duftende weiße Blüten, die in traubigen Ähren beisammenstehen. – *P. serpens* (auch *P. scandens*), das Schlängelnde Pfeffergesicht, ist mit den kriechenden Trieben eine hübsche Ampelpflanze. – 3. Als Arten mit kriechenden oder hängenden Zweigen gelten außerdem: *P. angulata; P. rotundifolia* mit fadenförmig kriechenden Sprossen und braun-dunkelgrün marmorierten Blättern; *P. prostrata,* das Niederliegende Pfeffergesicht.

**Pflege** Sommerstandort hell, aber schattig, direkte Besonnung beeinträchtigt den Farbenschmelz der Blätter. Im Winter Buntblättrige bei 18 bis 20° C, Grünblättrige um 15° C. Bester Platz: als dekorative Bodenpflanzen im Tropen- oder Blumenfenster, manche auch auf Epiphytenstämmen, Borken- oder Korkstücken; einfache Zimmerkultur auf die Dauer weniger günstig.
**Luftfeuchtigkeit** Im Sommer hoch; im Winter zur Vermeidung von Blattflekken stark einschränken.
**Gießen** Im Sommer normal, im Winter sparsam; immer lauwarm, pH 4 bis 4,5.
**Düngen** März–Juli alle 2 Wochen.
**Umsetzen** Nach Bedarf in flache Schalen, Erde leicht, humos; Typ EE.
**Vermehrung** Grüne Arten durch Trieb- und Blattstecklinge; Buntblättrige nur durch Triebstecklinge. Saatgut kaum im Handel.
**Pflanzenschutz** Im feuchten Bodensubstrat treten Schnecken auf; Fäulnis bei zu kühlem Winterstand.

Peperomien-Arten von links nach rechts: *Peperomia fraseri* (früher *P. resedaeflora*), blühend; *P. clusiifolia (obtusifolia); P. blanda; P. caperata,* blühend.

# **Philodendron** Baumfreund

Diese nächst dem Gummibaum wohl beliebteste Zimmerpflanze müßte – dem griechischen Ursprung ihres botanischen Namens entsprechend und von Herrn Duden bestätigt – zunächst einmal nicht *der* sondern *das* Philodendron heißen. Doch lassen wir ihm den gewohnten männlichen Rang, – er ist hier unerheblich.

**Herkunft** Bis jetzt bekannt: 275 Arten in tropischen Regenwäldern von Mexiko über Mittelamerika bis Peru und Brasilien, auch auf Kuba und Jamaika.

**Pflanzengestalt** Strauchige oder kletternde, manchmal auch stammlos wie Kräuter wachsende Pflanzen mit oder ohne Luftwurzeln. Nächste Verwandtschaft mit *Monstera* (S. 264). Immergrüne einfarbige, auch wunderschön samtige und weißbunte Blätter sehr verschieden: Jugend- und Altersformen zeigen sogar innerhalb der gleichen Art oft so starke Abweichungen, daß ihre Bestimmung und Zuordnung Schwierigkeiten macht. Typische Aronstab-Blütenstände mit weißer oder farbiger Spatha (siehe Bild) und dickem Blütenkolben erscheinen bei häuslicher Pflege in Topfkultur nicht eben häufig, bei ausgepflanzten, vor allem auch älteren Exemplaren in Gewächshauskultur ziemlich regelmäßig. Besonders bei der bekanntlich auch als *Philodendron pertusum* geführten *Monstera deliciosa* entstehen an dem Kolben sechseckige, aromatisch duftende Beeren. Wer davon nascht, wird sich nicht nur an dem feinen, ananasähnlichen Geschmack ergötzen, sondern bald auch ein unangenehmes Brennen auf der Zunge verspüren: die Beeren enthalten – wie die Zellen vieler anderer Pflanzen auch – mikroskopisch kleine Kristalle von Kalziumoxalat.

**Verwendung** Viele Arten sind nur in Schausammlungen und botanischen Gärten zu halten, da ihr Format über Zimmer und sogar Kleingewächshaus bald weit hinausreicht. Unser Sortiment nennt deshalb vor allem kleinblättrige, weniger stark wachsende und nicht auf Warmhauspflege angewiesene Arten, – voran eine sehr gerühmte Neuheit: *Philodendron x Florida variegatum* mit tief fiederschnittigen, weiß und strohgelb getuschten Blättern, nicht kletternd und ohne Stammbildung.

*Philodendron erubescens,* Errötender Baumfreund, Familie Araceae / Aronstabgewächse

*Philodendron scandens,* Kletterphilo, Familie Araceae / Aronstabgewächse

**Kletternde oder kriechende Pflanzen mit ganzen Blättern**

*Philodendron erubescens* (Bild) aus Kolumbien; Blätter bis 40 cm lang, oberseits dunkelgrün; Blüte mit zimtroter Spatha und rahmweißem Kolben. Sehr dekorative, dabei harte und langlebige Art, deren nicht übermäßig starker Wachstumsdrang sich auch durch Rückschnitt bändigen läßt.

*P. ilsemannii,* dessen Heimat nicht bekannt ist, gehört zu den schönsten weißbunten Lianen überhaupt. Blätter bis 40 cm lang, 15 cm breit, meist lanzettlich-pfeilförmig, weiß und grün marmoriert, wobei nicht selten das Blattgrün bis auf wenige kleine Tüpfel fehlt. Trotz Panaschierung recht widerstandsfähig, gut zu haben.

*P. melanochrysum* (früher *P. andreanum*) aus Kolumbien; wunderbar samtig-olivgrüne Blätter mit weißen Blattadern, 40–80 cm lang, bis 30 cm breit, rund um die Mittelachse senkrecht herabhängend. Schön für Moosstäbe im Blumenfenster. Braucht gleichmäßige Wärme (Winter nicht unter 18° C) und Luftfeuchtigkeit (Bild S. 297).

*P. scandens,* der bekannte Kletterphilo (Bild), auf Jamaika zu Hause, seit 1793 in Europa bekannt, früher auch *P. cuspidatum,* der Stachelspitzige Baumfreund genannt. Dadurch ist das wesentliche Merkmal seiner herzförmigen, in der Jugend kleinen und festen, im Alter doppelt so großen, bis 30 cm langen, bis 20 cm breiten Blätter hinreichend gekennzeichnet. Sehr anspruchslos, gute Ampelpflanze, ebenso geeignet zum Beranken von Raumteilern und Wandgittern; nimmt auch mit wenig Licht vorlieb.

*P. gloriosum,* der Herrliche Baumfreund aus Kolumbien, ist eine echte Kriechart, deren kräftiger dunkelgrüner Stamm sich nur auf der Erde fortbewegt. Blätter groß, rundlich, samtighellgrün mit weißen Adern. Wärmebedürftig, daher Tropenfenster.

*P. verrucosum,* der Warzige Baumfreund, zwischen Costa Rica und Kolumbien daheim, hat ähnlich wie *P. melanochrysum* große, samtartig schimmernde, oberseits olivgrüne, am Rand smaragdgrüne, unterseits rötlichbraune Blätter, dazu aber recht absonderliche Blattstiele, die bei 50 cm Länge dicht mit warzenähnlichen kleinen Borsten besetzt sind. Braucht Wärme und Luftfeuchtigkeit wie *P. melanochrysum* (18° C im Winter).

**Kletterformen mit gefiederten oder gelappten Blättern**

*Philodendron elegans,* der Zierliche Baumfreund, ist überall im tropischen Südamerika zu finden. Die wuchskräftige, reich mit Luftwurzeln besetzte Liane hat 60 cm lange, runde Blattstiele und 40–70 cm lange, 30–50 cm breite, tief fiederschnittige Blätter mit leicht sichelförmiger Biegung. Bildschön, dabei anspruchslos. Ebenso: *P. laciniatum,* der Ausgefranste Baumfreund aus Brasilien, hat 40–50 cm lange, etwas rauhe Blattstiele und große, im Umriß dreieckige, unregelmäßig zerteilte und gelappte Blätter.

*Philodendron martianum,* Martius' Baumfreund, Familie Araceae / Aronstabgewächse

*P. squamiferum,* der Schuppentragende Baumfreund, besitzt wohl die merkwürdigsten Blattstiele von allen: sie sind bis 60 cm lang, rot und im Jugendalter mit abstehenden roten, später grünen Schuppen besetzt. Leicht blühend, aber wärmebedürftig.

**Nicht kletternde Arten mit und ohne Stammbildung**

*Philodendron bipinnatifidum,* der Doppeltfiederspaltige Baumfreund, kommt aus Südbrasilien. Sein aufrechter Stamm trägt oben einen dichten Blätterschopf; jeder abfallende Blattstiel hinterläßt am Stamm eine auffallende Narbe. Harte Art, doch nur als Jungpflanze brauchbar, da später zu groß.

*P. martianum,* Martius' Baumfreund (Bild), benannt nach einem deutschen Botaniker um 1800, stammt aus Südbrasilien. Aus seinem kurzen, niederliegenden Stamm wachsen bis 40 cm lange, aufgeblasene Blattstiele mit länglich-lanzettlichen, etwas lederigen, lichtgrünen Blättern, die 35–65 cm lang werden können. Kommt leicht zur Blüte, wird aber in Zimmerkultur bald zu groß.

*P. selloum* trägt einen unübersetzbaren botanischen Namen. In seinen brasilianischen und paraguayischen Heimatgebieten erreicht er Stammhöhen bis 1,50 m. An fast meterlangen Stielen entwickeln sich ebenso gewaltige, tief und oft sogar mehrfach gefiederte Blätter, die nach oben zu asymmetrisch gelappt sind und über dem Stamm schopfartig beisammenstehen. Typisch für die Art sind auf beiden Blattseiten erkennbare durchscheinende Flecke, die in parallelen Linien nach den Rändern zu verlaufen. Aus Samen gezogene Jungpflanzen werden gern zur Schalenbepflanzung verwendet und halten dann einige Jahre.

**Hydrokultur** Alle Philos eignen sich hervorragend zur Erdelosen Pflanzenpflege jeder Methode.

**Luftwurzeln** Nicht alle Arten bilden diese oberirdischen Sproßteile, die vor allem Feuchtigkeit aus der Luft aufnehmen, aber auch wieder in den Boden eindringen und sich dort in echte Erdwurzeln verwandeln können. Wo Luftwurzeln erscheinen, soll man sie gut behandeln, nur in ganz dringenden Fällen abschneiden.

**Pflege** Alle Philos verabscheuen direkte Besonnung und begnügen sich lieber mit einem relativ lichtarmen Standort. Kein Übersommern außerhalb des Raumes. Wintertemperatur der grünblättrigen Arten und gelegentlich vorkommenden Hybriden 14–16° C, etwas höhere Bodenwärme erwünscht, doch nicht Bedingung. Buntblättrige und samtblättrige Arten nicht unter 18° C gleichmäßige Bodenwärme (Kalte Füße!) wichtiger.

**Luftfeuchtigkeit** Bei den bunt- und samtblättrigen Arten Bedingung, bei den grünblättrigen vor allem während Austriebszeit (Frühjahr bis Aug.) erwünscht.

**Gießen** Frühjahr bis Aug. reichlich, dann sparsamer, um Blattwachstum zu stoppen. Wasser immer zimmerwarm (pH 5–6,5).

**Düngen** Apr.–Aug. Starkwachsende wöchentlich, andere vierzehntägig.

**Umsetzen** Je nach Wachstum im Frühjahr, Erde nahrhaft-humos, Composana, Einheitserde.

**Rückschnitt** Vor allem dünntriebige Arten öfter einkürzen.

**Vermehrung** Aus Schnittresten Kopfstecklinge und Teilstücke verwenden; im Wurzelbereich austreibende, schon selbständige Jungpflanzen mit Luftwurzeln abtrennen; stärkere Pflanzen abmoosen. Durch Aussaat garantiert frischen, keimfähigen Samen; viele Arten im Exotenhandel erhältlich, Anzucht macht großes Vergnügen.

**Pflanzenschutz** Bei richtiger Pflege kaum Kummer mit Schädlingen und Pflanzenkrankheiten.

**Wichtig** Braune Blattspitzen sind Anzeichen für Ballentrockenheit oder verkalkte Erde.

*Philodendron melanochrysum,* Schwarzgoldener Baumfreund, Familie Araceae / Aronstabgewächse

## **Phlebodium** Tüpfelfarn

Nur in neueren Werken über Zimmerpflanzen ist dieser Farn schon unter seinem jetzigen Namen *Phlebodium* verzeichnet. Bis vor nicht allzu langer Zeit gehörte er nämlich als *Polypodium* zur großen Sammelgattung gleichen Namens, von deren Aufspaltung in »Kleinfamilien« auch im Kapitel Pflanzenfamilien die Rede ist.

*Phlebodium aureum,* die einzige Art ihrer Gattung, ist ein mächtiger südamerikanischer Tropenfarn mit gelblichen, halbmeterlangen Blattstielen und mit den Jahren tief herabhängenden fiederspaltigen Blättern. Der besondere Reiz dieser Blätter besteht in ihrer auffallend blauen Farbe. Der blaue Schimmer ist vielleicht noch stärker bei einigen Züchtungen, die im Jugendalter auch häufig zur Schalenbepflanzung verwendet werden. Am bekanntesten sind 'Glaucum crispum' mit gekrausten und 'Mandaianum' mit gewelltgekrausten Fiedern (Bild).

**Pflege** Bei einer Jungpflanze muß man damit rechnen, daß sie bei guter Pflege nach den Grundsätzen der Warmhauskultur im Zimmer und selbst im geräumigen Blumenfenster bald zu groß wird. Gut geeignet ist *Phlebodium* dagegen für ein Kleingewächshaus, wo es, auf einem Hochbeet ausgepflanzt, frei herabhängen kann. Übrigens ist es trotz dieser Neigung zum Hängen kein Epiphyt, sondern ein Erdfarn, der sogar noch in Einheitserde gedeiht. Grobe, brockige Farnerde sagt jedoch mehr zu. Standort warm, schattig, sehr luftfeucht; Wintertemperatur 18–22° C. Gießen mit enthärtetem, vorgewärmtem Wasser (pH 4 bis 4,5). Düngung salzfrei. Vermehrung durch Teilen oder Aussaat.

*Phlebodium aureum* 'Mandaianum', Tüpfelfarn, Familie Polypodiaceae / Tüpfelfarngewächse

# **Phoenix** Dattelpalme

Welcher Blumenfreund hat wohl nicht schon irgendwann in seinem Leben einen Dattelkern zu mehr oder minder erfolgreicher Keimung gebracht! Auch manche prächtige Palme ist aus solchen Versuchen herangewachsen, freilich ohne ihrem Ruf als einer der wichtigsten Nutzbäume südlicher Länder gerecht zu werden.

**Herkunft** Diese »echte« Dattelpalme wächst vor allem in Arabien und dem übrigen Nordafrika an Wüstenrändern als »Oasenbaum«. Andere Vertreter der Gattung finden sich im tropischen Afrika bis ins Kapland und im asiatischen Raum, vor allem Vorder- und Hinterindien.

**Pflanzengestalt** Niedere oder höhere Palmen ohne oder mit Stamm, der im oberen Teil von den restlichen Blattstielen bedeckt ist. Die Wedel sind sehr unterschiedlich: teils steif aufgerichtet, teils in zierlichen Bögen übergeneigt. Kolbenförmige Blütenstände entstehen nur im höheren Alter. Kommen bei Zimmerkultur kaum vor.

**Sortiment** *Phoenix canariensis,* die Kanarische Dattelpalme, ist die härteste Zimmerform (Bild). – *P. dactylifera,* die Echte Dattelpalme, ist insgesamt kräftiger und schneller im Wuchs; am Heimatstandort wird sie über 20 m hoch.

*P. roebelenii* aus Hinterindien ist die schönste, eleganteste und anspruchsvollste Art; sie wächst langsam, bleibt klein, gedeiht am besten in Warmhauskultur und will ganzjährig im Raum stehen.

**Pflege** *P. canariensis,* typische Dekorationspalme für Terrasse und Garten, übersommert am sonnigen Platz im Freien; Winterstandort hell und frostfrei bei etwa 4° C. Viel Frischluft auch im Winterquartier. Jungpflanzen von *P. dactylifera* zunächst wärmer überwintern (8–10° C). *P. roebelenii* verlangt volle Wärme, auch nachts nicht unter 16° C, viel Luftfeuchtigkeit, schattigeren Stand.

**Gießen** Bei gutem Wasserabzug über Sommer reichlich; im Winter entsprechend dem Standort mehr oder weniger sparsam; pH 5–6, temperiert.

**Düngen** März–Juli wöchentlich mit Volldünger auf feuchtem Boden.

**Umsetzen** Zuerst jährlich, später nach Bedarf; gelegentliche Neigung zu Stelzwurzeln beachten. Erde mittelschwer, humos: Composana, EE; nach Erreichen von Kübelmaß Erdmischung wie Oleander (S. 270).

**Vermehrung** Nur durch Samen, ist an sich einfach, doch oft sehr langwierig. Siehe Kapitel »Pflanzenkinderstuben«.

**Pflanzenschutz** Schild- und Schmierlausbefall wie bei *Microcoelum* (S. 260) bekämpfen. Hauptursache ist zu warmer Winterstandort. Frischluftmangel fördert das Auftreten der *Graphiola*-Blattschwielenkrankheit und andere Pilzinfektionen. Kleine gelbe Flecke oft durch Lichtmangel.

**Wichtig** Mehrere Gründe für braune Blattspitzen: 1. Verlaugung des Bodens durch hartes Wasser; 2. stauende Nässe durch zu reichliches Gießen vor allem im Winter; 3. Ballentrockenheit im stark durchwurzelten Pflanzgefäß. Bei Entfernung dürrer Blattspitzen immer kleine braune Kante stehen lassen, nicht ins gesunde Gewebe schneiden, da sonst das Zurücktrocknen weitergeht. Ganze Wedel stets mit scharfem Schnitt wegnehmen.

*Phoenix canariensis,* Kanarische Dattelpalme, Familie Palmae / Palmen

## **Phyllitis** Hirschzunge

Dieser prächtige wintergrüne und völlig harte Farn findet sich – von Tropenhitze und Prallsonne abgesehen – überall zurecht. Er wächst an schattiger Stelle im Steingarten so gut wie an Standorten im Raum, wo sonst kaum noch eine Zimmerpflanze gedeiht. Heimat: Europa, Kleinasien, Nordafrika, nördliche USA, Japan.

Als einzige Art seiner Gattung und zur neuen Kleinfamilie der *Aspleniaceae* oder Streifenfarngewächse zählend, ist *Phyllitis scolopendrium* sehr vielseitig in seinen Formen, die besonders in England mit großem Erfolg kultiviert werden. So gibt es Sorten mit gefransten, gekräuselten oder geschlitzten Blättern, die von der ganzrandigen, glatten, meist um 40 cm langen und etwa 4 cm breiten Grundform weit abweichen. Eine der schönsten und beliebtesten ist *P. scolopendrium* 'Undulata', die Gewelltblättrige Hirschzunge. Auch das mächtige 'Capitata' mit rispiger Kammbildung, 'Crispa' mit gekräuselten Blatträndern und 'Digitata', die Finger-Hirschzunge, sind im Handel.
Sporenvermehrung nur bei der Art. Zuchtformen durch Blattstielenden mit Rhizom im Warmbeet (wie Wurzelschnittlinge behandeln).

*Phyllitis scolopendrium* 'Undulata', Gewelltblättrige Hirschzunge, Familie Aspleniaceae / Streifenfarngewächse

## **Pilea** Kanonierblume

Der merkwürdige deutsche Name weist ebenso wie die in den USA übliche Bezeichnung 'Artillery Plant' darauf hin, daß gegen Ende der Blüte die reifen Pollen aufspringen und ihren Blütenstaub in Wölkchen wegschleudern. *Pilea spruceana* samt sich zudem selbst leicht aus.

**Herkunft** Das interessante Nesselgewächs, dessen botanischer Name *Pilea* soviel wie Kappe oder Hut bedeutet, ist mit etwa 200 Arten eine sogenannte pantropische Pflanze, also in den Tropen der ganzen Welt zu finden. In gärtnerischer Kultur sind etwa ein Dutzend Arten und Sorten.

**Pflanzengestalt** Meist ein- bis mehrjährige Kräuter, deren Schönheit jedoch rasch vergänglich ist. Deshalb am besten jedes Jahr im Frühling oder Sommer Nachzucht aus Steck-

*Pilea cadierei*, Kanonierblume, Familie Urticaceae / Nesselgewächse

*Pilea spruceana* 'Norfolk', Familie Urticaceae / Nesselgewächse

**Gießen** Im Sommer gleichmäßig feucht, im Winter etwas trockener halten, nicht sprühen.
**Düngen** März–August wöchentlich, normal.
**Umsetzen** Bei regelmäßiger Nachzucht aus Stecklingen oder selbstausgesamten Jungpflanzen nicht erforderlich; für Jungpflanzen leichte, durchlässige Erde, Typ Einheitserde oder Composana.
**Vermehrung** Wie gesagt: aus Stecklingen oder selbstausgesamten Jungpflanzen im Frühjahr und Frühsommer. Sehr einfach.
**Pflanzenschutz** Kommt kaum vor. Manchmal Schneckenfraß verhüten.

lingen oder Verwendung selbst ausgesamter Jungpflänzchen (nicht bei allen kultivierten Formen).
**Sortiment** Am häufigsten im Handel und in einfacher Zimmerkultur findet sich *Pilea cadierei,* 1938 in vietnamesischen Urwäldern entdeckt und nicht zuletzt wohl wegen der politischen Ereignisse erst 1948 bei uns eingeführt. Die Blumenfreunde haben sie damals schier als »Ereignis« begrüßt, denn solche echte Neuheit kommt ja nicht alle Tage vor. Die Grundhöhe der krautigen Pflanze von 20–25 cm wird durch unschönes Längenwachstum bald überboten; es kann zwar durch Rückschnitt etwas im Zaum gehalten werden, aber die schon erwähnte alljährliche Nachzucht hübscher buschiger Jungpflanzen ist doch besser. Die Blätter sind gestielt, 10–12 cm lang, eiförmig, dunkelgrün, oberseits mit vier Reihen silberweißer Flecke zwischen den Blattadern, daher auch der Name »Aluminiumpflanze«. Unscheinbare weißliche Blütchen im Frühling und Frühsommer. – *P. cadierei* 'Minima': reizende Zwergform, 12–15 cm hoch. – *P. involucrata,* auch als *P. pubescens* im Handel, deren aparte Schönheit für sich selber spricht (Bild). – *P. microphylla* (Handelsname *P. muscosa*), die 'Moosartige' aus dem tropischen Amerika, wo sie bis in Höhen von über 2000 m emporsteigt; als Warmhauspflanze wie im Freiland als Bodenbedecker verwendbar. – *P. spruceana* aus Peru und Venezuela; 10 cm hohes Kraut, das Ausläufer treibt, auffallend hellgrüne Nesselblüten bringt und seinen Blütenstaub ebenso wie *P. cadirei* »verschießt«; dazu die bildschöne Zuchtform 'Norfolk' (Bild) mit breiten Silberstreifen beiderseits der Blattmitte und ebenso reizenden Blüten.
**Pflege** Standort für alle genannten Formen halbschattig bis schattig mit viel Frischluft; Wintertemperatur nicht unter 10° C und nicht über 18–20° C. Etwas Luftfeuchtigkeit nur bei Austriebsbeginn im Frühjahr erwünscht, sonst nicht erforderlich. *P. cadierei* als Jungpflanze bei Austrieb stutzen.

*Pilea involucrata,* Familie Urticaceae / Nesselgewächse

# Piper Pfeffer

Jede Hausfrau weiß es: nicht alles, was sich »Pfeffer« nennt, ist wirklich Pfeffer. *Capsicum annuum,* der Zier- oder Weihnachtspfeffer, ist zwar ebenso wie sein nützlicher großer Bruder Paprika »pfefferscharf«, jedoch ein Nachtschattengewächs. Hier aber kommt nun der echte Pfeffer!

**Herkunft** Zu seinen rund 700 Arten, die in den Tropen aller fünf Erdteile verbreitet sind, gehören auch jene Pflanzen, die unsere schwarzen und weißen Pfefferkörner für den Küchengebrauch liefern.

**Sortiment** *Piper nigrum,* der Schwarze Pfeffer, aus dessen reifen Früchten man in den »Pfefferländern« des tropischen Asien die weißen und die schwarzen Pfefferkörner gewinnt, ist zugleich eine reizende, anpassungswillige Zimmerpflanze. Vorzüge: klettert am Topfspalier oder hängt in der Ampel; wächst sehr langsam noch am schattigen Platz; verträgt normale Zimmertemperatur, die nur in der winterlichen Ruhezeit etwas niedriger (12–14° C) sein sollte.

Die ausgesprochenen Schmuckpfeffer wie *P. ornatum* (Bild) von der Insel Celebes, *P. porphyrophyllum* aus Indonesien oder *P. sylvaticum* mit unbekannter Herkunft sind buntblättrige Pflanzen von großer Schönheit. Sie gehören deshalb zu vollem Gedeihen ins Tropenfenster mit hoher Luftfeuchtigkeit, Schatten und 16–18° C im Winter. Gießen mit enthärtetem Wasser nicht zu reichlich. Düngen von März–Aug. alle 2 Wochen. Umtopfen nach Bedarf bei Austriebsbeginn (EE, auch TKS).

**Vermehrung** Nur im Warmbeet.

*Piper ornatum,* Schmuckpfeffer, Familie Piperaceae / Pfeffergewächse

**Pflanzenschutz** Blattrollen bedeutet zu trockene Luft. Weiße Perlchen an den Blattunterseiten sind natürliche Ausscheidungen.

# Pisonia Pisonie

Als sie vor einigen Jahren am Blumenmarkt auftauchte, gab es Enthusiasten, die in dieser hübschen weißbunten Blattpflanze eine echte Konkurrentin für manchmal etwas heikle weißbunte Gummibäume erblickten. Doch als *Ficus elastica* 'Doescheri' erschien, rückte *Pisonia* wieder in den Hintergrund.

**Herkunft** Man nennt die Pisonien, von denen etwa 30 Arten bekannt sind, »pantropische« Pflanzen. Das heißt: sie sind in allen tropischen Gebieten der Alten und der Neuen Welt verbreitet, wie dies beispielsweise auch für *Asplenium nidus,* den Streifenfarn, für die Commelinengewächse oder für die Pfeffergewächse gilt. Anzumerken bleibt noch, daß *Pisonia alba* – auf Hawai wie auf Südseeinseln und in Australien zu Hause – als einzige ihrer Gattung in Zimmerkultur auch eine nahe Verwandte der auf Seite 141 beschriebenen *Bougainvillea* ist. Beide gehören zur Familie der Nyctaginaceen od. Wunderblumengewächse.

**Pflanzengestalt** *P. alba* – nach dem 1648 verstorbenen holländischen Arzt William Piso benannt – wächst in ihren Heimatländern als Strauch oder Baum bis 6 m hoch. Sie hat wie das Farbbild deutlich zeigt – gegenständige, fast quirlartig angeordnete Blätter von Gummibaumformat mit hübscher weißbunter Zeichnung.

**Pflege** Manche sagen, die *Pisonia* sei eine Warmhauspflanze. Ich selbst habe sie mehrere Jahre lang in Erdkultur wie in Hydrokultur ohne Tropen- oder Blumenfenster – einfach als Einzelpflanze ausprobiert. Sie wurde wie ein Gummibaum behandelt und gedieh prächtig dabei.

*Pisonia alba,* Pisonie, Familie Nyctaginaceae / Wunderblumengewächse

# **Pittosporum** Klebsamen

Touristen, die in den Bergwäldern von Madeira und Teneriffa umhergestreift sind, berichten manchmal von der Begegnung mit einem Strauch, der ihnen durch seine lieblich duftenden, weißen Blüten auffiel. Dieser Strauch ist – keiner weiß, warum – so etwas wie eine halbvergessene Großmutterpflanze geworden.

**Herkunft** Was auf den beiden Inseln wächst, ist nur eine von rund 150 Arten, deren Verbreitungsgebiet von China und Japan bis nach Australien und Neuseeland reicht. Kaum eine Handvoll davon kam – teilweise schon vor 200 Jahren – in gärtnerische Kultur.

**Pflanzengestalt** Immergrüne Sträucher oder kleine Bäume. Blätter lederartig, ganzrandig oder buchtig gezähnt, meist quirlig angeordnet. Blüten duftend, Farben artverschieden. Blütezeit Sommer. Die in lederartige oder holzige Fruchtkapseln eingebetteten Samen sind von einer stark klebrigen Flüssigkeit umgeben: daher Familien- und Gattungsname »Klebsamen«.

**Sortiment** *Pittosporum coriaceum,* der Lederartige Klebsamen, ist jene Art, die man auf Madeira und auf Teneriffa findet. – *P. crassifolium,* der Dickblättrige Klebsamen, stammt aus Neuseeland; seine dunkelroten Blüten erscheinen büschelweise in endständigen Rispen. – Ebenfalls aus Neuseeland kommt *P. tenuifolium,* der Dünnblättrige Klebsamen. Mit sehr dicht stehenden hellgrünen, am Rand gewellten Blättern und dunkelroten Blüten gilt er als besonders schön und dekorativ. – Am beliebtesten aber war schon im Biedermeier *P. tobira,* der japanisch benannte Tobira-Klebsamen: in der subtropischen Zone Chinas und Japans zu Hause, mit 10 bis 12 cm langen, glänzend dunkelgrünen Blättern und ab Mai in Dolden an den Triebenden erscheinenden gelblichweißen Blüten, die laut einem meiner alten Blumenbücher »ein gantzes Zimmer parfümiren«. – Eine weißbunte 'Variegatum'-Züchtung (Bild) ist auch in den USA sehr beliebt; sie bringt aber keinen vergleichbaren Blütenflor.

**Pflege** Das Verschwinden eines sonst so rühmenswerten Gewächses aus dem Blumenhandel hat verständliche Gründe: der Klebsamen ist mehr Freiland-Kübelpflanze mit Überwinterung bei 4–8° C als ganzjährig in Wohnräumen kultivierbare Zimmerpflanze. Man gebe ihm viel Licht und halte ihn insgesamt wie Callistemon, Myrte und Oleander.

**Vermehrung** Durch Stecklinge und Samen.

*Pittosporum tobira* 'Variegatum', Tobira-Klebsamen, Fam. Pittosporaceae / Klebsamengewächse

# Platycerium Geweihfarn

Vor nicht allzu langer Zeit war dieses Mitglied der Familie Tüpfelfarngewächse noch ein vielbestaunter Fremdling von exotischer Gestalt. Sein exotisches Aussehen besitzt er zwar immer noch, er hat sich inzwischen aber zu einer echten Heimpflanze mit gern gewährtem Anspruch auf freundschaftliche Bindung entwickelt.

**Herkunft** Zur Gattung *Platycerium* gehören 17 Arten, deren Heimatgebiete sich von Südchina über Indien bis Australien erstrecken. Aber auch in feuchtwarmen Regenwäldern Mittel- und Südamerikas sowie in Ost- und Westafrika gibt es Geweihfarne.

**Pflanzengestalt** Alle wachsen epiphytisch, oft riesigen Nestern gleich, hoch oben in den Kronen der Urwaldbäume. Alle halten sich dort in Astgabeln und ähnlichen, mit verrotteten Pflanzenteilen angereicherten Vertiefungen, wobei außer den Wurzeln auch gerippte Schuppen der Nahrungsaufnahme dienen. Alle haben zwei Arten von Blättern: 1. Breite Nischen- oder Mantelblätter liegen mehr oder weniger senkrecht tellerartig übereinander, treiben auf der »Frontseite« aus dem Wachstumszentrum der Pflanze hellgrün aus, während die dahinterliegenden älteren Blätter immer mehr bräunen und an der gerundeten Innenseite von unten her allmählich verrotten. So bilden sie selbst Humus, mit dem die eigenen Wurzeln versorgt werden. Die Nischen- oder Mantelblätter sind steril, das heißt: sie können keine Sporen zur Vermehrung bilden. 2. Aus dem Vegetationspunkt des obersten Nischen- oder Mantelblattes entspringen – je nach Art sehr unterschiedlich geformt – die an der Basis stets schmalen, dann sich geweihartig verbreiternden Sporenblätter. Sie werden bei manchen Arten über meterlang und laden weit nach vorn aus. Im Jugendstadium sind sie meist mit weißem Flaum bedeckt, der sich mit zunehmendem Alter vor allem im Bereich der Gabelungen verliert. Sporenbildung siehe Vermehrung.

**Sortiment** Am härtesten und daher am häufigsten ist *P. bifurcatum* (Handelsname häufig noch *P. alcicorne*), der Zweigabelige Geweihfarn, im tropischen Australien zuhause, mit seinen beiden Varietäten 'Hillii' und 'Majus'. Das Bild zeigt ein Prachtexemplar von *P. bifurcatum,* seit acht Jahren im Besitz der Verfasserin, ⌀ über 1 m. – Auch der Javaner *P. willinckii* mit besonders intensivem »Filzbelag« kommt gerade noch für sorgfältige Zimmerkultur in Frage, wird aber bei gutem Gedeihen bald riesengroß. – Alle anderen Arten, voran das herrliche *P. grande* mit über 50 cm breiten Mantelblättern und das noch größer werdende *P. wilhelminae reginae* (Bild einer Jungpflanze siehe S. 304) gehören in die Warmhauskultur eines sehr großen Blumenfensters, besser ins Kleingewächshaus.

**Pflege** Gemessen am natürlichen Wuchs der Geweihfarne als Epiphyten in Baumkronen ist das »Einpflanzen« in Blumentöpfen völlig widersinnig. Die Platycerien gehören in Pflanzgefäße zum Aufhängen, wie man sie für die Kultur der Baumorchideen verwendet, kleinere Exemplare auch auf Epiphytenstämme. Während der Wachstumszeit hohe Luftfeuchtigkeit; im Winter der Raumtemperatur anpassen. Lufttrockenheit voll beheiz-

*Platycerium bifurcatum,* Zweigabeliger Geweihfarn, Familie Polypodiaceae / Tüpfelfarngewächse

ter Räume wird schlecht vertragen. Bei Sprühen Benetzung der Blätter tunlichst vermeiden, nicht nach 15 Uhr, damit die Pflanze vor Abend trocknet. Im Winter 16–18° C, nächtliche Abkühlung bis 15° C nicht schädlich.

**Gießen** März/Apr.–Aug. reichlich, temperiert, pH 4–4,5. Winter sparsamer, doch Ballentrockenheit streng vermeiden; sie kann tödlich sein.

**Düngen** Apr.–Aug. flüssig, kalkfrei (Crescal, Compo flüssig, Nährlösung der Hydrokultur).

**Umsetzen** Bei jüngeren getopften Exemplaren einfach. Bei hängenden älteren Pflanzen ist es oft schwierig; daher besser nur Oberschicht vor Wachstumsbeginn mit Farnsubstrat (TKS mit zerhackter Osmunda und Polypodium) auffrischen.

**Vermehrung** Sporenbildung in samtbraunen Flächen auf der Unterseite der Geweihblätter in Heimkultur selten. Aussaat und Anzucht ist Gärtnersache.

**Pflanzenschutz** Zugluft und Lufttrokkenheit mit zuviel Wärme im Winter bringt hartnäckige Schildlausplage.

*Platycerium grande,* Großer Geweihfarn, Jungpflanze, Familie Polypodiaceae / Tüpfelfarngewächse

## **Plectranthus** Harfenstrauch

Warum die Gattung »Harfenstrauch« heißt, ließ sich nicht ermitteln. Sie interessiert auch nicht so sehr wie die Art *Plectranthus fruticosus,* der wackere Hausfrauen um 1820 den achtunggebietenden Namen »Mottenkönig« gaben, weil sie sich als mottenvertreibende Duftpflanze immer neu bewährte.

**Herkunft** Es gibt an 200 Arten in den Tropen der ganzen Welt, jedoch nur zwei aus Südafrika, von denen der »Mottenkönig« auch heute, trotz aller chemischen Schädlingsbekämpfungsmittel, noch immer die bekanntere ist.

**Pflanzengestalt** Immergrüner, bis 1 m hoher Strauch mit etwas rauhhaarigen Blättern an rötlichen Stielen. Von Spätherbst bis Nachwinter halten sich zahllose aufrechte Rispen mit blauen Blütchen; die Blütenlippe ist meist zart punktiert. Außer diesem *P. fruticosus* mit seiner bescheidenen Anmut und leichten Kultivierbarkeit ist noch als Ampelpflanze und Bodenbedecker der kriechende und hängende *P. oertendahlii* mit weißbunt gezeichneten Blättern und weißen, bis 15 cm langen Blütentrauben zu nennen.

**Pflege** *P. fruticosus* wünscht einen hellen, sonnigen Fensterplatz, wo er ganzjährig ungestört ist. Volle Beheizung sollte vermieden werden. Beste Wintertemperatur sind 12–15° C. Lufttrockenheit wird vertragen. Als Winterblüher kennt er keine eigentliche Ruhezeit, jedoch muß man nach der Blüte das Gießen einschränken, kräftig zurückschneiden, Mindesttemperatur von 10–12° C nicht unterschreiten.

**Umtopfen** Ältere Pflanzen alle zwei Jahre in reichlich große Töpfe.

**Vermehrung** Mit Kopfstecklingen.

*Plectranthus fruticosus,* Mottenkönig, Familie Labiatae / Lippenblütler

# **Plumbago** Bleiwurz

Die Gattung mit etwa 20 Arten heißt angeblich nach *Plumbago europaea,* deren Saft die menschliche Haut bleigrau färben soll (von lat. *plumbum* = Blei). Zur Familie der Bleiwurzgewächse zählen etliche schöne Gartenstauden wie *Acantholimon,* das Igelpolster, *Armeria,* die Grasnelke, und *Limonium,* der bekannte Meerlavendel. Ein entfernter Verwandter ist der Guttaperchabaum.

**Herkunft** Als Zimmer- und Kübelpflanze ist nur *Plumbago auriculata* zu nennen. Sie trägt noch heute den Handelsnamen *P. capensis,* der sie als »Kapländische Bleiwurz« und südafrikanische Tropenpflanze ausweist.

**Pflanzengestalt** Aufrecht wachsender, nur sommergrüner, etwas sperriger Halbstrauch; er läßt sich durch Entfernen der Seitentriebe bis zur gewünschten Höhe auch als hübscher Halb- und Hochstamm ziehen. Bis zur Kronenbildung dauert es allerdings gut drei Jahre (über Erziehung zum Hochstamm siehe auch Abutilon S. 114). Stengel langtriebig, im Blütenschmuck hängend und ebenso wie die Unterseiten der dunkelgrünen, kurz gestielten kleinen Blätter mit weißlichen Schüppchen bedeckt. Blüten fünfteilig weit aufgeschlagen, mit langer, drüsig-klebriger Kelchröhre; sie bilden endständige, ährige Büschel; Blütenfarbe der Art: lichtes Himmelblau; eine weiße Varietät ist 'Alba'. Bei genügend Wärme Flor von Mai bis Herbst.

**Pflege** *P. auriculata* kann zwar – vor allem ehe sie zu groß geworden ist – ganzjährig im Haus gehalten werden. Sie bevorzugt aber das Übersommern im Freien am warmen, geschützten Standort, wo sie nach Art der Lilien »kühlen Fuß und sonnige Krone« geboten bekommt. Als Tropenpflanze ist sie sehr frostempfindlich. Vor dem herbstlichen Laubfall gibt es schon bei Temperaturen unter 6–8° C Unterkühlungsschäden. Winterruhe bei 6–8° C, trotz Blätterlosigkeit hell stellen, nicht in den dunklen Keller. Frühjahrsaustrieb soll durch Kühle möglichst lange zurückgehalten werden.

**Gießen** Bei Sommerblüte reichlich. Über Winter gerade feucht halten.

**Düngen** Frühjahr bis August normal.

**Umsetzen** Nach Bedarf vor Austrieb, dabei kräftig zurückschneiden. Erde: EE oder Kübelpflanzenerde mit Vorratsdünger wie Oleander (S. 270). Rückschnitt ohne Umsetzen jährlich.

**Vermehrung** Saatgut im Exotenhandel. Stecklingsvermehrung im geschlossenen Vermehrungsbeet: beides ist langwierig.

**Pflanzenschutz** Ballentrockenheit im Sommer und zuviel Nässe im Winter vermeiden. Beides beeinträchtigt die Blühwilligkeit.

*Plumbago auriculata,* Bleiwurz, Fam. Plumbaginaceae / Bleiwurzgewächse

# **Polyscias** Fiederaralie

Das Bild ist kein Versehen, sondern zeigt wirklich diese Pflanze, die zu den Araliengewächsen zählt und auf deutsch »Fiederaralie« heißt, obwohl sie gar nicht nach »Fiedern« aussieht. Es ist die am meisten kultivierte Zuchtform *Polyscias balfoureana* 'Peacockii' ('Pennockii') mit gelb gefleckten und marmorierten Blättern.

*Polyscias balfouriana* 'Peacockii', Fiederaralie, Familie Araliaceae / Araliengewächse

Die Art *P. balfoureana* stammt aus Neukaledonien und ist als hoher Gartenstrauch in vielen tropischen Ländern verbreitet, in Warmhauskultur wird sie ein dicht belaubter Busch. Unverholzte Stämmchen sind hellgrün mit dunkleren Streifen. Die immergrünen, am Rand unregelmäßig weiß gefleckten rundlichen Blätter stehen jeweils zu dritt an 12–15 cm langen Stielen. Andere Arten, wie *P. filicifolia, P. guilfoylei* oder *P. paniculata* (alle aus dem Südseebereich), haben echte Fiederblätter. – *P. balfoureana* eignet sich für Blumenfenster, Wintergärten und Kleingewächshäuser mit Wärme und hoher Luftfeuchtigkeit. Stand schattig ohne direkte Besonnung. Wintertemperatur 16–18° C. Einfache Zimmerkultur wird nur vorübergehend ertragen. Allgemeine Pflege etwa wie *Dizygotheca* bei insgesamt höheren Ansprüchen. – Stecklingsvermehrung im geschlossenen Vermehrungskasten bei 25–30° C Bodenwärme leicht, wenn das technische Rüstzeug vorhanden ist.

# **Polystichum** Schildfarn

Um es gleich richtigzustellen: *Polystichum,* der Schildfarn, und *Cyrtomium,* der Stechpalmenfarn (S. 186), werden infolge Benennungs-Neuerungen gelegentlich in einen Topf geworfen. Tatsächlich gehören sie aber zwei verschiedenen Gattungen der »Jungfamilie« *Aspidiaceae* oder Schildfarngewächse an.

**Herkunft** Den Liebhaber werden diese systematischen Feinheiten wohl weniger interessieren als die Frage nach dem Woher und Wohin des Schildfarns. Mit über 200 Arten in aller Welt stellt er ein beachtliches Sortiment schöner immergrüner und völlig winterharter Freilandfarne. Die Zahl der nicht winterharten Arten für Zimmer- oder Warmhauskultur – meist aus dem ostasiatischen Raum – ist demgegenüber klein.

**Pflanzengestalt** Erdfarne, die aus Erdstämmen oder Rhizomen dichte Büschel gestielter, aufrechter Wedel verschiedener Form emporschicken. Die Sporenbehälter sind blattunterseits auf dem Rücken der Adern angeordnet. Zwei Arten verdienen Aufmerksamkeit: 1. *Polystichum auriculatum,* ein mehr der Warmhauskultur zuneigender Farn aus vorderindischen Bergwäldern, sowie das in China und Japan beheimatete *Polystichum tsus-*

simense, ein wegen seiner Anspruchslosigkeit in Holland und den nordischen Ländern hochgeschätzter Kalthausfarn, dessen Kleinheit und langsamer Wuchs ihn auch für einfachste Zimmerkultur bei beengtem Raum empfiehlt. – Sehr reizend, doch nicht häufig erhältlich sind einige Sorten von *P. setiferum,* wegen vielfältiger Teilung ihrer Fiedern »Filigranfarne« genannt: 'Plumosum densum', der moosgrüne Flaumfeder-Filigranfarn, ist wohl der schönste von ihnen; 'Proliferum', der Brut-Filigranfarn, bildet an seinen schmalen, fein zerteilten Blättern Brutknöllchen; 'Proliferum wollastonii' ist kräftiger im Wuchs.

**Pflege** Insgesamt wie *Pteris;* über Sommer reichlich gießen (pH-Wert beachten!), nie ballentrocken werden lassen. Wintertemperatur möglichst nicht über 10° C, mit Gießen zurückgehen. Nicht öfter als einmal monatlich düngen. Umtopfen nach Bedarf im März.

**Vermehrung** Die Arten aus Sporen, soweit erhältlich; die Zuchtformen nur durch Teilung im Herbst oder mit den erwähnten Brutknöllchen: Blattstücke mit Knöllchen im Sommer auf gut durchfeuchtete Anzuchterde (Torf!) legen, bei 18–22° C zur Bildung von Wurzeln und Jungpflänzchen bringen.

**Pflanzenschutz** Nur Fäulnisgefahr bei Nässe.

*Polystichum tsus-simense,* Schildfarn, Familie Aspidiaceae / Schildfarngewächse

## **Primula** Topfprimel

Primel – *Primula:* das heißt auf deutsch »die Erste im Jahr«. Wir sind es gewöhnt, diese kleinen Freudebringer vor allem im Freien zu suchen: »Himmelsschlüssel schleußt das Tor zum Frühling auf«, heißt es in poetischer Verbrämung. Doch darüber sollen die Topfprimeln als liebe Zimmergefährten nicht vergessen werden.

*Primula malacoides,* Fliederprimel, Familie Primulaceae / Primelgewächse

**Herkunft** Sie sind keine einheimischen Gewächse wie die Wild- und Gartenprimeln, aber auch keine Tropenpflanzen, sondern sie stammen vorwiegend aus gemäßigten Zonen, wo ihnen keine Winterhärte abverlangt wird. Die Familie der *Primulaceae* oder Primelgewächse umfaßt 28 Gattungen mit rund 800 Arten, wovon auf die Gattung *Primula* allein über 500 Arten entfallen. Nur drei bis vier davon sind Topfprimeln.

**Pflanzengestalt** Sie gehören teils zu den einjährigen Kräutern, teils zu den Stauden. Ihre Blätter erscheinen gestielt oder ungestielt in grundständigen Rosetten. Blütenanordnung, -form und -farbe sind art- und sortenverschieden. Blütezeit Frühjahr.

**Sortiment** *Primula malacoides,* die duftende Flieder- oder Brautprimel, ihres Blütenaufbaus wegen auch Etagenprimel genannt, wurde erst 1905/06 aus China in England eingeführt und 1912 auch vom deutschen Gartenbau übernommen. Das nur einjährige Kraut galt zunächst als Freilandpflan-

ze. Erst allmählich entstanden für Topfkultur geeignete Zuchtformen, unter denen gegenwärtig der schweizerische 'Wädenswyler Typ' Vorrang besitzt. Zuchtziel ist ein gedrungener Wuchs der langstieligen, am Grund herzförmigen, oben gerundeten, am Rand leicht gewellten Blätter sowie ein geschlossener Aufbau der »Etagen«, die bis 40 cm hoch werden können und auch geschlossen aufblühen sollen. Die Blüten sitzen quirlig um ihre hohen bemehlten Schäfte. Die Blütenfarben gehen von reinweiß über leuchtend rosa, lachsrosa, feurig-karminrot bis blaurot. Blütezeit je nach Anzucht Dez.–April. Man kauft die blühenden Pflanzen. Wer abgeblühte Etagen immer gleich abschneidet, kann den Flor 2–3 Monate halten.

Fliederprimeln sind sehr anspruchslos, empfindlich nur gegen zuviel Wärme, gegen Sonne und gegen Ballentrockenheit. Heller Standort ohne direkte Besonnung, etwas feuchte, frische Luft und eine Temperatur nicht über 10–12° C sagen am meisten zu. Nach der Blüte trennt man sich von dem einjährigen Kraut, denn es gibt keine Weiterkultur.

*Primula vulgaris* (Handelsname *P. acaulis*), die Kissenprimel, gilt als älteste und wichtigste Gartenprimel, wurde aber immer mehr auch zur ebenso wichtigen Topfblume. Man spricht bei ihr vom »Weltsortiment« und bietet $F_1$-Hybriden in allen Farben an, von weiß über gelb mit rötlicher Schlundäderung, verschiedene Rottöne bis dunkelblau.

Kissenprimeln werden gern auch zur Schalenbepflanzung und für Balkonkästen verwendet. Kühler, luftiger, halbschattiger Stand, gleichmäßig feuchthalten. Blütezeit Dez.–Mai; nach der Blüte in den Garten setzen. Keine Weiterkultur im Zimmer.

*Primula sinensis* Die Chineserprimel wurde schon 1821 aus Kanton/China nach England gebracht und dort in zahllosen Sorten gezüchtet. Es gibt riesenblütige, rosenblütige, gefüllt-nelkenblütige Rassen. Die trichterförmigen Blüten mit aufgeblasenem Kelch erscheinen in Dolden oder Quirlen. Blütezeit ist Febr.–Mai. Blätter gestielt, groß, rundlich, gelappt und sind gezähnt, dunkelgrün. Die ganze Pflanze ist behaart.

Die Chineserprimel ist eine ausdauernde Zimmerpflanze von guter Haltbarkeit. Sie liebt einen hellen, unbesonnten, mäßig warmen Standort um 15° C. Sie muß wegen ihrer Empfindlichkeit gegen stauende Nässe besonders vorsichtig gegossen werden. Während der Blüte etwas reichlicher gießen, sonst ganzjährig gleichmäßig feucht halten; keine eigentliche Ruhezeit. Düngung mit Vorsicht, da salzempfindlich: halbe Konzentration alle 2 Wochen. Umtopfen nach der Blüte, keine zu großen Pflanzgefäße; Erde leicht, humos, EE oder TKS mit Beigabe von etwas scharfem Sand. Die Vermehrung aus Samen (800–1200 Korn auf 1 g!) ist gärtnerische Feinarbeit mit Unterglaskultur.

*Primula x kewensis* entstand 1898 als zunächst unbeabsichtigtes Zuchtprodukt in den Gewächshäusern von Kew Gardens bei London. Die ganzen Pflanzen sind meist bemehlt, es gibt aber auch unbemehlte Spielarten. Die Blätter sind länglich-eirund, unregelmäßig gezähnt, runzelig. Die Blüten stehen auf bis 30 cm hohem Schaft – ähnlich wie bei der Fliederprimel – in mehreren vielblütigen Quirlen übereinander. Die Blütenfarbe ist reines Kanariengelb wie bei keiner anderen Primel; natürliche Blütezeit Febr. bis April, je nach Anzucht auch früher und länger. Eine der besten Topfprimeln, auch für Schalenbepflanzung, doch leider nur einjährig. Pflege wie *P. malacoides.*

*Primula obconica,* die altberühmte und wegen ihrer Allergiewirkung auch ein wenig berüchtigte Becherprimel, kam um 1880 aus China nach England. Die ganze Pflanze ist mehr oder we-

*Primula vulgaris,* Kissenprimel, Familie Primulaceae / Primelgewächse

*Primula obconica,* Becherprimel, Familie Primulaceae / Primelgewächse

niger weich behaart. Die lang gestielten Blätter sind bis 25 cm lang, bis 12 cm breit, saftig grün, mit leicht ausgebuchtetem, gewelltem Rand. Blütenschäfte, einzeln oder zu mehreren, werden bis 25 cm hoch; Blüten in mehrblütigen Dolden, erreichen bis 8 cm ⌀. Sie zeigen vorwiegend rote, rosa und lavendelblaue Töne. Die Blütezeit erstreckt sich fast auf alle zwölf Monate. *P. obconica* kann jederzeit zum Blühen gebracht werden, doch sind die in gärtnerischer Kultur überwinterten, im Frühjahr mit der Blüte einsetzenden Stöcke mehr gefragt. Ihr Flor hält am längsten und eignet sich sogar zum Schnitt.

Die Becherprimel wünscht einen halbschattigen, doch hellen und kühlen Standort; Wintertemperatur nicht über 12–14° C. Wässern und düngen wie *P. sinensis.* Richtige Pflege und ständiges tiefes Wegschneiden verblühter Stengel bewirken kräftiges Wachstum, das eine Weiterkultur im Topf – auch mit Übersommern im Garten – ermöglicht. Einräumen dann rechtzeitig vor den ersten Nachtfrösten im September oder Oktober.

Unangenehm: Das in den Drüsenhaaren der Pflanze vorhandene Primelsekret Primin kann Hauterkrankungen verursachen. Priminfreie Züchtungen, wie die 1958 erschienene *P. obconica arendsii* 'Multiflora' war in ihrer äußeren Erscheinung aber nicht so ansprechend, daß sie sich durchsetzen konnte. Man hört kaum noch von ihr.

**Zusammenfassung** Alle Primeln wollen Halbschatten, mehr Helligkeit nur im Winter. Alle Primeln brauchen kühle Überwinterung um 10–12° C. Alle Primeln sind empfindlich gegen Ballentrockenheit, aber auch gegen stauende Nässe. Gießwasser temperiert, pH 5,5–6,5 – *P. obconica* bis pH 7. Zu kalkhaltiges Wasser bringt gelbe Blätter. Zu hohe Winterwärme bewirkt Verkürzung der Blütezeit und Verblassen der Farben.

# **Pseuderanthemum** Schein-Eranthemum

Früher hieß es *Eranthemum* und wird nach wie vor als solches im Handel geführt. Einige Arten der alten Gattung leben auch noch weiter unter diesem Namen. Andere wurden abgetrennt und beispielsweise der Gattung *Pseuderanthemum* zugeteilt. So erging es auch dem buntblättrigen *P. atropurpureum* (Bild).

**Herkunft** Es kommt vermutlich von irgendwelchen Südseeinseln, soll verwildert auch in Südamerika zu finden sein. In vielen tropischen Ländern wachsen mehr als 50 Arten.
**Pflanzengestalt** Ein halbes Dutzend hübscher, manchmal auch blühender Blattpflanzen ist in Kultur. Es sind Sträucher und Halbsträucher, die sich reichlich verzweigen und bis Metergröße erreichen können. Blätter meist breit eiförmig bis elliptisch, spitz zulaufend, auffallend bunt gefleckt, geädert oder marmoriert. Blüten bilden im Frühsommer achsel- oder endständige Ähren; Farbe meist weiß mit purpurrot. Schöne Arten sind noch *P. reticulatum* (kaum blühend) und *P. sinuatum*, Blüte Juni bis August.
**Pflege** Typische Akanthusgewächse für Warmhauskultur im geräumigen Blumenfenster; heller Stand ohne Sonne, viel Wärme und Luftfeuchtigkeit. Im Winter 16–18° C, sonst Unterkühlungsschäden durch »kalte Füße«.
**Gießen** Feuchthalten ohne stauende Nässe; während der Wachstumsruhe (Okt.–Jan.) etwas zurückgehen (pH 5 bis 5,5). Glatte Blätter, unempfindlich, keine Sprühflecke.
**Düngen** April–August sparsam alle 3 Wochen; flüssig, da salzempfindlich.
**Umtopfen** Nachwinter, flache Gefäße.
**Vermehrung** Durch Stecklinge im Warmbeet leicht; häufige Nachzucht ratsam.
**Pflanzenschutz** Bei Kulturfehlern Schildläuse, Rote Spinne, Thrips.

*Pseuderanthemum atropurpureum*, Fam. Acanthaceae / Akanthusgewächse

# **Pteris** Saumfarn

»Saumfarn« heißt er wegen seiner saum- oder bandartig an den Fiedern sitzenden Sporen. Er wird auch »Flügelfarn« genannt, weil seine Wedel Flügelform haben. Gleiches drückt auch der aus dem Griechischen abgeleitete botanische Name aus, denn *pteron* heißt soviel wie Flügel. Er ist eine internationale Größe.

**Herkunft** Weltgültigkeit besitzt der Saumfarn schon seines Vorkommens wegen: die heute zur Familie der Pteridaceen erhobene Gattung *Pteris* ist mit rund 300 Arten in den Tropen und Subtropen aller fünf Erdteile verbreitet. Alle sind echte Erdfarne, wurzeln also im Boden. Mindestens ein halbes Hundert Arten und Sorten dürften in Kultur sein – in klimatisch günstigeren Ländern als Freilandpflanzen, in kühleren Zonen als hochgeschätzte Zimmerpflanzen.
**Pflanzengestalt** Aus Erdstämmen oder Rhizomen sprießen buschig wachsend oder an häufig strohgelben bis rötlichbraunen, dünnen, bis 30 cm hohen Stielen die mannigfaltig geformten, auch mit gegabelten Seitenfiedern ausgestatteten Wedel. Dunkelbraune Sporenhäufchen oder Sori bilden durchgehende Linien auf den rückseitigen Rändern der Blattfiedern.
**Sortiment** Die bekannteste Art mit vielen, zum Teil buntblättrigen Sorten ist *Pteris cretica;* am weitesten verbreitet ist wohl *P. cretica* 'Wimsettii' (Bild); sehr beliebt ist auch 'Major' als anspruchslose Marktsorte; ebenso die besonders hübsche, buschig wachsende 'Rivertoniana' mit feiner gefiederten, dichteren Blättern; zart weißbunt ist 'Albo-Lineata', deren breitere Fiedern ein grünlich-weißes Mittel-

*Pteris cretica* 'Wimsettii', Kretischer Saumfarn, Familie Pteridaceae / Saumfarngewächse

band zeigen. – Im tropischen Asien, Australien und auf einigen Südseeinseln zu Hause ist *P. ensiformis,* zwar selbst kaum noch in Kultur, dafür aber Stammutter zweier sehr berühmter weißbunter Sorten: 'Victoriae' war lange Zeit das Lieblingskind der Gärtner für Schalenbepflanzung, bis die belgische Züchtung 'Evergemiensis' mit dem Silberschimmer ihr ein wenig den Rang ablief. Beide sind aber als Abkömmlinge ausgesprochener Tropenfarne für einfache Zimmerkultur nicht unbedingt zu empfehlen. – Hart und nicht so starkwüchsig ist dagegen *P. multifida* (Handelsname auch *P. serrulata*) aus dem ostasiatischen Raum mit der hübschen Sorte 'Cristata' (Bild). – Als große, schnellwüchsige Dekorations- und Zimmerpflanze gilt die Australierin *P. tremula,* deren Wedel auf 30 cm hohen kastanienbraunen Stielen bis 1.20 m lang werden. – Noch härter als *P. cretica* 'Major' ist schließlich *P. umbrosa,* die selbst im tiefsten Schatten gut gedeiht; ihre glänzend-dunkelgrünen Wedel werden bis 60 cm lang, die rotbraunen Stiele bis 50 cm.

**Pflege** Standort ganzjährig im Raum, nur bei warmem Sommerwetter gelegentlich zum Abregnen ins Freie bringen, aber halbschattig, keine direkte Besonnung! Hauptwachstum März bis Juli, Ruhezeit Okt.– Febr. Beste Überwinterungstemperatur der härteren grünen Formen 10–12° C; buntblättrige 16–18° C. Zur Unterstützung der Luftfeuchtigkeit und als Schutz vor Ballentrockenheit getopfte Farne möglichst in feuchten Torf eingesenkt halten; dazu weiter Übertopf mit Dränageschicht aus Scherben oder Kies, – besser: Unterbringung im Substrat eines Kastens oder offenen Blumenfensters. Sehr hohe Luftfeuchtigkeit während des Wachstums der neuen Wedel – etwa April/Juli – ist wichtig. Im Winter, bei kühlen Temperaturen, wird normale Raumluft vertragen. Buntblättrige Pflanzen mit mehr Wärmeansprüchen brauchen dann auch etwas Luftfeuchtigkeit.

**Gießen** Reichlich während der Wachstumszeit; Zimmerwärme und Enthärtung beachten: pH 4,5–5,5: beinahe so kalkfeindlich wie Azaleen, Orchideen u. ä. Im Winter je nach Temperatur sparsamer gießen, doch nie ballentrocken werden lassen, weil die Pflanzen dann rasch verdorren.

**Düngen** Alle Farne sind kalk- und salzempfindlich, daher am besten Flüssigdünger wie Compo flüssig oder Spezial-Moorbeetpflanzendünger wie Rhodohum verwenden.

**Umtopfen** Nach Bedarf im Frühjahr vor Austriebsbeginn; manche *Pteris* sind so starkwüchsig, daß zweimal im Jahr umgepflanzt werden muß. Erde: EE mit hälftiger Torfzumischung (feucht!); oder TKS.

**Vermehrung** Am besten aus reifen Sporen, die aus ihren Blättern zu Boden oder in Auffanggefäße mit gut durchfeuchtetem Torf fallen; notwendige Keimtemperatur um 25° C, dann im mäßig warmen Vermehrungskasten weiter kultivieren. *Pteris*-Sporen vieler Arten und Sorten im Fachhandel erhältlich. Stockteilen gelingt nicht immer.

**Pflanzenschutz** Krankheiten und Schädlinge sind selten, manchmal zeigen sich Farnschnecken (2–3 cm lange Nacktschnecken).

*Pteris multifida* 'Cristata', Vielfältiger Saumfarn, Familie Pteridaceae / Saumfarngewächse

# **Punica granatum** Granatapfelbaum

Wo heute im Handel oder unter der Hand blühende Zwerggranatbäumchen oder Stecklinge der großen Stammform auftauchen, denkt sicher kaum jemand daran, daß diese Pflanze – vom Hohen Lied Salomonis über das klassische Altertum bis zum spätgotigen Granatapfelmuster – so viele Jahrhunderte verkörpert.

**Herkunft** Die kleine Familie mit nur einer Gattung, die zugleich die einzige Art ist, stammt aus Nordafrika. Sie breitete sich über Kleinasien bis Persien und Indien aus; sie wurde als Spenderin der köstlichen Granatäpfel überall im Orient kultiviert, bildet dort noch heute – teilweise verwildert – ganze Wälder. Bei uns ist sie eine traditionsreiche Kübelpflanze fürstlicher Gärten.

**Pflanzengestalt** Sommergrüne, sperrige Sträucher bis 2 m hoch; Kleinform *Punica granatum* 'Nana', 50–60 cm, auch als Kronenbäumchen formiert. Die Blätter sind klein, glatt, spitz-eirund und sitzen paarig an rötlichen Stielen. Die Blüten der Stammform, etwa 3 cm breit mit fleischigem Kelchrand, sind leuchtend granatrot, ungefüllt und ungestielt und erscheinen zu dritt oder viert an kräftigen Kurzzweigen. Daneben gibt es gefüllte weiß, gelb, gestreift, gefleckt und salmrot blühende Sorten in Groß und Klein. Blütezeit Sommer bis Frühherbst; Fruchtansätze reifen bei uns nicht aus; sie fallen mit dem Laub ab. Große Pflanzen blühen erst mit 6–8 Jahren.

**Verwendung** Große Pflanzen sind dekorative Kübelpflanzen, kleine eignen sich über Sommer für Zimmer, Balkon, Garten, beide können sehr alt werden.

**Sommer** Nach Maimitte gebe man ihnen einen sehr sonnigen, geschützten Platz im Freien; die Zwergform fühlt sich bei eingesenktem Topf ebenfalls im Freiland am wohlsten, gedeiht aber auch mit viel Frischluft im Raum. Bis Spätsommer sehr reichlich gießen und düngen; ab Sept. Düngung einstellen, Wässern stark einschränken.

**Winter** Der erste Nachtfrost bringt Laubfall im Freien, ungefähr gleichzeitig auch im Zimmer. Danach Ruhezeit am kühlen, frostfreien Ort (4 bis 6° C). Die unbelaubten Pflanzen kaum gießen, nur Austrocknen des Ballens verhindern. Bei Austriebsbeginn ab März hell und etwas wärmer stellen, mehr gießen, allmählich auch düngen.

*Punica granatum* 'Nana', Granatapfel, Fam. Punicaceae / Granatapfelgew.

**Umtopfen** Nach Bedarf, ältere Pflanzen immer seltener; Erde muß nahrhaft sein (Composana, EE).

**Schnitt** Kein Formschnitt; maßvoller Rückschnitt im Nachwinter fördert die Blühwilligkeit.

**Pflanzenschutz** So gut wie unbekannt. Keine Krankheiten und Schädlinge!

# **Rebutia** Rebutie

Alle Kakteenfreunde und solche, die es werden wollen, sind sich einig: mit schuldigem Respekt vor den Lobivien und den Mammillarien schenken sie ihr Herz den Rebutien. Ihre Kleinheit erleichtert das Zusammentragen einer Sammlung selbst bei beschränktem Raum, und viele blühen sogar zweimal im Jahr überreich.

**Herkunft** Die Rebutien kommen aus Nordargentinien und den benachbarten Grenzgebieten Boliviens. Dort wachsen sie oft unter den kärglichsten Bedingungen bis in Höhen von 3600 m in Felsenspalten, zusammen mit dürren Gräsern, was aber nicht heißen will, daß man sie in Heimkultur als Hungerkünstler halten und dann noch große Blühleistungen von ihnen erwarten kann. Sie heißen übrigens nach einem französischen Kakteengärtner namens Rebut, der 1898 in Paris verstorben ist.

**Pflanzengestalt** Der Fachmann bezeichnet die Rebutien als »zwergige,

*Rebutia pygmaea*, Zwergrebutie, Familie Cactaceae / Kakteen

*Rebutia minuscula var. grandiflora*
Familie Cactaceae / Kakteen

kugelige oder etwas verlängerte Pflanzen«, die ähnlich den Mammillarien »spiralig gestellte, niedrige Warzen nebst meist ziemlich kurzen und zarten Stacheln« tragen. Im Gegensatz zu vielen anderen Kleinkakteen entspringen ihre oft erstaunlich großen, überwiegend scharlachroten, aber auch gelben, orangefarbenen oder violettrosa Blüten nicht im Bereich des Scheitels, sondern unweit der Basis.

**Sortiment** Es gibt Dutzende von Arten und Varietäten, von denen nur einige der hervorragendsten genannt seien: *Rebutia chrysacantha,* Nordargentinien, wird bei 4–5 cm ⌀ bis 6 cm hoch, hat goldgelbe Stacheln; Blüte 4–5 cm breit, leuchtend rot. *R. marsoneri,* Nordargentinien, ist wohl eine der größten Arten; sie erreicht bis 8 cm ⌀, ist ziemlich dicht mit gelben bis bräunlichen, oft über 3 cm langen Stacheln besetzt; prachtvolle gelbe Blüten, deren Knospen zuerst karminrot erscheinen. *R. minuscula var. grandiflora* (Bild), Stammform Nordargentinien, ist stark sprossend, mit kleinen weißlichen Stacheln. 'Grandiflora' ist besonders großblütig. Die Varietät 'Violaciflora' hat entzückende violettrosa Blüten, die besonders früh im Jahr erscheinen. *R. pygmaea,* die Zwergrebutie, läßt auf dem Bild S. 312 erkennen, wie reizend so eine Schale mit den Kleinsten der Kleinen aussieht. *R. senilis,* Nordargentinien, dagegen erreicht wie *R. marsoneri* die für Rebutien stattliche Größe von 8 cm Höhe und ungefähr den gleichen Durchmesser; sie ist dicht von schneeweißen, langen, feinen Stacheln umhüllt; die Blüte ist hell karmin bis gelblichrot mit hellerem Schlund. Sie ist eine besonders formenreiche Art. *R. xanthocarpa,* Bolivien, ist eine der kleinsten Arten; sie wird nur 3–4 cm hoch, hat feine weiche 3–6 mm lange Stacheln.

**Pflege** Wie sehr viele Kleinkakteen im Sommer: luftiger Stand im Fenster, auf Tischbeet oder im sachgemäß angelegten Kakteenbeet mit Verglasung im Freien. Prallsonne unerwünscht, Luftfeuchtigkeit bei Hitze günstig, deshalb öfter sprühen. Winter: nach Übergangszeit ab November absolute Ruhe bis Februar, Standort hell, kühl (6–8° C), trocken (Trockenruhe!).

**Gießen** Im Sommer normal, nicht trocken stehen lassen; Nov.–Februar gar nicht gießen, in den Übergangszeiten jeweils langsam umgewöhnen.

**Düngen** April–Juli mit stickstoffarmem Volldünger oder Kakteendünger.

**Umtopfen** Nur nach Bedarf, selten, Erde locker, sehr nahrhaft, zugleich sandig-mineralisch, auch EE möglich.

**Vermehrung** Durch Teilen, vor allem aus Samen, die häufig in Selbstaussaat um die Mutterpflanze keimen oder im Exotenhandel zu beziehen sind. Lichtkeimer, also nur ganz dünn mit Erde abdecken.

**Pfropfen** Ist bei Rebutien beliebt, aber eigentlich unnötig, da sie sehr gut aus eigener Wurzel gedeihen.

**Pflanzenschutz** Im Sommer Rote Spinne und Woll-Läuse infolge Trokkenheit; im Winter Fäulnis durch Nässe und Wärme – das sind die größten Gefahrenquellen.

# Rechsteineria Rechsteinerie

In Fachzeitschriften wird das prunkvolle Gesneriengewächs neuerdings eifrig »zur Sortimentsbereicherung« empfohlen. Aber so hübsch das Patenkind des Schweizer Geistlichen Rats Rechsteiner auch aussieht – die Weiterkultur aus Knollen, die alle Jahre wieder neu anzutreiben sind, ist nicht jedermanns Sache.

Die Erstlinge voll erblühter Pflanzen werden oft schon zum Muttertag angeboten. Man hält sie luftfeucht, schattig, warm und gießt mit enthärtetem angewärmtem Wasser. Fällt mit dem Ende der Blüte die Entscheidung für Weiterkultur, so sind die Wassergaben allmählich einzustellen, damit die Pflanze bis zum Herbst einzieht. Knollen bei 12–15° C trokken im Topf überwintern. Im Febr. bis März aufnehmen, alte Wurzeln entfernen, mit frischer Erde in flache Schalen legen, bei 18–25° C antreiben, zunehmend wässern und düngen. Außer *Rechsteineria cardinalis* (Bild) gibt es noch einige hübsche neue Zuchtformen.

*Rechsteineria cardinalis,* Scharlachrote Rechsteinerie, Familie Gesneriaceae / Gesneriengewächs

# Rhaphidophora Efeutute

Die Sache mit den botanischen Namen ist wirklich so einfach nicht. Früher gab es nur die eine Gattung *Scindapsus,* und jeder wußte, woran er damit war. Dann wurden ihr etliche Arten weggenommen und der Gattung *Rhaphidophora* zugeschlagen. Mit ihr haben wir es hier zu tun. Aber *Scindapsus* gibt es auf Seite 328.

**Herkunft** Die indonesische Inselwelt beherbergt über hundert Arten dieses Aronstabgewächses. Die meisten sind große Lianen, die sich für Liebhaberkultur kaum eignen und nur gelegentlich in botanischen Sammlungen zu sehen sind. Nur *Rhaphidophora aurea,* der alte *Scindapsus aureus,* setzt sein über hundertjähriges Dasein als eine unserer geduldigsten und bescheidensten kletternden Blattpflanzen unter dem zungenbrecherischen neuen Namen fort. Übrigens schrieb er sich nur die erste Zeit nach dem Namenwechsel *Raphidophora.* Inzwischen statteten die Sprachwissenschaftler das weiblich gewordene Gewächs nämlich noch mit einem »h« aus. Daß hier nun *Rhaphidophora* steht, ist also kein Druckfehler!

**Pflanzengestalt** Die Pflanze stammt von den Salomonsinseln und galt so lange als *Scindapsus,* bis ein in den

USA kultiviertes Exemplar ausnahmsweise einmal blühte. Am Bau der Blüte aber erkannten die Botaniker eindeutig, daß diese Pflanze nicht zur Gattung *Scindapsus,* sondern zur Gattung *Rhaphidophora* gehört. Für uns Zimmergärtner sind diese Feinheiten der botanischen Systematik nicht so wichtig. Aber Ordnung muß sein, und so werden Gärtner, Blumenhandel und -freunde sich mit der Zeit vielleicht doch damit abfinden, daß dieser *Scindapsus* keiner mehr ist, auch wenn er für unsereinen noch immer so aussieht. Die zähen, etwas kantigen, gelbgrünen Stengel streben kletternd und sich gern verzweigend nach oben. Sie stützen sich dabei mit kleinen Luftwurzeln ab, die kürzer oder länger wachsend aus den Blattknoten (Nodien) entspringen. Wer sich etwas genauer mit den Blättern befaßt, wird an ihnen interessante Feststellungen machen: die etwas lederige, grüngrundige und von goldgelben Flecken oder Streifen belebte, flach herzförmige Blattfläche ist immer ein wenig ungleichhälftig. Auch sind die Blätter junger Pflanzen meist wesentlich kleiner als Altersformen, wie man es ähnlich bei der ja nah verwandten *Monstera* und manchen *Philodendron*-Arten beobachten kann. Außer der Art *Rhaphidophora aurea* (Bild) gibt es einige sehr aparte Zuchtformen – voran die Sorte 'Marble Queen' (Bild), deren fast reinweiße Blätter bestimmend sind für sehr langsamen Wuchs. Diese internationale Züchtung soll übrigens aus der deutschen Züchtung 'Erich Gedalius' entwickelt worden sein, weshalb ihr vollständiger Name 'Marble Queen gedaliensis' lauten würde . . .

**Pflege** Ganzjährig im Raum halten. Standort halbschattig bis schattig, keine direkte Besonnung. Verwendung als Kletterpflanze am Topfspalier, zur Wandberankung in Blumenfenstern, weniger günstig als Ampelpflanze. Die Wintertemperatur sollte möglichst nicht über 15–18° C betragen, doch halten die Pflanzen es ohne eigentliche Ruhezeit auch im voll beheizten Raum aus. Sie treiben dann allerdings langsam weiter und bilden kleinere, weniger gut ausgeformte Blätter. Mindesttemperatur im Winter nicht unter 12–15° C. Die hellen Zuchtformen sind etwas wärmebedürftiger als die Art.

**Luftfeuchtigkeit** Vor allem während der Wachstumszeit von April bis August erwünscht.

**Gießen** Über Sommer gleichmäßig feucht, im Winter je nach Raumklima etwas trockener halten.

**Düngen** Ab Austriebsbeginn bis August wöchentlich einmal.

**Umsetzen** Bei Austriebsbeginn in flache Gefäße mit humoser, leichter Erde: Composana, EE.

**Vermehrung** Jedes kurze Teilstück mit 1–2 Blattknoten (Nodien) und Luftwurzeln wächst weiter. Noch einfacher: als Bodenbedeckung im Blumenfenster entlanglaufende bewurzelte Triebenden abschneiden und eintopfen. Welches Schnittende in die Erde kommt, ist einerlei.

**Pflanzenschutz** Insektenbefall selten; Blattrollen bei zu trockener Luft.

*Rhaphidophora aurea,* Familie Araceae / Aronstabgewächse

*Rhaphidophora aurea* 'Marble Queen', Familie Araceae / Aronstabgewächse

# **Rhipsalidopsis** Osterkaktus

Der Osterkaktus wird oft mit dem *Zygocactus* oder Weihnachtskaktus von Seite 352 in einen Topf geworfen. In Wahrheit sind es aber zwei verschiedene Gattungen, die zwar viel Gemeinsames haben, jedoch schon durch deutliche Unterschiede ihrer Blütenformen und der Blütezeiten ihre Eigenständigkeit beweisen.

**Herkunft** Als Heimat wird für beide recht großzügig meist Brasilien angegeben. Doch liegen zwischen den ostbrasilianischen Gebieten um Rio de Janeiro, woher die Gattung *Zygocactus* kommt, und den südbrasilianischen Tropenwäldern als Ursprungsland des *Rhipsalidopsis* Hunderte von Kilometern mit beträchtlichen klimatischen Unterschieden.

**Pflanzengestalt** Epiphytisch wachsende kleine Sträucher mit gleichmäßig gegliederten, flachen bis leicht kantigen Sprossen, die im Alter sich runden und borkig werden; die Glieder sind im Schnitt 5 cm lang, 2 cm breit, die Ränder schwach gekerbt. Zahlreiche Verzweigungen. Die weit offenen Blüten stehen in großer Zahl an den Enden der Glieder; die Blütenhüllblätter sind spitz, gespreizt, nach außen aufgebogen. Die zwei Monate lange Blütezeit beginnt meist im April. Alle *Rhipsalidopsis* gedeihen am besten gepfropft auf *Eriocereus jusbertii* oder *Pereskia,* dem bekannten »Unterlagenkaktus«, dessen Kalkfreundlichkeit (bis pH 8!) viele Gießfehler ausgleichen hilft.

**Sortiment** In Kultur sind vor allem *R. gaertneri,* der eigentliche Osterkaktus mit scharlachroten Blüten, und *R. X graeseri* mit außen siegellackroten, innen karminrosa Blüten. Nur 25 cm hoch wird *R. rosea,* ein anmutiges Pflänzchen mit reichem rosa Flor im April – leider nicht häufig.

**Pflege** Es heißt zwar immer, Osterkakteen und Weihnachtskakteen seien in der Pflege gleich. Tatsächlich sind aber die *Rhipsalidopsis* empfindlicher und brauchen mehr feuchte Wärme als die Zygokakteen. Kenner sagen, man solle sie wie Baumorchideen im Tropenfenster oder Kleingewächshaus halten. Ihr Versagen in einfacher Zimmerkultur kommt jedoch weniger von mangelnder Luftfeuchtigkeit als vom Trockenwerden des Topfballens bei ungeschütztem Herumstehen ohne Einbettung in ein feuchtigkeitshaltendes Substrat (Torf!) und Gießen mit zu hartem Wasser. Noch dringender als der *Zygocactus* verlangen folglich die *Rhipsalidopsis* auch kalkarme Erde und enthärtetes Gießwasser (pH 5). Der Standort – ganzjährig im geschlossenen Raum – sei über Sommer halbschattig, ohne direkte Besonnung; ab Januar muß ihr Platz bei 10–12° C hell sein. Sobald sich Knospenansatz zeigt, wieder wärmer stellen, Lichteinfall nicht mehr ändern.

**Gießen** Während der Wachstumszeit Aug.–Dez. reichlich, danach bis Knospenansatz sparsam; dann wieder steigern und luftfeucht halten.

**Düngen** 2–3mal während der Wachstumszeit mit Kakteendünger.

**Umsetzen** Bei Bedarf nach der Blüte in kalkarme, sehr humose Erde.

**Vermehrung** Ausgereifte Triebspitzen wurzeln bei 22° C im Mai/Juni leicht. *R. gaertneri* auch aus Samen.

**Pflanzenschutz** Bei Lufttrockenheit im Sommer Rote Spinne, Wolläuse.

**Wichtig** Bestens für Hydrokultur.

*Rhipsalidopsis gaertneri,* Osterkaktus, Familie Cactaceae / Kakteen

# **Rhododendron** Zimmerazalee

Für den Blumenfreund ist es noch immer etwas befremdend, daß der altvertraute Name »Azalee« für die seit vielen Generationen bekannte und geliebte Pflanze so ganz auf ein Nebengleis geschoben wurde. Doch die botanische Systematik ist darin unerbittlich, auch bleiben Zuneigung wie Pflege ja unangetastet . . .

**Herkunft** Aus ihrer Heimat Ostasien um 1810 eingeführte Gartenpflanzen boten dank ihrer großen Wandlungsfähigkeit englischen, belgischen und bald auch deutschen Züchtern ein weites Experimentierfeld. Es entstanden unzählige, immer prächtigere Formen von internationalem Rang. So wird eine bestimmte Gruppe der alten *Azalea indica* in den USA noch heute als 'Belgian indica' geführt. Stammform der Topfazaleen ist *Rhododendron simsii.* Eine Neuerung unserer Zeit ist *R. obtusum,* die Japan-Azalee (Bild), mit doppelter Verwendbarkeit, zunächst wie Zimmerazalee überwintert, dann im Frühjahr ausgetopft und an schattiger Stelle weiterhin als Freilandpflanze gehalten.

*Rhododendron obtusum,* Japan-Azalee, nach Bonsai-Art mit Seitenwendung gezogen. Familie Ericaceae / Heidekrautgewächse.

*Rhododendron simsii*, Zimmerazalee, Buschform, ungefüllt, Familie Ericaceae / Heidekrautgewächse

**Pflanzengestalt** Baumartige Blütensträucher, auch als Zwergformen, mit braunem Astwerk und grünlichen Zweigen; diese ebenso wie Blattstiele, Blattnerven und Blütenkelche sind mit anliegenden bräunlichen Borstenhaaren bedeckt. Die immergrünen Blätter sind klein, lederartig fest, verkehrt-eirund, an beiden Enden meist leicht zugespitzt; oberseits dunkelgrün, unterseits graugrün. Die Farbskala der Blüten umfaßt zahllose Tönungen von weiß bis dunkelrot, wobei »Blaustichigkeit« als züchterisch unbefriedigend gilt. Es gibt einfache, gefüllte, klein- und großblumige Sorten; alle sind duftlos. Die Blütezeit liegt je nach Sorte und Treibbeginn zwischen November mit Weihnachten und Muttertag.

**Pflege** Wer an die ursprünglichen Lebensbedingungen der Zimmerazaleen als Bewohner frischkühler und luftfeuchter Bergwälder mit ihrem kalkfreien, sehr humosen Boden denkt, kann eigentlich bei der Heimkultur keine Fehler machen. Azaleen kommen üblicherweise blühend ins Haus. Sie dürfen keinesfalls sofort ins vollbeheizte Zimmer, sondern brauchen mindestens für zwei, drei Tage der Umgewöhnung einen halbschattigen Platz bei nicht mehr als 10–12° C. Kann man sie auf Dauer so halten, dann werden sie bei genügend Bodenfeuchtigkeit noch wochenlang weiterblühen und auch keine Blätter verlieren. Im warmen Raum und erst recht bei direkter Besonnung geht das Verblühen sehr schnell, und der Laubfall – auch durch rasche Erkrankung – wird unvermeidlich. Übrig bleibt ein verkahltes, unansehnliches Etwas, das nur noch den Namen »Wegwerfpflanze« verdient.

**Weiterkultur** Alle schroffen Gegensätze vermeiden; keine Ballentrokkenheit, keine stauende Nässe; keine Zugluft; Abgeblühtes mit Stielchen ständig ausbrechen, schlechte Blätter abzupfen. Bis Ende Mai kühl halten. Dann zum Übersommern im Freien, als Voraussetzung für Wiederblüte, Töpfe am halbschattigen Platz im Garten einsenken (Balkon oder Fensterplatz reichen dafür nicht). Vor den ersten Nachtfrösten im Sept. einräumen, wieder hell und kühl stellen; allenfalls bei Vollblüte vorübergehend ins warme Zimmer nehmen.

**Gießen** Während der Blüte und der Wachstumszeit bis Aug. reichlich, dann wegen Triebabschluß und Holzreife – auch der kühlen Raumtemperatur angepaßt – sparsamer. Wasser stets auf pH 4–4,5 enthärten, nur temperiert verwenden.

**Düngung** Nach Blüte bis Mitte Juli. Keine kalkhaltigen Düngemittel.

**Umsetzen** Alle 2–3 Jahre nach der Blüte; fest pflanzen. Azaleenerde, auch TKS oder EE mit Torfzusatz.

**Vermehrung** Ist Gärtnersache.

**Pflanzenschutz** Schädlingsbefall als Folge von Pflegefehlern bekämpfen; typische Azaleenkrankheiten erfordern Ausmerzen der infizierten Pflanzen.

*Rhododendron simsii*, Zimmerazalee, Hochstamm, gefüllt

# **Rhoeo** Rhoeo

Die stattliche Pflanze ähnelt mehr einer Bromelie oder Drazäne. Tatsächlich gehört *Rhoeo spathacea,* die Blütenscheiden-Rhoeo, zur engsten Verwandtschaft der Tradeskantien. Das hört man gern, denn das bedeutet eine echte Bereicherung unseres Zimmerpflanzensortiments: ein schönes Gewächs ohne Probleme.

**Herkunft** Die Abstammung ist etwas ungewiß, auch fallen Gattung und einzige Art wieder einmal zusammen. Man fand die *Rhoeo* schon vor 1788 in Mittelamerika, stellte aber im Lauf von fast zweihundert Jahren fest, daß sie sich auch in anderen tropischen Gebieten ansiedelte und dort verwildert vorkommt.

**Pflanzengestalt** Die grundständigen, schräg aufwärts gerichteten Blätter wachsen als lockere Rosette, sind 20–35 cm lang, 5–7 cm breit und oberseits olivgrün, unterseits meist dunkelrot. Bei der Zuchtform 'Vittata' haben die Blätter oberseits hellgelbe Längsstreifen (Bild). – Die Blütenstände mit vielen weißen Blütchen sitzen in taschenförmigen oder muschelartigen Hochblättern in den Blattachseln der unteren Blätter dicht am Stamm; sie erscheinen in großer Zahl von Ende Mai bis etwa Juli, aber immer nur für kurze Zeit. Doch sind Aussehen der Pflanze und Verlauf ihrer Blüte so eigenartig wie interessant.

**Pflege** An halbschattigem bis schattigem Platz ganzjährig im Zimmer halten. Winterstandort recht hell, ohne direkte Besonnung, nicht unter 16–18° C. Luftfeuchtigkeit während der Wachstumszeit März–August unbedingt erforderlich.

**Gießen** Im Sommer reichlich; Wasser angewärmt, pH 5–6,5. Ab August zurückgehen; von Okt.–Jan. Ruhezeit, trockener halten.

**Düngen** Von März–Aug. Einmal wöchentlich mit Volldüngerlösung.

**Umsetzen** Nach Bedarf im Frühjahr in nicht zu kleine Töpfe; dabei entweder stutzen: gibt Verzweigungen; oder Seitentriebe wegnehmen: eintriebig ist schöner. Erde humos, lokker; Composana, Einheitserde.

**Vermehrung** Seitentriebe wachsen gut, ebenso Kopftriebe. Samen im Exotenhandel erhältlich, keimen leicht. Auch eigenes Saatgut vom Frühsommer ist meist keimfähig. Der Versuch lohnt ebenso wie bei den nahverwandten Tradeskantien.

**Pflanzenschutz** Blätterrollen bei Lufttrockenheit; Abfaulen am Wurzelhals bei zu viel Winterfeuchtigkeit Rote Spinne und Thrips bei Zugluft.

*Rhoeo spathacea* 'Vittata', Rhoeo, Familie Commelinaceae / Commelinengewächse

# **Rhoicissus capensis** Kapland-Klimme

Bild S. 320: *Rhoicissus capensis,* Kapland-Klimme, Familie Vitaceae / Weinrebengewächse

Man muß diese aparte, dabei doch recht »weinrebenmäßige« Pflanze natürlich im großen Zusammenhang der sonstigen Cissusarten sehen, wie sie auf den S. 160–162 ausführlich dargestellt sind. Auf dem bundesdeutschen Markt ist sie vorerst noch eine Neuheit und nicht ohne weiteres zu haben.

**Herkunft** Wenn eine Pflanze die Artbezeichnung *capensis* führt, so kann kein Zweifel an ihrem Heimatland bestehen: Sie stammt aus dem afrikanischen Kapland, dem wir so viele Zimmerpflanzen verdanken.

**Pflanzengestalt** 'Evergreen grapevine' – »Immergrüne Rebe«, so heißt die »Kapland-Klimme« in den USA, und sie wird dort als kräftige Kletterpflanze mit runden Grundknollen, braun behaarten, etwas holzigen Trieben und langstieligen, dicklich-lederartigen, metallisch glänzenden grünen Blättern geschildert. Diese Blätter sind – wie auch unser Bild bestätigt – fast kreisrund oder nierenförmig, 16–18 cm breit, kaum gelappt, wellig gezähnt, unterseits und am Rand rostfarbenfilzig. Blüte in älteren Jahren bringt schwarzrote Beerenfrüchte. Schon allein die Größe und Form der Belaubung lassen die »Immergrüne Weinrebe« als etwas Ungewöhnliches erscheinen. Zugleich erlaubt der insgesamt recht robuste Eindruck erfreuliche Rückschlüsse auf die Widerstandsfähigkeit dieser Pflanze, die auch in einfacher Zimmerkultur kaum Schwierigkeiten macht. Einziger Extrawunsch: die Blätter öfter mal durch vorsichtiges Abwaschen entstauben!

**Pflege** Hier genügt es, auf die Cissusarten vom Kalthaustyp *(C. antarctica, C. rhombifolia)* zu verweisen. Aber *Rhoicissus capensis* ist noch härter als »Känguruhwein« und »Königsklimme«: Er darf in einigermaßen geschützten Lagen über Sommer ohne weiteres im Freien stehen. In südlicheren europäischen Ländern – etwa an der italienischen und französischen Riviera – wird er gern als prachtvolle Berankung von Häusern, Balkonen und Pergolen verwendet. Daraus folgt: als Hängepflanze wie andere Cissusarten eignet sich die Kapland-Klimme nicht. Ihre starken Stämme und Riesenblätter verlangen vorab aufrechten Wuchs an festen Kletterstangen oder Spalieren.

# **Rochea** Rochee

Der französische Botaniker – ihr Ehrenpate – hieß de La Roche († 1813) und dürfte dem dynastisch-literarisch berühmten, uralten Adelsgeschlecht gleichen Namens angehört haben. Der *Rochea* aber sagten böse Menschen nach, daß ihre dicken, steifen Blätter die Form eines Ziegenhufes hätten ...

*Rochea coccinea,* Feuerrote Rochea, Fam. Crassulacea / Dickblattgewächse

**Herkunft** Sie ist mit vier Hauptarten zwar immer noch in Südafrika zu Hause. Aber ihre schönste und bekannteste Art *Rochea falcata* – eben jenes »ziegenhufige« Gewächs mit den sichelförmigen Blättern – hat man schon vor längerer Zeit zur Gattung *Crassula* versetzt.

**Sortiment** Geblieben sind vier reizende, bereitwillig blühende, sogar duftende Sukkulenten: *R. coccinea,* die »Feuerrote Rochea«, halbstrauchig und mit 30–60 cm Höhe fast schon eine Gartenpflanze, blüht ab Mai–Juni; etwas später setzt ihre noch stärker wachsende, noch üppiger blühende Zuchtform 'Gräsers Rote' mit dem Flor ein. Die grünen oder bräunlichen, bodenständigen Stengel sind dicht mit kreuzgegenständigen, etwa 2 cm langen Blättern besetzt.

Bei der zuerst weiß, später rötlich und weniger duftstark blühenden *R. jasminea* stehen immer nur wenige Blüten beisammen. *R. odoratissima,* blaßgelb oder milchweiß blühend, duftet dafür um so stärker. *R. versicolor* bringt eine vielblütige Trugdolde.

**Pflege** Wie *Crassula.* Trick: Abgeblühte Triebe jeweils herausschneiden, schafft Platz für Nachwuchs. Bei 12–15 cm Höhe nochmals stutzen, sichert nächste Blüte. Kühle Überwinterung bei 6–8° C.

# **Rosa** Topfrose

Natürlich können es nur Zwergrosen sein, die fast das ganze Jahr über als Topfrosen angeboten werden. Ist ausnahmsweise einmal eine große Gartenrose »auf Topf getrimmt«, so hält sie das während einer Blütezeit aus, braucht aber dann wieder ihre Freiheit. Anders die Kleinen: sie behaupten sich im Angebot.

**Vorbetrachtung** Über Herkunft und Heimat der Rosen zu berichten, würde an dieser Stelle zu weit führen, denn wenn auch den Zwergrosen ein gewisser Wert als Zimmerpflanzen nicht abzusprechen ist, so sind sie auf längere Sicht doch Randerscheinungen. Auch mit der Pflanzengestalt braucht man sich nicht weiter aufzuhalten. Die Rose ist ein sommergrünes Gehölz. Das erschwert ihre Zimmerkultur.

**Sortiment** Unter ihrem alten Namen steht zwar *Rosa rouletti* in keinem offiziellen Pflanzenverzeichnis, doch weiß wohl jeder Blumenfreund, daß diese *Rosa chinensis minima* – auch »Kußröschen« oder »Damenröschen« genannt – sozusagen die Urform aller Zwerg- und Topfrosen ist; sie wird 20–25 cm hoch, die Blütchen sind pfenniggroß, blaßrosa, je nach Sorte gefüllt oder ungefüllt. – Historische Zwergrosen sind außerdem *R. lawrenceana,* die »Laurenz-Rose«, und *R. noisettiana,* die »Noisette-Rose«. Heute werden beide zur *Rosa-chinensis*-Gruppe gezählt. Hier finden sich auch alle modernen Zwerg- und Topfrosen wie 'Baby Maskerade' (gelb mit rot); die amerikanische 'Little Buckaroo' (hellrot); 'Coralin' (korallenrot); 'Muttertag' (tiefrot); 'Pour toi' (weiß); 'Rosina' (gelb/Bild); sowie das berühmte Paar 'Zwergkönig' (blutrot) und 'Zwergkönigin' (rosa). Nicht unerwähnt bleiben dürfen die holländischen »Kompaktrosen« mit ihrem ungeheuren Blütenreichtum bei nur 20 bis 30 cm Höhe. Sie erhielten englische und deutsche Sortennamen. Als beste gelten 'Happy' / 'Alberich' (rot, halbgefüllt); 'Sleepy' / 'Balduin' (rosa, gefüllt); 'Doc' / 'Degenhardt' (phloxrosa, halbgefüllt, großblumig).

**Blütezeit** der »Minis« März–Okt. Winterblüte verlangt Treiberei. Verblühtes wegnehmen, keine Hagebutten dulden.

**Pflege** Standort hell und sonnig, doch vor Prallsonne schützen; luftig, bei Austrieb etwas Luftfeuchtigkeit, sonst wird Zimmerluft vertragen. Nach dem Laubfall kühl halten (6–8° C), Ruhezeit; ab Febr. wärmer stellen (12–15° C), dem Austrieb entsprechend Wärme langsam auf Zimmertemperatur steigern.

**Gießen** Während der Wachstumszeit normal, über Winter gerade ballenfeucht halten.

**Düngen** Von Febr.–Aug. alle 1–2 Wochen.

**Umsetzen** Vor Austrieb in wenig größere Töpfe. Composana, EE.

**Schnitt** Vor Austriebsbeginn um ein Drittel bis zur Hälfte zurückschneiden, altes Holz ausputzen. Dünne Triebe wegnehmen.

**Vermehrung** Aus Stecklingen im Juli/August möglich, ist aber sehr umständlich. Aus Samen dagegen leicht, die Blüte beginnt 6 Monate nach der Aussaat. »Mini-Mischungen« gibt es im Handel.

**Pflanzenschutz** Echten Mehltau, Blattläuse, Rosenzikade bekämpfen.

*Rosa chinensis* 'Rosina', Zwergrose, Familie Rosaceae / Rosengewächse

# **Saintpaulia** Usambaraveilchen

Blumen gehen oft seltsame Wege. Das Usambaraveilchen – kommt bei uns erst allmählich zu Ehren – ist eine deutsche Entdeckung. Seinen Ruf und Ruhm aber errang es in den USA, wo es schon lange Lieblingsblume Nr. 1 ist und in immer neuen Sorten gezüchtet wird. Dort nennt man es »African Violet«.

**Herkunft** Seine Heimat sind die Urwälder des ostafrikanischen Usambara-Gebirges. Walter von Saint Paul-Illaire, Bezirkshauptmann von Usambara in der damaligen Kolonie Deutsch-Ostafrika, hat das samtblaue Gesneriengewächs um 1890 gefunden. Kaiserswerther Diakonissen, die zur deutschen Mission in Hohenfriedberg bei Mlalo gehörten, nahmen es mit nach Europa und haben sich als erste mit seiner Entwicklung zur Zimmerpflanze befaßt.

**Pflanzengestalt** *Saintpaulia ionantha,* die »Veilchenblütige Saintpaulie«, ist eine krautige, rosettenförmig wachsende niedere Staude von 20–25 cm ⌀; in Hydrokultur wird sie wesentlich größer. Die Blätter sind länglich-eirund, tief dunkelgrün, dickfleischig, oft bräunlich-rötlich geädert, am Rand leicht gekerbt und wie die ebenfalls fleischigen kurzen Stengel dicht mit kurzen rauhen Haaren besetzt. – Die Blüten sitzen oberhalb der Blätter an dünnen Stielen zu mehreren in lockeren Dolden; sie erscheinen – mit Ausnahme der dunkelsten Wochen – ganzjährig. Außer der unübertroffenen veilchenblauen Grundform gibt es über 100 Sorten in Weiß, Rosa, Rotviolett, ungefüllt, gefüllt, mit gekraustem oder gewelltem Rand und unterschiedlichsten Blattformen; auch mehrere weißbunte Züchtungen.

**Pflege** Ganzjährig im geschlossenen Raum; der Sommerstandort sei schattig und kühl, etwa wie für Zimmerfarne; sehr gut ist ein Platz zwischen Doppelfenstern mit Nordostrichtung. Über Winter möglichst am gleichen Standort, hell und ohne direkte Besonnung, gleichmäßig warm, nicht unter 16–18° C, aber nicht heiß und lufttrocken. Günstig: Blumenfenster mit Bodenheizung in Nordostlage.

**Gießen** Lauwarm, auf pH 4,5 enthärtet. Blätter und Herz nicht netzen, besser in den Untersetzer gießen. Während der Wachstums- und Blütezeit gleichmäßig feucht halten, im Mittwinter während der Blühpause etwas sparsamer gießen.

**Düngen** Mit Ausnahme der Blühpause alle 2 Wochen schwache Volldüngerlösung oder Flüssigdünger der Hydrokultur geben.

**Umsetzen** Nur nach Bedarf, wenn im zu kleinen Topf sichtlich Platzmangel herrscht. Flache Gefäße bevorzugen.

**Vermehrung** Durch Blattstecklinge in sandiger Anzuchterde oder in Wasser (siehe Kapitel »Glück mit Pflanzenkinderstuben«, Seite 71). Jungpflanzen können nach 6 Monaten blühen.

**Wichtig** Besonnung macht Blätter gelbfleckig; Wassertropfen auf dem Laub verursachen bräunliche Flecke; Gießen aufs Herz, auch Fußbäder im Untersetzer bringen Stengelerweichung und Umfallen der Blätter. Bei jähen Temperaturschwankungen und trockener Luft versagt die Blüte. Sonst jahrelang haltbar.

*Saintpaulia ionantha,* Usambaraveilchen, Familie Gesneriaceae / Gesneriengewächse

# **Sansevieria** Bogenhanf

Ein stolzer Titelträger war ihr Namenspate: Raimondo de Sangro, Fürst von Sansevieria, geboren 1710 und gestorben 1771 in Neapel. Heute nennt man sie in liebevoller Volkstümlichkeit auch »Schwiegermutterzunge« und mutet ihr alles zu, was andere Zimmerpflanzen längst zu Tode gebracht hätte. Sie lebt immer noch.

**Herkunft** Über 70 Arten, die meisten im tropischen Afrika und in Südafrika, ein paar auch im tropischen Asien. Unsere wichtigste Zimmerform, die Westafrikanerin *Sansevieria trifasciata,* ist als Lieferantin einer hanfartigen Faser für die Seilerei heute noch zugleich Nutzpflanze; früher machten die Eingeborenen Bogensehnen aus diesen Fasern: daher der Name Bogenhanf oder Bogensehnenhanf, im englischen Sprachbereich 'Bowstring Hemp'. Der weniger gebräuchliche Name Bajonettpflanze erklärt sich von selbst aus der Wuchsform von *S. trifasciata,* die nach ihrem Ursprungsland früher *S. guinensis* hieß.

**Pflanzengestalt** Aus kriechenden, oft weit über fingerdicken Rhizomen entspringen die grundständigen fleischigen, meist nicht über 7 cm breiten Blätter, bis zu sechs an einem Trieb. Sie können anderthalb Meter und mehr hoch werden, wachsen steif aufrecht und enden in einer grünen Spitze. Die Blätter sind dunkelgrün mit unregelmäßigen graugrünen Querbinden. Duftende, grünlich-weiße Blüten gibt es nur bei sachgemäßer Pflege im Frühjahr in ährig-rispiger Anordnung an schlankem Schaft, der stets nur zwei Drittel der Blattlänge erreicht.

**Sortiment** Mehrere hübsche Sorten aus *S. trifasciata:* am bekanntesten und schönsten 'Laurentii', deren Blätter von goldgelben Längsstreifen eingerahmt sind. – Die weniger häufige 'Craigii' hat mehrere gelblichweiße Längsstreifen. – 'Hahnii' zeigt als niedrige Rosettenpflanze einen von den anderen *S.-trifasciata*-Züchtungen abweichenden Wuchs, Blattzeichnung wie die Art. Gesamteindruck: sie könnte fast eine kleine Bromelie sein. Neben der »einfachen« 'Hahnii' gibt es noch 'Golden Hahnii' mit goldgelben Randstreifen; beide sind in den USA entstanden. Pflege wie die großen Formen. Alle sind gut für Hydrokultur.

**Pflege** Ganzjährig im geschlossenen Raum; Allerweltspflanze für die Fensterbank; für Sukkulentenfenster, Geschäftsräume, Gaststätten, da völlig unempfindlich gegen trockene und schlechte Luft. Standort der sonnenliebenden Steppenpflanze möglichst hell, Halbschatten wird in Kauf genommen. Wintertemperatur darf nicht unter 15° C absinken, sonst Unterkühlungsschäden.

**Gießen** Über Sommer normal, im Winter sehr trocken halten. Kalkholde Pflanze: Wasser pH 7,5.

**Düngen** Nur über Sommer mit stickstoffarmen Düngemitteln.

**Umsetzen** Nur bei völliger Durchwurzelung, wenn Rhizome obenauf herumzukriechen anfangen oder Topf sprengen. Erde grob, kieshaltig, kein Torf, Bodenreaktion leicht alkalisch, pH 7,5. Falsche Erde ist häufig der Grund für Blütenlosigkeit.

**Vermehrung** Am besten durch Teilen von Rhizomen. Blattstecklinge nur im Warmbeet; sie schlagen immer in die Grundart zurück, faulen leicht.

**Wichtig** Schlimmster Feind: stauende Nässe! Sie bewirkt Naßfäule des Wurzelhalses, die Blätter fallen um, schließlich geht die Pflanze ein. Gleiche Folgen bei Unterkühlung.

*Sansevieria*-Arten und -Zuchtformen von links nach rechts: *S. trifasciata* 'Golden Hahnii', *S. trifasciata* (Grundform), *S. trifasciata* 'Hahnii', *S. trifasciata* 'Laurentii', Familie Agavaceae / Agavengewächse

# Sauromatum venosum Eidechsenwurz

Das alte »Aronshorn« der Messen und Märkte ist nicht nur als bester Trockenblüher von allen höchst bemerkenswert, sondern kann seine Besitzer auch viele Jahre lang durch apartes Blattwachstum, reiche Knollenvermehrung und Wiederblüte erfreuen. In milden Jahren überwintern die Knollen sogar im Freien.

**Herkunft** Es gibt ein halbes Dutzend Arten im tropischen Afrika, in Indien und auf Sumatra. Von ihnen ist nur *Sauromatum venosum,* die in Burma und östlich davon beheimatete Eidechsenwurz, als reißerisch angepriesene »Wunderblume ohne Erde« im Gespräch.

**Jahresrhythmus** Man kauft die oft fast faustgroße, etwas abgeplattete Knolle mit dem hornartig gebogenen Keim obenauf um die Jahreswende oder später und legt sie völlig trocken an einen ungestörten Platz im warmen Zimmer. Aus der Knolle treibt bis zum Frühjahr die in ihrer Hochform ungefähr wie die Aasblume riechende, sonst sehr attraktive dunkelrote, innen auf hellerem Grund braun getüpfelte typische Aronstabblüte (Bild). Nach dem Abblühen die Pflanze in geräumigen Topf mit 3 cm Erddecke oder gleich ins Freie setzen. Sie bildet dann auf 50 cm hohem Stiel ein fußförmig-fiederschnittiges Blatt, das wie eine ganze Blätterkrone aussieht. Das Blatt muß im Herbst einziehen. Die Knollen bleiben bis zum Ende der Ruhezeit in den Töpfen und überwintern bei 8–10° C. Ende Februar aufnehmen und die Trockenkultur neu beginnen. Gegossen und gedüngt wird nur während des Blattwachstums bis August.

*Sauromatum venosum,* Eidechsenwurz, Familie Araceae / Aronstabgewächse

# Saxifraga Steinbrech

Saxifraga, die Hauptgattung der gleichnamigen Familie, umfaßt ungefähr 350 Arten, die meist in Hochgebirgen der gemäßigten Zone beheimatet sind und von dort als Steingartenpflanzen zu uns kommen. Außer der Hortensie (S. 240) ist nur eine echte Zimmerpflanze darunter. Die aber hat seit 200 Jahren Hausrecht!

*Saxifraga cotyledon,* Rosettensteinbrech, Familie Saxifragaceae / Steinbrechgewächse

**Herkunft** Zuhause ist *Saxifraga stolonifera,* der Hängende Steinbrech oder »Judenbart« in China und Japan (Bild S. 326). 1771 bei uns eingeführt. *S. cotyledon,* der Rosettensteinbrech (Bild nebenan), wächst wild im Urgestein von Gebirgen der Schweiz, Norwegens, Islands und in den Pyrenäen. Er ist eine Gartenstaude, wird jedoch seiner prächtigen Juniblüte wegen im Frühsommer auch getopft für Zimmer und Balkon angeboten.

**Pflanzengestalt** Wörtlich heißt *Saxifraga stolonifera* Ausläufertreibender Steinbrech. Die fadenartigen rotstieligen Ausläufer tragen an ihren bis halbmeterlang herabhängenden Triebenden niedliche Jungpflänzchen und sollen in möglichst großer Zahl vorhanden sein, also einen »wirren Bart« bilden. Dennoch heißt es, daß diese oft gewaltige Ausläuferbildung nicht Ursache des Namens Judenbart sei. Die Bezeichnung käme vielmehr von den meist von Mai–August erscheinenden weißen, gelbpunktierten Blütchen, deren untere Blütenblätter »wie ein Backenbart« nach beiden Seiten abstünden. Im übrigen ist *S. stolonifera* eine ausdauernde Staude mit grundständigen Blattrosetten. Die Blätter erscheinen an roten Stielen, sind rundlich-nierenförmig, etwas wellenförmig-gelappt, oberseits dunkel-

grün mit weißen Adern, unterseits rot und punktiert. Die Blüten erscheinen in 20–30 cm hohen traubigen Rispen, haben im Aufblühen oft auch rote Spitzchen. Wärmebedürftiger, langsamer wachsend, weniger reich blühend, aber in ihrem weißbunten Blätterkleid nicht minder reizend ist die Zuchtform *S. stolonifera* 'Tricolor', deren Jungblätter meist auch die rote Farbe ins Spiel bringen. Sie eignet sich bestens für ganzjährige Zimmerkultur (Bild!).

**Pflege** Der Judenbart braucht viel Licht bei halbschattigem Stand oder entsprechender Aufhängung als Ampelpflanze. Bei Lichtmangel verlieren die Blätter ihre straffe Form und bleichen aus. Viel Frischluft ohne einengende Nachbarschaft ist ebenfalls erwünscht. Während der winterlichen Ruhezeit von Okt.–Febr. genügen 8 bis 12° C, doch werden notfalls auch höhere Temperaturen hingenommen. 'Tricolor' liebt volle Wohnwärme, wächst gut in Zimmerluft, wenn dazu etwas Luftfeuchtigkeit geboten wird.

*Saxifraga stolonifera* 'Tricolor', Dreifarbiger Hänge-Steinbrech, Familie Saxifragaceae / Steinbrechgewächse

**Gießen** Ab Austriebsbeginn bis August gleichmäßig feucht halten, dann je nach mehr oder weniger kühlem Standort sparsamer gießen. 'Tricolor' im warmen Zimmer braucht natürlich mehr Bodenfeuchtigkeit. Keine Wasserenthärtung!

**Düngen** Ab Austriebsbeginn bis August normal, vierzehntägig.

**Umtopfen** Jedes Frühjahr in kleine Töpfe. Pflanzgrund durchlässig: gute Scherbeneinlage, Erde nahrhaft, humos, mit Beigabe von etwas Sand oder Composana oder Einheitserde.

**Vermehrung** Durch Abnehmen der Ausläuferpflänzchen in den Sommermonaten; zu mehreren eintopfen.

**Pflanzenschutz** Zu warmer Winterstand und Lufttrockenheit bringen Blattläuse.

**Wichtig** Der »Bart« soll immer frei hängen, nicht aufliegen, aber keinem Wind ausgesetzt werden.

## **Schefflera** Strahlenaralie

Als Pflanzengestalt von großem dekorativem Reiz und zugleich recht bescheidenes Blattgewächs, hat die *Schefflera* allgemein im Zimmerpflanzensortiment wie besonders auch im Schweizer Sortiment für große Gemeinschaftspflanzungen der Hydrokultur und als »Solitär« (Bild) erheblich an Bedeutung gewonnen.

*Schefflera actinophylla*, Strahlenaralie, Familie Araliaceae / Araliengewächse

**Herkunft** Von etwa 150 Arten in allen möglichen tropischen Ländern ist bei uns nur die Australierin *Schefflera actinophylla* in Kultur. Ihr wissenschaftlicher Name gilt der Erinnerung an Jacob Christian Scheffler, einen Danziger Botaniker des 18. Jahrhunderts und Freund Carl von Linnés; ihr weithin unbekannter deutscher Name »Strahlenaralie« mag mit den strahlenförmig ausgebreiteten Blättern zusammenhängen.

**Pflanzengestalt** In ihrer Heimat ist die *Schefflera* ein bis 40 m hoher Baumriese, der sich im australischen Frühling mit rötlichen Blüten schmückt. In Heimkultur bleibt sie auch als große alte Kübelpflanze zeitlebens ein nur wenig verzweigter Strauch, der – ähnlich wie die verwandte Zimmeraralie – allenfalls mit den Jahren ein kleines Stämmchen bildet. Die langgestielten, lackgrünen, lederigen Blätter sind bei jüngeren Pflanzen zunächst nur drei- bis fünffach geteilt; mit zunehmendem Alter wird die Anzahl der »Strahlen« immer größer. So zeigen die Blätter auf dem Bild schon eine sieben- bis achtfache Teilung. Sechzehnfach geteilte Blätter mit 30 cm Länge kommen vor.

**Pflege** Sommerstandort luftig und hell, jedoch ohne direkte Besonnung und zugfrei. Übersommern auf dem Balkon oder im Garten ab dem letzten Maidrittel wird vertragen. Rechtzeitiges Einräumen vor dem ersten Nachtfrost nicht versäumen! Ruhezeit Okt.–Febr.; Winterstandort sehr hell, Temperatur nicht unter 12° C (sonst Unterkühlung mit schwerem Laubfall) und nicht über 16–18° C (sonst unschönes Längenwachstum der Blätter und Schildlausbefall). Mit dem Einhalten dieser Temperaturgrenzen steht und fällt das Gedeihen der Pflanze. Sonstige Pflege wie *Fatsia japonica*, S. 208.

**Vermehrung** Nur aus frisch importiertem Samen in gärtnerischer Warmbeetkultur.

## **Scindapsus** Efeutute

Die merkwürdigen »botanischen« Schicksale des *Scindapsus,* dessen bekannteste Art der Gattung *Rhaphidophora* zugeteilt wurde, sind auf den Seiten 314/15 nachzulesen. Hier handelt es sich nur um eine freilich besonders schöne, jedoch mehr der Warmhauskultur vorbehaltene Art und deren Zuchtform.

*Scindapsus pictus,* die »Gefleckte Efeutute«, stammt aus dem gleichen indonesischen Raum wie die übrige Verwandtschaft. Bei gleicher Wuchsform sind die dunkelgrünen Blätter weißlich gefleckt. Bei der Zuchtform *S. pictus* 'Argyraeus' (Bild) haben die etwas kleineren Blätter kleinere, deutlich silbrige Flecke und einen silbrigen Rand. Die gegenüber der Art insgesamt auch zierlichere Pflanze ist auch anspruchsvoller als die Art. Sie gehört ins Tropenfenster – zumindest ins bodenbeheizte Blumenfenster, wächst gut an Moosstäben und auf Epiphytenstämmen.

*Scindapsus pictus* 'Argyraeus', Gefleckte Efeutute, Familie Araceae

## **Scirpus** Simse

Schon die alten Römer sollen eine binsenartige Pflanze namens *Scirpus* gekannt haben. Wir Heutigen wissen außerdem, daß dieser *Scirpus* aus der Familie der Ried- oder Zypergräser in zahlreichen winterharten und nicht-winterharten Arten über die ganze Erde verbreitet ist. Nur eine findet sich in Zimmerkultur.

**Herkunft** In vielen wärmeren Gebieten ist *Scirpus cernuus,* die »Nickende Simse«, anzutreffen. Ihre Handelsnamen sind nach wie vor *Isolepis gracilis* und »Frauenhaargras«.

**Pflanzengestalt** Das 20–25 cm hohe Staudengras wächst zunächst aufrecht und bildet dichte frischgrüne Büsche. Später neigen sich die zarten, fast fadendünnen Halme herab, so daß eine wunderschöne Ampelpflanze entsteht. Im Sommer erscheinen zwischen borstigen Blättchen an den Halmspitzen bräunliche Grasblüten in doldigen Ähren.

**Pflege** Weitgehend wie Zypergras (S. 183). Wichtiger Unterschied: *S. cernuus* verträgt keinen Freilandaufenthalt; es braucht ganzjährig einen halbschattigen Platz im geschlossenen Raum; treibt dort bei Winterwärme ohne Schaden langsam weiter. Braucht viel Luftfeuchtigkeit und Wasser im Untersatz (pH 7), sonst gibt es braune Blattspitzen und Trockenschäden.

**Vermehrung** Mit nur frischem Saatgut im Frühjahr oder durch Teilung älterer Stöcke beim Umtopfen im Jan.-Februar.

**Wichtig** Sehr gut für Hydrokultur.

*Scirpus cernuus,* Nickende Simse, Fam. Cyperaceae / Ried- oder Sauergräser

# **Sedum** Fetthenne

Es heißt, daß schon die alten Römer diese Pflanzen kannten und sie zum »Abhalten« – lateinisch *sedare* – von Gewittern auf Mauerkronen und Hausdächer setzten. Daß die gute alte Fetthenne wegen solcher architektonischen Beziehungen bei uns seit eh und je auch 'Mauerpfeffer' heißt, paßt genau.

**Herkunft** Natürlich hatten die alten Römer noch keine Blattsukkulenten aus Mexiko wie wir. Sie hatten jene einfachen Freilandarten, die in allen gemäßigten Zonen der Erde verbreitet sind. Immerhin ist ja die Gattung *Sedum* mit über 500 Arten die größte innerhalb der Familie *Crassulaceae* oder Dickblattgewächse.

**Sortiment** Die nicht winterharten, für einfache Zimmerkultur geeigneten Arten sind so vielgestaltig und schön, daß man sich leicht eine reizende Sammlung zusammenstellen könnte. *Sedum bellum,* dessen rahmweiße Blütchen das Laubwerk fast völlig verdecken, ist ein bewährter Winterblüher, halbhängend für Ampeln und Schalen. Eine hervorragende Ampelpflanze von hohem exotischem Reiz ist auch *S. morganianum,* in den USA allgemein als »Monkey Tail« = Affenschwanz bekannt. Seine rundum dicht mit stielrunden, grünlich-grauen Blättchen besetzten Sprossen hängen bald mehr als meterlang herab, brachten bei mir auch schon niedliche rosa Blütchen. *S. pachyphyllum* hört auf den deutschen Namen »Schnapsnase«, was wohl genug über seine Gestalt aussagt; es wächst kräftig aufwärts, hat runde Blätter mit roter Spitze. *S. rubrotinctum* (Bild) wird bis 20 cm hoch, ist vom Grund auf verzweigt, Blätter stielrund, vermutlich gelbe Blüten, sehr apart. *S. sieboldii* aus Japan, seiner rosa Herbstblüte wegen in Süddeutschland »Oktoberle« genannt, ist schon mehr Balkon- und Gartenpflanze; winterhart, im Herbst Blätter abwerfend, Blätter der Art sind blau bereift, die vor 90 Jahren entstandene Zuchtform 'Mediovariegatum' (Bild) hat auf jedem ihrer rot geränderten grünen Blättchen einen unregelmäßigen gelben Fleck.

**Pflege** Alle tropischen Zimmerformen des *Sedum* brauchen sehr viel Licht, im Südfenster oder luftig im Freien. Dann im Herbst rechtzeitig einräumen, am besten kühl, bei 8–10° C überwintern, doch werden auch mehr Wärme und trockene Zimmerluft vertragen.

*Sedum rubrotinctum,* Rotgefärbte Fetthenne, Familie Crassulaceae / Dickblattgewächse

*Sedum sieboldii,* Siebolds Mauerpfeffer, Familie Crassulaceae / Dickblattgewächse

**Gießen** Über Sommer normal, während der winterlichen Ruhezeit vor allem im kühlen Raum trocken halten.

**Düngen** So gut wie gar nicht.

**Umtopfen** Nach Bedarf in nur wenig größere flache Gefäße. Erde sandig.

**Vermehrung** Durch Trieb- und Blattstecklinge, die man nach dem Brechen oder Schneiden einige Tage zum Abtrocknen liegen läßt, dann flach in Anzuchterde (Sand + Torf 1:1) steckt; oder Aussaat (frischer Samen).

**Pflanzenschutz** Ist kaum nötig. Schäden nur durch zuviel Feuchtigkeit.

## **Selaginella** Mooskraut

Die Familie der Mooskrautgewächse besteht nur aus sich selbst als einzige Gattung, doch die hat dafür über 700 Arten. Die meisten leben im tropischen Regenwald und lieferten von dort zum Teil erstaunliche Warmhauspflanzen bis 50 und 60 cm Höhe. Einige niedrigere Arten stammen aus gemäßigt-warmen Zonen.

Kaum sichtbar im Bild, ganz vorn: *Selaginella apoda,* eine nur wenige Zentimeter hohe, gelbgrüne Rasen bildende Pflanze, ist quer durch den amerikanischen Kontinent von Kanada bis Texas zu finden. In gärtnerischer Kultur wurde sie zum beliebten Bodenbedecker für Blumenfenster und Wintergärten mit Kalthausklima: ausdauernd, anspruchslos, leicht vermehrbar. *S. martensii* (rechts) aus Mexiko wird ebenso wie ihre wunderschöne gelbweiße Zuchtform 'Watsoniana' bis 30 cm hoch, beide als Topfpflanzen geeignet. Winterwärme 14–16° C. Sommer: schattiger Stand, frische, zugleich feuchte Luft; kalkfrei, dabei vorsichtig gießen – doch Ballentrockenheit meiden. Empfindlichkeit gegen Düngesalze, daher nur schwache Konzentration geben. Gutes Gedeihen an Nordfenstern.

*Selaginella apoda* (links unten). *S. martensii* (rechts), *S. martensii* 'Watsoniana' (Mitte). Familie Selaginaceae / Mooskrautgewächse

## **Selenicereus grandifl.** Königin der Nacht

Wenn die Zeitung meldet, daß irgendwo in Stadt oder Land Ihre Majestät sich zum Blühen entschlossen hat, oder wenn man gar in einer Schausammlung dem Ereignis beiwohnen kann, so ist das für die Blumenfreunde jedesmal eine kleine Sensation. Aber man kann das nächtliche Wunder auch im eigenen Heim erleben.

Es gehört – außer ziemlich viel Geduld für die mehrjährige Anlaufzeit – nicht einmal große Sachkenntnis dazu. Die »Königin« ist in ihrer texanischen bis argentinischen Heimat ein halbepiphytisch wachsender Kletterstrauch, dessen 2,5 cm dicke, bis 5 m lange rippige Triebe weitläufig mit gelben Stacheln besetzt sind. Die 20 bis 30 cm lange duftende Blüte hat um 20 cm ⌀, hält nur eine Nacht.

**Pflege** Viel Wärme während der sommerlichen Wachstumszeit, jedoch nicht zuviel Sonne; Überwinterung bei 10 bis 12° C, recht hell. Gießen im Sommer reichlich, im Winter sparsam; bis zur Blüte öfter sprühen. Düngung über Sommer reichlich (Kakteendünger!). Pflanzgefäß groß, Erde leicht, humos, Typ EE mit etwas Sand; das Umtopfen auch in höherem Alter ist nicht so schwierig, wenn man die ganze Pflanze mit Plastik oder festem Stoff umhüllt. Zum Aufbinden der langen Triebe verwendet man am besten ein Rundgestell aus Bambusstäben. Flachspalier nur für Wandberankungen.

**Vermehrung** Aus Stecklingen in Erde wie in Hydrokultur einfach; ebenso aus Samen, von denen außer *S. grandiflorus* und *S. pteranthus* die etwas kleinere »Prinzessin der Nacht« sowie neuere, mit *Epiphyllum* herausgekreuzte Sorten angeboten werden. Sie blühen wesentlich früher als die alten Arten.

*Selenicereus grandiflorus,* Königin der Nacht, Familie Cactaceae / Kakteen

*Senecio herreianus,* Familie Compositae / Korbblütler

# **Senecio** Kreuzkraut

*Senecio,* das Kreuzkraut, stellt mit über 2000 Arten die größte Gattung der Familie Compositen oder Korbblütler. Kein Wunder, daß es da außer altbekannten Kräutern, Sträuchern und Bäumen in aller Welt auch eine Gruppe zum Teil höchst seltsam geformter sukkulenter Pflanzen gibt: Entzücken für jeden Spezialsammler.

**Herkunft** Die meisten Arten sind wohl auf Madagaskar zu Hause, wo sie im tropischen Hochlandklima noch in 1500–2000 m Höhe dichte Teppiche bilden. Andere stammen aus Süd- und Südwestafrika.

**Pflanzengestalt** Es gibt niederliegende oder in Topfkultur herabhängende Arten, deren stielrunde Sprosse mit kugeligen Blättern besetzt sind. Haben diese seltsamen, eher wie kleine Stachelbeeren wirkenden Blätter auf der Oberseite noch durchsichtige »Fenster« in Längsrichtung, so heißt die Südwestafrikanerin *Senecio herreianus* (Bild). Sind die Blätter mehr kugelig-zugespitzt, zitronenähnlich, blaugrau, dabei wächsern bereift mit durchscheinenden Nerven, so heißt die Pflanze *S. citriformis* und stammt aus dem Kapland. Bei Kennern ist sie seit 150 Jahren sehr beliebt. *S. haworthii* ist ein reich verzweigter Busch mit dick-zylindrischen Sprossen, die mit weiß-filzig behaarten, ebenfalls zylindrisch-runden Blättern besetzt sind. Alle diese und andere *Senecio* können auch – meist in unscheinbaren gelben Köpfchen – Blüten bilden; sie tun es aber nicht immer.

**Pflege** Am sehr sonnigen, hellen Platz, unter völliger Trockenhaltung im Winter, insgesamt wie *Crassula*.

**Vermehrung** Stecklinge und Aussaat.

# Senecio-Cruentus-Hybriden Cinerarien

Früher hießen sie *Cineraria*-Hybriden, und obwohl sie überwiegend als beliebte Nachwinterblüher des Zimmerfensters den Reigen der Geschenkpflanzen um Ostern eröffnen, ist ihr offizieller deutscher Name »Gartencinerarien«. Gleichviel – es gibt noch den alten Namen »Aschenblume«, und eine Beetpflanze ist sie auch.

**Herkunft** *Senecio cruentus,* die Stammform, kam von den Kanarischen Inseln. Dort lebt die 40 bis 60 cm hohe Staude in feuchtkühlen Gebirgswäldern mit frostfreiem Klima. Vor rund 200 Jahren kamen von dort auch die ersten Samen der damals noch recht bescheiden blühenden Pflanze nach England und erlebten einige Jahrzehnte später zunächst in Großbritannien und Frankreich, dann auch in Deutschland eine noch immer fortgeführte züchterische Entwicklung.

**Pflanzengestalt** Diesen gärtnerischen Leistungen verdanken wir die vielen wunderschönen Sorten mit ihren bunten Farbenspielen der Körbchenblüten, die als runde Biedermeier-Sträußchen über den großen weichen Blättern leuchten. Der Fachmann teilt das gewaltige Heer der verschiedenen Sorten in fünf Gruppen, die von den 'mittelhohen Großköpfigen' über 'Mittelköpfige' und 'Kleinköpfige' bis zu Sorten mit gefüllten Köpfchen und in Zungenblüten umgezüchteten Röhrenblüten reichen. Eine der letzten Neuheiten im Cinerarien-Angebot ist die nur 15 cm hohe Zwergsorte 'Starlet'. Hauptfarben sind: leuchtend blau, kornblumenblau, samtrot, kupferrot, karmesin, karminrosa, brillantrosa, weiß, kupferrot mit weißem Ring, karmesin mit weißem Ring, blau mit weißem Ring. Es fällt auf, daß die früher oft unangenehm scharfen, wie künstlich wirkenden grellen Farben zu angenehmeren, gedämpften Tönen gemildert worden sind. Auch das Bild auf dieser Seite ist ein Beweis dafür.

**Pflege** Die Herkunft der Cinerarien mit ihren festumrissenen Voraussetzungen für richtige Behandlung wird leider oft vergessen. Unbedingt erforderlich ist ein kühler Standort im lichten Schatten und sehr reichliches Gießen mit zimmerwarmem Wasser. Beides zusammen ist die beste Garantie für eine lange Blütezeit ohne den im warmen Raum sonst kaum vermeidbaren heftigen Blattlausbefall. Wer die Pflanzen bei 8–10° C halten kann, wird 4–6 Wochen Freude an ihnen haben. Danach sind sie praktisch wertlos, da keine Wiederblüte erreicht werden kann.

**Vermehrung** Ist Gärtnersache.

*Senecio-Cruentus*-Hybride, Cinerarie, Familie Compositae / Korbblütler

# **Setcreasea** Rotblatt

Wo man Tradeskantien schätzt und pflegt, wird auch die ihnen nahe verwandte Setcreasie immer wohlgelitten sein. Sie hat sogar an apartem Reiz ihrer Gesamterscheinung, die freilich nur im hellsten Licht voll zur Geltung kommt, den meist grünen Tradeskantien manches voraus.

**Herkunft** Ihre Heimat ist Mexiko. Unter den dort wachsenden Arten wurde *Setcreasea purpurea* erst 1955 als Zimmerpflanze entdeckt. Wie auch auf S. 146 nachzulesen ist, wurden weitere *Setcreasea*-Arten – voran *S. striata* – inzwischen der Gattung *Callisia* zugeordnet. *S. purpurea,* in USA 'Purple Heart', steht seitdem allein für Gattung und Art zugleich. Im übrigen gehört sie zur Familie der Commelinengewächse.

**Pflanzengestalt** Richtig behandelt, ist die ganze Pflanze tief purpurviolett. Der zunächst aufrechte Wuchs ihrer saftreichen Triebe führt später zu einer mehr liegend-hängenden Haltung, so daß man die *Setcreasea* ausgezeichnet als Ampelpflanze verwenden kann. Die oberseits bläulich bereiften, am Rand »bewimperten« Blätter können bei 3 bis 4 cm Breite über 15 cm lang werden. Die blaßvioletten Blütchen sind jeweils zu mehreren von zwei laubblattähnlichen Hochblättern umhüllt.

**Pflege** Die unübertroffen herrliche Färbung hängt davon ab, daß die Pflanze einen sehr hellen, aber nicht sonnigen Standort hat. Wintertemperatur nicht unter 18–20° C; weniger schadet dem guten Aussehen, das ohnedies mit dem Alter leidet. Deshalb alle 1–2 Jahre neu abstecken. Stecklinge bewurzeln leicht bei etwas Bodenwärme. Sonstige Pflege wie Tradeskantien. Gut für Hydrokultur.

*Setcreasea purpurea,* Rotblatt, Familie Commelinaceae / Commelinengewächse

*Siderasis fuscata,* Familie Commelinaceae / Commelinengewächse

# **Siderasis fuscata** Bräunliche Siderasie

Der Gattungsname *Siderasis* kommt aus dem Griechischen und heißt soviel wie »rostiger Pelz«. Daß hierzu noch die Artbezeichnung *fuscata* tritt, ist sozusagen ein »weißer Schimmel«, denn dadurch wird noch einmal die bräunliche Farbe des pelzigen Haarkleides betont, das die ganze Pflanze einhüllt.

Sie ist Brasilianerin und noch nicht lange im Zimmerpflanzensortiment zu finden: ein allerliebstes kleines Ding, das ähnlich wie *Rhoeo* mit der Commelinen- und Tradeskantienverwandtschaft äußerlich wenig gemeinsam hat. Die hübsch gezeichneten Blätter sind bis 20 cm lang und 8 cm breit, oberseits grün mit weißen Mittelstreifen, unterseits rot. Ansehnliche Blüten können von himmelblau bis rötlich wechseln. Die Warmhauspflanze muß wie die Maranten feucht und schattig gehalten werden. Eine Eigenart der Vermehrung: sie erfolgt nur durch Teilung älterer Stöcke, – nicht aus Samen.

# Sinningia-Hybriden Gloxinien

Ausnahmsweise haben hier der botanische wie der deutsche Name sogenannte Ehrenpaten: Wilhelm Sinning, 1794–1874, war Universitätsgärtner in Bonn; Benjamin Peter Gloxin lebte als Arzt in Straßburg. Beide zusammen hinterließen eine unserer beliebtesten, von Frühjahr bis Sommer blühenden Marktpflanzen.

**Herkunft** Ihre Heimat ist Brasilien, wo sie als typisches Gewächs des tropischen Regenwaldes in etwa 20 knollentragenden, bescheiden blühenden Arten lebt. Meist aus *Sinningia speciosa* und *S. reginae,* mit viel weniger farbenprächtigen, hängenden Blüten, hat gärtnerische Züchterkunst Hybriden von bestechender Üppigkeit entwickelt.

**Pflanzengestalt** In allen oberirdischen Pflanzenteilen samtiges Kraut mit saftreichen Stengeln. Blätter groß bis sehr groß, oval bis länglich-oval, biegsam, meist sattgrün, beiderseits weichhaarig-filzig, Rand gekerbt, an kurzen fleischigen Stielen; Stand je nach Zuchtrichtung fast waagrecht oder mehr über den Topfrand herabhängend. Blüten groß, glockig mit breit aufgeblättertem Saum; zahllose Farbvariationen vor allem in Rot- und Blautönen mit samtigem Schimmer; in der »Gigantenklasse« erreicht die Einzelblüte bis 14 cm ⌀.

**Pflege** Im allgemeinen begnügt man sich damit, die Gloxinie blühend beim Gärtner zu kaufen und sie über Sommer bis zum Ende des Flors zu pflegen. Der Standort sei ohne Platzwechsel hell, jedoch ohne direkte Besonnung; Temperatur gleichmäßig frisch, jedoch ohne Zugluft. Ausreichende Luftfeuchtigkeit ohne direktes Besprühen, sonst Flecke auf den Blüten.

**Gießen** Bis Ende der Blütezeit lauwarm, für Weiterkultur Wasser pH 4 bis 4,5.

**Düngen** Für Weiterkultur wöchentlich schwache Volldüngerlösungen bis Vollblüte; Nährlösung der Hydrokultur wirkt sehr günstig.

**Weiterkultur** Nach Ende des Flors Gießen nur langsam einstellen. Zu rasches Einziehen der Blätter und Trocknen der Knollen sind schädlich für erfolgreiches Überwintern, das warm (etwa 15° C) und trocken erfolgen muß. Ende Februar Knollen aufnehmen, Erde und alte Wurzeln entfernen; mit 2 cm Deckung in gleiche oder nur wenig größere Töpfe mit sehr humoser Erde (Typ EE oder TKS) legen, sparsam angießen, bei 18–20° C antreiben. Weiterbehandlung wie Sommerkultur. Je Knolle nur 1–2 Triebe belassen, andere ausbrechen.

**Vermehrung** Durch Blatt- und Triebstecklinge; aus Samen privat möglich, aber nicht lohnend.

**Pflanzenschutz** Lufttrockenheit bringt Blattrollen, Mißwuchs, Blattläuse; nasse Erde und kaltes Gießwasser bringen »Umkippen« der Stengel durch Stammfäule; kranke Knollen sind auszumerzen. Spritzmittel können Blättern nicht schaden.

*Sinningia*-Hybride, Gloxinie, Familie Gesneriaceae / Gesneriengewächse

## **Skimmia** Skimmie

Die Skimmien sind Rautengewächse wie Apfelsinenbäumchen und andere Zitrusgewächse. Auch sie stammen aus dem ostasiatischen Raum. Die bekannteste und bei uns am ehesten erhältliche Art *Skimmia japonica* ist – wie der Name sagt – Japanerin. Ihre Heimat sind kühle Gebirgswälder in frostfreien Gegenden.

An sich gehört die Skimmie mehr zum Winterschmuck der Balkonkästen und später an geschützte Stellen im Garten. Aus Holland aber kam die Mode, reich mit ihren roten Beeren besetzte Jungpflanzen – ähnlich wie den auf Seite 150 besprochenen »Weihnachtspfeffer« *Capsicum annuum* oder Zierpaprika – als preiswerte Marktpflanzen der Weihnachtszeit anzubieten. Wer die immergrünen Sträuchlein weiterpflegen will, wird vielleicht ihre niedliche weiße Maiblüte und bis zum nächsten Herbst neuen roten Beerenschmuck erleben.
Besondere Kulturanleitungen: keine.

*Skimmia japonica,* Familie Rutaceae / Rautengewächse

## **Smithiantha** Smithianthe

Königinnen und Filmstars als Namenspenderinnen für neue Blumensorten sind nichts Ungewöhnliches. Doch im Reich der botanischen Systematik bis zur Gattung vorgedrungen zu sein, hat Seltenheitswert. Die Dame hieß Matilde Smith und war Pflanzenzeichnerin in Kew Gardens bei London, um 1840.

**Herkunft** Man kennt sechs Arten, die in tropischen Gebirgswäldern von Mexiko und Guatemala zu Hause sind. Diese reinen Arten werden aber als Kulturpflanzen heute kaum noch gezogen, weil man schönere und wohl auch in ihrer Erbmasse wertvollere Hybriden herausgekreuzt hat. Sie heißen nun 'Discolor' oder 'Golden King', 'Typ Lienig', 'Abbey' oder 'Splendens'; auch ein halbhoher 'Nana'-Typ wurde geschaffen.

**Pflanzengestalt** Mit Recht heißt es in der gesamten Fachliteratur, daß die Smithianthen gleich schön als Blattpflanzen wie als Blütenpflanzen seien. Alle sind saftreiche Kräuter, die sich aus schuppigen Erdstämmen (Rhizomen) entwickeln, weichbehaarte samtgrüne oder braunrote Blätter haben.

**Blüten** Sie erscheinen je nach Kulturbeginn von Juni bis Oktober, sind meist sehr zahlreich und auch recht haltbar. Blütenfarben gelb über rosa bis rot, innen stets heller mit dunkleren Punkten. Die Blütenstände bilden aufrechte lockere Trauben.

**Pflege** Natürlich kann man von solchen exotischen Schönheiten nicht erwarten, daß sie sich mit einfacher Zimmerkultur begnügen, obwohl auch das möglich ist. Dann nämlich, wenn man keine im Warmhaus herangezogenen fertigen Pflanzen in voller Blüte kauft, sondern sich Rhizome besorgen und die Anzucht selbst vornehmen kann. Spätestens ist das bei Weiterkultur blühend gekaufter Pflanzen möglich.

**Treiben** Nach dem natürlichen Absterben der oberirdischen Pflanzenteile im Herbst überwintern die Erdstämme im Topf bei 10–12° C. Im Nachwinter werden sie herausgenommen, zu dritt oder viert in einen Zwölfer-Topf mit humusreicher Erde (EE, Composana) gelegt und 2 cm hoch mit Erde bedeckt. Von nun an die Töpfe bis zur Blüte warmhalten (Bodenwärme um 22° C wichtig!). Nur mit temperiertem Wasser gießen und indirekt sprühen; hohe Luftfeuchtigkeit ist erwünscht.

**Düngung** Ab fingerlangem Austrieb bis Blüte alle 2–3 Wochen.

*Smithiantha*-Hybride, Familie Gesneriaceae / Gesneriengewächse

**Wichtig** Der Standort muß unbedingt frei von direkter Besonnung sein. Im Blumenfenster geht alles leichter.

*Solanum pseudocapsicum,* Korallenbäumchen, Familie Solanaceae / Nachtschattengewächse

# **Solanum** Korallenbäumchen

Hier dürfte eine Ehrenrettung am Platz sein: die Korallenbäumchen, gleich welcher Herkunft, werden meist nur einjährig gezogen. Sie zählen zu jenen »Wegwerfpflanzen«, von denen man sich unbedenklich trennt, wenn Blüten oder Früchte ihre Pflicht getan haben. Das ist unrecht, denn Korallenbäumchen kommen wieder.

**Herkunft** Es gibt zwei Arten: *Solanum capsicastrum* mit kleineren roten Früchten. Sie stammt aus Südamerika und wird öfter auch als weißbunt belaubte 'Variegatum'-Sorte angeboten; die andere Art ist das auf der Insel Madeira beheimatete *S. pseudocapsicum,* von dem vor allem die beiden Sorten 'New Patterson' mit orangeroten und 'Goldball' mit goldgelben, ziemlich großen runden Beerenfrüchten im Handel sind.
**Pflanzengestalt** Alle Korallenbäumchen kommen als Büsche mit ziemlich sperrigem Wuchs ins Haus. Bei richtiger Pflege aber wachsen sie sich zu allerliebsten Hochstämmchen von reichlich Meterhöhe aus. Sie sind an sich immergrün; wenn aber das Laub einmal abfällt, so gibt es nach kräftigem Rückschnitt im März doch einen normalen Neuaustrieb.
**Blüten und Früchte** Die typischen Nachtschattenblütchen, den Kartoffelblüten ähnlich und weiß von Farbe, erscheinen von Mai bis Juli. Die lustigen Kugelfrüchte bilden sich bis zum Herbst und halten um so besser, je mehr der Wunsch nach einem kühlen Standort (8–10° C) beachtet werden kann.
Bei mir war ein geeigneter Überwinterungsraum vorhanden und ich hatte das Korallenbäumchen zehn Jahre.
**Pflege** Da gibt es keine Schwierigkeiten. Ab Austriebsbeginn im März/April stellt man die Pflanze zunehmend wärmer (sonniger Platz erwünscht!), gießt und düngt über Sommer reichlich, zum Herbst hin sparsamer bis zum Einstellen der Düngung. Bei Übersommern im Freien rechtzeitig einräumen, denn die Bäumchen sind ja nicht winterhart. Ruhezeit unter Vermeidung von Ballentrockenheit von Oktober bis Februar.
**Umtopfen** Vor Austriebsbeginn in gute Blumenerde (EE, Composana); Pflanzgefäß nicht sehr viel größer wählen, als das alte, lieber die Wurzeln vorsichtig verkleinern.
**Vermehrung** Nicht lohnend.
**Pflanzenschutz** Zu warmer Stand und angeblich auch Zugluft bringen Läuse.

*Sonerila margaritacea 'Argentea',* Familie Melastomataceae / Schwarzmundgewächse

# **Sonerila** Sonerile

Schon bei Betrachtung der niedlichen *Bertolonia* (S. 138) und erst recht im Zusammenhang mit den Kulturanweisungen für die gewaltige *Medinilla* (S. 258) wurde darauf hingewiesen, daß diese »Super-Exotinnen« Liebhaberpflanzen erster Ordnung sind.

So gehört auch die ebenfalls zu den Melastomataceen oder Schwarzmundgewächsen zählende und aus der Inselwelt des Malaiischen Archipels stammende *Sonerila* unbedingt in Warmhauskultur. Der durch wunderschöne Blätter und reiche Herbstblüte auffallende kleine Halbstrauch mit Artnamen *S. margaritacea* verlangt außer hoher Wärme und Luftfeuchtigkeit – wie die *Bertolonia* – einen schattigen Stand.
Soweit die Pflanze im Handel vorkommt, ist es übrigens meist die Zuchtform 'Argentea', deren Blätter noch silbriger und exotischer wirken als die der nur gepunkteten und gefleckten Art.

# **Sparmannia** Zimmerlinde

Wie in einigen anderen Fällen, so denkt der Blumenfreund auch von den Linden, sie seien etwas Urdeutsches. Irrtum: die Lindenfamilie umfaßt beinahe 50 Gattungen mit 400 Arten, von denen die meisten als Bäume oder Sträucher in den Tropen wachsen. Sommerlinde und Winterlinde in Europa sind Ausnahmen.

**Herkunft** Die Linde des Schweden Dr. Andreas Sparmann (1748–1820) ist ebenfalls eine Ausnahme, denn von 7 Arten, die im tropischen Afrika und auf Madagaskar vorkommen, hat einzig *Sparmannia africana* den Zugang zur Zimmerpflanzenkultur gefunden.

**Pflanzengestalt** Es gibt die im Heimatland bis 4 m hohe Großform und eine nur bis 80 cm hohe Zwergform. Beide sind immergrüne Sträucher, deren untere Zweige bald braun verholzen. Der Neuaustrieb und die großen, herzförmig-eirunden, oft eckig ausgebuchteten Blätter sind leuchtend hellgrün, dabei filzig behaart. Die im Spätwinter oder Frühjahr – seltener im Sommer – erscheinenden weißen Blüten tragen aparte gelbe und rote Staubfäden. Die Zwergform blüht meist reicher als die große Ursprungsart, diese wieder besser als eine Züchtung 'Flore pleno' (mit gefüllten Blüten). Manche Zimmerlinden verweigern jedes Blühen und erwarten Anerkennung nur als Blattpflanzen.

**Pflege** In bald 200 Jahren echter Freundschaft mit dieser liebenswürdigen Pflanze hat sich erwiesen: die Zimmerlinde bevorzugt ganzjährigen Aufenthalt im geschlossenen Raum. Balkon und Garten werden nicht so gut vertragen. Während der Wachstumszeit, die auch das Blühen umschließt, soll der Standort hell und sonnig, dabei recht luftig und nicht zu warm sein. Keine Einengung durch andere Pflanzen, daher keine Eignung für Blumenfenster. Das Triebwachstum dauert bis August, dann folgt nach einer Übergangszeit von Okt. bis Dez. eine Ruhepause, die bei 6–10° C verbracht werden sollte; höhere Temperaturen sind ungünstig.

**Gießen** Während der Wachstumszeit reichlich, während der Ruhezeit trokkener halten, jedoch stauende Nässe und Ballentrockenheit vermeiden, beides ist sehr schädlich. Lufttrockenheit wird vertragen.

**Düngen** In der Wachstumszeit wöchentlich.

**Umtopfen** Bei starkem Wachstum meist jedes Jahr in größere Töpfe oder Kübel. Erde mittelschwer, humos; Typ EE.

**Vermehrung** Durch nicht zu weiche Kopfstecklinge im Frühsommer; gut blühende Mutterpflanzen bevorzugen.

**Pflanzenschutz** Gilbende und abfallende Blätter – auch Blütenknospen – deuten auf Nahrungsmangel u. a. Kulturfehler hin. Verkahlte Pflanzen zurückschneiden. Auf Blattläuse und Thrips achten!

*Sparmannia africana,* Zimmerlinde, Familie Tiliaceae / Lindengewächse

# Spathiphyllum Einblatt

Von allen Aronstabgewächsen ist das Einblatt – besonders als die »reichblütige« Art *Spathiphyllum floribundum* aus Kolumbien kultiviert – eines der anmutigsten und dabei bescheidensten. Es kommt jahrelang wieder, blüht unermüdlich jeden Sommer und bietet seine sehr haltbaren Blütenstände sogar zum Schnitt an.

**Wuchs und Pflege** Die immergrüne krautige Pflanze wird nur 30–40 cm hoch. Sie begnügt sich bei normaler Zimmertemperatur (im Winter nicht unter 16–18° C, eher wärmer!) mit einem schattigen bis halbschattigen Platz, ist während ihrer Ruhezeit von Okt.–Jan. unempfindlich gegen Lufttrockenheit und möchte nur während der sommerlichen Hauptwachstumszeit nebst Blütenbildung an warmen Tagen etwas gesprüht werden. In diesen Monaten wird auch für gleichmäßige Bodenfeuchtigkeit gesorgt und nicht zu reichlich gedüngt. Alle zwei Wochen genügt, sonst braune Blattspitzen.

**Umtopfen** Bei Austriebsbeginn im Febr.–März, Töpfe nicht zu groß.

**Vermehrung** Durch Teilen beim Umpflanzen. Anzucht aus Samen leicht; mehrere Arten und neue Hybriden.

*Spathiphyllum floribundum,* Einblatt, Familie Araceae / Aronstabgewächse

*Stapelia grandiflora,* Ordensstern, Familie Asclepiadaceae / Seidenpflanzengewächse, Gruppe *Stapelia.*

# Stapelia Ordensstern

Feine Leute nennen sie »Ordensstern«, nüchterne Naturen nennen das Ding beim Namen und heißen sie ihres für Schmeißfliegen angenehmen Geruchs wegen »Aasblume«. Wer den nur kurzfristig unfeinen Duft der Blüte nicht scheut, sollte eine Sammlung dieser interessanten »Stammsukkulenten« anlegen.

Sie sind Asclepiadaceen oder Seidenpflanzengewächse, also nahe verwandt mit Wachsblume und Kranzschlinge. Ihre Kultur mit Sommerblüte und Überwinterung bei möglichst nicht über 10° C am recht hellen Standort ist einfach, wenn die strenge Ruhezeit im kühlen Raum mit viel Licht und kaum Benetzung der Topferde eingehalten wird. Siehe *Ceropegia* S. 156.
Die größte Blüte mit 25–35 cm bringt *S. gigantea;* 10–15 cm bietet *S. grandiflora* (Bild); die relativ kleinste Blüte hat *S. variegata* mit 5–8 cm.

**Vermehrung** Aus Samen kinderleicht; im Angebot: 20 Arten, dazu Hybriden.

# Stephanotis floribunda Kranzschlinge

Zum blühenden Kranz gewunden, gilt die schöne, wenig empfindliche Pflanze seit Jahren schon als prächtiges Muttertagsgeschenk für passionierte Blumenfreundinnen. Seit man durch Langtags-Belichtung ihre Blütezeiten verändern kann, kommen im Jahreslauf noch so manche anderen Gelegenheiten dazu.

**Herkunft** Die Insel Madagaskar ist ihre Heimat. Dort wächst *Stephanotis floribunda* als immergrüner Schlingstrauch am Rand von Gebirgswäldern in kühleren Lagen. Als wenig anspruchsvolle, viele Jahre lang kultivierbare Pflanze für mäßig warme Räume ist sie seit über 150 Jahren in Europa, als 'Madagascar Jasmine' auch in den USA wohlbekannt und sehr beliebt. In den nordischen Ländern, auch in England, werden die Blüten zum Schnitt und sogar für Brautsträuße verwendet.

**Pflanzengestalt** Bis 5 m lange, zähe und biegsame Triebe. Blätter fest, lederartig, glänzend dunkelgrün, 7–9 cm lang, 4–5 cm breit, an kurzen Stielen gegenständig. Die weißen, herrlich duftenden Sternblüten werden bei etwa 5 cm ⌀ 4 cm lang; sie wachsen in lockeren Dolden aus den Blattachseln. Natürliche Blütezeit Mai–August.

**Verwendung** Zum Beranken ganzer Wände in Kleingewächshäusern und Wintergärten; auch als starkwüchsige Zimmerpflanze in Topf oder Kasten mit stabilem Spalier oder Rundgestell.

**Pflege** Standort frei, hell, aber nicht prallsonnig, mit viel Frischluft. Nicht hinter Stores oder im Blumenfenster einsperren. Größter Fehler: zuviel Wärme im Winter! Richtig sind 12–14° C, sonst Geiltriebe und Schädlingsbefall, dadurch Kräfteverschleiß mit allgemeinem Kümmern und Versagen der Blüte. Zweiter Fehler: Ortswechsel mit Drehen des Topfes ist Ursache für das Abfallen von Blütenknospen und Blättern, daher Lichtmarke anbringen. Nachteilig für gutes Gedeihen sind auch Ballentrockenheit, plötzliche Temperaturschwankungen und Zugluft. Zur Orientierung: Wachstumszeit März–September; Ruhezeit Okt.–Jan.

**Gießen** Ab Austriebsbeginn im März bis Mitte August reichlich; Wasser zimmerwarm, pH 5,5–6,5. Dann zum Ausreifen der Triebe mit dem Gießen zurückgehen, während der Ruhezeit bei verlangten niedrigen Temperaturen Topfballen nur gerade feucht halten, jedoch ausgesprochene Trockenheit unbedingt vermeiden (siehe oben!). Sprühen während der Wachstumszeit bis August ist erwünscht.

**Düngen** Entsprechend dem oft ungestümen Wachstum ab Austriebsbeginn bis Mitte August alle 2 Wochen kräftig, dann allmählich einstellen. Ab Februar Düngung wieder aufnehmen.

**Umsetzen** Im Jugendalter jährlich, dann je nach Durchwurzelung in größeren Abständen vor Austriebsbeginn Febr.–März. Pflanzgefäße dürfen angemessen größer sein. Erde humos, nahrhaft, durchlässig; reichliche Scherbeneinlage und etwas Kies als Dränage am Topfboden. EE oder Composana, Beigabe von Sand günstig.

**Vermehrung** Durch nicht zu weiche Triebstecklinge von Frühling bis Herbst, jedoch nur im Vermehrungsbeet bei 25–30° C, dort Bewurzelung innerhalb 4–5 Wochen.

**Pflanzenschutz** Verlausungsgefahr: durch Winterwärme!

*Stephanotis floribunda,* Kranzschlinge, Familie Asclepiadaceae / Seidenpflanzgewächse

# **Streptocarpus** Drehfrucht

Die reizende Pflanze mit den orchideenhaft-eleganten Blüten und dem etwas umständlichen botanischen Namen *Streptocarpus* heißt auf deutsch »Drehfrucht«, weil bei den samentragenden Arten und deren Hybriden die Samenkapseln spiralig gedreht sind. Als schönste galten bisher die Wiesmoor-Hybriden.

**Herkunft** Die Heimat ist vorwiegend der tropische Regenwald Südafrikas. Die Pflanze wurde 1824 in Europa eingeführt. Durch züchterische Arbeit entstanden aus den Ursprungsarten wunderschöne Hybriden.

**Pflanzengestalt** Krautige Halbstaude (Zweijahrspflanze) von Primelgröße mit länglich-ovalen, etwas runzligen, fast stengellosen und am Rand leicht eingekerbten Blättern, die ringsum dem Topfrand aufliegen.

**Blüten** Groß, trichterförmig, zu zweit oder zu dritt auf etwa 25 cm hohen Stielen; es gibt köstliche Farbvariationen von weiß über rosa, zartlila, hellblau bis zu strahlendem Rot, Blau und samtigem Dunkelviolett, auch mit andersfarbig geädertem Schlund und gekräuseltem Rand. Internationale Klasse wurde die englische Züchtung 'Constant Nymph' (Bild S. 14). Unter ihren zwischen Blau und Purpurrot blühenden Nachkommen entstand in Holland die weiße Mutation 'Maassens Wit' und dann – wieder in England – fast ganzjährig blühend die tief blauviolette Kurztagspflanze 'Margaret'; eine große Bereicherung für das Sortiment!

**Pflege** Je nach Anzucht in der Gärtnerei erhält man übliche *Streptocarpus*-Hybriden als Herbst- oder Frühjahrsblüher. Es gilt als allgemeine Behandlung: ganzjährig im Zimmer halten, hell und luftig stellen, jedoch unbedingt vor direkter Besonnung schützen. Die hübschen niederliegenden Blätter machen auch die Verwendung als blühende Bodenbedeckungspflanze im einfachen Blumenfenster möglich. Winterwärme etwa 18–20° C (Boden und Luft). Weniger als 16–18° C bringt Unterkühlungsschäden.

**Gießen** Über Sommer reichlich, im Winter je nach Standort und Weiterblüte mehr oder weniger sparsam. Wasser immer angewärmt, um pH 4,5. Luftfeuchtigkeit ist über Sommer erwünscht, über Winter von Weiterblüte oder Ruhezeit abhängig.

**Düngen** Über Sommer wöchentlich, aber nie auf trockenen Topfballen.

**Umtopfen** Nach Bedarf Febr./März. Erde humos, nahrhaft. EE, auch TKS.

**Vermehrung** Durch Blattstecklinge: 3 cm breite Stücke in feuchten Sand des geschlossenen Vermehrungsbeetes; basale Schnittfläche unten!

*Streptocarpus*-Hybride 'Rosa Nymph', Drehfrucht, Familie Gesneriaceae / Gesneriengewächse

# Syngonium Purpurtute

Die meisten Blumenfreunde meinen, auch dies sei »irgend so ein Philo«. Womit sie nicht einmal ganz Unrecht haben, denn Aronstabgewächse wie *Philodendron, Monstera* und die heute nur noch mit einigen Arten *Scindapsus* genannte Efeutute sind dem Rank- und Klettergewächs *Syngonium* nahe verwandt.

*Syngonium vellozianum,* Purpurtute, Familie Araceae / Aronstabgewächse

**Herkunft** Die Gattung stammt aus Mittel- und Südamerika, wo es an die 20 Arten gibt. Nur einige davon sind in gärtnerischer Kultur. Und ich könnte nicht sagen, welche davon seit vielen Jahren – vor allem in Hydrokultur – auch in meinem Blumenfenster steht.

**Pflanzengestalt** Wichtig für ihre Identifizierung gegenüber anderen ähnlichen Aronstabgewächsen: alle führen Milchsaft, haben als familiengemäße Eigentümlichkeit von der Jugend bis zum Alter in ihrer Form sich wandelnde, zuletzt drei-, fünf- oder sogar achtfach fußförmig geteilte Blätter und schlagen an den »Nodien« (= Sproßeinteilungsknoten) Wurzeln. Sie kriechen oder klettern, so daß sie als Ampelpflanzen oder am Topfspalier, auch an Moosstämmen oder zur Begrünung von Epiphytenbäumen ohne weiteres verwendet werden können. Ältere Pflanzen bringen im Frühsommer oder Sommer grünliche Aronstab-Blüten, deren Blütenscheide (Spatha) innen purpurrot glüht und der Pflanze zu dem sonst kaum verständlichen deutschen Namen »Purpurtute« verholfen hat. Für Zimmerkultur eignen sich *S. vellozianum* (früher *S. auritum*) mit dicklichen grünen Blättern und *S. wendlandii* nebst seinen zum Teil weißbunten Sorten. Pflege wie Philodendron.

# Tetrastigma Kastanienwein

Schon der deutsche Name »Kastanienwein« läßt als Vergleichsmaßstab für die Größe der Blätter darauf schließen, daß es sich hier um eine Pflanze von nicht geringen Ausmaßen handelt. Nur wer im bodengleichen Blumenfenster oder im hellen, mäßig warmen Treppenhaus sehr viel Platz hat, kann sie sich leisten.

*Tetrastigma voinierianum,* Kastanienwein, Fam. Vitaceae / Weinrebgew.

**Herkunft** Vom tropischen Asien bis hinunter nach Neuguinea und Nordost-Australien gibt es an hundert Arten. Aber nur *Tetrastigma voinierianum,* das im Gebiet von Tonking wächst und deshalb auch »Tonkingwein« genannt wird, ist in gärtnerischer Kultur.

**Pflanzengestalt** Ihrer Wuchsform nach zählt sie zu den immergrünen Lianen, hat fünfzählige gezähnte, oberseits dunkelgrüne, unterseits rotbraun-filzige Blätter, die bis 25 cm lang werden und an 5–7 cm langen Stielen sitzen. Ausgepflanzt im Kleingewächshaus treibt sie innerhalb eines Jahres ohne weiteres Ranken von mehreren Metern Länge. Blüte kommt kaum vor.

**Pflege** Standort Sommer wie Winter hell bis halbschattig, keine Prallsonne. Wintertemperatur nicht unter 12–15° C.

**Gießen** Über Sommer nach Trockenwerden der Töpfe reichlich, im Winter sparsamer. Etwas Kalkgehalt erwünscht (pH 6,5).

**Düngen** Über Sommer wöchentlich kräftig mit Volldünger.

**Umtopfen** Nach Bedarf in reichlich große Töpfe/Kübel. Erde humos, sehr nahrhaft, durchlässig. Typ EE.

**Wichtig** Starke Stäbe (Wandspalier!) verwenden, Triebe immer so aufbinden, daß Blätter sich ausbreiten.

**Pflanzenschutz** Gelbliche Jungblätter = Hunger. Rote Spinne bei Zug.

*Thunbergia alata,* Schwarzäugige Susanne, Familie Acanthaceae / Akanthusgewächse

# **Thunbergia** Thunbergie

Von diesem Kapitel darf sich der Pflanzenfreund neue Anregungen erhoffen. Denn tatsächlich kennt man mindestens im deutschen Sprachraum, aber auch wohl in einigen anderen europäischen Ländern nur *Thunbergia alata,* die »Schwarzäugige Susanne«, als einjährig gezogene Balkonpflanze.

**Herkunft** In Wahrheit ist aber das mit rund 200 Arten zur Tropenflora Asiens und Afrikas zählende, auch auf Madagaskar beheimatete Akanthusgewächs erheblich vielgestaltiger.

**Pflanzengestalt** Der Botaniker unterscheidet drei Gruppen: 1. Aufrecht wachsende, durchweg herrlich blühende tropische Sträucher, die für Zimmerkultur freilich viel zu groß werden. Da wären vor allem *Thunbergia erecta* (Warmhauspflanze) und *T. natalensis* (Lauwarmhauspflanze) zu nennen. Die zweite Gruppe umfaßt ebenfalls durch hohe und langandauernde Blütenschönheit ausgezeichnete, dabei recht starkwüchsige Schlingsträucher. Hierher gehört *T. laurifolia,* die immerhin nur 2–3 m windet, schon als Jungpflanze sehr reich blüht und durch ständigen Schnitt »paßgerecht« gehalten werden kann. Im Zimmerpflanzensortiment der USA wird sie gerühmt.
In der dritten Gruppe der ausdauernden, windenden Kräuter begegnet man endlich auch *T. alata,* der »Schwarzäugigen Susanne«, deren Wirkungskreis bei uns jeweils während eines Sommers auf Hängen und Ranken in Fensterkästen und Balkonampeln beschränkt bleibt.

**Blüte** Susannchen, deren dunkle Augen im goldgelben Kronensaum sich in Schönwetterperioden etwa von Mitte Juni bis Mitte Sept. zeigen, hat auch allernächste Verwandte, von denen man hierzulande freilich kaum etwas weiß. So gibt es Varianten wie 'Alba' (weiß-dunkle Mitte), 'Aurantiaca' (orange-schwarzrot), 'Fryeri' (hellgelb-weiß), 'Lutea' (rein gelb).

**Pflege** Bei eigener Vorkultur im März 2–3 Körner in kleinste Töpfchen mit Anzuchterde säen, einmal umsetzen, nach guter Abhärtung Jungpflanzen gegen Ende Mai ins Freie bringen. Einfacher: fertige Jungpflanzen beim Gärtner kaufen. Sonniger Platz, Erde nahrhaft, darf etwas kalkhaltig sein. Rechtzeitig eingeräumt, kann *T. alata* hell und bei 8–10° C überwintern. Kräftiger Rückschnitt Ende Februar, dann wärmer stellen, gibt starke, frühblühende Pflanzen.

# **Tillandsia** Tillandsie

Professor Elias Tillands, der von 1640–1693 lebte und als Botaniker an der finnischen Universität Abo lehrte, gab dieser Gattung den Namen. Dank ihrer Mannigfaltigkeit und Schönheit dürften sie heute bei den Blumenfreunden unter allen Bromelien die Spitze halten. Tillandsien-Sammler sind keine Seltenheit mehr.

**Herkunft** Mit rund 500 Arten ist die Gattung *Tillandsia* nicht nur zahlenmäßig am stärksten, sondern hat auch mit die größte Verbreitung. Sie reicht vom Süden der USA über Mittelamerika bis weit nach Südamerika hinein und umfaßt tropische Regenwälder, Wüsten und subtropische Steppen.

**Pflanzengestalt** Dieses unterschiedliche Vorkommen erklärt ihre Vielgestaltigkeit: neben epiphytisch wachsenden Baumtillandsien gibt es die terrestrischen Formen aus den versteppten Küstengebieten und den felsigen Hochflächen der Anden. Tillandsien wachsen – so sonderbar das klingt – vom Flachland am Meer bis hinauf in Höhen von 4000 m. Unter den epiphytisch lebenden Arten gibt es größere und kleinere Rosetten mit schmalen, pfriemen- bis grasartigen, dicht mit Saugschuppen besetzten Blättern und breitährigen aufrechten Blütenständen. Sehr geringe Wurzelbildung bestätigt dabei die Lebensweise als Aufsitzerpflanze, die sie auch für unsere Epiphytenstämme in Tropenfenstern so geeignet macht. Einige Arten haben den Verzicht auf Wurzeln bis zum äußersten getrieben und leben ausschließlich durch Nahrungsaufnahme mit Hilfe ihrer Saugschuppen. Bekanntestes Beispiel dafür ist *Tillandsia usneoides,* das »Louisiana-Moos«. In Trockenzeiten löschpapierartig dürr, schwillt es in Regenzeiten zu zentnerschweren Gehängen, die Bäume und Telegraphenmasten als »Wasserpest der Luft« gefährden.

**Verwendung** Epiphytische Arten nur für helle Tropenfenster mit hoher Luftfeuchtigkeit; Kleinformen und die Kräuselbärte von *T. usneoides* auf Borken oder Ästen drapieren. Während der Wachstumszeit alle 14 Tage mit stickstoffreier Mineraldüngerlösung sprühen.

*Tillandsia lindenii*, Familie Bromeliaceae / Ananasgewächse

*Tolmiea menziesii,* Henne mit Küken, Fam. Saxifragaceae / Steinbrechgew.

## **Tolmiea menziesii** Henne mit Küken

Man braucht nur ihre vielen Kosenamen zu nennen, um die Eigenart dieser »Kinderstubenpflanze« zu umschreiben. In den USA wird sie »Tausendmütterchen« oder »Piggy-back-plant« genannt; die Holländer sagen »Kindchen in Mutters Schoß«, während man sich in Österreich mit »Kindchen im Schoß« begnügt.

Alles kommt daher, daß dieses frischgrüne, nur 20–30 cm hohe Steinbrechgewächs in den Buchten seiner zimmerlindenähnlichen Blätter Brutknospen entwickelt, aus denen bewurzelte kleine Pflänzchen entstehen. Wie andere Brutblätter, fallen sie mit erreichter Reife ab und wachsen weiter.

Der Blütenstand ist eine 15–20 cm lange Traube grünbrauner Blütchen mit orangefarbenen Kappen.

**Herkunft** – als einzige ihrer Art – aus feuchten Küstenwäldern der USA am Pazifischen Ozean.

**Pflege** wie *Saxifraga stolonifera,* der »Judenbart«. Boden sehr humos.

# **Tradescantia** Tradeskantie

Taufpaten waren zwei flämische Gärtner: John Tradescant-Vater, weiland Hofgärtner bei König Karl I. von England, gestorben 1637, und John Tradescant-Sohn, erst Gärtner, dann Botaniker und Forschungsreisender, gestorben 1662. Mindestens seit jenen Zeiten sind auch die Tradeskantien in Europa heimisch.

**Herkunft** Es gibt über 30 Arten. Die Winterharten – bei uns unter dem Namen »Dreimasterblumen« als Gartenpflanzen geschätzt – kamen schon um 1600 aus Nordamerika herüber. Die Nicht-Winterharten wurden erst rund 200 Jahre später im tropischen Südamerika entdeckt; allen voran um 1825 wohl *Tradescantia crassula.*

**Pflanzengestalt** Ausdauernde, hängende oder niederliegende Kräuter mit langen, saftreichen Stengeln, die durch Blattknoten (Nodien) unterteilt sind. Die meist spitz-eirunden, längsgeäderten, häufig ebenfalls sehr saftreichen Blätter legen sich tütenförmig um ihren Blattknoten. Es gibt grüne und buntblättrige, auch sukkulente Arten. Die Blütenstände sind oft von laubblattähnlichen Hochblättern umgeben, erscheinen endständig oder aus den Blattwinkeln der obersten Blätter; Blütezeit Spätwinter und Frühling.

**Sortiment** Als Topf- und Ampelpflanze überall bekannt und beliebt: *Tradescantia albiflora,* die einfache grünblättrige Art, deren Name *albiflora* mehr verspricht als sie hält, denn ihre weißen Blüten sind sehr selten. Die Zuchtform 'Aureo-vittata' hat gelbliche Längsstreifen auf den Blättern. *T. blossfeldiana,* eine nur 20 cm hohe kriechende Staude aus Argentinien, ist zottig behaart. Die Blätter sind oberseits bräunlich, unterseits rot; die zahlreichen Blüten sind rosa mit weiß. Die Pflanze ist wärmebedürftig. – *T. crassula* wächst aufrecht, bis 40 cm hoch; große, glänzende, am Rand gewimperte Blätter; große weiße Blüten: sehr schön. – *T. fluminensis,* die 'Rio-Tradeskantie', ist *T. albiflora* sehr ähnlich, hat jedoch kurzgestielte, oberseits mehr blaugrüne, unterseits rotviolette Blätter und bringt willig viele weiße Blüten; dazu Kulturform 'Albovittata' mit weißgestreiften Blättern (Bild). – *T. navicularis,* die »Schiffchen-Tradeskantie«, eine langsam wachsende, sukkulente Art mit lila Blättern und rosa Blüten (Bild), will es hell ohne Sonne haben.

**Pflege** Schattiger Platz das ganze Jahr; normale Wohnwärme wird vertragen. Unterkühlungsschäden entstehen bei weniger als 10–12° C. Immer gleichmäßig feucht halten. Düngen von März–Aug. Rasches Wachstum und leichte Vermehrbarkeit aus Stecklingen machen jährliche Nachzucht von Jungpflanzen ratsam. Bei Zugluft Blattläuse.

*Tradescantia blossfeldiana,* Blütenstand, Familie Commelinaceae / Commelinengewächse

*Tradescantia fluminensis* 'Albovittata', Rio-Tradeskantie, Familie Commelinaceae / Commelinengewächse

# **Trichocereus** Haarcereus

Diese Gattung, die meist säulenförmige, aber auch »Kandelaberkronen« oder buschige Verzweigungen tragende Arten unterschiedlichster Größe hat, ist aus zwei Gründen interessant: einmal bereichert sie das Sortiment des Sammlers um prächtige Stücke, zum andern stellt sie ausgezeichnete Pfropfunterlagen.

**Herkunft** Die Trichocereen, früher der Sammelgattung Cereus eingeordnet, sind mit rund 30 Arten in den südamerikanischen Anden vertreten, wo sie bis zu beträchtlichen Höhen aufsteigen. Was bei uns kultiviert wird, stammt überwiegend aus Nord- bis Westargentinien.

**Pflanzengestalt** Zu den schon erwähnten Eigenarten der Gestalt treten ebenso verschiedenartig ausgebildete Rippen mit starker bis sehr starker Bestachelung in gelblich-honigfarbigen bis bräunlichen Tönen. Aufregend schön sind die oft schon beinahe im »Kindesalter« erscheinenden Tag- oder Nachtblüten von erstaunlicher Größe; die Tagblüher sind goldgelb, orange, rosa, rot – die duftenden Nachtblüher sind weiß.

**Sortiment** *Trichocereus candicans* (Bild): grasgrüne bis bläuliche Triebe, ⌀ bis 15 cm, Höhe bis 80 cm; Nachtblüher. – *T. grandiflorus:* Wird in kleinen Gruppen meist nicht über 20 cm hoch, bringt schon ab 10 cm Höhe große blutrote Tagblüten. – *T. pachanoi* wächst in den Anden bis 3000 m Höhe, daher beinahe frosthart; baumartig verzweigt, bis 6 m hoch; sehr gute Pfropfunterlage; riesige Nachtblüte. – *T. purpureopilosus:* Bildet kleine Gruppen; 20–25 cm lange Säulchen mit 6 cm ⌀; die hornfarbigen Stacheln sind am Grund rot; die Nachtblüte, 20 cm lang und bis 15 cm ⌀, erscheint schon an 10–15 cm großen Jungpflanzen. – *T. schickendantzii:* Starkwüchsig, weichfleischig, daher wie der folgende *T. spachianus* gut als Pfropfunterlage, wird jedoch nur 25 cm hoch. Kultur unbedingt lohnend wegen der herrlichen, willig jedes Jahr erscheinenden Nachtblüte. – *T. spachianus:* Bekannteste und gebräuchlichste Pfropfunterlage; bis 2 m hoch, glänzend grün mit gefährlich starken Stacheln; wundervolle Nachtblüte, 20 cm lang, 15 cm ⌀.

**Pflege** Sommerstand sehr sonnig, möglichst im Freien; Winterstand kühl und völlig trocken. Insgesamt sehr geringe Ansprüche; beinahe mit jedem Boden und engen Pflanzgefäßen zufrieden; letztere für Starkwüchsige zur Minderung ihres Ausdehnungsvermögens zweckmäßig. Kleine, weniger ungestüme Arten gedeihen in gutem Boden natürlich besser.

**Gießen** Im Sommer reichlich.

**Düngen** Im Sommer reichlich, Kakteendünger, stickstoffarm.

**Umsetzen** Nach Bedarf; Erde normal, EE, Compo-Cactea.

*Trichocereus spachianus* (oben); *Trichocereus candicans* (unten), Familie Cactaceae / Kakteen

**Vermehrung** Aus Stecklingen leicht; Stammstücke ohne Kopf treiben willig Seitenäste, die schöne Pflanzen ergeben. Umfassende Samenangebote im Exotenhandel; Anzucht leicht.

# **Tulipa** Tulpe

Sie zählt nicht eigentlich zu den Zimmerpflanzen, und ihre Treiberei ist – ehrlich gesagt – trotz mancher Vereinfachung immer noch mühsamer als etwa das Treiben von Hyazinthen. Aber passionierte Blumenfreunde können es halt nicht lassen, auch wenn es viel bequemer ist, blühende Tulpen im Laden zu kaufen.

**Herkunft** Im Lauf ihrer vielhundertjährigen Geschichte hat die Tulpe mancherlei erlebt: Sie war Wappenblume der osmanischen Herrscher über das mittelalterliche Türkenreich und poetisch verklärte persische Wildpflanze; sie wurde eine Rarität der Augsburger Fuggergärten des 16. Jahrhunderts und Wahrzeichen des Barock; sie war Ursache der holländischen »Tulpenwut« mit ihren fragwürdigen Spekulationen und um 1730 wieder lieb Kind am türkischen Hof. Vorläufig letzte Schlagzeilen machte sie wohl, als die Holländer, zum Dank für ihre Befreiung, 1945 eine Million feinste Tulpenzwiebeln nach England schickten.

**Pflanzengestalt** Die Zwiebelblume in ihren Einzelheiten zu beschreiben, dürfte sich erübrigen. Interessant aber ist die Tatsache, daß einzelne Züchtungen, wie die holländische 'Keyserscroon' oder die »Papageientulpen«, sich nun bald vier Jahrhunderte lang unverändert die Gunst der Blumenfreunde erhalten haben. An dieser Stelle besondere Sorten für Zimmertreiberei zu nennen hat wenig Sinn, denn sie wechseln beinahe von Jahr zu Jahr.

**Treiberei** Zur Gesunderhaltung der Zwiebeln Pflanzgefäße mit Abzugslöchern verwenden. In die Gefäße kommt eine 2–3 Finger hohe Dränageschicht aus feinem Kies oder Sand und humose, leichte Erde. Die Zwiebeln im Sept.–Okt. zu mehreren so in die Töpfe legen, daß der Austrieb fingerhoch bedeckt ist. Im kühlen Keller oder auf dem Nordbalkon 20 cm tief in eine Kiste mit feuchtem Torf einschlagen oder unter guter Winterdecke ebenfalls 20 cm tief im Garten eingraben. Um Mitte Februar aufnehmen, in hellen, kühlen Raum bringen, gießen. Erst wenn die Austriebe 10–15 cm hoch sind, kommen die Töpfe an einen warmen, hellen Fensterplatz (20° C). Normal gießen. Die Blüte muß nach 4–5 Wochen erscheinen. Nach dem Abblühen nicht in Samen gehen lassen. Die Pflanzen bis zum Einziehen weiterpflegen, später kommen sie in den Garten.

*Tulipa gesneriana,* Gartentulpe, Familie Liliaceae / Liliengewächse

Vanda coerulea, Himmelblaue Vanda, Familie Orchidaceae / Orchideen

# **Vanda** Vanda

Sie trägt einen der indischen »Urnamen« für Orchideen und gilt als eine der ungekrönten Königinnen ihres Bereichs: *Vanda coerulea,* die »Himmelblaue Vanda«. Sie ist die Hauptvertreterin ihrer Gattung mit rund einem halben Hundert hochinteressanter Arten, die seither durch wertvolle Hybriden vermehrt wurden.

**Herkunft** Die »Vandeen« stammen samt und sonders aus den Monsungebieten Vorderasiens, über die Philippinen bis hinunter nach Neu-Guinea. *V. coerulea* wurde 1837 im Vorfeld des östlichen Himalaya in 1500 m Höhe als Epiphyt in den Kronen 60 bis 80 m hoher Eichbäume entdeckt.

**Pflanzengestalt** Der aufrechte Stamm wird 60–80 cm hoch und ist dicht mit lederigen, immergrünen, kurzen, etwas fleischigen Blättern besetzt. Der bis 45 cm hohe Blütenschaft erscheint seitlich und trägt in lockerer Anordnung 7–15 hellblaue, duftende Blüten von 7–10 cm Breite mit kleiner dunkelvioletter Lippe. Blütezeit ist Sept.–Nov. *V. coerulea* ist die einzige für Zimmerkultur und auch zum Schnitt bedingt geeignete Art. Eine sehr schöne Varietät *V. coerulea* 'Hennisiana' wird in Kultur leider kaum noch angetroffen.

**Pflege** Der Sommerplatz – am besten hängend, im Orchideenkörbchen – sei hell, halbschattig mit wenig Sonne bei etwa 22° C; Überwinterung bei 18–20° C, nachts darf die Lufttemperatur nicht unter 12° C absinken. Empfindlichkeit gegen Temperaturschwankungen und Bedarf an hoher Luftfeuchtigkeit während des Wachstums machen Unterbringung im Tropenfenster zur Pflicht.

**Gießen** Über Sommer normal, mit angewärmtem, enthärtetem Wasser (pH 4–5), das auch zum Sprühen verwendet wird. Ruhezeit trockener.

**Düngen** Während der Wachstumszeit sehr sparsam, kalk- und salzfrei.

**Umsetzen** Nach Bedarf im Frühjahr; Wurzeln sehr spröde, brechen und faulen an den Bruchstellen. Pflanzstoff Osmunda mit etwas Polypodium und Sphagnum verwenden.

**Vermehrung** Wo möglich, durch Teilung. Aus Samen nur in der Orchideen-Spezialgärtnerei.

**Pflanzenschutz** Bekämpfung üblicher Orchideenkrankheiten und -schädlinge nach Vorschrift.

# **Veltheimia** Winterrakete

Ihren botanischen Namen hat sie von einem deutschen Botaniker des 18. Jahrhunderts. Unter den wenig populären deutschen Bezeichnungen gibt es außer der zeitlich und formal recht treffenden »Winterrakete« auch noch den Namen »Walzenlilie«, was immerhin die Familienzugehörigkeit anzeigt.

**Herkunft** Von fünf Arten in Südafrika ist nur *Veltheimia capensis,* die Kap-Veltheimie, in gärtnerischer Kultur anzutreffen.

**Pflanzengestalt, Wachstum, Blüte**
Das ansehnliche Zwiebelgewächs könnte eine begehrte Winterblüherin sein, wenn Farbigkeit und Dauer ihres Flors statt bei nur 10–12° C auch im voll beheizten Zimmer zu erzielen wären. Aber warmer Sand verdirbt fast alles, weshalb denn die Veltheimie als geborene Kalthauspflanze bei den Blumenfreunden nicht sehr gefragt ist. Nach sommerlicher Ruhezeit – von Mai bis August unbelaubt und unbeachtet in irgendeiner Ecke – wird die Zwiebel Anfang Sept. in frische Erde umgetopft. Dann treiben die 20–30 cm langen, 10–12 cm breiten, etwas gewellten Blätter. Um Weihnachten oder etwas später erscheint raketengleich auf hohem, braun geflecktem Schaft, die zartrosa bis lachsfarbene Blütentraube und hält bei kühlem Stand 2–3 Monate. Ältere Pflanzen mit mehreren Blütenschäften sind besonders hübsch. Ab März zieht das Laub ein. Ab Mai Ruhezeit, siehe oben.

Während der Wachstums- und Blütezeit sparsam gießen, gelegentlich düngen. Verträgt Lufttrockenheit.

**Vermehrung** Durch Brutzwiebeln.

*Veltheimia capensis,* Winterrakete, Familie Liliaceae / Liliengewächs

*Vriesea psittacina,* Papageien-Bromelie, Familie Bromeliaceae / Ananasgewächse

# **Vriesea** Vriesee

Sie heißt nach dem holländischen Botaniker Professor W. H. de Vriese (1807–1862) und ist seit Jahrzehnten die ungekrönte Königin unter allen international als Kulturpflanzen gehegten Bromelien. Die Zahl der aus ihren Arten gezüchteten Hybriden ist kaum noch übersehbar; ihr Liebhaberwert ist unbestritten.

**Herkunft** Heimat je nach Art Mittel- und Südamerika, vor allem Brasilien.

**Pflanzengestalt** Mittelgroße bis große, meist trichterförmige Rosetten, die einzeln oder zu mehreren beisammenstehen. Man unterscheidet:

1. Grünblättrige Arten, die meist schönere, auffallendere Blütenstände haben. Hierher gehören die reizende kleine *Vriesea psittacina* oder Papageien-Bromelie (Bild nebenan) sowie die *Vriesea*-Hybride 'Rex' auf S. 349 rechts. Die größte unter den Grünblättrigen und nur gelegentlich in Schausammlungen anzutreffen ist *V. imperialis,* eine Brasilianerin mit anderthalb Meter langen Blättern. Es heißt, daß sie zur Entwicklung ihres mehrere Meter hohen Blütenstandes – ähnlich wie manche Agaven – über zwanzig Jahre braucht.

2. Buntblättrige Arten wie die sehr bekannte *V. splendens* (Bild S. 349, links) mit den altberühmten Sorten 'Flammendes Schwert' und 'Major'. Die locker angeordneten Blätter der Art sind etwa 50 cm lang, leicht rinnenförmig gebogen, lebhaft grün, mit auffallend dunkel-braunroten Querstreifen, am stumpfen Ende laufen sie in einer scharfen Spitze aus. Am prunkvollsten unter den Buntblättrigen: *V. gigantea* (früher *V. tesselata);* Blätter über halbmeterlang, glänzend

dunkelgrün, oberseits durch gelbliche Fleckung schachbrettartig gemustert ('Schachbrett-Vriesee'), unterseits rötlich-violett; in Heimkultur selten blühend, Schaft mit Blütenstand wird über 2 m hoch. Zu den schönsten aller Bromelien zählt auch *V. hieroglyphica:* ihre bis 80 cm langen, bis 12 cm breiten Blätter zeigen auf grünem Grund oberseits dunkelgrüne, unterseits fast schwarze, unregelmäßige Querbänder, deren Musterung schriftzeichenähnlich aussieht. Die mächtigen Blattrosetten werden bis meterhoch. Für Heimkultur: schon kleine Jungpflanzen haben die interessante Zeichnung der Blätter. Wie *V. gigantea* überragend schöne Blattpflanze.

**Blütenstand** Immer auf mehr oder weniger hohem Schaft, entweder eine lange flache Ähre bildend (*V. splendens* 'Flammendes Schwert'!) oder mehrfach verzweigt, traubig, rispenartig; Blütenstand der farbigen Hochblätter, wie bei den Aechmeen lange haltbar; Blütchen, gelb, rotgelb, grünlich, manchmal auch weiß, sind wie alle Bromelienblüten rasch vergänglich. Auch an sich blühwillige Vrieseen brauchen in gärtnerischer Kultur durchschnittlich vier Jahre bis zur Blüte: daher ihr Preis!

**Verwendung** Beste Eignung für Blumenfenster mit Warmhauscharakter. Besonders die Vrieseen mit weichen grünen oder farbig gezeichneten Blättern verlangen einen schattigen Platz, dazu hohe Luftfeuchtigkeit und Boden- wie Lufttemperaturen, die auch nachts nicht unter 18–20° C absinken. Nur dann halten die bunten Hochblätter der Blütenstände ungefähr ebenso lange, wie die Mutterpflanze – unter günstigen Lebensbedingungen – ihre Kindel austreibt. Vrieseen der schwer oder gar nicht blühenden Arten haben natürlich einen anderen Daseinsrhythmus. Ohne die unwiderruflich zum allmählichen Absterben führende Blütenbildung aus dem Wachstumszentrum – es sei nochmals ausdrücklich dargelegt – erweisen sie sich als sehr haltbare Blattpflanzen. Dies bestätigt indirekt auch jene Anmerkung, daß *V. imperialis* über zwanzig Jahre bis zur Blütenbildung brauchen soll.

Unter den heute zahlreich im Blumenhandel angebotenen *Vriesea*-Hybriden gibt es auch Sorten, die bei einiger Sorgfalt ohne Tropenfenster durchkommen. Nicht zuletzt hängt die geringere Empfindlichkeit von den Blättern ab: Wie für alle Bromelien gilt die Regel, daß härtere, mehr ins Graugrüne spielende einfarbige Blätter den Unbilden der Zimmerluft eher gewachsen sind. Besonders zu empfehlen: die meist härteren Hybriden älteren und neueren Datums.

**Gießen und Sprühen** Unter Berücksichtigung ihrer noch höheren Wärmebedürftigkeit gilt für die Vriesen sinngemäß das gleiche, was darüber bei *Aechmea* (S. 118), *Guzmania* (S. 221) und *Neoregelia* (auch Abschnitt »Allgemeine Pflege« S. 268) gesagt wird: nur enthärtetes Wasser (pH 4–4,5) mit Zimmertemperatur oder noch etwas darüber verwenden; während der Wachstumszeit vorab in die Zisternen gießen, Topfballen lediglich feucht halten; nach dem Abblühen, mit Einsetzen der Ruhezeit Zisternen (Trichter) je nach Boden- und Raumtemperatur entleeren oder kleinen Rest Wasser darin belassen. Luftfeuchtigkeit nach den allgemeinen Regeln.

*Vriesea splendens* 'Flammendes Schwert', Familie Bromeliaceae / Ananasgewächse (links)
*Vriesea*-Hybride 'Rex', Familie Bromeliaceae / Ananasgewächse (rechts)

**Düngung** Wie *Aechmea* S. 118.

**Umtopfen** Entfällt; wo erforderlich, nur in Spezial-Bromelienerde mit Sphagnum u. ä. wie Orchideenerde.

**Vermehrung** Durch Kindel oder aus Samen; gelingt nur in Warmhauskultur mit gärtnerischem Können.

**Pflanzenschutz** Befallsgefahren gering; mehr Bedrohung durch Fäulnis und Sonne.

# Yucca Palmlilie

*Yucca aloifolia,* die »Aloeblättrige Palmlilie«, gilt als schönste von etwa 40 Arten und präsentiert sich auch auf dem Bild als ein Schaustück von hohem exotischem Reiz. Das Exotische ist hier aber nicht mit »anspruchsvoll« gleichzusetzen – vielmehr gibt es kaum bescheidenere, dabei blühwilligere Pflanzen als die Yucca.

*Yucca aloifolia,* Aloeblättrige Palmlilie, Familie Agavaceae / Agavengewächse

Während man im Garten gern die winterharten stammlosen Formen hält, sind als Zimmer- und später als Kübelpflanzen die nicht winterharten, stammbildenden Typen gebräuchlich. Von *Y. aloifolia* gibt es zwei wunderschöne buntblättrige Sorten 'Quadricolor' und 'Tricolor'. Außerdem wäre noch *Y. gloriosa* mit ihren – natürlich erst im höheren Alter – bis 2 m langen Blütenrispen zu nennen.

Alle Yucca stammen aus den nordamerikanischen Südstaaten oder aus Mittelamerika, wo es hart hergeht.

**Sommerstandort** Besser sehr hell und warm im Freien, dort Juliblüte; Winterstandort unbedingt sehr kühl bei etwa 6° C im hellen Raum.

**Gießen** Über Sommer reichlich, doch ohne Bodennässe; während der Ruhezeit trocken halten.

**Düngen** Von April–Aug. wöchentlich.

**Vermehrung** Kindel und Samen.

**Pflanzenschutz** Kaum erforderlich.

# Zantedeschia Zimmerkalla

Francesco Zantedeschi lebte von 1773–1846, war Italiener und hat sich als Botaniker wie auch als Physiker einen solchen Namen gemacht, daß ihn die Kalla auferlegt bekam. Früher einmal hat sie nämlich auch botanisch *Calla* geheißen, und ihr deutscher Name war »Schlangenwurz«.

Bild links unten:
*Zantedeschia aethiopica,* Zimmerkalla, Familie Araceae / Aronstabgewächse

**Herkunft** Der volle botanische Name dieses Gewächses aus der Familie der Aronstäbler lautet *Zantedeschia aethiopica,* wodurch auch ihr geographischer Steckbrief gegeben sein könnte. Aber sie stammt keineswegs aus Aethiopien, sondern aus südafrikanischen Sumpfgebieten, wo über Sommer fast immer Trockenheit herrscht. Dies zu wissen, erleichtert die Pflege.

**Pflanzengestalt** Bis 80 cm hohe, nach der Blüte ganz oder teilweise einziehende Staude mit starken, fleischigen Wurzelstöcken (Rhizomen), aus denen die breit-pfeilförmigen, saftig grünen, glatten Blätter an aufrechten Stielen emporschießen. Der ebenfalls langgestielte Blütenstand erscheint im Nachwinter über den Blättern. Er besteht aus dem typischen Aronstab-Blütenkolben, der bei den Zimmerformen von einem großen weißen Hüllblatt (Spatha) umgeben ist. Es gibt auch Sorten zum Schnitt und gelbe sowie rötliche blühende Freilandarten.

**Pflege** Wichtigste Forderung für regelmäßige Wiederblüte ist strikte Einhaltung der Ruhezeit etwa von Mai bis Juli. Da soll – entsprechend dem Austrocknen ihrer heimatlichen Sümpfe im Kapland – die Kalla so trocken gehalten werden, daß sie fast alle Blätter verliert. Je weniger man sich um sie kümmert, desto besser. Mit Wachstumsbeginn Topf sehr hell bis sonnig auf dem Balkon oder eingesenkt im Garten halten, im Okt. einräumen, bis Dezember kühl (bei 8 bis 10° C) aufstellen. Allenfalls werden noch 12–15° C ohne Schaden für die Blütenbildung ertragen. Ab Dezember bis Blütenende warm halten.

**Gießen** Besonders im Sommer, nach der Ruhezeit, reichlich; im Winter sparsamer. Während des Laub- und Blütenwachstums öfter sprühen.

**Düngen** Während des Wachstums bis zur Blüte wöchentlich.

**Umtopfen** Beim Einräumen im Okt. EE. Nicht tiefer setzen als vorher!

**Vermehrung** Durch Stockteilung.

**Pflanzenschutz** Durch Winter-Trokkenheit und Frischluftmangel gibt es Blattlaus-Befall.

# **Zebrina** Zebrakraut

Wer Tradeskantien als Wohngefährten liebt und pflegt, wird in ihrem Kreis auch die nahe verwandte *Zebrina* nicht missen wollen. Die wenigen Arten der Gattung stammen alle aus Mexiko und Südamerika, brauchen folglich in Heimkultur viel Licht und Wärme. Am bekanntesten ist die reizende *Zebrina pendula.*

Der deutsche Name »Ampelkraut« nennt nur einen Teil dessen, was der Blumenfreund von ihr erwarten darf. Denn sie läßt nicht nur ihre mehrfarbig belaubten Stengel halbmeterlang herabhängen, sondern eignet sich ebensogut als Bodenbedeckerin in Blumenfenstern. Am schmuckvollsten ist die Zuchtform 'Quadricolor' mit rosa-rotweiß-grün gestreiften Blättern (Bild).

**Pflege** Im allgemeinen wie Tradeskantien. Ebenfalls nur kalkfrei gießen, jedoch in leichterem, etwas sandigem Boden wenig oder gar nicht düngen. Winter zimmerwarm, nicht unter 15° C.

*Zebrina pendula* 'Quadricolor', Vierfarbiges Ampelkraut, Familie Commelinaceae / Commelinengewächse

# **Zygocactus** Weihnachtskaktus

Generationen von Blumenfreunden haben diese Pflanze unter ihrem alten Namen »Epiphyllum« gekannt. Jetzt wird schon wieder von neuer Umtaufe in »*Schlumbergera*« gemunkelt. Am einfachsten: man sagt »Weihnachtskaktus« und vergißt, daß um die Blattgliederkakteen ein babylonischer Sprachenwirrwarr herrscht.

Heimat des *Zygocactus* ist Brasilien, wo er als Epiphyt des tropischen Regenwaldes lebt. In Kultur sind nur noch Zuchtformen, die am besten in Humusboden mit Zusatz von Sphagnum gedeihen. Sie brauchen schattigen Platz, immer feuchtwarme Luft und feuchten Boden, auch und gerade im Winter. Um einen guten Knospenansatz zu erzielen, soll man die Pflanzen im Juli–Aug. kühler stellen und weder gießen noch düngen. Dadurch reifen die Blattglieder aus, und die Knospenbildung setzt ein. Ab Herbst mäßige Zimmerwärme um 15° C, immer noch knapp gießen, jedoch bis Erscheinen der Blütenknospen häufig sprühen, erst allmählich wieder mehr gießen. Bis zum Aufblühen nicht herumtragen, Standort und Lichteinfall nicht wechseln (Lichtmarke). Mattwerden der Pflanze nach der Blüte kündigt den Beginn der ersten Ruhezeit (2 Monate) an.

*Zygocactus truncatus,* Weihnachtskaktus, Familie Cactaceae / Kakteen

# Schnell eben mal nachschlagen...



## Fachausdrücke für Zimmergärtner

Fachausdrücke sind – ähnlich wie Fremdwörter – unter Umständen Glückssache. Entweder kennt man sie dank einschlägiger Erfahrung, oder man rätselt an ihnen herum, weil ihre Zitierung im Rahmen der Zimmerpflanzenpflege doch nicht so oft vorkommt. Hier wurden nun einmal Bezeichnungen zusammengestellt, deren Kenntnis manchen Einblick in Lebens- und Wachstumsvorgänge der Pflanzenwelt gestattet. Alle Wörter sind den weiter vorn behandelten Sachgebieten entnommen und sollen als zusätzliche Orientierungshilfe dienen.

**Alizarin** Chemischer Bestandteil der Krapp-Pflanze (Familie *Rubiaceae);* Beizfarbe. Man unterscheidet Alizarinrot, Alizarinblau, Alizarinbordeaux und Alizaringelb; früher vor allem zum Färben von Baumwoll- und Wollstoffen verwendet.

**Assimilation** Stellt in ihrer weitesten Bedeutung – mit Hilfe bestimmter chemischer Prozesse – die Umwandlung von körperfremden (anorganischen) in körpereigene (organische) Stoffe der Pflanzen dar. So bewirkt sie vor allem den Aufbau der Kohlehydrate, Fette und arteigenen pflanzlichen Eiweiße. Umfaßt auch die *Fotosynthese.*

**Blattgrün** Ist maßgeblich beteiligt an dem durch die Assimilation und mit Hilfe des Sonnenlichtes bewirkten Umformungsprozeß, der als Ausgangspunkt des pflanzlichen Lebens zu gelten hat. Als sogenannter Plastidenfarbstoff tritt das Blattgrün oder Chlorophyll in grüngelber und in blaugelber Mischung auf. Nicht nur Blätter, Nadeln und andere grüne Pflanzenteile, sondern auch die meisten Blüten enthalten Anteile von Blattgrün. Siehe hierzu auch *Panaschierung.*

**Blattknoten** Verdickte Stengelzone, aus der sich Blätter bilden; zugleich Vegetationspunkt, aus dem – etwa bei Stecklingsvermehrung – auch Wurzeln entspringen. Typische Blattknoten z. B. bei Tradeskantien sowie bei vielen Gräsern. Botanische Bezeichnung: *Nodium/Nodien.*

**Bodenreaktion** Kennzeichnung der durch die pH-Zahlen von 1–14 ausgedrückten sauren, neutralen oder alkalischen Bodenbeschaffenheit. Siehe hierzu grafische Darstellung Seite 57. Eine der wichtigsten Voraussetzungen für richtige Aufbereitung des Gießwassers, zur Überwindung der für viele Zimmerpflanzen sehr schädlichen Kalkhärte des Wassers und der Topferde. Siehe auch *pH-Wert.*

**Bonsai** Bezeichnung für die nach strengen kultischen Regeln, oft in jahrzehntelanger, mühevoller Arbeit herangezogenen japanischen Zwergbäumchen. Als »Bonsai« formiert und auch im europäischen Blumenhandel zu begreiflicherweise sehr hohen Preisen angeboten werden vor allem Kiefern, Lebensbäume und Wacholder, aber auch sommergrüne Gehölze wie Ahorn und Apfelbaum sowie Nachahmungen der typischen Zweigstellung mit Azaleen. Siehe Abb. Seite 317.

**Bromelienerde** Soll unter Beimengung von zerschnittenen Osmunda und Polypodium (siehe daselbst) zugleich humos und luftdurchlässig, dabei aber grobbrockig sein. Sehr geeignet dazu ist Fasertorf, der auch beigemengt werden kann, wenn man Einheitserde oder TKS als Grundlage verwenden muß.

**Chlorophyll** Aus griechisch *chloros* = gelbgrün und *phyllon* = Blatt. Siehe *Blattgrün* und *Panaschierung*.

**Chlorose** Gelbsucht oder Bleichsucht ist der Sammelbegriff für krankhafte Erscheinungen, die sich in mangelhafter Ausbildung des Blattgrüns äußern und das Laub der Pflanzen ungesund gelblichgrün, hellgelb oder fast weiß erscheinen lassen. Eine der Ursachen dafür ist Unerschließbarkeit des im Boden vorhandenen organischen Eisens (Fe) für die Pflanze; eine andere – häufig bei Hortensien, aber auch bei anderen kalkablehnenden Zimmerpflanzen – ist kalkhaltiger Boden oder kalkhaltiges Gießwasser nebst mangelnder Luftdurchlässigkeit. Abhilfe: Boden verbessern, richtig gießen, das auch im Gartenbau empfohlene Spezialpräparat *Fetrilon* anwenden.

**Cristata-Bildung** Auch Hahnenkamm oder Kammforn: abnorme Wuchsform vor allem bei Kakteen. Der sonst punktförmige Vegetationsscheitel der Pflanzen verbreitert sich dabei linien- oder bandförmig zu monströsen Gebilden. Bot. Bezeichnung: *Fasciation*.

**Destilliertes Wasser** In der fachlichen Umgangssprache (aus dem lateinischen *Aqua destillata*) kurz *Aqua dest* genannt, ist chemisch reines Wasser mit dem pH-Wert 7. Die alte »Destillation« durch Verdampfen und anschließendes Kondensieren wird heute durch Ionen-Austausch bewirkt.

**DH = Deutsche Härte** Meßwert für den Kalkgehalt des Wassers. 1° DH = 10 Milligramm Kalzium-Oxid je Liter (10 mg CaO/l). Die französische Härte FH und die englische Härte EH haben etwas andere Werte.

**Ecer** Kurzwort der Fachleute für die Kakteengattung *Echinocereus*.

**Epiphyten** Aufsitzerpflanzen oder Scheinschmarotzer leben meist in den Kronen der Bäume des tropischen Regenwaldes, ohne – zum Unterschied von echten Schmarotzerpflanzen – in das Gewebe der Wirtspflanzen einzudringen und sich davon zu ernähren. Typische Vertreter: Baumbromelien, Baumorchideen, tropische Farne.

**Eps** Kurzwort der Fachleute für die Kakteengattung *Echinopsis*.

**Etus** Kurzwort der Fachleute für die Kakteengattung *Echinocactus*.

**$F_1$-Hybriden** 1. Filialgeneration: Bezeichnung für die unmittelbar aus einer Kreuzung zweier Partner hervorgegangene Nachkommenschaft. Diese »Bastardgeneration« gilt heute als bevorzugtes Züchtungsergebnis. Siehe auch *Hybriden*.

**Fasciation** Botanischer Fachausdruck für *Cristata-Bildung*.

**Fotosynthese** Siehe *Assimilation*.

**Fototropismus** Siehe *Lichtwendigkeit*.

**Gelbsucht** Siehe *Chlorose*.

**Gespannte Luft** Ist so feuchte Luft, daß sie die natürliche Verdunstung der Pflanzen völlig aufhebt (»dynamisches Gleichgewicht«) oder doch auf ein Minimum beschränkt. Dringend erforderlich bei der Stecklingsvermehrung empfindlicher Pflanzen. Entsteht im warmen Vermehrungskasten oder unter der Plastikhaube.

**Gymnos** Kurzwort der Fachleute für die Kakteengattung *Gymnocalycium*.

**Hahnenkamm** Siehe *Cristata-Bildung*

**Hauptfaktoren** der Pflanzenernährung sind die drei Kernnährstoffe N (Stickstoff), P (Phosphor), K (Kali/Kalium). Als vierter Kernnährstoff wird seit einiger Zeit Mg (Magnesium) dazugerechnet. Im richtigen Mischungsverhältnis dargeboten und meist noch durch weitere wichtige Stoffe (z. B. Spurenelemente) angereichert, bezeichnet man sie als Volldünger. Für Zimmerpflanzen und vor allem für Blütenpflanzen empfehlen sich Volldünger mit nicht zu hohem Stickstoff-Anteil.

**Hybriden** Durch geschlechtliche (generative) Vermehrung aus Samen entstandene Kreuzungen. Siehe auch *$F_1$-Hybriden*.

**Internodium** Blattfreier Sproßteil (Stengel) zwischen zwei Blattknoten oder Nodien. Siehe auch *Blattknoten*.

**Kakteendünger** Stickstoffarmer Volldünger nur für Kakteen aus Steppen- und Wüstengebieten – nicht für epiphytische Arten. Als bestes Mischungsverhältnis gilt 5,6% Stickstoff, 16% Phosphorsäure, 38% Kali (nach Prof. Buxbaum); empfehlenswert auch Fertisal mit 8% Stickstoff, 14% Phosphaten, 18% Kali.

**Kallus** Wachstumsförderndes Wundverschlußgewebe, dessen Bildung das Bewurzeln von Stecklingen sowie allgemein das Ausheilen von Schnittwunden bewirkt. Eine durch Schrägschnitt etwas vergrößerte Schnittfläche und Anwendung von Wuchsmitteln soll die Kallus- und Wurzelbildung erleichtern.

**Kindel** Organe zur vegetativen (ungeschlechtlichen) Vermehrung. Bilden sich aus Stengeln, Blättern oder Wurzelsprossen tropischer Pflanzen und werden oft als schon bewurzelte Jungpflanzen abgenommen. Beispielgewächse: Agave, Bromelien, Chlorophytum (Grünlilie), Farne, Kakteen.

**Kunsterden** Moderne Schaumstoff-Substrate ohne organische Bestandteile, jedoch gelegentlich mit Zusatz von mineralischen Nährstoffen. Werden als selbständiger »Ersatz« oder – ungedüngt – als Beimischung, auch für die Hydrokultur, verwendet.

**Kurztagspflanzen** Benötigen zu ihrer allgemeinen oder zur Blütenentwicklung während bestimmter Wachstumsperioden eine Verkürzung der Tageslichtdauer. Siehe Weihnachtsstern.

**Langtagspflanzen** Benötigen im Gegensatz zu den Kurztagspflanzen insonderheit zur Blütenbildung während bestimmter Zeiten Zusatzbeleuchtung. Typisches Beispiel: *Kalanchoe*.

**Lichtwendigkeit** Durch den Reiz des Lichtes ausgelöste Orientierungsbewegung der Pflanze in Richtung auf die Reizquelle. Mit anderen Worten: Hinwendung zum Licht als Wachstumsrichtung, die im allgemeinen nicht willkürlich verändert werden darf (Gefahr des Abdrehens von Blütenknospen und Blüten). Typische Beispiele: Kamelie, Weihnachtskaktus. Verhütung durch Lichtmarke.

**Mesems** Kurzwort der Fachleute für Aizoaceen oder Mittagsblumengewächse nach ihrem alten botanischen Namen *Mesembryanthemaceae.*

**Mutation** Ohne erkennbare Ursache aufgetretene oder experimentell bewirkte Änderung des Erbgutes. Kann entweder einzelne Erbanlagen betreffen oder eine Änderung der Gesamtstruktur verursachen. Wichtigste Züchtungserfolge und Weiterentwicklungen beruhen auf solchen Mutationen.

**Nährstoffkonzentrat** Bezeichnung für die flüssigen Nährstoff-Kombinationen der Hydrokultur (kein Flüssigdünger im üblichen Sinne!).

**Neutralpunkt** Mittelpunkt der Skala der pH-Werte zwischen pH 1 und pH 14 = pH 7. Scheidegrenze zwischen den sauren Reaktionen (links) und den alkalischen Reaktionen (rechts). Siehe Grafik Seite 57.

**Nodium,** Nodien Siehe Blattknoten.

**Notos** Kurzwort der Fachleute für die Kakteengattung *Notocactus.*

**Osmunda** Pflanzstoff aus *Osmunda regalis,* dem Königsfarn. Verwendet werden besonders grobfaserige Importe aus Italien, Japan und den USA. Erdfrei und grob zerhackt dient O. vor allem als Wurzelgrund für Baum- und Erdorchideen, in Mischungen auch für viele andere Pflanzen des tropischen Regenwaldes.

**Panaschierung** Zufällige oder durch Züchtung standardisierte Farbabweichung der Blätter, seltener auch anderer grüner Pflanzenteile, die durch Fehlen des Blattgrüns in verschiedenster Musterung »weißbunt« erscheinen. P. entsteht meist durch eine zufällige Veränderung der Erbanlagen (Mutation); in Einzelfällen – z. B. *Abutilon* – wurde auch Viruserkrankung als Ursache ermittelt. Panaschierte Pflanzen können nur vegetativ (ungeschlechtlich) vermehrt werden. Rückschläge in die grüne Ursprungsform möglich.

**Polypodium** Pflanzstoff aus *P. vulgare,* Tüpfelfarn. Gewinnung und Verwendung wie *Osmunda.*

**Scharfer Sand** Kalkfreier Flußsand oder Quarzsand, unentbehrlich zur Bereitung von Anzuchterde, um deren physikalische Beschaffenheit (Durchlässigkeit, leichte Erwärmbarkeit) günstig zu beeinflussen. Nicht verwendbar für die Zimmerpflanzenkultur sind die meisten anderen Sande, vor allem der oft verfärbte, verunreinigte, stark kalkhaltige Grubensand (Bausand).

**Sori** (Mehrzahl von **Sorus)** Sporenhäufchen, meist auf den Blattunterseiten von Farngewächsen. Siehe auch Sporangien und Sporen.

**Sporangien** Sporenbehälter, in denen sich die einzelligen, der ungeschlechtlichen Vermehrung von Farnen und anderen niederen Pflanzen dienenden Sporen entwickeln.

**Spore** (die) Ungeschlechtliche Fortpflanzungszelle niederer Pflanzen wie Algen, Farne, Moose, Pilze.

**Sphagnum** Wichtiger Pflanzstoff für Orchideen und andere, vor allem epiphytische Pflanzen des tropischen Regenwaldes. Hauptbestandteil der Torflager aus prähistorischer Zeit; wächst heute noch in dichten Polstern auf Hochmooren und an lichten, sehr feuchten Stellen im Randgebiet stehender Gewässer. Wird dort jeweils im Herbst zu gärtnerischer Verwendung geerntet. S. ist kalkfrei, nährstoffarm, luftdurchlässig, besitzt große Wasserhaltefähigkeit. Verwendung zusammen mit *Osmunda* und *Polypodium* (siehe daselbst). Einziger Nachteil: Einschleppung von Schnecken bei ungenügender Vorbehandlung.

**Spatha** Das oft zu einem gewaltigen, leuchtend gefärbten Schauapparat ausgebildete Hochblatt, mit dem bestimmte Pflanzenarten ihre Blütenstände umgeben. Deutsche Bezeichnung: Hüllblatt oder Scheide. Typisch die Hüllblätter der Aronstabgewächse von *Anthurium* bis *Zantedeschia.*

**Stengelwurzler** Bilden ihre Wurzeln nicht am Zwiebelboden, sondern oberhalb am Austrieb. Benötigen deshalb tiefere Pflanzung. Eigenart mancher Lilien. Ähnlich auch *Sauromatum venosum,* die Eidechsenwurz, deren Wurzeln sich oben auf der Knolle rund um den Keim bilden.

**Subtropen** Umfassen die Gebiete des klimatischen Überganges von der tropischen Zone beiderseits des Äquators zu den gemäßigten Zonen. Sie liegen zwischen den Wendekreisen 23,5° nördlicher und südlicher Breite bis 45° nördlicher und südlicher Breite. Die S. sind also nicht – wie oft fälschlich angenommen – noch heißer als die tropische Zone, sondern haben eine mittlere Jahrestemperatur von 20°C.

**Tropen** Heißeste Zone der Erde, reicht nördlich bis zum Wendekreis des Krebses – südlich bis zum Wendekreis des Steinbocks. Jahresmittel der Temperatur 28° C.

**Tröpfchenbildung** 1. Erfolgt vor allem bei der Benutzung von Handsprühgeräten, bewirkt auf manchen Blättern (Begonien, Usambaraveilchen) häßliche Flecke. 2. T., die man nicht selten morgens, aber auch zu anderen Tageszeiten an den Spitzen hängender, glatter Blätter (Philodendronarten, Kalla) beobachtet, entstehen durch Überdruck innerhalb des pflanzlichen Gewebes (osmotischer Druck); diese Tröpfchenbildung ist harmlos, keinesfalls krankhaft.

**Vergrünen** Rückfall buntblättriger Pflanzen in ihre grünlaubigen Ausgangsformen kommt durch Lichtmangel, auch durch zu stickstoffreiche, die Bildung von viel Blattmasse unterstützende Ernährung. Samen buntblättriger Pflanzen »fallen häufig untreu« und bringen nur grünblättrigen Nachwuchs. Deshalb hier lieber Stecklingsvermehrung.

**Xerophytische Pflanzen** stammen aus Gegenden mit großer Bodentrockenheit, der sie sich ganz anders als die Wassergewebe bildenden Sukkulenten durch verdunstungshemmende Einrichtungen (Verengung der Spaltöffnungen der Blätter, Wachs- und Harzüberzüge, dichter Haarfilz) anpassen.

## Lichtansprüche und Temperaturen im Winter

Überwinterungs-Standort und Überwinterungstemperatur sind die beiden Faktoren, von denen das Gedeihen unserer Topfblumen über längere Zeiträume hinweg wesentlich abhängt. Die folgenden Zusammenstellungen einiger wichtiger Zimmerpflanzen wurden deshalb nach dem Standort und nach der Temperatur angeordnet, wobei letztere jeweils in Klammern hinter dem Pflanzennamen steht. Daraus ergibt sich die Möglichkeit, schon beim herbstlichen Einräumen die richtigen Gruppierungen vorzunehmen – darüber hinaus aber die Pflanzen in den vorhandenen Räumlichkeiten angemessen unterzubringen. Selbstverständlich kann es sich vor allem bei den Standortangaben wiederum nur um Durchschnittswerte mit fließenden Übergängen handeln.
Bei den Überwinterungstemperaturen sind zur Vermeidung von Unterkühlungsschäden besonders auch die Tiefstwerte (»nicht unter . . .«) zu beachten. Im übrigen ist hier der Spielraum nach oben – zum vollbeheizten Raum – unbegrenzt. Bei Pflanzen, die den Aufenthalt in vollbeheizten Räumen vertragen oder verlangen, muß in jedem Fall zusätzlich die Frage der Luftfeuchtigkeit geprüft werden. Ausgesprochene Warmhauspflanzen sind in dieser Liste nicht enthalten.

**Lichtbescheidenste Pflanzen** Bleiben auch in zwei bis drei Meter Entfernung vom Fenster noch am Leben!

*Aspidistra*/Schildblume (kühl o. warm)
*Chlorophytum*/Grünlilie (kühl o. warm)
*Helxine/Bubiköpfchen* (kühl o. warm)
*Howeia*/Kentiapalme (14–16° C)
*Monstera*/Fensterblatt (nicht unter 12° C)
*Philodendron*/Baumfreund (nicht unter 12° C)
*Pilea*/Kanonierblume (warm)
*Rhaphidophora* (nicht unter 12° C)
*Scindapsus*/Efeutute (warm)
*Tradescantia*/grünblättrige Arten (kühl oder warm)

**Für Nordfenster geeignete Pflanzen** Verlangen Helligkeit, vertragen oder brauchen keine direkte Besonnung.

*Aspidium*/Schildfarn (6–8° C)
*Cyclamen*/Alpenveilchen (10–12° C bis zur Vollblüte)
*Dracaena fragrans ›Rothiana‹*/Roths duftende Drachenlilie (kühl oder warm)
*Erica*/Topfheide (10–12° C)
*Nephrolepis*/Schwertfarn (12–16° C)
*Primula*/Topfprimeln (10–12° C)
*Pteris*/Saumfarn (10–12° C)
*Rhododendron*/Zimmerazalee (12–14° C bis zur Vollblüte)
*Saintpaulia*/Usambaraveilchen (16–20° C)

**Pflanzen für lichten Schatten** Überwintern gut in Nordost- oder Nordwestlagen mit wenig oder keiner direkten Besonnung.

*Adiantum*/Frauenhaarfarn (12–16° C)
*Anthurium*/Flamingoblume (18–21° C)
*Araucaria*/Zimmertanne (8–12° C)
*Begonia rex*/Schiefblatt (14–18° C)
*Begonia*/Strauchbegonien (12–14° C)
*Calceolaria hybr.*/Pantoffelblume (10–12° C)
*Chamaedorea*/Bergpalme (nicht unter 12° C)
*Chamaerops*/Hanfpalme (4–6° C)
*Cissus rhombifolia*/Rautenblättriger Cissus (8–12° C)
*Cordyline*/Keulenlilie, Kübelformen (10–12° C)
*Dieffenbachia*/Dieffenbachie (15–18° C)
*Fatshedera*/Efeuaralie (8–12 ° C)
*Fatsia*/Aralie (8–12° C)
*Hibiscus*/Chinarose (12–14° C)
*Maranta*/Pfeilwurz (nicht unter 18° C)
*Pandanus*/Schraubenbaum (16–18° C)
*Pelargonium grandiflorum*/Edelpelargonie (8–12° C)
*Peperomia*/Pfeffergesicht (16–20° C)
*Phoenix roebelinii*/tropische Dattelpalme (nicht unter 15° C)
*Streptocarpus*/Drehfrucht (10–12° C)

**Mittlere Lichtansprüche** Pflanzen für Ost-, Südost-, West- und Südwestlagen. Verlangen oder vertragen keine direkte Besonnung etwa in der Zeit von 11–15 Uhr.

*Aechmea fasciata*/Lanzenrosette (nicht unter 12–15° C)

*Aloe variegata*/Papageienaloe (nur diese Art verträgt volle Wärme!)
*Asparagus plumosus*/Feder-Zierspargel (8–10° C)
*Asparagus densiflorus ›Sprengeri‹*/Sprengers Zierspargel (kühl oder warm, beste 12–15° C)

*Beloperone*/Spornbüchschen (12–16° C)
*Billbergia nutans*/Zimmerhafer (nicht unter 12° C, beste 16–20° C, auch wärmer)

*Callistemon*/Lampenputzer (6–8° C)
*Ceropegia*/Leuchterpflanze (12–16° C)
*Cissus antarctica*/Zimmerrebe (kühl oder warm)
*Clivia*/Klivie, Riemenblatt (15–18° C)
*Cyperus*/Zypergras (kühl oder warm)

*Euphorbia pulcherrima*/Weihnachtsstern (15–18° C)
*Euphorbia splendens*/Christusdorn (ab 10° C bis warm)

*Haemanthus albiflos*/Elefantenohr (15–18° C)
*Hedera helix*/Zierefeu (nicht unter 8–12° C, auch wärmer)
*Hoya carnosa*/Wachsblume (12–15° C)

Kakteenarten (Besttemperaturen je nach Herkunft um 6° C oder 10–12° C)

*Microcoelum weddelianum*/Kokospälmchen (nicht unter 15° C)
*Myrtus*/Myrte (6–8° C, allenfalls auch noch bis 12° C)

*Plectranthus*/Mottenkönig (8–15° C)
*Plumbago*/Bleiwurz (6–8° C)

*Rhipsalidopsis*/Osterkaktus (Ruhezeit um 10° C)
*Rochea*/Dickblatt (12–15° C)

*Saxifraga stolonifera*/Judenbart (nicht unter 16° C)
*Sparmannia*/Zimmerlinde (8–12° C)
*Stapelia*/Aasblume (12–15° C)
*Stephanotis floribunda*/Kranzschlinge (12–15° C)
Sukkelenten (Besttemperaturen, soweit nichts anderes angegeben, je nach Herkunft um 6° C oder 10–12° C)

*Tradescantia*/buntblättrige Arten (kühl oder warm)

*Vallota*/Vallote (15–18° C)
*Vriesea*/Vriesee (nicht unter 12–15° C)

*Zygocactus*/Weihnachtskaktus während Winterblüte warm

**Hohe Lichtansprüche** Pflanzen für Südost- und Südwestlagen, auch für Südlagen bei Abschirmung vor greller Mittagssonne.

*Abutilon*/Zimmerahorn (10–12° C)
*Amaryllis*/Amaryllis (Zwiebeln 10–12° C, zum Treiben warm)
*Bryophyllum*/Brutblatt (nicht unter 12° C)
*Hippeastrum*/Amaryllis, Ritterstern (Zwiebeln 10–12° C, zum Treiben warm)
*Impatiens walleriana*/Fleißiges Lieschen (nicht unter 12–14° C, verträgt warm)
*Passiflora*/Passionsblume (6–8° C)
*Sansevieria*/Bogenhanf (nicht unter 15° C)

**Grenzfälle** Einige Pflanzen stehen auch im Winter gern sehr hell, wollen dabei aber wenig oder keine Sonne.

*Bougainvillea*/Wunderstrauch (6–8° C)
*Cordyline terminalis*/Keulenlilie (nicht unter 18° C)
*Dracaena draco*/Drachenbaum (nicht unter 10° C)
*Ficus*-Arten/Gummibaum (nicht unter 12–14° C)
*Narcissus*/Treibnarzissen (kühl bis zur Vollblüte)
*Rosa*/Topfrosen ohne Laubfall (6–8° C)

**Überwinterung im hellen Raum** (ohne Sonne) bei Temperaturen von 4–6° C oder wenig mehr verlangen:

*Acacia armata*/Zimmerakazie
*Agapanthus*/Schmucklilie
*Agave*/Agave

*Chamaerops*/Hanfpalme
*Citrus*/Orangen- und Zitronenbäumchen

*Grevillea robusta*/Australische Silbereiche (allenfalls auch 12–15° C)
*Hydrangea*/Hortensie (allenfalls auch 12–15° C)

**Überwinterung im Keller** Bei Temperaturen von 4–6–8° C und genügend Frischluftzufuhr:

*Aucuba*/Goldorange
*Euonymus*/Falscher Lorbeer
*Fuchsia*/Fuchsie
*Nerium oleander*/Oleander
*Pelargonium peltatum*/Hängegeranie
*Pelargonium zonale*/Zonalpelargonie
*Phoenix canariensis*/Kanarische Dattelpalme
*Plumbago/Bleiwurz* (ältere Pflanzen)
*Punica granatum*/Granatbaum
*Rosa*/Topfrosen mit Laubfall
*Yucca gloriosa*/Palmlilie

**Winterblüher**

*Abutilon*-Arten (nicht alle!)
*Aechmea fasciata*
*Amaryllis*-Arten
*Ardisia*/Spitzblume
*Begonia fuchsioides*/Fuchsien-Begonie Lorraine-Begonien, Elatior-Begonien
*Calceolaria hybr.*/Pantoffelblume (Nachwinter!)
*Camellia*/Kamelie
*Convallaria*/Maiglöckchen-Eiskeime
*Cotyledon*-Arten (nicht alle!)
*Cyclamen*/Alpenveilchen
*Erica*/Topfheide (nicht winterharte)
*Euphorbia pulcherrima*/Weihnachtsstern
*Hippeastrum*/Amaryllis, Ritterstern
*Hyazinthus*/Treibhyazinthen
*Kalanchoe*/Kalanchoe
*Lobivia*-Arten (nicht alle!)
*Narcissus*/Treibnarzissen
*Orchideen*-Arten (einige!)
*Plectranthus*-Arten (einige)
*Primula malacoides*/Fliederprimel
*Primula obconica*/Becherprimel
*Primula sinensis*/Chineserprimel
*Sauromatum venosum*/Eidechsenwurz
*Sedum bellum*/Weiße Fetthenne
*Tulipa*/Treibtulpen
*Vriesea*-Arten
*Zantedeschia*/Calla (Nachwinter)
*Zygocactus*/Weihnachtskaktus

## Zuordnungsvorschläge für Blumenfenster

Neben den im Blumenfensterkapitel ab Seite 30 erörterten allgemeinen Gesichtspunkten der einwandfreien Planung und technischen Ausrüstung ist die richtige Zusammenstellung der Pflanzen Grundvoraussetzung für gutes Gedeihen. Als ausdauernden Besatz, der unter Umständen jahrelang nicht gewechselt zu werden braucht, wird man also nach Möglichkeit Pflanzen mit gleichen oder ähnlichen Wachstumsansprüchen verwenden, wodurch auch laufende Pflege und Überwinterung wesentlich erleichtert werden. Die zusätzliche Belebung des harmonisch aufgebauten Fensters durch blühende Marktpflanzen wurde bereits im Hauptkapitel angeraten. Fürsorglich sei daran erinnert, daß einige der für Blumenfenster häufig verwendeten Pflanzen wasserempfindlich sind und daher entsprechend eingeordnet werden müssen, damit beim Sprühen oder Einnebeln keine Schäden an Blätter und Blüten entstehen. Dies gilt besonders für Anthurium, verschiedene Orchideen, manche Schiefblätter, Usambaraveilchen.

**Einfachster Besatz** Für Schattenlagen ohne Trennscheibe zum Raum und ohne Beheizung.

Beiderseits als Wandberankung, die sich mit Bambusspalier auch über die Fensterbreite ziehen läßt: Zimmerefeu in grünen und weißbunten Arten. Zur Wand- und Deckenberankung: Philodendron-Arten, Kletterficus.

Für Wandhänger und Ampeln: *Chlorophytum*, *Scindapsus*, Kletterphilo, Tradeskantien der grünblättrigen Arten.

Als höhere Gruppenpflanzen rechts und links: Aspidistra, Philodendron, Schiefblätter. Etwas erhöht auf Sockel, aus größerer flacher Pflanzschale herabhängend: *Nephrolepis*/Schwertfarn und andere harte Zimmerfarne.

Bodenpflanzen: Peperomien-Arten, Pilea, Helxine. Für torfgefüllte Einsatzwannen auch grüne Tradeskantien, deren Triebe überall Wurzeln schlagen und nur vor zu starkem Wuchern bewahrt werden müssen.

Als Blütenpflanzen zum Auswechseln je nach Jahreszeit und Raumtemperatur geeignet: Alpenveilchen, Pantoffelblume, Topfprimeln, Topfveilchen; Zwiebelblumen wie Krokus, Narzissen, Tulpen; sommerblühende und winterblühende Begonien; Nertera.

**Größere Anlagen** Lichter Schatten bis Halbschatten, mit oder ohne Trennscheibe zum Raum und ohne Heizung.

Wandberankung: Cissus- und andere Rebengewächse (*Cissus antarctica, C. striata, C. rhombifolia*); je nach Lage auch Efeu und Philodendron verwendbar; bei genügend Wärme *Ficus repens*, der gleichzeitig als Bodenbedeckungspflanze dient.

Für Wandhänger und Ampeln: *Asparagus sprengeri, Ceropegia woodii, Chlorophytum*/Grünlilie, *Saxifraga stolonifera*/Judenbart, buntblättrige Tradeskantien, auch *Platycerium*/Geweihfarn. Zur Einzelstellung seitlich und im Mittelgrund: Drazänen-Arten, Sansevierie (nur bei viel Frischluft und ohne Einengung!), *Cyperus*-Arten (sehr hohen Wasserbedarf beachten!); ferner *Billbergia nutans*/Zimmerhafer, *Haemanthus albiflos*/Elefantenohr, Rex- und Strauchbegonien. Bei viel Frischluft auch Gummibaum-Arten. Bodenpflanzen: etwa die gleichen wie für Schattenlage, wenn Sonne zurückgehalten werden kann.

Zur Befestigung auf Epiphytenstämmen (siehe auch die »Blumenfenster-Prasix« ab Seite 85) eignen sich für Blumenfenster ohne Trennscheibe und ohne Heizung einfache Arten von Baumbromelien (*Aechmea fasciata!*) und einfachste, zur Zimmerkultur empfohlene Baumorchideen sowie Farne und sonstiges nach Angabe.

Als Blütenpflanzen zum Auswechseln oder als Dauerbesatz, je nach Jahreszeit und Himmelsrichtung: Cinerarie, Gloxinie, Kalanchoe, Streptocarpus, Usambaraveilchen, auch Abutilon und Beloperone.

**Vollausgebaute Fenster** Mit Trennscheibe, Heizung und Thermostat, Luftbefeuchter und Hygrostat, Ventilation und Schattierungsmöglichkeit. Sommer: durchschnittliche Tagestemperatur bei guter Lüftung 22–25° C und mehr; Nachttemperatur nicht unter 15–18° C. Winter: Mindesttemperatur nach Pflanzenbesatz richten; bei ausreichenden Tagestemperaturen und sparsamer Bewässerung sind auch für Warmhauspflanzen in den meisten Fällen Nachttemperaturen nicht unter 12–14° C noch ausreichend. Vergleiche hierzu in jedem Fall die Einzelangaben in der Pflanzenübersicht.

Zur genauen Kontrolle werden angebracht: ein Thermometer am Boden; ein zweites Thermometer sowie das

Hygrometer möglichst frei hängend in der oberen Hälfte der Anlage; ein drittes Thermometer dicht an der Außenscheibe im unteren Teil der Anlage ist empfehlenswert.

Der Besatz muß sorgfältig auf die Lichtverhältnisse abgestimmt werden. Die Auswahl umfaßt je nach dem erreichbaren Angebot unter Umständen auch Pflanzen, die in unserer Übersicht nicht angeführt sind. Hier ist dann – wie bei den Orchideen und Kakteen – auf Spezialberatung zurückzugreifen.

Wandberankung: tropische Cissus- und andere Rebengewächse; *Clerodendron, Stephanotis floribunda*/Kranzschlinge; *Ficus repens, Philodendron*-Arten.

In Orchideen-Körbchen, Borke- und Rindenstücken oder Bambusabschnitten hängend: *Columnea*-Arten, *Zygocactus (Epiphyllum), Rhipsalis*-Arten, *Tillandsia usneoides*/Louisiana-Moos, *Platycerium* (Geweihfarn-Arten), Baumorchideen in passender Abstimmung.

Auf Epiphytenstämmen befestigt: Bromelienarten *(Aechmea, Cryptanthus, Nidularium, Vriesea)*; geeignete tropische Farne, auch Moosfarne und Baumorchideen. Zur Berankung des Epiphytenstammes: *Ficus repens, Scindapsus pictus;* wenn erhältlich auch *Vanilla planifolia*, die sommerblühende, herrlich duftende Vanillepflanze.

Aufrecht wachsend: *Aglaonema, Anthurium*-Arten, *Asplenium nidus*/Nestfarn, Cordylinen-Arten, *Codiaeum*/Kroton, *Dieffenbachia*-Arten *(D. maculata* mit den im Text S. 19 genannten Sorten), Drazänen-, Ficus- und Philodendron-Arten (z. B. *Philodendron melanochrysum*); Erdbromelien und Erdorchideen.

Zur Bodenbedeckung: Adiantum-Arten, tropische Kriechfarne, Fittonien-Arten (weiß- und rotgeäderte), Maranta-Arten, Peperomia-Arten, wiederum Moosfarn- oder Selaginella-Arten, *Cryptanthus* und vieles andere mehr.

## Zimmerpflanzen-Liebhaber-Gesellschaften

**Deutsche Gartenbau-Gesellschaft** Präsident Graf Lennart Bernadotte, 7751 Schloß Mainau/Bodensee. Geschäftsstelle: 5300 Bonn–Bad Godesberg, Kölner Straße 142–148. Geschäftsführer Dipl.-Ing. Jochen Zippelius. Dachorganisation sämtlicher Pflanzen-Liebhaber-Gesellschaften im Bundesgebiet. Auskunft und Weiterleitung von Anfragen an die jeweils zuständige Stelle.

**Deutsche Bromelien-Gesellschaft**
1. Vorsitzender Dieter Roth, 5300 Bonn, Meckenheimer Allee 171, Geschäftsstelle: 6000 Frankfurt/M., Siesmayerstraße 61 (Palmengarten).

**Deutsche Fuchsien-Gesellschaft** vereinigt mit der Dahlien- und Gladiolen-Gesellschaft. Präsident OB Walter Morio, 6740 Landau/Pfalz, Altes Stadthaus. Geschäftsführer Erich Mehlis, 6740 Landau, Rudolf-von-Habsburg-Straße 37.

**Deutsche Kakteengesellschaft** 1. Vorsitzender Dr. H. J. Hilgert, 3011 Garbsen/Hann. Geschäftsstelle: 6521 Offstein über Worms, Engelbergstraße 27. Geschäftsführer Ernst Warkus. Monatszeitschrift für Mitglieder kostenlos; viele Bezirksgruppen im ganzen Bundesgebiet.

**Gesellschaft Österreichischer Kakteenfreunde** Präsident Dr. Ernst Prießnitz, A 9300 St. Veit an der Glahn, Gerichtsstraße 3. Schriftführer Dr. Gerhard Haslinger, A 1090 Wien, Rotenlöwengasse 7.

**Schweizerische Kakteen-Gesellschaft** Präsident Hans Thomann, CH-6020 Schluchen.

**Fachgruppe ›Andere Sukkulenten‹** Geschäftsstelle: Reinhard Wylegalla, 3300 Braunschweig, Blütenweg 50. Sehr aktive Zusammenarbeit der begrüßenswerten jungen Vereinigung.

**Deutsche Orchideen-Gesellschaft** Präsident Emil Lückel, 6000 Frankfurt, Bornemannstraße 2, Geschäftsstelle: 2134 Sottrum, Arndtstraße 8. Repräsentative Zeitschrift mit 6 Heften pro Jahr. 24 Bezirksgruppen im Bundesgebiet. Große internation. Verbindungen.

**Erster Deutscher Bonsai-Club,** 2000 Hamburg 55, Postfach 550 351.

**Bonsai-Club – europ. Miniaturbaum-Freunde – e. V.,** 6900 Heidelberg 1, Postfach 106 209.

**Verein Deutsche Bonsai-Freunde e. V.** 3000 Hannover 61, Schleiermacherstraße 23.

*Zur Beachtung:* Adressenangaben nach dem derzeitigen Stand. Wechsel in der Leitung einzelner Gesellschaften sind je nach dem Turnus ihrer Generalversammlungen möglich. Auskunft auch hier sowie über ausländische Liebhaber-Vereinigungen bekommt man durch die Deutsche Gartenbau-Gesellschaft.

## Wer liefert was?

Immer schon ist es so gewesen, daß die Leserinnen und Leser von einem »Praxisbuch« nicht nur guten Rat, sondern auch mancherlei Auskünfte erwarten. Da werden vorn im Text alle möglichen Dinge – auch neue oder weniger bekannte Pflanzen – erwähnt, die dann zufällig beim örtlichen Fachhandel nicht zu haben oder nur schwer zu beschaffen sind. Ein kleiner Bezugsquellennachweis mag also recht nützlich sein, auch wenn er – gemessen an der Vielfalt individueller Wünsche und einem ständig wechselnden Angebot – nur wenige Hinweise gibt. Im übrigen: wenn alle Stricke reißen, so bleibt als letzter Ausweg eine Anfrage bei der Textautorin Margot Schubert. Eine absolute Gewähr für Liefermöglichkeiten kann allerdings auch sie nicht übernehmen.

### Allgemeiner Bedarf

ASA-Blumenfensterheizung: ASA-Trafobau, 3548 Arolsen/Waldeck

*Blumenfenster-Beratung* in allen Fragen; Lieferung vollautomatischer Heizungen, Luftbefeuchter, Sprühanlagen, Ventilatoren, Spezialleuchten usw.: Kuno Krieger, 5804 Herdecke-Ende, Gahlenfeldstraße 5

*Compo-Sana, Compo-Cactea, Compo-Flüssig:* Samenfachhandel – Bezugsquellen durch COMPO GmbH/BASF, 44 Münster i. W., Postfach 2107

*Einheitserde* – Samenfachhandel oder Werksverband Einheitserde (Nachweis der angeschlossenen Produzenten durch Einheitserde- und Torfwerke Gebr. Patzer, 6491 Sinntal-Jossa)

*fleur Wasserweich* (Aquisal) zur Wasserenthärtung: siehe Abschnitt Hydrokultur

*Indikatorpapier:* Universal-Indikatorpapier in der Klarsichtdose Art.-Nr. 37 014 durch Chem. Fabrik Riedel de Haën, 3016 Seelze/Hannover.

*Plastik*-Blumenbedarf: Erich Schumm GmbH, Plastikwerk, 7157 Murrhardt.

*Rankgitter, Topfspaliere:* Eisen- und Drahtwerk Erlau AG, Rundstahlmöbel für Garten, Terrasse und Innenraum, 708 Aalen/Wttbg.

*Torf, Torfkultursubstrat:* Torfstreuverband GmbH, 29 Oldenburg, Postfach 1229. Floratorf-Kleinpackungen. TKS (Torf Kultur-Substrat). Im Fachhandel erhältlich

*Wassertechnik:* Zimmerspringbrunnen, Heimspringbrunnen, Oase-Pumpen. August Wübker & Söhne, 4441 Riesenbeck

### Hydrokultur

*Arbeitskreis Deutsche Hydrokultur* im Zentralverband Gartenbau: Zusammenschluß führender Hydrokulturbetriebe zur Förderung gärtnerischer und technischer Aufgaben; Bezugsquellennachweis für Hydropflanzen und Zubehör. Geschäftsstelle: 5300 Bonn-Bad Godesberg, Kölner Straße 142–148.

*Bayer-Werke:* Ionenaustauscher-Kultur mit dem Spezialpräparat Lewatit HD 5; Beratung und Verkauf: Bayer-AG, Gartenbau-Abteilung, 5090 Leverkusen-Rheindorf, Hitdorfer Straße 61.

*Blähton/Lecaton* aus der Baustoffindustrie, in Hydrogeschäften sowie meist im Samenfachhandel erhältlich. Man achte auf Qualitätsgarantie der Eignung für gärtnerischen Bedarf!

*fleur Wasserweich* (Aquisal) für Hydrokultur nur ohne düngende Zusätze verwendbar: Samenfachhandel oder Bezugsquellennachweis durch Philips-Duphar, 4000 Düsseldorf.

*Hydrogefäße,* sonstiger Hydrokulturbedarf (Flüssigkonzentrate, Nährsalztabletten, Füllsubstrate/Basaltsplitt, Lecaton): Chemische Fabrik Waldemar Weimer, 755 Rastatt, Luisenstraße 5, Postfach 469.

*Hydro-Pflanzenpflege* (vielseitiges Sortiment an Zubehör aller Art) Noack & Werner, Nachf. D. Peine, 1000 Berlin 44, Innstraße 4.

*Hydroplast*-Einzelgefäße und Hydro-Kleingefäße, Nährlösungskonzentrate, Füllsubstrate/Kiesel usw. Rolf Bornheim, 534 Bad Honnef am Rhein, Am Wolfshof 1.

*Interhydro-AG,* CH-3007 Bern/Schweiz, Eigerplatz 5 (Hochhaus): das internationale Haus für Klein- und Großanlagen aller Art nebst Zubehör. Angeschlossen 28 Landesvertretungen in aller Welt, darunter:

*Luwasa-Zentrale,* 6000 Frankfurt/M. 71, Hahnstraße 40 (informiert auch über alle weiteren Luwasa-Vertretungen im Bundesgebiet) und

*Luwasa-Generalrepräsentant* für Österreich: Fritz Prenner, A-339 Melk an der Donau, Postfach 47.

*Lewatit HD 5,* Ionenaustauscher für Hydrokultur, siehe Bayer-Werke, Leverkusen.

*TWL International* Hydrokultur GmbH: Zusammenschluß führender Hydrokulturbetriebe mit gezieltem Organisationsprogramm für Beratung und Verkauf. Geschäftsstelle: 6090 Rüsselsheim, Hans-Sachs-Straße 36.

*Kunstlicht:* Pflanzenbestrahlung, UV- und IR-Strahlungstechnik Otto Kubli, Im Isisbüel 6, 8800 Thalwil/Schweiz.

*True-Lite* Leuchtstoffröhren mit dem vollen Tageslicht-Spektrum (USA-Weltpatent): Vertr. Kuno Krieger, 5804 Herdecke/Ruhr, Loerfeldstr. 8.

*NBV art + flor 2000,* Elemente für Raumgestaltung, 404 Neuß, Hammerlandstraße 103.

## Exotische Pflanzen und Sämereien

**Allgemeines**

Hermann *Brunnerer,* 525 Engelskirchen/Bez. Köln (Seltene tropische und subtropische Pflanzen)

Peter *Kistenmacher,* 2 Hamburg, Harksheide

Hermann *Königer* jun., 708 Aalen/Württ., Bahnhofstraße 6 (Spezialitäten aus dem Gesamtsortiment)

Heinrich *Kuhlmann,* 492 Lemgo/Lippe, Kastanienwall 19 (Gesamtsortiment und Kakteen)

Albert *Schenkel,* 2 Hamburg-Blankenese, Strandweg 32 (Spezialität: Exotische Sämereien)

**Blumenzwiebeln für Zimmerkultur**

*Rheinische Blumenzwiebelkulturen,* 4041 Rittergut Birkhof über Neuß 2

**Bromelien**

Hans *Gülz,* 6338 Bad Vilbel, Samlandweg 1 (auch Orchideen)

*SPI* – Südpflanzen-Importe, 6200 Wiesbaden-Erbesheim, Rennbahnstraße 8

Karlheinz *Uhlig,* 7053 Rommelshausen, Lilienstraße 5 (Tillandsien)

**Fuchsien**

Friedrich *Wolfschmidt,* 85 Nürnberg, Schleswiger Straße 115

H. *Töpperwein,* 8359 Ortenburg/Ndb.

**Kakteen**

Dieter *Andreae,* 6111 Otzberg-Lengfeld, Heringerweg (Pflanzen, Samen)

H. *Born* (»Kakteenborn«), 5810 Witten, Postfach 1207 (Samen, Zubehör)

Alfred *Gräser,* 85 Nürnberg-Zabo

G. *Köhres,* 6106 Erzhausen, Bahnstraße 101 (Pflanzen und Samen)

Heinrich *Kuhlmann,* 492 Lemgo/Lippe, Kastanienwall 19

Albert *Schenkel,* 2 Hamburg-Blankenese, Standweg 32 (großes Samen-Sortiment)

Karlheinz *Uhlig,* 7053 Rommelshausen, Lilienstraße 5 (Pflanzen und Samen)

**Orchideen**

Bezugsquellennachweis durch die Geschäftsstelle der Deutschen Orchideen-Gesellschaft, Siesmayerstraße 61 (Palmengarten), 6000 Frankfurt/Main

**Sumpf- und Wasserpflanzen**

Wilhelm *Harster*/Inh. Karl *Harster,* 672 Speyer/Rhein, Postfach 221 (Aquarien- und Sumpfpflanzen: Cyperus, Scirpus)

*Oldehoff,* 8191 Achmühle über Wolfratshausen (Zimmerseerosen)

## Weiterführende Fachliteratur für Blumenfreunde


*Mehr Blumenfreude durch Hydrokultur.* Von Margot Schubert. 207 Seiten. 6. Aufl. BLV Verlagsgesellschaft, München, Bern, Wien.

*Bromelien für Zimmer und Gewächshaus.* Von Prof. Dr. Werner Rauh, 2 Bände unter Mitarbeit von H. Lehmann, Dr. R. Oeser und Julien Marnier-Lapostolle. Gesamtumfang über 600 Seiten. Eugen Ulmer, Stuttgart.

*100 Kakteen und andere Sukkulenten in Farbe.* Von Brian + Edgar Lamb (davon etwa ein Drittel »andere Sukkulenten«) – sehr informativ! 176 Seiten. BLV Verlagsgesellschaft München, Bern, Wien.

*Kakteen;* Einführung in die Kakteenkunde und Anleitung zu erfolgreicher Kakteenkultur. Von Dr. Willy Cullmann. 280 Seiten. 3. Auflage. Verlag Eugen Ulmer, Stuttgart.

*Die großartige Welt der Sukkulenten;* Anzucht und Kultur sukkulenter Pflanzen mit Ausnahme der Kakteen. Von Prof. Dr. Werner Rauh. 182 Seiten in Großformat, besonders prächtig bebildert. Verlag Paul Parey, Hamburg und Berlin.

*R. Schlechter: Die Orchideen;* das große Handbuch, 3. Auflage. Seit 1970 in Lieferungen herausgegeben von Brieger, Maatsch, Senghas. Verlag Paul Parey, Hamburg und Berlin.

*Orchideen / Pflegen, Vermehren, Züchten.* Von Walter Richter. 212 Seiten. 3. Auflage 1974. Verlag J. Neumann-Neudamm, Melsungen, Basel, Wien.

*Orchideen und Orchideenpflege.* Von David Sander. 204 Seiten. 2. Auflage 1976. Brücke-Verlag, Hildesheim.

*Bonsai / Freude an japanischen Zwergbäumen.* Von Koide, Kato und Takejana. Deutsch von Dr. Ulrike Thiede. 132 Seiten, reichbebildert: das erste Originalwerk in deutscher Sprache. 3. Auflage. BLV Verlagsgesellschaft München, Bern, Wien.

*Gärtnern unter Glas und Folie / Hobby für das ganze Jahr.* Von Karlheinz Jacobi und Dietrich Mierswa. 159 Seiten. 1. Auflage 1977. BLV Verlagsgesellschaft München, Bern, Wien.

# Namen- und Sachregister

**Vorbemerkung** Grundsätzlich wird – soweit vorhanden – in jedem Fall der botanische und mindestens der wichtigste deutsche Name angeführt. Nur dort, wo der botanische und der deutsche Name zusammenfallen oder nur geringfügig von einander abweichen, wurde allein der botanische Name aufgenommen (z. B. *Lilium*/Lilie, *Primula*/Primel, *Tradescantia*/Tradeskantie, *Tulipa*/Tulpe).
* neben der Seitenzahl bedeutet Hauptverweisung. Die Seitenzahlen der Übersicht »Fachausdrücke für Zimmergärtner« ab Seite 353 sind hier nun ebenfalls enthalten.

**Bildnachweis**

Zeichnungen: W. Eckhardt, München, 50; H. Hoffmann, Germering, 53, 57; alle übrigen von Georg D. Burckart, Heidelberg. Vorsatzzeichnung: H. Pothorn, München.
Farbbilder: W. Blaicher, Eppelheim, 303; E. Drave, München, 173; H. Eisenbeiss, München, 187; Flora-Bild, Stuttgart, 223 unten, 294; D. Hinrichs, München, 125; Hortus-Verlag, Bad Godesberg, 243, 322, 331; Dr. H. Jesse, Köln, 177; O. Klees, Eppelheim, 233; K. Krieger, Herdecke, 27, 28, 35; G. Lindner, Reinbek, 25, 26; Prof. Dr. W. Rauh, Heidelberg, 157, 249 oben, 265; W. Schacht, Frasdorf, 167; H. Smith, 126 unten; alle übrigen von Rob Herwig.

LILIE
HIBISCUS
CROTON
ZIMMERTANNE
CALLISTEMON
CISSUS